Dicionário de erros, dúvidas, dificuldades e curiosidades da língua portuguesa

LUIZ ANTONIO
SACCONI

Dicionário de erros, dúvidas, dificuldades e curiosidades da língua portuguesa

© 2021 - Luiz Antonio Sacconi
Direitos em língua portuguesa para o Brasil:
Matrix Editora
www.matrixeditora.com.br

Diretor editorial
Paulo Tadeu

Capa
Marcelo Correia da Silva

Diagramação
Daniela Pereira

Revisão
Cida Medeiros

CIP-BRASIL - CATALOGAÇÃO NA PUBLICAÇÃO
SINDICATO NACIONAL DOS EDITORES DE LIVROS, RJ

Sacconi, Luiz Antonio
Dicionário de erros, dúvidas, dificuldades e curiosidades da língua portuguesa / Luiz Antonio Sacconi.
2. ed. - São Paulo: Matrix, 2021.
496 p.; 23 cm.

ISBN 978-65-5616-141-9

1. Língua portuguesa - Dicionários. 2. Língua portuguesa - Erros - Dicionários.
3. Língua portuguesa - Vícios de linguagem - Dicionários. I. Título.

21-73305
CDD: 469.3
CDU: 811.134.3(81)(038)

Camila Donis Hartmann - Bibliotecária - CRB-7/6472

Apresentação

Esta segunda edição, totalmente renovada e bastante aumentada do **Dicionário de erros, dúvidas, dificuldades e curiosidades da língua portuguesa,** engloba duas outras obras que já não serão publicadas: o **Não erre mais!** e o **Corrija-se de A a Z**. Ambas agora estão juntas, reunidas aqui, em forma de dicionário, o que facilita enormemente a consulta. Continua sendo fonte segura, quando não de leitura amena dos que pretendem conhecer melhor os segredos da nossa língua. Principalmente jornalistas (que continuam precisando muito), advogados (para demonstrarem respeito aos magistrados aos quais se dirigem), secretárias (para manterem a boa imagem de sua empresa ou escritório), médicos (para deixarem de dizer "pálato" e "alopécia", entre outras bobagens) e estudantes de todos os níveis (para crescerem na vida). Enfim, para todos aqueles que, num momento qualquer da vida, tenham necessidade de usar a norma padrão.

Não nos preocupamos com longas e eruditas justificações filológicas, nem tampouco usamos abreviaturas. Mínimas foram as digressões.

Como se perceberá ao longo da obra, não temos nenhuma objeção aos estrangeirismos, que, longe de deturparem a língua, enriquecem-na. A luta contra os estrangeirismos é altamente inglória nos dias de hoje e pertence ao passado, estando reservada apenas aos velhos e alquebrados puristas, que desejavam usássemos ludopédio para futebol, convescote para piquenique e semicúpio para bidê, entre outras bizarrices. Estamos no terceiro milênio, em que conquistas tecnológicas diárias nos obrigam ao uso cada vez mais de todo tipo de empréstimo. Por isso, voltar-se contra eles, hoje, é dar violentos e dolorosos murros em ponta de faca. Não deixamos aqui, todavia, de dar guarida às formas e expressões legitimamente portuguesas, quando elas devem predominar.

Os principais casos de regência, tanto verbal quanto nominal, se encontram tratados de forma criteriosa e nunca antes de forma tão minuciosa.

Queremos crer, enfim, que tanto consulentes quanto leitores ficarão plenamente satisfeitos, já que poderão encontrar aqui grande parte de todas as suas dúvidas, novas ou antigas, além de tomarem conhecimento das mais interessantes curiosidades da nossa língua. Uma ou outra tirada irônica ou sarcástica, como já sabem meus leitores de longa data, fica por conta de uma velha e já incorrigível índole espirituosa.

P.S. – O grande público desconhece termos científicos e, assim, toma por "erro" o que a linguística dá por situação inadequada. Daí por que preferimos usar no título o referido termo, por alguns julgado "inconveniente".

Luiz Antonio Sacconi

ATENÇÃO: A publicação da 6.ª edição do *Vocabulário Ortográfico da Língua Portuguesa* (VOLP) se deu quando esta obra já estava no prelo. Daí por que fazemos referência apenas à 5.ª edição dessa obra, publicada pela Academia Brasileira de Letras.

Aos plagiadores de plantão e a um plagiador em particular

A ABRALE (Associação Brasileira dos Autores de Livros Educativos) divulga em seu site, já há algum tempo, uma lista dos autores mais copiados do Brasil. Entre eles encontra-se o nosso. Plagiar, ou copiar, além de ato indigno, constitui crime. Todos os plagiadores ou copiadores sabem disso. No entanto, um deles resolveu correr o risco, mercê da sua reconhecida incapacidade de produzir ato próprio. Já vinha eu desconfiando havia muito tempo do plágio, inclusive plágio da própria didática que costumo imprimir na elaboração de minhas obras, quando o indivíduo aparecia doutoralmente na televisão. Inicialmente, achava aquilo tudo muita "coincidência", até que o plagiador, confiante de que nada poderia mesmo acontecer, estampou no site da UOL páginas e mais páginas de uma de minhas obras, mas com sua assinatura, como se ele fosse o autor daquele trabalho. Como desta vez achei a "coincidência" coincidência demais, reagi, solicitando, mediante via judicial, a retirada de todo aquele material do referido site, o que foi feito imediatamente, num reconhecimento expresso do plágio, mas sem nenhum pedido de desculpas. Minha esperança é que daqui por diante o referido plagiador se conscientize de que não vale a pena e que passe a produzir trabalhos de sua própria criatividade, se é que o consegue.

Pelo novo Código Penal, quem apresentar, utilizar ou reivindicar publicamente como própria obra ou trabalho intelectual de outra pessoa, no todo ou em parte, está sujeito a pena de seis meses a dois anos de prisão.

a ou à?

Use *a* antes de palavras masculinas: *a* óleo, *a* álcool, *a* prazo, *a* jato, etc. Use *à* antes de palavras femininas: *à* tinta, *à* gasolina, *à* vista, *à* eletricidade, etc. Use *a* antes de palavras no plural: reunião a portas fechadas, morto a marretadas, etc. Só use *a* antes de palavra no plural se houver alguma palavra subentendida: assistir *à* Libertadores (= assistir à Copa Libertadores), ir *à* Homicídios (= ir à Delegacia de Homicídios). Nossos jornalistas já conhecem a diferença entre essas duas palavrinhas? Presumo que não. Escreve um deles, ao fazer um teste com o HB20, veículo da Hyundai: *O primeiro ponto que chamou a atenção foi o vigor do motor. É extremamente tranquilo manter os 120 km/h regulamentares e, nessa velocidade, o silêncio "à" bordo só foi quebrado pelos acordes roqueiros provenientes do bom sistema de som do carro.* O carro de fato é bom, mas... e o jornalista? Sobre a queda do voo 447 da Air France, informa outro jornalista de O Estado de S. Paulo: *Todas as pessoas "à" bordo morreram no acidente.* No Terra: *Um homem com o pé engessado e de muletas rendeu os seguranças e levou cerca de R$100 mil de uma agência do Banco do Brasil na estrada do Centro Industrial de Aratu, Grande Salvador. Outros dois colegas esperavam "à" bordo de duas motos.* O Brasil está insuportável!... Manchete de O Estado de S. Paulo: **Premiê da Inglaterra afirma que contra-ataque está "à" caminho**. E há certos jornais que têm a pachorra de considerar seus manuais de redação como um indicador seguro de uso da língua. Há quem acredite: afinal, estamos no Brasil...

a (antes de nomes próprios femininos)

Só use *a* antes de nomes próprios femininos quando houver intimidade entre as partes. Se você for amigo de uma pessoa chamada *Juçara*, use sem receio: *A Juçara não tem namorado*. Se, porém, você não tiver amizade com ela, ou se quiser mostrar que dela quer alguma distância, use: *Juçara não tem namorado*. Por isso, antes de hipocorísticos (reduções carinhosas de nomes próprios), também se usa a: a Chiquinha, a Ciça, etc. Em certas regiões brasileiras, porém, usa-se a antes de qualquer nome de pessoa, conhecida ou não, simpática ou não, amiga ou não. Assim, ouve-se comumente: "a" Erundina (em referência a Luiza Erundina), "a" Marina (em referência a Marina Silva), "a" Dilma (em referência a Dilma Rousseff), etc. Antes de sobrenomes e de nomes completos, inteiros, não use "a": Marina Silva (e não: "a" Marina Silva), Dilma Rousseff (e não: "a" Dilma Rousseff). Título de notícia da Folha de S. Paulo: **Shakira propõe parceria "à" Dilma Rousseff**. Um dia os jornalistas brasileiros chegam lá...

a ou há?
Use *há* se puder substituir essa forma verbal por faz: *Saí de lá há (= faz) dois minutos*. Se a substituição não for possível, use *a*: *Daqui a pouco começa o jogo*. A frase Daqui "faz" pouco começa o jogo não tem sentido. Por isso, não cabe nela o uso de "há". Pergunta com muita pertinência, mas com alguma incorreção, um consumidor na Internet sobre a qualidade dos carros chineses: *Interessante: brasileiro fica superdesconfiado de carro chinês, mas vem sendo enganado "a" quanto tempo com os nacionais, onde tudo é opcional?* No IG, coluna de Vivi Mascaro: *Durou apenas 3 meses o casamento dos milionários mineiros Norah Lapertosa e Rafael Sportelli. O casal está "a" mais de 10 dias separado*. Na Folha de S. Paulo: *Sem vencer "a" cinco jogos e com seis desfalques, o Palmeiras pode ter novidades no jogo contra o São Paulo*. Em O Estado de S. Paulo: *Após dez anos de estudos, foram identificadas ossadas de três inconfidentes mineiros mortos "a" cerca de 200 anos*. Talvez sejam necessários mais duzentos anos para que certos jornalistas brasileiros aprendam coisinhas elementares...

abacate
Usada como adjetivo, na indicação da cor, não varia: *blusas abacate, carros abacate*.

abafado
Rege *com* ou *em* (agasalhado em excesso): *Nas ruas de Montreal só se viam pessoas abafadas com (ou em) grossas roupas de lã*.

abaixado
Rege *a* ou *para* (inclinado, curvado): *A mangueira tinha os galhos abaixados ao (ou para o) chão, de tão carregados*.

abaixar ou baixar?
Use **abaixar** sempre (*abaixar o volume do rádio, abaixar o tom de voz, abaixar as calças, abaixar as persianas*). Só em dois casos use **baixar**: **1.** quando não há complemento: *O custo de vida baixou*. *** *O nível das águas do rio está baixando*. *** *Baixou o dólar*. **2.** quando o complemento é nome de parte do corpo: *Baixe a cabeça!* *** *Baixou os olhos, envergonhada*. *** *Baixe o dedinho, querida!* Quando, porém, se inclina para baixo qualquer parte do corpo com uma finalidade bem-definida, use ainda *abaixar*. Ex.: *Abaixei a cabeça para passar pela porta*. *** *Abaixe os braços para eu poder passar!*

abaixo
Como interjeição, não varia: *Abaixo a corrupção!* (E não: "Abaixa" a corrupção!) Com nomes masculinos, não use aos: *Abaixo os corruptos!* (E não: Abaixo "aos" corruptos!). Foi criado um movimento pela Internet, aliás louvável, para conscientizar o consumidor brasileiro sobre o preço escorchante que ele paga pelos veículos que compra no Brasil. Louvável, porém, foi só o movimento, porque lhe deram este título: **Abaixo "ao" Lucro Brasil**. Lamentável. Recentemente, num programa de televisão, uma manifestação em defesa dos animais saiu assim: *Abaixo "aos" testes de laboratório com animais!* Abaixo os testes! Abaixo os despreparados!...

abaixo ou a baixo?
Use **abaixo** sempre, menos em oposição a *alto*: *Vá lá abaixo e traga-me dois guaranás!* *** *Na escala hierárquica, major é abaixo de coronel*. *** *O viaduto veio abaixo*. Mas: *Ela me olhou de alto a baixo, e eu a medi com os olhos de alto a baixo*.

abaixo ou embaixo?
Só use **abaixo** quando houver ideia de movimento: *O índice de popularidade do*

presidente veio abaixo. *** *O bote desapareceu rio abaixo.* Sem ideia de movimento, use **embaixo**: *Deixava sempre um revólver embaixo do travesseiro.*

abaixo-assinado
Rege *a favor de* (ou *contra*) ou *por*: *Redigi um abaixo-assinado a favor da* (ou *pela*) *ecologia.* *** *Assinei um abaixo-assinado contra a criminosa matança de baleias.*

abaixo-assinado ou abaixo assinado?
Use **abaixo-assinado** quando se tratar do documento (faz no plural *abaixo-assinados*); use **abaixo assinado** em referência a cada um dos indivíduos que assinam o documento: *Arrolaram-me como abaixo assinado de um abaixo-assinado com o qual não concordo.* *** *Os membros desta comissão, abaixo assinados, exigem o cumprimento de todas as normas do estatuto.* *** *Luísa, abaixo assinada, ainda não apôs sua assinatura a este abaixo-assinado.*

abalado
Rege *com* ou *por*, na acepção de chocado: *Ficou muito abalado com* (ou *por*) *essa morte.* *** *O povo ficou abalado com a* (ou *pela*) *renúncia de Jânio Quadros.* Na acepção de pouco firme, inseguro, rege *em*: *Um homem abalado em suas convicções políticas não pode dirigir um partido.*

abandonado
Rege *de* ou *por*: *Quando se viu abandonado da* (ou *pela*) *mulher, desesperou.* *** *Camões morreu abandonado de* (ou *por*) *todos.* Na acepção de largado, deixado, rege *em*: *A polícia arrombou a porta da casa e encontrou muitos documentos abandonados no chão.* Na acepção de entregue, rege *a*: *É uma juventude doente, abandonada às drogas.*

abandono
Rege *a* (entrega; conformidade), *de* (renúncia ou afastamento definitivo): *O abandono aos sonhos provoca quase sempre decepções e amarguras, quando não se realizam.* *** *Ao cabo de tantas decepções e fracassos, resolveu deixar tudo nas mãos de Deus, mas o abandono ao destino não lhe trouxe a mulher amada.* *** *O abandono de emprego possibilita demissão por justa causa.* *** *O abandono do lar por parte de qualquer dos cônjuges desestabiliza a família.* Nesta mesma acepção pode pedir ainda *a favor de* ou *em favor de*: *Seu abandono da herança a* (ou *em*) *favor do irmão mais novo era previsível.* Rege *de...por* (troca, permuta): *O abandono de palavras vernáculas por estrangeirismos não é uma boa prática.*

abarcar o mundo com as pernas
É a frase correta. O povo troca *abarcar* por abraçar e até por "abracar", verbo que não existe. *Querer abarcar o mundo com as pernas* ou *Querer abarcar o céu com as duas mãos* são frases que possuem idêntico significado: querer fazer tudo, realizar tudo, ganhar tudo. Existe um provérbio, pouco popular, que se lhe assemelha em significado: *Quem tudo abarca, pouco ata.* Como o povo quase o desconhece, mudou nele o verbo, de *abarcar* para "abraçar", ou para "abracar".

abarrotado
Rege *com* ou *de*: *A polícia apreendeu um caminhão abarrotado com* (ou *de*) *cocaína.* *** *As crianças traziam os bolsos abarrotados com* (ou *de*) *bolinhas de gude.*

abastecido
Rege *de*: *A mesa estava abastecida de bom vinho.* *** *Um carro abastecido de boa gasolina dura muito mais.* A regência "abastecido com", muito comum, deve ser desprezada.

abatido
Rege *de* ou *por*, na acepção de extenuado ou enfraquecido: *Cheguei abatido de* (ou *por*) *um dia inteiro de viagem.* *** *Abatido da* (ou *pela*) *doença, emagreceu vinte quilos.* Na acepção de deduzido, descontado, rege *de* ou *em*: *Qual foi o valor abatido do* (ou *no*) *preço da gasolina?*

abatimento
Rege *de* ou *em*, na acepção de desconto: *O abatimento do (ou no) preço do carro foi fundamental para eu fechar o negócio.* *** *Esta loja não vende com nenhum abatimento de (ou em) preços.*

abdicação
Rege *de*: *A abdicação da autoridade na sala de aula é inaceitável em qualquer professor que se preze.* *** *O povo brasileiro aceita tudo, menos a abdicação da liberdade.* A regência "abdicação a", muito comum, deve ser desprezada. Pode pedir, ainda *em* ou *a favor de*: *A abdicação da coroa em (ou a favor de) seu filho mais velho foi aceita imediatamente pela população.* *** *A abdicação da herança em (ou a favor de) sua irmã já era esperada.*

abdome ou abdômen?
Pode usar qualquer uma, mas prefira a primeira. O plural da segunda é *abdomens* (sem acento).

à beça
Sempre com acento e ç: *Ela come à beça e não quer engordar!* É brasileirismo, e não gíria. Antes de 1943, escrevia-se com dois ss (bessa), por acreditar-se que tinha algo a ver com o nome de um perdulário carioca de nome Bessa. Não tinha.

abecedário, á-bê-cê e alfabeto: qual a diferença?
As três palavras são sinônimas (coletivo de letras), mas não sinônimas perfeitas; **abecedário** e **á-bê-cê** se usam de preferência no plano da instrução elementar. Ex.: *Meu filho tem cinco anos e já conhece o abecedário (ou o á-bê-cê).* Mas: *O alfabeto português tem vinte e seis letras.*

abençoar
Todo verbo terminado em *-oar* tem a terceira pessoa do singular em *-e*: *Que Deus o abençoe!* Escreveu alguém, um dia: *Que Jesus os "abençoi" e mande sempre boas energias, paz e harmonia para todos.* É caso de dizer *amém*?...

abençoar e benzer: qual a diferença?
Abençoar é lançar bênção para tornar feliz ou venturoso: *O Papa saiu à sacada da basílica e abençoou os fiéis da praça.* **Benzer** é lançar bênção, acompanhada de preces e com os devidos ritos, para invocar a proteção divina, livrando, assim, de coisas malignas: *Depois de três acidentes seguidos, mandei benzer o carro.* *** *Vovó benzeu o nenê, que estava com quebranto.* Enfim, *abençoar* é ação de eclesiásticos, e a bênção é sempre preventiva; *benzer* é deles e também de leigos, às vezes curandeiros, oportunistas, etc., e a benzedura é sempre um ato exigido por um fato desagradável ou maléfico.

aberto
Rege *a* (receptivo, franqueado ou acessível), *contra, para* ou *sobre* (que tem acesso ou comunicação visual): *Este é um governo aberto ao diálogo.* *** *É uma exposição aberta ao público.* *** *É um curso aberto a qualquer interessado.* *** *Era uma janela aberta contra (ou para ou sobre) um belo jardim.*

abertura
Rege *de...a*: *A abertura do mercado ao capital estrangeiro foi salutar para a economia.* *** *A abertura dos portos às nações amigas foi uma providência estratégica.* A regência "abertura de...para", muito comum, deve ser desprezada. Rege *para* ou *sobre* (acessibilidade, comunicação visual) e *para* (possibilidade): *O que valorizava aquele imóvel era justamente a abertura de todas as suas janelas para (ou sobre) um bosque.* *** *Cada fraqueza dos pais é uma abertura para novos desmandos dos filhos.* *** *Cada hora perdida na mocidade é uma abertura para a desgraça no futuro.*

abespinhado
Rege *com* ou *contra*: *O velho ficava abespinhado com (ou contra) as crianças que viviam fazendo barulho na calçada.*

abismado
Rege *com* (muito admirado, espantado, assombrado, mas antes de verbo só aceita *por*) e *em* (absorto, concentrado): *Estou abismado com tudo o que aconteceu.* *** *Fiquei abismado por saber da verdade.* *** *Estava abismado em profundas reflexões, quando ela chegou.* *** *Ficava horas e horas abismado naquela música.*

abismo
Adj. correspondente: *abissal*. Portanto, *profundidades de abismo = profundidades abissais*.

abismo "sem fundo"
Redundância: em *abismo* já existe a ideia de *sem fundo*. A palavra nos veio do grego *ábyssos*, em que *a-* = sem, não + *býssos* = fundo. Eis o caso de uma pessoa tentando explicar o início dos tempos: *No princípio, não havia nem céu em cima, nem terra embaixo, mas apenas um abismo "sem fundo".*

abjeto
Rege *a*: *Essa foi uma medida abjeta à consciência nacional.* *** *Ele não suportou atitude tão abjeta à honra de sua família e reagiu com violência.*

abolir
Não tem a primeira pessoa do singular do pres. do ind. ("abulo"); consequentemente não possui todo o pres. do subj., que dessa pessoa deriva. As formas inexistentes desse verbo devem ser substituídas por equivalentes de verbos sinônimos, tais como *suprimir, revogar, anular,* etc. Antôn.: *restabelecer, restaurar*. Por ele se conjugam: *aturdir, banir, bramir, brandir, brunir, carpir, colorir, comedir, delinquir, delir, demolir, descomedir, desmedir, detergir, disjungir, esculpir, espargir, exaurir, explodir, expungir, extorquir, fremir, fulgir, fundir, haurir, jungir, insculpir, pungir, refulgir, retorquir, ruir* e *urgir*. Na língua contemporânea, porém, alguns desses verbos já se conjugam integralmente, como é o caso de *banir, carpir, demolir, esculpir, explodir, fundir* e *insculpir*.

abonação
Rege *de*: *O uso dos escritores clássicos constitui abonação da construção que empreguei nessa frase*. A regência "abonação a", muito usada, deve ser desprezada.

abonado
Rege *com, de* ou *por* (coisa), *de* ou *por* (pessoa) e *como* ou *de* (predicativo): *Essa biografia é abonada com o (ou do ou pelo) testemunho de contemporâneos do biografado.* *** *Trata-se de uma construção abonada dos (ou pelos) melhores escritores da língua.* *** *Trata-se de uma construção abonada como (ou de) legítima.*

abono
Rege *de* (coisa) e *a* ou *para* (pessoa): *O uso dos escritores clássicos constitui abono da construção por mim empregada.* *** *Não foi permitido nenhum abono de faltas.* *** *Posso lhes adiantar, em abono da verdade, que se trata de pessoa responsável.* *** *Não saiu ainda o abono aos (ou para os) funcionários públicos.* Para coisa, convém desprezar a regência "abono a".

aborígine
É a forma correta. Volta e meia, no entanto, aparece "aborígene", por influência de *origem*. Apesar de errônea, a grafia *aborígene* consta do Vocabulário Ortográfico da Língua Portuguesa (VOLP), cuja edição atual (a 5.ª) traz inúmeros equívocos, alguns imperdoáveis. Não há nenhum fundamento etimológico para a grafia "aborígene"; do latim *aborigines* (*ab-* = desde + *origines*, ablativo de *origo* = origem), não poderia sair "aborígene". Tanto é assim, que nenhum dicionário registra "aborigenal" nem "aborigenário". Por que, então, tentar nos enfiar goela abaixo o que não existe?

aborrecido
Rege *a* (maçante, desagradável), *com* (amolado, chateado) e *de* ou *por* (execrado,

detestado): *Sua principal preocupação era não ser aborrecido a nenhuma visita.* *** *O diretor ficou aborrecido com o que ouviu.* *** *Era um morador aborrecido de (ou por) todos os vizinhos.*

aborrecimento
Rege *a*, *de* ou *por* (aversão, asco): *Tomei grande aborrecimento a (ou de ou por) viagens longas.* *** *Ele confessou que tinha enorme aborrecimento a (ou de ou por) todo e qualquer corrupto.*

abraçado
Rege *a*, *com* ou *em*: *A mãe chorava, abraçada ao (ou com o ou no) corpo do filho morto.* *** *O rapaz, abraçado à (ou com a ou na) namorada, tremia de medo!* Na acepção de adotado, rege *de* ou *por*: *É uma teoria abraçada de (ou por) muitos cientistas de respeito.*

abreviatura¹
É a redução na grafia de certas palavras, geralmente as limitando à letra inicial ou às letras iniciais e, às vezes, à letra inicial com a final. Ex.: *p.* ou *pág.* (página), *cal* (caloria), *Sr.* (Senhor). Quando abreviamos uma sequência de palavras, temos a *sigla*, que é um caso especial de *abreviatura*. É também ato ou efeito de abreviar, abreviação: *a abreviatura de um serviço, a abreviatura de uma viagem.* Das três formas (*abreviação, abreviatura, abreviamento*), o português contemporâneo tem reservado *abreviação* para os significados expostos e *abreviatura* para enunciar reduções de palavras, enquanto *abreviamento* se vai tornando um arcaísmo. Havendo *abreviatura* no final de um período, o ponto abreviativo vale também como ponto final; portanto, não se usam dois pontos ("etc..").

abreviatura²
Nomes geográficos não se abreviam; devem ser escritos sempre por extenso: *São Paulo, Coronel Fabriciano, Marechal Cândido Rondon, Dona Inês, Engenheiro Passos, Santa Bárbara d'Oeste, São Manuel, Dom Pedrito, General Câmara, Doutor Severiano, Padre Cícero, Frei Inocêncio, Tenente Portela, Major Vieira, Almirante Tamandaré*, etc. Esta norma foi fixada pela Conferência de Geografia, em 1926, com o apoio do Instituto Histórico e Geográfico Brasileiro. Não se estende aos nomes de logradouros públicos, que se abreviam: *Avenida Mar. Castelo Branco, Rua Gen. Carneiro*, etc. Alguns nomes de nossos principais jornais se veem com abreviaturas: só se perdoa àqueles periódicos fundados antes de 1926. Em Mato Grosso existe uma cidade de nome Vila Bela da Santíssima Trindade. Em razão de sua extensão, vê-se assim nas placas de seus veículos: V. Bela da SS Trindade. O uso contraria a norma.

abreviatura³
Anote as abreviaturas de: quilo (1kg, 2kg); grama (1g; 2g); quilômetro (1km, 80km), quilômetro por hora (80km/h, 120km/h), metro (1m, 5m), centímetro (1cm, 3cm), hora (1h, 2h, 1h10min), litro (1L, 2L), vindo esta em maiúsculo, para evitar equívocos que normalmente causariam abreviaturas como "1l", "2l", etc. Note: em nenhuma abreviatura há ponto, s de plural e espaço entre o símbolo e o número. O símbolo do real antecede o número (também sem espaço): R$50,00, R$200,00, etc.

abreviatura dos nomes dos meses
Sempre com iniciais minúsculas: jan., fev., mar., abr., mai., jun., jul., ago., set., out., nov., dez.

abrir
Só tem um particípio: *aberto* ("abrido" caiu em desuso): *Você tem aberto muitos livros ultimamente?* *** *As crianças haviam aberto a correspondência do pai, por isso foram castigadas.*

absoluto (o mais)
Embora haja visível redundância em *o mais absoluto silêncio* (*absoluto* já é o máximo),

a expressão campeia na língua cotidiana: *Reina em Brasília "o mais absoluto" silêncio sobre mais esse escândalo. *** Mantenha estes dados "no mais absoluto" sigilo!*

absorto
Rege *ante* ou *diante de* (extasiado) e *em* (concentrado): *Os turistas alemães ficaram absortos ante as* (ou *diante das*) *maravilhosas praias brasileiras.* *** *As crianças estão absortas nos desenhos animados da televisão.*

abstêmio e abstinente: qual a diferença?
Abstêmio é o que não ingere álcool; **abstinente** é quem evita voluntariamente não só álcool, mas qualquer outra coisa que possa causar algum prazer. Quem não toma nem mesmo cerveja é *abstêmio*; os católicos são *abstinentes* de carne na Sexta-Feira Santa, e os padres são, em princípio, *abstinentes* sexuais.

abster-se
Como se conjuga por *ter*, não existem as formas "absti", "absteu", "abstia", "abstiam", "absteram", comuns na língua popular, mas apenas, respectivamente, *abstive, absteve, abstinha, abstinham, abstiveram.*

abstraído
Rege *de* (desinteressado; distraído) e *em* (concentrado, absorto): *É um homem abstraído de quaisquer prazeres materiais.* *** *As crianças pareciam abstraídas da nossa conversa, mas na verdade estavam bem atentas.* *** *Encontrei-o abstraído nos estudos.*

abstrair
Conjuga-se por *cair*.

abundância / abundante
Regem *de* ou *em*: *É uma região notável por sua abundância de* (ou *em*) *petróleo.* *** *A abundância de* (ou *em*) *volume de água do rio Amazonas fascina os turistas.* *** *Região abundante de* (ou *em*) *petróleo.*

abusão
Mentira supersticiosa que o ingênuo ou o supersticioso toma por verdade. Afirmar que agosto é mês de cachorro louco é uma *abusão*. Espalhar que passar por baixo de escada traz desgraça é outra *abusão*. Note: é palavra feminina. Repare agora nesta frase de um anônimo: *Todo ser humano tem direito de errar, mas alguns "abusão" desse direito!!!* Todo ser humano tem realmente o direito de errar, mas usar *"abusão"* por *abusam* já é bem outra coisa. (Em tempo: os três pontos de exclamação fazem parte do original...)

"a" cabo
Se a sua televisão é "a" cabo (note: a sem acento grave), esteja certo de que suas imagens seriam muito mais nítidas se ela fosse *por* cabo. Por quê? Simplesmente porque ninguém tem TV "à" assinatura, mas sim TV *por* assinatura; nenhuma transmissão se faz "a" satélite, mas *por* satélite. Mas a "tchurma" continua vendo TV "a" cabo... Fazer o quê?

acalmar, amainar e aplacar: qual a diferença?
Acalmar é pôr em sossego o que está perturbado: *Procurei acalmar o ânimo dos briguentos.* *** *Um beijo da mulher amada quase sempre acalma a fúria do namorado ciumento.* **Amainar** é pôr em sossego o que está agitado e provocando estragos: *A vigorosa repressão policial amainou o entusiasmo dos manifestantes.* *** *Uma tempestade amaina.* **Aplacar** é sossegar ou moderar quem está irado ou o que está agudo (dor, desejo, etc.): *Não é fácil aplacar a ira de um pai que teve a filha adolescente grávida e solteira.* *** *Não há analgésico que aplaque certas dores.*

acampamento militar
Adj. correspondente: *castrense*. Portanto, *área de acampamento militar* = *área castrense*.

acanhado
Rege *com* (pessoa), *com* ou *por* (coisa) e *de* ou *em* (verbo) [tímido]: *Criança acanhada com estranhos.* *** *Criança acanhada com a* (ou *pela*) *presença de estranhos.* *** *Sentiu-se acanhada de* (ou *em*) *contar o que aconteceu.* Na acepção de limitado ou escasso, rege *de* ou *em*: *Ministério acanhado de* (ou *em*) *verbas.*

acanhamento
Rege *com* (pessoa) e *de* ou *em* (verbo): *Por que tanto acanhamento com seu próprio pai?* *** *Não sinta acanhamento de* (ou *em*) *confessar tudo o que fez!*

ação
Rege *em* ou *sobre* (atuação danosa), *contra* (ocorrência, acontecimento; processo ou demanda judicial) e *por* (luta): *A ação da ferrugem no* (ou *sobre*) *o ferro é sempre destruidora.* *** *A ação desse cosmético na* (ou *sobre a*) *pele é rápida.* *** *Qualquer ação contra a família do juiz será considerada uma agressão à sociedade.* *** *Mover uma ação contra o Estado.* *** *É preciso manter viva a ação pela liberdade e pela democracia.*

acareação ou acareamento?
As duas são corretas, mas a primeira é mais usada: *O delegado promoveu a acareação* (ou *o acareamento*) *entre as partes.*

acarpetar ou carpetar?
As duas são corretas, mas não "encarpetar". Os ambientes *acarpetados* (ou *carpetados*) são mais aconchegantes. E *carpetar* o quarto fica muito mais barato (garantimos) que "encarpetar" a casa toda...

a casa
É como se usa com palavras e verbos dinâmicos em Portugal e na linguagem formal no Brasil: *Sua volta a casa foi fundamental para evitar o crime.* *** *Fui ao escritório, mas tive de voltar a casa, para buscar os documentos.* Repare: não se usa acento grave no "a". No Brasil, na língua do dia a dia prefere-se empregar *em casa*.

acatado
Rege *de* ou *por* (pessoa) e *em* (coisa): *São pais muito acatados dos* (ou *pelos*) *filhos em todos os seus conselhos.* *** *Trata-se de um cientista acatado de* (ou *por*) *todos os colegas em todas as suas teorias.*

acautelado
Rege *contra* (prevenido, precavido), *contra* ou *de* (resguardado) e *em* (guardado): *Viajei ao Sul acautelado contra o frio.* *** *Depois daquele sequestro, a família toda ficou acautelada contra* (ou *de*) *outra ação do mesmo tipo.* *** *O dinheiro sonegado ou da corrupção está acautelado em paraísos fiscais.*

a cavaleiro
V. **estar a cavaleiro**.

a cavalo
Sem acento no *a*, já que antes de palavra masculina não se usa "à": *bife a cavalo, andar a cavalo, viajar a cavalo, estar a cavalo num cabo de vassoura.* Em algumas regiões brasileiras, comete-se o vício de empregar a preposição "de" antes dessa locução: *Ela veio "de" a cavalo.* Não é um meio de transporte muito adequado...

accessível ou acessível?
As duas formas existem, portanto se diz, respectivamente, *akcessível* e *acessível*. Dê, todavia, preferência à segunda forma: *A fábrica passou a oferecer uma versão mais acessível do modelo.* Regem *a*, na acepção de *compreensível* ou na de *atingível* (intelectualmente), *inteligível* e *por* na de *atingível* (fisicamente): *Física nuclear não é um assunto acessível a qualquer pessoa.* *** *Esse assunto não é acessível a crianças.* *** *O topo da montanha só é acessível por um bondinho.* A regência "acessível para", nos dois primeiros significados, muito

comum, deve ser desprezada. Manchete da Folha de S. Paulo: **Prova de química da PUC foi acessível "para" todas as áreas**. *** Do mesmo jornal: *A prestação é bastante acessível "para" grande parte da população*. No site de uma multinacional, em manchete: **Toshiba desenvolve tecnologia mais acessível "para" o diagnóstico de câncer**. Num informe do Ministério da Saúde: *O corpo é facilmente acessível "para" estudo, e no decorrer dos tempos cientistas e médicos aprenderam muito sobre as necessidades do corpo*. Há muito ainda que aprender...

accessório ou acessório?
As duas formas existem, portanto se diz, respectivamente, *akcessório* e *acessório*. Dê, todavia, preferência à segunda forma: *Todos sabemos distinguir entre o essencial e o acessório*. *** *Chapéu é o acessório para o próximo inverno*. Usam-se com *a*: *Os documentos acessórios ao processo já foram anexados pelo advogado*.

aceder
É verbo transitivo indireto que rege a preposição *a* e significa *concordar, anuir*: *O comprador acedeu às condições de pagamento da construtora*. *** *Os pais sempre acediam aos caprichos do filho*. *** *Depois de hesitar um instante, acedi ao pedido dele*. *** *Embora não simpatizasse com eles, acedi ao convite para o jantar*.

aceitar
Com *ter* e *haver* use sempre aceitado, e não "aceito": *Eu já tinha* (ou *havia*) *aceitado o convite*. Com *ser* e *estar*, use indiferentemente aceitado ou aceito: *O convite foi aceitado* (ou *aceito*) *por mim*. Notícia na Folha de S. Paulo: *Dilma ficou irritada com a declaração de Nelson Jobim, que revelou voto em Serra. Cogitou demiti-lo, mas preferiu não fazer isso já. No governo avalia-se que, se o ministro tivesse pedido demissão, ela teria "aceito" na hora*. Manchete de O Estado de S. Paulo: **Kadafi teria "aceito" plano de paz**. O jornalismo brasileiro é ótimo!...

aceito
Rege *de* ou *por*: *Foi uma decisão aceita da* (ou *pela*) *maioria*. Quando faz parte de predicativo, admite *como* ou *por*: *Meu filho foi o aluno aceito como* (ou *por*) *monitor da turma*.

aceleradamente = celeradamente?
Positivamente, não. Mas quase o mundo inteiro está usando uma pela outra – para perplexidade de quem conhece o significado de ambas as palavras. **Aceleradamente** é o mesmo que rapidamente, de modo acelerado: *Com esse nível de corrupção, com essa nossa Educação e com a falta total de segurança da população, o Brasil caminha aceleradamente para o abismo*. **Celeradamente** é de modo celerado, com visíveis más intenções: *Ele afirmou cínica e celeradamente em cadeia de rádio e televisão que não sabia de nada, que foi traído*.

acelerado, marche!
É assim que os instrutores militares devem ordenar a seus subordinados, embora alguns prefiram chamá-los de bandidos, ordenando: *"Celerado", marche!*

acender
Com *ter* e *haver* use sempre acendido (e não "aceso"): *As crianças tinham acendido o fogo*. Com *ser* e *estar* use sempre aceso (e não "acendido"): *O fogo foi aceso pelas crianças*. De um repórter de televisão: *O incêndio foi provocado por um rapaz que teria "aceso" um isqueiro*.

acender e ascender: qual a diferença?
Acender é provocar fogo ou luz e tem como substantivo *acendimento*: **acender** *um fósforo, acender uma lâmpada; o acendimento de um fósforo, de uma lâmpada*; ascender é subir, elevar-se e tem como substantivo *ascendimento* ou *ascensão*: *o balão ascendeu rapidamente; o ascendimento* (ou *a ascensão*) *do balão foi rápido(a)*.

acentuar
Todo verbo terminado em *-uar* traz *e* na forma da terceira pessoa do singular: *acentue*. Alguém se propõe, então, a fazer uma crítica da obra de José de Alencar. E escreve: "*Acentui-se*", porém, mais uma vez, que em Alencar o paisagista não exclui o retratista de interiores. Todo crítico padece do mesmo mal: costuma ver um argueiro no olho alheio, mas não consegue ver uma trave no seu próprio. Querem o sangue do outro, mas não a sua dor.

acerca de, a cerca de e há cerca de: qual a diferença?
Acerca de = a respeito de, sobre (falar *acerca de* futebol); **a cerca de** = a quase, a aproximadamente (fiquei *a cerca de* um metro da atriz); **há cerca de** = faz (cheguei *há cerca de* dois minutos).

acessar
Neologismo de informática que vingou plenamente no português do Brasil. Em nossa língua existe o verbo *aceder*, que entre nós não conseguiu substituir o anglicismo *acessar* (*to access*). Por isso, todos estamos livres para *acessar* qualquer *site*.

acesso
Rege *a* (chegada, aproximação; promoção), *de* (ataque) e *para* (trânsito, passagem): *Tivemos acesso à gruta, depois de alguns minutos de caminhada.* *** *Não tive acesso aos documentos.* *** *O acesso a esse cargo só é possível mediante concurso.* *** *Ter acesso de vômito.* *** *De repente, tive um acesso de riso.* *** *O acesso para o interior é feito por várias autoestradas, em São Paulo.* *** *Este caminho de terra é o único acesso para a praia.*

achar e encontrar: qual a diferença?
Achamos aquilo que buscamos; **encontramos** aquilo que, sem buscarmos, se nos apresenta à frente. Assim, *achamos* uma carteira que perdemos, se nos pusemos a procurá-la, com êxito; se não demos pela perda e, casualmente, a temos novamente de posse, a *encontramos*. Alguém, percorrendo as prateleiras de uma livraria, *acha* o tão desejado livro que procura; antes, porém, pode *encontrar* outro que lhe cause ainda maior satisfação e proveito que aquele que achou.

à chuva
No português lusitano e na norma padrão se usa *à* chuva; no português brasileiro, mormente na língua popular, usa-se *na* chuva. Na linguagem formal usa-se a preposição a: *Aquele que fica à chuva, tem que se molhar.* *** *Aguardei-a duas horas à chuva*.

acima, a cima ou em cima: qual a diferença?
Acima significa escrito anteriormente (*a explicação acima é boa*); anteriormente (*o endereço citado acima*); para cima de determinado ponto (*está vendo aquele andar cheio de flores na varanda? eu moro um andar acima*); na parte superior (*fui lá acima e nada vi*); da parte inferior para a superior (*seguir rio acima*); em grau ou categoria superior, para cima (*carteira de motorista? só de 18 anos acima*); maior em quantidade ou número (*livros com cem páginas e acima ficavam na prateleira de baixo*) e maior que zero na escala de temperatura (*estamos com 15ºC acima*). Entra na locução *acima de*: *Coronel é posto acima de capitão*. *** *O Brasil está acima de tudo*. **A cima** se usa em oposição a *baixo*: *Ela me olhou de baixo a cima*. **Em cima** se contrapõe a *embaixo*: *Estou aqui em cima*. Entra na locução *em cima de*, que se contrapõe a *embaixo de*: *O livro está em cima de onde?*

aclimação
É melhor forma que *aclimatação*: *A aclimação de uma planta ao frio.* *** *A aclimação de uma ave siberiana no Brasil não será fácil.*

aclive e declive: qual a diferença?
Aclive é qualquer inclinação vista de baixo para cima; é inclinação ascendente. **Declive** é qualquer inclinação de cima para baixo; é inclinação descendente. Como se vê, são antônimos.

acompanhado
Rege *de* ou *por*: *A menina voltou acompanhada dos* (ou *pelos*) *pais*. *** *O presidente chegou acompanhado de* (ou *por*) *cinco seguranças*.

aconselhar
Use assim: *ela o aconselha, eu a aconselho, ela os aconselha, eu as aconselho*. No Nordeste, todavia, é comum substituir o pronome *o* (e variações) por *lhe* (e variação). Então, comumente se ouve: *Eu "lhe" aconselho a não voltar a votar nele*. Um jornalista brasileiro traduziu uma notícia de um jornal francês, quando da estada em Paris de Lula, desta forma: *O ex-presidente Fernando Henrique Cardoso, que não engole o sucesso de Lula no cenário internacional, achou por bem "lhe" aconselhar a não se candidatar para ter uma saída honrosa*. Não há saída honrosa para jornalista que não conheça regência verbal.

acontecer
Use com *a* (de preferência) ou *com*: *Aconteceu ao* (ou *com*) *o pai da criança sofrer um grave acidente*. Como o sujeito desse verbo aparece quase sempre posposto, há uma tendência na língua popular de deixarem-no sempre no singular, mesmo que o sujeito esteja no plural, fato semelhante ao que ocorre com *existir*: "Acontece" *coisas incríveis na política brasileira*. (Corrija-se: *Acontecem*.) *** "Acontecia" *muitos acidentes nesse cruzamento*. (Corrija-se: *Aconteciam*.) *** *Neste ano já "aconteceu" muitas coisas na minha vida*. (Corrija-se: *aconteceram*.) V. **ocorrer**.

acontecer de
Não é da norma padrão, mas a língua contemporânea vai conhecendo cada vez mais a construção deste verbo com a preposição *de*: *Aconteceu de chover exatamente na hora do jogo*. *** *Na hora da raiva, muitas vezes acontece de alguém dizer coisas de que depois se arrepende*. Retirada a preposição, a construção fica de acordo com a norma padrão, mas distancia-se da língua popular. O mesmo fenômeno linguístico acontece com *ameaçar, dar, entender, evitar, inventar* e *resolver*.

acoplado
Rege *a* ou *com* (conectado, ligado; vinculado): *Havia um sistema já acoplado a* (ou *com*) *outro*. *** *Esse plano já veio acoplado ao* (ou *com o*) *anterior*. O substantivo *acoplamento* rege as mesmas preposições.

acordeom ou acordeão?
As duas formas existem, mas não "acordeon". Quem toca *acordeom* (ou *acordeão*) se diz *acordeonista*.

"a" cores
Não. V. **em cores**.

acorrer
Significa ir ou vir apressadamente; use sempre com *a*: *A crise fez que os correntistas acorressem aos bancos, para zerar suas contas*. Com esse verbo (interessante!), o brasileiro não usa a preposição "em", tão comum entre nós com os verbos de movimento. V. **chegar em casa**.

acostumado / acostumar / acostumar-se
Use de preferência com *a*: *Não estou acostumado a esse tipo de comportamento*. *** *É um povo acostumado ao trabalho*. *** *Acostumar os filhos à leitura*. *** *Nunca vou me acostumar a fumaça de cigarro*. O uso da preposição *com*, nos três casos, se bem que vulgarizado, deve ser desprezado, mormente na linguagem elegante: trata-se de um brasileirismo perfeitamente dispensável.

acrescentar
Use sempre com *a*: *acrescentar vitamina ao leite, acrescentar flúor à água, acrescentar um dia ao mês de fevereiro*. A regência com a preposição "em" deve ser desprezada.

acrescido
Rege *a* ou *de*: *Tive as despesas de hoje acrescidas às* (ou *das*) *anteriores, por isso é que a quantia gasta foi vultosa.* *** *Suas economias, acrescidas às* (ou *das*) *minhas, já dão para comprar a casa.*

acréscimo
Use com a: *o acréscimo de vitamina ao leite, o acréscimo do flúor à água; o acréscimo de um dia ao mês de fevereiro.* A regência com a preposição "em" deve ser desprezada. V. **de acréscimo**.

acriano
É a forma correta para aquele que nasce no Estado do Acre. A vogal de ligação, neste caso, no entanto, em todas as palavras é -i-, e não "-e-". Repare: *açoriano, camoniano, draconiano, goethiano, iraquiano, machadiano, raquiano,* etc. Os acrianos não aprovam essa forma, porém, é a única rigorosamente correta; quererem chamar-se "acreanos" porque se acostumaram a essa grafia é desejarem que a língua se submeta a caprichos humanos, o que – convenhamos – não é sensato.

acrônimo e sigla: qual a diferença?
O **acrônimo** sempre se lê como se fosse uma palavra comum e forma sílaba(s). Ex.: USP, ONU, Otan, aids, sonar, radar, laser, etc. A **sigla** se pronuncia letra por letra e pode ter ponto ou não. Ex.: IBGE (ou I.B.G.E.), IPI (ou I.P.I.), etc. Hoje quase não se usam os pontos.

-açu
Sufixo tupi, cujo correspondente em português é *-guaçu*. Tanto um quanto outro só se ligam por hífen ao vocábulo seguinte, se este termina por vogal nasal ou acentuada. Ex.: *arumã-açu, acará-açu*. Do contrário, não se usa o hífen: *babaçu, Embuguaçu, Mojiguaçu*, etc. Antôn.: *-mirim*.

açúcar
É palavra masculina: *o açúcar, um bom açúcar*. Evite dizer "açúka", não pronunciando o último fonema.

açucarar ou açucarar-se?
Tanto faz: *Há méis que açucaram* (ou *se açucaram*) e *meles que não açucaram* (ou *não se açucaram*).

acudir
Conjuga-se por *fugir*. É transitivo direto na acepção de correr para ajudar ou socorrer; apressar-se no socorro ou ajuda a: *Ninguém acudiu o menino que se afogava.* *** *O menino se afogou porque ninguém o acudiu.* É transitivo indireto na acepção de auxiliar ou ajudar, geralmente em circunstância difícil: *Nas provas, os professores não podem nem devem acudir aos alunos que estejam com dúvidas.* *** *Quando precisava de dinheiro, quem lhe acudia era o tio.* *** *Ela não sabia fazer a conta, e o namorado lhe acudiu.* *** *Quem foi acudir ao motorista atolado fui eu.*

acúleo e espinho: qual a diferença?
Os dois são protuberâncias vegetais do caule, mas o primeiro é facilmente destacável, ao contrário do segundo. Assim, as roseiras têm *acúleos*, mas os limoeiros, espinhos. Em sentido figurado só se emprega *espinho*. A vida está cheia deles...

acumular-se
Use sempre assim, na acepção de juntar-se por acréscimo, sobrepor-se: *Só jogo na megassena, quando a bolada se acumula.* *** *O prêmio da megassena voltou a se acumular.* A "tchurma", além de usar "mega-sena" e até "mega sena", só usa "acumular", sem o pronome. Normal...

acumular e cumular
Embora possamos usar um pelo outro, no português contemporâneo já se vai firmando

alguma diferença de emprego entre esses dois verbos. **Acumular** se usa mormente por reunir em grande quantidade (*acumular grande fortuna*) ou por exercer ao mesmo tempo, ser beneficiado simultaneamente por (*acumular os cargos de diretor e professor; acumular aposentadorias*). **Cumular** tem sido reservado para o significado de dotar, prover, cercar, prodigalizar: *O chefe sempre a cumulou de gentilezas.* *** *Ela só se sente segura quando a cumulam de atenções.*

acurado e apurado: qual a diferença?
Acurado é cuidadoso, rigoroso e usa-se geralmente anteposto ao substantivo: *Farei um acurado estudo do assunto.* *** *A polícia procedeu a um acurado exame no local do crime.* *** *Após acuradas diligências, chegou-se ao autor do crime.* **Apurado** é fino, aguçado (*ter orelha apurada*) ou refinado, seleto (*ter gosto apurado*) e usa-se geralmente posposto ao substantivo.

acusação
Rege *a* ou *contra*: *Todas as acusações a* (ou *contra*) *mim são falsas e levianas.* *** *O homem, então, desfechou grave acusação à* (ou *contra* a) *ex-mulher.* Às vezes pede ainda *sobre*: *Chovem acusações ao* (ou *contra* o) *correio sobre extravios de cartas e encomendas.*

acusar
Quando pede predicativo, este pode vir regido de *como, de* ou *por*: *Acusam o rapaz como* (ou *de* ou *por*) *estuprador.* *** *Querem acusá-lo como* (ou *de* ou *por*) *mandante do crime.*

à custa de
É a locução correta, e não "às custas de", muito comum na língua cotidiana: *Ele vive à custa da mulher.* *** *Vivo à minha custa.* Apesar de ser assim, o Dicionário Houaiss registra a locução impugnada. Normal... De um de nossos ministros do Turismo: *O governo brasileiro não vai permitir que o crescimento do turismo se dê "às custas da" exploração sexual das nossas crianças e adolescentes.* Não mesmo, Excelência. Agora, veja como saiu no Correio Braziliense: *A única coisa que se implanta com rapidez no Brasil é o esquema de faturamento "às custas do" consumidor: num piscar de olhos os motoristas se veem às voltas com radares móveis, imóveis, fixos, itinerantes, pardais, pistolas e outras variações sobre o tema.* Pois é... Para encerrar de forma positiva, eis uma frase perfeita do presidente da OAB (2010), ao comentar de modo pertinente um projeto do governo do PT, que pretendia dar poder de juiz e de polícia aos fiscais da Receita Federal: *Tais medidas só são boas para o governo, que quer chegar o mais rapidamente possível ao bolso do contribuinte, mesmo que à custa da quebra de todos os paradigmas do processo tributário.* Com chave de ouro, no entanto, este caso se encerra com esta declaração do novelista Aguinaldo Silva: *Uma das fontes de renda das celebridades são os processos contra os jornalistas. Quero ganhar dinheiro à custa desses idiotas. E não vou doar para a Casa dos Artistas, vou gastar com champanhe!* Não se esqueça de nos convidar!

adágio, aforismo e máxima: qual a diferença?
Adágio é a frase popular, curta e anônima, na qual se dá um conselho fundado na experiência; é o mesmo que *ditado, provérbio* e *rifão*. Ex.: *Nem tudo o que reluz é ouro.* *** *Quem tudo quer tudo perde.* **Aforismo** é a frase breve, muitas vezes sem verbo, que encerra uma verdade geral ou uma observação sutil. Ex.: *Cada macaco no seu galho.* *** *Casa de ferreiro, espeto de pau.* *** *Cada cabeça uma sentença.* **Máxima** é a mensagem breve e sábia de autor quase sempre conhecido; é o mesmo que *pensamento*. Ex.: *De três coisas precisam os homens: prudência no ânimo, silêncio na língua e vergonha na cara.* (Sócrates) Essa máxima tem séculos e continua atualíssima, o que vem comprovar que o homem, do ponto de vista moral, não evoluiu absolutamente nada.

Adão
Adj. correspondente: *adâmico*. Portanto, *tempos de Adão* = *tempos adâmicos*.

adendo
Use sempre com a: *fazer adendo a um contrato*.

adentrar
Significa entrar em; não use nem com "a" nem com "em". Ex.: *Os jogadores já adentraram o gramado*. (E não: Os jogadores já adentraram "ao" gramado.) *** *Os ladrões adentraram a casa na calada da noite*. (E não: Os ladrões adentraram "na" casa na calada da noite.) *** *Só mesmo pessoas muito corajosas conseguem adentrar essa mata, à noite*. Escreveu assim um de nossos jornalistas: *O governo brasileiro anunciou uma medida que restringe a entrada de produtos como veículos e autopeças de qualquer país do Mercosul no mercado nacional diretamente como sempre aconteceu, depois que a Anfavea disse ter alertado o governo sobre 2,5 mil máquinas agrícolas que estão paradas sem autorização para adentrar "ao" território portenho*. Sem dúvida: um dia eles chegam lá...

adentro ou dentro?
Tanto faz: *Os ladrões irromperam porta adentro* (ou *porta dentro*). *** *Foi entrando mar adentro* (ou *mar dentro*); *quando percebeu, já estava em ponto que não dava pé e quase se afogou*. No princípio era apenas *dentro*, que ganhou um *a* protético por analogia com *acima* e *abaixo*.

adequado
Rege *a* (apropriado, conveniente) e *com* (compatível): *Muitos acham que o parlamentarismo é o sistema político adequado ao povo brasileiro*. *** *Deve ser tomada uma medida adequada a cada caso*. *** *A pena deve ser adequada com o tipo de crime*. *** *O médico deve prescrever medicação adequada com a gravidade da doença*. *** *Use sempre uma linguagem adequada com a do seu interlocutor!*

aderência / aderente
Regem *a* (preferível) ou *com*: *É um pneu cuja aderência ao* (ou *com o*) *solo confere ao veículo grande segurança*. *** *A aderência de alimento cozido ao* (ou *com o*) *fundo, numa panela de teflon, é menor que a aderência a uma* (ou *com uma*) *panela comum*. *** *Um pneu aderente ao* (ou *com o*) *solo dá mais confiança ao motorista*. *** *Alimento aderente ao* (ou *com o*) *fundo de uma panela de teflon não deve ser removido com o uso de objetos metálicos*.

aderência e adesão: qual a diferença?
Ambos os substantivos são correspondentes do verbo aderir, mas têm empregos distintos: aderência se aplica a coisas, enquanto adesão se emprega para pessoas. Ex.: *Gosto desses pneus, por causa de sua aderência ao solo, com chuva ou não*. *** *Houve grande adesão da população a essa campanha*.

aderir
Conjuga-se por *ferir*.

adernar
Quando um navio, por alguma razão, pende para um dos lados, de preferência, aderna. Conviria que os jornalistas soubessem disso. Manchete do **G1**: **Chocante, diz passageira de navio que "inclinou"**.

a despeito de ou em despeito de?
Tanto faz: *Sua proposta, a* (ou *em*) *despeito de ser excelente, não nos interessa*.

adestrar, ensinar e instruir: qual a diferença?
Adestrar é treinar ou exercitar pessoas e animais: *adestrar um policial, um cão*. **Ensinar** é transmitir conhecimentos a uma pessoa por meio de lições, para o aperfeiçoamento do espírito: *ensinar crianças e adultos*. **Instruir** é preparar alguém por um método sistemático, a fim de deixar pronto para agir, para servir à sociedade. Um professor deve não só *ensinar*, como também *instruir* seus alunos. Podemos *adestrar* pessoas e animais, porque o adestramento pressupõe apenas habilidade mecânica, e não envolve o espírito, como o ensino e a instrução.

adeus
Pode ser substantivo e interjeição (*adeus!*), que no Brasil se usa às despedidas; em Portugal, porém, é muito empregada como saudação. Pl. (do subst.): *adeuses*. Forma-se de *a* (prep.) + *Deus*, de frases como *entrego-te a Deus* ou *recomendo-te a Deus*, usadas antigamente, às despedidas.

adiantar
Verbo que facilmente leva a erro de concordância, quando seu sujeito é um infinitivo. Assim, é comum encontrarmos frases como esta: *Os brasileiros venceram por qualidades que não "adiantam" discutir*, em que seu autor está certo de que o sujeito de *adiantar* é *qualidades* (representado pelo pronome relativo *que*). Não é. O sujeito de *adiantar* é, na verdade, o infinitivo (*discutir*): afinal, o que é que não adianta? É *discutir*; portanto, o verbo deve ficar no singular.

adiantar ou adiantar-se (horas)?
Tanto faz: *Relógio bom não adianta* (ou *se adianta*) *nem atrasa.* *** *Meu relógio adiantou* (ou *se adiantou*) *dois minutos de ontem para hoje*. V. **atrasar**.

adiantar nada / de nada adiantar
São expressões equivalentes: *Reclamar não adianta nada*. Ou: *De nada adianta reclamar*. Já estão a inventar uma terceira opção: não *adianta "de" nada*, comum no Ceará.

adiar, procrastinar e protelar: qual a diferença?
Adiar é transferir para outro dia: *adiar uma reunião, adiar uma audiência, adiar um jogo de futebol*. Procrastinar é adiar continuamente. Quantos noivos não há que vivem *procrastinando* o casamento? Protelar é retardar propositadamente, para contrariar, desgastar ou criar embaraço. Há pessoas que vivem *protelando* o pagamento de suas dívidas; há noivos que *protelam* o casamento só para irritar os futuros sogros.

adição
Rege a: *O que é fluoração? É a adição do flúor à água de consumo.* *** *Os anos bissextos são aqueles em que se dá a adição de um dia ao mês de fevereiro.* *** *A despesa veio em adição às outras, já vultosas e impossíveis de pagar.*

adição, soma e total: qual a diferença?
Adição é a operação de somar, cujo símbolo é +. Soma é o resultado de uma adição. Assim, na *adição* 2 + 2, a *soma* é 4. Total é o número obtido com a *adição* de duas ou mais *somas*. Assim, se 2 + 2 = 4 e 6 + 3 = 9, o total das *somas* é 13.

adicionar
Use com a: *adicionar vitamina ao leite, adicionar flúor à água, adicionar um dia ao mês de fevereiro*. Muitos usam a preposição "em".

adido
Use sempre assim: *adido a imprensa*, e não *adido "de" imprensa*. Seu feminino é *adida* (muitos jornalistas usam "a adido").

à direita
V. **à esquerda**.

a distância
Sem acento grave no a, quando a distância for indeterminada ou desconhecida: *Os guardas observavam a manifestação popular a distância.* *** *Quero ver essa gente a distância.* *** *Ensino a distância*. Quando a distância for determinada ou conhecida, o acento no a será obrigatório: *Os guardas observavam a manifestação popular à distância de cem metros*. Grandes escritores vacilaram aqui. O Dicionário Houaiss usa o acento nessa locução em toda a obra, como se vê no verbete **olho**, subverbete **alongar os olhos**. Os jornalistas vacilam no assunto todos os dias. Como se vê nesta manchete da Veja, reproduzindo a frase do então presi-

dente da Colômbia, Álvaro Uribe, dirigida a Hugo Chávez, num desses encontros de chefes de Estado sul-americanos: *Seja homem. Você é corajoso para falar "à" distância e covarde para falar de frente*. Manchete no Terra: **Relacionamento "à" distância dá certo? Veja dicas de apaixonados.** Vou ver nada... Num anúncio da Fundação Getúlio Vargas, no entanto, viu-se: *A melhor graduação on-line. O melhor programa de educação a distância. Excelência e tradição ao seu alcance. Inscreva-se no processo eletivo da Graduação Tecnológica em processos Gerenciais a distância*. Quem sabe nunca esquece.

adjacente
Rege *a*: *As cadeiras adjacentes a minha estavam reservadas a autoridades.* *** *Todas as ruas adjacentes a nossa estão com o tráfego interrompido.*

adjetivo antes de substantivos (concordância)
Quando uma série de substantivos vem antecedida de um adjetivo, este concorda sempre com o substantivo mais próximo, e não com a totalidade deles. Ex.: *Você chegou em má hora e lugar*. Ou: *Você chegou em mau lugar e hora*. (E nunca: Você chegou em "maus" hora e lugar.) Ao apresentar um novo modelo de veículo, a revista Carro, ed. 197, destacou, na pág. 16: *Por dentro, o Edge contará com "novos" painel, volante e acabamento*. Ou seja, tudo muito velho...

adjetivo gentílico e adjetivo pátrio: qual a diferença?
Os *gentílicos* são nomes que se referem a raças e povos: latino, germânico, vândalo, israelita, semita e visigodos, etc. Os *pátrios* são nomes que se referem a lugar: israelense, romano, alemão, turco e brasileiro, etc. Alguns, inclusive o VOLP, fazem a maior confusão entre esses casos, que são tão simples, tão singelos.

admiração
Rege *a* ou *por*: *Tenho grande admiração a (ou por) tudo o que vem do Japão.* *** *Sinto muita admiração a (ou por) essa gente.* Pode, ainda, reger *ante* ou *perante*: *As crianças enchiam-se de admiração ante (ou perante) os brinquedos do parque de diversões.*

admirado
Rege *de*: *Estou muito admirado de tudo o que eu vi.* *** *Os turistas ficaram admirados da beleza e do charme da mulher brasileira.* A regência "admirado com", muito comum, deve ser desprezada. Na voz passiva, admite *de* ou *por*: *O Brasil é um país admirado de (ou por) muitos povos.*

admirar
Use sempre assim: *ela o admira, eu a admiro, ela os admira, eu as admiro*. No Nordeste, todavia, é comum as pessoas substituírem o pronome *o* (e variações) por *lhe* (e variação). E então dizem: *Eu "lhe" admiro muito, viu, seu cabra da peste, eu "lhe" admiro muito.* (E ainda repetem...)

admissão
Rege *a* ou *em*: *Minha admissão à (ou na) empresa foi feita mediante concurso.* *** *Sua admissão ao (ou no) Ministério se deu já no final do governo.* *** *Fiz meu exame de admissão ao (ou no) ginásio com 11 anos de idade.*

admitir
Quando ocorre predicativo, este aceita *como* ou *por*: *Não admito esse homem como (ou por) meu superior.*

admoestar e advertir: qual a diferença?
Admoestar é repreender com moderação, brandamente: *O chefe admoestou a nova secretária logo no primeiro dia de trabalho.* *** *O guarda se limitou a admoestar o motorista imprudente.* *Advertir* é repreender com autoridade e geralmente de modo formal: *O professor o advertiu pelo seu mau comportamento.* *** *Naturalmente, o presidente não iria advertir o ministro em público.*

"a" Dona
Não se usa artigo antes dessa palavra. Portanto: *Eu não vi Dona Maria hoje.* *** *Eu não conheço Dona Marta.* V. **Dona**.

adoração
Rege *a* ou *por*: *Os pais têm verdadeira adoração a* (ou *por*) *essa filha.* *** *Sempre tive adoração a* (ou *por*) *três coisas: mulher, música e carros.* *** *Os brasileiros de bom gosto têm adoração à* (ou *pela*) *bossa nova.*

adorado
Na voz passiva ou não, aceita *de* ou *por*: *É um presidente adorado de* (ou *por*) *todos os brasileiros.* *** *Os palhaços são adorados das* (ou *pelas*) *crianças.*

adormecer e dormir: qual a diferença?
Adormecer é pegar no sono. Quem está exausto pode encostar-se a um canto e *adormecer* com a maior facilidade. Quem já passou pelos terminais rodoviários do país sabe muito bem o que é *adormecer*. **Dormir** é pegar no sono para a ele se entregar e nele se conservar, é entregar-se inteiramente ao sono, o que implica horas. Os especialistas aconselham que todos *durmamos* oito horas por dia. Os bebês costumam *dormir* quase vinte horas por dia. Um guarda-noturno pode até *adormecer*, que isso não é nenhum pecado, mas se *dormir* já não poderá ser chamado guarda-noturno. Nenhum motorista "dorme" ao volante, porque um acidente geralmente ocorre antes de ele dormir; na verdade, motoristas adormecem ao volante.

adornado
Rege *com* ou *de*: *As ruas estavam adornadas com* (ou *de*) *bandeirolas e faixas de boas-vindas ao ilustre visitante.* *** *Ela trajava um vestido adornado com* (ou *de*) *fitas coloridas.*

adotado
Rege *em* ou *para*: *A melhor solução adotada nesse* (ou *para esse*) *caso foi a nossa.* *** *Qual foi a gramática adotada em* (ou *para*) *sua escola?* Quando exerce a função predicativa, admite *como* ou *por*: *Por vários anos tive aquele homem adotado como* (ou *por*) *meu sogro, por amor a sua filha.*

adubado
Rege *com*, *de* ou *por*: *As terras estão adubadas com* (ou *de* ou *por*) *bom fertilizante e, certamente, produzirão boa safra.*

adulado
Rege *de* ou *por*: *Criança muito adulada dos* (ou *pelos*) *pais é um risco para o futuro dela e também deles.*

adular e lisonjear: qual a diferença?
Adular é agradar interesseiramente. Na adulação há sempre amabilidades fingidas, nunca justas. **Lisonjear** é dirigir todo tipo de coisas agradáveis a alguém, com o fim precípuo de lhe ganhar o afeto, a simpatia, podendo ser justas ou fingidas. O adulador elogia tudo e a todos, chegando até a sacrificar sua própria opinião sem o menor constrangimento. O que importa é agradar à pessoa que lhe interessa. O lisonjeiro é mais fino, mais inteligente, muito mais perigoso que o adulador. Por isso, o homem prudente deve desprezar a adulação, mas temer a lisonja. Além desses, existe outro tipo de traste: o *bajulador*. Este é o que adula com baixeza, não se importando de humilhar-se para conseguir agradar ao bajulado. É o que o povo chama com propriedade *puxa-saco*.

aduzir
Não possui a desinência -e- na 3.ª pessoa do singular do presente do indicativo: aduzo, aduzes, aduz, aduzimos, aduzis, aduzem. Por ele se conjugam: conduzir, deduzir, induzir, introduzir, produzir, reduzir, reproduzir e seduzir.

advertência
Rege *a* ou *contra*: *O governo fez séria advertência à (ou contra a) embaixada da França.* *** *A sua advertência às (ou contra as) manifestações populares pouco resultado prático apresentou.* Na acepção de aviso, rege *acerca de, a respeito de* ou *sobre*: *Há em cada elevador uma advertência acerca do (ou a respeito do ou sobre o) peso máximo a ser transportado por viagem.* Pode reger *a ... contra* (ou *de* ou *para* ou *sobre*): *Já houve advertência aos motoristas contra a (ou da ou para a ou sobre a) adulteração dos combustíveis nesses postos.*

advertido
Rege *contra, de* ou *sobre*: *Advertido contra os (ou dos ou sobre os) perigos da cidade grande, desistiu de se mudar.* *** *Advertida contra (ou da ou sobre a) aproximação do furacão, a população começou a estocar água e alimentos.*

advertir
Conjuga-se por ferir. Quem adverte, adverte alguém de alguma coisa: *Os pais advertiram os filhos do perigo que é, hoje, saírem à noite.* Ninguém adverte "para", "sobre" ou "contra", que é como nossos jornalistas insistem em fazer. Veja: *Os Estados Unidos advertiram a Rússia "para" que não se envolvesse no conflito do Oriente Médio.* *** *Os guardas advertiam os motoristas "para" a neblina adiante.* *** *O sinal advertia os pedestres "sobre" o perigo de cruzar a pista.* *** *A China advertiu os Estados Unidos "contra" o exercício militar em Taiwan.* Quando se omite o objeto direto, a tendência para o uso da primeira preposição é ainda maior. Veja: *Não se cansaram de advertir "para" os perigos das mensagens fantasiosas advindas de espíritos pseudossábios e mistificadores.* *** *Antes de mais nada é necessário advertir "para" os perigos que tal proposta carrega.* Nesses casos, cabe empregar a preposição *de*. Na Folha de S. Paulo: *Rubens Ricupero advertiu "de" que o Brasil corre o risco de ficar refém da China caso não tenha uma política clara para lidar com o gigante asiático.* Ou seja: o jornalista ouviu o galo cantar, mas não sabe onde. Vírgula? O jornalismo brasileiro desconhece completamente o assunto.

advir
Conjuga-se por vir.

a e i o u
Pronuncia-se assim: *a é i ó u*. As vogais *e* e *o*, quando pronunciadas isoladamente, têm sempre som aberto: vitamina E, a classe E, Mercedes-Benz série E, OAB, SOS, turma O do colégio.

à entrada ou na entrada?
Em Portugal e na norma padrão se usa *à* entrada: *Ela me encantou logo à entrada.* *** *Havia um aviso logo à entrada da casa: Cão bravo.* No Brasil, mormente na língua popular ou despretensiosa, usa-se *na* entrada.

à época ou na época?
Tanto faz: *À (ou Na) época eu tinha 15 anos.* *** *Aumentam as vendas no comércio à (ou na) época do Natal.*

à esquerda
Evite usar "às" esquerda, prefira sempre virar à esquerda ou dobrar à esquerda. Em muitas cidades do interior do Brasil, quando você pede uma informação qualquer, o cidadão geralmente o manda virar "às" esquerda ou "às" direita. Nesse caso, prefira ir sempre reto...

à esquina
Em Portugal e na norma padrão se usa *à esquina*: *Esperei-a em vão, mais de uma hora à esquina.* *** *O acidente aconteceu ali à esquina.* *** *O carro estava estacionado à esquina.* No Brasil, na língua popular ou despretensiosa se usa *na esquina*.

a esta altura do campeonato
Sem acento no *a*, já que antes de *esta* não se usa "à": *A esta altura do campeonato, não há como reagir.*

a estas horas
É a expressão correta, a par de *por estas horas*, embora alguns usem "as estas horas": *A estas horas, todos lá já deverão estar dormindo.* *** *Não convém a uma dama, a estas horas, estar caminhando pelas ruas.* *** *Que faz você por aqui a estas horas?* Escreve, todavia, um jornalista esportivo: *Os dirigentes corintianos devem estar dando sonoras gargalhadas "as" estas horas.* Há muito mais gente dando sonoras gargalhadas a estas horas...

aético
É palavra malformada, no entanto vulgarizou-se e até tem registro na 5.ª edição do Vocabulário Ortográfico da Língua Portuguesa (VOLP), o que não diz nada. Quando se criam palavras, convém ao menos saber criá-las, à luz de algum conhecimento ou mesmo de alguma coerência linguística. Em nossa língua, palavras iniciadas por consoante recebem o prefixo *a-*, quando se deseja a negação. Veja: *acéfalo, agnóstico, amoral, apartidário, apolítico, ateu, atípico*, etc. Palavras iniciadas por *vogal* ou por *h*, porém, recebem o prefixo *an-*. Veja: *analfabeto, analgésico, anarquia, anelétrico, anemia, anestesia, anidro, anônimo*. Como se vê, em ambos os casos a norma vale tanto para as palavras portuguesas quanto para as gregas. Ninguém ainda ousou empregar *"aarquia", "aemia", "aalgésico", "aônimo", "aalfabeto"*. Por quê? Ora, por quê... Seria interessante ver um analfabeto dizer a outro: *Coloque-se no seu devido lugar, seu "aalfabeto"!* Destarte, se temos a palavra *ético* (iniciada por vogal), toda a coerência deste mundo nos leva a ajuntar *an-*: *anético*, ainda que esta seja palavra formada modernamente. Mas coerência no mundo em que ora vivemos é mero detalhe. Assim é que um jornalista de O Globo escreveu em seu blog: Já é um absurdo que deputados condenados pelo Supremo Tribunal Federal continuem exercendo seus mandatos como se nada tivesse acontecido. Há vários casos desses na Câmara em Brasília. Absurdo maior, no entanto, é dar posse a um suplente condenado pela última instância do Judiciário por corrupção ativa e formação de quadrilha. A posse do ex-presidente do PT José Genoino é absolutamente legal, pois o processo ainda não transitou em julgado, mas é totalmente "aética" e revela, ao mesmo tempo, a falta de compromisso do PT e da própria Câmara com o exercício da política no sentido mais alto, definido como a busca do bem comum, priorizando interesses particulares e corporativos.

à exceção de ou com exceção de?
Tanto faz: *Todos ali são bandidos, à* (ou *com*) *exceção de um ou outro.* *** *À* (ou *Com*) *exceção de Matemática, nas demais disciplinas ela só conseguia nota máxima.*

a expectativa é "de" que
Quem conhece a estrutura da língua não constrói assim; ou seja, quem aprendeu a fazer análise sintática, não escreve dessa forma. Como nas escolas brasileiras já não se ensina análise sintática ("é coisa do passado", dizem os vanguardistas da nossa Educação), o erro aparece constantemente nos nossos jornais e revistas, porque os jornalistas de hoje, a ver-se como escrevem, nem mesmo sabem que raios é essa tal de análise sintática. Veja: *A expectativa é "de" que ele fique um tempo sem partido, para depois se filiar ao PDT*. A expectativa é "de" que equivale a A expectativa é "dessa", enquanto A expectativa é que equivale a A expectativa é essa. Fácil concluir qual a correta. Em A expectativa é que..., a conjunção inicia oração substantiva predicativa. A preposição *de* só terá cabimento quando a palavra expectativa estiver representada por um pronome. Assim, por exemplo: *A expectativa é a de que*... Ou seja: A expectativa é a expectativa de que... (agora temos o início de uma oração substantiva completiva nominal, e não mais predicativa). Repare nesta notícia, dada em letras garrafais, pela ISTOÉ: **Documentos obtidos por ISTOÉ revelam preferência da Aeronáutica pelo caça americano F-18. A tendência é "de" que Dilma Rousseff atenda aos anseios dos militares**. Se substituirmos a oração desenvolvida por um pronome demonstrativo, ela fica assim: A tendência é **essa** (e não "dessa"). Daí se conclui que a preposição "de" não tem sentido ali nem nestas frases, também de jornalistas: *A expectativa é "de" que o novo carro chegue às*

lojas dos EUA em maio. *** *A América Latina parece realismo fantástico. A posse de corpo ausente de Hugo Chávez foi um ritual não escrito na Constituição do país, nem de qualquer democracia. A sensação é "de" que a ficção de Gabriel García Márquez é, na verdade, uma crônica atemporal da região.* Na verdade, a sensação é que vocês não estão inteiramente preparados... Outro jornalista, no entanto, escreveu assim: *O governo prepara medidas para facilitar o acesso ao crédito e estimular a economia. A* expectativa é que *as ações sejam anunciadas no final da tarde de hoje.* Já outro jornalista da mesma Veja acertou em cheio, ao escrever: *Por que a crise política não detona a economia? A resposta é* a *de que o Brasil mudou muito e para melhor.* Poderia ter escrito, ainda: A resposta é que o Brasil..., mas nunca A resposta é "de" que o Brasil...

a expensas de
É a expressão correta, equivalente de *à custa de*: *É um marido que vive* a *expensas da mulher.* *** *Ele viajou* a *expensas da firma.* *** *No pacote de viagem, a hospedagem está incluída, mas as refeições correm* a *suas expensas.* *** *Vivo* a *minhas próprias expensas. Expensas*, aí, está por *despesas*, e é palavra só usada nessa expressão. O Dicionário Houaiss registra "às expensas de", assim como "às custas de". Normal...
EM TEMPO – Nesse mesmo dicionário, anote: no verbete **adenopatia** aparece a palavra adenose. No entanto, você vai à procura desta palavra no dicionário e não a encontra. E assim também: em **agatunado** aparece a palavra agatunar (cadê?); em **lêmure-voador**, aparece colugo (cadê?); em **pardo** aparece esbramado (cadê?); em **retroespalhamento** aparece retrodispersão (cadê?); em **quelha** aparece calheira (cadê?); em **aperceptibilidade** aparece a palavra "aperceptividade" (que não existe); em **aperta-livros** aparece ampara-livros (que não existe e nem mesmo o próprio dicionário registra); em **areografia**, dá areo como elemento etimológico (cadê aero?); em **autosito** traz o elemento etimológico sito (cadê?); em **genoplastia** traz o elemento etimológico geno- (cadê?); em **gimnandro** traz o elemento etimológico gimn(o)- (cadê?); em **ginóbase** traz o elemento etimológico gin(o)- cadê? – e no dicionário todo é assim); em **cióptico** define: relativo a cióptica (mas não registra cióptica); em **arista** aparece a palavra corutilho (cadê?); em **madeira** aparece xilólito (cadê?); em **audiologista** aparece audiólogo (cadê?); em **batuera** aparece capuco (cadê?); em **bestiagem** aparece bestaria (cadê?); em **bornear** aparece cruzetar (cadê?); em **manóstato** aparece pressóstato (cadê?); em **bralha** aparece meia-marcha (cadê?); em **caibramento** aparece caibrada (cadê?); em **caicaco** aparece caiaco (cadê?; e ainda o VOLP só registra **caiacó**); em **calaveira** aparece duas vezes calavera (cadê?); em **canicurá** aparece canicaru (cadê?); em **cartolagem** aparece cartolada (cadê?); em **cecídio**, aparece cecídia (cadê?); em **chaço** aparece chaceamento (cadê?); em **dácrio** aparecem frontomaxilar e lacrimomaxilar (cadê?). Desculpe-nos, caro leitor, mas não vamos registrar todas na mesma situação; são centenas, talvez milhares.

afabilidade
Rege *com* ou *para com*: *O senador baiano nunca demonstrou nenhuma afabilidade* com (ou *para com*) *seus adversários.* V. **afável**.

à falta de ou na falta de?
Tanto faz: *À* (ou *Na*) *falta de cães, caça-se com gatos.* *** *À* (ou *Na*) *falta de dinheiro vivo, negociávamos com cheques.*

afastar "para trás"
Visível redundância. Certa vez, um desses "religiosos" metidos a exorcista deu esta ordem desrespeitosa, com a mão direita sobre a cabeça da vítima: *Maus espíritos, afastem-se "para trás" e deixem este irmão em paz!* Os maus espíritos nem lhe deram bola...

afável
Amável, cortês ou delicado no trato com outrem. Rege *com* ou *para com*: *O senador baiano não era nada afável* com (ou *para com*) *seus adversários.* V. **afabilidade**.

a favor de ou em favor de?
Tanto faz: *O povo está a favor das* (ou *em favor das*) *reformas.* *** *A população é francamente a favor da* (ou *em favor da*) *pena de morte.*

afazer
Conjuga-se por fazer.

afeição
Rege *a* ou *por* (ligação afetiva, apego sincero), apenas *por* (inclinação, queda, tendência natural) e *entre* (ligação, elo, conexão, relação): *Os alunos tomaram afeição à* (ou *pela*) *professora.* *** *Que me lembre, nunca na vida tomei afeição a* (ou *por*) *gato, mas sempre tive muita afeição a* (ou *por*) *cachorro.* *** *Sentir afeição aos* (ou *para com os*) *filhos.* *** *Ter afeição pela música, pelos esportes radicais.* *** *Os radicais de esquerda negam veementemente a afeição entre seu regime dos sonhos e a liberdade.*

afeiçoar-se
Rege *a* ou *de*: *O rapaz se afeiçoou à* (ou *da*) *professora.* *** *O ganso se afeiçoou ao* (ou *do*) *velho e o acompanhava por todos os lugares.*

aferrado
Rege *a* (apegado) e *em* (preso): *Homem aferrado às tradições.* *** *Gente aferrada a muitos preconceitos.* *** *O cão tinha os dentes aferrados na perna do carteiro.*

aferro
Rege *a* antes de nome e *em* antes de verbo: *Não posso compreender esse teu aferro às tradições.* *** *Não posso compreender esse teu aferro em seguir essas tradições.*

afeto
Rege *a*, *com*, *para com* ou *por* (ligação afetiva, sentimento sincero de apego) e *a* (afeiçoado, simpatizante; inclinado, dedicado; relativo, pertinente; subordinado a, da alçada ou competência de): *Tenho grande afeto a* (ou *com* ou *para com* ou *por*) *essa gente.* *** *Seu afeto à* (ou *com a* ou *para com a* ou *pela*) *família era de todos conhecido.* *** *A menina cresceu com muito afeto à* (ou *com a* ou *para com a* ou *pela*) *madrasta.* *** *O francês não é nada afeto aos costumes ingleses, e vice-versa.* *** *Compositor afeto à música clássica.* *** *Verba afeta à Educação.* *** *A questão afeta a esse rapaz ainda não teve solução.* *** *É uma questão afeta à presidência.*

afetuoso
Rege *com* ou *para com*: *pai afetuoso com* (ou *para com*) *os filhos.*

afim ou a fim de?
Afim é que tem afinidade, semelhança ou parentesco: *Esses funcionários desempenham funções afins.* *** *São indivíduos de famílias afins.* *** *O espanhol e o romeno são línguas afins com o* (ou *do*) *português.* *** *Quais são as ciências afins com a* (ou *da*) *química? O p e o t são consoantes afins na articulação.* **A fim de** equivale a *para*: *Fui lá a fim de ajudar, e não a fim de atrapalhar.* *** *Saímos a fim de nos divertir.* Os jovens usam *afim* por disposto (a qualquer coisa): *Vou ao cinema, Najibe. Estás "afim"?* e a inexistente locução "afim de" por interessado: *Você está "afim de" me namorar? Jeni está muito "afim de" você, Hersílio.* Se o uso for em três palavras, o erro será menor: *Vocês estão a fim de se corrigir?* Veja, agora, como escreveu um jornalista: O novo Mercedes-Benz Classe A acaba de ser lançado no mercado nacional com preço inicial de R$ 99.900 e a marca está "afim" de causar com o comercial do modelo cuja trilha é funk *AAAAAA Lelek lek lek lek*. Isto é: redação digna de funk...
EM TEMPO – O Dicionário Houaiss, no verbete **afim**, registra, na acepção 1: que tem afinidade, semelhança ou ligação; afínico. Em seguida, acrescenta: veja a gramática e o uso a seguir. Mas a seguir não se encontra absolutamente nada. Nem "gramática" nem muito menos "uso a seguir". Normal...

afinado
Rege *com* ou *por*: *As declarações do vice têm de ser afinadas com as (ou pelas) do presidente.* *** *Não ouvi de vocês nenhuma ideia afinada com a (ou pela) minha.*

afinidade
Rege *com* ou *entre*: *Há muita afinidade do presidente com o povo.* *** *Há muita afinidade entre o presidente e o povo.*

afixar / afixado
Regem *a* (preferível) ou *em*: *afixar cartazes aos (ou nos) muros, aos (ou nos) postes, às (ou nas) árvores, às (ou nas) paredes.* *** *Havia muitos cartazes afixados aos (ou nos) muros.*

aflição
Rege *ante, diante de* ou *perante, com* ou *por* e *para* ou *por* (verbo): *A aflição do homem ante a (ou diante da ou perante a) morte é suavizada com a possibilidade de vida eterna.* *** *Sua aflição com o (ou pelo) estado de saúde do filho era compreensível.* *** *Por que tanta aflição para (ou por) chegar logo?!*

afligir
Use o particípio afligido sempre (com ter, haver, ser e estar), mas aflito apenas com ser e estar: *A expectativa de guerra tem afligido a população.* *** *A população está aflita com a expectativa de guerra.* Portanto, não se usa "tem aflito".

aflito
Rege *ante, diante de* ou *perante, com* ou *por*: *Por que o homem se sente tão aflito ante a (ou diante da ou perante a) morte?* *** *Ela está aflita com a (ou pela) chegada de seu primeiro neto.* *** *A população está aflita com o (ou pelo) aumento da violência nas grandes cidades.*

afluir / afluxo
Regem *a* ou *para*: *Os grandes rios afluem ao (ou para o) mar.* *** *Levas de torcedores afluem neste instante ao (ou para o) Maracanã.* *** *É intenso neste instante o afluxo de veículos ao (ou para o) estádio.* *** *É sempre bem-vindo o afluxo de capitais ao (ou para o) Brasil.* Afluir se conjuga por atribuir.

a fogo lento
É a expressão usada em Portugal e a que deve ser usada na linguagem formal: *Assar o leitão na brasa, a fogo lento.* *** *Depois de ferver a água, deixe cozinhar a fogo lento por vinte minutos.* *** *Cozinhe a fogo lento por quatro horas, até a carne ficar bem macia.* No Brasil, todavia, até negociações (principalmente no Congresso, quando interessa) se fazem em fogo lento.

afora ou fora?
Tanto faz: *Vou viajar por este Brasil afora (ou fora).* *** *Todos colaboraram, afora (ou fora) você.* No princípio era apenas *fora*, que ganhou um *a* protético por analogia com *acima* e *abaixo*.

aforismo
Termina em *-mo*, embora muitos a façam terminar em "-ma", como um laboratório farmacêutico, preocupado em explicar as causas da úlcera péptica gastroduodenal: *Até hoje se conhece pouco sobre a real fisiologia da moléstia.* Continua válido o "aforisma" sem ácido não há úlcera. Há, no entanto, um *aforismo* ainda melhor: *Com -mo não há erro...*

afronta / afrontoso
Regem *a* ou *para*: *Foi uma afronta à (ou para a) dignidade do povo tal declaração.* *** *Esse gesto é uma afronta a (ou para) nossa família.* *** *É uma declaração afrontosa a (ou para) todo o povo brasileiro.* *** *Trata-se de um procedimento afrontoso às (ou para as) leis do país.*

afrouxamento
Rege *de* ou *em*: *Com o afrouxamento da (ou na) disciplina, a escola se tornou comum,*

igual a todas as outras, ou seja, medíocre. *** *Os ladrões se aproveitaram do afrouxamento da* (ou *na*) *vigilância policial para efetivar o roubo.*

afunilar-se
Use sempre assim, na acepção de estreitar-se ou na de convergir: *A estrada se afunila naquele ponto.* *** *Os recursos acabaram se afunilando para os bancos maiores, depois da liquidação dessa casa bancária.*

ágape
É palavra masculina: *o ágape, um ágape,* mas muitos a tomam por feminina. *Ágape* é, hoje, banquete ou refeição de confraternização, realizada geralmente por motivos sociais ou políticos, mas pode também ser empregada para definir uma refeição entre amigos. Antigamente, porém, era a refeição fraternal que os primeiros cristãos tomavam em comum, depois proibida pela Igreja, por degenerar em orgia.

à garoa
No português lusitano e na norma padrão se usa *à* garoa: *As crianças ficaram à garoa e podem apanhar resfriado por causa disso.* No português brasileiro, mormente na língua popular ou despretensiosa, usa-se *na* garoa.

agarrado
Rege *a* ou *em* (grudado), *com* (ligado por afeição ou necessidade) e *por* (preso, seguro): *A menina ficou o tempo todo agarrada à* (ou *na*) *saia da mãe.* *** *Nos momentos mais aflitivos, ela fica agarrada com Deus.* *** *O menino era muito agarrado com a mãe.* *** *O soldado trazia o ladrão agarrado pelo braço.* *** *O pai levou-o agarrado pela orelha.*

agarração ou agarramento?
As duas formas existem e se equivalem. Regem *a* (ligação estreita ou apego; apego avarento) e *com* (namoro indecoroso): *Como se explica esse teu agarramento à madrasta?* *** *Por que tanto agarramento ao dinheiro, se nada vais levar, quando morreres?* *** *Quando viram aquela agarração do rapaz com a moça na varanda, os pais dela puseram-no para fora.*

agarrar-se
Use sempre agarrar-se a, na acepção de segurar-se ou de lançar mão, valer-se de: *agarrar-se ao poste, agarrar-se à saia da mãe, agarrar-se a uma oportunidade.* No português do Brasil, no entanto, mormente na língua popular ou despretensiosa, usa-se apenas agarrar e com a preposição *em*: *agarrar no poste, agarrar na saia da mãe, agarrar no braço de alguém.* O caro leitor vai se agarrar a qual uso?

agastado / agastamento
Regem *com* ou *contra*: *Depois daquele episódio, o professor ficou agastado com* (ou *contra*) *toda a classe.* *** *Ele vive agastado com* (ou *contra*) *os funcionários.* *** *Seu agastamento com* (ou *contra*) *os filhos é frequente, mas passageiro.*

a gente
Usa-se de preferência apenas na língua falada, mas sempre com o verbo na terceira pessoa do singular: *a gente vai, a gente quer, a gente sabe, a gente foi,* etc. O povo é dado a usar: a gente "vamos", a gente "queremos", a gente "sabemos", a gente "fomos", em razão da noção de coletividade desse nome. Muitos andam a escrever "agente" no lugar de a gente. É a criatividade em sua manifestação mais autêntica...

ágil / agilidade
Regem *de* ou *em*: *Jogador ágil de* (ou *no*) *drible.* *** *Aluno ágil de* (ou *em*) *cálculo.* *** *Ministro ágil de* (ou *na*) *solução de problemas.* *** *A sua agilidade de* (ou *no*) *drible o fazia temido pelas defesas adversárias.*

agilitar / agilizar
A forma rigorosamente portuguesa é a primeira; a segunda foi criada pelo povo, que

se deixou levar pelo maior número de verbos formados com -*izar* do que com -*itar*, em nossa língua. *Agilitar*, no entanto, deveria ser tão corrente e popular quanto *debilitar* (débil + -itar), *facilitar* (fácil + -itar), *habilitar* (hábil + -itar), etc.

agir
É verbo regular: *ajo, ages, age, agimos, agis, agem* (pres. do ind.); *aja, ajas, aja, ajamos, ajais, ajam* (pres. do subj.). A troca do g pelo j em algumas pessoas se deve apenas e tão somente à necessidade de manutenção da regularidade sonora.

aglutinação / aglutinado
Regem *a* ou *com*: *Na palavra burocracia existe aglutinação de um elemento a (ou com) um elemento grego.* *** *Em burocracia há um elemento francês aglutinado a (ou com) um grego.*

agoniado
Rege *com* ou *por*: *Fico agoniado com a (ou pela) goleada sofrida por seu time.*

agradado
Rege *de* (satisfeito): *São funcionários agradados dos salários que recebem.* *** *É um povo agradado do governo que tem.*

agradar a
Use sempre assim, na acepção de satisfazer e quando o sujeito for coisa: *A alta dos juros não agradou ao mercado.* *** *O filme não agradou ao público.* *** *O jogo não agradou à torcida.* Se o sujeito for pessoa, use com ou sem a, indiferentemente: *Por mais que ele se esforce, não consegue agradar o (ou ao) chefe.* V. **desagradar**.

agradável de
Não use o pronome "se": *Som agradável de ouvir.* *** *Vida agradável de viver.* *** *Carro agradável de dirigir.* *** *Gente agradável de conversar.* *** *Serviço agradável de fazer.* Se estiver no plural, o infinitivo não varia: *Sons agradáveis de ouvir.* *** *Carros agradáveis de dirigir.* Eis, agora, a definição de **beijo**, dada na Internet por um adolescente mal-informado: *Beijo: modo cômodo e muito agradável de "se" interromper uma conversa na qual as palavras não são suficientes.* Na adolescência, tudo é possível...

agradecer
Use sempre assim: *Agradecemos aos fregueses a preferência.* *** *Agradeci à moça o favor prestado.* Na língua popular se vê esta construção: *Agradecemos os fregueses "pela" preferência.* *** *Agradeci a moça "pelo" favor prestado.* Ou seja: o povo gosta de agradecer alguém "por" alguma coisa. Omitindo-se o objeto indireto, temos: *Agradecemos a preferência* (e não *"pela" preferência*). *** *Agradeci o favor prestado* (e não *"pelo" favor prestado*).

agravante
Eis o verbete como se encontra no **Grande dicionário Sacconi**: *adj.* **1.** Que agrava ou torna mais grave, mais perigoso, mais pesado, mais difícil de suportar; que piora; agravativo: *um medicamento agravante de uma doença.* // *adj.* e *s.f.(a)* **2.** *Direito* Que ou circunstância que, ocorrendo no delito, torna mais grave a situação do agente do delito: *o planejamento é um fato agravante de qualquer crime; a embriaguez é uma agravante, em acidentes de trânsito.* **3.** *Religião* Que ou circunstância que torna mais grave a ofensa, o pecado. // *s.cdd.(o/a)* **4.** Circunstância, fato ou ação que agrava ou piora algo: *o governo gasta muito e mal; outra agravante é a verba insuficiente para a educação e a saúde.* (Nesta acepção, embora tenha registro aqui e ali como masculina, é aconselhável seu uso sempre como feminina; repare que seu antônimo, atenuante, tem apenas um gênero: feminino.) **5.** *Direito* Pessoa que interpõe agravo.

agravar e apelar: qual a diferença?
Agravar é recorrer (o advogado) para a mesma autoridade que julgou. **Apelar** é recorrer para instância ou grau superior. O termo genérico é *recorrer* (reclamar contra julgamento considerado injusto).

agravo
Rege *a* (ofensa, injúria), *contra* (motivo de queixa) e *de* (recurso contra): *Considero essa declaração um agravo a nosso país.* *** *Que agravo tens contra mim, afinal?* *** *O advogado disse que apresentará agravo da sentença.*

agredir
É verbo irregular: *agrido, agrides, agride, agredimos, agredis, agridem* (pres. do ind.); *agrida, agridas, agrida, agridamos, agridais, agridam* (pres. do subj.). Nos demais tempos, é regular. Por ele se conjugam *cerzir, denegrir, prevenir, progredir, regredir* e *transgredir.*

agregação / agregado / agregar / agregar-se
Regem *a*: *Minha agregação a esse movimento foi espontânea.* *** *Trata-se de político agregado ao movimento dos sem-terras.* *** *O Exército agregará cem mil soldados a seu efetivo.* *** *Eu jamais me agregaria a uma corrente de pensamento dessas.*

agressão
Rege *a* (coisa) e *contra* (pessoa): *Temos de coibir com urgência as agressões ao meio ambiente, à fauna, à flora.* *** *Isso é uma agressão às nossas tradições.* *** *Não posso aceitar tais agressões contra mim.* *** *Foram inúmeras as agressões contra o árbitro.* A regência "agressão a", muito comum em relação a pessoa, deve ser desprezada.

agressivo / agressividade
Regem *com, contra* ou *para com* (pessoa) e *contra* (coisa): *A criança se mostrava agressiva com (ou contra ou para com) todo o mundo.* *** *Os animais selvagens são naturalmente agressivos com (ou contra ou para com) o homem.* *** *A agressividade da criança com (ou contra ou para com) a babá era compreensível.* *** *Vivemos num mundo injustificavelmente agressivo contra o meio ambiente, contra a fauna, contra a flora.* *** *A agressividade do homem contra o meio ambiente é uma demonstração de estupidez.*

agro-
Não exige hífen: *agroaçucareiro, agroecologia, agroecossistema, agroexportador, agrogeologia, agroindústria, agropastoril, agropecuária, agroquímica, agrossocial, agrotécnico, agrotóxico, agrovia,* etc. Só quando significa *ácido, azedo,* é que se liga por hífen ao outro elemento: *agro-doce,* que também se grafa *agridoce.*

"a" grosso modo
V. *grosso modo.*

água
Adj. correspondente: *aquático* (que vive na água) e *hídrico* (de água, da água ou baseado na água). Portanto, *planta da água* = *planta aquática; abastecimento de água* = *abastecimento hídrico; recursos da água* = *recursos hídricos; dieta baseada na água* = *dieta hídrica.*

água de cheiro / água de coco
Sem hifens.

água fervente ou água fervendo?
Tanto faz: *Ele sofreu queimadura de água fervente* (ou de *água fervendo*). No plural, todavia, só usamos *águas ferventes,* já que gerúndio (*fervendo*) não varia.

aguar
No português do Brasil prefere-se esta conjugação: *águo, águas, água, aguamos, aguais, águam* (pres. do ind.); *águe, águes, águe, aguemos, agueis, águem* (pres. do subj.).

aguçado
Rege *com* ou *por*: *Tive a curiosidade aguçada com* (ou *por*) *aquele fato.* *** *Meu apetite ficou ainda mais aguçado com* (ou *por*) *aquele cheiro de camarão cozido.*

aguardar
Podemos construir, indiferentemente, quando o complemento é pessoa: *Aguardarei vocês* (ou *por vocês*) *no saguão do hotel*. Quando o complemento é coisa, só cabe esta construção: *Continuo aguardando notícias dela*.

aguardente
É palavra feminina: *a aguardente, uma aguardente, boa aguardente, má aguardente*. Certa feita, resolveram fazer uma propaganda assim: *Líder absoluto no segmento "dos" aguardentes "conhecidos" como de primeira linha, a Velho Barreiro vem sendo constantemente ameaçada pelos concorrentes*. Só pelos concorrentes?...

aguardo
Bem mais esperançoso é ficar *ao* aguardo que ficar "no" aguardo, tudo vem mais fácil e melhor. Há muita gente que fica "no" aguardo de boas notícias, mas não quer, absolutamente, ficar "na" espera das mesmas notícias. Interessante isso, não? Se todos ficamos *à* espera de dias melhores, por que ficarmos "no" aguardo de dias piores?... Para encerrar, veja o que escreve competente jornalista: *De um lado, o governo concentra energia na preservação do presidente da República, consciente de que é o único patrimônio que lhe resta. Do outro, a oposição fica "no" aguardo da melhor hora, forma e lugar para atirar diretamente no chefe da nação, sem, contudo, parecer o seu algoz.* No meio desse tiroteio, quem se machucou mesmo foi a jornalista.

aguentar ou aguentar-se?
Use aguentar-se na acepção de arcar com as consequências, arrumar-se, arranjar-se ou na de manter-se firme: *Você votou nele, agora se aguente!* *** *Aguente-se nessa ponta da corda, que me aguentarei nesta!* Existe, porém, a frase feita *aguentar firme* (resistir com determinação): *Se sua mulher desconfiar que você tem uma amante, negue e aguente firme!*

águia
A águia é o símbolo da perspicácia, da sutileza, da genialidade, da inteligência sutil. Figuradamente, significa pessoa velhaca, espertalhona e se usa apenas no masculino (*os mascates são uns águias*).

agulha
Adj. correspondente: *acicular*. Portanto, *objeto semelhante a uma agulha* = *objeto acicular*.

à Homicídios
Com acento grave no *a*, porque existe aí a ideia de delegacia subentendida (Delegacia de Homicídios), assim como existe a ideia de avenida subentendida quando escrevemos à Vieira Souto (vou à Avenida Vieira Souto). Não existe apenas Homicídios nem apenas Vieira Souto; o que existe é a Delegacia de Homicídios, é a Avenida Vieira Souto.

à hora de ou na hora de?
Tanto faz: *Não se fuma à* (ou *na*) *hora das refeições*. *** *Ele tinha o hábito de ler as manchetes do dia do jornal à* (ou *na*) *hora do café da manhã*.

a-histórico
Só não é cacografia, porque tem registro na 5.ª edição do VOLP. A palavra rigorosamente correta, porém, é *anistórico* (v. "**aético**"). Interessante: o VOLP traz anistoricidade, substantivo correspondente a anistórico. Mas não traz a-historicidade. Por quê? Ora, por quê. Essa é a prova cabal de que a-histórico é uma forma esdrúxula. Há, ainda, os mais corajosos, que escrevem "aistórico".

aicebergue
É o aportuguesamento legítimo (mas ainda não oficial) do inglês *iceberg*. Há, todavia, os que preferem escrever ainda em inglês a adotar a forma aportuguesada. Já aportuguesamos *whisky, yacht, cowboy, nylon, back-up, checkup* e tantas outras, por que, então, deixar *iceberg* de fora? Não é fácil entender.

AIDS
É acrônimo inglês; daí por que deveríamos pronunciar *êids*. O acrônimo português é SIDA (síndrome da imunodeficiência adquirida), de adjetivo *sidético*. Os brasileiros, no entanto, pronunciam "áids" e não têm a menor ideia do que é SIDA. Nós somos o único povo latino que adota o acrônimo inglês e ainda pronuncia *"áids"*. Fico, então, a pensar, cá com meus botões: por que também não colocamos "bandáid" num ferimento? Por que também não tomamos "sprite"? Por que também não calçamos "níke" ou vestimos Calvin "klêin"? Por que também não andamos em "ilúks"? Por que nenhum brasileiro vai a "miâmi"? E a resposta não me vem. Fico danado!... Nossos jornalistas escrevem, ainda, "Aids", ou seja, dão a uma síndrome o *status* de nome próprio. Nomes de doenças e de síndromes não precisam vir com inicial maiúscula. Li por aí alguém defendendo a inicial maiúscula nesse caso, "por se tratar de sigla". Ora, as siglas inglesas ou são escritas com todas as letras em maiúsculo, ou com todas em minúsculo. Para encerrarmos o assunto, eis que pergunta a todos nós, leitores, um articulista da Folha de S. Paulo: *Alguma surpresa com o fato de um homofóbico assumido, capaz de afirmar que a "Aids" é coisa de homossexuais, chegar a finalista do Big Brother Brasil 10?* Você responde, caro leitor?

a instâncias de
Significa com insistentes pedidos de e nunca com acento no *a*: A instâncias da mãe, ele resolveu não viajar.

air bag
É um anglicismo que se substitui em português por *bolsa de ar* ou *bolsa inflável*. Pronuncia-se *ér bégh*.

à janela
Em Portugal e na norma padrão se usa à janela: *Ele só viaja à janela*. *** *As crianças gostam de ir à janela, no ônibus*. No Brasil, mormente na língua popular ou despretensiosa, usa-se na janela.

ajoelhado
Rege *a, ante* ou *perante* (junto ou à frente) e *em* ou *sobre* (em cima): *Encontrei-a ajoelhada à (ou ante a ou perante a) imagem de Nossa Senhora Aparecida*. *** *Ele ficou ali horas ajoelhado ao (ou ante o ou perante o) túmulo do pai, orando*. *** *Encontrei-a ajoelhada no (ou sobre o) banco da igreja*. *** *O professor o obrigou a ficar ajoelhado em (ou sobre) tampinhas de refrigerante por meia hora*. *** *Encontrei-a ajoelhada no (ou sobre o) túmulo*.

ajoelhar ou ajoelhar-se?
Tanto faz: *Sempre ajoelho (ou me ajoelho) ante imagens santas*. *** *Ajoelhe (ou Ajoelhe-se) aí, seu mal-educado!*

ajuda
Rege *a* (pessoa) e *em* (coisa): *Quando vai chegar a ajuda aos pobres?* *** *Quer ajuda na faxina?* Quando o complemento é coisa desagradável, rege *contra*: *A ajuda contra a fome é pequena, mas valiosa*. *** *Vocês receberam ajuda contra essa epidemia?* Antecedida de *em*, aparece combinada com *a* ou *de*: *Durante aquela crise, todos os países vieram em ajuda à (ou da) América Latina*. A regência "ajuda para", muito comum, deve ser desprezada.

ajudado
Rege *de* ou *por*: *Ele é um homem realmente ajudado da (ou pela) sorte: já ganhou quatro vezes na megassena!*

ajudante
Fem.: *ajudante* ou *ajudanta*. Com hífen: *ajudante-geral*, de pl. *ajudantes-gerais*.

ajudar
Use com *o* (ou variações), e não com "lhe" ou "lhes": *Deus o ajude!* *** *O governo vai*

ajudar as cidades em calamidade. Exceção: *ajudar à missa*. Antes de infinitivo, use assim: *Ajudei as* (ou *às*) *crianças a construir o castelo de areia.* *** *Ajudei-o* (ou *Ajudei-lhe*) *a escrever a carta.* *** *Ajude a* (ou *à*) *prefeitura a manter a cidade limpa!* Se o infinitivo for intransitivo, transitivo indireto ou pronominal, use apenas com objeto direto de pessoa: *Ajudei-o a fugir.* *** *Ajudei o homem a pensar no assunto.* *** *Ajudem uma criança a ser feliz!*

ajuntar e juntar: qual a diferença?
Ambos os verbos significam *reunir, acumular*, mas ajuntar só se usa com objeto direto: *ajuntar experiência, ajuntar dinheiro, ajuntar fortuna, ajuntar os trapos, ajuntar algo do chão*, etc. Juntar se usa quando existem objeto direto e objeto indireto: *juntar o útil ao agradável, juntar provas aos autos*. Pronominalmente só se usa *juntar-se*: *Junte-se aos bons e será um deles!* *** *Juntei-me aos que exigiam o fim da impunidade.* Alguns dicionários não estabelecem a diferença.

ajustamento / ajuste
Regem *a* ou *com* (coisa) e *com* (pessoa): *Já está havendo um ajustamento* (ou *ajuste*) *da economia às* (ou *com as*) *leis de mercado.* *** *Não houve ajustamento* (ou *ajuste*) *de preço com os compradores, daí por que a venda não saiu.* Podem, ainda, reger *entre* (pessoas) ou *com* (pessoa) + *sobre* ou equivalente (coisa): *Não houve ajustamento* (ou *ajuste*) *de preço entre as partes, daí por que a venda não saiu.* *** *Não houve ajustamento* (ou *ajuste*) *com o comprador sobre o* (ou *em relação ao* ou *quanto ao*) *preço do imóvel, por isso a venda não saiu.*

à lapela
Em Portugal e na norma padrão se usa à lapela: *trazer um lenço à lapela; levar o distintivo do partido à lapela*. No Brasil, mormente na língua popular ou despretensiosa, usa-se na lapela.

alarde
Use sempre com *de*: *Ela gosta de fazer alarde de suas virtudes.* *** *Nunca fiz alarde de meus bens.* *** *Não faça alarde de suas realizações nem se vanglorie de seus conhecimentos!* Repare, agora, como escrevem nossos jornalistas: *A imprensa argentina ironizou o corte de Ronaldo e fez grande alarde "sobre" a convocação de Grafite para a seleção brasileira.* Um partido radical de esquerda, na ânsia de criticar o governo Lula, divulga: *Algo típico do governo Lula: muito alarde "sobre" questões que mobilizam a sociedade e a mídia e nenhuma medida prática para enfrentá-las.* Esta é de outro jornalista: *Muito alarde se fez "com" o fato de o presidente ter sido recebido com vaias no congresso da CUT.* Reparou? É só falarem no homem, para incorrerem em erro...

alargar ou alargar-se?
Tanto faz: *O rio Tietê alarga* (ou *se alarga*) *bastante neste ponto.* *** *O rio Tejo alarga* (ou *se alarga*) *em Lisboa.* *** *Toda baía alarga* (ou *se alarga*) *para o interior.*

alarma ou alarme?
São corretas ambas as formas, com leve preferência para *alarme*, que tem origem no italiano *all'arme* = às armas, mas nos chegou através do francês *alarme*.

alarmado
Rege com ou de: *A população está alarmada com* (ou *de*) *tanta violência.* *** *Os servidores públicos, de repente, se viram alarmados com a* (ou *da*) *reforma da previdência.* Antes de infinitivo, só rege *de*: *A população está alarmada de ver tanta violência.*

Alasca
É assim que se grafa em português o nome desse Estado americano, embora muitos por aqui escrevam "Alaska".

alastrado
Rege *a, em, por* ou *sobre*: *A mancha de óleo alastrada a* (ou *em* ou *por* ou *sobre*) *boa parte do mar causou um desastre ambiental arrasador.*

alastrar-se
Use sempre assim, com pronome, em frases como estas: *A mancha de óleo se alastrou por boa parte do mar.* *** *Os boatos se alastram rapidamente.* *** *Se você quiser que um segredo se alastre imediatamente, conte-o a Juçara!* *** *O incêndio se alastrou por todo o quarteirão.*

alça
É a palavra correta, poucos duvidam. Num programa da televisão, todavia, quando do escândalo das notas de dinheiro que iam e vinham pelo território nacional, em malas e cuecas, na legenda apareceu assim: *Mala sem "alsas"*. Assim que vi, supus que iam corrigir imediatamente, por ter sido um mero lapso de digitação. Qual nada! Ficou minutos. O lapso não era só de digitação, era de falta de escola mesmo. Nome do programa: **Fora do Ar**. Toda televisão incompetente deveria estar sempre fora do ar...

Alcáçar / Alcácer
Nome da fortaleza construída em Sevilha, Espanha, pelos cristãos, durante as guerras dos séculos XIV e XV, empreendidas contra os mouros, mais tarde usada pelos reis espanhóis. São, ambas, formas corretas e aportuguesamentos do espanhol *Alcázar*.

Alcácer-Quibir
É assim que se grafa o nome da cidade de Marrocos na qual, em 1578, o exército marroquino derrotou definitivamente as forças portuguesas do rei Sebastião (1554-1578), que foi morto. Muitos escrevem "Alcácer-Quebir". Fanático religioso, o rei organizou e liderou uma grande expedição contra os muçulmanos e teve seu exército dizimado. Em consequência de sua morte, Portugal passou para o domínio da Espanha, de Filipe II. Em Portugal, no entanto, perdurou por longo tempo uma lenda que profetizava seu retorno. Essa lenda chegou até o Brasil, principalmente no Maranhão. O nome atual da cidade é Ksar el-Kebir, daí a presença do e na penúltima sílaba, na cacografia citada.

alçar a
Use sempre assim, na acepção de erguer, levantar: *alçar os braços ao ar, brincar de alçar o filho ao teto.*

Alcibíades
É a grafia correta desse nome próprio. Muitos, no entanto, têm a forma "Alcebíades" no registro civil.

álcool
Pl.: *álcoois*, que se pronuncia *álkoòis*: No Brasil existem dois álcoois: o hidratado e o anidro. O Dicionário Aurélio registra também o plural "alcoóis", que não existe. Normal...

Alcorão ou Corão?
Tanto faz.

aleitamento materno
Isso é correto? Vejamos primeiro o que é *aleitamento*: ato de dar de mamar a, usando a mamadeira; agora, vejamos o que é *amamentação*: ato de dar de mamar a, usando as mamas. Portanto, uma veterinária pode *aleitar* um filhote de chimpanzé, mas não será imprudente a ponto de *amamentá*-lo. Assim, os médicos deveriam sempre aconselhar às mães a *amamentação*, e não o *aleitamento*. Repare, agora, nos cuidados do UNICEF Brasil: *Bebês que são amamentados ficam menos doentes e são mais bem nutridos do que aqueles que ingerem outro tipo de alimento. Se todos os bebês fossem exclusivamente amamentados durante os seis primeiros meses de vida, aproximadamente 1,3 milhão de crianças teriam sua vida salva a cada ano, enquanto a saúde e o desenvolvimento de outros milhares apresentariam significativa melhora. Utilizar substitutos do leite materno, como fórmulas infantis ou*

leite de outros animais, pode ser um grande risco para a saúde do bebê. Isso ocorre principalmente quando os pais não podem comprar os substitutos na quantidade necessária ou quando a água que utilizam para preparar o alimento não é limpa o suficiente. Quase todas as mães conseguem amamentar com sucesso. Aquelas que não possuem confiança para amamentar precisam do estímulo e do apoio prático do pai da criança, bem como da família e dos amigos. Agentes de saúde, organizações femininas, a mídia e os empregadores também podem oferecer o seu apoio. Todos devem ter acesso às informações sobre os benefícios do "aleitamento materno". É obrigação de cada governo fazer com que as pessoas tenham acesso a essas informações. Reparou? Tratou direitinho da *amamentação*, para depois ter uma recaída: falar em "aleitamento materno".

alemão
Tem como plural *alemães* e como feminino *alemãs*. Portanto: *homens alemães, mulheres alemãs*. Repare neste texto (correto) da história da colônia alemã no Brasil: *Os primeiros imigrantes alemães chegaram ao Brasil logo após a Independência, dentro de um programa de colonização idealizado pelo governo brasileiro, que visava ao desenvolvimento da agricultura e à ocupação do território no Sul do país. A primeira colônia alemã foi fundada em 1824, com o nome de São Leopoldo, no Rio Grande do Sul, numa área de terras públicas do Vale do Rio dos Sinos. As tentativas anteriores de estabelecimento de colônias com alemães na região Nordeste fracassaram, e a data de 1824 marca o início da corrente imigratória proveniente de diversos estados alemães.* Agora, repare neste texto (incorreto) de um jornalista de O Globo: *Pesquisadores confirmaram na manhã desta sexta-feira a localização de um submarino alemão afundado durante a Segunda Guerra Mundial. Ele estava nas proximidades de São Francisco do Sul, no litoral norte de Santa Catarina, e foi atingido no dia 19 de julho de 1943. Esta é a primeira das 11 embarcações "alemães" que os historiadores estimam ter naufragado em águas brasileiras durante o conflito.* Está cada vez mais difícil ler jornais e sites de jornais.

alergia / alérgico
Regem *a* ou *por*: *Sinto alergia a* (ou *por*) *cigarro*. *** *Sou alérgico a* (ou *por*) *cigarro*.

alerta
É originalmente advérbio e equivale a *de sobreaviso*: *As Forças Armadas continuam alerta*. *** *Os guardas estão alerta*. *** *Ficamos alerta sempre que ouvimos nosso cão latir*. Tanto assim é que Carlos Drummond de Andrade escreveu: As coisas estão limpas, ordenadas. O corpo gasto renova-se em espuma. Todos os sentidos alerta funcionam. Os jornalistas, no entanto, escrevem: *Ao contrário do que se pensava, a privação de sono não afeta todo o cérebro, que fica com algumas regiões "alertas" enquanto outras são desligadas*. *** *Até agora, acreditava-se que a privação do sono afetava todo o cérebro, mas as observações deste estudo mostraram que certas regiões permanecem "alertas"*. Manchete do G1: **Al-Qaeda confirma morte de bin Laden; EUA dizem estar "alertas"**. Como substantivo, varia normalmente: *os alertas; vários alertas*. Daí por que está absolutamente correta esta manchete da Veja: **Moradores de Petrópolis ignoram alertas de chuva**. A palavra *alerta* provém do italiano *all'erta* (ao alto), que era a voz de comando com que se ordenava aos soldados que se levantassem e prestassem atenção às sentinelas, que ficavam no topo das montanhas. Assim, em rigor, na frase *Os guardas estão alerta*, a palavra *alerta* é adjunto adverbial de lugar, e *ter*, verbo intransitivo, e não de ligação, como ocorre na frase Elas estão aqui. Como muitos (inclusive escritores) ignoram ambos esses fatos, acabam usando a palavra como adjetivo. No jornalismo brasileiro, passou-se a usar "em alerta" no lugar de alerta. Eis três exemplos: Três cidades do litoral norte de São Paulo enfrentam epidemia de dengue: *São Sebastião, Caraguatatuba e Ilhabela estão "em" alerta*. *** *A Carolina do Norte, nos Estados Unidos, se prepara para ser atingida diretamente pelo furacão Irene, enquanto cidades ao longo da Costa*

Leste americana se mantêm "em" alerta. *** Vulcão entra em erupção e deixa o Chile e a Argentina "em" alerta. Pra que o "em"?

a leste ou ao leste?
Tanto faz: *O Brasil se limita a* (ou *ao*) *leste com o oceano Atlântico.* Numa escritura de imóvel: *O lote 18 mede 10,60m de largura na frente e 10,40m de largura no fundo, por 32,20m de comprimento pelo lado leste e 34,60 pelo lado oeste, perfazendo uma área de 350,70m², limitado ao norte pela Rua G, ao sul com o lote n.º 5 da Rua G, ao leste com o lote n.º 01 (casa n.º 13) e parte do lote 02 e ao oeste com o lote n.º 17, distando 26,20m, esquina da praça sem denominação.* Em qualquer desses casos, caberia a omissão do artigo o; o que não se deve é usar ao norte e ao sul com a leste e a oeste, misturando alhos com bugalhos.

alevantar ou levantar?
Tanto faz: *levantar* (ou *alevantar*) *um peso, levantar* (ou *alevantar*) *a cabeça. Veja: o Sol já se alevanta* (ou se *levanta*).

alfa
Na acepção física, não varia: partículas alfa, ondas alfa, etc.

alface
É palavra feminina: *a alface, uma alface, duas alfaces*. Apesar de ser palavra feminina desde o tempo de Adão e Eva, os jornalistas parecem desconhecer o assunto. Escreve um deles: "O" alface contém sulforafano, uma das substâncias das quais o corpo precisa quando está combatendo um câncer. Informação de outro: *"O" alface já era utilizado pelos egípcios, gregos e romanos.* "O" alface contém vitamina A, muito importante *para a visão e saúde da pele.* E mais outro: **Alface**: *tem propriedades calmantes e é "rico" em manganês, podendo comprometer o funcionamento da tireoide quando "consumido" em excesso.* A falta de conhecimento em excesso também compromete...

algarismo
Não se inicia período com algarismos. Portanto, em vez de: *"500" anos fez o Brasil em 2000*, devemos escrever: *Quinhentos anos fez o Brasil em 2000.* Na indicação dos meses, só se usa o zero antes de 1 (correspondente a janeiro) e de 2 (correspondente a fevereiro), para se evitarem possíveis adulterações: 12/01/2006, 15/02/1999. Se não procedermos assim, fica fácil, num escrito, mudar o mês de 1 para 11 e de 2 para 12, de acordo com a conveniência do falsificador. Como não existem os meses 13, 14, 15, etc., não há nenhuma necessidade de usar um zero antes dos números 3 (março), 4 (abril), 5 (maio), 6 (junho), 7 (julho), 8 (agosto) e 9 (setembro). Portanto: 12/3/1949, 18/12/1947 e assim por diante, ou seja, sem o 0 antes do algarismo indicativo do mês.

algemas
É palavra só usada no plural (*as algemas*), a exemplo de *óculos, cócegas, núpcias*, etc.: *Dispensa-se o uso das algemas, no caso de réu primário.* Na revista CartaCapital, porém, leu-se: *"A algema" só pode ser utilizada em casos excepcionais, para uma contenção adequada às circunstâncias e ao momento. Portanto, algemar uma pessoa desnecessariamente caracteriza emprego abusivo de força.* No site da Jovem Pan: *No momento da prisão, o filho do ex-prefeito chegou à Polícia Federal algemado. O presidente da OAB-SP criticou o fato e afirmou que "a algema" só deve ser usada em caso de resistência à prisão.* "Algema"? Ninguém merece. Mas algemas, muitos estão a merecer...

algoz
Antes do Acordo Ortográfico, essa palavra se pronunciava com o fechado (era indicação de todos os vocabulários e dicionários). Com o referido acordo, podemos optar por pronunciar algôz ou algóz. O mesmo vale para o plural. Todo o mundo sabe o que significa: carrasco. Há, porém, mais um detalhe a ser considerado aqui: algoz é substantivo sobrecomum, a exemplo de indivíduo, sujeito e também dos seus sinônimos: carrasco e verdugo. Que significa isso? Significa que usamos o algoz tanto para o homem quanto para a mulher, assim como usamos o indivíduo

e o sujeito tanto para o homem quanto para a mulher. Escreve um jornalista em manchete, em O Globo: **Japonesas venceram "as" algozes do Brasil nos pênaltis por 3 a 1**. Alguns jornalistas brasileiros são muito brincalhões...

alguém e algum: qual a diferença?
Alguém se refere a qualquer pessoa, de identidade desconhecida ou escondida propositadamente. Ex.: *Se vier alguém me procurar, diga que não estou.* *** *Alguém roubou o meu dinheiro.* *** *Alguém anda falando mal de ti, Susana.* **Algum** se refere limitadamente a uma pessoa ou coisa indeterminada, de determinado número ou classe. Ex.: *Desconfio que algum de meus credores esteja hoje por aqui.* *** *Algum desses televisores é importado?* *** *Algum de vocês é palmeirense?* Essa é a razão pela qual usamos *algum deles*, e não "alguém deles".

algum
Em frases negativas e posposto a nome no singular, tem valor de *nenhum*: *Não tenho dinheiro algum.* (= *Não tenho dinheiro nenhum.*) *** *Não vi pessoa alguma.* (= *Não vi pessoa nenhuma.*) Não se pospõe a nomes no plural.

algum de vocês / cada um de nós / nenhum dos dois, etc.
Use sempre com o verbo no singular: *Algum de vocês concorda com essa greve?* *** *Cada um de nós é culpado por isso.* *** *Nenhum de vocês sabe disso?* *** *Qual de nós viverá para ver isso?* *** *Nenhum dos dois sofreu ferimento no acidente.* Se o segundo pronome estiver no plural, faça com ele a concordância: *Alguns de nós concordamos com essa greve?* *** *Quais de nós viveremos para ver isso?* Uma apresentadora de televisão, ao tratar da morte de uma atriz americana pela ingestão excessiva de medicamentos, disse: Nenhum dos remédios "são ilegais" nos Estados Unidos. Apresentadoras de televisão no Brasil são assim.

alguma vez ou algumas vezes?
Tanto faz: *Alguma vez* (ou *Algumas vezes*) *íamos ao teatro, outra(s) ao cinema.* *** *Nas férias das crianças, costumávamos ir alguma vez* (ou *algumas vezes*) *ao interior.*

alguns e certos: qual a diferença?
Alguns se aplica a seres que mal se conhecem ou, então, a seres que não convém, por algum motivo, indicar; **certos** se usa para seres conhecidos, cuja indicação, por alguma razão, não é conveniente revelar. Ex.: *Alguns deputados não merecem o mandato que exercem; é bom que certas pessoas saibam disso.* *** *Algumas pessoas querem combater a corrupção, coisa que a certos grupos não interessa.*

alheado / alheamento
Regem *a* ou *de*: *Ele já vivia alheado a* (ou *de*) *todos os prazeres da vida.* *** *É compreensível seu alheamento aos* (ou *dos*) *prazeres da vida, depois de tudo o que lhe aconteceu.*

alheio
Rege *a* (indiferente), *a* ou *de* (contrário, oposto; diverso; impróprio) e *de* (isento): *O velhote parecia já alheio a tudo: aguardava apenas a chegada da morte.* *** *Não se admite que o Congresso seja completamente alheio aos* (ou *dos*) *interesses do país.*

alho-porro, alho-porró, alho-porrô ou alho-poró?
Tanto faz. Existem, ainda, as correspondentes reduzidas *porro, porró, porrô* e *poró*.

aliá
No Brasil e em Portugal só existe um feminino para elefante: *elefanta*; "aliá" é invenção e "elefoa" é corruptela. V. **elefante**.

aliado
Rege *a*, *com* ou *de*: *Os alemães, aliados aos* (ou *com os* ou *dos*) *italianos e japoneses, formaram o Eixo, na II Guerra Mundial.* *** *Sua competência, aliada à* (ou *com a*

ou *d*a) *boa vontade, produzirá excelentes resultados*. Pode pedir, ainda, *a favor de* (ou *por*) ou *contra*: *A Itália, aliada à* (ou *com* a ou *d*a) *Alemanha a favor d*o (ou *pel*o) *nazifascismo*. *** *A Itália, aliada à* (ou *com* a ou *d*a) *Alemanha contra a Inglaterra e a França*.

álibi
Prova da presença de alguém (acusado ou indiciado) em lugar diverso daquele em que se deu o crime. Com acento, obrigatoriamente, por se tratar de palavra proparoxítona. Não importa que seja latinismo: sua forma gráfica é perfeitamente compatível com a índole da língua portuguesa; daí a exigência do acento gráfico. Repare que outros latinismos na mesma situação também se acentuam: *álbum, bílis, cútis, fórum, incontinênti, mapa-múndi, médium, quórum, vírus*, etc. Já *habitat* e *superavit* são latinismos que não recebem acento, porque suas formas gráficas são incompatíveis com o português, que não possui palavras terminadas em *-t*.

alienar e vender: qual a diferença?
Alienar é ceder bens, títulos, etc., gratuitamente ou não: *alienar um carro*. **Vender** é alienar mediante ônus. Quem doa um título *aliena*, não *vende*.

aligátor
Grande réptil dos Estados Unidos e da China, semelhante ao crocodilo. Pl.: aligatores (ô), e não "aligátores", nem muito menos "aligátors", como escreveu um jornalista do G1: *Um evento no famoso hotel Waldorf Astoria em Nova York chamou atenção na noite de sábado (15), por conta do cardápio com componentes extremos. O 110º Jantar Anual do Explorers Club teve as refeições criadas pelo chef Gene Rurka, com direito a "aligátors" cozinhados inteiros, tarântulas e baratas fritas no espeto, quitutes com escorpião, entre outros pratos exóticos.* Texto digno de baratas...

alimentação
Rege *com* ou *de...com*: *A alimentação com frutas e legumes é saudável e não engorda.* *** *A alimentação do computador com esses dados é que teria provocado todo esse problema.*

alimentado
Rege *a* ou *com*: *Passou dez dias no mato, alimentado a* (ou *com*) *brotos de bambu e água da chuva.* *** *Estava sendo alimentado a* (ou *com*) *pão e água*. Na voz passiva, rege *de* ou *por*: *As crianças eram alimentadas dos* (ou *pelos*) *próprios pais, e não de* (ou *por*) *babás*.

alimpar ou limpar?
Tanto faz: *alimpar* (ou *limpar*) *os sapatos*; *alimpar* (ou *limpar*) *a cara*.

alinhado
Rege *a* ou *com*: *Esta parede tem de ficar alinhada àquela* (ou *com aquela*). *** *Quero vê-lo alinhado a* (ou *com*) *todos os seus colegas, na fila*. *** *O Brasil é um país alinhado aos* (ou *com os*) *países emergentes*.

alinhamento
Rege *de...a* (ou *com* ou *por*) ou *de...em*: *O alinhamento desta parede àquela* (ou *com aquela*, ou *por aquela*) *é de rigor*. *** *Antes da entrada nas salas de aula, havia o alinhamento dos alunos em filas duplas*. Na acepção de adesão ou engajamento político, rege apenas *de... a* (ou *com*): *O alinhamento do Brasil aos* (ou *com os*) *países emergentes é uma prática coerente da nossa política externa.*

alisar e alizar: qual a diferença?
Alisar é verbo (*alisar os cabelos*); **alizar** é substantivo masculino e nome que se aplica ao revestimento de madeira que cobre as ombreiras de portas e janelas.

alísios / alíseos
Desde Camões até 2009, a única escrita correta era *alísios*; até que apareceu a 5.ª edição

do VOLP e, com ela, o abono também da grafia alíseos. Como num passe de mágica! Os sensatos continuarão escrevendo alísios, ventos alísios, mesmo porque os ventos alíseos não sopram, cheiram...

alistar / alistado / alistamento
Use de preferência com em, e não com "a": *Alistar-se no Exército.* *** *Alistar-se na Junta de Serviço Militar mais próxima.* *** *Garoto alistado no Exército.* *** *Quando se deu seu alistamento no Exército?* Manchete de jornal: **EUA: jovens não querem mais se alistar "ao" Exército**. Repare, agora, como escreve um adolescente malformado: *Intaum, to na idade do alistamento, so q ja me alistei em minha cidade, Osasco-SP, e me disseram q para se alistar pelo CPOR, eh preciso se alistar na sede do CPOR em Santana-SP, sera q naum tem como se alistar mesmo assim? Fazendo a inscriçaum na junta de minha cidade?* Seu internetês é perfeito. Mas... e o seu futuro?

alívio
Rege a, de ou para: *A reforma da previdência foi um alívio ao* (ou *do* ou *para o*) *caixa do governo.* *** *A esperança de alcançar a vida eterna é um alívio a* (ou *de* ou *para*) *todos os sofrimentos.*

alojar ou alojar-se?
Tanto faz, na acepção de hospedar-se ou na de acampar: *Ele alojou* (ou *se alojou*) *no melhor hotel da cidade.* *** *As tropas alojaram* (ou *se alojaram*) *na periferia da cidade.* No sentido de fixar-se, estabelecer-se, porém, use apenas alojar-se: *A bala se alojou na cabeça da vítima.*

"a" longo prazo
Prefira usar em nessa expressão (*em longo prazo*): *empréstimo em longo prazo; no longo prazo, teremos problemas com as exportações.* Feliz, portanto, foi o jornalista que escreveu: *Um iceberg de 2,5 mil km² de superfície e 400 metros de altura que se desprendeu do Glaciar Mertz (Antártica) pode alterar as correntes oceânicas em longo prazo, afirmam cientistas.*

alopecia
Queda de pelos ou de cabelos, total ou parcialmente. A palavra é alopecia, e não "alopécia". O Dicionário Aurélio insiste em registrar "alopécia", grafia e prosódia que nem mesmo a edição atual do VOLP, cheia de erros e incorreções, traz.

alpargata, alpercata ou alpergata?
Tanto faz. A palavra vem do árabe *al-bargat*, pl. de *barga* = sandália.

Alpes
Como se usa apenas no plural, exige verbo e determinantes também no plural. Ex.: *Os Alpes vivem cobertos de neve, permanecendo, portanto, sempre gelados.*

alpiste e alpisto: qual a diferença?
Alpiste é alimento para pássaros; alpisto é caldo de carne que se serve aos doentes.

alteração
Rege de ou em e de... de... em (ou para): *Haverá alteração da* (ou *na*) *mão de direção nesta rua, a partir de amanhã.* *** *Houve alteração dos originais, de encenador em* (ou *para*) *encanador, na composição da obra.*

alterado
Rege de...em (ou para): *Tive meu nome alterado de Luiz em* (ou *para*) *Luís.*

altercação
Rege com...sobre ou entre...sobre (pessoa) e sobre (coisa): *Evite altercações com pessoas de baixo nível sobre futebol e religião.* *** *As altercações entre pessoas de baixo nível sobre futebol e religião quase sempre redundam em brigas.* *** *São inteiramente inúteis as altercações sobre gostos pessoais, portanto, evite-as!*

altercar
Use sempre assim, sem pronome, e não "altercar-se": *Quando se trata de Flamengo, ele alterca com todo o mundo.* *** *Ele e o vizinho viviam altercando, bastava encontrarem-se.*

alternado
Rege *com, de* ou *por*: *Teve uma infância alternada com* (ou *de* ou *por*) *alegrias e tristezas.* *** *Foi um jogo alternado com* (ou *de* ou *por*) *lances bonitos e jogadas grosseiras.*

alternância
Rege *de* ou *de...com...em*: *A alternância de poder é uma das características básicas do sistema democrático.* *** *A alternância de frutas com legumes na dieta faz bem ao sistema gastrintestinal.* Neste caso, pode não aparecer o terceiro elemento: *A alternância de sons fortes com sons fracos cria uma cadência.*

alternativa
Rege *a*: *A prática regular de exercícios físicos é a melhor alternativa ao sedentarismo.* *** *Colecionar coisas é uma boa alternativa ao ócio.*

alto
Pode parecer incrível, mas ainda há quem confunda alto (oposto de baixo) com auto, redução de automóvel (ele tem dois autos importados) e prefixo (autocontrole, autocensura, etc.). Como perdoar a quem escreve isto: Carro no Brasil custa caro porque o imposto é muito "auto"? É verdade... Veja o que escreve um anônimo, no site de A Folha de S. Paulo, quando esta noticia a queda de audiência da TV Globo em todo o país: *Também uma emissora que aposta em Faustão, Xuxa, Huck, Galvão, novelas com "auto" teor pornografico, gay e adulterio, alem de programas como Zorra Total, Ana Maria Braga, Fantastico, tem mais é que perder audiencia mesmo. Agora, não é mais a gente se liga em você, mas menos gente se liga em nós.* Na verdade – convenhamos – ele está apenas parcialmente errado... Um deputado saiu-se com esta: *o "auto" índice de analfabetos funcionais, o colapso na saúde, o emburrecimento escolar e a idiotização das massas via mídias sociais...* Ele próprio era um analfabeto funcional, que ainda teve a pachorra de afirmar, depois de apanhado, que cometera o erro intencionalmente. Nem os idiotas acreditaram... Finalmente, escreve sobre Curitiba um de seus moradores: *A proliferação das favelas bem como as cidades vizinhas como Pinhais, Piraquara, Colombo, São José dos Pinhais, Almirante Tamandaré são as responsáveis pelo "auto" índice de criminalidade em Curitiba.* E o índice cultural? Também anda alto?

alto e bom som
Use sempre assim, e não "em" alto e bom som. Dizer uma coisa *alto e bom som* é dizê-la em voz alta e clara, de modo que todo o mundo ouça e entenda: *Reagindo às denúncias de corrupção em seu governo, disse certo presidente alto e bom som: Ninguém neste país tem mais autoridade moral e ética do que eu para fazer o que precisa ser feito nesse país.* Não deixe de reparar: nessa declaração, há um *neste* correto e um "nesse" incorreto (aliás, *nesse país* é uma expressão, aí, sem nenhuma necessidade). Convém alertar, ainda: *moral* e *ética* são termos absolutamente sinônimos.

alto-falante
É assim que se escreve, pois *alto* aí é advérbio e significa *em volume alto*. Muitos, todavia, querem que seus automóveis tenham "auto-falante", já que para eles o "auto-falante" nada mais é que um falante de auto (automóvel). Maravilha! A imprensa não fica atrás. Veja esta "maravilhosa" notícia de um de nossos jornais: *Uma loja de informática foi invadida por cinco homens armados com pistola, na manhã de ontem. Notebooks, CPUS de computadores e "auto-falantes" de veículos foram levados pelos bandidos.* Manchete no site da Carplace: **"Nova" BMW M5 reproduz o ronco do motor através dos "auto-falantes"**. Nessa pequena frase, o jornalista conseguiu cometer mais um erro: "nova" BMW, em vez de novo BMW. Mas há quem consiga cometer dois erros na última palavra. Foi outro jornalista,

que se meteu a testar um carro chinês e escreveu: *O carro, a 120km/h, gera um certo incômodo aos ouvidos, mas nada que o excelente conjunto de áudio não possa neutralizar. São 6 "autofalantes" da mais alta tecnologia*. O jornalismo brasileiro, já faz algum tempo, anda gerando um certo incômodo...
Se tiver dúvida sobre a escrita de qualquer palavra, consulte o **Grande dicionário Sacconi da língua portuguesa**.

"altorrelevo"
É bem verdade que recentemente houve uma pequena reforma ortográfica, que alterou a grafia com o prefixo auto- (e não com o adjetivo ou o advérbio alto). Assim, antes se grafava auto-suficiente (hoje, autossuficiente), antes se grafava auto-realização (hoje autorrealização), mas alto-relevo e alto-falante continuam com suas grafias, nelas não houve alteração. Não é que o Banco Central do Brasil, seguindo o mau exemplo dado pela Caixa Econômica Federal com seu slogan errado ("Vem" pra Caixa você também), tenta dar-nos uma explicação sobre as novas cédulas de real e estampa duas ou três vezes a forma inexistente "altorrelevo"? Trata-se de um erro difícil de aceitar. Será possível que alguém, antes de mandar o filme para o ar, não teve o cuidado de consultar um dicionário, ou mesmo o VOLP, que, apesar de tantos erros e equívocos que traz, não ousou registrar "altorrelevo"? Eita, Brasil! É esse o Brasil que temos. Mas será esse o Brasil que queremos?

alucinado
Rege *com, de* ou *por*: *Vendo-se alucinado com o* (ou *do* ou *pelo*) *poder, teve de renunciar, por ter alternado cinismo com safadeza.* *** *O rapaz ficou alucinado com a* (ou *da* ou *pela*) *garota, a quem queria conquistar de qualquer maneira.*

alugado / aluguel
Regem *a* ou *para*: *Teve seu imóvel alugado a* (ou *para*) *turistas.* *** *O aluguel a* (ou *para*) *turistas sempre é mais caro.*

alusão / alusivo
Regem *a*: *O presidente fazia alusão a seu ministro da Fazenda.* *** *O discurso do presidente, alusivo a seu ministro da Fazenda, foi um encômio.*

aluvião
É palavra feminina (*a* aluvião, *uma* aluvião): *O presidente recebeu uma aluvião de perguntas dos repórteres.* *** *O cantor recebe por semana uma aluvião de cartas de seus fãs.* Como termo geológico significa depósito de sedimentos (lodo, areia, cascalho, etc.) deixado nas praias ou nas margens de rios por inundações ou enchentes. Eis, porém, a lição de uma professora universitária de Geologia: *"O" aluvião tem uma elevada permeabilidade, se ele for impermeabilizado por construções etc, ocasionara um abaixamento do solo, como também causar um dano à agricultura, pela não recarga de água no substrato.* No Jornal do Brasil: *Vieram de polos opostos as dúvidas sobre "o" aluvião, uma do Nordeste e outra do interior de São Paulo. ... Trocando em miúdos, "o" aluvião ocorre com muita frequência em ilhas ou locais onde o fenômeno do tempo é frequentemente alterado. Por exemplo, numa fazenda à margem do mar ou de um rio pode em determinada época do ano formar um desvio de água que acaba criando um lago ou um areal ou, simplesmente, um pedaço de terra. E é exatamente essa formação que constitui "o" aluvião, que passa a pertencer ao mesmo dono da fazenda e a ela será acrescido como "um" aluvião, sem gerar direitos ou indenização a quem quer que seja.* Na Veja, ed. 1.915, apresentando fotos de Marcos Valério, Delúbio Soares e Silvio Pereira: *Qual o maior mentiroso de todos, "nesse" aluvião de imposturas que estarrece o país?* Repare, agora, neste período incrustado num trabalho publicado em anais de congresso científico: *A partir das calibrações, verifica-se que cerca de 20% das precipitações totais mensais recarregam "o" aluvião, e que a "ascenção" capilar ocorre em taxas da ordem de 25% da evaporação local.* (E, sim senhor, "ascenção", em vez de ascensão!) Como se vê, uma aluvião de equívocos.

alvo
Rege *a* (mira) e *de* (motivo principal): *As cabinas da polícia carioca estão servindo de alvo aos bandidos.* *** *O árbitro acabou sendo alvo aos arremessos de pedras dos torcedores.* *** *Ao dar essa declaração, o ministro acabou sendo alvo de todo tipo de críticas.* *** *O alvo da ira popular era o ministro da Saúde.* Quando figura como predicativo, não varia: *Os atacantes sempre são o alvo dos zagueiros.* Manchete no Diário do Nordeste, de Fortaleza: **Heterossexuais também são "alvos" da homofobia.** É mesmo? Num jornal especializado em esportes: *As chuteiras usadas pelos jogadores do Palmeiras foram "alvos" de crítica por parte do treinador.* Muitos jornalistas têm sido aqui alvo de críticas. Todas feitas – como se vê – com muita justiça...

amabilidade
Rege *com* ou *para com*: *Todos notaram a sua amabilidade com* (ou *para com*) *a nova secretária.* V. **amável**.

amaciado
Rege *com* ou *por*: *Teve os cabelos amaciados com* (ou *por*) *cremes importados.* *** *Teve os passos amaciados com* (ou *por*) *sapatos de sola de borracha.*

amado
Rege *de* ou *por*: *Sentiu-se amado de* (ou *por*) *todos quantos o rodeavam.* *** *Qual seria a personagem infantil mais amada das* (ou *pelas*) *crianças?*

a maioria de / a maior parte de
Essas expressões, quando antecedem o verbo e seguidas de complemento no plural, podem deixar o verbo no singular ou levá-lo ao plural. Ex.: *A maioria dos brasileiros acreditou* (ou *acreditaram*) *no candidato e votou* (ou *votaram*) *maciçamente nele, que, uma vez no poder, decepcionou o país.* *** *A maioria de inscritos do Enem foi* (ou *foram*) *do sexo feminino.* Se aparecem depois do verbo ou se não aparece o complemento no plural, só use o singular: *Da reunião, participou a maioria dos deputados.* *** *Viu-nos chegar a maior parte dos convidados.* *** *Ele prometeu mundos e fundos durante a campanha eleitoral; a maioria acreditou e nele votou.* Convém, portanto, não imitar um indivíduo, que, ao comentar uma notícia de jornal, escreveu: Além de cidadãos, também somos os provedores dos ótimos salários que "recebem" a maioria dos funcionários públicos. Sem dúvida...

amaldiçoado
Rege *de* ou *por*: *Morreu amaldiçoado de* (ou *por*) *todos os parentes, mas amado de todos os amigos.* *** *Esse parece ser um povo amaldiçoado de* (ou *por*) *Deus.*

amanhã
O curioso aqui é que muitos estranham quando afirmamos que a vogal inicial dessa palavra deve soar fechada (ã), e não aberta (á). Por quê? Por causa da presença do fonema nasal posterior, que interfere no som da vogal. O mais curioso é que essas mesmas pessoas que dizem "ámanhã" eu vou só dizem até ãmanhã (com a fechado). Ou elas também dizem até "ámanhã"? Vocês se lembram daquela música: *Até amanhã*, se Deus quiser, se não chover... Pois é. Quem a cantaria com o a aberto? Você?! Ah, sei, então, tá...
Em tempo – Como substantivo, significa época próxima futura, futuro: *O amanhã a Deus pertence.* Pl.: *amanhãs*. No entanto, já houve jornalista que escreveu, para nos aterrorizar ainda mais: *Depois de uma guerra nuclear não haverá "amanhães".* Para ele, talvez haja poucos...

a "mais" preferida / o "mais" preferido
Redundância: na palavra *preferida* ou *preferido* já existe a ideia de *mais*. V. **a "menos" preferida / o "menos" preferido**.

à mão e na mão: qual a diferença?
À mão equivale a disponível; **na mão** indica posse. Repare na diferença por este

exemplo: É importante ter sempre um bom dicionário à mão, mas o mais importante é ter sempre um dicionário na mão. De preferência, o **míni Sacconi**...

à mão armada
Sempre com acento no a. Manchete da coluna Radar, da Veja: **Temer é vítima de assalto "a" mão armada em SP**. Não se sabe qual a vítima maior: Temer ou nós mesmos?

a mãos-cheias, às mãos-cheias ou a mancheias?
Tanto faz: *No Oriente Médio existe petróleo a mãos-cheias*. *** *Na maioria das cidades brasileiras existem bandidos às mãos-cheias*. *** *Mulheres lindas? Ah, isso no Rio de Janeiro existe a mancheias*.

amargurado
Rege *com, de* ou *por*: *Amargurado com a* (ou *da*, ou *pela*) *morte do filho, deixou de frequentar a sociedade*. *** *Sinto-me amargurado com* (ou *de* ou *por*) *uma dúvida atroz: caso ou descasco esta laranja?* Há casos em que só admite *de* ou *por*: *Aquele era um coração amargurado de* (ou *por*) *remorsos*.

amarrado
Rege *a* (pref.) ou *em* (atado; absorto) e *em* (ligado moral ou amorosamente): *Deixei o cão amarrado ao* (ou *no*) *poste*. *** *Os sequestradores o deixaram amarrado a* (ou *em*) *uma árvore, sem água nem comida*. *** *Ficou horas ali, amarrado à* (ou *na*) *leitura do livro*. *** *Viveu toda a vida amarrado no pecado*. *** *Estou amarrado nessa mulher*. *** *É verdade que também ela está amarrada em mim?* No primeiro caso, justifica-se a preferência pela preposição *a*, por ser a regência legitimamente portuguesa; no português do Brasil é que mais se usa "em".

amarrar e amarrar-se
Na norma padrão, usam-se com *a*: *amarrar o cavalo a uma árvore; amarrar o bote a um tronco, amarrar o cão a um poste; amarrar o povo a vãs esperanças*. *** *Amarrar-se a uma opinião*. *** *Amarrar-se à leitura de um livro*. No português do Brasil, contudo, mormente na língua popular ou despretensiosa, usa-se a preposição *em*.

amassado
Rege *com* ou *por*: *Teve o carro amassado com* (ou *por*) *um ônibus*. *** *Eram pães amassados com o* (ou *pelo*) *suor de gente fétida, sem nenhum senso de higiene*.

amável
Rege *com* ou *para com*: *ser amável com* (ou *para com*) *todos*. V. **amabilidade**.

ambição / ambicioso
Regem *de* ou *por*: *A ambição do* (ou *pelo*) *poder o levou à revolução*. *** *Garotas adolescentes, ambiciosas da* (ou *pela*) *fama da passarela, fazem rigorosos e nem sempre saudáveis regimes para emagrecer*.

ambidestro
Diz-se da pessoa que usa ambas as mãos com a mesma facilidade. Em Portugal se diz ambidéstru, mas no Brasil se usa ambidêstru. Os jornalistas esportivos costumam usar essa palavra em referência ao jogador de futebol que usa ambos os "pés" com a mesma facilidade. Eles apreciam muito uma invençãozinha. V. **destro**.

ambiguidade ou anfibologia
A ambiguidade ou anfibologia é a possibilidade de ter uma frase mais de uma interpretação quanto ao sentido. Por exemplo: Acabou de morrer a anta do meu primo. Ou: Morreu o jegue do meu vizinho. São frases até cômicas. Tão cômicas quanto esta, de um jornalista, ao comentar uma telenovela: *Insensato Coração: Norma vê Léo engraxar sapatos de Ismael de joelhos*. Quem estava de joelhos? Norma? Léo? Ismael? Só mesmo convocando uma reunião com o fantástico jornalista...

ambos
É um numeral *dual* (porque sempre se refere a dois seres) e exige o artigo posposto:

ambos os livros, ambas as escolas, e não "ambos livros", "ambas escolas", que é, justamente, como escrevem nossos jornalistas: O câmbio será manual de 5 marchas em "ambas versões". *** *O motivo da briga entre "ambas equipes" foi a invasão de campo da torcida*. Manchete da Folha de S. Paulo: **Protesto de professores interdita avenida Paulista em "ambos sentidos"**. De uma repórter de televisão: *"Ambos assessores" negaram o fato*. Manchete do Terra: **Em jogo emocionante, Austrália bate a Sérvia; "ambas" seleções estão fora da Copa**. Repare, ainda: usaram o competente artigo antes de Sérvia, mas não antes de Austrália. Eles são ótimos: conseguem emocionar sempre!...

ambos os dois
Não caracteriza redundância, se tal expressão for usada para dar mais vigor à comunicação, constituindo-se, assim, em um pleonasmo literário. São suas variantes, porém, bem menos usadas: ambos de dois e ambos e dois. Alexandre Herculano, em O Monge de Cister, escreveu: O certo é que ambos os dois monges, tão amigos, caminhavam juntos. Camilo Castelo Branco, em Anátema, escreveu: *Cega eu seja dos olhos ambos de dois*. Ah, mas isso é coisa de português – poderá contrapor você. Não só de português, meu amigo. Certa vez perguntaram a Rui Barbosa qual forma era correta: bêbado ou bêbedo. E o baiano respondeu: *São-no ambas as duas*. Note a pertinência, a necessidade aí de reforçar a ideia de dualidade, já contida no termo central (ambas). Por isso, não vá você, meu caro leitor, sair por aí dizendo ou escrevendo: "Ambas as duas" minhas filhas são lindas. Ou: "Ambos de dois" meus filhos são inteligentes. Porque não são...

ambrosia e ambrósia: qual a diferença?
Ambrosia é o manjar dos deuses do monte Olimpo; em sentido figurado, manjar delicioso. Ambrósia é nome de uma planta e também nome de mulher.

ameaça
Rege *a* ou *contra*: *Não havia nenhuma ameaça à* (ou *contra a*) *segurança nacional*. *** *Há rumores de ameaça ao* (ou *contra o*) *regime*. *** *É cada vez mais crescente a ameaça à* (ou *contra a*) *floresta amazônica*. A regência "ameaça para", muito comum, deve ser desprezada.

ameaçado
Rege *de* ou *por* (quando o complemento é o praticante da ação verbal): *É uma população inteira ameaçada de* (ou *por*) *hordas de traficantes e sequestradores*. Quando o complemento não pode ser o praticante da ação, e antes de infinitivo, rege apenas *de*: *Ele esteve ameaçado de morte*. *** *Ele esteve ameaçado de ficar cego*. Pode, ainda, reger *em*: *Quando se vê ameaçado em seus interesses, ele reage violentamente*.

à medida "em" que
Comum na linguagem jornalística, convém substituir tal locução por *à medida que*: *À medida que o tempo passa, cresce o desemprego no país*. *** *À medida que a noite se aproxima, vão se recolhendo os pássaros*. *** *A temperatura do Sol não é constante, mas aumenta muito à medida que nos aproximamos de seu núcleo*. Recentemente, um político baiano fez esta declaração sobre certo presidente da Câmara federal: *Quando começou seu mandato, ele tinha certa cerimônia, mas piorou "na medida em que" foi perdendo a inibição*. Usou indevidamente a locução na medida em que, está claro. Mas o jornalista que fez a entrevista, todavia, na matéria, mudou a referida expressão para outra, também errônea (com a agravante de que o fez em manchete): **Pior à medida "em" que vai perdendo inibição**. Pior. Em manchete fica bem pior... Repare, agora, neste texto: *Os seres humanos, desde o seu nascimento, se desenvolvem realizando suas potencialidades "a medida em que" se descobrem na relação com o outro. Por exemplo, uma criança desenvolve a fala "a medida em que" se relaciona com outros seres humanos que já a tenham desenvolvido. A natureza fornece a potencialidade, porém essa potencialidade só é realizada "a medida em que" o indivíduo vai descobrindo suas possibilidades na troca com o outro e se enriquecendo com suas descobertas*. Seu autor, assim que descobrir

que usou não só a expressão indevida, mas também não soube usar o acento da crase, naturalmente, enriquecer-se-á...

amedrontado
Rege *com*, *de* ou *por*: *Ela ficou amedrontada com as* (ou *das* ou *pelas*) *ameaças do ex-namorado e se mudou da cidade.* *** *As mulheres ficaram amedrontadas com aquele* (ou *daquele* ou *por aquele*) *casarão, que diziam ser assombrado.*

âmen e amém: qual a diferença?
Âmen é palavra hebraica e significa *assim seja!* Pl.: *amens* (paroxítona e sem acento, a exemplo de *hifens, nuvens*, etc.). **Amém** é forma aportuguesada. Pl.: *améns*.

amendoim
Apesar de ser a palavra correta, muitos insistem em comer "minduim". Como alcunha é ótimo: *Zé Minduim*. Mas só neste caso.

amenidade
Rege *de* e *com* ou *para com*: *Chefe com característica de amenidade de trato; a amenidade do chefe com* (ou *para com*) *todos*.

ameno
Rege *com* ou *para com*: *Um chefe ameno com* (ou *para com*) *todos*.

a "menos" preferida / o "menos" preferido
Não. A palavra *preferida* ou *preferido* não admite modificadores. V. **a "mais" preferida / o "mais" preferido**.

a menos que "não"
A locução *a menos que* já tem sentido negativo; equivale a *a não ser que*. Daí por que dispensa o advérbio. Portanto: *A menos que cessem as hostilidades, os dois países poderão entrar em guerra novamente.* *** *Iremos à praia amanhã bem cedo, a menos que chova.* O astrofísico inglês Stephen Hawking declarou recentemente, com a sabedoria que lhe é peculiar: *A menos que a raça humana colonize o espaço nos próximos dois séculos, vai desaparecer para sempre.* (Detalhe: o jornalista escreveu "Ao" menos que...)

à mesa
Convém sempre usar *à* (e não "na"), nessa expressão, quando existe a ideia de proximidade ou contiguidade. Assim, por exemplo: *sentar-se à mesa, acomodar-se à mesa, estar à mesa*, etc. Reserve a expressão com *na*, quando existir a ideia de posição superior. Assim, por exemplo: *Sentar-se na mesa não é coisa de gente civilizada.* O curioso é que existe muita gente que, preocupada em não errar, incorre justamente em erro, ao usar: *Os talheres estão "à" mesa.* *** *Durante a reunião, todas as propostas foram colocadas "à" mesa.* Ora, talheres e coisas ficam sempre *na* mesa; as pessoas é que ficam *à* mesa.

a meus pés / em meus pés
São expressões corretas, mas não com combinação (aos) ou contração (nos). Portanto: Ela se ajoelhou *a meus pés* (ou *em meus pés*). Há os que usam *"aos" meus pés* e *"nos" meus pés*. O pronome possessivo pode ser trocado por *seus, teus, nossos* e *vossos*: *a seus pés, em seus pés; a teus pés, em teus pés*, etc.

amigo da onça
Sem hifens.

amigos é o que não "faltam" para ele
Frase típica de quem não conhece a estrutura da língua, ou seja, daquele que na escola nunca fez exercícios de análise sintática. Mas há os que, pseudopedagogos, são totalmente contra o ensino desse assunto em sala de aula. São exatamente aqueles que nunca chegaram a compreendê-lo, que fizeram seus vestibulares fazendo cruzinhas e agora estão aí a vomitar normas. Enquanto os ingênuos lhes derem guarida, eles

continuarão posando de gênios. Enfim, o sujeito do verbo faltar não é "amigos", mas o pronome relativo que (que representa o pronome indefinido o). Portanto, amigos é o que não falta para ele, assim como ingênuos e pseudopedagogos é o que não falta em países infelizes.

aminoácido
É a grafia correta, mas oito entre dez professores de Biologia escrevem "amino-ácido".

amizade
Rege a ou por (afeição, carinho especial) e com (ligação ou relação amistosa) ou entre: *Tudo isso ela fez só por amizade aos* (ou *pelos*) *colegas.* *** *Tenho grande amizade a* (ou *por*) *essa gente.* = *Tenho-lhe grande amizade.* *** *Minha amizade com ele é de longa data.* *** *Travei amizade com todo o mundo no clube.* *** *A amizade entre nós é de longa data.* *** *Existe amizade sincera entre mulheres?*

amoldado
Use sempre com a: *Usou uma linguagem amoldada a seu interlocutor.* A regência "amoldado com", muito comum, deve ser desprezada.

amolecido
Rege com ou por: *Teve o coração amolecido com as* (ou *pelas*) *lágrimas da mãe.* *** *Antes de serem levados ao fogo, os polvos são amolecidos com* (ou *por*) *pancadas, senão se tornam duros demais para serem consumidos.*

amor
Rege a, de, para com ou por (pessoa ou ser irracional) e a, de ou por (coisa): *Ter amor aos* (ou *dos* ou *para com os* ou *pelos*) *filhos.* *** *Ter amor aos* (ou *dos* ou *para com os* ou *pelos*) *animais.* *** *Ter amor à* (ou *da* ou *pela*) *Pátria.* *** *Ter amor ao* (ou *do* ou *pelo*) *clube do coração.* *** *Ter amor à* (ou *da* ou *pela*) *natureza.* A regência amor de tem sido evitada, por propiciar cacofonia (amor da Pátria, amor do próximo), mas é essa, justamente, a preferida dos clássicos. Encontramos tal regência ainda em *Pelo amor de Deus, não faça isso!* Adj. corresp. (no sentido material ou carnal): *erótico*. Portanto, *cenas de amor* = *cenas eróticas*.

amora
Adj. correspondente: *rubiforme*. Portanto, *órgão semelhante a uma amora* = *órgão rubiforme*.

amoroso
Rege com ou para com: *pai amoroso com* (ou *para com*) *os filhos; pessoa amorosa com* (ou *para com*) *os animais.*

amortecido
Rege com ou por: *Os ruídos são amortecidos com* (ou *por*) *material fonoabsorvente, de modo que o interior do carro fica muito silencioso.* *** *Teve os passos amortecidos com* (ou *por*) *sapatos de sola de borracha.*

amostrar e mostrar: qual a diferença?
Nenhuma: são formas variantes, portanto corretas ambas as duas: *O corretor amostrou (ou mostrou) o imóvel ao interessado.* *** *Nobres não gostam de se amostrar (ou de se mostrar).*

amparado
Rege a ou em (apoiado), a, em ou contra (escorado) e de ou por (protegido), se o complemento for pessoa, mas de ou contra, se o complemento for coisa: *Andava amparado a* (ou *em*) *um velho guarda-chuva.* *** *Desci a escada amparado ao* (ou *no*) *braço dela.* *** *Quando cheguei, encontrei-o totalmente bêbado, amparado à* (ou *na* ou *contra* a) *parede.* *** *Sentia-se amparado do* (ou *pelo*) *presidente e, por isso, achava-se no direito de achacar empresários.* *** *O Brasil é um país totalmente amparado de* (ou *contra*) *furacões, mas já não tão amparado de* (ou *contra*) *tornados.*

amparo
Rege *a* (ajuda, assistência), *a* ou *em* (apoio) e *a, em* ou *contra* (escora): *É um fundo de amparo aos idosos.* *** *O amparo ao* (ou *no*) *velho guarda-chuva permitia que ele andasse pela casa toda.* *** *O amparo à* (ou *na* ou *contra* a) *parede ainda lhe dava algum equilíbrio para andar.*

ampersand
Nome inglês do sinal &, equivalente de e: Casa Grande & Senzala, Casseta & Planeta. Pronuncia-se émpersènd.

ampliação
Rege *de...a* (ou *para*): *O Ministério da Educação determinou a ampliação do ensino fundamental a* (ou *para*) *nove anos.*

amuado
Rege *com* ou *contra* (antes de nomes) e *por* (antes de verbo): *O presidente andava meio amuado com* (ou *contra*) *seu vice.* *** *Andava meio amuado por ter de fazer tantos exercícios de fisioterapia.*

a muito custo ou com muito custo?
Tanto faz: *A* (ou *Com*) *muito custo conseguimos demovê-lo da ideia.* *** *Estava rico, mas tudo o que conseguiu foi a* (ou *com*) *muito custo.*

analfabeto funcional
Analfabeto funcional é aquele que mal consegue identificar enunciados simples, mostrando-se incapaz de interpretar texto mais longo ou com alguma complexidade. E quem é o culpado de produzir analfabetos funcionais? Primeiramente, o Estado; depois, os educadores da atualidade. A competência da atual pedagogia ou filosofia da educação adotada em nosso país pode ser medida todos os anos, nos exames vestibulares, entre os que fazem as provas de redação. Segundo a Unesco, estamos entre os piores países do mundo em relação ao aprendizado. Nossas crianças não conseguem entender o que leem. Segundo declaração do próprio presidente da República, por ocasião da abertura da XVIII Bienal do Livro, 52% dos alunos das escolas públicas não conseguem interpretar um texto lido. Culpa de quem? Das nossas crianças? Não, absolutamente. Culpa da nossa pedagogia incompetente, falida (embora haja pedagogos que a considerem uma maravilha, um modelo para o mundo). A escola antiga não abortava analfabetos funcionais. A escola antiga não produzia "gênios" com suas monumentais patadas nos exames vestibulares. A escola antiga ensinava a escrever, ensinava a pensar, ensinava a entender melhor os textos lidos, ensinava a ter mais respeito pela língua e também pelo professor. A escola antiga tinha professores que recebiam um salário digno e eram respeitados pelos alunos. Aqui, antiga bem poderia ser substituída por eficiente. E a escola de hoje? A escola de hoje é um verdadeiro desastre pedagógico e disciplinar. Mas tem defensores intransigentes. É natural: foram abortados por ela! Como se tudo isso não bastasse, aparece-nos um presidente da República que se vangloria de ter chegado aonde chegou sem estudar, sem ter lido um livro sequer, passando a impressão de que o segredo do sucesso é não dar importância à escola, ao estudo, aos livros. Se esse não é o fim do poço, qual será?

análise
Rege *a, de* (crítica) e *de* ou *sobre*: *A análise ao* (ou *do*) *novo Código Civil foi feita por grandes juristas.* *** *Fiz uma análise ao* (ou *do*) *projeto de reforma da ortografia.* *** *Proceder à análise dos* (ou *sobre os*) *dados de uma pesquisa de opinião.*

analista-contábil
Com hífen. Da mesma forma: *analista-financeiro* e *analista-econômico-financeiro*.

analogia
Rege (*por*)...*com* (ou *de*), *de...com*, *entre* ou *com*: *Usamos laringe, no feminino, por*

analogia com o (ou *do*) *gênero de* faringe. *** *A analogia de uma palavra com outra propiciou mudança de gênero de uma delas.* *** *A analogia entre as duas palavras provocou mudança de gênero de uma delas.* *** *Esse fato teria analogia com o anterior?*

análogo
Rege *a* ou *a...em* e *em*: *Um exemplo análogo a esse é difícil encontrar.* *** *Sua situação é análoga à minha em tudo.* *** *São textos análogos na forma e no conteúdo.*

a não ser / a não serem
V. **a ser / a serem**.

anátema
Rege *a* ou *contra*: *A Igreja sentenciou um anátema a* (ou *contra*) *esse rei.* *** *Os puristas fulminam anátemas aos* (ou *contra os*) *estrangeirismos*.

anatomocirúrgico
Assim como anatomocirurgia, anatomopatologia e anatomopatológico, se escreve numa só palavra. Grande parte dos médicos, no entanto, só grafa assim: "anátomo-cirúrgico", "anátomo-patológico", etc. Por isso, costumo dizer sempre: os médicos entendem é de medicina...
Se tiver dúvida sobre a escrita de qualquer palavra, consulte o **Grande dicionário Sacconi da língua portuguesa**.

andaime
Pronuncia-se com ai fechado: andâime. No Nordeste, mormente no Ceará, costumam dizer "andáimi", "Eláini", "Gisláini", como se o fonema nasal posterior ao ditongo não existisse.

andar
Antes de numerais ordinais, fica no singular ou vai ao plural, se o artigo vem repetido: *o primeiro e o segundo andar* (ou *andares*) *do prédio*. Se não houver repetição do artigo, o plural será de rigor: *o primeiro e segundo andares do prédio*. Outros exemplos: *os condôminos do 5.º e do 6.º andar* (ou *andares*); *os condôminos do 5.º e 6.º andares*.

andebol / handebol
Antes do Acordo Ortográfico, existiam ambas as formas, aportuguesadas do inglês *handball*. O VOLP agora só registra a segunda (handebol), mas tanto o Dicionário Aurélio quanto o Dicionário Houaiss continuam a registrar a primeira. Normal...

Andes
Como se usa apenas no plural, exige verbo e determinantes também no plural. Ex.: *Os Andes ficam cobertos de neve o ano inteiro.* *** *Conheço todos os Andes*. Aquele que habita os Andes ou aquilo que cresce nos Andes se diz *andícola*.

anel
Adj. correspondente: *anelar* ou *anular* (linguagem científica). Portanto, *nebulosas semelhantes a anel* = *nebulosas anulares*. Dim. pl.: *aneizinhos*.

anexação
Rege *a* ou *de...a*: *Há várias cidades periféricas que desejam anexação à capital.* *** *No início do século XX, houve a anexação do Acre ao Brasil, com a devida compensação financeira à Bolívia.* *** *A anexação da Polônia à Alemanha foi uma das principais causas da II Guerra Mundial.*

anexar "junto"
Visível redundância: quem anexa já junta. Por isso, basta usar *anexar*: *O advogado anexou várias provas aos autos.* *** *Anexe a nota fiscal à mercadoria!* Estava, então, uma pessoa vendendo seu livro. E recomendava: *Não esqueça de anexar "junto" ao comprovante seu nome, endereço e telefone, para que o livro seja remetido via correio*. Um dos requisitos para a inscrição na federação gaúcha de basquetebol: *Anexar "junto" a ficha de registro de atleta e CBB, duas fotocópias*

da carteira de identidade. Uma universidade federal exige, para inscrição a seu curso de pós-graduação: *No ato da inscrição o candidato deve anexar "junto" com o formulário de inscrição o seu* Curriculum Vitae *completo e o seu projeto de pesquisa de mestrado ou doutorado, com a indicação do futuro orientador e coorientador (se houver).* Finalmente, um texto de quem está ansiosamente necessitado: *Gostaria de saber como faço pra conseguir uma certidão de óbito de uma senhora brasileira que veio a falecer nos EUA, e que sua filha que mora lá, não apresentou junto à Procuradoria da República para fazer o cancelamento do benefício que vem recebendo desde seu falecimento indevidamente, prejudicando à União Federal. Precisamos deste documento de óbito para anexar "junto" ao Processo que corre na Justiça. É uma questão urgente e sigilosa.* Que assim seja!...

anexo
Concorda normalmente com o nome a que se refere: *As fotos vão anexas.* *** *Anexas vão as fotos.* *** *Os documentos seguem anexos.* *** *Anexos seguem os documentos.* *** *A nota fiscal remeto anexa.* *** *Anexa remeto a nota fiscal.* A expressão "em anexo" deve ser desprezada: não é da índole portuguesa a formação de locuções adjetivas com preposição seguida de adjetivo nem muito menos de locuções formadas com preposição seguida de advérbio ("em alerta").

angélico = angelical?
Não; *angélico* se aplica literalmente à figura do anjo: *coro angélico; falange angélica.* Já angelical se usa apenas em sentido figurado: pessoa com ar angelical; garota de formosura angelical. Tanto o Dicionário Aurélio quanto o Dicionário Houaiss, no entanto, registram essas palavras como sinônimas perfeitas. Como se vê, não são.

angústia / angustiado
Regem *de* ou *por*, mas *angustiado* ainda rege *com* (antes de nome): *A angústia do* (ou *pelo*) *sofrimento do filho era muito grande naquela mãe.* *** *A angústia de* (ou *por*) *ver os filhos com fome o torturava.* *** *Sentindo-se angustiado com a* (ou *da* ou *pela*) *certeza da morte próxima, suicidou-se.* *** *Ficava angustiada de* (ou *por*) *ver seus filhos passando fome.*

anil
Usada como adjetivo, indicando a cor, não varia: *meias anil, camisas anil.*

animado
Rege *com, de* ou *por* (nome) e *de* ou *por* (verbo): *Estava animado com o* (ou *do* ou *pelo*) *novo emprego.* *** *Ficou animado de* (ou *por*) *poder voltar a casa mais cedo.*

animar-se
Usa-se, na norma padrão, com *de*, na acepção de *ficar animado, entusiasmar-se* e com *a*, na acepção de *atrever-se, arriscar-se*: *Ela sempre se anima de saber dos fracassos do ex-marido.* (Na língua popular se encontra: Ela sempre se anima "com" os fracassos do ex-marido.) *** *Os palmeirenses sempre se animam de saber das derrotas corintianas.* (Na língua cotidiana é comum aparecer: Os palmeirenses sempre se animam "com" as derrotas corintianas.). *** *Não me animo a sair de casa com essa violência toda.* *** *Ao pressentir negativas, o rapaz nem se animava a pedir um beijo à namorada.* Numa de nossas revistas semanais de informação, ed. 1.914: *Os parlamentares governistas animaram-se "com" a divulgação de uma pesquisa da CNT/Sensus.* A mídia tem obrigação de usar a norma padrão, até por respeito ao leitor.

ânimo
Rege *com* ou *para com* (pessoa), *para* (coisa) e *de* ou *para* (verbo): *O chefe sempre demonstrava bom ânimo com* (ou *para com*) *a nova secretária.* *** *Já não tinha ânimo para o trabalho.* *** *Não teve ânimo de* (ou *para*) *prosseguir viagem.*

animosidade
Rege *a, com, contra* ou *para com* e *entre...em*: *A animosidade aos* (ou *com os* ou *contra*

os ou *para com* os) *imigrantes africanos na Alemanha é grande.* *** *Cresce cada vez mais a animosidade* entre *pais e filhos* n*a decisão do horário de volta para casa, aos sábados à noite.*

aniquilar
O u não soa: anikilar. Elizete Cardoso, no entanto, ao interpretar Canção de amor, de autoria de Chocolate, deslustra um pouco a canção, ao pronunciar "anikuíla": Saudade, torrente de paixão, emoção diferente, que aniquila a vida da gente, numa dor que não sei de onde vem.

anistia
Rege *a* ou *para, de...a* (ou *para*) [pessoa] e *de...contra* (coisa): *A anistia* a*os* (ou *para* os) *exilados políticos foi uma concessão do governo militar.* *** *A anistia* de *crimes políticos* a*os* (ou *para* os) *exilados se deu no governo de Ernesto Geisel.* *** *A anistia* de *crimes* contra *a segurança nacional foi concedida na mesma ocasião.*

anistia e perdão: qual a diferença?
Anistia é ato emanado de autoridade pública, anulando as penas cometidas por criminosos comuns ou políticos. Alguns presos recebem *anistia* no Natal. Em 1982 houve grande *anistia* política no Brasil. **Perdão** é remissão de pena, castigo, culpa, dívida, ofensa, etc. A *anistia* difere do *perdão*, porque não supõe delito que cause infâmia. O anistiado é beneficiado sem desonra nem deslustre. O *perdão* puro e simples, sem caráter político, pressupõe sempre um delito e é comumente feio, grave, ofensivo. A palavra *anistia* surgiu por efeito de uma lei com esse nome, decretada por Trasibulo (sem acento, o nome é paroxítono), vencedor dos trinta tiranos que escravizaram Atenas, a mando de Esparta. Pela *anistia*, ninguém podia ser perseguido pelos delitos políticos cometidos durante a tirania; concedia perdão e esquecimento geral. *Anistia* se decompõe em *a-* (prefixo negativo) + *-nist-* (radical grego = me lembro) + *-ia* (sufixo). A *anistia* se caracteriza, portanto, pelo esquecimento dos delitos comuns aos políticos, mas não os delitos graves, como assalto a bancos e tortura.

anistórico
Apesar de ser a forma consentânea com os princípios do idioma, há registro por aí de "aistórico" e até de "a-histórico", que nada tem a ver com português. V. **"aético"**.

"a" nível de
V. **em nível de**.

anjo
Adj. corresp. (em sentido figurado): *angelical*. Portanto, *doçura* de anjo = *doçura* angelical; *expressão* de anjo = *expressão* angelical.

à noite ou de noite?
Tanto faz: *Estudo* à (ou de) *noite*.

anomalia
Rege *de* ou *em*: *O vitiligo é uma anomalia* d*a* (ou n*a*) *pigmentação da pele.* *** *O plural de* gol, *no português do Brasil, é uma anomalia* d*a* (ou n*a*) *flexão dos nomes assim terminados.*

"Ano Novo"
Não há nenhuma necessidade do uso de iniciais maiúsculas. Use sempre ano novo e seja mais feliz todos os anos! Os jornalistas, quando não usam "Ano Novo", fazem isto: "ano-novo" (e até isto: "Ano-Novo"). Eles sempre buscam uma forma de protestar... Manchete de O Estado de S. Paulo: **Caracas cancela festa de "ano-novo" após piora da saúde de Chavez**. Manchete do Terra: **Em luto por vítima de estupro, "Índia" cancela celebrações de "Ano-Novo"**. O mundo também não conhece "Índia", mas a Índia. O IG, por exemplo, dá esta manchete: **Sementes de romã, lentilha e outros rituais gastronômicos da ceia de "Ano Novo"**. Veja, agora, o que eles fazem no meio da matéria: *Os porcos são animais polêmicos na história da civilização. Enquanto algumas culturas consideram sua carne*

impura, outras o tratam como animal resistente, parrudo e que busca oportunidades – já que fuça para frente. Por isso, é bem-vindo na ceia de "ano-novo". Se os porcos são animais polêmicos, o que seriam os jornalistas brasileiros?

ano passado, no ano passado ou o ano passado?
Tanto faz: *Estive na China ano passado* (ou *no ano passado* ou *o ano passado*). *** *Ano passado* (ou *No ano passado* ou *O ano passado*) *ficamos campeões*. V. **mês passado** e **semana passada**.

a norte ou ao norte?
Tanto faz: *O Brasil se limita a* (ou *ao*) *norte com a Venezuela*. V. **a leste** ou **ao leste**?

ano "seis"
Não existe ano "seis" nem nunca existiu. Nesse caso, usam-se numerais ordinais (primeiro a décimo). Portanto, nada aconteceu no ano "seis", como costuma dizer um famoso colunista social, que se vê na televisão sempre depois da meia-noite, mas no ano sexto; nunca houve absolutamente nada no ano "um", como disse uma repórter de televisão, mas no ano primeiro. Diz-se o mesmo para nomes de papas (v. **Pio X**) e para séculos.

anos sessentas
É o absolutamente correto. Só mesmo os que conhecem a estrutura da nossa língua não erram aqui. Argumenta desta forma alguém pela Internet, discordando: Não concordo com o "anos sessentas": primeiro, na expressão a palavra sessenta tem valor adjetivo, e não substantivo; portanto se trata de uma adjetivação. Anos é o substantivo, sessenta é o numeral com valor adjetivo; segundo, a concordância nominal ou a verbal, sem o intuito de aumentar ainda mais a polêmica, é objeto de estudo da sintaxe, tendo a palavra sessenta a classificação de APOSTO, o qual não concorda nem em número nem em gênero com a palavra antecedente. O aposto identifica o termo anterior, como em "rua dois" e não "rua duas", "plataforma um" e não "plataforma uma", "anos sessenta" e não "anos sessentas". Sem falar no "aumentar ainda mais", está aí mais um equívoco de interpretação; daí por que usam errado e ainda se acham no direito de espalhar o erro. Assim não dá! Em anos sessentas há uma NUMERAÇÃO; em rua dois ou rua três e em plataforma dez ou plataforma vinte, não há numeração, há apenas uma UNIDADE. Positivamente, assim não dá!

anotação
Rege *a* (pref.), *em* ou *sobre*: *O jurista fez anotações ao* (ou *no* ou *sobre* o) *novo Código Civil*. *** *Fiz várias anotações a esse* (ou *nesse* ou *sobre esse*) *dicionário*.

anseio
Rege *de* ou *por*: *O anseio de* (ou *por*) *liberdade de alguns cubanos fá-los arriscar-se em embarcações improvisadas, em direção ao território americano*. *** *No anseio do* (ou *pelo*) *lucro excessivo, esse comerciante acabou perdendo fregueses*.

ânsia
Rege *de* ou *por* antes de nome e *de*, *em* ou *por* antes de verbo: *Por que tanta ânsia da* (ou *pela*) *perfeição?* *** *Mantenha sempre acesa no coração a ânsia da* (ou *pela*) *liberdade!* *** *Sempre tive ânsia de* (ou *em* ou *por*) *beijá-la*.

ansiar
Conj.: *anseio, anseias, anseia, ansiamos, ansiais, anseiam* (pres. do ind.); *anseie, anseies, anseie, anseemos, anseeis, anseiem* (pres. do subj.). Usa-se com a preposição *por* ou não, indiferentemente: *Nossos filhos ansiavam o* (ou *pelo*) *seu retorno*. *** *Todos ansiávamos chegar* (ou *por* chegar) *à praia*. A preposição por não dá início a um objeto indireto, mas a um objeto direto preposicionado.

ansiedade
Rege *de, para* ou *por*: *Notava-se no rapaz a natural ansiedade de* (ou *para* ou *por*) *dançar a valsa com a namorada*. *** *Tenho grande ansiedade de* (ou *para* ou *por*) *vê-la novamente*.

ansioso
Rege *de* ou *por* (nome), *para* ou *por* (verbo) e *que, para que* ou *por que* (oração desenvolvida): *O povo estava ansioso da* (ou *pela*) *chegada da comitiva presidencial.* *** *Desde já estou ansioso do* (ou *pelo*) *seu breve regresso, Beatriz.* *** *Estamos ansiosos de* (ou *por*) *notícias dela.* *** *Estou ansioso para* (ou *por*) *abraçá-la.* *** *Os estudantes estão ansiosos que* (ou *para que* ou *por que*) *o ano acabe, para que cheguem as férias*. A construção original, todavia, é com *por que*.

antagônico
Rege *a*: *A opinião do vice-presidente sobre a taxa de juros era antagônica à do presidente e à do ministro da Fazenda.*

antagonismo
Rege *a* (oposição), *com* ou *entre* (incompatibilidade) e *de...com* (ou *contra*) ou *entre* (rivalidade): *Revela-se no regime cubano, cada vez mais, um forte antagonismo à liberdade, que é um dos direitos fundamentais do homem.* *** *A grande característica de qualquer ditador é o antagonismo aos direitos do povo.* *** *É um regime cujo antagonismo com a religião é notório.* *** *Existe natural antagonismo entre ditadura e democracia.* *** *É antigo o antagonismo do futebol carioca com* (ou *contra*) *o futebol paulista.* *** *É de todos conhecido o antagonismo entre os futebóis carioca e paulista.*

Antártica
Embora alguns autores do passado tenham advogado a forma "Antártida", hoje já não tem nenhum sentido apoiá-los. A palavra correta, absolutamente correta, que define o continente situado principalmente dentro do círculo antártico e assimetricamente centrado no polo Sul é *Antártica*, que se forma de *ant-* + *artic-*. Assim como temos o *Ártico* (e não o "Ártido"), que em grego significa *Ursa*, no extremo oposto temos a *Antártica*, região da qual não era possível avistar a Constelação da Ursa Maior. Por isso, o que convém mesmo é você fazer uma expedição à *Antártica*. Se fizer à "Antártida", pode acabar partindo para uma gelada... Os jornalistas brasileiros, no entanto, parecem adorar uma geladinha. Veja como escrevem: *O mapa da "Antártida" está ligeiramente mudado. A pequena península conhecida como Língua de Gelo Drygalski teve praticamente arrancada sua ponta, numa porção de 5km quadrados aproximadamente, depois que o maior* iceberg *do mundo resvalou nela.* Quando ocorreu o incêndio na Estação Comandante Ferraz, na Antártica, alguns setores da mídia referiram-se corretamente à Antártica, mas outros, mal-informados, insistiram em falar numa região que não existe no planeta: a "Antártida". Mas, afinal, onde é que foram encontrar a tal da *"Antártida"*? No genitivo grego? Na Atlântida? Ora, sejamos razoáveis! As cartas geográficas sérias de todos os países do mundo só trazem *Antarctica* (em português, prescinde-se do *c*). Nenhuma delas traz "Antárti**d**a". Há até gramáticos que defendem a forma "Antártida". Sim, existem gramáticos e gramáticos. Há jornais que só trazem "Antártida". Sim, existem jornais e jornais. Livros de Geografia? Sim, existem livros e livros de Geografia. O mundo não está sofrendo aquecimento nenhum, está ficando, em verdade, cada vez mais frio, mais gelado...

ante-
Só exige hífen antes de palavras iniciadas por e ou por h: ante-estreia, ante-histórico. V. **"ante-projeto"**.

ante
Preposição que não admite outra preposição posposta: "ante a". Portanto: *Ante isso, nada mais pude afirmar.* *** *Ante o ocorrido, que mais poderíamos declarar?* *** *Ante um juiz é quando mais se mente.* Os "adevogados" são mestres em construir frases assim: *Ante "ao" exposto, peço a Vossa Excelência a absolvição do réu.* *** *Ante "à" acusação geral, o réu ficou sem reação.* *** *Ante "ao" ocorrido, nada mais pôde ser feito.* Já os advogados escrevem diferente... Alguns jornalistas fazem companhia aos "adevogados". Manchete de um deles: **Após duas altas, dólar volta a cair ante "ao" real**. No G1: *Em discurso na posse da nova diretoria do Sindicato dos Metalúrgicos do ABC, em São*

Bernardo do Campo, o ex-presidente Luiz Inácio Lula da Silva atacou seus adversários políticos ante "ao" crescimento das denúncias envolvendo seu governo. No mesmo G1: *O fechado regime da Coreia do Norte comete crimes contra a humanidade, como submeter sua população ao extermínio, à fome e à escravidão, e sua liderança merece ser levada ante "a" um tribunal internacional, afirma um relatório de uma comissão formada pelas Nações Unidas.* Não estaria passando da hora de levarmos também alguns jornalistas ante algum tribunal?...

antecedente
Rege *a*: *No dia antecedente à posse, foi acometido de um mal, internou-se num hospital e de lá só saiu para o cemitério.*

anteceder ou anteceder a?
Tanto faz, na acepção de *acontecer antes*: *Muitas manifestações antecederam a* (ou *à*) *revolução.* *** *Um silêncio sepulcral antecedeu o* (ou *ao*) *ataque.* *** *O artigo sempre antecede um* (ou *a um*) *substantivo.* Sendo assim, admite tanto o pronome *o* (e variações) quanto *lhe(s)*: *Em seu discurso, o presidente criticou aquele que o* (ou *lhe*) *antecedeu.*

antecedido
Rege *de* ou *por*: *A ingestão de qualquer medicamento deve ser antecedida da* (ou *pela*) *leitura da bula.*

antecipação
Rege *de...a* (pessoa) e *sobre* (coisa) [adiantamento], *de...de...para* (transferência para antes), *a...em* ou apenas *em* (precedência) e *a...de* (ou *acerca de* ou *a respeito de* ou *quanto a* ou *sobre*) [notícia prévia]: *A antecipação de salário a qualquer funcionário está proibida na empresa.* *** *Sobre a antecipação de qualquer quantia sobre os direitos autorais incidirá a correspondente alíquota do imposto de renda.* *** *Houve antecipação da consulta médica, de terça para segunda-feira.* *** *A sua antecipação aos colegas nas respostas das perguntas do professor frustrava a classe toda.* *** *Sua antecipação nas respostas das perguntas do professor frustrava toda a classe.* *** *A antecipação aos repórteres de* (ou *acerca de* ou *a respeito de* ou *quanto a* ou *sobre*) *qualquer item da pauta da reunião ministerial seria considerada uma deslealdade ao governo, portanto, passível de punição.*

anteontem
Escreve-se e pronuncia-se assim, mas há quem use "onteontem" e até "onteonte". Se estiver duvidando, veja o que colhemos na Internet: *"Onteontem" saiu no jornal um "troxa" que morreu porque tava dando cavalinho de pau com uma Hilux em um evento de Rally. E vivam os trouxas!...* V. **bobagem**.

anteparo
Rege *a* ou *contra* e *entre*: *Construiu um muro, que serve de anteparo aos* (ou *contra os*) *fortes ventos que vêm do mar.* *** *Um muro alto serve de anteparo entre o mar e a casa.*

antepor
Como segue a conjugação de pôr, não existem as formas "anteporam", "anteposse", "antepossem", "antepormos" (no subj.), "anteporem", comuns na língua popular, mas apenas, respectivamente, *antepuseram*, *antepusesse*, *antepusessem*, *antepusermos*, *antepuserem*.

anteposição
Rege *de...a*: *A anteposição do interesse público aos interesses pessoais é uma característica marcante dos nossos parlamentares.* *** *A anteposição do artigo aos nomes próprios é uma característica do português do Brasil.*

"ante-projeto"
É difícil, muito difícil não encontrar um engenheiro ou um arquiteto que não escreva "ante-projeto". Como eles passam seus anos de faculdade alimentando a ideia de que

conhecer português não tem nenhuma importância, acabam passando vergonha, ao exercerem a profissão. Por isso, não aprenderam que o prefixo *ante-* só exige hífen antes de palavras iniciadas por *h* ou por *e* (v. ante-). Manchete veiculada pela Casa de Cultura Euclides da Cunha, de São José do Rio Pardo: *Prefeitura entrega "ante--projeto" de nova biblioteca à AES Tietê.* Como se vê, não são apenas os engenheiros e arquitetos...

anterior
Não admite modificadores, como *mais*, *menos*, etc., porque na sua terminação já existe a ideia de *mais* ou de *menos*. Não existe, portanto, um fato "mais" anterior a outro nem produto "mais" superior a outro. O Dicionário Houaiss, todavia, no verbete **clitóris** traz "mais anterior". Normal...

antes de mais nada
Expressão já consagrada. Os hábitos adquiridos pela comunidade culta legitimam, com o uso continuado, determinadas expressões aparentemente ilógicas. É o caso de antes de mais nada. Há, contudo, quem prefira usar em seu lugar *antes de tudo, antes de qualquer coisa* ou mesmo *primeiro de tudo*. Os portugueses, sempre sábios em se tratando do uso da língua, preferem apenas antes de mais, que muito bem também poderíamos adotar por aqui.

antes que
Use sempre assim, e não antes "de" que (influência do espanhol), que muito se encontra, principalmente em obras traduzidas por maus profissionais. Por isso: *Antes que eu me esqueça, perdoe-me por tudo!* Na Folha de S. Paulo: *A Suprema Corte argentina rejeitou o pedido de per saltum apresentado pelo governo para a Lei de Mídia e confirmou a prorrogação da medida cautelar que protege o Grupo Clarín e impede o Executivo de cassar suas licenças de radiodifusão. O per saltum é um pedido para que uma instância superior julgue um caso antes "de" que todas as outras instâncias menores tenham sido esgotadas.*

antever
Como segue a conjugação de ver, não existem as formas "anteveram", "antevesse", "antevessem", "antevermos" (no subj.), "anteverem", comuns na língua popular, mas apenas, respectivamente, *anteviram, antevisse, antevissem, antevirmos, antevirem.*

anti-
Só exige hífen antes de palavras iniciadas por h ou por i: *anti-herói, anti-infeccioso*.

antiácaro / anticárie / anticaspa, etc.
Sempre que se unir o prefixo *anti-* a um substantivo, não haverá variação no plural. Ex.: colchões *antiácaro*, equipamentos *antialarme* (ou *antirroubo*), cremes dentais *anticárie* (ou *antiplaca* ou *antitártaro*), xampus *anticaspa*, produtos *antifumo*, dispositivos *antifurto*, manifestações *antiguerra*, máscaras *antifumaça*, portas *antifogo*, etc. Em verdade, porém, seria bem melhor construir o que a língua tradicional nos oferece: *colchões contra ácaros, cremes dentais contra a cárie, portas contra fogo*, etc. Escreve um jornalista da Folha de S. Paulo: *O Banco Central estima em cerca de 75 mil o número de cédulas manchadas por mecanismos "antifurtos" de caixas eletrônicos não retiradas de circulação.*

anticárie / antiplaca
É assim que se escreve, desde o bigue-bangue... Mas há quem insista em escrever e até divulgar as formas errôneas "anti-cárie" e "anti-placa". Um antisséptico traz assim no rótulo: COM FLÚOR, SEM ÁLCOOL EFICAZ CONTRA BACTÉRIAS, GENTIL COM A SUA BOCA. Logo abaixo se lê: PROTEÇÃO: ANTI-CÁRIE ANTI-PLACA. AJUDA A COMBATER BACTÉRIAS CAUSADORAS DE CÁRIES,

PLACA E MAU HÁLITO. Sim, que fantástica promoção! Ajuda a combater bactérias, divulgando "vírus" na língua? Inteligente à beça. Marketing fantástico!... Se tiver dúvida sobre a escrita de qualquer palavra, consulte o **Grande dicionário Sacconi da língua portuguesa**.

antídoto
Rege *a, de, contra* ou *para*: *O leite é um excelente antídoto a* (ou *contra* ou *de* ou *para*) *muitos venenos.* *** *O melhor antídoto à* (ou *contra* a ou *d*a ou *para* a) *tristeza é o trabalho.* A redundância *antídoto contra* se tornou fato linguístico e é, portanto, regência admitida.

"anti-Lula" / "anti-Dilma" / "anti-Serra"
Não são formas corretas, porque o prefixo *anti-* não exige hífen antes de *b* nem antes de *c*, nem antes de *m*. Sendo assim, escreveríamos, então, "antiLula", "antiDilma", "antiSerra"? Não. Usar letra maiúscula no meio de uma palavra não é da índole da nossa língua. Portanto, o melhor mesmo é usar o que ela tem a nos oferecer: *antilulista, antidilmista, antiserrista*.

antipatia
Rege *a, contra, de* ou *por*: *Ter profunda antipatia aos* (ou *contra* os ou *dos* ou *pelos*) *bregas*.

antipático
Rege *a* ou *com* (pessoa) e apenas *a* (coisa): *Sempre fez questão de ser antipático aos* (ou *com os*) *bregas.* *** *A maioria dos servidores era antipática à reforma da Previdência.*

antipatizado
Rege *de* ou *por*: *Saiu do governo antipatizado de* (ou *por*) *todos os colegas.*

antipatizar
Use sempre assim, e não com pronome ("antipatizar-se"): *Antipatizei com todo o mundo lá da sua casa.* *** *Ela antipatizou comigo.* *** *Nós antipatizamos com esse tipo de turista.*

"anti-penúltimo"
Até recém-nascidos sabem que se escreve **antepenúltimo**, em que o prefixo dá a ideia de *antes*; sendo assim, *antepenúltimo* significa *antes do penúltimo*. Todo o mundo sabe disso, menos um jornalista do Motor1, que teve a coragem de escrever isto: *Apesar dos esforços recentes da PSA, a rede da marca do leão ainda não é muito bem-vista pelos consumidores. Estudo feito pela JD Power em 2019 analisou a satisfação dos clientes com o pós-venda de cada marca e a Peugeot figurou como "anti-penúltima" colocada.*

antípoda
Rege *a* ou *de*: *Os japoneses são os antípodas aos* (ou *dos*) *brasileiros*.

antítese
Rege *a* (contraposição) e *de* (oposto): *O realismo se consolidou como antítese ao romantismo.* *** *O bem é a antítese do mal.* Significa *contraste* na combinação *em antítese com*: *É uma medida em antítese com a do governo.*

Antônio
Com acento circunflexo, no português do Brasil; por isso, devemos dizer *Antônio*, e não "António", que é a escrita e a pronúncia dos portugueses. Tem vários hipocorísticos: *Tom, Tonhão, Tonho, Tôni* (com a variante caipira *Tone*), *Toninho, Totó, Totonho*, etc. A primeira sílaba de todos esses hipocorísticos tem a vogal fechada, mas como muitos pronunciam "Antóniu", quase só se ouve "tònhãu", "tónhu", "tóne", "tòníhu", "totónhu". V. **quilômetro**.

anuência
Rege *a* antes de nome e *em* antes de verbo: *Agradeço a sua anuência ao meu pedido.* *** *Sua anuência ao casamento da filha não foi fácil.* *** *Agradeço a sua anuência em acolher o meu pedido.*

anuir
É verbo transitivo indireto que rege a preposição **a** e significa *concordar, aceder*: Ela anui a todos os desejos do namorado. Conjuga-se por *atribuir*.

ao + infinitivo (concordância)
O infinitivo varia normalmente, quando estiver antecedido de ao. Ex.: *Ao saírem do estádio, os torcedores começaram os atos de vandalismo.* *** *Ao chegarmos de viagem, encontramos a casa toda revirada.* *** *O pai e os filhos morreram, ao tentarem fugir das chamas.* Repare ainda na indispensável vírgula que separa a oração infinitiva da oração principal. Os jornalistas sabem disso tudo? Nem sequer desconfiam. Manchete em O Globo: **Desembargador e mulher morrem ao fugir de incêndio em prédio no Leblon**.

ao ano ou por ano?
Tanto faz: *Ganha cem mil reais ao* (ou *por*) *ano.* *** *A inflação era de 85% ao* (ou *por*) *ano*.

ao arrepio de
Locução prepositiva que equivale a *contra*: *Ninguém deve fazer greve ao arrepio da lei.*

ao colo
É a construção legitimamente portuguesa: *A mãe aguardou horas com o bebê ao colo.* *** *Carregar crianças ao colo.* No Brasil se usa quase que exclusivamente *no colo*.

ao computador
É a construção legitimamente portuguesa: *Trabalhei o dia todo ao computador.* No Brasil, encontra-se mais *no computador*, que, em Portugal, significa rigorosamente em cima do computador, e não junto a ele.

ao de leve ou de leve?
Tanto faz: *Bati à porta ao de leve* (ou *de leve*); *ninguém me atendeu.* *** *Teresa passava a mão pelo rosto do filho bem ao de leve* (ou *de leve*), *carinhosamente.*

ao demais, além disso ou além do quê?
Tanto faz: *Eu não estava lá; ao demais* (ou *além disso* ou *além do quê*) *nada tenho a ver com problemas familiares dos outros.* *** *Lurdes foi despedida porque trabalhava mal; ao demais* (ou *além disso* ou *além do quê*), *sempre chegava atrasada ao trabalho.*

ao dia ou por dia?
Tanto faz: *Ganha vinte reais ao* (ou *por*) *dia.* *** *A inflação era de 1% ao* (ou *por*) *dia.*

ao encontro de / de encontro a
Há quem use uma expressão pela outra. **Ao encontro de** indica situação favorável, conformidade de ideias; **de encontro a** sempre dá ideia de contrariedade, oposição, choque, confronto. Ex.: *Um aumento de salários sempre vem ao encontro dos trabalhadores.* *** *Um aumento de horas de trabalho, sem remuneração, sempre vem de encontro aos trabalhadores.* Muita diferença de significado existe entre estas duas frases: *A criança foi ao encontro da mãe, assim que a viu* e *A violência do acidente levou a criança de encontro à mãe, machucando-a.* Repare ainda nestas duas frases: *O vício de fumar ia ao encontro dos preceitos de sua mulher, que também fumava, mas de encontro aos preceitos de seus filhos.* Alguns jornalistas conhecem a diferença, mas eles sempre acabam encontrando uma forma de usar os pés pelas mãos (aliás, pela cabeça...). Veja o que um deles escreveu no Terra: *O supremo tribunal da Itália manteve uma decisão que afirma haver uma ligação entre o tumor no cérebro de um executivo e o uso excessivo do telefone celular.* A decisão do tribunal vem de

encontro "com" boa parte da opinião científica, que geralmente argumenta que não há provas suficientes para estabelecer uma ligação entre o uso de telefone celular e doenças como o câncer. Numa revista especializada em automóveis, um jornalista foi testar um carro chinês. E saiu-se com este comentário: *O Chery Face tem um interior bem acabado para um modelo de sua faixa de preço. O plástico encontrado no painel e também nas portas é rígido, simples, mas não é de má qualidade. Na unidade que avaliamos por uma semana, tudo estava bem encaixado, sem fazer barulho, e com vãos corretos. O que mais se destaca ao olhar o interior do hatch compacto é a cor clara dos tecidos, que claramente não vai muito "de" encontro "com" o gosto do consumidor brasileiro. Não que a combinação do cinza claro com o amarelo seja em si de "mal" gosto, mas o que vem à mente é que aquele acabamento vai se sujar e vai ficar encardido com pouco tempo, conforme alguns proprietários do Face comentam.* Tudo isso não é de muito mau gosto?

ao + infinitivo
Nesse tipo de construção, o infinitivo varia obrigatoriamente. Ex.: *Ao entrarmos, encontramos tudo revirado.* *** *Ao ouvirem isso, todos ficaram preocupados.* *** *Ao dereterem-se, as amostras de gelo deixaram grossas camadas de sedimentos negros.* Notícia do G1: *Uma multidão em delírio celebrou à meia-noite de sexta-feira para sábado, em Juba, a proclamação da independência do Sudão do Sul. Ao "soar" os sinos de meia-noite, uma explosão de alegria comemorou a chegada do primeiro dia de vida do novo Estado.* Por aqui, nenhuma alegria se justifica... Na Veja: *Daslu é invadida, dona é presa e trincheira social se aprofunda entre os que acham que houve abuso e os que se deleitam ao "ver" o apuro em vitrine de ricos.* Nem vamos levar em conta a falta da necessária vírgula depois de *deleitam*. Manchete do Terra: **Pai e filha morrem afogados ao tentar salvar cachorro em MG**. Manchete de jornal: **Mais 13 brasileiros presos ao "tentar" entrar nos EUA**. Nem vamos levar em consideração a falta da competente vírgula depois de afogados e de *presos*, respectivamente. Manchete do G1: **Suspeitos de fraudar leite se calam ao "depor"**. Nem vamos fazer referência à falta da necessária e indispensável vírgula depois de calam. A imprensa brasileira, ao invés de se aperfeiçoar, se afunda. Por fim, veja, amigo leitor, a declaração de um petista com remorso: *Erramos, ao "aceitar" as CPIs*. Eles erram sempre...

ao invés de / em vez de
Há quem use uma expressão pela outra. **Ao invés de** indica situação contrária, oposição: *Subi, ao invés de descer.* *** *Chorou, ao invés de sorrir.* **Em vez de** indica substituição, simples troca e equivale a *em lugar de*: *Em vez de ir ao cinema, foi ao teatro.* *** *Em vez de estudar, fica brincando.* Podemos usar *em vez de* por *ao invés de*, mas não o inverso, ou seja: Subi, em vez de descer, mas não "Ao invés de" estudar, fica brincando. Os jornalistas, no entanto, conseguem a proeza, o que já não surpreende ninguém. Repare nesta notícia do Terra: *O jornal espanhol El País destaca as críticas de Sarney ao funcionamento do Congresso brasileiro e sua opinião em defesa de um regime parlamentarista no País, "ao invés do" presidencialismo atual.* Eles são ótimos!..

a oeste ou ao oeste?
Tanto faz: *O Brasil se limita a* (ou *ao*) *oeste com o Peru*.

ao largo
Equivale a *a distância, com pouca intimidade*: *Eis lá um navio que passa ao largo!* *** *Depois da briga, eles passaram a se tratar ao largo.*

ao largo de
Equivale a *longe de* ou *imperceptível a*: *Um submarino desapareceu ao largo da costa do Mediterrâneo.* *** *O mercado passa ao largo da crise política.*

a olho nu
Não há acento grave no a, porque olho é palavra masculina. Título de matéria do jornal O Povo, de Fortaleza: **Cometa irá passar pelo céu e poderá ser visto "à" olho nu.**

Agora, meu caro leitor, desculpe-me a ignorância, mas cometas passam por outro lugar que não pelo céu?...

a olhos vistos
Expressão invariável: *Nossa economia progride a olhos vistos* (e não: *a olhos "vista"*, concordando com *economia*). *** *As negociações avançam a olhos vistos* (e não: *a olhos "vistas"*, concordando com *negociações*).

ao meio-fio
No português do Brasil só se vê *no meio fio*, mas na norma padrão se usa *ao meio-fio*: *Estacionem seus veículos ao meio-fio, e não no meio da rua!*

ao menos ou pelo menos?
Tanto faz: *Diga-me ao* (ou *pelo*) *menos que ainda gosta de mim!* *** *Seja ao* (ou *pelo*) *menos educada perante estranhos!* *** *Dê-me ao* (ou *pelo*) *menos um beijo de despedida!*

ao mês ou por mês?
Tanto faz: *Juros de 1% ao* (ou *por*) *mês.* *** *Ganha mil reais ao* (ou *por*) *mês.*

ao microfone
Em Portugal e na norma padrão usa-se *ao microfone*: *falar ao microfone*. No Brasil, mormente na língua popular ou despretensiosa, usa-se *no microfone*.

ao ombro
Em Portugal e na norma padrão usa-se *ao ombro*: *O pintor trazia uma escada ao ombro.* *** *O lavrador cantava, levando a enxada ao ombro.* *** *A velhinha portava uma mantilha aos ombros.* No Brasil, mormente na língua popular ou despretensiosa, usa-se *no ombro*.

ao outro dia ou no dia seguinte?
Tanto faz: *No dia primeiro eu estava em Petrópolis; ao outro dia* (ou *no dia seguinte*) *já me encontrava no Recife.* *** *Conversamos ela e eu animadamente num dia; ao outro dia* (ou *no dia seguinte*), *ambos estávamos zangados um com o outro, inexplicavelmente.*

ao ouvido
Em Portugal se cochicha *ao ouvido* de alguém; no Brasil, *no ouvido*. (Na nova nomenclatura médica, todavia, *ouvido* deu lugar a *orelha*. Assim, fala-se hoje melhor à *orelha* de alguém que ao *ouvido*.)

ao peito
Em Portugal se traz um crucifixo *ao peito*; no Brasil, *no peito*. Na linguagem elegante ou na norma padrão, prefira usar a preposição a.

ao pescoço
Em Portugal se usam cordões *ao pescoço*; no Brasil, *no pescoço*. Na linguagem elegante ou na norma padrão, prefira usar a preposição a.

ao piano
Em Portugal se toca e canta *ao piano*; no Brasil, *no piano*. Na linguagem elegante ou na norma padrão, prefira usar a preposição a.

ao que se ou pelo que se?
Tanto faz: *Ao* (ou *Pelo*) *que se diz, a situação econômica brasileira vai bem.* *** *Ao* (ou *Pelo*) *que se depreende, ninguém é culpado de nada.* *** *Ao* (ou *Pelo*) *que se conclui, o acidente foi provocado, e não casual.*

ao redor ou em redor?
Tanto faz: *Olhei ao* (ou *em*) *redor e não vi ninguém.*

ao redor de ou em redor de?
Tanto faz: *Havia muitas pessoas ao* (ou *em*) *redor da mesa.* *** *As crianças permaneceram*

todo o tempo ao (ou em) redor da mãe. Ao redor de usa-se ainda por aproximadamente, cerca de: *Calcula-se que o prêmio da megassena desta semana chegue ao redor de cem milhões de reais.*

ao relento / ao sereno
Em Portugal se dorme ao *relento* e ao *sereno*; no Brasil, no *relento*, no *sereno*. Na linguagem formal ou na norma padrão, prefira usar a preposição a.

aos + minutos
Quando nos referimos a horas, usamos naturalmente às, porque *horas* é palavra feminina: *às 15 horas, às 18 horas*, etc. Mas quando nos referimos a minutos, devemos empregar aos, porque *minutos* é palavra masculina: *aos 15 para as 4, aos dez para as 8*, etc. Portanto: *Cheguei aos quinze para a meia-noite.* *** *A reunião começará a partir dos dez para as oito.* *** *A sessão teve início antes dos cinco para as nove.* *** *O filme começou aos cinco para as dez.* *** *O ônibus sai aos vinte para as seis.* *** *O jogo do Brasil contra a Argentina, pela Copa do Mundo, começou aos quinze para as quatro.*

ao sol
Em Portugal, se fica ao *sol*; no Brasil, no *sol*. Na linguagem formal ou na norma padrão, convém usar a preposição a: *Se você ficar muito tempo ao sol, sem protetor solar adequado, poderá ter problemas de pele mais tarde.* *** *Aguardei-a todo o tempo ali, ao sol.* Recentemente, uma jornalista escreveu um post em seu blog ao qual deu este título: "**No**" **sol ou** "**na**" **chuva**. O título não despertaria tanta curiosidade quanto a primeira frase do post: Jornalista é um ser estranho, admito. Convenhamos: todos admitem...

ao telefone
Em Portugal, se fala ao *telefone*; no Brasil, no *telefone*. Na linguagem formal ou na norma padrão, convém usar a preposição a.

ao 1 minuto de jogo
É assim que se registra o tempo em que se marcou um gol. Preferível, no entanto, é usar no *primeiro minuto de jogo*. A Gazeta Esportiva online, no entanto, não registra nem de uma forma nem de outra. Prefere fazer assim: *Diego (Pal) "aos" 1 "minutos" do segundo tempo*. Trágico!

ao vento
Em Portugal se fica ao *vento*; no Brasil, no *vento*. Na linguagem formal ou na norma padrão, convém usar a preposição a: *Se você ficar ao vento muito tempo, poderá apanhar resfriado.*

ao volante
Em Portugal, dorme-se ao *volante*; no Brasil, no *volante*. Na linguagem formal ou na norma padrão, convém usar a preposição a: *Quem estava ao volante, na hora do acidente?*

apagar
É verbo que não dispensa o pronome se em frases como estas: *As luzes do estádio já se apagaram.* *** *O incêndio se apagou sozinho.* *** *Um dos faróis do meu carro se apagou de repente.*

à página, a páginas ou na página?
Tanto faz: *Encontrei dois erros à página* (ou *a páginas* ou *na página*) *18 do livro.* *** *A frase se encontra à página* (ou *a páginas* ou *na página*) *30 da revista.* Só não convém usar "às páginas 18", às páginas 30".

à paisana
Como a palavra *paisana* é feminina, o a recebe acento: *militar à paisana*.

aparecer
Use sempre assim, e não "aparecer-se": *Ela gosta de aparecer.* *** *Ele está dizendo isso*

só para aparecer. *** *Se você gosta de aparecer, por que não coloca uma melancia na cabeça?* O povo, no entanto, continua gostando de *"se" aparecer*. Ao ser solto pela Polícia Federal, depois de cinco dias de prisão, um árbitro corrupto levou um tapão na cara de um corintiano, que desabafou: *Para aprender a não mais roubar o Corinthians*. O árbitro reagiu: *É um idiota. Quer "se" aparecer*. A corrupção é mesmo uma corrupção.

Aparecida
É o nome da cidade paulista, e não "Aparecida do Norte". Num jornal de turismo: *O número de romeiros esperado para as comemorações de Nossa Senhora Aparecida, em Aparecida "do Norte", no Vale do Paraíba, interior de São Paulo, deve superar o movimento registrado em 1998, último período em que o feriado prolongado foi de quatro dias*. Em ISTOÉ Gente: *Missa celebrada na Basílica de Nossa Senhora Aparecida, em Aparecida "do Norte", em comemoração "ao" dia da padroeira do Brasil, por onde passaram 130 mil pessoas*. (Comemoração se usa com de, e não com "a": *Festa em comemoração do dia da padroeira do Brasil*.) Manchete de O Globo: **Na volta da pré-temporada, jogadores do Vasco visitam Aparecida "do Norte" (SP)**. Na Veja: **Em Aparecida "do Norte", muita fé e pouco dinheiro**. *A visita de um papa é, para qualquer cidade, um motivo de festa e orgulho. Mas se comparadas as expectativas de religiosos e comerciantes ao redor do Santuário de Nossa Senhora, em Aparecida do "Norte" (SP), fica difícil entender o tamanho exato do público que deve acompanhar os movimentos do papa Francisco pela cidade*. E ainda indicam o estado, como se ninguém soubesse em qual deles fica Aparecida!

aparecimento e aparição: qual a diferença?
Aparecimento é o ato de aparecer, em sentido lato: *o aparecimento de um amigo, o aparecimento de um político na televisão, o aparecimento de uma oportunidade boa na vida, o aparecimento de um jacaré nas imundas águas do rio Tietê, o aparecimento de um erro numa obra, o aparecimento do Papa na basílica de São Pedro*, etc. **Aparição** é particularmente o aparecimento de seres sobrenaturais e também se aplica a fenômenos celestes: *a aparição da Virgem Maria, a aparição de um anjo, a aparição de Jesus, depois da crucificação, a aparição de um fantasma, a aparição do Sol, a aparição de um cometa*. A mídia nem tem ideia dessa diferença. No Terra: *O papa Bento XVI fez sua primeira "aparição" pública fora do Vaticano hoje, voltando para seu apartamento onde uma multidão esperava vê-lo*. Num jornal, em manchete: **"Aparição" do pai de Michael Jackson em tribunal causa tumulto**.

apartamento
Não se deixe enganar: sua abreviatura é *ap.* ou, então, *apart.*, e não "apto.", que nunca existiu.

apartar, afastar ou separar: qual a diferença?
Apartar é pôr à parte (o que está junto): *Aparte as laranjas podres da caixa!* **Afastar** é pôr a certa distância, é pôr longe: *Afaste as cadeiras, para que as pessoas não fiquem tão juntas!* **Separar** é pôr à parte, aprontando, arrumando: *Separei as frutas que iriam ser exportadas*.

a partir de
Note: sem acento no a, já que antes de verbo não se usa "à". Portanto: *O comércio abre a partir das 8h*. *** *Os cientistas da Coreia do Sul criaram células-tronco a partir de clonagem humana*. *** *A USP dará cursos grátis de línguas, a partir de julho*. *** *Mercadorias a partir de R$20,00*. Num site sobre automóveis: **Fiat Uno duas portas custará "à" partir de R$26.490**. Em outro site sobre automóveis: *A Toyota do Brasil está convocando "à" partir de hoje os proprietários do Corolla para um recall*. Num anúncio da montadora indiana Mahindra apareceu assim: *Mahindra, cabine dupla, melhor custo x benefício, "à" partir de R$79.864,00*. Se a qualidade do veículo for igual à da publicidade, convém manter distância...

apatia / apático
Regem *a* ou *por*: *A apatia desse povo a* (ou *por*) *futebol é impressionante!* *** *O povo americano era apático a* (ou *por*) *futebol.*

apavorado
Rege *com*: *Hersílio ficou apavorado com a ideia de perder a namorada.* *** *Os fazendeiros estão apavorados com as constantes invasões de suas terras.* Como particípio, rege *por*: *Apavorado por essa notícia, os fazendeiros começaram a se armar.*

apaziguar
Conjuga-se, pelo Acordo Ortográfico: *apaziguo* (ou *apazíguo*) *apaziguas* (ou apazíguas), *apazigua* (ou apazígua), *apaziguamos, apaziguais, apaziguam* (ou apazíguam) [pres. do ind.]; *apazigue* (ou apazígue), *apazigúes* (ou apazígues), *apazigúe* (ou apazígue), *apaziguemos, apazigueis, apazigúem* (ou apazíguem) [pres. do subj.]. No Brasil convém usar apaziguo, apaziguas, etc.

a pé
Como pé é palavra masculina, não se usa acento no *a*: *ir a pé, voltar a pé.* Em algumas regiões brasileiras, comete-se o vício de empregar a preposição "de" antes dessa locução: *Ela veio "de" a pé mesmo.* *** *Ela preferiu voltar "de" a pé.* Esteja certo de que cansa muito mais vir assim que *a pé*... Há, ainda, os mais corajosos que preferem usar "a pés", porque, segundo a sua lógica, ninguém vai a lugar nenhum num pé só, mas em dois pés. Há filósofos para tudo...

apear ou apear-se?
Tanto faz: *Eu apeei* (ou *me apeei*) *e fui até lá.* *** *Apeie* (ou *Apeie-se*), *compadre, vamos tirar uma prosa!* *** *Ele não quis apear* (ou *apear-se*), *porque estava com pressa.*

apegado / apegar-se a / apego
Regem *a*: *Pessoa apegada a dinheiro.* *** *Filho muito apegado à mãe.* *** *Os carrapichos se apegam facilmente às calças.* *** *A manga da minha camisa se apegou à maçaneta da porta.* *** *Esse teu apego a dinheiro é patológico.* *** *O seu apego à mãe o tornou afeminado.*

apelação
Rege *de...de...para*: *Apelação de uma sentença de um tribunal para outro.* Pode haver omissão do segundo complemento ou dos dois últimos: *A apelação da sentença para outro tribunal já foi feita.* *** *A apelação da sentença é uma opção do advogado.*

apelar
Use com *para* (para o mal ou para o bem): apelar *para* a ignorância, apelar *para* a violência. *Não se conformando com a sentença, o advogado apelou para o Superior Tribunal de Justiça.* *** *Apelo para o alto espírito de compreensão de Vossa Excelência, a fim de solucionar este caso.* *** *Desesperado, apelou até para a macumba, para se livrar daquela mulher.* A regência "apelar a" deve ser desprezada. Os jornalistas, no entanto, só sabem apelar "a". Título de um post, num blog: **Tarso Genro apoia evento em Porto Alegre abertamente hostil a Israel e viola 9 dos 10 incisos do artigo 4.º da Constituição! Que os civilizados apelem "ao" Supremo Tribunal Federal!**

apelo
Rege *a* ou *a...em favor de* (solicitação digna) e *por* (clamor): *O promotor fará um apelo ao STF.* *** *Fiz um apelo às autoridades em favor da preservação da floresta amazônica.* *** *Há um grande apelo por moradias no país.*

apêndice
Rege *a*: *Foi feito um apêndice à obra.* Quando em combinação com a preposição *em*, rege *a* ou *de*: *Foi redigido um comentário em apêndice à* (ou *da*) *nova edição dessa obra.*

apenso
Usa-se como *anexo*: *As fotos vão apensas*. *** *Os documentos seguem apensos*. *** *Apensa remeto a nota fiscal*. *** *Apensas remeto as notas fiscais*.

aperceber ou aperceber-se?
Tanto faz, na acepção de perceber; dar-se conta: *O tempo passa e mal (nos) apercebemos que estamos envelhecendo.*

aperitivo
Rege *de* ou *para*: *Esses salgadinhos são apenas um aperitivo da (ou para a) refeição.*

apertado
Rege *a, contra* ou *em* (muito unido), *com, de* ou *por* (aflito) e *entre* (fixo): *Com medo de assalto, as mulheres caminham pelas ruas do centro da cidade com a bolsa apertada ao (ou contra o ou no) peito.* *** *Vivia apertado com (ou de ou por) mil preocupações.* *** *Tinha sempre um charuto apertado entre os dentes.*

apertar
Rege *a* ou *contra* e *entre* (comprimir): *A mulher apertou o crucifixo ao (ou contra o) peito e aguardou a morte.* *** *Apertar alguém entre os braços.*

apesar de o
É assim que de preferência se usa, quando o artigo antecede um sujeito: *Apesar de o frio ser intenso, não vestia agasalho.* Quando o artigo não antecede sujeito, ocorre a contração: *Apesar do frio intenso, não vestia agasalho.*

apesar de que
É a locução conjuntiva existente em nossa língua. Equivale a *embora, ainda que*: *Casou a filha com o rapaz, apesar de que soubesse que ela não o amava.* Na língua popular, todavia, ela aparece sem o necessário *de*: "apesar que". Veja, agora esta frase de jornal: *Perante o mercado de trabalho, os direitos estão se igualando, "apesar que" os salários ainda não, legalmente passaram a ter as mesmas responsabilidades perante os filhos, além de muitas outras mudanças.* Jornalista não tem o direito de escrever segundo a língua cotidiana.

a pique de
Equivale a *a ponto de, prestes a*: *Ela estava a pique de ceder, quando o pai chegou.*

aplaudido
Rege *de* ou *por*: *O presidente saiu do recinto aplaudido de (ou por) todos.* *** *O ator quer no teatro sentir-se aplaudido da (ou pela) plateia.*

aplauso
Rege *a*: *Os aplausos da plateia a seu desempenho eram mais do que justos.* *** *O apresentador pediu aplausos ao cantor.* A regência "aplauso para", muito comum, deve ser desprezada.

aplicação
Rege *de...a* (imposição), *de...em* ou *de...em...sobre* (aposição), *de...em* (investimento; ação de desferir) e *a* ou *em* (dedicação, devoção): *A aplicação de multas aos motoristas infratores está sendo exagerada na cidade.* *** *A aplicação de qualquer enfeite num vestido tem de ser bem-feita.* *** *A aplicação de compressa de gelo no tornozelo, sobre o local afetado, ameniza a dor.* *** *A aplicação de dinheiro em imóveis sempre foi rentável, ao longo do tempo.* *** *A aplicação desse golpe no adversário foi decisiva para o encerramento da luta.* *** *É elogiável sua aplicação aos (ou nos) estudos.*

aplicado
Rege *a* (imposto), *a* ou *em* (dedicado, devotado), *em* (investido) e *em* ou *sobre* (aposto): *As multas aplicadas a motoristas inflatores têm aumentado muito ultimamente.* *** *É um aluno aplicado a (ou em) pesquisas.* *** *Ele tem muito dinheiro aplicado*

65

em imóveis. *** *Uma compressa de gelo aplicada n*o *(ou sobre o) local lesionado ameniza a dor.*

apodrecer ou apodrecer-se?
Tanto faz: *Abacates apodrecem* (ou *se apodrecem*) *com facilidade.*

apodrecido
Rege *em* ou *por*: *É uma juventude apodrecida n*os *(*ou *pel*os*) piores vícios.* *** *Era um governo apodrecido n*a *(*ou *pel*a*) corrupção.*

apoiado
Rege *a, em* ou *sobre* (amparado) e *em* (baseado, fundado): *Encontrei-o apoiado a*o (ou *n*o ou *sobre* o) *ombro do pai.* *** *Só conseguia andar apoiado a* (ou *em* ou *sobre*) *uma cadeira.* *** *Era uma pregação apoiada n*a *Bíblia.* *** *Trata-se de um trabalho de tese apoiado n*a *fala brasileira, e não n*a *fala portuguesa.*

apoiar-se
Use com *a, em* ou *sobre*: *O velho só conseguia descer a escada apoiando-se a*o (ou *n*o ou *sobre* o) *corrimão.* *** *A velhinha caminhava apoiando-se à* (ou *n*a ou *sobre* a) *bengala.*

apoio
Rege *a* ou *em* (arrimo), apenas *a* (aprovação), *a* ou *de* (apoiamento) e *a favor de* ou *contra* (sustentação): *Sem o apoio a* (ou *em*) *uma bengala, não conseguia andar.* *** *Está fraco o apoio a*o *governo.* *** *O apoio a* (ou *de*) *qualquer candidato não será feito diretamente pelo presidente.* *** *O apoio a favor d*a *proposta do governo aumentava no Congresso.* *** *O crescente apoio contra a reforma da Previdência deixou o governo preocupado.* Antecedida da preposição *em*, aparece combinada com *a* ou *de*: *Em apoio a* (ou *de*) *sua tese falaram vários cientistas.*

apontado
Rege *a, contra* ou *para*: *Tinha uma arma apontada à* (ou *contra* a ou *para* a) *cabeça.*

a ponto de
É a locução existente, e não "ao" ponto de: *Gritei, chorei de dor, estive a ponto de desmaiar, mas ela nem ligou.* Quando *ponto* está por *cúmulo*, usa-se o artigo, mas nesse caso já não se trata de locução. Por exemplo: *O ministro chegou ao ponto de suplicar ao presidente que não o demitisse.* Eis mais um exemplo, colhido numa de nossas revistas semanais de informação, ed. 1.918: *Já se sabia que o presidente Lula fora alertado sobre a existência do mensalão em pelo menos cinco ocasiões, entre fevereiro de 2004 e março de 2005. É a primeira vez, porém, que se tem notícia de que Lula pode ter chegado ao ponto de negociar pessoalmente os pagamentos, tendo, portanto, se envolvido com o assunto de forma muito mais profunda e mais comprometedora.* Eis outro exemplo, fornecido por uma articulista carioca: *Chegou-se ao ponto de o acusado ser o mentor do esquema de arrecadação ilícita usado pelo PT para financiar seu projeto de poder arvorar-se o direito de sentenciar.* Veja, agora, esta frase, colhida no Terra, totalmente equivocada: *O BAC Florida demonstra muito interesse em atingir o mercado de brasileiros com contas no exterior, "ao" ponto de manter uma versão integral em português de seu website.* Veja ainda como escreve um jornalista nordestino: *A crise que parecia restrita ao Congresso, com a saída de José Dirceu do governo, volta com força total para o gabinete do Lula. "Ao" ponto de membros da oposição, embora ainda de maneira moderada, "comecem" a falar em impeachment do presidente.* O caro leitor notou que o referido jornalista não domina nem mesmo os empregos do verbo. Repare agora neste texto: *A síndrome do pânico se caracteriza por um conjunto de sinais e sintomas que, muitas vezes, simulam doenças orgânicas, como certas cardiopatias. Acometido por taquicardia, sudorese, sensação de morte iminente e, algumas vezes, dores na região do peito, o sujeito passa a sentir-se angustiado "ao" ponto de não conseguir mais realizar suas tarefas diárias, evitando sair de casa, dirigir, etc., com sérios*

prejuízos profissionais e de relações, tanto as sociais como as familiares. É, a síndrome do pânico é triste!...

apor
Como segue a conjugação de pôr, não existem as formas "aporam", "aposse", "apossem", "apormos" (no subj.), "aporem", comuns na língua popular, mas apenas, respectivamente, *apuseram, apusesse, apusessem, apusermos, apuserem*. Use sempre com a: *apor endereço ao envelope; apor assinatura a um abaixo-assinado; analfabeto, teve de apor o polegar ao documento*. A regência "apor em", muito comum, deve ser desprezada.

à porta
Em Portugal, todos batem à *porta*; no Brasil, prefere-se bater na *porta*. Na linguagem formal ou norma padrão, dê preferência à preposição a: *Estão batendo à porta*. *** *Quem está ali à porta?* *** *Ela me aguardou à porta de casa das 8h às 10h da noite.* *** *O ônibus passa à porta de casa.* Mesmo porque ônibus que passe na porta de alguém pode ser algo terrivelmente destruidor...

aportar
Em Portugal e na norma padrão, usa-se a preposição a: *Aportar a Santos, ao Rio de Janeiro, a Salvador*. No português do Brasil, porém, usam a preposição *em*: *Portugueses voltam a aportar em terras baianas.* *** *Logo após aportar no continente africano, Antônio contraiu uma febre.* *** *Uma forte tempestade obrigou seu barco a aportar na Sicília*.

após
Não aceita a preposição a posposta ("após a"). Portanto: *Após o sinal, vire à direita!* *** *Após o filme, assista ao videoteipe do jogo entre Flamengo x Vasco!*

após "às"
Se após, como se viu no item anterior, não aceita a preposição a posposta, como pode haver acento nesse a? Só mesmo quem não tem noção do que é crase poderá usar acento aí. Sem-noções, porém, existem a mancheias. Manchete de O Estado de S. Paulo: **Prefeito desconversa sobre lei que proíbe jogos após "às" 23h15.** Chega a ser inacreditável. Jornalista que não sabe isso desconhecerá o que e quanto mais? Agora, veja esta notícia chinfrim dada no site da revista Car and Driver: **Aprovada lei contra carro com som alto**. Andar com volume acima do permitido, após "às" 22h, dará multa de R$ 1 mil em SP. A notícia em si é alvissareira, mas que dizer de um jornalista que, além do após "às", ainda usa "1" mil. Teria ele nascido em "um" mil e quinhentos?...

após e depois: qual a diferença?
Após se usa, em rigor, para posterioridade no espaço: *após o sinal, após a cerca, após o muro, após a curva*. **Depois** se usa para posterioridade no tempo: *Falaremos disso depois: agora estou muito ocupado. Depois do jogo, assista a um filme inédito!* *** *Escove os dentes depois das refeições!* *** *Há vida depois da morte?* Na língua contemporânea, todavia, usa-se um pelo outro. Na televisão se vê até: *"Após ao" jogo, "assista um" filme inédito!*

aposentado / aposentadoria
Regem *de* ou *em*: *Àquela altura, ele já estava aposentado do (ou no) banco, por isso pôde assumir a presidência do Banco Central.* *** *Sua aposentadoria do (ou no) banco permitiu a sua nomeação ao cargo.*

aposição
Rege *de...a*: *A aposição de adjetivos a substantivos pode não ser aleatória*. Antecedida da preposição *por*, aparece combinada com a: *Há muitos substantivos que, por aposição a outro substantivo, muitas vezes indicando cor, não variam no plural.*

aposta

Rege *de...em*: *A aposta de vultosa quantia num azarão podia dar-lhe gordo prêmio, mas era muito arriscado*. Quando o complemento é rigorosamente pessoa, rege *com*: *Quer fazer uma aposta comigo?*

apostar "como"

Melhor é *apostar que*: *Aposto que hoje chove.* *** *Aposto que ela me viu.* V. **jurar**. Repare, agora, neste texto irresponsável: *Dois médicos vinham andando pela rua, quando viram um homem, um pouco mais à frente, andando todo curvado, com as pernas espremidas, passos curtos. Resolveram diagnosticar a distância. O primeiro, que era clínico geral, afirmou: Só pode ser congênito! Aposto "como" é mais uma vítima da paralisia infantil. O segundo, cardiologista, discordou: Qual o quê! Aposto "como" ele teve um acidente vascular cerebral!* Apesar de os médicos não serem um primor no uso da língua (eles continuam dizendo "pálato" e "catéter"), preferimos computar o equívoco ao autor do texto.

apostila

Rege *a*: *Foi feita uma extensa apostila a esse dicionário*.

apostila / apostilha

São formas equivalentes, nestas acepções: **1.** Nota complementar a um escrito, para esclarecer alguma dúvida ou acrescentar algo importante ao texto. **2.** Comentário ou explicação feita à margem de um escrito. **3.** Anotação de lição de classe, resumida em opúsculo ou brochura. **4.** Esse opúsculo ou brochura. **5.** Registro de curso acrescentado ao diploma. Nas acepções 3 e 4, admite-se também a variante *postila*, que é muito pouco usada.

apóstolo

Feminino: *apóstola*. *Maria Madalena foi uma apóstola de Cristo*. Usa-se também em sentido figurado: *Essa senadora é a apóstola do socialismo xiita*.

apóstrofo e apóstrofe: qual a diferença?

Apóstrofo é o sinal gráfico (') usado para indicar supressão de letra(s); **apóstrofe** é figura de linguagem. Portanto, em *copo d'água* existe *apóstrofo*.

a pouco e pouco, pouco a pouco, pouco e pouco ou aos poucos?

Tanto faz. *A menina, a pouco e pouco* (ou *pouco a pouco* ou *pouco e pouco* ou *aos poucos*) *foi se acalmando, até que adormeceu*.

aprazer

Verbo irregular (causar prazer, agradar); só se usa nas terceiras pessoas (do sing. e do pl.): *apraz, aprazem* (pres. do ind.); *aprouve, aprouveram* (pret. perf.); *aprazia, apraziam* (pret. imperf.); *aprouvera, aprouveram* (pret. mais-que-perf.); *aprouvesse, aprouvessem* (pret. imperf. do subj.); *aprouver, aprouverem* (fut. do subj.): *Não me apraz ter contato com essa gente.* *** *Não lhe aprouve o espetáculo?* *** *Não nos apraziam aqueles tipos de filme*. Por ele se conjuga *desprazer* (desagradar): *Namorar no escurinho despraz a essa garota.* *** *A proposta que fiz para a compra do carro desprouve a seu dono.* *** *É bem possível que esse acordo proposto pelos Estados Unidos despraza tanto a árabes quanto a judeus*.

apreciação

Rege *acerca de, a respeito de*, ou *de* ou *quanto a* ou *sobre* (avaliação, julgamento): *A apreciação acerca dos* (ou *a respeito dos* ou *dos* ou *quanto aos* ou *sobre os*) *originais estava a cargo de um experiente profissional, na editora.* *** *Queria sua apreciação acerca deste* (ou *a respeito deste* ou *deste* ou *quanto a este* ou *sobre este*) *dicionário*.

apreciado
Rege *de* ou *por*: *É um ator apreciado de* (ou *por*) *todo o público brasileiro.* *** *São produtos apreciados de* (ou *por*) *boa parte dos consumidores.*

apreço
Rege *a, de, para com* ou *por* (pessoa), mas apenas a, de ou por (coisa): *O brasileiro está aprendendo a ter apreço aos* (ou *dos* ou *para com os* ou *pelos*) *políticos?* *** *Sempre tive grande apreço aos* (ou *dos* ou *para com os* ou *pelos*) *meus professores, com exceção de um, justamente o de Matemática.* *** *Você não tem apreço à* (ou *da* ou *pela*) *vida?* *** *Sempre foi um homem sem nenhum apreço ao* (ou *do* ou *pelo*) *dinheiro.*

apreensão
Rege *acerca de, a respeito de, com, de, por, quanto a* ou *sobre* (grande inquietação, preocupação) e *de...a* (confisco): *É natural que todos tenhamos apreensão acerca do* (ou *a respeito do* ou *com o* ou *do* ou *pelo* ou *quanto ao* ou *sobre o*) *futuro da democracia no Brasil.* *** *A apreensão dos documentos ao motorista foi feita legalmente.*

apreensivo
Rege *acerca de, a respeito de, com, de, por, quanto a* ou *sobre* (preocupado): *Os brasileiros estamos apreensivos acerca do* (ou *a respeito do* ou *com o* ou *do* ou *pelo* ou *quanto ao* ou *sobre o*) *futuro da democracia no Brasil.*

a prêmio
Como *prêmio* é palavra masculina, o a não recebe acento: *estar com a cabeça a prêmio*. Aos jornalistas, é muito difícil entender isso. Então, eles continuam colocando acento onde não há nenhuma necessidade, revelando que não têm a mínima noção do que fazem. Veja esta notícia lida no Terra: *A derrota para o Juventude por 4 a 3 na Arena Petrobras, "nesta quinta-feira", deixou o técnico do Flamengo numa situação complicada. Ele, que ganhou sobrevida na vitória sobre o Vasco por 1 a 0 no último domingo, está com a cabeça "à" prêmio após a derrota para o time gaúcho, mas por enquanto segue no comando*. Como a notícia saiu na própria quinta-feira, por que não usar, então, *hoje*? Por que "nesta quinta-feira"? Ou a palavra *hoje* caiu em desuso?

aprender
Antes de infinitivo, use sempre aprender a, a exemplo de começar. Ex.: *Ela está aprendendo a nadar.* *** *Meus filhos aprenderam a ler com três anos.* Isso é assim desde os tempos de Camões. Os jornalistas sabem disso? Vejamos por esta manchete encontrada no site da Veja: **"Aprenda fazer" salada de melancia com tomate**. Dá pra aprender assim?...

aprendido
Rege *com* ou *de* (pessoa) e *de* ou *em* (coisa): *São lições aprendidas com os* (ou *dos*) *grandes mestres da língua.* *** *São regras aprendidas das* (ou *nas*) *melhores gramáticas.*

apresentação
Rege *de...a* ou apenas a: *A apresentação dela a mim foi feita por um amigo.* *** *Quando foi feita a apresentação desse novo modelo de automóvel ao mercado?* *** *Nunca faço apresentação de amigos a estranhos.* *** *A peça publicitária foi concluída, para apresentação ao cliente.*

à pressa ou às pressas?
Tanto faz: *Sair à pressa* (ou *às pressas*). *** *Comer às pressas* (ou *à pressa*). A locução original é a primeira, mais usada em Portugal; por analogia com outras (*às cegas, às claras, às favas, às vezes*, etc.) é que passou a ser usada também no plural, principalmente entre nós, brasileiros.

apressado
Rege *em* (nome) e *a, em* ou *para* (verbo): *Sempre foi apressado no trabalho.* *** *Está apressado a* (ou *em* ou *para*) *ir ao trabalho.*

apressar-se
Rege *a* ou *em*: *As comissárias de bordo não se apressavam a (ou em) servir o almoço.* *** *Ao ouvirem a sirena policial, os ladrões se apressaram a (ou em) fugir.*

à prestação
Como *prestação* é palavra feminina, o *a* recebe acento: *comprar à prestação, vender à prestação, vendas à prestação.*

a previsão é "de" que
Não, não é assim, mas assim: A previsão é que... ou, então, A previsão é a de que. V. **a expectativa é "de" que**. Na Quatro Rodas, ed. 603, leu-se: A previsão era "de" que, até dia 15 do mês passado, houvesse 2.000 unidades do Novo Uno prontas para a distribuição. Previsão errada...

a primeira vez que
Essa expressão, assim como a última vez que, não admite a preposição "em" antes do que: *A primeira vez que ela foi beijada na boca, ficou enojada.* *** *Foi esta a primeira vez que a vi chorando.* Diz-se o mesmo para a *segunda vez que*, a *terceira vez que*, a *última vez que*, etc. Uma jornalista de O Globo escreve em sua coluna: *Se confirmada nas urnas a tendência das pesquisas de hoje, seria a primeira vez "em" que o PT estaria fora do segundo turno em São Paulo*. Veja, agora, três frases, de um adolescente mal-informado: *A primeira vez "em" que eu guiei um carro fui parar numa árvore. A primeira vez "em" que eu tomei yogurt adorei. A primeira vez "em" que vi um Papai Noel morri de medo.* Quem mais assusta? Ambos...

aprisionado
Rege *a* ou *em*: *São políticos aprisionados aos (ou nos) velhos modelos de fazer política.*

à procura de **ou** em procura de?
Tanto faz: *A mãe saiu à (ou em) procura do filho.* *** *Estamos à (ou em) procura de melhores soluções para os nossos problemas.* *** *Os nordestinos vêm a São Paulo à (ou em) procura de melhores condições de vida.*

à proporção de **ou** na proporção de?
Tanto faz: *A arrecadação não aumentava à (ou na) proporção do número de torcedores que compareciam ao estádio, o que era um sinal de desvio e prejuízo para os clubes.*

apropriado
Rege *a* ou *para* (adequado, conveniente) ou apenas *para* (adaptado): *Esses não são os meios mais apropriados aos (ou para os) nossos objetivos.* *** *Eis a ocasião apropriada a (ou para) uma boa conversa.* *** *O carro tem um motor especial, apropriado para corridas.* Cuidado para não usar "apropiado"!

aprovação
Rege *a* (concordância, beneplácito), *de* (apreciação positiva) e *de...em* ou apenas *em* (habilitação): *Não se notava na expressão do pai nenhuma aprovação às atitudes do filho.* *** *A aprovação dos projetos do governo depende da maioria no Congresso.* *** *A aprovação desses candidatos no concurso está sob judice.* *** *Muitos candidatos conseguiram aprovação no concurso de forma irregular.*

aproveitado
Rege *em* ou *para* (economizado): *O óleo aproveitado na (ou para a) fritura dos pastéis dá para fritar os bolinhos.*

aproveitar-se de
Use sempre assim, na acepção de servir-se, valer-se: *Aproveitaram-se da estada do presidente na cidade para lhe pedir recursos para o município.* *** *Os ladrões se aproveitaram da confusão para fugir.* *** *Aproveito-me da ocasião para cumprimentá-lo.* *** *O rapaz se aproveitou da confiança que lhe depositaram e surripiou a patroa.* Na língua cotidiana se vê assim: Os ladrões "aproveitaram a" confusão para fugir.

aproximação
Rege *de*...*a* (ou *com*) [restabelecimento de relações ou de laços de amizade], *com* (relação, ligação íntima) e *entre* (relação amistosa ou proveitosa): *A aproximação do Brasil a* (ou *com*) *Cuba se deu logo depois do fim do governo militar.* *** *A aproximação com o povo é uma característica do regime democrático.* *** *A aproximação entre os dois povos resultou em benefício para o país.* *** *A aproximação entre as duas culturas beneficou a ambas.*

aproximado
Rege *a* ou *de*: *Era um objeto voador não identificado de forma aproximada à* (ou *da*) *de um charuto.*

aprumado
Rege *em* ou *sobre*: *Como andava a cavalo pela primeira vez, ela troteava sem estar devidamente aprumada na* (ou *sobre a*) *sela, o que conferia um ar jocoso à situação.*

aptidão
Rege *a* ou *para*, antes de nome, *de* ou *para*, antes de verbo, e *em* (habilidade, perícia): *Não se exige nenhuma aptidão ao* (ou *para o*) *cargo.* *** *Ela tem aptidão à* (ou *para a*) *matemática.* *** *Ela mostrou grande aptidão de* (ou *para*) *dirigir caminhões.* *** *Será que essa gente reúne aptidões adequadas de* (ou *para*) *governar o país?* *** *Só se adquire alto grau de aptidão em marcenaria, com os anos, com a experiência.*

apto
Rege *a* ou *para* (capacitado) e *em* (aprovado, habilitado), antes de nome, mas *para*, antes de verbo: *Você já está apto a* (ou *para*) *esse tipo de trabalho?* *** *Você se considera apto a* (ou *para*) *exercer esse cargo?* *** *Foi considerado apto em Português.* *** *Foi considerado apto para dirigir veículos automotores.*

a público
Se *público* é palavra masculina, não há razão para o emprego do acento no a. Na Folha de S. Paulo: *Líderes de oposição e do governo, imediatamente após a divulgação do cheque, vieram "à" publico pedir a renúncia do deputado.* Usou acento indevido no a e não o devido em *público*. Não é ótimo o jornalismo brasileiro?

apuração
Rege *de* (contagem) e *de* ou *sobre* (investigação, averiguação): *Agora, a apuração de votos é quase instantânea, nas eleições brasileiras.* *** *A apuração desse* (ou *sobre esse*) *crime está a cargo da polícia federal.* *** *O povo exige apuração do* (ou *sobre o*) *escândalo que desviou trinta bilhões de dólares do país para contas no exterior.*

apurado
Rege *em* (esmerado, requintado), *em* (apressado, afobado) e *de* ou *em* (arrecadado ou obtido): *Trata-se de um dos jornalistas mais apurados na pena que este país já conheceu.* *** *Estou aqui apurado no trabalho e me vem essa gente pedir isto e aquilo!* *** *O governo não está nada apurado em esclarecer esses escândalos.* *** *O lucro apurado dessa* (ou *nessa*) *venda será reinvestido no mesmo negócio.*

apuro
Rege *de* ou *em* (esmero, requinte) e *com* ou *em* (pressa): *É um jornalista que se caracteriza pelo apuro de* (ou *na*) *linguagem.* *** *O apuro com os* (ou *nos*) *preparativos de viagem me fez esquecer muitas coisas.*

aquecido
Rege *com* ou *por*: *No inverno rigoroso, convém ter as mãos aquecidas com* (ou *por*) *luvas.* *** *Trazia o alimento aquecido com o* (ou *pelo*) *calor do próprio corpo.*

à queima-roupa
Sempre com o a acentuado: *atirar à queima-roupa.*

aquela manhã ou naquela manhã?
Tanto faz: expressões que indicam tempo podem ser usadas com a preposição *em* ou

sem ela, indiferentemente. Por isso, use indiferentemente: *aquela noite ou naquela noite, aquela semana ou naquela semana, aquela tarde ou naquela tarde, aquele ano ou naquele ano, aquele dia ou naquele dia, aquele domingo ou naquele domingo, aquele mês ou naquele mês*.

aquele / este
Quando nos referimos a pessoas ou coisas já mencionadas, usamos *aquele* (e variações) para o que foi citado em primeiro lugar e *este* para o que foi mencionado por último. Ex.: *Luís e Hilda estudaram na Europa; esta em Paris, aquele em Londres.* *** *Convidei Marisa e seu irmão para irmos à festa; este aceitou prontamente, aquela recusou educadamente.* *** *Ao conversar com Isabel e Luís, notei que este se encontrava nervoso e aquela, tranquila.*

aqui e aí: qual a diferença?
Aqui é o lugar em que está a pessoa. Aí é o lugar em que está a pessoa com quem se fala. Ex.: *Aqui, a violência continua solta; e aí, Luís?* *** *Aqui ainda não se criou vergonha na cara; e aí, Manuel?*

Aquidabã
Nome do rio em cujas margens o ditador paraguaio Francisco Solano López foi preso, a 1.º de março de 1870, pelas forças brasileiras, comandadas pelo general Câmara. Como não quis se entregar, foi morto junto à barranca do rio, de espada na mão, encerrando-se, assim, a Guerra do Paraguai. Este nome tem sido usado em muitos logradouros públicos de inúmeras cidades brasileiras, nos quais aparece sempre erroneamente, com "an" final: "Aquidaban".

aquiescência
Rege *a* antes de nome e *em* antes de verbo: *A sua aquiescência ao pedido da filha foi conseguida a custo.* *** *Sua aquiescência em colaborar conosco foi conseguida a custo.*

aquiescer
Rege *a* ou *em* (nome), mas apenas *em* (verbo): *Ela, finalmente, aquiesceu ao (ou no) meu convite.* *** *O governo não aquiescerá a (ou em) novo aumento de preços.* *** *O professor aquiesceu ao (ou no) adiamento da prova.* *** *O professor aquiesceu em adiar a prova.*

aquinhoado
Rege *com* ou *de*: *O Brasil é um país aquinhoado com (ou de) extensa costa.* *** *Uma pessoa aquinhoada com (ou de) tanto talento deveria estar em melhor ambiente.*

Aracaju
Capital de Sergipe. É um dos poucos nomes de cidades que admitem o uso do artigo. Podemos usar, portanto, indiferentemente: *Moro em (ou no) Aracaju.* *** *Já estive em (ou no) Aracaju.* *** *Acabo de chegar de (ou do) Aracaju.*

ararά
Fêmea do *cupim*. Trata-se também de heterônimo feminino de cupim. Em dúvida quanto ao feminino ou ao heterônimo feminino de algum nome, consulte o **míni Sacconi**.

árbitro
Rege *de* ou *em* e *entre*: *Quem foi o árbitro desse (ou nesse) jogo?* *** *O árbitro entre árabes e judeus será o Papa.*

arcebispo
Adj. correspondente: *arquiepiscopal*. Portanto, *poder de arcebispo* = *poder arquiepiscopal*; *paço de arcebispo* = *paço arquiepiscopal*.

arco-íris
Não varia no plural: os *arco-íris*.

ar-condicionado e ar condicionado: qual a diferença?
Ar-condicionado é o aparelho ou sistema que controla a umidade e a temperatura do ambiente, é o condicionador de ar: *ar-condicionado importado; conserto do ar-condicionado*. Tem como plural *ares-condicionados*. **Ar condicionado** é o ar que sai do ar-condicionado e pode ser quente ou frio: *Qualquer ar condicionado me faz mal.* *** *Sair dos 35 graus da rua e entrar no ar condicionado do escritório me foi fatal para pegar o resfriado.* Uma síndica avisa os moradores do prédio que vai trocar a cobertura do estacionamento térreo. Motivo: diminuir o barulho com a queda de pingos d'água dos "ar-condicionados" nos apartamentos de baixo.

ardente
Rege *de* ou *em*: *Encontrei-o com o corpo ardente de* (ou *em*) *febre*.

ardor
Rege *por* (entusiasmo) antes de nome e *de* ou *em* antes de verbo: *O ardor pela competição é próprio dos espíritos superiores.* *** *Seu ardor pelo luxo e conforto já vinham da infância.* *** *É perfeitamente compreensível o ardor das crianças pelos programas de desenhos animados pela televisão.* *** *É natural o ardor das crianças de* (ou *em*) *assistir a programas de desenhos animados pela televisão.*

área e ária: qual a diferença?
Área é superfície: *Um terreno de cinco mil metros quadrados de área*. **Ária** é peça musical para uma só voz: *Quem canta a ária da ópera?*

areia
Usada como adjetivo, indicando a cor, não varia: *sapatos areia, meias areia*.

a respeito de
Note: sem acento no *a*, já que antes de palavra masculina não se usa "à". Portanto: *Nada tenho a declarar a respeito disso.* *** *A respeito das denúncias de corrupção, o que foi apurado?*

a respeito de ou com respeito a?
Tanto faz: *Já conversamos muito a respeito disso* (ou *com respeito a isso*). *** *Nada se falou na reunião a respeito do* (ou *com respeito ao*) *alto custo de vida*.

aresto ou arresto: qual a diferença?
Aresto (é) é decisão judicial modelar e irrecorrível, é o mesmo que *acórdão*: *O juiz se baseou num aresto para dar a sentença*. **Arresto** (é) é apreensão judicial preventiva de bens não litigiosos de um devedor, para servir de garantia de pagamento de dívida; é o mesmo que *embargo*.

Argentina
Esse nome exige sempre o artigo (v. **artigo**): *a* Argentina. Portanto, mesmo em manchetes de jornal: *Firmado acordo entre* **o** *Brasil e* a *Argentina*. Os jornalistas, contudo, acham que, por ser uma palavra pequena, o artigo não tem nenhuma importância. Então, escrevem em manchetes ou alardeiam em telejornais: **Firmado acordo entre "Brasil" e "Argentina"**. O interessante é que eles escrevem assim, mas não falam assim. Nunca nenhum deles afirmou que já esteve "em" Argentina nem muito menos que gosta "de" Argentina. O caro leitor, por acaso, gosta da Argentina? Os jornalistas brasileiros se encarregaram de estabelecer uma verdadeira barafunda no que tange a este assunto. Veja este título de notícia: **Venezuela conversa com Brasil e Argentina sobre energia nuclear.** Logo no início da matéria, porém, estava assim: *A Venezuela conversou com a Argentina e o Brasil sobre uma possível cooperação internacional para produzir energia nuclear.* Isso é de uma inteligência invejável! E por falar em inteligência invejável, veja esta declaração do ministro do Desenvolvimento do governo Dilma, Fernando Pimentel, e tire suas conclusões: *Nunca houve uma crise ou uma ruptura na relação comercial e política entre Brasil e Argentina. O Brasil e a Argentina têm uma corrente de comércio muito volumosa, já chegou a US$15 bilhões.*

arguição
Rege *a...de* ou *de...a* (acusação) e *a...sobre* (exame; interrogatório): *A arguição a um ministro de corrupto é da maior gravidade.* *** *A arguição de corrupto a um ministro é da maior gravidade.* *** *A arguição aos candidatos sobre seus hábitos de higiene era um dos itens da entrevista.* *** *A arguição às testemunhas sobre detalhes do crime foi feita várias vezes pelo magistrado.*

arguir
Conjuga-se por *atribuir*: *arguo, arguis, argui, arguimos, arguis, arguem* (pres. do ind.).

a rigor
Em rigor, essa expressão é cópia fiel do francês *à la rigueur*. Vulgarizou-se entre nós em razão da expressão *traje a rigor*. Convém usarmos palavras, expressões e construções estrangeiras somente quando absolutamente necessárias, ou seja, quando as que temos não satisfazem plenamente à mensagem que desejamos. Este, portanto, é um caso de preferência, e não de transgressão. Eu de minha parte continuo preferindo assim: *Em rigor, o português é uma continuação do latim*. Se temos o nosso, por que procurar semelhante no vizinho? Nada de purismo existe nessa preferência.

aritmética ou arimética?
Tanto faz, mas a mais usada é a primeira.

armadilha
Rege *a* antes de nome e *de* ou *para* antes de verbo: *A prática do gatilho salarial, ao invés de beneficiar os trabalhadores, era uma armadilha a toda a classe.* *** *Comprou uma armadilha de (ou para) apanhar ratos.*

armar-se
Use sempre assim, na acepção de formar-se, preparar-se (falando-se de fenômenos da natureza): *Está se armando uma chuva daquelas!* *** *Uma tempestade se armou rapidamente: tivemos de retornar.* *** *Quando se armam furacões na costa da Flórida, a população se acautela.* *** *No Brasil ultimamente, principalmente no Sul, têm se armado tornados.*

arqui-
Só exige hífen antes de palavras iniciadas por i ou por h: arqui-inimigo, arqui-hipérbole.

arquipélago Fernando de Noronha ou Arquipélago Fernando de Noronha?
Tanto faz. Da mesma forma: arquipélago (ou Arquipélago) dos Açores, etc.

arquitetado
Rege *a* ou *contra*: *Isso é uma armadilha arquitetada a (ou contra) todos os trabalhadores.* Na voz passiva, só rege *por*: *Uma brincadeira arquitetada por colegas.*

arraigado
Rege *a* ou *em*, mas de preferência *a* (aferrado, apegado) e de preferência *em* (enraizado): *Ele é um homem arraigado a velhos hábitos e costumes.* *** *Os indígenas são povos arraigados a suas terras.* *** *Essa gente é muito arraigada às tradições e conquistas do passado.* *** *Essas flores estão arraigadas na pedra?* *** *Há muitos estrangeirismos arraigados em nosso idioma.*

arraigar
Conj.: *arraígo, arraígas, arraíga, arraigamos, arraigais, arraígam* (pres. do ind.); *arraígue, arraígues, arraígue, arraiguemos, arraigueis, arraíguem* (pres. do subj.). Por ele se conjuga desarraigar.

arrancada
Rege *contra* ou *sobre* (investida, combate) e *para* (avanço): *A arrancada contra (ou sobre) o adversário se deu nos últimos assaltos da luta.* *** *A arrancada contra (ou sobre) a crise começou neste governo.* *** *O governo, agora, promete uma arrancada para o*

desenvolvimento. *** *A arrancada da equipe* para *as primeiras colocações da tabela se deu justamente com o novo treinador.*

arrancado
Rege a ou de: *Havia várias folhas arrancadas* à (ou da) *agenda.* *** *Eram nomes de amigos de infância arrancados* à (ou da) *memória a fórceps.*

arranco / arranque
São formas equivalentes. Regem contra ou sobre (investida) e para (avanço): *O arranco* contra (ou sobre) *a crise foi dado neste governo.* *** *O arranque* para *o sertão foi dado pelos bandeirantes.*

arranhado
Rege com, de ou por: *Tinha as costas todo arranhadas* com (ou de ou por) *espinhos.* *** *Chegou com o rosto todo arranhado* com *as* (ou das ou pelas) *unhas da mulher.*

arrasado
Rege com ou por: *Ficou arrasado* com *a* (ou pela) *goleada que o seu time sofreu em pleno Parque Antártica.*

arrebatado
Rege a ou de (tirado com violência; arrancado) e com, de ou por (extasiado): *As pessoas eram arrebatadas* às (ou das) *suas casas, para dar lugar à corte real.* *** *Os aplausos arrebatados* à (ou da) *plateia eram-lhe inteiramente merecidos.* *** *A garota ficou arrebatada* com *os* (ou dos ou pelos) *elogios do rapaz, sem perceber que tudo aquilo era pura lábia.*

arrebitado ou rebitado?
Tanto faz: *nariz* arrebitado (ou rebitado).

arredio
Rege a ou de: *Os gatos selvagens são arredios* a (ou de) *qualquer aproximação humana.* *** *Permanecerei* arredio à (ou da) *política.*

arrefecimento
Rege de ou em (coisa) [esfriamento] e com ou para com (pessoa) [perda de interesse, frieza]: *O arrefecimento* do (ou no) *seu entusiasmo pelo rapaz se deveu a intrigas.* *** *O arrefecimento dela* com (ou para com) *o rapaz se deveu a intrigas.*

arremedar ou remedar?
Tanto faz: *O filho* arremedou (ou remedou) *o pai e foi castigado.* *** *Esse humorista* arremeda (ou remeda) *qualquer político.*

arremessado
Rege a (lançado voluntariamente) e contra (lançado com força ou agressivamente): *Com toda a carga arremessada* ao *mar, o navio pôde ser salvo.* *** *Com a explosão, pessoas foram arremessadas* contra *muros e postes.* *** *O míssil arremessado* contra *o Iraque acertou o alvo em cheio.*

arremessar
Use com a ou com em, quando há intenção de quebrar ou ferir: *Duas crianças* arremessavam *bolas de neve* a (ou em) *nossas vidraças.* *** *Os manifestantes* arremessavam *paus e pedras* aos (ou nos) *policiais.* Se não houver a referida intenção, construa: *O jogador* arremessou *a camisa* à *torcida.*

arremessar-se
Use com a ou ou com em: *Os surfistas se arremessavam* às (ou nas) *enormes ondas num desafio constante e ameaçador.*

arremesso
Rege de...a (ou em ou contra ou sobre) [lançamento] e apenas contra ou sobre (ataque, investida): *O arremesso de pedras* ao (ou no ou contra *o* ou sobre *o*) *árbitro atentava*

contra a sua integridade física. *** O arremesso dos tanques contra (ou sobre) as posições inimigas foi decisivo nessa batalha.

arremetida
Rege a, contra ou sobre (investida) e em (arrojo, audácia): *Essa operação obrigou as tropas brasileiras a algumas arremetidas fulminantes às (ou contra as ou sobre as) posições inimigas.* *** *As primeiras arremetidas da mulher brasileira na prática do futebol se fizeram sentir na década de 1990.*

arrependido / arrependimento
Rege de ou por: *Estava profundamente arrependida do (ou pelo) crime.* *** *O criminoso não sentiu o menor arrependimento do (ou pelo) covarde ato que praticou.*

arrepiado
Rege com, de ou por (aterrorizado) e em (eriçado): *O próprio juiz ficou arrepiado com a (ou da ou pela) confissão do criminoso.* *** *Aos poucos ela ia ficando arrepiada em carícias do namorado.*

arrepiar-se
Use sempre assim: *Eu me arrepio fácil.* *** *Ela se arrepia toda quando ouve esses ruídos macabros.* Na língua cotidiana, não usam o pronome oblíquo.

arrimado
Rege a, contra, em ou sobre (apoiado) e a ou em (estribado, baseado, fundado): *Ele, agora, só conseguia andar arrimado a (ou contra ou em ou sobre) uma bengala.* *** *Estávamos arrimados a uma (ou numa) teoria furada.*

arriscar-se
Use sempre assim: *Eu não me arriscaria a dizer uma coisa dessas.* *** *Você se arriscaria a viajar num avião desses?* Há um ditado popular sábio: *Quem espera por sapatos de defunto arrisca-se a andar toda a vida descalço.* O povo, contudo, gosta mesmo é de "arriscar"...

arrocho
Rege de ou em (coisa) e contra (pessoa): *O arrocho do (ou no) salário docente redundou num ensino cada vez mais precário.* *** *O arrocho contra os professores persiste até hoje.*

arrogância / arrogante
Regem de ou em (coisa) e com ou para com (pessoa): *Sua arrogância de (ou em) comportamento com (ou para com) os pais da moça foi fundamental para o fim do namoro.* *** *Um rapaz arrogante de (ou em) comportamento com os futuros sogros pode ser fatal para o relacionamento do casal.* *** *Sua arrogância com (ou para com) os pobres era evidente.* *** *Era muito arrogante com (ou para com) os pobres.*

arrojado / arrojo
Regem de ou em: *Empresário arrojado de (ou nos) empreendimentos.* *** *Empresário caracterizado pelo arrojo de (ou nos) empreendimentos.*

arrombar-se
Use sempre assim: *Minhas calças arrombaram-se bem nos fundilhos.* *** *A terra, naquele instante, arrombou-se ali formidavelmente, em consequência do violento terremoto.* *** *Dois açudes arrombaram-se no Ceará.* *** *Uma tubulação de gás arrombou-se em Guarulhos (SP).*

arroz-doce
Pl.: *arrozes-doces*. Em dúvida quanto ao plural dos nomes compostos, consulte o **míni Sacconi**.

arruinado
Rege com, em ou por: *Àquela altura, a credibilidade do governo já estava arruinada com (ou em ou por) tantos escândalos de corrupção.*

arruinar
Conj.: *arruíno, arruínas, arruína, arruinamos, arruinais, arruínam* (pres. do ind.); *arruíne, arruínes, arruíne, arruinemos, arruineis, arruínem* (pres. do subj.). Na língua cotidiana, todavia, aparece muito "arrúino", "arrúina", etc. *As drogas arruínam a saúde e acabam com a vida*. Uma ameaça pode vir assim: *Cuidado, que eu "arrúino" sua vida, hem!* Uma preocupada mãe, a um leve ferimento do filho, sai-se muitas vezes com esta, para amedrontá-lo: *Não mexa, que "arrúina"!* Uma adolescente indecisa pode sair-se com esta: *Estou querendo loucamente pôr um piercing na língua, mas tenho medo que "arrúine"*. Manchete na Veja: **Sucesso "arruina" o casamento de Michel Teló**. O então governador Serra opina sobre os royalties do pré-sal e diz corretamente arruína, mas um jornalista transcreve a fala assim: *A nova proposta de distribuição de royalties do pré-sal é inaceitável. O projeto, do jeito que está, "arruina" o Rio, "arruina" o Espírito Santo*. Estamos bem de jornalistas?

Ártemis
Na mitologia grega, deusa virgem da caça, dos animais selvagens e da Lua, irmã gêmea de Apolo, identificada com a deusa romana Diana. Note: é palavra proparoxítona, portanto não se diz "artêmis". Em Piracicaba (SP) existe um bairro a que se dá o nome de "Artemis" e quem ousa dizer corretamente é visto com certa estranheza.

artesãos e artesões: qual a diferença?
Artesãos são artistas manuais, homens que exercem com habilidade uma arte manual. Tem como feminino *artesãs*. Artesões são adornos arquitetônicos aplicados em tetos, abóbadas, etc. Não tem feminino: trata-se de coisa.

articulação
Rege *de...com, entre* (relação, ligação) e *de...em* (estruturação): *A articulação de um osso com outro*. *** *A articulação entre os ossos*. *** *É importante a articulação da linguagem com o pensamento*. *** *É importante a articulação entre a linguagem e o pensamento*. *** *A articulação da sociedade em classes econômicas é obra do capitalismo*.

articulado
Rege *a* ou *com* (em articulação ou ponto de encaixe) ou *com* (ligado): *Um osso articulado a* (ou *com*) *outro*. *** *Um deputado deve estar sempre articulado com suas bases eleitorais*.

artigo[1]
Rege *acerca de, a respeito de* ou *sobre*: *Escreveu vários artigos acerca dessa* (ou *a respeito dessa* ou *sobre essa*) *cobrança abusiva de impostos no Brasil, que beira a extorsão*. *** *Seu artigo acerca da* (ou *a respeito da* ou *sobre a*) *medida provisória foi lido pelo presidente*.

artigo[2]
Na linguagem forense, campeia a omissão do artigo em caso que a língua não admite. São exemplos colhidos em alguns autos: *Dito documento é falso*. *** *Referida arma não é a do crime*. *** *Mencionada testemunha não é digna de fé*. *** *Aludido material foi encontrado distante do local do crime*. A inclusão de um o ou de um a antes das palavras em destaque não ocuparia tanto espaço; por isso, cremos firmemente nessa correção por parte de advogados, promotores e juízes. Não se usa artigo no plural antes de palavra no singular, mesmo que haja uma série delas. Ex.: *A 5.ª, 6.ª e 7.ª folhas do livro estão rasgadas*. (E não: "As" 5.ª...) *** *Transcrevi o 2.º, 3.º e 4.º parágrafos*.

artigo[3]
Por mais esforço que eu faça, não consigo entender por que os jornalistas brasileiros não usam o artigo antes de nomes que o exigem obrigatoriamente. Todo o mundo diz: *O Brasil é o maior país da América do Sul. Moro no Brasil. Amo o Brasil*. Mas quando o nome do nosso país sai em jornais, surge a "mágica": desaparece o artigo. Não só com o nome do Brasil, mas com o nome de todos os países que devem ter a companhia

do artigo. Veja esta notícia: *Os governos "de Brasil e Argentina" entraram em uma guerra velada de restrições a exportações.* Ora, há quem more "em" Brasil? Há quem venha "de" Argentina? Só se forem os nossos sábios jornalistas... Manchete da Folha. com: **Telegramas diplomáticos expõem atritos entre Brasil e EUA**. Ótimo!...

artigo[4]
Qualquer aluno do sexto ano do ensino fundamental sabe que o artigo definido o (e as variações a, os, as) é aquele que se usa para casos já conhecidos, enquanto o artigo indefinido um (e as variações uma, uns, umas) se usa para casos desconhecidos. Assim, quando eu lhe digo: *Vi um filme ontem*, você entende que se trata de um filme qualquer, nem mesmo importa qual. Mas quando lhe digo: *Vi o filme*, naturalmente você entende que se trata de um determinado filme. Sabe-se exatamente de que filme se trata, porque sobre ele se conversou anteriormente. Muito bem. Os laboratórios farmacêuticos fazem anúncio pela televisão. E no final de cada um deles se lê a advertência: *Se persistirem os sintomas, "o" médico deverá ser consultado*. Ora, "o" médico?! Que médico? Está claro que no lugar do artigo definido caberia, com precisão, o indefinido (um), porque nesse caso se trata de qualquer médico, algum que seja da livre escolha do consumidor.

artista
Rege *de* ou *em*: *Ele é um artista do* (ou *no*) *malabarismo*. *** *Paulinho da Costa é um artista da* (ou *na*) *percussão*.

arvoado
Significa tonto, atoleimado, abestalhado. Quem não tem ou nunca teve *um vizinho arvoado*?

árvore
Não tem aumentativo sintético, a não ser *arvorezona* (regular). O povo costuma usar "arvão": *Eles se protegeram da chuva debaixo do "arvão"*. Quanto ao diminutivo sintético, temos *arvoreta*, mas o povo tem "arvinha". *Arvoreta* não se confunde com *arbusto* (pequena árvore, cujo caule ramifica desde a base). O arbusto pode ter até 3m de altura. *Arbusto* tem diminutivo (erudito): *arbústulo*.

asa
Adj. correspondente: *alado*. Portanto, *animal de asas* = *animal alado; cavalo de asas* = *cavalo alado*. Quando a ideia é de semelhança, o adjetivo é *ansiforme*. Assim, *concha semelhante a asa* = *concha ansiforme*.

à saída
Em Portugal e na norma padrão se usa *à saída*; no Brasil, mormente na língua popular ou despretensiosa, usa-se *na saída*. Na linguagem formal ou norma padrão, prefira usar a preposição *a*: *Feche a porta à saída!* *** *Ele me acenou à saída.* *** *À saída do teatro, surgiram dois problemas.*

às boas
É a expressão que significa amigavelmente, em clima amistoso, pacificamente, com espírito desarmado. O povo, contudo, despreza-a, usando em seu lugar "numa boa": *O jogador foi falar "numa boa" com o árbitro e acabou expulso*. Essa expressão popular só é própria quando há um termo subentendido. Como neste exemplo: *Passei vários dias doente, mas agora estou numa boa*. Isto é: numa boa condição, situação, etc.

ascendência
Rege *em* ou *sobre* (influência moral): *É um pai que já não tem ascendência nos* (ou *sobre os*) *filhos*. *** *O goleiro tinha ascendência no* (ou *sobre o*) *time todo*.

ascensão
Rege *a* (pref.) ou *para* (elevação, subida): *Sua ascensão ao* (ou *para o*) *céu se deu ao terceiro dia*. *** *A ascensão de D. Pedro I ao* (ou *para o*) *trono ocorreu em 1822.* *** *Como foi a ascensão dos alpinistas ao* (ou *para o*) *pico do monte?*

asco
Rege *a, de* ou *por* antes de nome, mas apenas *de* antes de verbo: *Sinto profundo asco a* (ou *de* ou *por*) *cigarro e a* (ou *de* ou *por*) *fumantes.* *** *Sinto asco de falar com fumantes.*

às costas
No português lusitano e na linguagem formal se usa *às costas*: *As crianças levam pesadas mochilas às costas, o que pode, mais tarde, trazer-lhes problemas sérios de coluna.* No português brasileiro, mormente na língua popular ou despretensiosa, usa-se n*as costas.*

"às custas de"
V. à custa de.

a seco
Como seco é palavra masculina, não se usa acento no a: lavagem a seco.

a ser ou a serem?
Use qualquer dessas expressões, quando há plural, embora seja preferível a primeira, sempre: *As crianças a ser (ou a serem) matriculadas chegam a cem.* *** *São esses os decretos a ser (ou a serem) assinados pelo governador.* Da mesma forma se procede com a negação: *Ninguém gosta de recessão, a não ser (ou a não serem) os economistas, que têm oportunidade de aparecer.* *** *Ele não tinha amigos, a não ser (ou a não sermos) nós.*

às escâncaras
Significa abertamente, à vista de todos. Quem nunca viu casaizinhos de namorados se beijarem hoje em praça pública ou na frente dos pais, *às escâncaras*? Há ainda os que preferem beijar "às escâncaras", influência de uma das formas do verbo *escancarar*: *Por que escancaras tanto as pernas?*

Ásia
Em Portugal, não usam artigo, quando Ásia vem regida de preposição: *Estive em Ásia.* No Brasil é diferente: usa-se o artigo.

as mais das vezes, o mais das vezes ou no mais das vezes?
Tanto faz: *Naquele tempo só saía um beijinho no rosto da namorada, e isso só acontecia as mais das vezes* (ou *o mais das vezes* ou *no mais das vezes*). *Quando saía, era uma festa interior!*

à sombra
Em Portugal, os burros ficam *à sombra*; no Brasil, *na sombra*. Na linguagem formal ou norma padrão, prefira usar a preposição a: *Você deixou o carro à sombra ou ao sol?*

a sós
Use tanto para o singular quanto para o plural (diferentemente de *por si só*): *Depois do casório, é natural que o casal queira ficar a sós.* *** *Os pais da garota nunca os deixavam a sós no namoro.*

aspereza / áspero
Regem *de* ou *em* (coisa) e *com* ou *para com* (pessoa): *A aspereza de* (ou *no*) *atendimento aos fregueses prejudica as vendas de qualquer estabelecimento comercial.* *** *Era uma loja de balconistas ásperos com* (ou *para com*) *os fregueses.* *** *Sua aspereza com* (ou *para com*) *as crianças a tornou odiada.* *** *Era um professor áspero de* (ou *no*) *trato com os alunos.* *** *Era um professor muito áspero com* (ou *para com*) *os alunos.*

aspergir
Conjuga-se por ferir.

aspersão
Rege *de...em* (ou *sobre*): *Não se deve fazer aspersão de inseticida em* (ou *sobre*) *alimentos*.

aspiração / aspirante
Regem *a* ou *de*: *A aspiração a* (ou *de*) *potência econômica do nosso país é legítima*. *** *A aspiração desse povo à* (ou *da*) *liberdade é antiga*. *** *Somos um país aspirante a* (ou *de*) *potência econômica*. *** *É um povo aspirante à* (ou *da*) *liberdade*. A regência "aspiração por", muito comum, deve ser desprezada.

"aspiral"
Essa palavra não existe, mas muitos a usam por espiral. Quando alunos do ensino fundamental empregam caderno "aspiral" por caderno espiral, todos entendemos. Mas quando adultos escrevem isto, por exemplo, é difícil entender: *No acidente da Gol em setembro de 2006, a aeronave chocou-se no ar com o Legacy, caiu em "aspiral" e morreram todos os ocupantes*. Fico cá imaginando: como será cair em "aspiral"? Deve ser desagradável à beça!...

aspirar a
Use sempre com a preposição a, na acepção de desejar ardentemente ou na de ter uma grande ambição (por algo muito importante ou valioso): *aspirar a um diploma, aspirar a um emprego melhor, aspirar à fama, aspirar ao cargo de chefe, aspirar à presidência da República, aspirar a um ideal*. Antes de infinitivo, é facultativo o uso da preposição. Só aceita *a ele* (ou variações) como complemento pronominal, dispensando *lhe* (ou variação): *Quando o emprego é bom, todos aspiram a ele*. *** *Fama, todos aspiram a ela*. A regência "aspirar por" deve ser desprezada. Eis, porém, como escreveu na rede um adolescente mal-informado: *Aspiro "por" status, admiração e destaque*. Conseguirá?

asqueroso
Rege *a*: *É uma pessoa asquerosa a seus próprios colegas*. *** *Corruptos são sempre asquerosos a um povo decente*.

"as" quinta e sexta colunas
Antes de palavras no singular (quinta), não se usa artigo no plural, ainda que haja uma sequência delas. Portanto: *A quinta e sexta colunas do edifício*. *** *Transcrevi o segundo, terceiro e quarto parágrafos*. *** *Ângulo formado pela segunda e terceira porções do duodeno*. *** *São pessoas indicadas para o segundo e terceiro escalões do governo*. *** *São juízes da primeira e segunda varas cíveis*. Eis, porém, como escrevem os jornalistas: *Cerca de 500 alunos "das" 1.ª, 2.ª e 3.ª séries do Colégio Objetivo se reuniram pacificamente para uma manifestação na frente do colégio*. *** *Quem leciona "nos" 1.º e 2.º graus da escolas públicas do Estado é um verdadeiro monge (franciscano, evidentemente)*. E nós, que lemos tantas asnices, devemos ser o quê, então? O superior dos monges? Anúncio do SBT: *O SBT é tão vice-líder, mas tão vice-líder, que até no Troféu que promove, o Troféu Imprensa, acaba ficando em 2.º lugar. Um 2.º lugar bem pertinho do 1.º, e disparado "dos" 3.º e 4.º lugares*. Há quem considere isso não propriamente uma propaganda, mas uma antipropaganda.

assacado
Rege *a* ou *contra* (imputado): *Algumas incorreções assacadas ao* (ou *contra*) *o autor não têm fundamento*.

assaltado
Rege *de* ou *por*: *Vi-me assaltado da* (ou *pela*) *tentação de beijá-la ali mesmo*. *** *De repente, fomos assaltados de* (ou *por*) *uma nuvem de pernilongos*.

assalto
Rege *a* ou *de* (coisa) e *a* ou *contra* (pessoa): *O assalto à* (ou *da*) *loja foi feito por dois indivíduos*. *** *Foram registrados na madrugada de hoje vários assaltos a* (ou *contra*) *taxistas*.

assediado
Rege *com, de* ou *por* (coisa), mas apenas *de* ou *por* (pessoa): *Quando chegava o ministro para seu trabalho diário, era assediado com* (ou *de* ou *por*) *mil perguntas dos repórteres.* *** *Entrou para fazer o exame assediado com* (ou *de* ou *por*) *muitas dúvidas.* *** *Quando se via assediado das* (ou *pelas*) *fãs, sempre achava um jeito de logo se desvencilhar delas.*

assédio
Rege *a* ou *de* (operação militar) e *a...com* (insistência impertinente, perseguição): *O assédio à* (ou *da*) *praça podia provocar a rendição do inimigo.* *** *O assédio dos repórteres ao ministro com perguntas, algumas disparatadas, irritou-o.*

assemelhar e assemelhar-se
Usam-se com *a* ou *com*: *Esse teu gesto te assemelha a* (ou *com*) *um animal.* *** *É um governo que se assemelha ao* (ou *com o*) *anterior.*

assentado
Rege *em* ou *sobre*: *Ficava ali assentado naquele* (ou *sobre aquele*) *toco horas e horas a fio.* *** *O inseto assentado em* (ou *sobre*) *seu prato era uma muriçoca.*

assentamento
Rege *de...em*: *O assentamento dos sem-terras na fazenda se deu depois de muita negociação.*

assentimento
Rege *a* ou *em* (anuência; acordo): *Ninguém esperava que ela pudesse dar o seu assentimento a* (ou *em*) *tantas falcatruas.* *** *Quem foi que deu assentimento a esse* (ou *nesse*) *casamento?*

assentir
Conjuga-se por ferir. Significa concordar, consentir, aquiescer, anuir. Pede *a* ou *em* antes de nome e apenas *em* antes de verbo ou de oração desenvolvida: *O pai da moça não queria assentir ao* (ou *no*) *casamento de jeito nenhum.* *** *O pai da moça não queria assentir em casar a filha com aquele rapaz.* *** *O pai da moça não queria assentir em que a filha casasse com aquele rapaz.* Neste caso, podemos omitir a preposição: *O pai da moça não queria assentir que a filha casasse com aquele rapaz.* Não aceita *lhe* (ou variação) como complemento pronominal, mas apenas *a ele* (ou variações): *Falava-se em casamento, mas o pai da moça não queria assentir a ele de jeito nenhum.*

assento
Rege *em* (apoio; cadeira ou cargo) e *de* (registro): *A falta de assento no Congresso fez o governo retirar o projeto.* *** *O ex-governador teve assento na Câmara apenas por uma legislatura.* *** *O contador fez o assento do pagamento no livro.*

assiduidade / assíduo
Regem *a* (presença regular ou frequente; que se faz presente constantemente ou frequentemente) e *em* (aplicação, dedicação; muito aplicado ou dedicado, que faz com frequência, regular): *A sua assiduidade às aulas era elogiada pelos professores.* *** *Era um aluno assíduo a todas as aulas.* *** *Sua assiduidade nas pesquisas acabou recompensando com essa grande descoberta.* *** *Por ser assíduo nas pesquisas, acabou fazendo grande descoberta.* *** *Sua assiduidade nos exercícios físicos o deixou com um corpo escultural.* *** *Era assíduo nos exercícios físicos.*

assim como
Intercalada entre os sujeitos, essa expressão exige que o verbo concorde com o primeiro sujeito. Ex.: *Eu, assim como vocês, sou brasileiro.* *** *O Brasil, assim como todos os países em desenvolvimento, apoiou a decisão.* *** *Nós, assim como elas, chegaremos a um acordo.*

assimilação
Rege *de...a* (ação de tornar semelhante), apenas *de* (absorção) e *entre* (semelhança): *A assimilação de uma cultura a outra.* *** *A assimilação da língua dos povos vencidos ao latim era natural e espontânea.* *** *Essa palavra passou assim ao português por assimilação da vogal átona à consoante fricativa posterior.* *** *A assimilação do oxigênio, nesse animal, se faz pelos poros.* *** *A assimilação entre esses dois casos é mera coincidência.*

assinado
Rege *com* (adv. de modo) e *de* (complemento nominal): *Seu nome era assinado com a inicial E (Efigênia), depois passou a ser assinado com a inicial I (Ifigênia), concretizando-se, assim, a correção.* *** *Era um documento assinado do próprio punho do presidente.* Na voz passiva, rege *por*: *O contrato foi assinado pelo autor da obra em 1987.*

assinar-se
Use sempre assim, na acepção de escrever a própria assinatura ou o próprio nome de modo pessoal: *Você se assina Manoel ou Manuel?* *** *Meus filhos não se assinam como os registrei.* *** *Nós dois nos assinamos Luiz, com z.* *** *Eu me assino Sacconi, com dois cc.* *** *Como você se assina: Clarice ou Clarisse?*

assistência
Rege *a* ou *de* (ato de assistir), *em...a* ou apenas *a* (ajuda, amparo) e *de...junto a* (presença): *A assistência ao (ou do) filme não era obrigatória.* *** *Todo o mundo deve reclamar assistência em saúde aos pobres.* *** *A sua assistência aos lavradores era permanente.* *** *É indispensável a assistência de um advogado junto a qualquer réu.*

assistente-comercial
Com hífen. Pl.: assistentes-comerciais.

assistir e assistir a
Use apenas assistir, na acepção de prestar assistência, socorrer ou acompanhar oferecendo conforto espiritual ou material: *Três advogados assistem o réu e o assistem sem nenhum interesse pecuniário.* *** *Maria assistiu o Filho ao pé da cruz.* Use assistir *a* na acepção de estar presente, presenciar, ver atentamente: *Assisti a um filme interessante ontem.* *** *Faz tempo que não assisto à televisão.* *** *A que canal você mais assiste?* *** *Você assistiu ao jogo de ontem?* Neste caso, só aceita *a ele* (ou variações) como complemento, dispensando *lhe* (ou variação): *O filme é bom, mas pouca gente tem assistido a ele.* Repare, porém, nesta frase de um senador tucano, inconformado com um discurso "pífio" de Lula, em meio à maior crise do seu governo: *Foi pouco corajoso, sem sinceridade. Em nenhum momento, o presidente teve coragem de olhar olho-no-olho de quem "o" assistia.* Para não sair da área política, eis o que saiu na coluna Radar, da Veja: *Em sua visita ao Teatro Municipal do Rio de Janeiro ontem, Dilma Rousseff viu a programação da temporada de ópera até o fim do ano e entusiasmou-se. Escolheu duas e avisou à diretora do teatro que pode reservar o camarote que irá "assisti-las".* Pois garantimos de antemão que ela não vai assisti-las coisa nenhuma...

assoalho ou soalho?
Tanto faz: *Casa com assoalho (ou soalho) de madeira.* *** *Esse carro não tem aquela tradicional divisão no assoalho (ou soalho).*

assoberbado
Rege *com, de* ou *por* (sobrecarregado): *Estar assoberbado com (ou de ou por) mil preocupações.* *** *Aluno assoberbado com (ou de ou por) deveres escolares.*

assobio ou assovio?
Tanto faz. Da mesma forma: *assobiar* e *assoviar*.

associação
Rege *a* (filiação), *com* (conluio), *de* (combinação), *de...a* (filiação), *de...a* (ou *com*) [ligação],

de...em (junção, união): *A associação a nosso clube é inteiramente gratuita.* *** *Sua associação com maus elementos pode levá-lo à cadeia, por isso evite qualquer associação com esse tipo de gente!* *** *A associação de cores tornou a tela mais interessante.* *** *A associação de jovens a esse partido é constante.* *** *A associação de cheiro a* (ou *com*) *imagem é instantânea.* *** *A associação de carro alemão a* (ou *com*) *carro muito duro não é gratuita: todo veículo alemão é extremamente duro.* *** *O processo de composição de palavras consiste na associação de dois ou mais vocábulos numa nova unidade vocabular.*

associado
Rege *a* ou *com*; *em* (em parceria) e *a* (ou *com*) [ligado]: *Trata-se de uma empresa associada a* (ou *com*) *uma multinacional.* *** *São, enfim, empresas associadas nos mesmos interesses.* *** *Carro alemão e carro duro: uma coisa está sempre associada à* (ou *com* a) *outra.* *** *Quais são as línguas modernas associadas ao* (ou *com* o) *português?*

associar
Use com *a* ou *com*: *O fumante está aprendendo a associar tabaco a* (ou *com*) *câncer, e no dia que a juventude associar droga a* (ou *com*) *morte, algo mudará.*

associar-se
Use com *a* ou *com* na acepção de tornar-se sócio e apenas *a* no sentido de juntar-se, aliar-se; compartilhar, dividir: *Associei-me aos* (ou *com os*) *editores, para publicar a obra.* *** *É uma empresa que tem interesse em associar-se a* (ou *com*) *uma multinacional.*

assolado
Rege *de* ou *por*: *Era um mar assolado de* (ou *por*) *piratas.* *** *As ruas da cidade estão assoladas de* (ou *por*) *pedintes.*

assombrado
Rege *ante, com, de, diante de, perante* ou *por*: *Ficou assombrado ante a* (ou *com* a ou *da* ou *diante da* ou *perante a* ou *pela*) *violência da manifestação.* *** *Fiquei assombrado ante a* (ou *com* a ou *da* ou *diante da* ou *perante a* ou *pela*) *minha própria imagem, ali, no espelho.*

assombro
Rege *ante* ou *diante de* (coisa) e *de* (pessoa): *Manifestou seu assombro ante a* (ou *diante da*) *traição de que estava sendo vítima.* *** *Declarou, com assombro dos companheiros, que estava mudando de ideologia.*

assoprar ou soprar?
Tanto faz. Da mesma forma: *assopro* e *sopro*.

assumir
Subst. correspondente: *assunção*. Ex.: *O novo presidente adoeceu gravemente horas antes de sua assunção ao cargo.* *** *Sua assunção de responsabilidades vem desde os quinze anos de idade.*

assunto
Rege *a* (motivo) e *de* ou *para* (tema): *Falar em futebol é fornecer assunto a discussões.* *** *Não dê assunto a polêmicas!* *** *O escândalo foi assunto de* (ou *para*) *conversa por muito tempo.* *** *Qual é o assunto da* (ou *para* a) *aula de hoje?*

Assurbanipal
Nome do rei da Assíria, também conhecido por Sardanapalo pelos gregos. Pronuncia-se assurbanipál (é palavra oxítona), mas muito professor de História por aí diz (sem ficar vermelho) "assurbanípal".

assustado
Rege *com, de* ou *por*: *O povo vive assustado com a* (ou *da* ou *pela*) *falta de segurança.*

assustar ou assustar-se?
Tanto faz, na acepção de sentir ou tomar susto: *Eu assusto* (ou *me assusto*) *à toa.* ***

Nós assustamos (ou *nos assustamos*), *quando soubemos o preço do quilo do açúcar.* *** *Ela assustou* (ou *se assustou*) *comigo, no escuro.* Use apenas assustar-se na acepção de ter medo: *Daquele dia em diante, sempre que a criança o via, assustava-se.* *** *Não sou pessoa de se assustar de ameaças.* *** *Você é desses que se assustam de cara feia?* Note a regência: no primeiro caso, *com*; no segundo, *de*.

asterisco
Sinal gráfico em forma de estrelinha (*). Os que usam "asterístico" devem desconhecer o fato de que a palavra se forma de *aster* (latim) = estrela + sufixo diminutivo *-isco*, também presente em *chuvisco* e *pedrisco*.

a sul ou ao sul?
Tanto faz: *O Brasil se limita a* (ou *ao*) *sul com o Uruguai.*

às voltas com
Locução cujos elementos, originalmente, vinham no singular; recentemente, porém, passaram a ser usados no plural: *Estar às voltas com problemas de saúde.*

"às" zero hora
Se zero hora é singular, não pode ser "às", mas "à". *O viaduto ficará fechado da zero hora até as 6h.* *** *O acidente aconteceu à 0 hora de ontem.* Em se tratando de minutos apenas, fica assim: *O viaduto ficará fechado dos quinze minutos de amanhã até as 6h.* *** *O acidente aconteceu aos vinte minutos de ontem.* Veja como escreveu uma colunista de O Globo: *Gabriela registrou sua menor média de audiência nesta quarta-feira. A novela foi ao ar das 23h52m "às" 0h13m e marcou 15 pontos, com 42% de participação.* Eis, agora, como escreveu um jornalista da Vejaonline: *Assim que a transmissão da Rede Globo começou, "às" 0h40, o público em peso se dedicou a vaiar e xingar o locutor Galvão Bueno.* Há muito mais pessoas que merecem vaias e xingos...

atacado
Rege *de* ou *por*, na voz passiva: *Nunca foi atacado de* (ou *por*) *ladrões.* *** *Atacado de* (ou *por*) *uma febre muito alta, ficou de cama vários dias.*

atado
Rege *a* ou *em* (amarrado, preso; ligado) ou apenas *a* (dependente): *Ficou ali, nu, atado a* (ou *em*) *um tronco.* *** *Era um político atado a* (ou *em*) *doutrinas superadas, já retrógradas.* *** *São políticos atados a* (ou *em*) *interesses escusos.* *** *O recebimento do dinheiro por parte do eleitor comprado estava atado à eleição do candidato.*

atanazar, atazanar ou atenazar?
São formas corretas todas três, mas as únicas que se explicam pela formação são a primeira (*a-* + *tanaz*, antiga variante de *tenaz* + *-ar*) e a última (*a-* + *tenaz* + *-ar*). A segunda é corruptela, que se firmou como variante. Além de apertar com tenaz, significa, figuradamente, atormentar; chatear: *Há crianças que atenazam a vida dos adultos e adultos que atanazam a vida das crianças. Ambos nos atazanam...*

ataque
Rege *a* ou *contra*: *Os ataques aos* (ou *contra os*) *políticos da oposição continuavam.* *** *Eram fulminantes os ataques alemães às* (ou *contra as*) *fortalezas inimigas.* *** *Haverá novo ataque à* (ou *contra a*) *poupança nesse governo?*

atarefado
Rege *com* ou *em* antes de nome e apenas *em* antes de verbo: *Estava atarefada com os* (ou *nos*) *preparativos do casamento da filha.* *** *Estava atarefada em preparar o casamento da filha.*

atar-se
Significa ater-se, seguir, sujeitar-se e usa-se sempre com *a*: *Ate-se aos preceitos legais!* *** *Atemo-nos ao teor do texto!* *** *Atei-me à letra da lei.*

até e até o
É indiferente, no português do Brasil, o uso de *até* e de *até o* ou *até a*: *ir até o* (ou

*até a*o) *escritório; voltar até a* (ou *até à*) *escola; ser Flamengo até a* (ou *até à*) *morte*. Em Portugal, todavia, usa-se apenas *até a*: *Fui até à farmácia e depois voltei até a*o *escritório*. *** *Sou Benfica até à morte*. Se, todavia, a palavra seguinte não exige artigo, cabe o uso obrigatório de apenas *até*: *Fui até Guarujá*. *** *Dê um pulo até aqui!* *** *Ela veio até mim*. *** *Ficarei aqui até dezembro*. *** *A incisão poderá chegar até 2cm*. Como a palavra *casa* (= lar) não admite nunca o uso do artigo, assim como *terra*, antônima de bordo, usaremos sempre: *fui até casa; nadei até terra*.

atear fogo
Use com *a* (de preferência) ou *em*: *atear fogo a*o (ou *n*o) *colchão; atear fogo a*o (ou *n*o) *corpo; atear fogo à*s (ou *n*as) *matas*.

a tempo de ou em tempo de?
Tanto faz: *Chegamos ainda a* (ou *em*) *tempo de assistir à primeira aula*. *** *Os bombeiros saíram a* (ou *em*) *tempo de debelar o incêndio ainda no primeiro andar*.

a tempo e a hora(s)
Equivale a *no momento certo ou oportuno*: *A polícia chegou a tempo e a hora*. *** *O revendedor queria porque queria que eu comprasse um veículo novo, mas só vou trocar de carro a tempo e a horas*.

atenção
Rege *a, em* ou *para* (concentração mental num único ser, interesse); *com* ou *para com* (cuidado, dedicação, zelo; consideração, deferência, respeito): *Repare na atenção das crianças a*o (ou *n*o ou *para* o) *desenho animado da televisão!* *** *Crianças, atenção agora a*o (ou *n*o ou *para* o) *que eu vou dizer!* *** *Atenção a*o (ou *n*o ou *para* o) *horário dos exames!* *** *Foi, então, que comecei a prestar atenção àquela garota* (ou *n*aquela ou *para* aquela) *garota*. *** *Prestem atenção a*o (ou *n*o ou *para* o) *que o professor está dizendo!* *** *A prefeitura tinha uma atenção especial com* (ou *para com*) *aquela praça, que sempre estava muito limpa*. *** *Pais têm que ter atenção com* (ou *para com*) *os filhos*. *** *Você não tem atenção com* (ou *para com*) *os sentimentos dos outros?* Antecedida da preposição *em*, aparece combinada com *a*: *Em atenção a seu pedido, estamos enviando-lhe dois frascos de nosso produto*. Chamamos (ou despertamos) a atenção de alguém *para* (ou *sobre*) alguém ou alguma coisa: *O vaidoso é justamente o oposto do tímido: adora despertar a atenção para* (ou *sobre*) *si*. *** *Chamei a atenção dela para* (ou *sobre*) *o excesso de batom*. V. **atenções**.

atencioso
Rege *com* ou *para com* (gentil, cortês): *São garçons atenciosos com* (ou *para com*) *os fregueses*. *** *Seja sempre atencioso com* (ou *para com*) *os colegas!*

atenções
Rege *com* ou *para com* (atos de cortesia ou de dedicação indicadores de afeição; consideração): *Ela sempre teve demasiadas atenções com* (ou *para com*) *o chefe*. *** *Ele é todo atenções com* (ou *para com*) *a nova secretária*. *** *Por que tantas atenções com* (ou *para com*) *esse mequetrefe?*

atender
Use assim: *Ninguém o atendeu na loja?* *** *Estamos em reforma, para melhor atendê-lo*. Muitos, todavia, usam "lhe" no lugar do *o*. Use atender *a* com coisa: *atender a um pedido, atender a um apelo, atender a*o *telefone, atender à porta, atender a*o *portão*. *** *Sua proposta não atende a*os *interesses da nossa empresa*. *** *O salário que me ofereceram não atende a*o *meu padrão de vida*. Com pessoa, use indiferentemente atender ou atender a: *O diretor atendeu o* (ou *a*o) *pai do aluno*. *** *O presidente não quis atender os* (ou *a*os) *manifestantes*. Há dicionaristas que o registram como transitivo direto na primeira acepção. Normal... Eis, agora, trecho de matéria da revista Veja, ed. 1.923, pág. 50, ao tratar dos escândalos que envolveram o PT em 2005, no chamado mensalão: *Desde a eclosão dos escândalos, os sovietes (diretórios, em português) municipais foram definhando de tal forma que hoje, nas cidades com*

menos de 30 000 habitantes, em vários deles não há quem atenda "o" telefone nas sedes locais do partido. Se alguém ligar para a redação da revista, será que eles atenderão "o" telefone?...

atendimento
Rege *a* ou *de*: *O atendimento aos (ou dos) fregueses era feito do lado de fora da farmácia, por causa dos constantes assaltos.* *** *O atendimento a (ou de) qualquer pedido nosso era imediato.*

atentado
Rege *a* ou *contra*: *Esse regime é um atentado à (ou contra a) liberdade.* *** *O atentado ao (ou contra o) presidente chocou a nação.*

atentar
Use atentar *contra* na acepção de cometer atentado ou ofensa e atentar *em* ou atentar *para* no sentido de olhar atentamente, reparar, observar ou no de levar em conta, em consideração: *Vais atentar contra a vida do presidente?!* *** *Esse espetáculo atenta contra a moral da família brasileira.* *** *Atentem no (ou para o) que acaba de dizer o presidente!* *** *É preciso atentar na (ou para a) sinalização de trânsito.* *** *Atentemos sempre nos (ou para os) conselhos dos mais velhos!*

atentatório
Rege *a, contra* ou *de*: *Foi um gesto atentatório ao (ou contra o ou do) pudor.* *** *O filme foi censurado por ser atentatório aos (ou contra os ou dos) bons costumes.*

atento
Rege *a, em* ou *para* (alerta; concentrado): *O delegado está atento a (ou em ou para) tudo o que ocorre na cidade.* *** *O governo continua atento a (ou em ou para) qualquer atividade suspeita de contestadores do regime.* *** *Eu viajava calmamente, atento à (ou na ou para a) paisagem, quando aconteceu o acidente.* *** *O empregado deve estar sempre atento ao (ou no ou para o) serviço que está fazendo.*

atenuante
É palavra feminina (o VOLP a registra nos dois gêneros). Nenhum bom dicionário (português ou brasileiro), no entanto, a registra como masculina. Pede *a* ou *de*: *O socorro à vítima de atropelamento é uma atenuante ao (ou do) crime.*

até o ou até pelo?
Em expressões temporais, tanto faz o uso de uma ou de outra: *O pessoal dançou e pulou até o (ou até pelo) amanhecer.* *** *Bernadete costumava ler até a (ou até pela) madrugada.* *** *Ficou na farra até as (até pelas) quatro.*

aterrado / aterrorizado
Regem *com, de* ou *por*: *A população está aterrada (ou aterrorizada) com (ou de ou por) tanta violência.* *** *Fiquei aterrado (ou aterrorizado) com a (ou da ou pela) grosseria da moça.*

aterrissar "no solo"
Visível redundância, pois em aterrissar já existe a ideia de pouso em terra, no solo. Sem embargo disso, disse recentemente uma pessoa versada em aeronáutica: *O helicóptero explodiu antes de aterrissar "no solo".*

ater-se
Como se conjuga por *ter*, não existem as formas "ati-me", "ateu-se", "atia-me", "atiam-se", "ateram-se", comuns na língua popular, mas apenas, respectivamente, *ative-me, ateve-se, atinha-me, atinham-se, ativeram-se*.

ateu
Fem.: *ateia* (éi). Antôn.: *deísta*. A palavra nos vem do grego *atheós* = sem Deus, em que *a-* = sem + *theós* = Deus. Em dúvida quanto ao feminino de qualquer palavra, consulte o **míni Sacconi**.

atiçado
Rege *a* ou *contra* (açulado), apenas *a* (incitado, impelido) e *de* ou *por* (estimulado): *Esse carteiro, só hoje, já teve três cães atiçados a* (ou *contra*) *si.* *** *Atiçado à briga, o pit bull jamais se acovarda.* *** *Ela vivia atiçada da* (ou *pela*) *paixão por um homem que nunca lhe quis.*

atilado
Rege *em* (sensato, ponderado, correto, escrupuloso; esmerado, apurado) e *para* (esperto, vivo, sagaz): *É um empresário atilado no relacionamento com todos os seus funcionários.* *** *Nunca vi uma pessoa tão atilada na linguagem quanto Camilo.* *** *Tenho um filho atilado para negócios.*

atinar
Use atinar *com* na acepção de descobrir por dedução, conjeturas, indícios, etc., encontrar, achar; compreender ou perceber por indícios, dedução, conjeturas, raciocínio, etc., descobrir; ter consciência, dar-se conta; lembrar-se, recordar; encontrar, acertar e atinar *para* no sentido de atentar, levar em conta; dirigir-se a algum lugar, guiado pelo tino: *Preciso atinar com uma forma de concretizar meu sonho.* *** *Ela ainda não atinou com o verdadeiro motivo da separação.* *** *As crianças não atinam com as preocupações que causam aos pais.* *** *Ainda não consegui atinar com o número do telefone dela.* *** *Os passageiros, em pânico, não atinavam com a saída de emergência da aeronave.* *** *Os adolescentes fazem sexo sem atinar para as responsabilidades que a atividade sexual representa.* *** *Os pais atinaram para Goiânia, à procura do filho*. Na primeira acepção, ainda é possível construí-lo como transitivo direto, ou seja, sem preposição: *Preciso atinar uma forma de concretizar meu sonho.*

atingido
Rege *em*: *De repente, o árbitro caiu, atingido na cabeça.* *** *Considerou-se atingido na sua honra e reagiu*. Na voz passiva, rege *de* ou *por*: *De repente, o árbitro caiu, atingido de* (ou *por*) *uma bala.*

atingir
Não use atingir "a", em frases como estas: *As despesas atingem vultosa quantia.* *** *O ator atingiu o auge da fama.* *** *As indenizações atingem milhões de reais.* *** *As bombas atingiram o alvo com precisão*. O Dicionário Houaiss registra atingir também como transitivo indireto, ou seja, abona o atingir "a". Normal... Talvez por essa razão tenha escrito um jornalista: *O presidente do Conselho de Ética da Câmara confirmou que a representação movida contra o deputado petebista, por quebra de decoro parlamentar, pode atingir "a" outros deputados e provocar mais de uma cassação de mandato.*
EM TEMPO – Esse mesmo dicionário:
1) registra "dinodo" por **dínodo**, "etnocídio" por **etnicídio**, "fenil" por **fenila** e "forsterita" por **forsterite**;
2) registra **debilitante**, mas não **debilitado**;
3) não registra **chapoletada, cheirada, editor-chefe, redator-chefe, emepebê** e **funiculite**;
4) não registra **aceroleira, assédio moral, barista, bilau, cadeirante, cara pintada, carioquês** e **cearês**;
5) não registra *check-in, checklist, checkout*, **chocólatra, cofrinho, condo-hotel,** *drive-thru* e **ebola**;
6) não registra **euribionte, euribiôntico, exstante, faixa-título, gauchês, homem-bomba** e *home theater*;
7) não registra **jatopropulsão, loja-âncora, milhentos, minuto-luz, multibanco** e **narigueira**;
8) não registra **nautimodelismo, odontopediatria, ortodontopedia, pão bola** e **paradinha** (no futebol);
9) não registra **patolada, pauleira, paulistês, peão de boiadeiro**, *pen drive*, **perigótica** e **periguete**;

10) não registra *personal trainer, pet shop, photoshop,* **piração, pitometria,** *pit stop* e **popozuda;**
11) não registra *pop-up,* **porta-trecos, pré-classificar, preleção** (no futebol), **rachuncho** e **ralado** (gíria);
12) não registra *reality show,* **regata** (camiseta), **retrossexual, segundo-luz,** *temaki* e **terilene;**
13) não registra *test drive,* **usabilidade, zelotipia,** *zip, zip drive* e **zootaxonomista,** entre muitas outras palavras correntes do dia a dia.
14) em **decedura,** define: ato ou efeito de deceder (mas não registra este verbo);
15) em **desassunto** define: qualidade de desassuntado (mas não traz **desassuntado**);
16) em **desdormido,** define: que desdormiu (mas não traz **desdormir**);
17) em **desajuntar** define: separar (o que está junto). O óbvio.
18) em **onofrita** aparece a palavra metacinábrio (cadê?);
19) em **gabão** aparece varino (cadê?);
20) em **dividivi** aparece guatapuma (cadê?);
21) em **drope,** define, na acepção 2: ato ou efeito de dropar (mas não registra este verbo);
22) em **ozonoscópico** define: relativo a ozonoscópio (mas não traz esta palavra);
23) em **dianto** traz "fragância", em vez de **fragrância**;
24) registra "francoatirador", em vez de **franco-atirador**;
25) registra corretamente **ferrabrás,** mas no verbete **mata-mouros** usa "ferrabraz";
26) registra empurras-empurras como um dos plurais de **empurra-empurra,** que, pelo VOLP, só tem um plural: empurra-empurras;
27) registra também dois plurais para **fecha-fecha** e **foge-foge,** quando o VOLP só traz fecha-fechas e foge-foges;
28) em **estafiloma** usa errado o acento da crase;
29) registra **fichinha,** em sentido figurado, como s.f., quando é s.2gên;
30) registra **figurilha** como s.2gên, quando é, pelo VOLP, s.f.;
31) registra **filerete** como s.f., quando é s.m.;
32) registra **econometrista** e **folhetista** apenas como substantivo, quando são também adjetivo;
33) indica a pronúncia "glóbos" para globos. De fato, é um dicionário que merece "glóbos" de ouro...

à tinta
Como a palavra *tinta* é feminina, convém usar acento no a: *escrever à tinta*. Mas: *escrever a lápis* (porque *lápis* é palavra masculina).

a tiracolo
Como a palavra *tiracolo* é masculina, não se usa acento no a: *bolsa a tiracolo*.

atirado
Rege *a* (chegado), *a, contra* ou *em* (arremessado), *a* ou *em* (jogado), apenas *em* (ousado), *para* (lançado, arrojado) e *sobre* (espalhado): *Se não fosse tão atirado às mulheres, podia ser confundido com um gay.* *** *Na capital, era atirado a uma vida muito agitada, sem tempo para nenhum tipo de lazer.* *** *Muitas pedras foram atiradas à (ou contra a ou na) comitiva presidencial.* *** *Numa colisão, um passageiro atirado ao (ou contra o ou no) para-brisa, fratura a cabeça.* *** *Havia muito documento atirado ao (ou no) lixo.* *** *Ele é muito atirado em negócios.* *** *Encontrei-a com a cabeça atirada para trás.* *** *O rapaz, ao chegar a casa, teve logo o material escolar atirado para um canto.* *** *Havia muitas roupas atiradas sobre a cama.* *** *Encontrei-o com aquele corpanzil todo atirado sobre o sofá.*

atirar
Use com *a, contra* ou *em*: *A polícia evitou quanto pôde atirar aos (ou contra os ou nos) bandidos.*

atirar-se
Use com *a*: *Os surfistas se atiram às ondas corajosamente.* *** *Atirou-se de joelhos aos pés da amada e pediu perdão.* *** *Atirar-se aos braços do ser amado.* *** *Atirar-se aos*

vícios, à bebida, à delinquência. *** *Atirar-se às pesquisas de laboratório*. No português do Brasil ainda se usa com a preposição *em*, mas apenas com substantivos concretos: *Os surfistas se atiram nas ondas corajosamente.* *** *Atirou-se de joelhos nos pés da amada e pediu perdão.* *** *Atirar-se nos braços do ser amado.*

atitude
Rege *ante, com, para com, perante* ou *diante de* (pessoa) e *ante, com relação a, diante de, em face de* e *perante* (coisa): *Qual deve ser a atitude de um cavalheiro ante* (ou *com* ou *para com* ou *perante* ou *diante de*) *uma dama, numa hora dessas?* *** *O professor deve desenvolver no educando atitudes críticas ante os* (*com relação a*os ou *diante d*os ou *em face d*os ou *perante os*) *fatos cotidianos.*

ato
Rege *contra* (ou *a favor de*) e *por* (coisa) e *com* ou *para com* (pessoa): *Realizou-se ali um ato contra as* (ou *a favor d*as) *reformas.* *** *Participar de um ato pela democracia, pela liberdade de expressão.* *** *O povo brasileiro sempre teve atos de solidariedade com* (ou *para com*) *os flagelados, seja da seca, seja das inundações.*

à toa
Agora só se grafa sem hífen, em qualquer circunstância, ou seja, tanto como locução adverbial quanto como locução adjetiva: *trabalhar à toa, esforçar-se à toa*; ficar *à toa, estar à toa na vida, caneta à toa, quantia à toa, presentinho à toa, probleminha à toa, servicinho à toa, homem à toa, mulher à toa.*

a toda a hora ou a toda hora?
Tanto faz, mas a primeira é mais usada em Portugal: *Ela sai a toda a hora* (ou *a toda hora*).
E a faculdade também se dá com a toda a prova/a toda prova, a toda a velocidade/a toda velocidade, a todo o custo/a todo custo, a todo o instante/a todo instante e a todo o momento/a todo momento.

atônito
Rege *ante, com, de, diante de, perante* e *por*: *Ficamos todos atônitos ante o* (ou *com o* ou *do* ou *diante do* ou *perante o* ou *pelo*) *que nos contaram.* *** *Os turistas, atônitos ante a* (ou *com a* ou *da* ou *diante da* ou *perante a* ou *pela*) *violência no Rio de Janeiro, retornaram a seus países de origem imediatamente.* *** *O mundo ficou atônito ante as* (ou *com as* ou *das* ou *diante das* ou *perante as* ou *pelas*) *execuções sumárias em Cuba, em pleno século XXI.*

atordoado
Rege *com, de* ou *por*: *Ficou atordoado com as* (ou *das* ou *pelas*) *ideias malucas da filha.* *** *Todos ficamos atordoados com os* (ou *dos* ou *pelos*) *tantos gritos de criança.* *** *Saí da casa dela, atordoado com o* (ou *do* ou *pelo*) NÃO *recebido.*

atormentado
Rege *com, de* ou *por*: *É um pai atormentado com* (ou *de* ou *por*) *tanta responsabilidade.* *** *Vive atormentada com* (ou *de* ou *por*) *visões.*

a torto e a direito
É a expressão correta. No entanto, veja como escreve alguém, tentando dar sua opinião sobre um carro chinês, na Internet: *Sobre os problemas do J3 basta considerar que o carro foi desenvolvido na China e para chineses, lá as temperaturas não exigem tanto do ar condicionado como aqui nos trópicos e os chineses são motoristas bem mais educados e tranquilos no trânsito que os brasileiros que curtem fritar pneu na abertura do semáforo e cometer barbeiragens a torto e a "direita".* Frequentar a escola a torto e a direito dá nisso...

atracação
Rege *de...a* ou *de...com*: *A atracação do navio ao cais se deu ontem.* *** *A atracação de uma embarcação com outra era comum.*

atracado
Rege *a* ou *com* (encostado), *a*, *com* ou *em* (agarrado) e *com* (em luta corporal): *Havia dois navios atracados ao cais.* *** *Havia uma embarcação atracada com outra.* *** *Encontrei-a atracada ao (ou com o ou no) travesseiro.* *** *Tem um filho que é atracado aos (ou com os ou nos) livros.* *** *Vivia atracado com o irmão mais novo.*

atração
Rege *a, de, para* ou *por* (coisa) e apenas *por* (pessoa): *Ela sente uma atração mórbida ao (ou do ou para o ou pelo) perigo.* *** *Os espíritos malignos sentem forte atração ao (ou do ou para o ou pelo) mal.* *** *Nunca senti atração por essa garota.*

atraente
Rege *a* ou *para*: *As garotas se enfeitam para se tornarem atraentes aos (ou para os) rapazes, e estes fazem loucuras ao volante de um veículo para aparecerem para elas: ambos se enganam.*

atraído
Rege *a* ou *para*: *Muitos estudantes foram atraídos ao (ou para o) partido.* *** *Fomos atraídos a (ou para) uma emboscada.* Na voz passiva, rege apenas *por*: *A polícia foi atraída pelo barulho.* *** *O macho foi atraído pelo cio.*

atrair
Conjuga-se por cair.

atrás de, detrás de, por detrás de ou por trás de?
Tanto faz: *Ficamos escondidos atrás da (ou detrás da ou por detrás da ou por trás da) porta.* *** *Atrás do (ou Detrás do ou Por detrás do ou Por trás do) meu prédio passa uma grande avenida.* *** *Atrás de (ou Detrás de ou Por detrás de ou Por trás de) tudo havia o dedo do presidente*, mas ele nunca soube de nada...

atrasar ou atrasar-se?
Use atrasar para coisa e atrasar-se para pessoa: *O avião atrasou e perdi a conexão.* *** *Os trens asiáticos e europeus dificilmente atrasam.* *** *O chefe se atrasou, chegando mais tarde ao trabalho.* *** *Quem se atrasar não fará a prova.* *** *Sempre me atraso à primeira aula da segunda-feira.* O Dicionário Houaiss, no entanto, não estabelece a diferença. Normal...

atrativo
Rege *para* ou *por*: *Sentir um grande atrativo para a (ou pela) carreira diplomática.*

através de
Use sempre assim, ou seja, com de: *Ouvi a notícia através do rádio.* *** *O cheque foi liquidado através do serviço de compensação.* *** *O gol foi marcado através de Neymar.* *** *Soubemos da contusão do jogador através do médico do clube.* Alguns jornalistas, mormente os esportivos, sentem uma comichão danada em usar apenas "através": "através o" rádio, etc. Convém acrescentar que, antigamente, se usava *através de* apenas em casos que evidenciassem passagem de algo de um lado a outro. Assim, p. ex.: *A luz passa através do cristal.* *** *Fantasmas passam através de paredes.* No português contemporâneo, tal exigência carece de sentido. Os puristas, todavia, só aceitam construções assim: *Ouvi a notícia pelo rádio.* *** *É mediante os jornais que se toma conhecimento dos fatos.* *** *O cheque foi liquidado pelo serviço de compensação.* *** *Soubemos da contusão do jogador pelo médico do clube.* Mas os puristas estão atualmente tão fora de moda, que nem devemos perder tempo com eles.

atravessado
Rege *com, de* ou *por* (perfurado) ou apenas *em* e *em* ou *sobre* (cruzado): *Teve a parede do quarto atravessada com (ou de ou por) uma bala vinda do morro.* *** *Ainda a tenho atravessada na garganta.* *** *A polícia encontrou o corpo atravessado na (ou sobre a) cama.*

atrelado / atrelamento
Regem *a*: *Um vagão atrelado ao outro.* *** *É uma pessoa atrelada a uma ideologia retrógrada, já há muito ultrapassada.* *** *O atrelamento a essa seita o desvirtuou.*

atrevido
Rege *com* (nome) e *em* (verbo): *Não seja atrevido com sua namorada!* *** *Você foi atrevido em dar-lhe um beijo em público.*

atrevimento
Rege *com* (nome) e *de* (verbo): *Que atrevimento com sua namorada, rapaz!* *** *Teve o atrevimento de me desmentir.*

atribuição
Rege *de...a*: *A atribuição de inteligência a um robô é o próximo passo para identificar o homem com a máquina.*

atribuir
Conj.: *atribuo, atribuis, atribui, atribuímos, atribuís, atribuem* (pres. do ind.); *atribua, atribuas, atribua, atribuamos, atribuais, atribuam* (pres. do subj.). Por ele se conjugam: *abluir, afluir, aluir, anuir, arguir, concluir, confluir, contribuir, constituir, defluir, desobstruir, destituir, diluir, diminuir, distribuir, estatuir, evoluir, excluir, fruir, imbuir, incluir, influir, instituir, instruir, intuir, obstruir, poluir, possuir, refluir, restituir, retribuir, substituir* e *usufruir.*

atroz
Rege *a* ou *para* (concreto) e *em* (abstrato): *O som dos trios elétricos são atrozes à* (ou *para a*) *orelha humana.* *** *Os ditadores costumam ser atrozes na vingança.*

atuação
Rege *de...em* ou *sobre*: *A atuação da ferrugem no* (ou *sobre o*) *ferro é lenta, mas implacável.*

atuante
Rege *em* ou *sobre*: *O goleiro é muito atuante em* (ou *sobre*) *os companheiros.* *** *Ser atuante no* (ou *sobre o*) *seu meio profissional.*

atulhado
Rege *com* ou *de*: *Cesta atulhada com* (ou *de*) *frutas e legumes.* *** *Barcos frágeis atulhados com* (ou *de*) *gente.* *** *Os estádios vivem hoje atulhados com* (ou *de*) *torcedores e também com* (ou *de*) *cafajestes.*

aturdido
Rege *com, de* ou *por*: *A população está aturdida com a* (ou *da* ou *pela*) *violência.* *** *Minha mente vivia aturdida com* (ou *de* ou *por*) *desconfianças e suspeitas de todos os tipos.*

audácia
Rege *de* ou *em* (verbo), *em* (nome abstrato) e *contra* (nome concreto): *Ela teve a audácia de* (ou *em*) *me dizer não.* *** *Sua audácia na argumentação o levou à vitória no debate.* *** *Essa audácia contra a namorada lhe custou caro.*

auditor-fiscal
Pl.: auditores-fiscais. Ambos os elementos, aí, são substantivos. Compostos formados por dois substantivos exigem geralmente o plural para ambos.

aula
Rege *a* (pessoa) e *de* ou *sobre* (coisa): *Suas aulas aos colegas de* (ou *sobre*) *arte culinária eram muito proveitosas.* *** *Suas aulas a meus filhos de* (ou *sobre*) *informática valeram a pena.*

a última vez que
V. **a primeira vez que**.

"à" uma

O a aceita acento grave antes de **uma** (à uma) em duas circunstâncias: 1) quando à uma equivaler a à uma hora (estive lá à uma); 2) quando a expressão equivaler a simultaneamente, ao mesmo tempo (ao entrar o professor na classe, todos os alunos se levantaram à uma). Notícia da Folha de S. Paulo: *As fezes de um cachorro na calçada em frente "à" uma casa, em Ribeirão Preto, provocou o desentendimento entre dois vizinhos, e o caso foi parar na polícia.* Todas fezes trazem consigo mau cheiro...

aumentado

Rege *a* (acrescido), *com, de* ou *por* (acrescido) ou *de...para* (ampliado): *Quais foram os bens aumentados ao seu patrimônio? *** Teve o patrimônio aumentado com (ou de ou por) inúmeros bens. *** A décima edição da obra saiu aumentada com (ou de ou por) muitas páginas. *** A edição foi aumentada de mil páginas para mil e quinhentas páginas.*

aumentar "mais"

Redundância. No verbo já existe a ideia de mais. Manchete da Folha de S. Paulo: **Entrada de estrangeiro no país com pouco estudo aumenta "mais"**. Há os mais corajosos que usam aumenta "muito mais", que se substitui por aumenta consideravelmente, aumenta significativamente, etc.

aumento

Rege (*de*)...*a* ou *para* (pessoa) e *de* ou *em* (coisa) e *de...de...para* (coisa): *O aumento de salário aos (ou para os) professores é uma necessidade urgente. *** O aumento aos (ou para os) servidores só acontecerá em maio. *** O aumento do (ou no) preço da gasolina revoltou a população. *** O último aumento das (ou nas) alíquotas do imposto de renda foi escorchante. *** O aumento do salário mínimo foi de R$200,00 para R$240,00.*

à unha

Como *unha* é palavra feminina, convém usar acento no a: *pegar o touro à unha*.

auscultação / auscultar

Apesar de serem as grafias corretas, muitos usam "ascultação" e "ascultar".

ausência / ausente

Regem *a, de* ou *em*: *A ausência ao (ou do ou no) trabalho implicará desconto no salário. Sua ausência à (ou da ou na) reunião não fez nenhuma diferença. *** Aquele que estiver ausente aos (ou dos ou nos) treinos coletivos será multado. *** Ela esteve ausente às (ou das ou nas) minhas aulas.*

austeridade / austero

Regem *com* ou *para com* (pessoa) e apenas *em* (coisa): *É uma escola que prima pela austeridade com (ou para com) os alunos, e isso agrada aos pais. *** Voltará a austeridade na disciplina, nos costumes? *** É uma escola cujos professores são austeros com (ou para com) os alunos, e isso agrada aos pais. *** Escola austera na disciplina. *** Sociedade austera nos costumes. *** Prefeito austero nos gastos públicos.* Pronuncia-se *austéru*, mas volta e meia se ouve "áusteru".

auto-

Só exige hífen antes de palavras iniciadas por o ou por h: auto-ônibus, auto-hipnose. Uma cabeleireira faz propaganda dos seus serviços pela Internet. Assim: *Cabeleireira "á" 35 anos, agora "trás" até você mais uma oportunidade para mudar sua "alto estima" tanto pessoal como profissional, conta com apliques de "proteses" capilares e full lace, tudo com produtos de alta qualidade jamais vistos no mercado.* Quem acredita?

autogol / autogolpe

Como em Portugal se usa *autogolo* por *gol contra*, alguns jornalistas esportivos criaram, aqui, por analogia, o *autogol*. Por causa dessa analogia, que parece até aceitável, outros jornalistas criaram o *autogolpe* (golpe de Estado perpetrado pelo próprio chefe do governo), que também acabará vingando.

automação ou automatização?
A melhor forma é a segunda, mas a primeira, cópia do inglês, acabou incorporando-se ao nosso léxico. Note que o verbo é *automatizar*, e não "automatar".

automobilismo / automobilístico / automotivo
Qual o verdadeiro significado da palavra automobilismo? É esta: modalidade esportiva praticada com automóveis de alto desempenho. E só essa. Automobilista é a pessoa que pratica o automobilismo. **Automobilístico** é, portanto, um adjetivo que se refere a automobilismo: *corridas automobilísticas*. Daí por que há impropriedade na combinação "indústria automobilística", em referência às fábricas. O que há, na verdade, é indústria *automotiva*, veículo *automotivo*, setor *automotivo*, peças automotivas, etc. Um jornalista da ISTOÉ Dinheiro acerta, ao escrever: *Poucas vezes, na história recente do Brasil, um setor da economia se mostrou tão ativo quanto a indústria automotiva*. Por outro lado, a Fundação Vanzolini, de São Paulo, faz um estudo sobre o setor e lhe sapeca este título: **Competitividade e Futuro da Indústria "Automobilística"**. De uma infelicidade ímpar. Tão infeliz quanto a pérola de um jornalista, que escreveu: *Os salários médios dos trabalhadores "automobilísticos" na Coreia são cerca de 30% menores que nos EUA*. Trabalhador "automobilístico" é a mais nova conquista tecnológica da indústria automotiva... Não satisfeito com isso, noticia o G1: *Depois de conquistar com as matrizes o direito de desenvolver carros no próprio país e de chegar ao quarto lugar na lista dos maiores mercados mundiais e ao sexto no ranking de fabricantes, a indústria "automobilística" do Brasil perde espaço para a Índia, sua parceira no BRIC, "o" bloco dos países emergentes*. O Brasil não tem indústria "automobilística", jornalista, assim como não tem imprensa "automobilística". Seja razoável! E apostos nunca vêm antecedidos de artigo. O mais intrigante disso tudo é que todos os jornais e revistas anunciam em manchete: **Novo regime automotivo no Brasil**. Que fantástico seria se houvesse no Brasil sites "automobilísticos" e um novo regime "automobilístico"!...

autópsia ou autopsia?
Tanto faz, mas a mais usada é a primeira. Interessante observar que *autópsia*, em rigor, significa *exame de si mesmo*, mas não se emprega em tal acepção na língua contemporânea. A palavra rigorosamente correta para designar o exame cadavérico feito por um médico-legista é *necropsia*, que o povo diz "necrópsia", justamente por influência da prosódia de *autópsia*.

autoridade
Rege *em* (especialista), *com* ou *sobre* (ascendência moral), *sobre* (prestígio, influência) e *para* (credibilidade): *Ele é uma das maiores autoridades na língua portuguesa.* *** *Um presidente deve ter autoridade com (ou sobre) seus ministros.* *** *É um jornalista que sempre teve grande autoridade sobre a opinião pública.* *** *Este governo tem autoridade para fazer as reformas.*

autorizado
Rege *a* ou *para*: *O presidente está autorizado pelo voto a (ou para) fazer as reformas.* *** *As visitas só estavam autorizadas a (ou para) entrar, se estivessem de terno e gravata.*

auxiliado
Rege *de* ou *por* (pessoa) e *com* e *em* (coisa): *Vi-me, de repente, auxiliado até de (ou por) meus inimigos.* *** *Empreiteiras auxiliadas pelo BNDES com vultosos empréstimos.* *** *Ele foi muito auxiliado no lançamento dessa obra.*

auxiliar
Rege *de, em* ou *para*: *Este dicionário tem a pretensão de ser um valioso auxiliar do (ou no ou para o) estudo da língua portuguesa.*

auxílio
Rege *a* ou *para*...*em* (pessoa) e *em* ou *para* (coisa) e *a* (pessoa)...*contra* (coisa): *O auxílio aos* (ou *para os*) *microempresários nas suas necessidades financeiras é uma preocupação do governo.* *** *Os cientistas brasileiros contam com pouco auxílio em* (ou *para*) *suas pesquisas.* *** *O auxílio aos pobres contra a fome não deve resumir-se apenas a essa quantia.*

avalancha ou avalanche?
As duas formas convivem no português contemporâneo, mas a primeira é aportuguesada; a segunda, galicismo puro. Há certa preferência entre nós pela forma francesa, assim como existe preferência por *champanhe*, em detrimento de *champanha*; por *madame*, em detrimento de *madama*; por *popeline*, em detrimento de *popelina*, etc.

avanço
Rege *contra* (investida), *para* (passo adiante), *sobre* (melhoria, progresso): *A nova descoberta é um avanço contra o vírus HIV.* *** *Toda descoberta científica é um avanço para o bem-estar da coletividade.* *** *Seu novo emprego representa um grande avanço sobre o anterior.*

avarento / avaro
Regem *de* ou *em* (coisa) e *com* ou *para com* (pessoa)...*em* (coisa): *Chefe avarento* (ou *avaro*) *de* (ou *em*) *elogios.* *** *A natureza foi avarenta* (ou *avara*) *com* (ou *para com*) *os povos do Oriente Médio em água, mas generosa em petróleo.*

à vela
Como *vela* é palavra feminina, convém usar o acento no *a*: *barco à vela*.

Ave, Maria, cheia de graça...
A vírgula após *Ave* é de rigor, pois esta palavra significa *salve*; *Maria* é vocativo, e os vocativos vêm separados por vírgula obrigatoriamente. Outro caso semelhante é o do movimento Reage, Rio, contra a violência. Ninguém do referido movimento ainda percebeu que há uma pequena, mas importante falta em seus cartazes, redigidos assim: Reage Rio? No mesmo Rio, alguns torcedores do Vasco da Gama, insatisfeitos com a gestão de Roberto Dinamite na presidência do clube, arrumaram um avião para circular em Copacabana, com uma faixa assim: *Renuncie Dinamite*. Como ver seriedade numa manifestação dessas? Em Piracicaba, interior de São Paulo, alguns políticos criaram um movimento contra o aumento de vencimentos dos vereadores. Intitularam-no desta forma: *Reaja Piracicaba*. Eu, de minha parte, aqui, já estou reagindo desde já... Durante a Copa do Mundo na África do Sul, lançaram uma campanha pela Internet à qual deram o nome Cala a boca Galvão. A Veja, querendo ser um pouco diferente, estampou na capa: *Cala boca Galvão*. Ainda que chato de galocha, um verdadeiro mala, merecia uma vírgula antes... Durante as grandes manifestações populares de junho de 2013, só se viam cartazes assim: *Fora Marin. Fora Cabral. Fora Dilma*. Como se isso tudo não bastasse, a emissora do "Roráima" inventa uma novela com o título Salve Jorge, que foi um fiasco, e o cantor Agnaldo Timóteo lança um CD com este nome: Obrigado São Paulo. Obrigado Brasil. Agradecer desse jeito é coisa de gente mal-agradecida...

ave-maria
Pl.: *ave-marias*. Todas as orações devem vir do coração, seja uma *ave-maria*, seja mil *ave-marias*. (Note que o segundo seja não varia, por não se tratar de verbo, mas de conjunção.) Em dúvida sobre o plural de nomes compostos, consulte o **míni Sacconi**.

Avenida Paulista ou avenida Paulista?
Tanto faz: a designação de logradouros públicos se faz com inicial maiúscula ou com inicial minúscula. Portanto, ainda: Rua dos Ingleses ou rua dos Ingleses, beco da Folia ou Beco da Folia, alameda Barros ou Alameda Barros, etc.

averiguação
Rege *de* ou *sobre*: *A polícia já fez averiguação do* (ou *sobre* o) *caso*. *** *Cabe à equipe técnica do corpo de bombeiros a averiguação das* (ou *sobre* as) *causas do incêndio*.

averiguar
Conjuga-se, pelo Acordo Ortográfico: *averiguo* (ou *averíguo*), *averiguas* (ou *averíguas*), *averigua* (ou *averígua*), *averiguamos, averiguais, averiguam* (ou *averíguam*) [pres. do ind.]; *averigue* (ou *averígue*), *averigues* (ou *averígues*), *averigue* (ou *averígue*), *averiguemos, averigueis, averiguem* (ou *averíguem*) [pres. do subj.]. No Brasil, prefere-se averiguo, averiguas, etc.

aversão
Rege *a* ou *por* (nome) e *em* (verbo): *Toda mulher tem aversão a* (ou *por*) *baratas*. *** *Todo ser inteligente tem aversão a* (ou *por*) *cigarro*. *** *Sinto aversão em ver gente fumando em restaurantes*.

avesso
Use com *a*: *Sou avesso a cigarro, avesso a fumaça de cigarro, avesso a fumante*. Entra na expressão *do avesso* ou *pelo avesso* (*blusa do avesso, meias pelo avesso*), mas o povo consegue usar uma terceira, inexistente: "no avesso".

avestruz
Pode ser usada como masculina ou como feminina; de minha parte, no entanto, uso sempre *o avestruz, um avestruz, dois avestruzes*.

"aviano" ?!
Não existe essa palavra, mas isso não impediu de um jornalista usá-la. Veja como e referindo-se a quê: *Os dinossauros foram um grupo de répteis gigantes extintos que surgiu por volta de 225 milhões de anos atrás e viveu até cerca de 65 milhões de anos atrás, quando todos os dinossauros não "avianos" (ou seja, exceto as aves) foram extintos*. E saber que nossa língua tem quatro adjetivos relativos a aves: aviário, avícola, avicular e aviculário. Pois não é que o jornalista foi encontrar uma quinta, inexistente?! Eles são assim: sábios filólogos...

avidez / ávido
Regem *de* ou *por*: *Crianças têm grande avidez de* (ou *por*) *doces*. *** *Estou ávido de* (ou *por*) *informações dela*.

avisado
Rege *de* ou *sobre* (alertado) e *contra* (prevenido): *Avisada da* (ou *sobre* a) *possibilidade de terremoto, a população se precaveu*. *** *Devemos estar sempre avisados contra os narcotraficantes*.

avisar
Quem avisa, avisa alguém *de* alguma coisa: *Avisei o guarda do acidente*. *** *Avisaram-me da chegada de uma encomenda no correio*. Quando um dos objetos é oracional, também se admite a construção avisar a alguém alguma coisa: *Avisei-lhe que deveria prestar depoimento amanhã*. Na acepção de aconselhar, recomendar ou na de chamar a atenção, advertir, use com *para*: *O pai avisou-o para largar o cigarro*. *** *Avisei-o para não mexer nas minhas coisas*. *** *Estão avisando os motoristas para que diminuam a velocidade*. *** *Avisei-os para que trancassem todas as portas e janelas*.

aviso
Rege (*a*)...*de* (ou *sobre*): *O aviso à população da* (ou *sobre* a) *possibilidade de terremoto foi feito a tempo*. *** *A empresa já recebeu aviso do* (ou *sobre*) *o vencimento do título*.

à vista
Como *vista* é palavra feminina, convém usar acento no *a*: *pagar à vista, comprar à vista, compras à vista, receber à vista, vender à vista, vendas à vista, terra à vista*.

à vista de ou em vista de?
Tanto faz: *À* (ou *Em*) *vista dos pesados impostos, a empresa faliu.* *** *À* (ou *Em*) *vista dos últimos escândalos no governo, a popularidade do presidente despencou.*

avô
Assim como *sogro*, tem no plural o tônico aberto, quando se aplica aos homens e mulheres; em referência apenas aos homens, o o tônico é fechado. Portanto: *Luís e Luísa, avós de Susana, vieram ao aniversário.* *** *Luís e Filipe, avós de Hortênsia, cumprimentaram o casal.*

avoado
Palavra eminentemente brasileira. Significa distraído, desatento, aéreo: *Aluno avoado, geralmente, não passa o ano.* *** *Ele vive avoado, por isso nunca sabe nada.* Também significa atrapalhado, confuso: *Você quer trânsito mais avoado que o de São Paulo?* V. **arvoado**.

avultar
Use sempre assim, ou seja, sem o pronome ("avultar-se"): *Entre os principais benefícios da virtude avulta o desprezo da morte* (Michel de Montaigne). *** *Einstein avulta entre os cientistas do mundo inteiro.* Num jornal: *Falta de água "se" avulta ameaçadoramente em todo o globo.* Não é apenas a falta d'água que avulta ameaçadoramente em todo o globo... O Dicionário Houaiss registra o verbo **avultar** como pronominal. Normal...

azáfama
Significa pressa, acompanhada de agitação; atropelo: *Nessa azáfama cotidiana, ele só conseguiu ganhar um infarto e três pontes de safena.* Note: é palavra proparoxítona, mas muitos dizem "azafâma", por influência de fama.

azar
Rege *com* (pessoa) e *em* (coisa): *Tenho muito azar com mulheres de olhos verdes.* *** *Quem tem azar no jogo, tem sorte no amor?* Evite dizer "azá", não pronunciando o último fonema.

azedar ou azedar-se?
Tanto faz, na acepção de tornar-se azedo, estragar: *Fora da geladeira, o leite azeda* (ou *se azeda*). O Dicionário Houaiss, no entanto, não o registra como pronominal nessa acepção. Normal.

aziago
Note: a palavra é paroxítona, mas muitos dizem "azíagu". *Sexta-feira 13 é dia aziago?*

azo
Rege *a* (nome ou oração desenvolvida) e *de* ou *para* (verbo): *Sua reação deu azo a suspeitas.* *** *Sua reação deu azo a que suspeitassem de você.* *** *Ninguém lhe deu azo de* (ou *para*) *se manifestar, por isso cale-se!* *** *Ela me deu azo de* (ou *para*) *falar no assunto.* *** *Ainda não encontrei azo de* (ou *para*) *viajar.*

azul-celeste / azul-ferrete / azul-marinho / azul-turquesa
Não variam: *meias azul-celeste* (ou *azul-ferrete* ou *azul-marinho* ou *azul-turquesa*). Em dúvida sobre o plural de qualquer nome, simples ou composto, consulte o **míni Sacconi**.

babador e babadouro
Apesar de, em rigor, *babador* designar aquele que baba, no português do Brasil virou sinônimo de *babadouro* (resguardo de pano onde se baba). Em verdade, todo bebê baba no *babadouro*, já que a terminação -*douro* indica lugar: *bebedouro, matadouro*, etc. Os adultos brasileiros, porém, exigem que todos os bebês babem também no *babador*. Então, eles atendem: babam...

bacanal
É palavra feminina: *a* bacanal, *uma* bacanal. *Bacanal* era o nome do festival romano que celebrava os três dias de cada ano em honra a Baco, deus do vinho. Bebedeiras, orgias sexuais e outros excessos caracterizavam essa comemoração, o que ocasionou sua proibição em 186 d.C., mas compreensivelmente ainda perdura até os dias atuais... Num jornal: *A vítima, um homem que se sentiu prejudicado após "o" bacanal, acusou seu amigo de praticar com ele um ato libidinoso diverso da conjunção carnal durante uma festinha em que saíram bêbados os dois, acompanhados da esposa do acusado.* E o jornalista insiste: *De acordo com os desembargadores de Goiás, quem procura satisfazer a volúpia sua ou de outrem, aderindo ao desregramento de "um" bacanal, submete-se conscientemente a desempenhar o papel de sujeito ativo ou passivo, tal é a inexistência de moralidade.* No Terra, esta bombástica notícia: *Na filial brasileira da Volkswagen, até mesmo uma ex-Miss Brasil teria sido contratada para animar "os" bacanais patrocinados pela empresa.* Já não se vendem automóveis como antigamente...

bacharel
Fem.: *bacharela*: *Minha filha é bacharela em direito*. Alguns preferem usar este substantivo como comum de dois: o/a bacharel. Abrev.: b.^{el} ou bel. *Bacharel*, portanto, não é sinônimo de advogado; *bacharel* é aquele que concluiu o curso de graduação em faculdade de direito; *advogado* é profissional do direito filiado à Ordem dos Advogados do Brasil (OAB). O Dicionário Houaiss dá *advogado* como sinônimo de *bacharel*. Normal...

baço
Adj. correspondente: *esplênico*. Portanto, *extração* do baço = *extração* esplênica; *perfuração* do baço = *perfuração* esplênica.

bagdali
Natural ou habitante de Bagdá, capital do Iraque. Note: a palavra é oxítona (*bagdali*), mas os apresentadores de telejornais só dizem "bagdáli". Normal...

Bahia
Escreve-se com *h* meramente por tradição. No dia 5 de agosto de 1943, durante uma sessão da Academia Brasileira de Letras, o acadêmico Pedro Calmon propôs que o nome *Bahia*, quando se referisse ao Estado e à cidade, fosse gravado com *h*, pois assim é desde 1549, data da origem da cidade de Salvador (que se chamava então Bahia). A proposta foi aprovada na sessão de 12 do referido mês e ano. Só os derivados é que não têm *h*: *baiano, baianada, baião*, etc.

baía de Guanabara
Baía carioca, descoberta a 1.º de janeiro de 1506 pela esquadra de André Gonçalves. Note: com inicial minúscula (b) e de. Há, no entanto, muitos que escrevem: "Baía da" Guanabara. Essa é uma descoberta exclusiva dos jornalistas...

bairro
Abrev.: *b.* (com o ponto). Usado antes de nome, aparece com maiúscula: *B. da Lapa.*

baiuca
Já não recebe acento essa palavra.

baixado
Rege *de...a* ou *para*: *Dinheiro baixado da caderneta de poupança à (ou para a) conta-corrente.*

baixo-ventre
Adj. correspondente: *alvino*. Portanto, *dor no baixo-ventre = dor alvina*.

Bajé
É essa a grafia atualizada do nome da cidade gaúcha, cujos habitantes, porém, preferem o uso da forma tradicional: *Bagé*. Por tradição histórica secular, podemos manter inalterada a grafia original de um topônimo. Isso não significa dizer que somos obrigados a mantê-la. Assim, podemos grafar *Bagé* (por tradição) e *Bajé* (pela ortografia vigente).

bala e caramelo: qual a diferença?
Ambos são pedacinhos de doce, feitos de ingredientes e sabores os mais diversos, geralmente envoltos em papel especial, mas a **bala** é de consistência firme e traz geralmente sabores de frutas, como tangerina, abacaxi, limão, ou de ervas, como hortelã ou menta. O **caramelo**, ao contrário, é mole e tem o leite como seu ingrediente essencial, por isso cede maciamente à pressão dos dentes. Há os *caramelos* de chocolate, coco, amendoim, etc. As conhecidas *balas toffee* nada mais são que *caramelos*.

balanço
Rege *de...em* (ou *sobre*); *de* ou *sobre* (análise) e *entre* (comparação, cotejo; hesitação): *O secretário de Segurança fez um balanço das incursões policiais nas (ou sobre as) favelas.* *** *Fiz um balanço da (ou sobre a) minha vida.* *** *O governo fez um balanço das (ou sobre as) probabilidades de vitória do seu candidato.* *** *O balanço entre renda e despesas ainda nos é favorável.* *** *Esse balanço do governo entre fazer ou não fazer as reformas é que compromete a sua credibilidade.*

Bálcãs
Adj. reduzido, que entra em compostos: *balcano-* (*população balcano-russa*). Apesar de a prosódia portuguesa ser *Balcãs* (oxítona), vingou entre nós a prosódia inglesa. Usa-se sempre no plural: *os Bálcãs*. Exige verbo e determinantes sempre no plural: *Os Bálcãs voltaram novamente à tranquilidade.* *** *Visitei os velhos Bálcãs.*

balé
Note: com *é*, e não com "ê". As pessoas, homens e mulheres, portanto, fazem *balé*, e não "balê".

baluarte
Rege *de...contra* ou apenas *contra*: *Ele sempre foi um baluarte da democracia contra as ditaduras.* *** *É um baluarte contra a corrupção.*

bandear-se
Use sempre assim, na acepção de transferir-se de um bando ou lado para outro, e com *a, em* ou *para*: *Os melhores deputados se bandearam ao (ou no ou para o) partido do governo.* *** *Os melhores radialistas já se tinham bandeado à (ou na ou para a) nova emissora.* *** *Se acontecer isso, nós nos bandearemos para a oposição, disse o senador governista.* O Dicionário Houaiss autoriza o uso apenas de *bandear* nesse caso. Normal...

Bangladesh
País asiático, ex-Paquistão Oriental. O adjetivo pátrio relativo ao país é *bengali* (repare: oxítona). No Terra: *A praia de Cox's Bazar, no Sudeste de Bangladesh, é uma das maiores praias do mundo, com 125km ininterruptos de areia. Mas*

ambientalistas temem que o mais popular destino turístico de Bangladesh, que atrai milhões de visitantes anualmente (a maioria deles turistas "bengaleses"), esteja ameaçado. O governo "bengalês" tem planos ambiciosos de atrair mais turistas internacionais ao país e, com isso, faturar o equivalente a mais de R$16 bilhões nos próximos dez anos. Diante do crescente potencial turístico da região, empreiteiros estão investindo na construção de novos e modernos edifícios com vista para a bela praia "bengalesa". E alguns jornalistas esportivos certa vez fizeram um escarcéu (leia-se: mil gozações), quando um jogador de futebol disse que quem nascia na Bulgária era "bulgarense".

banguela
Palavra que se aplica tanto a homem quanto a mulher: *Luís é banguela, Luísa é banguela*. Muitos acham que o homem pode ser "banguelo". Não pode.

banhado
Rege *de* ou *em* (umedecido) e *por*, na voz passiva: *Rosto banhado de (ou em) lágrimas.* *** *O Egito é banhado pelo rio Nilo.*

banir
Conjuga-se por abolir.

baquelita ou baquelite?
Tanto faz: a primeira é aportuguesada; a segunda, afrancesada. Trata-se de marca registrada (*Bakélite*), portanto nome próprio que se tornou comum, a exemplo de *bombril, fórmica, gilete*, etc.

barato
Pode ser adjetivo (varia) ou advérbio (não varia): *obra barata, carros baratos, roupas baratas. Essa obra custa barato.* *** *Esses carros custam barato?* *** *Vendo barato minha loja.* V. **caro**.

barbaria
Selvageria, barbárie. Pronuncia-se barbaría: *As torcidas organizadas deram de promover barbarias nos estádios e fora deles.*

bárbaro
Rege *em* (rude, grosseiro) e *com* ou *para com* (brutal, perverso, cruel): *Homens bárbaros nos modos, nos costumes, em tudo.* *** *Governantes bárbaros com (ou para com) o povo.*

barganhar ou berganhar?
Tanto faz, com alguma preferência pela primeira. Seus substantivos correspondentes são, respectivamente, *barganha* e *berganha*. Apesar de haver duas formas corretas, ainda há os que usam "braganhar" e "breganhar"; "braganha" e "breganha". É a língua popular.

Bariloche
Nome da cidade turística da Patagônia, um dos centros turísticos mais importantes da Argentina. Pronuncia-se barilóchi, mas os novos-ricos dizem, pernosticamente, "barilôchi".

barreira
Rege *a*, ou *contra*, ou *para*: *O general era uma barreira às (ou contra as ou para as) pretensões do ministro.* *** *A estrada está cheia de barreiras ao (ou contra o ou para o) avanço das tropas inimigas.* *** *O governo instituiu algumas barreiras alfandegárias à (ou contra a ou para a) importação de automóveis.*

basculante
Portas, janelas e caminhões podem ser *basculantes*, mas muita gente acha que eles podem ser muito mais: "basculhantes" e até "vasculantes" e "vasculhantes". Ainda não.

baseado
Rege *em* ou *sobre*: *Conclusão baseada em (ou sobre) fatos, e não baseada em (ou sobre) hipóteses.*

básico
Rege *a* ou *para*: *A credibilidade é uma condição básica à (ou para a) governabilidade.* *** *O exame da OAB consiste em testar conhecimentos básicos ao (ou para o) exercício da advocacia.*

Basileia
Assim como Marrocos, não aceita artigo. Portanto, se um dia você for morar nessa cidade suíça, morará em Basileia (e não "na" Basileia); se passar por ela um dia, passará por Basileia (e não "pela" Basileia).

basta
Rege *a* ou *em*: *É preciso dar um basta à (ou na) violência, a esse (ou nesse) estado de coisas.*

bastante
É palavra variável, quando adjetivo e pronome indefinido: *Devemos comer bastantes frutas.* *** *Tenho bastantes compromissos hoje.* *** *Fiz bastantes amigos em Sorocaba.* *** *Duas pessoas são bastantes para erguer esse automóvel.* *** *Não houve provas bastantes para a condenação do réu.* *** *Temos frutas bastantes para a ceia de Natal?* Só quando advérbio, não varia: *Elas comem bastante.* *** *Essas crianças estão bastante doentes.* *** *Essas pessoas vivem bastante mal.* Num jornal especializado em esportes: *O técnico assumiu o Palmeiras há mais de um mês e fez "bastante" experiências na equipe.* Há jornalistas no Brasil que precisam de bastantes anos para aprender a escrever.

bastar
Verbo meio complicado, principalmente quando seu complemento deve ser um pronome oblíquo. O povo, então, usa pronome reto. Repare: *Basta-lhe querer, e ficamos em apuros.* Essa é a construção gramaticalmente perfeita. O povo, no entanto, usa assim: *Basta "ele" querer.* Aquela mesma frase no plural seria: *Basta-lhes querer, e ficamos em apuros.* O verbo não varia, porque seu sujeito não é *lhes*, mas *querer*: afinal, o que basta? É *querer*. O povo, que pouco ou nada entende de análise sintática ou da estrutura da língua, usa assim: *Basta "eles" querer.* Ou seja: o povo considera "eles" sujeito de absolutamente coisa nenhuma, já que não leva nenhum verbo ao plural. Quando usado como verbo intransitivo, então, o povo não o varia jamais. Em vez de dizer ou escrever: *Bastam duas aulas para aprender isso, Bastavam dez quilos de carne para o churrasco, Bastarão estes pés de alface para a salada*, só sai mesmo, respectivamente, "Basta", "Bastava" e "Bastará". Depois de tanta complicação promovida por verbo, o melhor mesmo é dizer: Basta! (Agora, sim, no singular...)

bastidores
É palavra só usada no plural quando equivale a lado íntimo ou curioso, pouco sabido do público: *os bastidores da política, os bastidores das televisões.* Os jornalistas sabem disso? Pelo que escrevem, não. Na Folha de S. Paulo: *"No bastidor", Lula deixa de responsabilizar os outros e admite erro na política.* Do mesmo jornalista: *Nas conversas de "bastidor", Lula deixa claro que não quer o terceiro mandato.* Na mesma Folha de S. Paulo, em manchete: **Veja "bastidor" de ensaio da catarinense que leiloou virgindade**. Nos *bastidores* se comenta: Nossos jornalistas são ótimos!...

batalha
Rege *com* ou *contra* (combate) e *por* (empenho, esforço): *Na batalha com (ou contra) os mouros, em Alcácer-Quibir, morreu o rei D. Sebastião.* *** *A batalha pelo pão de cada dia.*

bater

Rege *contra* ou *em* (chocar-se): *O automóvel bateu contra* (ou *em*) *um poste*. Se o sujeito é pessoa, usa-se *com*...*em*: *Bati com o automóvel num poste*. *** *O motorista bateu com o ônibus em vários veículos*. Na acepção de dar com força, também se usa *com*...*em*: *Ao me levantar, bati com a cabeça na aba da mesa*. *** *Bati com a cara na porta de vidro do banco*. Na acepção de soar, dar (horas), concorda sempre com o número de horas: *Bate agora uma hora*. *** *Batem agora duas horas*. *** *Bateu há pouco meia-noite*. *** *Bateram há pouco onze e meia*. *** *Bastava baterem seis horas, e ela já estava saindo do emprego*. Se acompanhado de verbo auxiliar, só este varia: *Devem estar batendo agora duas horas*. *** *Ouça: estão batendo doze horas!* A mesma concordância se dá com os sinônimos dar e soar.

batida

Rege *contra* ou *em* (colisão, choque) e *por* (diligência policial; exploração): *A batida do automóvel contra o* (ou *no*) *poste aconteceu de madrugada*. *** *A batida policial por drogas deu bons resultados*. *** *Os policiais efetuaram uma batida pelas imediações do crime, para ver se encontravam seu autor*.

bê-á-bá

Significa primeiras noções: *aprender o bê-á-bá de informática*. Há, no entanto, os que escrevem "beabá". Veja que belo conselho do Senac em **Aprendendo com o Senac**: *Comprar sem ficar atento ao "beabá" do consumidor pode ser fatal para o seu bolso*. Esta é do Ministério da Ciência e Tecnologia: *O "beabá" da ciência. Como entender a origem do homem, a formação da região amazônica e a importância da ciência para a sociedade? Quais os avanços que a humanidade já conseguiu com as descobertas científicas? Ou, até mesmo, o que é biodiversidade? Questões como essas, corriqueiras, mas nem sempre respondidas, fazem parte da série* Cadernos de Alfabetização Científica, *um recurso didático para professores do ensino fundamental e médio, lançado no final de outubro passado*. Esses exemplos nos obrigam a concluir que há muita gente que ainda não aprendeu nem mesmo o *bê-á-bá*. Mas escrevem...

bebê

É palavra masculina (sempre foi), mesmo que se refira a menina: *Milena é um bebê saudável*. *** *Sua filha é um bebê lindo!* E o diminutivo é sempre *bebezinho*: *Milena é um bebezinho saudável*. *** *Sua filha é um bebezinho lindo!* Não se usa, portanto, "a bebê" nem muito menos "a bebezinha", como declarou uma encantada mãe: "A minha bebê" vai fazer 4 meses. Felicidades!... O G1 estampou recentemente esta manchete: **Bebê de cinco meses é "morta" com tiro na cabeça junto ao pai em GO**. Também recentemente, a apresentadora de um telejornal da emissora do "Roráima" anunciou assim uma das atrações de um programa dominical: *O drama de "duas" bebês índias marcadas para morrer. Veja amanhã no Fantástico*. Tudo ali é fan-tás-ti-co!

EM TEMPO – A desastrada 5.ª edição do Vocabulário Ortográfico da Língua Portuguesa (VOLP), que traz centenas de erros, entre os quais alguns ridículos, registra bebê como pertencente aos dois gêneros. É mais um dos seus inúmeros desastres. As mais recentes edições tanto do Dicionário Aurélio quanto do Dicionário Houaiss resolveram encampar tal impropriedade. Que me perdoe o caro leitor, mas a comparação é válida: o sargentão pulou no abismo, e os soldados, ingênuos, foram atrás... V. **nenê**.

beco

Abrev.: *b.º*; a maiúscula aparece antes de nome: *B.º da Passagem*.

bege

É a palavra correta, mas muitos escrevem "beige".

beibedol

É o aportuguesamento do inglês *baby-doll*. Há, todavia, os que preferem escrever ainda em inglês a adotar a forma aportuguesada. Estão entre esses os próprios elaboradores do VOLP.

bêicon
É o aportuguesamento do inglês *bacon*, mas o VOLP resiste a efetivá-lo. Por quê, ninguém sabe.

beiju ou biju?
Tanto faz, na acepção de bolo feito com massa de tapioca ou de mandioca. A primeira é gramatical; a segunda, popular. Usa-se, no entanto, apenas *biju* para moça bonita: *Minha vizinha é um biju!* Ninguém, portanto, tem vizinha que é um "beiju".

belchior
Significa comerciante de objetos usados. Pronuncia-se belchiór. Não convém usar "belkiôr" nem "belkiór" em caso nenhum. No Brasil existem pessoas que têm o sobrenome Belchior. Todo o mundo insiste em dizer "belkiór" para aquilo que é, de fato, belchiór.

Beleza não põe mesa
É o provérbio original. O brasileiro transformou-o para Beleza não se põe na mesa. Com ele se pretende comunicar que não devemos olhar apenas à beleza ou à aparência de uma pessoa como valor essencial, por supérfluo, vazio, mas sim valorizar as suas qualidades intrínsecas ou adquiridas, que representam um bem maior.

beliche
É palavra masculina: *o beliche, um beliche*. Uma imobiliária, então, resolve anunciar uma casa para alugar. Assim: *Excelente casa de 2 quartos com cama de casal e "uma" beliche, sala, copa-cozinha, lavabo, totalmente mobiliada e com varandas com rede, dentro da fazenda Rancho Cipó*. Quem se habilita? Esta é de um poeta irresponsável, da Internet:
Sentando em "uma" beliche
atrás do meu muro
Esperando os vermes chegarem.
Em completo isolamento
atrás do meu muro
Esperando os vermes chegarem.
E os vermes chegaram!!!...

bem-
Exige hífen antes de palavras iniciadas por qualquer letra: bem-acabado, bem-dotado, bem-humorado, bem-nascido, etc.

bem-disposto
Rege *a* ou *para* (de boa disposição, animado) e *com* ou *para com* (bem-humorado): *É um homem bem-disposto a (ou para) qualquer tipo de trabalho.* *** *É um chefe sempre bem-disposto com (ou para com) todos os seus funcionários.*

bem-educado
Rege *com* ou *para com*: *Sempre foi bem-educado com (ou para com) os colegas.*

bem-feito
Antes do último Acordo Ortográfico, tanto no português brasileiro quanto no português europeu se usava **bem-feito**. Com o referido Acordo, o adjetivo e o substantivo passaram a ser grafados **benfeito**. A interjeição, usada para expressar alegria por um mal acontecido a alguém, escreve-se **bem feito**: *Ele roubou e foi preso.* **Bem feito!** Tanto o dicionário Aurélio quanto o dicionário Houaiss só registram o adjetivo *benfeito*. A Academia Brasileira de Letras é a grande responsável pela bagunça que envolve a grafia dessa palavra. Afinal, o VOLP vai ou não vai registrar **benfeito** como adjetivo?

bem-informado
Use sempre assim, quando for adjetivo. Ex.: *Quem lê jornais e revistas frequentemente, sempre está bem-informado*. Na voz passiva, o hífen é dispensável: *O presidente sempre foi bem informado pelos seus assessores durante toda a crise*. Na capa de uma revista semanal de informação, no entanto, se leu: *Pacientes "bem informados" são um desafio para os médicos*. Estariam seus jornalistas bem-informados?

bem-me-quer
Pl.: bem-me-queres. Sempre com hifens. No entanto, malmequer se escreve sem hifens.

bênção ou bença?
Tanto faz. Bença, pai!

Bendengó
Nome do maior meteorito (5.360km e 2,20m de comprimento) caído no Brasil (sertão baiano, 1784). A forma "Bendegó" é errada.

bendizer
Conjuga-se por dizer.

beneficência
Rege *com* ou *para com* (caridade, generosidade): *Uso de beneficência para com os pobres*. Note: a palavra termina por -*cência*, e não por "-ciência". Muita gente, ainda, costuma ir ao Hospital da "Beneficiência" Portuguesa. É preciso, no entanto, aprender a ir ao hospital que realmente traz saúde: o da *Beneficência* Portuguesa.

beneficente
Note: a palavra termina por -*cente*, e não por "-ciente". Portanto, *sociedade beneficente, festa beneficente, espetáculo beneficente*.

beneficiado
Rege *com, de* ou *por*: *Como era primário, foi beneficiado com o* (ou *do* ou *pelo*) *sursis*. *** *O bairro foi beneficiado com* (ou *de* ou *por*) *vários melhoramentos pelo atual prefeito*.

benefício
Rege *a* ou *para*: *Esse embaixador prestou grandes benefícios ao país*. Antecedida da preposição *a* ou *em*, aparece combinada com *de*: *Tudo isso foi feito a* (ou *em*) *benefício do país*.

benéfico
Rege *a* ou *para*: *Erva benéfica à* (ou *para a*) *saúde*. *** *Chuva benéfica à* (ou *para a*) *lavoura*. *** *Clima benéfico aos* (ou *para os*) *asmáticos*. Superl. sint.: *beneficentíssimo*. Portanto, *clima muito benéfico* = *clima beneficentíssimo*.

beneplácito
Rege *a* ou *em* (consentimento): *Sem o beneplácito dos avós da noiva ao* (ou *no*) *casamento, a cerimônia não seria realizada*.

benevolência / benevolente
Regem *com* ou *para com* (pessoa), *de* (verbo) e *em* (coisa): *Na cadeia, quem demonstra benevolência com* (ou *para com*) *os criminosos?* *** *Não espere dessa gente benevolência com* (ou *para com*) *os pobres*. *** *Teve a benevolência de me receber e ouvir*. *** *O juiz não mostrou nenhuma benevolência no julgamento*. *** *O juiz foi benevolente com* (ou *para com*) *o criminoso*. *** *Foi benevolente de me receber e ouvir*. *** *O juiz foi benevolente no julgamento*.

benévolo
Rege *com* ou *para com* (pessoa) e *em* (coisa): *Era rigorosa com os filhos, mas extremamente benévola com* (ou *para com*) *estranhos*. *** *Era benévola no julgamento de atos praticados por estranhos, mas rigorosa com quaisquer atitudes dos filhos*.

benfazer
Conjuga-se por fazer.

Benfeito
V. **bem-feito**.

bengali
Natural ou habitante de Bengala, região que compreende Bangladesh e o Nordeste da

Índia, na baía de Bengala. Note: a palavra é oxítona (benga*li*), mas os apresentadores de telejornais só dizem "bengáli". Normal.

benigno
Rege *a, com* ou *para com* (pessoa) e *em* (coisa): *Pai muito benigno a*os (ou *com* os ou *para com* os) *filhos*. *** *Pai benigno n*as *punições aos filhos*.

benquisto
Rege *a, com, de* ou *por*: *Presidente benquisto a*o (ou *com* o ou *d*o ou *pel*o) *povo*. *** *Professor benquisto a*os (ou *com* os ou *d*os ou *pel*os) *alunos*.

benza-o Deus!
Expressão invariável, fossilizada: *Benza-o Deus, que mulher feia!* É uma locução interjetiva, portanto, não muda nunca, e indica admiração ou alívio: *As crianças já chegaram. Benza-o Deus!* *** *Tudo já passou. Ninguém se feriu. Benza-o Deus!*

benzer
Use assim com seus particípios: O padre já tinha benzido o carro. *** O carro foi bento (e não foi "benzido") pelo padre.

betoneira
É a forma correta, mas em algumas regiões interioranas se ouve "betorneira".

bexiga
Adj. correspondente: *vesical*. Portanto, *câncer da bexiga* = *câncer vesical; extração da bexiga* = *extração vesical*.

bibliografia
Rege *de* ou *sobre*: *Ele conhece toda a bibliografia d*o (ou *sobre* o) *romantismo brasileiro*.

bifurcar-se
Use sempre assim: *A estrada se bifurca logo ali na frente*.

bilboquê
É o verdadeiro nome do brinquedo infantil formado de uma bola de madeira com um orifício, presa por um cordel a um bastonete pontudo, onde ela deve encaixar-se. Num programa de televisão, perguntaram a um senhor, que se diz o Cristo ressuscitado, quais seriam os seus passatempos preferidos: *Eu jogo sinuca e "biblioquê"*, respondeu. Positivamente, não sabe jogar... Mais recentemente, uma repórter da TV Record se apressou a nos "informar" a todos: *Não foram os índios que inventaram o "biboquê"*. Não foram **mesmo**!...

bilhão ou bilião?
Tanto faz: *Ganhei um* bilhão (ou bilião) *de reais na loteria*. V. **mil**. Assim como milhão, bilhão também exige o verbo no singular: *Um bilhão de pessoas morreria instantaneamente, no caso de uma guerra nuclear.* Manchete da Folha de S. Paulo: **1 bilhão de pessoas "devem" ficar às escuras durante a Hora do Planeta**. O jornalismo brasileiro anda às escuras já faz um bom tempo... V. **milhão**.

bílis ou bile?
Tanto faz, mas há leve preferência pela segunda.

bímano
Diz-se daquele que tem duas mãos: *Os homens são animais* bímanos. Muitos dizem "bimânu".

BINA / bina
Aplicativo que permite identificar previamente as chamadas telefônicas, nos aparelhos fixos e celulares; identificador de chamada telefônica. É pseudossigla de **B** identifica **A**, ou seja, o chamado identifica o chamante. Muitos a usam no feminino, mas seu gênero é o masculino. O *bina* foi inventado em 1977 pelo mineiro Nélio José Nicolai, ex-técnico da Telebrasília, que batizou o seu invento de B identifica o número de A,

ou seja, **bina**. O bina é o segundo invento brasileiro efetivamente universalizado. O primeiro foi o avião, por Santos Dumont. Em 1988, os americanos (outra vez, eles) apresentaram ao mundo a mesma máquina e lhe chamaram caller, sem fazer menção ao inventor brasileiro. Espertinhos...

biópsia ou biopsia?
Ambas as prosódias existem no português contemporâneo, mas convém saber que a primeira só existe por influência de *autópsia*; a segunda é a rigorosamente gramatical. V. **necropsia**.

birra
Rege *a* (aversão), *a, com, de* ou *por* (antipatia) e *em* (teimosia, teima): *Tenho birra a cigarro e a fumantes.* *** *Tomou birra aos* (ou *com os* ou *dos* ou *pelos*) *carros da montadora, por causa do atendimento precário dos seus funcionários e revendedores.* *** *A birra da criança em não ir à escola causou-lhe bom castigo.* A expressão *andar de birra* (estar zangado ou aborrecido) rege *com*: *Ela anda de birra com o marido*.

"Bixiga"
Não existe isso. Há, todavia, em São Paulo um bairro de nome *Bexiga*, que os jornalistas insistem em grafar "Bixiga". Normal.

blá-blá-blá
É assim que se grafa agora a palavra.

blefe
Significa logro, tapeação. Pronuncia-se com e tônico fechado ou aberto, indiferentemente: *O blefe é um lance tão legítimo quanto qualquer outro, no pôquer.*

blitz
Palavra alemã (abreviatura de *Blitzkrieg*), cujo plural é *blitze*. Nossos jornalistas, que até pouco tempo atrás usavam duas "blitz", já passam a usar a forma certa: *Os fiscais fizeram várias* blitze *na galeria Pajé, em busca de contrabandos*. Continua havendo, no entanto, os que preferem viver nas trevas. No Terra: *Garotinho faz ronda para avaliar as 81 "blitzes"*. Na Folha de S. Paulo: *Blitze "multa" 358 em SP após nova lei seca*. Manchete em O Globo: **Autor da Lei Seca é contra censura de perfis sobre "blitzes"**. Compreende-se perfeitamente: se os nossos jornalistas não conhecem nem mesmo o seu próprio idioma, como exigir deles o conhecimento da língua dos outros?

bloqueio
Rege *a, contra* ou *de*: *O presidente Kennedy ordenou que se fizesse um bloqueio naval a* (ou *contra* ou *de*) *Cuba, em 1962*.

BMW
A pronúncia à inglesa e também à portuguesa é bê êmi dábliu, mas em alemão é bê êmi vê. No Brasil, só agora se ouve apenas bê eme dábliu; antigamente, só se ouvia bê êmi vê. Na década de 1960, muitos brasileiros tiveram DKW, e ninguém dizia dê cá dábliu; só se ouvia dê cá vê. Qualquer nome de carro dessa marca ou mesmo de outra tem o gênero masculino: um BMW, o BMW, meu BMW, novo BMW, etc. V. **nomes de automóveis**. No G1, porém, em manchete: **Grupo invade casa com BMW "roubada"**. Há quem diga que, hoje, ler jornais é uma roubada... Na Folha de S. Paulo: *Três assaltantes roubaram "uma" BMW de um neurocientista na manhã desta terça-feira (5) em um condomínio de luxo em Ribeirão Preto e, na fuga, após perseguição policial, bateram o carro no muro de uma casa*. E ainda há certos jornais que têm a pachorra de vender em livrarias seus manuais de redação. Para ensinar o quê? Isso aí?!

boa-fé
Interessante: o VOLP não registra boa-vontade, má-vontade, bom-gosto, mau-gosto, bom-humor, mau-humor (com hifens), mas traz *bom-senso* e *boa-fé*. Por que só essas? Ninguém sabe.

boa noite a todos "e a todas"
Virou moda agora, a exemplo da asinina expressão "brasileiras e brasileiros" de um ex-presidente improvisado, o uso dessa expressão, principalmente por parte de repórteres de televisão. Ora, quando se deseja boa noite a todos, já estão englobadas as pessoas do sexo feminino. Não é preciso ser abrangente, porque a abrangência neste caso é burra. Quando se diz que 15 de outubro é o Dia do Professor, seria apenas para os profissionais masculinos? As professoras estariam de fora? Seria preciso, então, criar o Dia da Professora? Ora! A verdade é que a burrice no país avança a passos largos. E, neste caso em particular, começou justamente no Palácio do Planalto, nos doloridos idos de 1985.

boa parte de
Use verbo no singular ou no plural, indiferentemente, com complemento no plural: *Boa parte dos brasileiros gosta* (ou *gostam*) *de futebol*.

boato falso
Não há redundância. O boato pode ser falso ou verdadeiro, pois significa notícia de procedência anônima, falsa ou verdadeira, geralmente maldosa, de conhecimento público. Assim, podemos dizer perfeitamente: *O boato era verdadeiro: o real foi desvalorizado*. Ou: *O boato era falso: o dólar se valorizou*. Escreveu um jornalista: *"Não apenas o boato é falso, como também é falsa a premissa de que todos os nossos males se devem aos Estados Unidos, como exigem que assim seja os adeptos do antiamericanismo"*. Acertou em cheio...

boa-vontade: para a sua reflexão
O VOLP não registra **boa-vontade** com hífen, mas estamos propondo a você um instante de reflexão sobre o assunto. Vou escrever aqui somente usando o hífen. **Boa-vontade** significa *disposição favorável e espontânea; interesse, empenho e dedicação sinceros*. Assim, usamos: *Ela faz tudo sempre com a melhor boa-vontade*. Embora, como afirmei, o VOLP registre apenas **boa vontade**, sem hífen, considero de bom senso a hifenização, porque se trata, em verdade, de um substantivo composto. Só assim considerado é que podemos construir: *Fiz tudo com a melhor boa-vontade*. Caso contrário, temos de empregar: *Fiz tudo com a "melhor vontade"*, construção descabida. O interessante é que esse mesmo VOLP registra *boa-fé* e *má-fé*. Por que só essas? É um mistério! O mesmo se pode dizer em relação a *bom-gosto, bom-humor* e *bom-senso*, que na 5.ª edição do referido vocabulário apareceu registrada assim, hifenizada. Daí por que na primeira edição do **Grande dicionário Sacconi** saiu *bom-senso*. Só tempos depois procederam à retificação.

bobagem
Muitos não pronunciam integralmente essa e outras palavras terminadas da mesma forma e ficam no "bobage", no "corage", no "garage", no "onte", no "anteonte" (quando não "onteonte"), no "viage", no "orde", no "paje", no "passage", no "penuge", no "personage", no "raspage", no "reportage", no "rodage", no "vage", no "vantage", etc. Convém evitar, pois tal prática não é nem correta nem muito menos elegante.

bobo
Adj. correspondente: *truanesco*. Portanto, *atitudes de bobo* = *atitudes truanescas; comportamento de bobo* = *comportamento truanesco*.

boca
Adj. correspondente: *bucal* (saúde bucal, lesões bucais, câncer bucal) e *oral* (som oral, sexo oral, prova oral).

boca de urna
Nunca se escreveu com hifens. No entanto, escreveu um jornalista da Folha de S. Paulo: *A Carolina do Sul é um estado tradicionalmente muito conservador, mas desta vez os eleitores orientaram seu voto, segundo as pesquisas de "boca-de-urna", não tanto por questões morais ou religiosas mas pela má situação econômica e o desejo*

de escolher quem melhor possa derrotar o democrata Barack Obama nas eleições de novembro. É mais uma das bobagens do jornalismo brasileiro...

Bocaiuva
Agora se escreve sem acento.

"bochete"
Não existe isso. Todo o mundo sabe o que é *pochete*, mas só alguns sabem o que significa "bochete", entre os quais os "adevogados". Dia desses, num programa de televisão, uma advogada só dizia "bochete". Era "bochete" pra cá, "bochete" pra lá, sem parar. Teria ela feito o exame da Ordem?

bochicho, bochincho, bochinche ou bachinche?
Tanto faz. Significa, entre outras coisas, pequeno boato, rumor: *Corre um bochinche por aí que ele sabia de tudo, que comandava tudo*.

bode
Adj. correspondente: *hircino*. Portanto, *barba de bode* = *barba hircina; cheiro de bode* = *cheiro hircino*.

boêmia ou boemia?
As duas prosódias existem: Os poetas de antigamente viviam na boêmia (ou boemia). No Brasil, no entanto, só querem saber de boemia...

bofete
Tapa dado no rosto com a palma da mão aberta; bolacha. Pronuncia-se com o e tônico fechado ou aberto, indiferentemente: *O rapaz levou um bofete da namorada, que nunca mais vai esquecer*.

boi
Adj. correspondente: *bovino*. Portanto, *carne de boi* = *carne bovina; couro de boi* = *couro bovino*.

bola / bolinha / bolão
As três têm o o inicial aberto: Ademir da Guia era um bolão.

bom
Rege *a* ou *para* (benéfico), *com, para* ou *para com* (bondoso), *de* ou *para* (próprio, adequado) e *em* (versado, experto, craque; compreensivo, gentil): *Clima bom aos* (ou *para os*) *asmáticos*. *** *Patrão bom com* (ou *para* ou *para com*) *os empregados*. *** *Essa água é boa de* (ou *para*) *beber*. *** *Aluno bom em português*. *** *O diretor foi muito bom em me atender agora, porque tenho de viajar*.

bomba
Usada como adjetivo, por *bombástico, sensacional* ou *inesperado, surpreendente*, não varia: *revelações bomba, notícias bomba, testemunhas bomba*.

bomba-d'água
Sempre com hífen. Pl.: bombas-d'água. V. **copo-d'água**.

bom de
Não se usa o pronome *se* depois da preposição: *Jogo bom de assistir*. *** *Livro bom de ler*. *** *Carro bom de dirigir*. *** *Água boa de beber*. Recentemente, o apresentador do maior telejornal da emissora do "Roráima" anunciou uma série especial de reportagem do jornal: Brasil – país bom de "se" ver. Nessa emissora, tudo a ver...

bom êxito
Não há redundância aí, já que *êxito* significa, em rigor, *resultado*. Na língua contemporânea é que a palavra adquiriu o sentido de *sucesso* ou *resultado favorável*: *Ao desejar conquistar a moça, não teve êxito*. Não há erro, contudo, em usar aqui *bom êxito*, cuja expressão antônima é *mau êxito* (= insucesso): *A demissão do treinador se deveu ao mau êxito da equipe brasileira nas Olimpíadas*.

bom número de
Use o verbo no singular ou no plural, indiferentemente, com complemento no plural: *Bom número de torcedores compareceu* (ou *compareceram*) *ao estádio hoje..* *** *Bom número de empresas está* (ou *estão*) *mudando sua estratégia de marketing.*

bom senso
Sem hífen. A 5.ª edição do VOLP registrava com hífen, daí a confusão que se armou em torno da grafia correta. Mas registra *boa-fé* e *má-fé...*

bondade
Rege *com* ou *para com* (pessoa), *de* (cortesia, gentileza) e *de* ou *em*, ambos antes de verbo: *Sua bondade com* (ou *para com*) *os alunos acabou prejudicando-o.* *** *Ele teve a bondade de me acompanhar até o elevador.* *** *Tenha a bondade de entrar!* *** *Queira ter a bondade de aguardar um instante!* *** *O cego agradeceu a bondade do garoto de* (ou *em*) *ajudá-lo a atravessar a rua.*

bondoso
Rege *com, para* ou *para com* (pessoa) e *de* ou *em* antes de verbo: *É um pai bondoso com* (ou *para* ou *para com*) *os filhos.* *** *Ela foi bondosa de* (ou *em*) *me ouvir.*

boneca / bonequinha / bonecão
As três têm o o inicial aberto: *Sua filha é uma bonequinha!*

borboleta
Adj. correspondente: *papilionáceo*. Portanto, *coleção de borboletas* = *coleção papilionácea; asas de borboleta* = *asas papilionáceas*.

bordo
Palavra que, em princípio, só deveria ser empregada em referência a navio. Como, porém, não existe nenhum termo equivalente para a aviação, a palavra passou, por analogia, a ser usada também nessa área: *As comissárias servirão o jantar a bordo. Os comissários de bordo tranquilizaram os passageiros.* Tal analogia ganhou tantos domínios, que já se vê em ônibus de certas empresas, na parte lateral, a inscrição: *Toilette a bordo*. A bem da verdade, em português: *Toalete a bordo*. Mas o saborzinho francês denota certa sofisticação (a fim de que o passageiro se sinta mais importante...).

bordô
Não varia: *camisas bordô, carros bordô, gravatas bordô.*

borrifado
Rege *com, de* ou *por*: *Chegou com o rosto todo borrifado com a* (ou *da* ou *pela*) *chuva.* *** *Encontrei o chão todo borrifado com* (ou *de* ou *por*) *sangue.*

bossa nova, bossa-nova e Bossa Nova: qual a diferença?
A **bossa nova** é o ritmo musical, misto de *jazz* com samba, de melodia e harmonia novas, excepcionalmente inovadoras, surgido no final da década de 1950, em Ipanema, bairro carioca; muitos dizem apenas *bossa*. *O Brasil precisa reencontrar urgentemente o caminho da bossa nova, que é o verdadeiro rumo da sua cultura musical.* Já **bossa-nova** é relativo à bossa nova, da bossa nova (*samba bossa-nova; cantores bossa-novas*) ou, em sentido figurado, da moda, do momento (*presidente bossa-nova; penteados bossa-novas*). Note o plural especial: *bossa-novas* (que o VOLP não registra). **Bossa Nova** é o nome do movimento ou, com mais propriedade, do surto cultural da música popular brasileira, iniciado em 1958, no Rio de Janeiro, com o propósito de renovar a forma rítmica, harmônica e melódica da música popular da época e valorizar as suas letras, com o ressurgimento do sentimento da beleza da vida, dos encantos da terra e da paixão à mulher amada. Constitui-se na principal arrancada da nossa cultura musical rumo ao belo, à perfeição. Mas... tornemos à *bossa nova*. Como é um misto de

jazz com samba, a *bossa nova* agradou em cheio ao mais exigente dos músicos americanos, que o chamam com propriedade *o jazz brasileiro*. *Garota de Ipanema, Ela é carioca, Samba do avião, Samba de uma nota só, Corcovado* e *O barquinho* são as seis músicas que marcaram o auge da *bossa nova*, tanto no Brasil quanto no exterior. Não por acaso, cinco delas composições de Tom Jobim, o gênio da *bossa nova* e um dos maiores compositores da música popular brasileira de todos os tempos. Hoje, incompreensivelmente, ouve-se mais *bossa nova* nos Estados Unidos e no Japão que no Brasil. O Brasil precisa merecer a bossa nova, eis a frase proverbial de Tom Jobim. Merece? Hoje o mundo canta e toca *bossa nova*. E o Brasil? Ah, o Brasil prefere axé-music e música sertaneja, o que é que há? Afinal, estamos evoluindo, estamos virando gente...

bota-fora
Cerimônia de lançamento de um navio ao mar. Faz no plural *bota-foras*.

braço
Adj. correspondente: braquial. Portanto, osso do braço = osso braquial; artéria do braço = artéria braquial.

brando / brandura
Regem *com* ou *para com* (pessoa) e *em* (coisa): *Um professor brando com* (ou *para com*) *os alunos pode não ser rigorosamente pedagógico.* *** *O Papa sempre se mostrou brando com* (ou *para com*) *os fiéis.* *** *Sua brandura com* (ou *para com*) *os filhos lhe poderá trazer sérios problemas mais tarde.* *** *O Papa, na sua costumeira brandura com* (ou *para com*) *os fiéis, recebeu e abençoou a todos.* *** *Pai brando nas punições.* *** *A brandura nas penas incentiva o crime.*

Brás
É assim que se escreve, desde 1943, mas os jornalistas brasileiros continuam escrevendo: bairro do "Braz", Rua "Braz" Leme, etc. Mas, afinal, em que ano estamos? Em que milênio vivemos?...

brasão
Adj. correspondente: *heráldico*. Portanto, *conhecimentos de brasões* = *conhecimentos heráldicos*.

"brasileiras e brasileiros"
Eis aí a expressão mais simplória do século XX, que alguns se encarregaram de estender para o novo milênio. Invenção de um desastrado ex-presidente, para angariar votos do eleitorado feminino, esse "vírus" atacou outros presidentes, acabou sofrendo mutação genética e se espalhou, contaminando muita gente. Fernando Henrique Cardoso, como intelectual que é, mudou-a um pouquinho, ao usar em um de seus discursos: *Esta é a hora de cada "brasileiro e brasileira" pensar menos em si mesmo e mais no país*. Ora, não há nenhuma necessidade de usar o adjetivo pátrio no feminino! Quando dizemos *O Brasil espera que cada brasileiro cumpra o seu dever*, já estamos nos referindo ao homem e à mulher. Aliás, a frase original é assim: *O Brasil espera que cada um cumpra o seu dever*. A seguirmos o raciocínio simplório, teríamos que mudar para: *O Brasil espera que cada um "e cada uma" cumpra o seu dever*. Como deixar de rir? Agora – também – o trabalho não dignifica apenas o homem. Não: tem que dignificar o homem e **a mulher**. Como se a palavra **homem** não abrangesse todo o conjunto homem-mulher. Quando afirmamos que o Brasil tem mais de 150 milhões de eleitores, já estamos nos referindo ao homem e à mulher. Acrescentar "e eleitoras" é de uma tolice imperdoável! Isso de querer agradar às mulheres, ofendendo a língua, não me parece política muito inteligente (porque elas percebem!). A seguirmos por esse caminho tortuoso, uma escola já não terá mil alunos, mas mil alunos "e alunas"; o Brasil já não terá 200 milhões de brasileiros, mas de 200 milhões de brasileiros "e brasileiras". O dia 15 de outubro já não será apenas o Dia do Professor, mas o Dia do Professor "e da Professora"! Veja você até onde chega o primarismo! Por ocasião da comemoração do cinquentenário da

Petrobras, declarou Lula: *Parabéns, petroleiros "e petroleiras" de todo o Brasil!* Há quem se consagre dessa forma! Haverá de chegar o dia em que algum desses nossos políticos despreparados vai começar o seu pronunciamento desta forma: Meu povo e minha "pova"!... Por quê? Porque eles, assim como alguns jornalistas, são ótimos!...

EM TEMPO – **1.** A presidenta iniciou o seu primeiro discurso por cadeia de rádio de televisão desta forma: *Querida brasileira, querido brasileiro*. É apenas uma variante daquela, portanto também simplória, assim como simplória é a confusão feita pela mesma presidenta entre diuturno e diurno, em um de seus discursos.

2. A mesma presidenta, no entanto, por ocasião da tragédia ocorrida na Escola Municipal Tasso da Silveira, no Rio de Janeiro, em 7 de abril de 2011, na qual morreram crianças, prestou homenagem aos "brasileirinhos que foram retirados tão cedo da vida". Não falou em "brasileirinhas e brasileirinhos", embora tenham morrido meninos e meninas. Não deixa de ser um avanço espetacular...

brasilo-

É essa a forma contraída do adjetivo *brasileiro*; usa-se obrigatoriamente como elemento inicial de um composto: *acordo brasilo-argentino, amizade brasilo-uruguaia*. Nossos jornalistas usam *fronteira "brasileiro-argentina", amizade "brasileiro-uruguaia"*, etc. Por que não usam também *francês* no lugar de *franco-* em *amizade franco-brasileira*? Por que não usam também *inglês* no lugar de *anglo-* em *aliança anglo-americana*? Causam naturalmente estranheza o *acordo brasilo-paraguaio*, a *fronteira brasilo-argentina*, a *amizade brasilo-uruguaia*. Por quê? Justamente porque os jornalistas nunca usam assim. Houve no Brasil uma época em que até Banco "brasileiro-iraquiano" existia. Ainda bem que desapareceu. No site da revista Car and Driver apareceu isto: *A represa hidrelétrica "brasileira-paraguaia" Itaipu fechou parceria com a Renault para montar 32 unidades do Twizy em suas instalações, para serem usadas como parte da frota da estatal*. Eita jornalista supimpa!...

brejo

Adj. correspondente: *palustre*. Portanto, *flores do brejo* = *flores palustres*.

"breve" alocução

Redundância: toda alocução é breve. Eis como se define alocução: discurso *breve*, feito em ocasião solene. Sendo já em sua essência breve, configurada está em redundância a combinação "breve alocução". O dia 11 de setembro de 2001 ficou marcado no mundo todo como inesquecível por uma tragédia, que todos conhecem. A tragédia que talvez o caro leitor não conheça ocorreu justamente nesse dia, mas não nos Estados Unidos, no Brasil mesmo. Chocado, como todos nós, com o ocorrido, discursa o então presidente Fernando Henrique Cardoso: *Não quero terminar esta "breve" alocução sem reiterar que, como parte do continente, como um povo democrático que é o brasileiro e como líder deste país, repudiamos, vivamente, o terrorismo e consideramos que o que aconteceu hoje, que foi visto por milhões e milhões de pessoas, mostra os desatinos da violência. O Brasil continuará – reitero – empenhado na busca de fórmulas de convivência universal, que ponham um fim a essa marcha da insensatez*. Insensatez é bem a palavra... Eis que, então, escreve alguém sobre as primeiras sessões da Academia Brasileira de Letras. Assim: *A primeira sessão plenária da Academia realizou-se a 20 de julho de 1897, com a presença de dezesseis membros, numa sala do Pedagogium, na rua do Passeio. Depois de uma "breve" alocução introdutória do presidente Machado de Assis e da leitura da memória dos atos preparatórios por Rodrigo Octavio, Joaquim Nabuco pronunciou o discurso inaugural*. O Brasil e Machado de Assis, positivamente, não merecem...

"breve" menção

Redundância: toda *menção* é breve, a exemplo de toda *alocução*. Quem faz *"breve menção"* também pode exercitar *"telepatia mental"*, que tudo é farinha do mesmo saco.

brindar ou brindar a?

Tanto faz, na acepção de beber à saúde ou ao sucesso de alguém, saudar: *Os convidados brindaram os* (ou *aos*) *noivos e os deixaram partir para a lua de mel.* *** *Os torcedores brindaram os* (ou *aos*) *novos campeões brasileiros de futebol.* *** *Vamos brindar este* (ou *a* este) *momento lindo!* Na acepção de presentear é, como este, transitivo direto e indireto: *Os convidados brindaram os noivos com muitos presentes.* *** *Os torcedores brindaram os novos campeões com litros de vinho.*

brócolis
Palavra só usada no plural (*os brócolis*), que, naturalmente, exige o verbo também no plural: *Os brócolis subiram muito de preço na última semana*. Informa um jornalista: *Estudos recentes comprovaram que "o" brócolis contém um elemento químico que inibe o desenvolvimento da bactéria Helicobacter pylori, causador da úlcera péptica*. Informa outro jornalista: *Além de ajudar a prevenir o câncer, "o" brócolis também pode ajudar o sistema imunológico a limpar bactérias nocivas aos pulmões*. No portal UOL: *"O" brócolis "cru" contém 400mg de cálcio em 100g*. A seguir, vem um conselho: *Prefira consumir "o" brócolis no vapor.* Há, ainda, os que usam "brócoli": "O brócoli" é um vegetal muito rico em cálcio e ferro. Os brócolis são, de fato, um belo alimento e podem ser encontrados em qualquer mercearia ou quitanda. Quanto ao "brócoli", ainda não o encontramos em nenhuma feira ou supermercado...

Brodowski
É a grafia correta do nome da cidade paulista, embora muito se veja "Brodósqui". Pronuncia-se brodóvski. Brodowski é o sobrenome do polonês fundador da cidade. Como nomes estrangeiros devem ser preservados em sua grafia, mormente quando se distanciam das formas aportuguesadas, convém usar sempre Brodowski. Aqueles que usam "Brodósqui" usariam também a forma Chaicóvisqui, se a cidade tivesse o nome do grande compositor russo? Cremos que não, estamos certos de que não.

bronze
Adj. correspondente: *brônzeo* ou *êneo*. Portanto, *estátua de bronze* = *estátua brônzea* ou *estátua ênea*.

brutalidade / bruto
Regem *com* ou *para com* (pessoa) e *de* ou *em* (coisa): *Sua brutalidade de (ou nas) palavras com (ou para com) algumas pessoas o tornou antipatizado ante todo o grupo.* *** *Foi bruto de (ou nas) palavras com (ou para com) algumas pessoas, o que o tornou antipatizado perante todo o grupo.*

bucomaxilofacial
É assim que se escreve, sem hifens. Manchete do Diário do Nordeste, de Fortaleza: *Cirurgia "buco-maxilo-facial" é tema de encontro cearense*. No texto da matéria: *Fortaleza sediará, hoje e amanhã, o II Encontro Cearense de Cirurgia e Traumatologia "Buco-Maxilo-Facial", promovido pelo Colégio Brasileiro de Cirurgia e Traumatologia "Buco-maxilo-faciais".* É, realmente, uma notícia que provoca até câimbra bucomaxilofacial...
Se tiver dúvida sobre a escrita de qualquer palavra, consulte o **Grande dicionário Sacconi da língua portuguesa**.

búfalo
Adj. correspondente: *bufalino*. Portanto, *criação de búfalos* = *criação bufalina*.

bugue
Pequeno veículo leve, esportivo, de quatro rodas e penumáticos largos, para duas ou quatro pessoas, aberto nas laterais e atrás, próprio para transitar em terrenos arenosos, dunas e praias. Em algumas regiões do Nordeste, muitos se referem a esse veículo usando a palavra "bugre".

bulimia
Apetite exagerado e insaciável, seguido de períodos de depressão. Pronuncia-se bulimía, mas muita gente, principalmente os médicos, diz "bulímia".

bulir
Conjuga-se por fugir.

bum
É o aportuguesamento do inglês *boom*. Há, todavia, os que preferem escrever ainda em inglês a adotar a forma aportuguesada. Estão entre esses os próprios elaboradores do VOLP.

bumba meu boi
Sem hifens.

burburinho
É a palavra correta, mas muitos escrevem "borborinho".

busca
Antecedida da preposição *em* ou da crase *à*, aparece combinada com *de*: *Foi uma verdadeira corrida da população em* (ou *à*) *busca de alimentos*. *** *O jogador se transferiu para a Espanha em* (ou *à*) *busca de melhores salários*. *** *Os velhinhos aqui vêm em* (ou *à*) *busca de paz e compreensão*.

"Butantan"
É mais que sabido: nossa língua já não tem palavras oxítonas terminadas em *-an*, que se substitui por *-ã*. Por isso, escrevemos: *Ivã, Tarzã, Aquidabã, Oberdã, sedã, Osmã* e, naturalmente, *Butantã*. Nada, nenhuma decisão de gabinete, mesmo do próprio instituto fundado por Vital Brasil (e não "Vital "Brazil"), tem poderes para mudar a grafia de qualquer nome que seja. O nome do instituto, segundo as normas ortográficas em vigor, é Instituto Butantã. Nossos jornalistas sabem disso? Alguns, quem sabe. Veja como o Diário de S. Paulo estampou uma notícia: *"Butantan" vai fazer vacina experimental contra gripe aviária*. Teriam saído "vacinados" alguns jornalistas de suas faculdades? Hoje, muitos deles nem mesmo passaram por faculdades. O resultado não poderia ser bom.

C

cê-cedilha ou cê-cedilhado?
Tanto faz. Ambos são substantivos. Portanto: a palavra muçarela se escreve com cê-cedilha (ou com cê-cedilhado), e não com dois ss.

cabala
Em português, é palavra paroxítona (kabála); a prosódia kabalá, oxítona, é hebraica.

cabeça
Adj. correspondente: cefálica. Portanto, massa da cabeça = massa cefálica; perímetro da cabeça = perímetro cefálico.

cabeçalho
Apesar de ser assim, há quem use "cabeçário". Repare neste texto, encontrado na Internet: *O arquivo contendo o relatório do ANSYS é aberto para leitura. São ignoradas todas as linhas até encontrar-se a linha de "cabeçário" do relatório, pois sabe-se que a linha seguinte ao "cabeçário" já é referente a um nó, elemento ou dado. Caso a linha do "cabeçário" não seja encontrada (um arquivo inconsistente), o arquivo não é gerado e o modelo não poderá ser visualizado no DX.* Não é demais, não?

cabeleireiro
É a grafia correta, já que provém de cabeleira (cabeleira + -eiro = cabeleireiro). Muitos, no entanto, insistem em usar "cabelereiro" e até "cabelelero". No jornal Diário do Nordeste, na primeira página, apareceu esta manchete: **Serviços de "cabelereiros" crescem no Brasil**. Pensamos a princípio tratar-se apenas de um mero erro de digitação. Qual nada! Ao irmos até a matéria, deparamos com este título: **Brasil cresce com serviços de "cabelereiros" e ocupa o terceiro lugar em consumo de produtos de beleza**. A ignorância dos jornalistas cresce junto...

cabelo
Adj. correspondente: capilar. Portanto, tônico do cabelo = tônico capilar; tratamento do cabelo = tratamento capilar.

caber
É verbo irregular. Conj.: caibo, cabes, cabe, cabemos, cabeis, cabem (pres. do ind.); coube, coubeste, coube, coubemos, coubestes, couberam (pret. perf. do ind.); cabia, cabias, cabia, cabíamos, cabíeis, cabiam (pret. imperf. do ind.); coubera, couberas, coubera, coubéramos, coubéreis, couberam (pret. mais-que-perf. do ind.); caberei, caberás, caberá, caberemos, cabereis, caberão (fut. do pres.); caberia, caberias, caberia, caberíamos, caberíeis, caberiam (fut. do pret.); caiba, caibas, caiba, caibamos, caibais, caibam (pres. do subj.); coubesse, coubesses, coubesse, coubéssemos, coubésseis, coubessem (pret. imperf. do subj.); couber, couberes, couber, coubermos, couberdes, couberem (fut. do subj.). Não tem imperativo, justamente pelo próprio significado que encerra. Suas formas nominais são: caber (infinitivo impessoal); caber, caberes, caber, cabermos, caberdes, caberem (infinitivo pessoal); cabendo (gerúndio); cabido (particípio). Esse é um verbo que facilmente leva a erro de concordância, quando seu sujeito é um infinitivo. Assim, é comum encontrarmos frases como esta: *Estes são problemas que "cabem" ao diretor resolver*, em que seu autor está certo de que o sujeito de *caber* é *problemas* (representado pelo pronome relativo *que*). Não é. O sujeito

de *caber* é, na verdade, o infinitivo (*resolver*): afinal, o que é que não cabe? É *resolver*; portanto, o verbo deve ficar no singular. Em relação a esse verbo, há uma passagem interessante: Juquinha era um aluno relapso, que não conseguia acompanhar os demais colegas da sala de aula. Vivia dizendo nós "fumo", não "cabeu", "peguemo", etc. Sua professora não se cansava de corrigi-lo. Num dia de pouca paciência, quando ele repetiu não "cabeu", a professora o fez ficar depois da aula para escrever cem vezes numa folha de caderno a palavra *coube*. Ao escrever noventa e cinco vezes, percebeu que a folha não ia ter espaço suficiente. Então, aproveitou aquele pequeno vão da folha para deixar um recado: "Fessora, num terminei por causa que num cabeu". Dali por diante passou a ser chamado pelos colegas Juquinha Kfuro...

cabo da Boa Esperança ou Cabo da Boa Esperança?
Tanto faz. Da mesma forma: cabo (ou Cabo) Canaveral, cabo (ou Cabo) da Roca, etc.

cabra
Adj. correspondente: *cabrum* (de fem. *cabrua*) e *caprino*. Portanto, *rebanho de cabras = rebanho cabrum* ou *rebanho caprino*; *criação de cabras = criação cabrua ou caprina*.

cabra da moléstia e cabra da peste
É assim que se escrevem agora essas palavras, ou seja, sem hifens.
Se tiver dúvida sobre a escrita de qualquer palavra, consulte o **Grande dicionário Sacconi da língua portuguesa**.

caça
Adj. correspondente: *venatório* e *cinegético*. Portanto, *temporada de caça = temporada venatória*; *apetrechos de caça = apetrechos cinegéticos*. Use com *a* ou *de*: *Está proibida a caça a* (ou *de*) *animais silvestres.* *** É *crime a caça às* (ou *das*) *baleias*.

caça com cães
Adj. correspondente: *cinegético*. Portanto, *arte da caça com cães = arte cinegética*.

caçar e cassar: qual a diferença?
Caçar é perseguir para abater (aves e animais): *Ir à África para caçar leões e veados*. **Cassar** é anular ou cancelar (licença, autorização, direito, etc.) e também privar dos direitos políticos: *cassar uma liminar; cassar uma concessão; cassar mandatos*. Um jornalista de O Globo, no entanto, confunde ambas as palavras e escreve (no dia que o impeachment de Collor fez vinte anos): *"Caçado", passou por um período de reclusão. Viveu um tempo em Miami, numa mansão hollywoodiana, com torneiras banhadas a ouro. Ficou inelegível por oito anos.* O referido jornalista se esqueceu, no entanto, de nos contar com que espingarda o fato se deu...

cacho
Adj. correspondente: *racemiforme*. Portanto, *colônias (de bactérias) semelhantes a cacho = colônias racemiformes*.

Cachoeiro de Itapemirim
É esse o verdadeiro nome da cidade capixaba. Muitos, no entanto, usam *"Cachoeira do" Itapemirim*, cidade que ainda não foi fundada. V. **Campos do Jordão**.

caçoada
Pede *com*: *O jornalista fez caçoada com o presidente e foi preso.* *** *Gente educada não faz caçoada com os mais velhos*. A regência "caçoada de", muito comum, deve ser desprezada.

caçoar
Use com *com* ou *de*: *O jornalista caçoou com o* (ou *do*) *presidente e foi preso.* *** *Gente educada não caçoa com os* (ou *dos*) *mais velhos*. Conj.: *caçoo, caçoas, caçoa, caçoamos, caçoais, caçoam* (pres. do ind.); *caçoe, caçoes, caçoe, caçoemos, caçoeis, caçoem* (pres. do subj.). Como se vê, não existem formas como "caçuo", "caçua", "caçue", etc., muito encontradas na língua popular.

Cacuia
Nome de um antigo cemitério da ilha do Governador, no Rio de Janeiro. Quem ia para a Cacuia, naturalmente, eram os mortos. Daí surgiu a expressão ir para Cacuia = morrer. O povo se encarregou de achar uma variante: ir para a cucuia, viagem que ninguém quer fazer...

cada isolado
Na norma padrão, evite o uso isolado do pronome cada, que deve vir, no português, junto de um (quando há substantivo expresso anteriormente), qual, de substantivo ou de numeral. Ex.: *Os abacaxis custam R$10,00 cada um.* *** *Cada qual sabe onde lhe aperta a botina.* *** *Cada abacaxi custa quanto?* *** *Cada seis horas se inicia um turno de trabalho.* O regulamento do campeonato paulista de 2014, elaborado pela Federação Paulista de Futebol, teve esta redação inicial: *Os 20 times se dividem em quatro grupos de cinco equipes, que jogam em turno único, encarando apenas adversários das outras chaves. Classificam-se os dois melhores de "cada" para as quartas de final.*

cada um
Exige o verbo no singular: *Cada um dos repórteres queria a sua vez.* *** *Cada uma das crianças levava uma mochila às costas.* *** *Cada um de nós pagará caro por esse desmatamento da Amazônia.* *** *Cada um de vocês tem responsabilidade nisso.* Em final de frase, não use "cada" por *cada um* ou *cada uma.* Assim, por exemplo: *Comprei abacaxis a três reais "cada".* *** *Vi na feira melancia a dez reais "cada".*

caderneta
Embora seja assim, há muitos que gostam mesmo é de abrir uma "cardeneta" de poupança. No GuiaSP: **Botequim do Hugo** *fica no Itaim Bibi e segue as antigas tradições. A construção foi erguida em 1927, onde funcionava o Empório Cabral, uma casa de secos e molhados que vendia para a freguesia à vista e fiado, na "cardeneta".*

café
Quando indica cor, não varia: *calças café, carros café, lenços café, toalhas café.*

café da manhã
Sem hifens.

café *espresso* ou café expresso?
Os italianos tomam *caffè espresso* (com s), ou seja, café preparado com água quente sob pressão, pronto para passar pelo café já moído. Não se trata, portanto, de um café rápido, embora o café *espresso* saia bem rapidinho. Em italiano, *espresso* significa retirado sob pressão e, portanto, nada tem a ver com o português *expresso*, que significa rápido. Em suma: existe o café *espresso* (em itálico, para indicar que se trata de um estrangeirismo), que, como sai rapidinho, também pode ser chamado de expresso (sem necessidade do itálico).

cãibra ou câimbra?
Tanto faz.

caído
Rege *de...ao* (ou *em* ou *sobre*): *Havia muitas notas de cem reais caídas do carro-forte à* (ou *na* ou *sobre* a) *calçada.* *** *Eram muitos os abacates caídos do pé ao* (ou *no* ou *sobre* o) *chão.*

caipirismo
Costumam alguns tachar de caipiras os paulistas do interior que trocam o l pelo r e dizem *arto, tarco, iguar,* ou que pronunciam o r guturalmente: *intêriôrrr* . Convém saber que isso nada tem caipirismo. A razão é puramente histórica. Ocorre que, nas regiões banhadas pelo legendário rio Tietê, utilizado pelos bandeirantes, as pessoas realmente trocam o l pelo r, por influência da língua dos indígenas, que não conheciam o som lê, mas apenas o som do r brando, o mesmo de *caro* e *barato.* Os bandeirantes, preocupados em se aproximar dos índios (e de suas

riquezas), faziam o que podiam para serem compreensíveis, para serem amáveis, gentis. Assim, toda palavra que tinha o som lê sofria a natural modificação, num processo inverso ao que ocorre com a personagem infantil Cebolinha, que troca o r pelo l (lambdacismo). Começou, então, dessa forma o hábito de trocar o l pelo r, fenômeno conhecido pelo nome de rotacismo, muito comum nas cidades paulistas de Tatuí, Tietê, Cerquilho, Piracicaba, Limeira, Laranjal, Porto Feliz, Indaiatuba, Itu, Salto, Capivari, Monte-mor, Campinas, etc., onde ninguém, absolutamente ninguém deixa de tomar uma Skór ou uma *SchincarióR*... Esse hábito tem provocado, ao longo dos tempos, inúmeras brincadeiras. Diz-se, por exemplo, que, nessas cidades, os pintinhos já saem da casca fazendo *pir-pir*, em vez de *piu-piu*; diz-se, também, que os cachorros latem *ar-ar*, em vez de *au-au*; e os gatos miam *miar-miar*, em vez de *miau-miau*. Tudo brincadeira, tudo lenda. Existem, ainda, os mais sarcásticos, que contam esta: Após acabar de fazer a barba de um freguês, o barbeiro Angelim, o top da cidade, pergunta ao freguês, Dinho, que já está com o rosto liso como maçã, mas ainda continua sentado na cadeira: *Arco o tarco?* O freguês, insatisfeito ante ambas as sugestões, faz, então, a sua opção: *Vérva*. Ou seja: Dinho não queria *álcool*, porque lhe provocava ardor na pele; não queria *talco*, porque isso não era coisa de homem; preferiu mesmo *Água Velva*, que lhe deixaria o rosto perfumado, sem perder a fama de macho. E vivam os bandeirantes!...

cair
Use com *a* ou *em*: *O helicóptero caiu ao* (ou *no*) *mar*. *** *Os veículos que se chocaram caíram a uma* (ou *numa*) *ribanceira*. Em sentido figurado, todavia, só se usa *cair em*: *cair no conto do vigário, cair na vida, cair na real*, etc. Conj.: *caio, cais, cai, caímos, caís, caem* (pres. do ind.); *caia, caias, caia, caiamos, caiais, caiam* (pres. do subj.). Por ele se conjugam: *abstrair, atrair, contrair, decair, descair, distrair, esvair, extrair, recair, retrair, sair, sobressair, subtrair* e *trair*.

Cairo
É um dos poucos nomes de cidade que exigem obrigatoriamente o artigo: *O Cairo tem mais de dez milhões de habitantes*. *** *Cheguei ao Cairo de madrugada*. *** *Gostei do Cairo*. Quem nasce no Cairo é *cairota*.

cair verbo numa prova
Não há problema algum no uso do verbo *cair* aí. Explica-se: na velha (e boa) escola, os professores procediam a um sorteio para saber qual o assunto que iria constar das provas ou dos exames. Empregavam, então, muitas bolinhas numeradas, cada uma correspondendo a um ponto ou lição. Depois de misturá-las, faziam apenas uma delas cair na mesa. Daí ao *caiu verbo, caiu o teorema de Pitágoras, caiu corpo humano, caiu mecânica, caiu Guerra do Paraguai*, etc., foi apenas um passo.

caixa-d'água
Sempre com hífen. Pl.: caixas-d'água. V. **copo-d'água**.

caixa de fósforos
Como dizemos todos: uma caixa de fósforos ou "um" caixa de fósforos? A resposta é óbvia. O Dicionário Aurélio, entretanto, registra a expressão como substantivo masculino. Normal...
EM TEMPO – Esse mesmo dicionário:
1) registra **numeração** e ***mountain-bike*** como palavras masculinas;
2) registra **questionabilidade** como adjetivo e "retrogosto" (que não consta no VOLP) como s.f.;
3) indica pronúncia errada para **fixe**;
4) só registra **usbeque** (mas o nome do país é Uzbequistão!);
5) dá **zonar** como v.t.d., quando é v.i. (fazer a zona);
6) em **alfaemissor**, há erro de concordância: partículas "alfas", em vez de partículas alfa;
7) dá dois plurais para **alfa-hélice, mãe-joana, mana-chica, mana-joana, manchu-tungue**,

mané-coco, marche-marche, metal-tipo, mulher-objeto, pai-joão, papel-registro, passageiro-quilômetro, raspa-raspa e rema-rema, quando cada um desses compostos só tem um plural correto;
8) dá plural errado para **zé-tranquilino**: "zé-tranquilinos";
9) não registra **almalha, checape, ecoturista, setimanista, meia-boca, sétil, uva-passa, plasmável, porcelanato, saramposo, sínter, socioeducativo** e **sonegável**, entre centenas de outras palavras correntes do dia a dia;
10) comete erro no acento da crase em **alorrítmico**;
11) dá o gênero correto de **alquila** (s.f.), mas no verbete seguinte usa "um alquila";
12) eliminante (termo algébrico), **ribamar**, **manganina** e **salpinge** são palavras femininas, mas estão lá como masculinas;
13) não fornece o gênero dos estrangeirismos **fast-food** e **ménage à trois**;
14) fornece fórmulas químicas erradas (como em **imipramina**) e nomes científicos também errados, como em **lichia** (Litchi chinensis), e não Litchi "cinensis"; em **pó de mico** (Mucuma pruriens), e não "Mucuna" pruriens; em **paxiúba** (Socratea exorrhiza), e não "Iriartea exorriza";
15) registra "alternipede" por **alternípede** e "amaiaripucu" por **amairipucu**;
16) comete lambança na definição 3 de **amarantáceo**;
17) registra "bom senso" (sem hífen);
18) traz **capcioso**, mas não capciosidade;
19) dá etimologias erradas: em **carrilhão** ("carrillon", em vez de carillon); em **contradança** ("contredance", em vez de contredanse); em **marionete** ("marionette", em vez de marionnette); em **pedestal** ("piedistallo", em vez de piedestallo);
20) e perfume é mesmo derivada de perfumar?
21) sabe-se que todo boi é castrado; se assim é, não há como se reproduzir. Então, como é que um boi pode ser destinado à reprodução, como está na definição de **marruco**?

caixa de sapatos
É assim que se usa, e não caixa de "sapato".

caixa-dois ou caixa dois?
Tanto faz. Caixa-dois, segundo um ex-tesoureiro do PT, é dinheiro não contabilizado e prática bastante comum no Brasil, segundo um ex-presidente sul-americano de fala portuguesa...

caixa postal
Não admite vírgula posposta: *Caixa Postal 18*.

calar ou calar-se?
Tanto faz: *Diante de tanta injustiça, não podia mesmo calar* (ou *me calar*). *** *Ao invés de confessar, calou* (ou *calou-se*).

Calasãs
É a grafia correta desse nome próprio. Muitos, no entanto, trazem "Calazans" no registro civil.

calcado
Rege *em* (baseado, fundado) e *sobre* (modelado): *É um romance calcado na vida de Lampião.* *** *É uma constituição calcada sobre a americana.*

calçado
Rege *com* ou *de* (pavimentado) e *com, de* ou *em* (vestido, protegido): *Rua calçada com* (ou *de*) *paralelepípedos.* *** *Ela chegou calçada com* (ou *de* ou *em*) *sandálias havaianas.*

calçamento
Rege *de...com* ou apenas *de*, ou apenas *com*: *Foi feito na cidade o calçamento das ruas e avenidas com paralelepípedos.* *** *Quando será feito o calçamento das ruas?* *** *Será feito apenas calçamento com paralelepípedos?*

calcanhar
Adj. correspondente: *talar*. Portanto, *fratura de calcanhar* = *fratura talar; dor nos calcanhares* = *dor talar; músculos do calcanhar* = *músculos talares*.

calejado
Rege *em* (com calos; experiente, tarimbado): *Ele traz as mãos calejadas no trabalho.* *** *É um marceneiro bastante calejado na profissão.*

calhar ou calhar de? (antes de infinitivo)
Tanto faz, na acepção de *coincidir* ou *acontecer por acaso*: *Calhou (de) virmos à mesma festa.*

calvície
É a forma correta, e não "calvice". No entanto, existem as formas imundície e imundice, além de imundícia.

camarada
Rege *de* (íntimo) e *com* ou *para com* (compreensivo, condescendente): *Sou camarada do presidente.* *** *Sempre foi um professor camarada com (ou para com) os alunos.*

cambiar
Conjuga-se normalmente: *cambio, cambias, cambia, cambiamos, cambiais, cambiam* (pres. do ind.); *cambie, cambies, cambie, cambiemos, cambieis, cambiem* (pres. do subj.).

Camboja
País do Sudeste asiático, também conhecido como Campucheia (éi). Alguns jornais insistem em trazer "Cambodja".

caminhar "a pé"
Visível redundância. Todos nós podemos andar a pé (porque também podemos andar a cavalo, de trem, de ônibus, etc.), mas caminhar só podemos fazê-lo com o uso dos pés, já que caminhar significa percorrer o caminho a pé. Ou você já viu alguém caminhar "de ônibus"? Está claro que não. No entanto, o Dicionário Houaiss, registra assim em **lapear**: caminhar "a pé". Normal...
EM TEMPO – Esse mesmo dicionário:
34) registra "almograve" por **almogavre**, "alseuosmiácea" por **alsevosmiácea**, "anorquídio" por **anorquídeo**, "antiapolético" por **antiapoléctico**, "anticeticismo" por **anticepticismo**, "anticético" por **anticéptico** e "antirrugas" por **antirruga**;
35) registra "aritmancia", "aritmante" e "aritmântico", palavras que não existem;
36) registra "maniconia", em vez de **manicônia**;
37) usa errado o acento grave da crase no verbete **mão-tenente** e no subverbete **alongar os olhos**;
38) em **mangrueiro** usa erroneamente o pronome se: difícil de "se" contentar;
39) em **matina**, não usa o competente e indispensável artigo antes de meia-noite;
40) registra **alfombrado** como substantivo, quando é na verdade adjetivo;
41) registra **altriz** apenas como substantivo, quando é também adjetivo;
42) registra centenas de palavras que são apenas substantivo, mas estão ali registradas como adjetivo e substantivo, casos de **cavucador, chamador, cilindreiro, codoador, comedista, comprista, coreiro, coronheiro, cotador, coureador, cozinhador, cristaleiro** e **cristólogo**;
43) registra centenas de palavras que são apenas adjetivo, mas estão ali registradas como adjetivo e substantivo, casos de **amarronzado, antálgico, apetecedor, aquariófilo, aquilatador, arapuqueiro, atrevidaço, batalhador, byroniano, cadeirudo, chiqueireiro** e **corneador**;
44) não registra **gastança, lava-prato, lava-roupa, marchanteria, antisseborreico, antitabagismo, antitabagista** (que também não consta no VOLP), **ocorrido, bâmbi** nem **brasiguaio**;
45) registra **implantodontia**, mas não implantodôntico.

caminhoneta, caminhonete, camioneta ou camionete?
As quatro formas existem, tendo e tônico fechado as terminadas em -a.

Camões
Luís de Camões é a maior figura literária portuguesa, autor de *Os lusíadas*. Num de seus momentos mais inspirados, compôs um soneto cuja primeira linha é Amor é fogo que arde sem se ver, que deu nome ao poema. É uma obra-prima. Camões nasceu no séc. XVI e certamente nunca poderia imaginar que, no século XXI, a primeira estrofe do seu poema fosse fazer parte de um exame vestibular (que, àquela época, nem ele próprio imaginaria o que poderia ser). Foi no vestibular da Universidade de Santa Catarina. Cobrou-se dos candidatos a interpretação da referida estrofe:

Amor é fogo que arde sem se ver,
é ferida que dói e não se sente,
é um contentamento descontente,
dor que desatina sem doer.

Uma vestibulanda de 18 anos deu a sua interpretação:

Ah, Camões!, se vivesses hoje em dia,
tomavas uns antipiréticos,
uns quantos analgésicos
e Prozac para a depressão.
Compravas um computador,
consultavas a Internet
e descobririas que essas dores que sentias,
esses calores que te abrasavam,
essas mudanças de humor repentinas,
esses desatinos sem nexo,
não eram feridas de amor,
mas somente falta de sexo!

A vestibulanda ganhou nota DEZ (com louvor): pela originalidade, pela estruturação dos versos, das rimas insinuantes e também foi a primeira vez que, ao longo de mais de 500 anos, alguém desconfiou que o problema de Camões era apenas falta de mulher...

campeão
É a forma correta. O feminino plural é campeãs, mas recentemente uma emissora de televisão divulgou o desfile das "campeães". Televisão é cultura...

Campinas
Quem nasce em Campinas (SP) é *campineiro* ou *campinense* (esta forma é menos usual, mas também legítima). Na cidade existem duas academias de letras: a Academia *Campineira* e a Academia *Campinense*. Ambas brigam, desde tempos imemoráveis, pelo adjetivo mais próprio.

campo
Adj. correspondente: *agreste, campesino, campestre* ou *rural*. Portanto, *vida no campo* = *vida agreste* (ou *vida campesina* ou *vida campestre* ou *vida rural*).

Campos do Jordão
Quem nasce em Campos do Jordão é *jordanense*. Note: é *do*, e não "de". V. **Cachoeiro de Itapemirim**.

campus
Latinismo. Significa espaço, área ou conjunto de terras que pertence a uma universidade ou a um hospital. Pronuncia-se *kâmpus*. Pl.: *campi* (pronuncia-se *kâmpi*). A exemplo de *álbum, bônus, vírus, ânus, grátis, cútis, dura-máter, factótum, fórum, pia-máter, lótus,* mapa-*múndi, álibi, quórum*, etc., já deveria ter sido aportuguesado. Nós, particularmente, usamos acentuar todas as palavras latinas que se enquadrem na índole da língua portuguesa, tais como *máxime, quântum*, etc., ou seja, palavras ou expressões que se enquadrem em qualquer das nossas regras de acentuação gráfica. O que não me parece razoável é acentuar latinismos que não têm a roupagem portuguesa,

casos de *"déficit"*, *"superávit"*, *"hábitat"*, etc. Não há palavras portuguesas terminadas em *t*. Quem não quiser usar os latinismos *câmpus, câmpi*, poderá usar as palavras portuguesas *o campo, os campos*. É mais simples e, assim, evitam-se gafes como esta, encontrada num jornal: *Em 1985, o reitor da Unimep dividia o espaço de um dos "campus" da instituição com jovens palestinos*. Se conhecimentos de português já está difícil essa gente mostrar, que se dirá, então, de latim!

Camucim
É esse o nome atualizado da cidade cearense. Muitos, no entanto, continuam escrevendo Camocim, grafia antiga, que, porém, pode ainda ser usada. Quem nasce em Camucim se diz camucinense (legitimamente), mas também pode ser camocinense (porque essa forma tem registro no VOLP).

camundongo ou camondongo?
A grafia correta sempre foi camundongo. Eis que surge a 5.ª edição do VOLP e registra também camondongo como palavra correta. Não surpreende (v. **VOLP**).

Canaã
Antiga região situada entre o rio Jordão, o mar Morto e o mar Mediterrâneo, a terra prometida por Deus a Abraão. Também: antigo nome da Palestina, dado pelos israelitas antes da ocupação romana. Quem nascia ou habitava em Canaã era *cananeu*, de feminino *cananeia* (éi) ou canaanita. Há quem escreva, ainda no século XXI, "Canaan" (não é mesmo, cearenses?).

cânabis ou canábis?
A palavra correta é cânabis, e não "canábis". Nome da planta herbácea de cujo uso muitos já andam a defender a descriminalização.

cana-de-açúcar
Adj. correspondente: *arundináceo*. Portanto, *plantação de cana-de-açúcar* = *plantação arundinácea*.

canalização / canalizado
Regem *de...para*: *A canalização de verbas para a educação depende desse orçamento.* *** *As verbas canalizadas deste ministério para a educação deverão retornar brevemente.*

canarinho
V. seleção "canarinha".

câncer
Pl.: *cânceres: Morreu porque tinha vários cânceres*. Em dúvida sobre o plural de qualquer palavra, consulte o **míni Sacconi**.

candango
Nome que os africanos davam aos portugueses, no séc. XVI. No Brasil, esse nome se aplicou a cada um dos trabalhadores braçais de Brasília, em referência ao homem de fora, geralmente do Nordeste, que se fixou na nova região apenas porque havia trabalho. Deu-se esse nome também a cada um dos primeiros habitantes de Brasília, que hoje mais se conhecem por *brasilienses*. A palavra tem origem no quimbundo *kangundu*.

candidato
A palavra é da mesma família de *cândido* (alvo, branco; em sentido figurado: puro, inocente, ingênuo, sincero), já que tem origem no latim *candidatus* = vestido de branco, de *candidus* = alvo, branco. É que os pretendentes a cargos públicos, na Roma antiga, vestiam togas brancas, muito alvas, para mostrar a sua pureza ou lisura de intenções. Antes, tudo muito branco, tudo muito puro; depois...

candidatos a
Depois dessa expressão, só cabe o emprego do masculino singular, porque se faz

referência à profissão, ao cargo, destinados a pessoas de ambos os sexos. Portanto: *candidatos a vereador, candidatos a deputado, candidatos a senador, candidatos a prefeito, candidatos a faxineiro, candidatas a ministro, candidatas a goleiro do time.*

candidatura
Rege *a...por* ou apenas *a*: *Sua candidatura à câmara pelo PRP gorou.* *** *Quem apoiará sua candidatura à presidência?*

cão
Adj. correspondente: canino. Portanto, adestramento de cão = adestramento canino. Pl.: cães. Dim. plural: cãezinhos.

capacidade
Rege *de* ou *para*: *Perdi a capacidade de (ou para) me surpreender com nossa classe política.* *** *Músico de grande capacidade de (ou para) improvisão.* *** *Admiro essa capacidade dela de (ou para) fazer amizade.*

capacitar-se
Rege *a* ou *para*: *O Brasil se capacita a (ou para) conquistar mercados para seus produtos.*

capaz
Rege *de* (competente) e *para* (apto, habilitado): *Essa mulher é capaz de tudo. Será que ele é capaz de administrar este país?* *** *É um hotel capaz para hospedar grandes personalidades mundiais.* *** *Ele se diz capaz para dirigir caminhão.* Na acepção de *provável* ou *possível*, é de uso eminentemente popular: *É capaz que hoje chova.* *** *É capaz que ela venha.* *** *Era capaz mesmo de ela dar um tapa na cara dele.* Pode não ser gramatical esse emprego, mas que é expressivo, ninguém pode duvidar.

capitânia
É a palavra oficial, e não "capitânea": *Depois da perda da capitânia, passou Martim Afonso a tratar da segunda parte da sua missão: o povoamento da terra.* *** *Reuniram-se a bordo da capitânia os comandantes dos outros navios.*

capital
Rege *a, em* ou *para*: *Esses foram fatores capitais à (ou na ou para a) instalação da indústria automotiva em nosso país.*

capitão
Pl.: *capitães*. Fem.: *capitã* (a forma *capitoa* caiu em desuso). As polícias militares, hoje, têm *capitãs*, mas os jornalistas e os próprios militares insistem em usar "a capitão". Trata-se de atitude e critério machistas. Como se sentem as capitãs sendo tratadas como homens?

capitulação
Rege *a* ou *ante* ou *diante de* ou *perante*: *A capitulação do Japão às (ou ante as ou diante das ou perante as) forças aliadas se deu em agosto de 1945.*

"capturar" imagens
É a mais nova invenção dos nossos jornalistas, que parecem não saber distinguir entre *capturar* e *captar*. Repare nesta informação da Folha de S. Paulo: *A sonda Cassini, da Nasa, "capturou" uma série de imagens que revelam uma região escura e bem definida na superfície de Titã, a maior das luas de Saturno.* Em que dicionário brasileiro ou português eles encontraram tal significado para capturar? Em nenhum. Na Veja: **Satélite da Nasa "captura" imagens da Terra à noite**. Já o G1 dá uma no cravo e a outra na ferradura, ao trazer primeiro corretamente: **Nasa faz fotos da Terra à noite e capta luzes**. Depois, além de "capturar imagem", o jornalista usou a abreviatura de quilômetro com K, em vez de k, deixando ainda espaço entre o último algarismo e a letra inicial da abreviatura: *O radar eletrônico estático da Polícia Rodoviária Federal do Piauí "capturou" a imagem de um veículo circulando a 168 Km/h.* Além de

"capturar" imagens, os nossos jornalistas decidiram também que o verbo repercutir é agora transitivo direto ("repercutir" uma reportagem, "repercutir" o vestiário do Flamengo). Eles viraram filólogos, os cientistas da língua! Em que dicionário brasileiro ou português existe tal registro? Em nenhum. Eles pensam que podem manipular a língua a seu bel-prazer. São ótimos!

capucino ou capuchino?
Aportuguesamentos do italiano *cappuccino*.

capuz
Adj. correspondente: *cuculiforme*. Portanto, *folha semelhante a capuz* = *folha cuculiforme*; *chapéu semelhante a um capuz* = *chapéu cuculiforme*.

caractere
Palavra usada em informática para significar qualquer letra, número, símbolo ou sinal de pontuação, geralmente composto de oito *bits* ou um *byte*. A palavra é muito malformada, pois os "informáticos" simplesmente tomaram o plural *caracteres*, retiraram o *s* e decidiram que essa seria a palavra. Ora, mas o singular de *caracteres* é *caráter*, e não "caractere"! Pouco se lhes importou: a informática é uma ciência completamente alheia aos compromissos linguísticos. Se a moda pegar, qualquer dia destes estaremos falando não mais em *repórter*, mas em "repórtere"; ninguém por aqui mais falará em *mulher*, mas em "mulhere". Então, sem dúvida, estaríamos enlouquecendo...

Caraíbas
Nome de um mar que faz parte do oceano Atlântico, também chamado mar das Antilhas e mar do Caribe. Apesar de o acento estar no i, há os que dizem "karáibas".

caráter
Pl.: *caracteres* (té). V. **caractere**.

carboidrato
Apesar de ser a grafia correta, nove entre dez professores de Biologia escrevem "carbohidrato". E os jornalistas? Alguns também escrevem assim: *O açúcar é um produto da fotossíntese, é um "carbohidrato". O importante é não consumir gordura com o "carbohidrato"*. E o VOLP (veja você!) registra carboidrato como substantivo feminino! Como seguir um vocabulário desses? Como confiar num vocabulário desses?

cardeal
Adj. correspondente: *cardinalício*. Portanto, *chapéu de cardeal* = *chapéu cardinalício*; *hábitos de cardeal* = *hábitos cardinalícios*. Como adjetivo, significa *principal*: *pontos cardeais*. A forma rigorosamente correta é *cardial* (não abalizada pelo VOLP), dada a sua origem (latim *cardinalis*). Onde foram encontrar o e, ninguém sabe.

cardiorrespiratório
Sem hífen e com dois *rr*. Um jornalista de O Globo, no entanto, resolveu inventar. E escreveu: *A apresentadora Hebe Camargo teve parada "cardiorespiratória" na manhã deste sábado*. Tipo da parada que mata duas vezes...

carência / carente
Rege *de* ou *em*: *A carência de* (ou *em*) *vitaminas debilita o organismo*. *** *Um organismo carente de* (ou *em*) *vitaminas está mais sujeito a enfermidades*.

carga
Rege *a, contra* ou *sobre*: *Contrários à reforma da previdência, os servidores se dedicaram agora a fazer carga aos* (ou *contra os* ou *sobre os*) *parlamentares, para a sua não aprovação*.

caridade
Rege *com, de* ou *para com*: *É preciso ter caridade com os* (ou *dos* ou *para com os*) *pobres*. *** *Se um dia eu cair doente, quem terá caridade comigo* (ou *de mim* ou *para comigo*)?

caridoso
Rege *com* ou *para com*: *É preciso ser caridoso com (ou para com) os pobres*. Há uma curiosidade que envolve essa palavra. Na realidade, ela tem uma sílaba a menos, já que de *caridade* só poderia derivar *caridadoso* (= caridade + -oso). Essa queda de sílaba em palavra recebe o nome especial de *haplologia*, fenômeno linguístico prestes a ocorrer também a *competitividade* (o povo diz "competividade"), *paralelepípedo* (ouve-se muito "paralepípedo"), *toxicidade* (muitos só dizem "toxidade"), *embalsamamento* (que o povo reduz para "embalsamento"), etc.

carinho
Rege *com, para com* ou *por* (pessoa), mas apenas *com* ou *por* (coisa): *O carinho dos pais com os (ou para com os ou pelos) filhos é fundamental no desenvolvimento harmônico da personalidade*. *** *Ela sempre teve muito carinho com (ou por) todas as suas bonecas*.

carinhoso
Rege *com* ou *para com* (pessoa) e *em* (coisa): *Babá carinhosa com (ou para com) as crianças*. *** *Babá carinhosa no trato com as crianças*.

Carlos Magno
Rei dos francos, tribo germânica que no séc. IX estendeu seu império a territórios que hoje compreendem a França, a Itália, a Alemanha, a Áustria, a Suíça, a Holanda e a Bélgica, conhecido como o Sacro Império Romano. Foi talvez a maior figura da Idade Média. Adj. correspondente: *carlovíngio* ou *carolíngio*. Portanto, período de Carlos Magno = período carlovíngio (ou carolíngio); domínio de Carlos Magno = domínio carolíngio (ou carlovíngio).

Cármen
É a grafia correta. Muitas mulheres, no entanto, trazem "Carmem" no registro civil.

carneiro
Adj. correspondente: *arietino*. Portanto, pele de carneiro = pele arietina; exposição de carneiro = exposição arietina.

caro
Pode ser adjetivo (varia) ou advérbio (não varia): *obra cara, carros caros, roupas caras. Essa obra custa caro. Esses carros custam caro? Essas roupas custam caro.* V. **barato**.

carpete e tapete: qual a diferença?
Carpete é o tecido grosso, fixo ou colado, que cobre inteiramente um piso. Tapete é o tecido pesado e resistente, solto ou avulso, próprio para cobrir ou decorar pisos e ambientes. Em geral, não cobre inteiramente um piso, como o carpete.

carpir
Conjuga-se por abolir.

carqueja
Apesar de ser a forma correta, há muita gente por aí comprometendo a saúde, tomando chá de "carquejo". Eis como uma fábrica de cachaça enaltece o seu produto: *A branquinha é um santo remédio: com "carquejo" ajuda o estômago, com café evita resfriado*. Aconselha um jornal de Tatuí (SP): *Para tirar da boca o gosto do chá de "carquejo" tomado em jejum, beba um litro de café com leite e coma seis pãezinhos com margarina*. E, para o redator, cem pais-nossos e cinquenta ave-marias...

carrasco
É substantivo sobrecomum e masculino: *Josefina era um carrasco impassível e cruel*. *** *Minha vizinha foi o carrasco no enforcamento de ontem*. Há quem neste caso use "carrasca", forma só boa mesmo para os carrascos da língua... Em sentido figurado, significa pessoa cruel, desumana: *Neusa é o carrasco da turma*. *** *Quantas ex-mulheres não foram o carrasco de seus ex-maridos nas denúncias*

de corrupção! Deriva de nome próprio: Belchior Nunes *Carrasco*, algoz que ficou célebre em Lisboa antes do séc. XVIII. Depois dele, *carrasco* ficou sendo a profissão do executor da pena de morte.

carteiro
Fem.: carteira. Mas há uma emissora de televisão por aí (aquela mesma, do "Roráima") que insiste em usar "a carteiro". É só sintonizá-la para ouvir e até ver um festival de asneiras.

cartesiano
Relativo a Descartes. Termo muito usado em matemática: *coordenadas cartesianas; plano cartesiano*.

cartoon
É anglicismo. O VOLP já o aportuguesou: cartum. O mesmo VOLP, no entanto, resiste a aportuguesar bacon. Por quê?

casa¹
Desacompanhada de modificador, significa lar, residência daquele que fala ou daquele a quem se faz referência, e usa-se sem o artigo: *Estou em casa.* *** *Quero falar com seu marido. Ele está em casa?* Sendo assim, se o verbo for de movimento: *Cheguei a casa.* *** *Quero falar com seu marido. Ele já chegou a casa?* (No Brasil, neste caso, costumam usar a preposição *em*.) Não se acentua o *a*, porque se trata de mera preposição. (*Crase*, convém sempre lembrar, é a fusão de dois *aa*; havendo apenas um *a*, não pode haver fusão; consequentemente, não pode haver o acento grave no *a*, pois esse acento, hoje, só existe para indicar que houve crase.) Se *casa* vem acompanhada de modificador, o artigo é obrigatório. Ex.: *Estou na casa de um amigo.* *** *Quero falar com seu marido. Ele está na casa do vizinho?* Se o verbo for de movimento, naturalmente, agora haverá crase: *Cheguei à casa dela muito cedo.* *** *Quero falar com seu marido. Ele já chegou à casa do vizinho?* Outros exemplos esclarecedores: *Ontem estive na casa do meu cunhado.* *** *Estávamos na casa de um velho amigo.* *** *Passaremos pela casa deles.* Os jornalistas brasileiros desconhecem por completo o assunto. Manchete de um deles: **Fugitivo do Complexo do Alemão estava "em" casa de mãe de PM**. E os fugitivos da escola, onde estarão?... Não vindo com modificador, a palavra *casa* repele o artigo: *Ontem estive em casa e não vi meu cunhado.* *** *Estávamos em casa.* *** *Passaremos por casa para apanharmos os meus documentos.* V. **palácio** e **terra**.

casa²
Adj. correspondente: *domiciliar*. Portanto, *prisão em casa* = *prisão domiciliar; festa em casa* = *festa domiciliar*.

casal
A tal palavra segue-se normalmente complemento no plural: *casal de namorados, casal de médicos, casal de irmãos*, etc. Se a expressão exercer função de sujeito, o verbo deverá estar no singular, concordando com o núcleo do sujeito, ou seja, *casal*: *O casal de namorados vivia se beijando na praça.* *** *Um casal de médicos compareceu ao local do acidente.* *** *O casal de irmãos vai junto à escola.* Num de nossos principais jornais: *O casal de escritores Jorge Amado e Zélia Gattai "foram convidados especiais" do presidente.* Até parece brincadeira.

casamento
Adj. correspondente: *conjugal*. Portanto, *relacionamento de casamento* = *relacionamento conjugal; fidelidade de casamento* = *fidelidade conjugal*.

casar ou casar-se?
Tanto faz, na acepção de unir-se a alguém por casamento; combinar; harmonizar-se: *Eu não casei (ou me casei) nem nunca casarei (ou me casarei)*, disse o ex-padre. *** *Ela casou (ou se casou) de véu e grinalda.* *** *Nós já casamos (ou nos casamos) duas*

vezes. *** *Azul não casa* (ou *se* casa) com *preto*. *** *Preto e azul são cores que não casam* (ou *se casam*).

casas geminadas
Apesar de ser assim (geminadas, porque vem de gêmeos), há muita gente que prefere morar em casas "germinadas", o que é um perigo danado, porque os germes devem tomar conta da casa toda!...

casimira
Apesar de ser a palavra correta, muita gente continua insiste em usar terno de "casemira" e até de "cassimira".

caso
Rege *de* ou *para*: *Este é um caso de* (ou *para*) *polícia*. *** *Seu caso é de* (ou *para*) *pensar*. Na função de conjunção, pede presente do subjuntivo: *Caso você aceite minha proposta, marcaremos encontro*. *** *Caso você beba, não case!* Os jornalistas sabem disso? Responda você mesmo, caro leitor, depois de ler este trecho escrito por um deles: *Se ainda fosse presidente da República, esse comportamento seria passível de impeachment, por configurar infração político-administrativa, em que seria um chefe de poder tentando interferir em outro – afirmou o ministro Celso de Mello, ao fazer duras críticas a Lula, caso as afirmações de Gilmar Mendes se "confirmarem".*

cassação
Rege *de...a*: *A cassação do mandato a esse parlamentar foi justa*.

cassete
Quando usada como adjetivo, não varia, a exemplo de chave, fantasma, laranja, monstro, padrão, relâmpago, etc.: *fitas cassete, aparelhos cassete,* etc. Manchete da Folha de S. Paulo: **Fitas "cassetes" novas resistem como fetiche de colecionadores**. Num site sobre automóveis: *Parece que foi ontem que arremessei pela janela as fitas "cassetes" e iniciei minha coleção de DVDs*. Esqueceu-se de que há mais coisas que deveriam ser arremessadas pela janela...

Cassilda
É a grafia correta. Muitas mulheres, no entanto, trazem "Cacilda" no registro civil.

castanha de caju / castanha-do-pará
A primeira sem hifens; a segunda com hifens. O Dicionário Houaiss, todavia, continua registrando "castanha-de-caju". Normal...
EM TEMPO – Esse mesmo dicionário:
46) registra como adjetivo e substantivo centenas de palavras que são apenas substantivo, casos de **antídoto, balanceador, banqueteador, biscateiro, bobinador, bolinador, bromatologista** e **carteador**;
47) registra **bobeche** como substantivo feminino, quando é substantivo masculino;
48) em **bruega** traz "à-toa" com hífen, em **cabaú** traz "mel cabaú" (sem hífen), em **cafunar** traz "castanha-de-caju" (com hífen) e em **calino, zambo** e *nonsense* traz "bom senso" (sem hífen);
49) registra o verbete "cala-boca" (com hífen) e nele informa que é o mesmo que "cala a boca" (mas cadê "cala a boca"?);
50) registra "burrocracia", que é na verdade uma cacografia, por isso não consta no VOLP. Aquele que registra "burrocracia" deveria, por coerência, registrar também "burrocrata" e "burrocrático". Por que não o faz?
51) registra "costarriquenho" e "costarriquense", grafias cacográficas;
52) registra **carpófago**, mas não **carpofagia**; registra **capcioso**, mas não **capciosidade**; registra **cosmetólogo**, mas não **cosmetologista**.
53) registra "cacuruto", "cadorna" e "cochambrança", formas cacográficas que, portanto, não constam no VOLP;
54) registra "caftinismo" e "caga-fumo", que não constam no VOLP;
55) registra **corruchiar** como verbo transitivo direto, quando é, na verdade, intransitivo;

56) em **criacionismo** usa "independe" por independentemente;
57) registra "cricri" como sinônimo de maçante, em vez de **cri-cri**;
58) registra errado "mel-de-pau" (com hífen), na acepção figurada;
59) registra **nígua** como s.m., quando, na verdade, é s.f.;
60) apresenta ordem alfabética errada no verbete **olho**, dispondo **olho gordo** antes de **olho do furacão**;
61) registra "olho vivo" (sem hífen), quando o correto é **olho-vivo**;
62) registra "ora-veja" (com hífen), quando o correto é **ora veja**;
63) registra "ovos moles" (sem hífen), quando o correto é **ovos-moles**;
64) registra "obra mortas" (com s e sem hífen), quando o correto é **obra-morta**.

cataclismo
É a forma correta, mas há jornalistas que insistem em usar "cataclisma". Andam por aí fazendo uma previsão de apocalipse. Assim: *O físico Edgar Cayce, junto com vários de seus colegas de pesquisa, concordou que haverá um grande "cataclisma" nos próximos dez anos. Cayce diz que a América do Norte – toda ela – vai ser coberta pelo mar, começando pela falha de San Andreas até que toda a América seja riscada do mapa. Isso irá criar um tsunâmi, do tipo que nunca foi registrado na história ocidental, onde o Japão também cairá como vítima das forças da natureza. Os índios Hopi sempre afirmaram que a vida na Terra era cíclica e que a nova era começaria após um "cataclisma" em 2012.* Quem acreditaria?

catalisar
Quando se trata de verbos com tal terminação, ou semelhante, fácil é saber se ela deve trazer s ou z. Grafa-se -isar se o substantivo correspondente ao verbo traz is + vogal. Ex.: anál*ise*/anal*isar*, pesqu*isa*/pesqu*isar*, catál*ise*/catal*isar*. Não aparecendo is + vogal no substantivo correspondente ao verbo, grafa-se -izar. Ex.: civil/civil*izar*, simpatia/simpat*izar*, economia/econom*izar*. Seria conveniente que os jornalistas conhecessem essa maneira prática que criamos para diferençar as duas formas de escrita. Sim, porque a ver-se como escrevem, parecem desconhecê-la. Na ISTOÉ: *Os venezuelanos sabem que Nicolás Maduro, o vice-presidente que assumiu interinamente o poder até que novas eleições sejam realizadas (e desse modo fere a Constituição, pois o cargo, pelas regras do país, deveria ser ocupado pelo presidente da Assembleia até sair o resultado das urnas), não parece ser uma figura nacional capaz de "catalizar" a admiração dos venezuelanos, nem de realizar as reformas econômicas necessárias.*

catálogo
Apesar de ser a grafia correta, muita gente pede "catálago" disso, "catálago" daquilo. Repare nisto, escrito por psicólogos: *Em 17 de outubro de 1992, o Conselho Federal de Psicologia apresentou ao Ministério do Trabalho sua contribuição para integrar o "Catálago" Brasileiro de Ocupações. O "Catálago" Brasileiro de Ocupações do Ministério do Trabalho apresenta as atribuições profissionais do psicólogo no Brasil.*

cateter
É palavra oxítona; portanto, pronuncia-se *katetér*. Trata-se de palavra já existente em grego, com acento na última sílaba, significando algo que se introduz. No entanto, não há quem faça médico brasileiro dizer corretamente. De fato, na literatura médica brasileira, principalmente na linguagem coloquial dos médicos, a forma usual é *catéter* no singular e *catéteres* no plural. Mas como, se nenhum dicionário ou vocabulário traz a palavra com acento?! É o que sempre digo: os médicos são exímios conhecedores... de medicina.

cativo
Rege *a* ou *de* (submisso, subordinado): *O poder judiciário não pode ser cativo a*o (ou *d*o) *executivo.*

caudal
É palavra masculina: *o caudal, um caudal*. O VOLP e alguns dicionários a registram também como feminina. Normal. Daí encontrarmos frases assim: *Ali surgiria "uma"*

caudal de emoções que não me permitiria mais olhá-la sem culpa. *** *Dispondo somente de 17 sílabas para comunicar geralmente "uma" caudal de sentimentos, o poeta nipônico é necessariamente impressionista.* *** *Quando serenaram os ânimos, a rua era "uma" caudal de sangue.* Deixemos, contudo, a tragédia, para entrarmos no outro lado, o da felicidade: *O Tejo chega a Portugal com* um *caudal muito fraco.* *** *Quando* o *caudal do rio é muito grande, uma parte importante da mistura ocorre já no exterior do estuário.* *** *Quem olha para* aquele *caudal d'água de mil cores, que atravessa a cidade do poeta, deve pensar que a região é* um *caudal de gente descuidada ou, no mínimo, desavisada, tal é a quantidade de detritos.* Agora, faça a sua escolha, caro leitor: *a* ou *o*, *uma* ou um, *aquela* ou aquele?

cautela
Rege *com, contra* ou *para com* [reserva (e sempre com pessoa)], *com, contra* [prevenção (e sempre com coisa)], *em* [muito cuidado (com pessoa ou coisa e antes de verbo)]: *É preciso ter muita cautela com* (ou *contra* ou *para com*) *estranhos.* *** *Tenha sempre muita cautela com* (ou *contra*) *fogos de artifício.* *** *Ela sempre teve cautela* n*os namorados que arrumou.* *** *Ele sempre teve cautela* n*os negócios.* *** *A cautela em manter a boca fechada é sempre salutar.*

cauteloso
Rege *com* (pessoa) e *em* (coisa): *Ser cauteloso com estranhos.* *** *Ser cauteloso em qualquer tipo de negócio.*

Cavalcante
É a grafia correta. Muitos, no entanto, trazem "Cavalcanti" no registro civil.

cavalheirismo / cavalheiro
Regem *com* ou *para com*: *Esse cavalheirismo com* (ou *para com*) *as mulheres é calculado.* *** *Foi um gesto cavalheiro com* (ou *para com*) *as colegas.*

cavalo
Adj. correspondente: *equestre* ou *hípico*. Portanto, *estátua de cavalo* = *estátua equestre*. *Cavalar* é o mesmo que *do cavalo* ou *da raça do cavalo*: *trote cavalar; gado cavalar*. Em sentido figurado, significa *exagerado*: *dose cavalar de antibiótico*. *Equino* ou *equídeo* é o mesmo que *do cavalo* ou *com ele relacionado*: *gripe equina; espécime equídeo*.

cavalo de troia
Sem hifens.

CEAGESP ou Ceagesp
Acrônimo de *Companhia de Entrepostos e Armazéns Gerais de São Paulo*. Como se trata de uma *companhia*, o acrônimo tem o gênero feminino: *a Ceagesp*. Repare, porém, nesta notícia do Diário de S. Paulo: *José Adalberto Vieira da Silva, de 39 anos, foi preso ontem no Aeroporto de Congonhas, na Zona Sul de São Paulo, com uma mala de mão com R$ 200 mil e pacotes de dólares colados ao corpo com fitas adesivas no valor de US$ 100 mil (cerca de R$ 240 mil). Silva é secretário de Organização do PT no Ceará e assessor do deputado estadual cearense José Nobre Guimarães, que é irmão do presidente do PT, José Genoino. Para tentar explicar a origem do dinheiro, Silva – que ganha como assessor parlamentar R$ 2 mil – disse aos policiais que era agricultor e que tinha vindo a São Paulo para fazer negócios "no" Ceagesp.* Mentir nunca foi bom negócio...

CEASA ou Ceasa
Acrônimo de *Centrais de Abastecimento S.A.* Como se trata de locução substantiva no plural, a fixação do gênero se efetua tendo em vista a ideia que está por trás dessa locução, qual seja a de *entreposto* ou *armazém geral*. Portanto: *o Ceasa*. Note que por muitos anos os brasileiros conheceram *a* PAN (= *Produtos Alimentícios Nacionais S.A.*), prevalecendo aí a ideia de *empresa*. Um jornalista da Folha de S. Paulo, finalmente, acerta: *Contrariada por uma reportagem publicada no Clarín sobre a*

precária situação do Mercado Central de Buenos Aires, a direção do Ceasa argentino vetou a comercialização do jornal e de qualquer outro diário do grupo. Aleluia!...

cedíssimo
Advérbios não aceitam o sufixo -íssimo, mas alguns constituem exceção, principalmente na língua cotidiana. Daí por que sempre recomendamos a nossos filhos (principalmente em São Paulo e no Rio de Janeiro) que cheguem cedíssimo.

cego
Rege a ou para (insensível) e de (falto; alucinado): Não podemos ser cegos aos (ou para os) males alheios. *** Era um presidente cego às (ou para as) necessidades do povo. *** Ele é cego de um olho. *** Chegou cego de dor. *** Estava cego de amor.

cegonha
Adj. correspondente: ciconídeo. Portanto, hábitos de cegonha = hábitos ciconídeos.

célula-tronco
Faz no plural células-troncos ou células-tronco, que tem sido o mais usado. V. **pombo-correio**.

censura
Rege a ou de: Num Estado verdadeiramente democrático, não se admite a censura à (ou da) imprensa.

censurar
Só use com o pronome o (e variações), e não com "lhe(s)": Não o censuro por isso, censuro-o, sim, por aquilo.

centroavante
Apesar de ser a escrita correta, há muita gente que ainda escreve "centro-avante". Veja: A diferença entre atacante e "centro-avante" é uma questão de nomenclatura. O "centro-avante" é um jogador que normalmente fica fixo na área. Existem, hoje, poucos exemplos dessa posição. Poucos são os clubes que o utilizam, até porque não se encontra muitos jogadores com essas características. Normalmente é um jogador alto e forte, que fica fixo na área. A expressão "centro-avante" era mais utilizada quando tínhamos pontas. Então ficava: ponta-direita, "centro-avante" e ponta-esquerda. O atacante é o jogador que atua ofensivamente "independente" de sua característica. Ele pode ser rápido, driblador, finalizador etc. O Robinho é um bom exemplo. O "centro-avante" também é um atacante. Resumindo, atacante é todo jogador que joga em uma posição no ataque. (Ah, se não fosse...)

Cérbero
Nome do cão de três cabeças e pelos todo eriçados de serpentes que, segundo a mitologia greco-romana, guardava a porta do inferno, recebendo muito bem as almas dos mortos, mas não lhes permitindo a saída. Sua captura foi um dos doze trabalhos de Hércules. Note: a palavra é proparoxítona, embora haja quem diga "cerbéru".

cerca de, mais de e menos de: concordância
O verbo concorda sempre com o numeral posposto a tais expressões ou semelhantes. Ex.: Cerca de quinze empresários participaram da reunião. *** Mais de um avião já caiu nesse local. *** Mais de cem pessoas morreram no acidente. *** Menos de dois alunos dessa escola passaram no vestibular. Com o verbo ser, no entanto, pode ser usado tanto o singular quanto o plural, indiferentemente. Ex.: Era (ou Eram) cerca de vinte pessoas. *** São (ou É) perto de vinte interessados na casa. Vejamos, agora, como escrevem os jornalistas: No domingo à noite, o treinador Ricardo Gomes foi submetido às pressas a uma neurocirurgia para drenagem de hematoma cerebral e controle da hipertensão intracraniana. "Foi retirado" cerca de 80ml de sangue. O estado de saúde do treinador é grave. Lamentando profundamente o acontecido com o referido treinador, homem de excelente caráter, aproveito para lamentar também a concordância (grave) do jornalista.

cercado
Rege *de* ou *por*: *É um presidente cercado d*a (ou *pel*a) *estima da população.* *** *De repente, o ator se viu cercado de* (ou *por*) *fãs.*

cercado "por todos os lados"
Visível redundância. Quando um inimigo está cercado, encontrá ele alguma brecha no cerco por onde escapar?... Com a palavra os generais... No Dicionário Aurélio, ed. 2010, em **ilha**: terra menos extensa que os continentes e cercada de água "por todos os lados". Em **península**: porção de terra cercada de água por todos os lados, menos um, pelo qual se liga a outra terra. Já o Dicionário Houaiss, na definição de **ilha**, comete ainda redundância, mas querendo fugir a ela, usa um subterfúgio: extensão de terra firme cercada de modo furável por água doce ou salgada, "em toda a sua periferia". Em **península**, esse dicionário já não é tão sutil e define assim a palavra: porção de terra de certa extensão, cercada de água "por todos os lados", salvo por um. Só por mera curiosidade, eis como constam os dois verbetes no **Grande dicionário Sacconi**: **ilha** (qualquer porção de terra emersa, menor que um continente, cercada de água marinha, fluvial ou lacustre); **península**: porção de terra cercada de água, exceto por uma extremidade, chamada istmo, pela qual se liga ao continente). Teria sido eu incompleto ou incorreto nas definições, ao não acrescentar "por todos os lados"?

cereja
Usada como adjetivo, indicando a cor, não varia: *camisas cereja, blusas cereja.*

certeza
Rege *de* ou *sobre*: *Tenho certeza d*e (ou *sobre*) *sua eleição.* *** *Ninguém tem certeza d*o (ou *sobre* o) *dia da morte.* Antes de orações desenvolvidas, só se usa a preposição *de*, que pode estar elíptica: *Tenho certeza que vencerei.*

certificar
Quem certifica, certifica alguém *de* alguma coisa: *Certifique os interessados de que não há vagas!* *** *Certifiquei o pessoal d*a *reunião de amanhã*. Muitos certificam "alguma coisa a alguém" e constroem: "Certifique-lhes que não há vagas". V. **cientificar**.

certo
Rege *com* (ajustado, conforme), *de* (convencido), *em* (seguro, firme) e *para* (seguro, certeiro; ideal): *Deixei meu relógio certo com o da matriz.* *** *Estou certo d*a *vitória.* *** *Os meteorologistas estavam tão certos n*as *suas previsões, que falharam.* *** *Deu um chute certo para o gol.* *** *Ela é o tipo certo para o que queremos.* Em orações desenvolvidas, no segundo caso, a preposição pode estar elíptica: *Estou certo que vou vencer.*

cerzir
Conjuga-se por agredir.

cessão
Rege *de...a*: *A cessão de um assento a uma gestante.* *** *A cessão de bens a uma entidade filantrópica.*

ceticismo / cético
Ambas têm formas variantes: *cepticismo, céptico*. Regem *acerca de, a respeito de, em relação a, quanto a* e *sobre* (forte dúvida) e *diante de* ou *em face de* (descrença): *Quando se veem incêndios cada vez em maior número por toda a Amazônia, quando se veem baleias morrendo em harpões assassinos, quando se veem animais silvestres, pobres seres indefesos, sendo caçados e mortos indiscriminadamente, em razão da ganância do ser humano, aumenta o ceticismo acerca d*o (ou *a respeito d*o ou *em relação a*o ou *quanto a*o ou *sobre* o) *futuro da humanidade.* *** *Estou profundamente cético acerca d*o (ou *a respeito d*o ou *em relação a*o ou *quanto a*o ou *sobre* o) *futuro da humanidade.* *** *Há certo ceticismo diante d*a (ou *em face d*a) *política econômica praticada no país.* *** *O povo está cético diante d*a (ou *em face d*a) *política econômica praticada no país.*

chá
Adj. correspondente: *teáceo*. Portanto, *folhas de chá* = *folhas teáceas*.

chá-chá-chá
Dança e música de origem cubana, derivadas do mambo. Muitos (principalmente jornalistas despreparados) escrevem "chachachá".

chama
Adj. correspondente: flamejante. Portanto, olhos em chamas = olhos flamejantes.

chamar-se (e não apenas "chamar")
O verbo **chamar** é pronominal (chamar-se) na acepção de ter por nome: Como você se chama? (E não: Como você "chama"?) *** Eu me chamo Luís. (E não: Eu "chamo" Luís.) No G1 apareceu esta manchete: **Estádio do Palmeiras vai "chamar" Allianz Parque**. Que tristeza!....

chance
Rege *a...de* (ou *para*): *Dê chance a seu filho de* (ou *para*) *ele provar que está certo!* *** *Não haverá nova chance aos candidatos de* (ou *para*) *realizar a prova*.

chantagem
Rege *com* ou *contra*: *Fez chantagem com* (ou *contra*) *o próprio irmão*.

charge
Rege *contra*: *Ele é mestre nas charges contra políticos*.

chauvinismo ou chovinismo?
As duas formas coexistem, mas é melhor dar preferência à segunda, que é um aportuguesamento perfeito. Estão no mesmo caso *chauvinista* e *chovinista*.

chave
Usada como adjetivo, significa principal, fundamental (a exemplo de *chefe*) e não se liga por hífen ao substantivo nem varia no plural: *eleitor chave*, de plural *eleitores chave*; *elemento chave*, de plural *elementos chave*; *palavra chave*, de plural *palavras chave*; *peça chave*, de plural *peças chave*; *posto chave*, de plural *postos chave*; *questão chave*, de plural *questões chave*, etc. O VOLP e alguns dicionários registram algumas dessas palavras com hífen, o que, aliás, não surpreende... Eis exemplos de bom uso dessa palavra em O Estado de S. Paulo: *Candidatos realizaram viagens e comícios por localidades consideradas chave para as eleições*. Na Folha de S. Paulo: *Uma parte desaparecida do DNA responsável por ativar e desativar os genes ajudam a explicar algumas diferenças chave entre os chimpanzés e humanos – incluindo porque os humanos têm cérebros maiores e porque o pênis humano não tem espinhos na ponta*. Espinhos?! Mulheres modernas, sorriam!...

checape "completo" / checape "geral"
Redundâncias. Todo checape é completo e geral. Recentemente, uma apresentadora de televisão aconselhava sua colega a fazer todos os anos um checape "geral". Em que outra parte do corpo imaginaria ela que se pudesse fazer checape?

checo
É a grafia correta, mas o VOLP registra ainda tcheco, que não tem cabimento. Daí por que os jornalistas brasileiros só usam República Tcheca, quando em verdade só existe mesmo a República Checa. Quanto aos problemas do VOLP, veja **VOLP**.

chefe
Use *o chefe* para o homem e *a chefe* para a mulher. O VOLP, nesta, acerta (aleluia!). Tanto o Dicionário Aurélio quanto o Dicionário Houaiss, no entanto, registram "chefa" como feminino admissível. Normal... Na função de adjetivo, chefe equivale a *principal* (a exemplo de *chave*) e não se liga por hífen ao substantivo, nem varia no plural: *mordomo chefe*, de plural *mordomos chefe*, etc. Exceção: *carro-chefe* (que, na verdade, também poderia dispensar o hífen). Sempre que um substantivo passa a fazer a função de adjetivo, não deve variar no plural.

chegada
Rege *de...a* e *de...de*: *A chegada dos pentacampeões ao Brasil foi triunfal.* *** *Para que horário está prevista a chegada da aeronave da Europa?* A regência "chegada de... em", muito comum, deve ser desprezada: *A "chegada do PT no" poder se deu através de eleições livres.*

chegado
Rege *a* (vindo; afeiçoado), *a* ou *contra* (apertado), *a* ou *em* (dado, viciado) e *de* (vindo): *O criminoso era um homem chegado há pouco a São Paulo.* *** *Ele era muito chegado ao pai.* *** *As mulheres caminham pelo centro da cidade com as bolsas chegadas ao* (ou *contra*) *o peito, para não serem roubadas.* *** *Nunca fui chegado a fumo, a bebidas e a drogas.* *** *As mercadorias chegadas do Paraguai são de boa qualidade?*

chegar
Use de preferência com a preposição *a*, principalmente na linguagem formal ou norma padrão *Cheguei a casa cedo hoje.* *** *As crianças chegaram à escola às 7h.* No Brasil, todavia, usa-se muito com a preposição em, a exemplo de outros verbos de movimento. Sobre esse verbo e só por mera curiosidade, eis esta manchete da Folha de S. Paulo: **Mortos em ataque suicida em Israel "chega" a 5**. Eles acertam na regência e erram na concordância. É quase sempre assim: uma no cravo, outra na ferradura. Esse verbo tem apenas um particípio: *chegado*. A forma participial "chego", tão apreciada de alguns, não tem nenhum cabimento. Portanto: *Eu tinha chegado cedo.* *** *Por ter chegado tarde, foi castigada pelos pais.* V. **chegar em casa**.

chegar em casa
Trata-se de uso eminentemente brasileiro esse da preposição *em* com verbos de movimento. O brasileiro é muito dado a chegar *em* casa, a voltar *em* casa, a ir *em* casa, a retornar *em* casa, a regressar *em* casa, etc., enquanto o português prefere chegar *a* casa, voltar *a* casa, ir *a* casa, retornar *a* casa, regressar *a* casa, etc., sempre com muito mais elegância. Interessante é que mesmo no Brasil ninguém diz *chegar "no" lar*, mas apenas *chegar ao lar*. Por que será?... Interessante é que mesmo no Brasil, muitas vezes, se usa apenas a preposição *a*: *O povo chega ao poder.* Essa foi a manchete de uma revista semanal. Haveria, afinal, alguma elegância nesta: O povo chega "no" poder?

chego (ê)
A juventude é sempre brincalhona. Por isso, vive pedindo para alguém dar um "chego" aqui, dar outro "chego" ali. Gente responsável, todavia, pede diferente: dê uma *chegada* aqui e outra *chegadinha* ali. Às vezes, até mesmo em sites especializados não se vê muita responsabilidade. Isto apareceu num site sobre automóveis: *O caso de espionagem na Renault parece não ter "chego" ainda a uma conclusão.* Nós (não é mesmo, caro leitor), no entanto, já chegamos, naturalmente, a uma conclusão...

cheiro
Rege *a* ou *de*: *Estou sentindo cheiro a* (ou *de*) *borracha queimada.* *** *A boca da infeliz tinha cheiro a* (ou *de*) *ovo podre.* *** *Ele não suporta cheiro a* (ou *de*) *cigarro.*

cheque e xeque: qual a diferença?
Cheque é a ordem escrita a banco para pagar a quantia nele especificada; é ordem de pagamento à vista. **Xeque** é redução de *xeque-mate*; é chefe de tribo; e é também perigo: *O xeque, ao passar um cheque sem fundos, colocou em xeque todo o seu prestígio.* Notícia de O Globo: *Apesar de considerada remota pelos especialistas, a possibilidade de calote da dívida americana coloca em "cheque" a classificação de pagador mais seguro do mundo.* Na revista Carro, ed. 197, em matéria sobre a crise da Toyota, que esteve às voltas com um grande *recall*, realizado nos Estados Unidos e no Japão, leu-se: *O toyotismo, sistema de produção criado pela empresa japonesa, está em "cheque".* O que, na verdade, está mais em xeque é a qualidade do jornalismo brasileiro, que insiste em desconhecer regras e conhecimentos comezinhos do idioma.

Chipre
Quem nasce em Chipre é *cipriota*. Note: não se usa o artigo antes desse nome. Há, no entanto, repórteres e apresentadores de televisão que insistem em dizer "no" Chipre, transformando em masculino o que é feminino (Chipre): *Chipre foi conquistada por Ricardo Coração de Leão em 1191*. Faz-se concordância com a ideia implícita, que é de *ilha*. Na Folha de S. Paulo, porém, leu-se: *A Helios é a única companhia aérea privada "do" Chipre*. Veja, agora, que maravilha encontramos na página de A Gazeta Esportiva, na rede, ao tratar da fase de classificação de equipes para a Copa do Mundo: *Na última chance de classificação, "França" encara "o" Chipre*. Não usaram o competente artigo antes do nome *França*, que o exige; mas o fazem antes de *Chipre*, que não o exige. O jornalismo brasileiro não é ótimo?

chita
Leopardo da África e do Sul da Ásia, também conhecido como *guepardo*. É nome feminino: *a chita*. Num documentário sobre animais selvagens, porém, da TV Cultura (atenção, o nome é *Cultura*), a narradora conseguiu "criar" uma espécie animal estranha, completamente desconhecida dos biólogos: *"os" chitas*. Mas a criação não se limitou a essa emissora. A apresentadora de um dos mais importantes telejornais nacionais anunciou certa feita: *Como vivem "os" chitas na África – este será o assunto do Globo Repórter de hoje*. Não há dúvida: a criatividade mora na televisão brasileira...

choque
Rege *de...contra* (ou *em*) e apenas *contra* ou *para* (comoção): *O choque do ônibus contra o (ou no) muro não produziu vítimas graves.* *** *A revelação da identidade do criminoso foi um choque contra (ou para) a família da vítima.*

choro
Rege *de* ou *por*: *De que vale o choro de (ou por) tanto tempo perdido? De nada.*

chouriço
Pronuncia-se ch*ouríçu*, mas muitos dizem "churíço".

chove não molha
Sem hífen. Não varia: os chove não molha.

chuchu
Hoje, qualquer aluno do quinto ano sabe que essa palavra se escreve assim, mas ainda há os que insistem em grafá-la com x. Veja este pequeno trecho de notícia, colhido no IG: *A candidata Dilma Rousseff discursava, quando um militante petista desabafou: Ela é o nosso Geraldo Alckmin, o nosso picolé de "xuxu"*. Que *chuchu* mais amargo esse!...

"Chuí"
Embora muito se veja por aí essa forma, ela é cacográfica. A correta é com x: *Xuí*.

chumbo
Adj. correspondente: *plúmbeo*. Portanto, *resíduos de chumbo* = *resíduos plúmbeos*.

chupim
É a grafia oficial, a nosso ver equivocada, já que se trata de palavra de origem indígena, e todas as palavras de origem indígena com o mesmo fonema se grafam com *x*. Repare: *abacaxi, xavante, xará, Xapuri, xará, xexéu, xué*, etc. Ademais, como a palavra vem do tupi *xo'pi*, a grafia correta seria ainda com *o* (*xopim*).

chute
É aportuguesamento do inglês *shoot*, que significa *tiro, arremesso*. Os jogadores de basquete, assim, também *chutam*, também *dão chutes*. Muita gente desavisada, no entanto, acha que só se chuta com os pés; *foot* (= pé), porém, nada tem que ver com *shoot*. Assim, quem pedir a alguém que *chute com os pés* não incorrerá em

redundância. *Chute* pede *a* ou *contra*, assim como *chutar*. Portanto, podemos treinar *chutes a*o (ou *contra* o) gol; podemos também *chutar* a bola *à* (ou *contra* a) lateral ou *chutar contra* a (ou *à*) linha de fundo. Já a expressão *dar chute*, assim como *dar murro*, *dar tapa* e *dar pontapé*, usa-se com a preposição *em*. Por isso, podemos *dar chutes em* todo o mundo, sem problema nenhum. Esse aportuguesamento, em rigor, deveria ser escrito com x (*xute*), já que o grupo *sh*, tanto do inglês quanto das línguas orientais, dá *x* em português. Confira: *shampoo* deu *xampu*, *sheriff* deu *xerife*, *shän doong* deu *xantungue*, etc.

chuva
Adj. correspondente: *pluvial*. Portanto, *águas da chuva* = *águas pluviais*.

cianeto ou cianureto?
Ambas as formas existem, mas a segunda é cópia do francês. Prefira a primeira: *Hitler suicidou-se em 30 de abril de 1945 com uma mordida em uma pílula de cianeto e um imediato disparo contra a têmpora.*

Cibele ou Cíbele?
Tanto faz. Muitas mulheres, no entanto, trazem "Sibele" no registro civil.

cicatrizar ou cicatrizar-se?
Tanto faz, no sentido próprio e no figurado: *A ferida logo cicatrizou* (ou *se cicatrizou*). *** *Uma paixão não correspondida só cicatriza* (ou *só se cicatriza*) *com uma nova paixão.*

Ciclope
Gigante que teria vivido na ilha da Sicília, na Itália e, segundo as lendas gregas, possuía apenas um olho no meio da testa. Pronuncia-se ciklópi, mas muitos dizem "cíklopi".

cidadão
Faz no feminino *cidadã* e no plural *cidadãos*. Em 1997, todavia, tivemos um ministro da Justiça que não tirava o *"cidadões"* da boca. Na verdade, somos *cidadãos*. E, no Brasil, às vezes, nem tanto...

cidade
Adj. correspondente: *urbano*. Portanto, *paisagem de cidade* = *paisagem urbana*; *perímetro da cidade* = *perímetro urbano*.

cidade e município: qual a diferença?
Há quem use uma pela outra, mas convém reafirmar a distinção: **cidade** é núcleo populacional e comercial denso e permanente, socialmente heterogêneo, mas altamente organizado, sede de **município** (unidade político-administrativa autônoma do Estado, governada por um prefeito e uma câmara de vereadores). Em suma: *cidade* é um núcleo urbano encerrado num *município*, que também compreende a zona rural.

cidra e sidra: qual a diferença?
Cidra é fruto: *doce de cidra*. **Sidra** é vinho de maçã: *tomar uma sidra*.

cientificar
Quem cientifica, cientifica alguém *de* alguma coisa: *Cientifique os interessados de que não há vagas!* *** *Cientifiquei o pessoal da chegada das visitas*. Podemos cientificar "alguma coisa a alguém"? Não convém: *"Cientifique-lhes que não há vagas!"*. V. **certificar**.

cigano
Recentemente houve muita controvérsia em razão de o Dicionário Houaiss registrar cigano como sinônimo de velhaco, trapaceiro. O caso mereceu comentários os mais variados na mídia, tendo alguns jornalistas (veja você!) a pachorra de afirmar que o referido dicionário é o melhor já publicado no país. Simplesmente por acharem, porque nenhum deles teve o cuidado de analisar tal dicionário página por página como

fizemos nós. O achismo é próprio do brasileiro. Mas vamos aos fatos. Os dicionários registram as acepções das palavras, pareçam elas positivas ou negativas, pois esses são os valores que os falantes da língua atribuem a elas. Tais significados precisam estar documentados nos dicionários, já que essa é a sua função. Um dicionário deve conter todos os sentidos possíveis de um vocábulo, seja na parte denotativa (significado objetivo), seja na conotativa (sentido subjetivo, figurado), porém, quando o uso os justifica. O registro de cigano, no sentido de velhaco, trapaceiro, só tem razão de ser em dicionário europeu, já que os ciganos, no Velho Mundo, tinham o costume de trapacear, quando negociavam cavalos. Mas isso ocorria lá pelo século XIX. Daí por que o Aulete (que é dessa época) assim o registra. Nenhum dicionário cria significados a seu bel-prazer; cada um deles limita-se apenas a registrar as palavras segundo a dinâmica da língua, ditada pela cultura popular. Dicionários não são instrumentos ideológicos ou políticos. São obras objetivas, que registram o uso de termos da língua como eles são empregados pelos falantes. Assim, o autor de um dicionário não pode dar definições de cunho eminentemente pessoal, muitas vezes carregadas de ranço ideológico, como ocorre nesse mesmo dicionário, na definição de esquerda e direita. A um dicionarista não lhe cabe nem muito menos lhe é permitido ser preconceituoso, racista, de esquerda, de direita ou do centro: um dicionarista tem de ser fiel ao mundo semântico da palavra. Apenas isso. Tão simples para alguns e extremamente difícil para outros.

cinegético
V. **caça com cães**. Turismo cinegético é o praticado em áreas florestais para a observação de anmais selvagens no seu habitat.

Cingapura ou Singapura?
Depois do Acordo Ortográfico, a grafia passou a ser Singapura, mas há quem insista em escrever tal nome com C inicial. Ora, o nome do país é Singapore. Não se entende por que é que no Brasil (e só no Brasil) alguém inventou de escrever o nome dessa cidade-estado com C. A 5.ª edição do VOLP traz cingapurense e singapurense como seus adjetivos pátrios. A primeira é errônea. Só no Brasil mesmo para um vocabulário oficial registrar duas formas para uma mesma palavra. Faz-se a mesma coisa com ciriguela (a forma correta) e siriguela.

cinquenta
Ordinal correspondente: *quinquagésimo* (ambos os uu soam) Portanto, quem está no *50.º* distrito policial, está no *quinquagésimo* DP. Muitos insistem em escrever "cincoenta", principalmente em cheques, imaginando que a palavra tenha algo a ver com *cinco*. Nunca teve.

cinza
Usada como adjetivo, indicando a cor, não varia: *ternos cinza, camisas cinza, carros cinza*. Também não há variação em composto que traz a palavra *cinza*: *carros cinza-claro, automóveis cinza-azulado, motos cinza-claro, camisas cinza-escuro*. No site da Car and Driver: *Versão esportiva do Cruze é flagrada com placas "cinzas", dias depois de passear com placas verdes*. No Terra: *A partir de sexta, a expectativa é "de" que finalmente o céu esteja ensolarado em Nova "York", que só tem visto dias "cinzas" durante as últimas semanas*. Eles escrevem a expectativa é "de" que, Nova "York", dias "cinzas" e nem têm ideia do poço em que se encontram. E o pior: acham que têm o direito de formar opinião!

circuito
Pronuncia-se *cirkúitu*, mas há quem diga "cirkuítu" e até "cirkuíti". Locutores e repórteres despreparados só dizem "cirkuítu" de Monza, "cirkuítu" de Ímola, etc. Pessoas assim são mais vulneráveis a ter curtos-circuitos na cabeça...

circum-
Exige hífen antes de palavras iniciadas por vogal, h, m ou n: *circum-anal, circum-escolar, circum-oral, circum-uretral, circum-hospitalar, circum-murado, circum-navegar*.

circundar
É verbo regular, portanto não se conjuga por dar, que é irregular.

circunspecto ou circunspeto?
Tanto faz. Significa ponderado nos atos e nas palavras; comedido; prudente: *chefe circunspecto com seus subordinados; ministro circunspecto em suas declarações.* Note: usamos *com* (com pessoa) e *em* (com coisa). São ainda ambas corretas as formas *circunspecção* e *circunspeção*.

ciriguela
Nome de uma árvore e de um fruto de casca amarela. O VOLP registra *ciriguela* e também *seriguela*, forma incorreta, assim como registra singapurense e cingapurense, forma errônea. O Dicionário Aurélio registra ainda "ceriguela". Normal...
EM TEMPO – Esse mesmo dicionário:
22) registra "atraumáutico" por **atraumático**, "cabiçulinha" por **cabeçulinha**, "cadorna" (que não consta no VOLP) por **codorna**, "café pequeno" (sem hífen), "camafonge" por **camafonje**, "bóbi" por **bobe** e "cancã" por **cã-cã**, na acepção zoológica;
23) registra "burrocracia" (que não consta no VOLP), mas não registra "burrocrata" nem "burrocrático" (onde ficou a coerência?);
24) em **caçadora**, dá a locução adjetiva à caçadora como locução adverbial, quando é locução adjetiva;
25) não registra o timbre da vogal tônica em **broma** e **cafofa**;
26) registra a expressão **ter a cara de** (com o artigo), mas dá exemplos em que o artigo não aparece;
27) registra "carta-branca" e "carta-circular" (ambas com hífen), que assim não têm registro no VOLP;
28) registra **apózema** como substantivo feminino, quando se trata de masculino;
29) em **arroz de festa**, sem dar o significado da expressão, remete o consulente a peru de festa, mas não registra esta expressão (o mesmo equívoco ocorre no verbete **blindado**, na acepção 3);
30) em **barbeiro**, usa "vunvum" por **vum-vum** e em **belial** usa "Velho" Testamento por Antigo Testamento;
31) registra dois plurais para **ato-show**, quando só existe um correto: atos-show;
32) em **bloco-diagrama** e em **bloco-matriz** registra dois plurais para cada uma delas, quando só existe um plural correto: blocos-diagrama e blocos-matrizes;
33) registra **azerado** como adjetivo, mas define a palavra como se fosse substantivo;
34) registra "babá-eletrônica" (que não tem registro no VOLP e ainda com hífen), quando deveria registrar **babá eletrônica** (sem hífen), a exemplo de secretária eletrônica;
35) em **bisturi**, registra "bisturielétrico" (numa só palavra);
36) registra **bitonal**, mas não **bitonalidade**;
37) registra **bobeche** como s.m. e s.f., quando é apenas s.m.

cisma
É palavra masculina, na acepção de dissidência de opiniões: *O cisma no PT seria influência direta do cisma na Igreja?* É palavra feminina, na acepção de mania, ideia fixa: *Ela tem a cisma da perseguição.*

cisma / cismado
Regem *com* ou *de*: *Sempre tive cisma com* (ou *de*) *mulheres de olhos verdes.* *** *Olhei para ela, cismado com* o (ou *do*) *seu silêncio ante aquela barbárie.*

cisto
É a forma correta, embora muita gente queira ter "quisto" sebáceo.

clamar
Use clamar ou clamar por, indiferentemente, na acepção de exigir, reclamar: *A família da vítima clama justiça* (ou *clama por justiça*).

clamor
Rege *a...por* e *contra*: *O clamor da população às autoridades por mais segurança ainda não chegou até Brasília?* *** *Há um clamor geral contra a corrupção e a violência, que o governo parece impotente para resolver.*

Clarisse
É a grafia correta. Muitas mulheres, no entanto, trazem "Clarice" no registro civil.

claro
Varia normalmente quando predicativo do objeto: *Vou deixar bem clara uma coisa: essa gente é bandida.* *** *Vou deixar bem claras duas coisas: além de bandida, essa gente é cínica.* Disse um dos ministros do STF, por ocasião do julgamento do mensalão: *Como esse julgamento é público e acompanhado por quem não tem formação jurídica, é preciso deixar bem "claro" os argumentos.* Existe aqui, porém, uma atenuante: seu sobrenome não é português nem muito menos brasileiro...

classificação
Rege *de...a* (ou *para*) e *de...em*: *A classificação do time à* (ou *para*) *a fase seguinte do campeonato foi conseguida a duras penas.* *** *A classificação dos substantivos em concretos e abstratos é muito antiga.*

clemência / clemente
Regem *com* ou *para com*: *O juiz teve clemência com* (ou *para com*) *o réu.* *** *Deus tem sempre muita clemência com* (ou *para com*) *os pecadores.* *** *A clemência do vencedor com* (ou *para com*) *o vencido é um ato de grandeza.* *** *O juiz foi clemente com* (ou *para com*) *o réu.* *** *A sociedade moderna parece não ser nada clemente com* (ou *para com*) *os miseráveis.*

cliente
É apenas e tão somente comum de dois gêneros, ou seja, usa-se o/a cliente. Sempre foi assim. Desde Camões. No entanto, a 5.ª edição do VOLP – que é um verdadeiro desastre – registra o feminino clienta. Talvez para fazer eco com uma figura que primou por iniciar seus discursos desta forma: Nunca na história deste país...

co-
Não exige hífen em nenhuma circunstância. Portanto, escrevemos, segundo o VOLP: *coabitar, coadministrar, coapresentador, coarrendar, coautor, codoador, coenzima, coerdeiro (?), cofiador, cofundador, cogerente, cogestão, coinquilino, cointeressado, coinventor, coirmão, colíder, colocutor,* etc.

coação
Rege *sobre* ou *sobre...para*: *Qualquer coação sobre qualquer membro do júri constitui crime.* *** *O advogado exerceu coação sobre as testemunhas para depoimento a favor de seu cliente.*

coalhar ou coalhar-se?
Tanto faz: *O leite rapidamente coalhou* (ou *se coalhou*).

coberto
Rege *com, de* ou *por*: *Era uma casa coberta com* (ou *de* ou *por*) *sapé.* *** *Trazia a cabeça coberta com* (ou *de* ou *por*) *um manto.*

cobiça / cobiçoso
Regem *de* ou *por*: *A cobiça do* (ou *pelo*) *petróleo do país motivou a guerra.* *** *País cobiçoso do* (ou *pelo*) *petróleo iraquiano, invadiu o país e tomou conta dos poços.*

cobra / cobrinha / cobrão
As três têm *o* inicial aberto: Ademir da Guia foi um *cobrão*.

cobre
Adj. correspondente: *cúpreo* e *cúprico*. Portanto, *objetos de cobre* = *objetos cúpreos* (ou *cúpricos*).

cobrir
É verbo irregular apenas no presente do indicativo e no presente do subjuntivo: *cubro, cobres, cobre, cobrimos, cobris, cobrem* (pres. do ind.); *cubra, cubras, cubra, cubramos, cubrais, cubram* (pres. do subj.). Tem, hoje, apenas um particípio: *coberto*, já que "cobrido" caiu em desuso: *Ele tem coberto todas as propostas dos seus adversários.* *** *Os pais haviam coberto os filhos, na cama, por causa do frio.* Por ele se conjugam: *descobrir, dormir, encobrir, engolir, recobrir* e *tossir*.

cóccix
Adj. correspondente: *coccígeo* e *coccigiano*. Portanto, *fratura do cóccix* = *fratura coccígea* (ou *coccigiana*). Pronuncia-se, respectivamente, *kóksis, kòksíjiu, kòksijiânu*.

cócegas
Sempre foi palavra usada apenas no plural: *as cócegas*. O VOLP, no entanto, já traz *cócega*.

Cochinchina
Embora seja a forma correta, ainda há os que têm esperança de ir para a "Conchinchina". A *Cochinchina* era uma antiga região da Indochina Francesa, que hoje faz parte do Vietnã. Sua capital era Saigon, hoje Ho Chi-minh.

cocó e coque: qual a diferença?
Cocó é o penteado feminino que consiste em enrolar os cabelos no cocuruto; é o mesmo que *birote*. **Coque** é o mesmo penteado, mas na parte posterior da cabeça, próximo da nuca. Pouco se usa hoje.

coelho
Adj. correspondente: *cunicular*. Portanto, *hábitos de coelho* = *hábitos cuniculares*; *criação de coelhos* = *criação cunicular*.

coerdeiro
É a grafia que consta na 5.ª edição do VOLP; em nosso modo de entender, equivocada. Ora, se o Acordo Ortográfico manda usar o hífen antes da letra h em palavras formadas por prefixos ou falsos prefixos (anti-higiênico, pré-história, super-homem, contra-harmônico, etc.), por que diabos os luminares da Academia Brasileira de Letras teriam deixado de fora o prefixo co-? Em Portugal, continuam usando co-herdeiro. Com razão e lucidez.

coeso
Em Portugal se diz koézu, mas no Brasil só se ouve koêzu.

coevo
Contemporâneo: *Fomos coevos no internato*. Pronuncia-se koévu.

cofre / cofrinho / cofrão
As três têm o primeiro o aberto.

cogitação
Rege *de* (ideação) e *sobre* (reflexão): *A cogitação do golpe de Estado era feita nos quartéis.* *** *Fazer longas cogitações sobre o sentido da vida.*

cogitar
É verbo transitivo direto ou transitivo indireto (rege *de* ou *em*) e significa pensar cuidadosa e demoradamente sobre: *Ainda não cogitamos esse* (ou *desse* ou *nesse*) *assunto.* *** *Esse é um assunto de* (ou *em*) *que ainda nem cogitei.* *** *Os generais alemães cogitaram o* (ou *do* ou *no*) *incêndio de Paris.* Antes de infinitivo, significa pretender ou pensar e se usa com ou sem a prep. *em*: *Estamos cogitando (em) fazer uma*

viagem ao exterior. *** *Não cogitamos (em) sair daqui tão cedo.* Não se cogita "sobre" como se leu recentemente: *Passou-se a cogitar teoricamente "sobre" a possibilidade de produzir órgãos e tecidos para transplante ou para reposição.* No Brasil, cogitar tem sido usado como equivalente de pensar na hipótese de: *O Palmeiras não cogita a contratação desse jogador.* *** *Ele nem cogita a possibilidade de casar.*

cogumelo
Adj. correspondente: fungiforme. Portanto, nuvem semelhante a cogumelo = nuvem fungiforme.

coisíssima nenhuma
Significa absolutamente nada: *Ela não faz coisíssima nenhuma o dia inteiro.* Também significa de jeito nenhum: *Não volto mais lá coisíssima nenhuma.* *** *Minha filha não vai casar com esse traste coisíssima nenhuma!* Trata-se de expressão eminentemente popular, usada para conferir ênfase à comunicação. O povo juntou, nesse caso, um sufixo formador de adjetivo superlativo a um substantivo, tipo de formação anômala e ímpar na língua. V. **mesmíssimo** e **primeiríssimo**.

colaboração
Rege *com* (pessoa) e *em* (coisa): *Não houve colaboração dos estudantes com os grevistas.* *** *Está havendo colaboração de agentes policiais na fuga dos presos.*

colaborador
Rege *com* ou *de* (pessoa) e *de* ou *em* (coisa): *Foi preso por ser colaborador com os* (ou *dos*) *grevistas.* *** *Ele era apenas um colaborador do* (ou *no*) *jornal, e não um jornalista filiado a ele.*

colaborar
Rege *com* [cooperar, concorrer (sempre antes de nomes que enunciam seres animados)], *em* [trabalhar com uma ou várias pessoas (em qualquer coisa), cooperar] e *para* [cooperar, concorrer (sempre antes de nomes que enunciam seres inanimados)]: *As minhocas colaboram com os agricultores.* *** *O bandido está colaborando com a polícia, indicando todos os seus comparsas.* *** *Colaborei na campanha desse candidato.* *** *Quem mais colaborou no trabalho receberá recompensa maior.* *** *As minhocas colaboram para a fertilidade da terra.* *** *A corrupção e a impunidade colaboram para a desesperança do povo.*

cólera
Em qualquer acepção, sempre foi apenas palavra feminina: *a cólera*. Na acepção médica, o VOLP já a registra, assim como cólera-morbo, também como masculina, o que não chega a ser nenhuma novidade.

coletiva "para todos"
Visível redundância. Não faz muito, um jogador da seleção brasileira de futebol, pentacampeão mundial, ao ser homenageado em sua cidade natal (Paulista, em Pernambuco) disse aos repórteres que depois das homenagens daria *uma entrevista coletiva "para todos"*. Seria mais interessante se a entrevista fosse apenas *coletiva*.

coletivos partitivos
Frase iniciada por coletivo partitivo deve trazer repetido, no outro segmento, o coletivo usado: *Metade de mim a amava, metade não.* *** *Metade dos turistas voltou de ônibus, metade voltou de avião.* *** *Parte dos automóveis novos partia por terra, parte por mar.* *** *Parte dos operários veio trabalhar, parte não.* A imprensa costuma não repetir o coletivo, substituindo-o por "e a outra". Assim, p. ex.: *Metade de mim a amava, "e a outra" não.* *** *Parte dos automóveis novos partia por terra, "e a outra" por mar.* Os jornalistas fazem, na verdade, confusão, com estoutro tipo de construção, correto: *Uma garota queria ir à festa, a outra não.* *** *Uma carreta transportava automóveis, a outra não.* *** *Uma filha gostava do pai, a outra não.* Essas frases estão corretas, porque não trazem no seu início nenhum coletivo partitivo. Daí a não necessidade de repetição.

colheita e coleta: qual a diferença?
No português contemporâneo, tais palavras ganharam cada qual seu próprio significado. **Colheita** se relaciona apenas e tão somente com produtos agrícolas: *colheita de café, colheita de milho, colheita de soja, colheita de laranjas*, etc. **Coleta** se refere a todos os outros tipos de recolhimento: *coleta de lixo, coleta de sangue, coleta de urina, coleta de fezes, coleta de donativos*. Em Fortaleza, há um laboratório clínico que faz "colheita" de sangue e de urina. Será que no Ceará andam a plantar esses "produtos"?!...

colisão
Rege *de* ou *entre*: *Houve ali uma colisão de* (ou *entre*) *dois caminhões*.

colmeia
Coletivo específico de abelhas: *As abelhas operárias são responsáveis por todas as tarefas da colmeia*. Para alguns jornalistas, porém, colmeia pode ser coletivo de outros seres. Talvez de baratas. Talvez de ratos. Quem sabe de formigas! Veja esta manchete, de responsabilidade de um deles: **Colmeia "de abelhas" deixa mãe e filha em risco em Jacarepaguá, Zona Oeste do Rio**. Não satisfeito com a redundância, ele a repetiu na matéria: *Moradora de Jacarepaguá, a leitora Ana Cristina Costa Ribeiro tem perdido o sono nas últimas duas semanas não por causa de sua filha, ainda bebê. O problema é a colmeia "de abelhas" que se formou em seu apartamento*. Há muito mais gente perdendo o sono por aí...
EM TEMPO – Apesar de no Brasil se abrir a vogal tônica (influência do nome de uma personagem de revista em quadrinhos, Zé *Colmeia*), na língua legitimamente portuguesa só existe *colmeia*, do espanhol *colmena*. Onde só existem fonemas nasais, não pode haver tamanha abertura. Para resumir: *kolmeia* (éi) é uma pronúncia eminentemente brasileira, na verdade, uma corruptela de *kolmeia* (êi), a pronúncia legítima, que se explica pela etimologia. Em suma: admitem-se ambas as pronúncias, mas quando puder, dê preferência à pronúncia *kolmêia*.

colocação pronominal
Dentre as sintaxes portuguesas, sem dúvida, a menos importante é a sintaxe de colocação, ao menos para nós, brasileiros. No Brasil, prefere-se a próclise quase que em todas as circunstâncias (*Me dá um dinheiro aí*). Tanto é assim que um ex-vereador paulistano, famoso cantor carioca, escreveu a um amigo: *Você se lembra, Geraldo, que os oportunistas do meu partido te exigiram R$300.000,00 mensais? E eu pergunto: Te pedi alguma coisa para levá-lo ao nosso ministro? Te pedi alguma coisa para te levar à mesa do prefeito Kassab?* Tudo isso é permitido, principalmente no Brasil... No Brasil, ainda, prefere-se a colocação solta de pronomes oblíquos entre verbos (*Ela não quer se comprometer*). Há jornalistas, no entanto, que insistem em usar a ênclise, quando essa colocação é inadmissível. Repare neste exemplo: *Apesar de ser cearense, Arraes construiu sua carreira política em Pernambuco, onde "elegeu-se" para cargos no Legislativo e Executivo*. Meu filho, se não sabes colocar pronomes, sê prático, sê simples, segue este conselho mais ou menos correto, dirigido a pessoas de singelo conhecimento: usa sempre a próclise, que nunca errarás! Por outro lado, há jornalistas que sequer sabem divisar um fator de próclise (o que sempre exige a próclise). Comecemos pela manchete do Globoesporte: *Volante do São Paulo explica que "sentiu-se" injustiçado pelo lance em que foi expulso e por isso foi para cima do juiz*. Repare que, além disso, o jornalista ainda não aprendeu que em partida de futebol não existe "juiz", mas árbitro. No jornal A Tarde, de Salvador: *Para ACM Neto, a revitalização do Parque da Cidade servirá como pontapé inicial para a recuperação de outras áreas da capital, como parques e praças que "encontram-se" em estado de degradação atualmente*. Manchete da Folha de S. Paulo: **Ex-modelo que "tornou-se" obesa mórbida relata sua experiência**. Conclusão: o jornalismo brasileiro da atualidade é um desastre! Tanto no português lusitano quanto no português do Brasil é inadmissível a colocação de pronome depois de um particípio. Mas os jornalistas brasileiros conseguem o impossível. Veja por este trecho de notícia da mesma Folha de S. Paulo, acerca da libertação do

terrorista italiano Cesare Battisti: *O governo italiano já havia condenado a libertação e "classificado-a" como inaceitável e inconcebível.* Inaceitável e inconcebível também é isso aí, senhor jornalista! Terminemos com este pequeno texto, publicado em letras grandes, na revista ISTOÉ, ed. 2.110, pág. 42: *Em vez do debate político qualificado, o que tem "se" visto na pré-campanha na Internet é um festival de ataques que não respeitam a linha da cintura.* Bem, por falar em respeito, se a língua tivesse linha de cintura, o nobre jornalista já a teria levado à lona...

colorir
Não tem a primeira pessoa do singular do pres. do ind. ("coloro") e, consequentemente, todo o pres. do subj., que dessa pessoa deriva. Curiosamente, seu sinônimo, *colorar*, é verbo regular, portanto, possui não só a forma *coloro* (ó) como *colora* (ó) e *coloram* (ó).

com ou de?
Use indiferentemente *com* ou *de*, nas expressões que indicam quantidade: *Comprei um automóvel com (ou de) quatro portas.* *** *Li ontem um livro com (ou de) trezentas páginas.* *** *Aos domingos, é um jornal com (ou de) mais de cem páginas.*

coma
É palavra masculina (estado mórbido): *o coma, um coma, coma hepático, coma nervoso, coma alcoólico, coma diabético.* Repare neste convite irresponsável: *Espero que todos os meus colegas compareçam amanhã no Bar Brasil para me dar força nesse difícil momento para o meu fígado. Um pequeno passo para o homem, um grande salto para "a coma alcóolica".* Esta é do principal jornal de Salvador, a capital de todos os baianos de nascimento e também os de coração: *Todos os anos vemos nos plantões de Carnaval vários casos de jovens com "coma alcoólica" e problemas causados pelo uso de drogas ilícitas.* E *carnaval* com inicial maiúscula?! Por quê?

com a melhor intenção
É a expressão popular: *Fiz tudo com a melhor intenção.* Há quem prefira fazer tudo *na melhor intenção.*

comandante em chefe
Sem hifens.

comando
Rege *de* ou *sobre*: *O comando do (ou sobre o) time era exercido com pulso de ferro pelo treinador.*

combalido
Rege *com, de* ou *por*: *Organismo combalido com a (ou da ou pela) falta de vitaminas.*

combalir
Conjuga-se por *falir*.

combate
Rege *a, contra* ou *de* e *entre*: *O combate ao (ou contra o ou do) narcotráfico tem de ser feito com vigor.* *** *O governo parece não estar disposto ao combate à (ou contra a ou da) violência.* *** *O combate entre iraquianos e iranianos durou quase uma década, sem vencedores.*

combinar ou combinar-se?
Tanto faz, na acepção de estar de acordo, harmonizar-se: *Nossos gênios não combinam (ou não se combinam).* O Dicionário Houaiss, no entanto, só registra, em tal acepção, *combinar-se*. Normal. Nesse mesmo significado, pode ser usado como transitivo indireto, com pronome ou não: *Meu gênio não combina (ou não se combina) com o dela.* Na acepção de associar-se, coligar-se, entrar em combinação, usa-se com dois objetos indiretos, sendo o segundo representado por oração reduzida: *Os filhos combinaram com o pai em fazer uma grande surpresa à mãe.* *** *Combinei com meus amigos em encontrá-los na praia.* Só condenam essa construção aqueles que se norteiam por um

gramaticalismo estreito: os grandes escritores da nossa língua assim empregaram o verbo. O reprovável, sim, é substituir a preposição *em* por "de": *Os filhos combinaram com o pai "de" fazer uma grande surpresa à mãe.* *** *Combinei com meus amigos "de" encontrá-los na praia*. O Dicionário Aurélio, no entanto, traz este exemplo: *O professor combinou com a classe "de" prorrogar a entrega do trabalho*. Tudo muito normal...

"com certeza"
Se equivaler a certamente, talvez, não hesite em usar tal locução; se, porém, equivaler a sim, evite-a! Hoje, a qualquer pergunta que se faça, vem a resposta: "Com certeza". Com certeza, de pessoas que não concluíram seu ciclo escolar.

começado
Rege *com* ou *por*: *Palavra começada com* (ou *por*) *vogal*.

começar
A exemplo de aprender, o verbo começar exige a posposição da preposição a antes de infinitivo ou, então, de por: *Começa a chover.* *** *Ele começou a chorar assim que viu a mãe.* *** *A coisa começou a subir.* *** *O presidente começou por agradecer a presença de todos*. Usarão corretamente os nossos jornalistas o verbo começar? Tire suas próprias conclusões, começando por ver esta frase, aparecida no site da Car and Driver, do Brasil: *A Volkswagen "começa vender" na Europa a nova versão esportiva R-Line do Fusca conversível*. Veja, agora, estoutra triste notícia: *Pelos lados são-paulinos, a crise é grande. A ameaça de rebaixamento ainda é uma triste realidade e o técnico já "começa ser" questionado*. Por fim, veja esta, ainda mais traumática: *O preço do tomate, que sofreu aumento de 150% nos últimos 12 meses, deve "começar cair" em abril*. Eles não aprendem nunca...

começar (concordância)
Como aparece quase sempre antes do sujeito, é comum encontrar tal verbo só no singular, independentemente do número em que se encontra o sujeito. Exemplos de seu uso correto: *Começaram as férias.* *** *Começam neste instante ambas as reuniões.* *** *Não começavam as sessões na hora marcada*. Se vier acompanhado de auxiliar, este é que variará: *Quando vão começar as férias?* *** *Quando deverão começar as reuniões?* Foi desta forma, no entanto, que o apresentador do jornal Hoje, da emissora do "Roráima", deu início a uma notícia: *"Começou" as aulas*. Não me espantei, absolutamente; afinal, emissora que um dia, num programa de uma hora, ficou o tempo todo falando em "Queóps", é natural que hoje só fale em "Roráima". Tudo a ver...

com ele por consigo
O nível do jornalismo brasileiro anda baixo, tão baixo, que se vê o fim do poço. Repare nesta manchete e, posteriormente, na frase que segue, colhidas no G1: **Sargento da PM é morto após reagir a assalto na Zona Norte do Rio**. Policial levava "com ele" R$100 mil. Jornalista brasileiro não sabe usar o pronome consigo. Não conseguem. Mas eu consigo...

comemoração / comemorativo
Ambas se usam com a preposição *de*: *A comemoração do hexacampeonato mundial de futebol será na Avenida Paulista.* *** *O domingo é observado como dia de descanso e culto pela maioria dos cristãos, em comemoração da Ressurreição de Cristo.* *** *Faremos uma festa em comemoração do quinto aniversário da empresa.* *** *Em comemoração da sua chegada, fogos!* *** *Monumento comemorativo do centenário de fundação de uma empresa.* *** *Placa comemorativa do sesquicentenário de uma cidade.* *** *Foi lançado um selo comemorativo das últimas Olimpíadas*. A regência com a preposição "a", muito comum, deve ser desprezada.

comendador
Assim como o feminino de lavrador é lavradeira (e não "lavradora", como quer a emissora do "Roráima"), o feminino de comendador também não é "comendadora",

mas comendadeira. Se, porém, um dia o assunto for tratado em algum telejornal da emissora do "Roráima", não tenha dúvida de que ali sairá "comendadora", porque, com ela, tudo a ver...

comentários
Rege *sobre*: *Tecia eu comentários sobre a legitimidade das eleições naquele ano, quando houve o protesto de uma pessoa*. Quando os comentários resultam de pacientes estudos sobre um assunto, rege *a*: *O eminente jurista Clóvis Beviláqua é autor de excelentes comentários ao Código Civil brasileiro*.

comentar "sobre"
Embora muito comum no jornalismo brasileiro, não existe tal regência na norma padrão. Quem comenta, comenta alguma coisa. Às vezes, comenta alguma coisa com alguém. E só: *O povo comentou esse escândalo de corrupção por vários anos*. O Dicionário Aurélio traz este exemplo: *Comentou comigo "sobre" seu divórcio*. Normal... Talvez por isso, uma revista especializada em automóveis tenha nos dado esta informação, meio capenga: *Durante a apresentação dos modelos da montadora chinesa Chery no Salão do Automóvel de São Paulo, a marca comentou "sobre" seus planos no mercado brasileiro*. Talvez por isso o responsável por um site sobre automóveis tenha escrito isto: *A nova versão do Chevrolet Malibu começará a ser feita bem antes do inicialmente planejado. O site Detroit News comentou "sobre" isso, citando o porta-voz da marca, Dave Darovitz*. Talvez por isso, um jornalista tenha escrito isto: *Em uma entrevista no programa da apresentadora Oprah Winfrey para promover seu livro, Pontos de decisão, o ex-presidente George W. Bush preferiu não comentar "sobre" o que vai acontecer nas próximas eleições*.

comer "pela boca"
Redundância primária. O ato de comer só pode ser realizado pela boca. Veja o significado de **comer** no **Grande dicionário Sacconi**. A ver-se por esta manchete do G1, seus jornalistas ainda não sentiram o prazer de conhecer o verdadeiro significado desse verbo: **Menina que não come "pela boca" se recupera de cirurgia sem sucesso**. Se o jornalista tivesse o ensino médio completo, teria substituído come por se alimenta.

comichão
É palavra feminina (a comichão, uma comichão), embora haja muita gente por aí procurando "um" comichão. Veja como se lê por aí: *Depois de quase um mês do ocorrido, já tinha esquecido de tudo, já descia as escadas como se nada tivesse acontecido. Até que um dia lá estava eu descendo a escadaria relaxado desatento e de repente "tof". No que eu ouvi o barulho meu coração disparou. Minha boca secou, e "um" comichão correu meu corpo inteiro. Depois veio outro "tof". Era o mesmo barulho. Parte de mim falou CORRE DESGRAÇADO! CORRE FEITO VOCÊ NUNCA CORREU NA VIDA!!! CORRE!!! Calma, não adianta correr: você não vai é para lugar nenhum...* Escreve outro: *A cada novo livro de Harry Potter, "um" comichão sacode não apenas os fãs do bruxo, mas principalmente fabricantes de brinquedos, roupas e todo tipo de produto vinculado ao personagem*.

comido
Rege *de* ou *por*: *Móvel comido de (ou por) cupim*. *** *Empresa comida de (ou por) dívidas*.

comiseração
Rege *com, de, para com* ou *por*: *Sentir comiseração com (ou de ou para com ou por) todos aqueles que não têm o que comer*. *** *É grande a nossa comiseração com as (ou das ou para com as ou pelas) vítimas do incêndio*.

comissão
Rege *em* ou *sobre*: *Recebi boa comissão na (ou sobre a) venda da casa*. *** *O vendedor aqui recebe um salário fixo, mais comissão nas (ou sobre as) vendas*.

com nós / conosco
Só se admite o uso da primeira quando aparecer posposta alguma palavra reforçativa: *As crianças vieram com nós próprios*. *** *Quais de vocês irão com nós outros?* *** *O jornalista já conversou com nós dois sobre isso.**** *Queremos estar em paz com nós mesmos*. Também é *com nós* que se usa antes de aposto: *Quem neste país está com nós, professores?* Do contrário, só se usa *conosco*: *As crianças vieram conosco*. *** *Quais de vocês irão conosco?* *** *O jornalista já conversou conosco sobre isso.* *** *Queremos estar em paz conosco*. Veja, agora, como escrevem por aí: *Uma das mais eficientes técnicas de perdoar é retomar o vital contato "conosco mesmo"*. Repare, também, nesta opinião: *A questão da ALCA é "conosco mesmo". A ALCA não é uma iniciativa para o México, o México já está incorporado, nem para os países do Caribe – de dimensões reduzidas e muitos já integrados à economia americana – nem para os outros países da própria América do Sul, que já tem relações muito estreitas com a economia americana, não têm parque industrial diversificado, nem dimensões de mercado significativas, nem o potencial que o Brasil tem, a ALCA é "conosco mesmo"*. Será? Tem certeza? É mesmo?... Na Internet, escreve alguém lá das plagas lusitanas, como que a filosofar: *Cada um tem a sua opinião, seria deveras estranho sermos todos iguais, seria como fazer sexo "conosco" mesmos e, agora que penso nisso, quase que me repugna, um acto tão imeritório e eternamente solitário, seria como se tivéssemos todos a mesma mãe e fosse ela a única mulher no mundo para todos os fins que precedem à necessidade humana*. Deveras estranho... Finalmente, uma nobre e admirável senadora alagoana, citando uma filósofa alemã, diz, na CPI dos Correios: *Nós estamos condenados a viver "conosco mesmo"*. Sem a corrupção e a violência urbana, naturalmente, que nunca são boas companhias...

comoção
Rege *com* ou *por*: *Houve muita comoção do mundo todo com a (ou pela) morte do cientista.*

como "sendo"
Convém evitar essa combinação, em que "sendo" é perfeitamente dispensável: *A vítima foi identificada como Ari da Silva*. *** *Considero-o como meu melhor amigo*. Fez falta? Os jornais gastam papel e tinta de mais, ao trazerem: *A viúva do jornalista Vladimir Herzog negou nesta quinta que as fotos publicadas como "sendo" do seu marido sejam dele*. *** *Marcos Valério foi apontado por Roberto Jefferson como "sendo" o operador financeiro do mensalão*. V. **sendo "que"**.

"como um todo"
Expressão tão estranha quanto *antes de mais nada*. Ambas caem num vazio enorme, mas são muito empregadas na língua cotidiana. Quanto a esta, convém substituí-la por *na sua totalidade, no seu conjunto*: *O cidadão e a sociedade na sua totalidade condenam os atos de vandalismo desses movimentos sociais*. *** *A inflação fragiliza a economia no seu conjunto*. *** *O goleiro e a equipe no seu conjunto não foram bem hoje*. Durante a cerimônia de posse do ministro Joaquim Barbosa como presidente do Supremo Tribunal Federal, declarou o eminente ministro Luiz Fux, num ato de coragem e da mais legítima demonstração de soberania, ante a presença da presidente Dilma Rousseff e de Marco Maia, do PT, presidente da Câmara Federal: *Nós, os juízes, não tememos nada nem ninguém, pouco importa se a campanha é dirigida contra o tribunal "como um todo" ou contra um de seus membros*. Repare, agora, caro leitor, na verdade e na mentira contidas nesta declaração de um editor brasileiro: *O editor brasileiro não paga o que os autores nacionais merecem. O que estamos fazendo no Brasil é o que acontece na Espanha, no México e na Argentina há muito tempo. E isso é bom para o mercado "como um todo"*.

comovido
Rege *com, de* ou *por*: *Comovido com a (ou da ou pela) situação do rapaz, dei-lhe uma ajuda*. *** *Estou comovido com o (ou do ou pelo) seu gesto*.

compadecido
Rege *ante, com, de, diante de* ou *perante*: *Compadecido ante a* (ou *com a* ou *da* ou *diante da* ou *perante a*) *desgraça daquele homem, ofereci-lhe todo tipo de auxílio ou colaboração.*

compaixão
Rege *com, de, para com* ou *por*: *Tenhamos compaixão com os* (ou *dos* ou *para com os* ou *pelos*) *pobres de espírito!*

companheiro
Rege *de* ou *em*: *Éramos companheiros das* (ou *nas*) *peladas dos fins de semana.*

comparação
Rege *de...a* (ou *com*) ou *entre*: *A comparação de um carro nacional a* (ou *com*) *um carro importado já é possível ser feita, coisa impraticável há poucos anos.* *** *A comparação entre os carros nacionais e os importados já é possível.* Antecedida da preposição *em*, aparece combinada com *com* ou *de*: *Quem sou eu, em comparação a* (ou *com* ou *de*) *essa gente?*

comparado
Rege *a* ou *com, em...a* ou *com* e *entre*: *Um carro importado, há bem pouco tempo, só podia ser comparado a* (ou *com*) *outro importado, e não ao* (ou *com* o) *nacional.* *** *Você não é ninguém, comparado a* (ou *com*) *ela.* *** *O carro nacional é comparado em acabamento ao* (ou *com o*) *carro importado?*

comparar / comparar-se / comparável
Regem *a* ou *com*: *Não queira comparar a beleza de nossas praias às* (ou *com as*) *praias venezuelanas!* *** *O sabor da pinha não se compara ao* (ou *com o*) *da graviola.* *** *Carro importado nem se compara a* (ou *com*) *carro nacional.* *** *Não me comparo a* (ou *com*) *você.* *** *O carro nacional, hoje, é comparável aos* (ou *com os*) *importados?*

comparecer
Rege *a* (nomes abstratos) ou *em* (nomes concretos) e *ante* ou *perante* (antes de nomes relacionados com o judiciário): *Não compareci à reunião de ontem.* *** *Os alunos não compareceram hoje às aulas.* *** *Não compareci no escritório ontem.* *** *Os alunos não compareceram hoje na escola.* *** *Compareceu ante* (ou *perante*) *o tribunal de cabeça erguida.* *** *Compareci ante* (ou *perante*) *o juiz para ser interrogado.* O substantivo *comparecimento* se usa da mesma forma: *É obrigatório o comparecimento às reuniões.* *** *Todos exigiam o seu comparecimento ao encontro de pais e mestres.* *** *Quando se deu seu comparecimento no escritório?* *** *Hoje é facultativo o comparecimento na escola.* *** *Seu comparecimento ante* (ou *perante*) *o juiz foi voluntário.* Embora não seja considerado impropriedade o emprego de uma preposição pela outra, em qualquer caso, convém observar a referida distinção. Note, porém, que paira certa deselegância na construção em que *em* antecede nome abstrato: *Compareci nas comemorações.* *** *Comparecemos nos festejos.* *** *Todos compareceram no encontro de casais.* *** *É obrigatório o comparecimento nas reuniões.* E elegância é fundamental, em tudo o que diz respeito ao relacionamento humano.

comparecer "em pessoa"
Visível redundância: há como alguém comparecer a algum lugar sem ser em pessoa? Há quem consiga: *O pescador deve comparecer "em pessoa" para fazer o pedido de registro em cartório.* *** *Por não poder comparecer "em pessoa", a professora enviou uma carta de agradecimento.*

compassivo
Rege *com* ou *para com* (pessoa) e *para* (coisa): *Sempre fui muito compassivo com* (ou *para com os*) *necessitados.* *** *Sempre fui compassivo para as desgraças alheias.*

compelido
Rege *a* (forçado, obrigado, coagido) e *de* ou *por* (estimulado, forçado): *De repente, o*

rapaz se viu compelido ao casamento pelo pai da moça. *** *Quando o homem se vê compelido da (ou pela) fome, pode chegar a matar.* *** *Chegou ao crime, compelido das (ou pelas) circunstâncias.*

compelir
Conjuga-se por ferir.

competência
Rege *com* (concorrência), *em* (capacidade) e *de* ou *para* (antes de verbo): *As pequenas indústrias de refrigerantes não aguentam a competência com as grandes indústrias e quebram ou são por estas absorvidas.* *** *Ninguém nega sua competência na sua especialidade.* *** *Ninguém nega sua competência de (ou para) articular o encontro dos contrários em política.*

competente
Rege *em* (especializado; capaz) e *para* (apto, habilitado; certo; adequado): *Foi reclamar no setor competente no assunto.* *** *Era um médico muito competente na sua especialidade.* *** *Consideraram-no competente para o cargo.* *** *Não é este o foro competente para acolher seu pedido.* *** *Qual é o setor administrativo competente para receber o pagamento?*

competição
Rege *com* ou *entre* (concorrência, para pessoa), *com...em...por* (pretensão), *de... com* (disputa), *em* (concorrência, para coisa) e *entre* (concorrência, para coisa): *A competição com as demais candidatas foi honesta.* *** *A competição entre as candidatas foi honesta.* *** *A competição com outros cientistas em pesquisas pelo Prêmio Nobel não tem semelhança na história da premiação.* *** *A competição do meu time com o seu sempre foi acirrada.* *** *A competição nas vendas de carros naquela revendedora era salutar e motivadora.* *** *A competição entre os jornais e as revistas foi acirrada apenas em determinada época; depois os dois tipos de periódicos se acomodaram em seus próprios escaninhos.*

competir
Muitos pensam que não existem as formas "compito", "compita", etc. O verbo *competir* é apenas irregular, e não defectivo. Conjuga-se por ferir. Por isso, estas frases estão perfeitas: *Se me aborrecerem, não compito mais.* *** *Espero que ela compita como eu compito.* Esse é um verbo que facilmente leva a erro de concordância, quando seu sujeito é um infinitivo. Assim, é comum encontrarmos frases como estas: *Estas são providências que nos "competem" tomar.* *** *São estes os esclarecimentos que me "competiam" dar.* *** *Esses são problemas que não nos "competem" a nós resolver.* Em todas, seu autor está certo de que o sujeito de *competir* é o termo anterior, no plural, respectivamente, *providências, esclarecimentos* e *problemas* (representados pelo pronome relativo *que*). Não é: o sujeito é a oração iniciada pelo infinitivo; daí por que os verbos entre aspas devem estar no singular, e não no plural.

complacência / complacente
Regem *com* ou *para com* (pessoa), apenas *com* (coisa) e *de* ou *em* (verbo): *Você tem muita complacência com (ou para com) seus filhos.* *** *É uma escola que manifesta demasiada complacência com (ou para com) os alunos na disciplina.* *** *A complacência com o crime configura outro crime.* *** *Espero que tenha a complacência de (ou em) me ouvir até o fim.* *** *Você é muito complacente com (ou para com) seus filhos.* *** *Autoridade complacente com o crime é inaceitável.* *** *Ele foi complacente de (ou em) me ouvir até o final.*

complementar / complemento
Regem *a* ou *de*: *A sobremesa é um alimento complementar às (ou das) refeições.* *** *A sobremesa é sempre um complemento às (ou das) refeições, e não sua essência.*

completar
Não é verbo abundante; portanto, use o particípio completado em qualquer circunstância: *A garota tinha completado* (e não tinha "completo") *quinze anos naquele dia.* *** *O dinheiro para a compra do televisor foi completado* (e não foi "completo") *por mim.*

complicar-se
Use sempre complicar-se na acepção de piorar, agravar-se: *A saúde de Manuel se complica a cada dia.* *** *A situação do presidente se complicava cada vez mais, culminando na renúncia.* *** *Sem dólares no bolso, nos Estados Unidos, tudo se complica.* Notícia de jornal: *Se o escândalo de corrupção chegar ao Planalto, a coisa "complica".* Há jornalistas que *se* complicam. Mas só quando escrevem...

compor
Como segue a conjugação de pôr, não existem as formas "comporam", "composse", "compossem", "compormos" (no subj.), "comporem", comuns na língua popular, mas apenas, respectivamente, *compuseram, compusesse, compusessem, compusermos, compuserem.*

comprar
Quem compra, compra alguma coisa *a* ou *de* alguém: *Comprei este carro a* (ou *de*) *um amigo.* *** *Não compro nada a* (ou *de*) *estranhos.*

compreensão
Rege *de* (entendimento), *com* ou *para com* (tolerância e sempre como complemento de pessoa), *para* (tolerância e sempre como complemento de coisa) e *por* (benévolo, indulgente): *A compreensão desses problemas não é fácil para uma criança.* *** *A compreensão dos pais com* (ou *para com*) *os filhos é de fundamental importância na sua formação.* *** *A compreensão dos pais para os problemas dos filhos é importante.* *** *É um chefe que sempre manifestou compreensão pelos subordinados.*

compreensivo
Rege *com* ou *para com*: *Pai compreensivo com* (ou *para com*) *todos os filhos.* *** *É uma sociedade bastante compreensiva com* (ou *para com*) *as tendências da juventude.*

comprometido
Rege *a...com* ou *com...em*, *com* e *em*: *Estou comprometido a essa missão com meus chefes.* (Ou: *Estou comprometido com meus chefes nessa missão.*) *** *É um político comprometido à rejeição dessa proposta do governo com a oposição.* (Ou: *É um político comprometido com a oposição na rejeição dessa proposta do governo.*) *** *Todo parlamentar é naturalmente comprometido com suas bases eleitorais, assim como todo ator é comprometido com seu público.* *** *A receita do governo está quase toda comprometida com o pagamento do funcionalismo.* *** *São estudantes comprometidos no mesmo ideal.* *** *Havia muitos empresários comprometidos nesse empreendimento.*

compromisso
Rege *com* ou *para com, de* (verbo), *entre* e *perante*: *O homem tem um compromisso sério com* (ou *para com*) *a natureza, que ele não está cumprindo.* *** *O homem tem de assumir já o compromisso de não desmatar, de não matar, de não poluir, de, enfim, não pôr fim.* *** *Os atores flagrados aos beijos e abraços declararam que não há absolutamente nenhum compromisso entre eles.* *** *Ao ser criado, o homem assumiu tacitamente um compromisso perante Deus: preservar o meio em que iria viver, até por questão de sobrevivência. Nunca cumpriu. Merece sobreviver?*

compulsão
Rege *a* ou *para*: *É uma pessoa que tem compulsão ao* (ou *para*) *o crime.* *** *Os supermercados criam um ambiente propício à compulsão ao* (ou *para*) *o consumo.*

comum
Rege *a, com, de* ou *em* (pertencente a dois ou mais, igualmente), *entre* (semelhança;

corriqueiro) e *para* (natural): *É um território comum a* (ou *com* ou *de* ou *em*) *dois países.* *** *É uma parede comum a* (ou *com* ou *de* ou *em*) *duas casas.* *** *O que há de comum entre esta edição da obra e a anterior?* *** *Trata-se de um fenômeno comum entre os esquimós.* *** *Para os pais daquela época as relações sexuais entre namorados não era nada comum.*

comum de dois
Sem hifens.

comunicação
Rege *de...a* (notificação; transmissão), *com* (contato; acesso) e *para* (meio de acesso): *A comunicação do assalto à polícia só feita no dia seguinte.* *** *A comunicação de movimento a esse maquinismo se faz por engrenagens.* *** *A comunicação com a torre do aeroporto foi feita sem problemas.* *** *A comunicação com a ilha só é possível através de barcos.* *** *Esta rua estreita é a única comunicação para a praia.*

comunicar
Na 1.ª pessoa do plural do presente do indicativo, quando se lhe acrescenta *lhe*(s), não perde o s: *Comunicamos-lhe que estamos procedendo ao conserto solicitado.* *** *Comunicamos-lhes que já não temos interesse nos seus produtos.* Quem comunica, comunica alguma coisa a alguém: *Comuniquei o roubo à polícia.* (E não: *Comuniquei "a polícia sobre o roubo".*) *** *Vocês já comunicaram o fato aos pais da moça?* (E não: *Vocês já comunicaram "os pais da moça sobre o fato"?*) Na verdade, todos comunicamos uma coisa, e não uma pessoa. Diz um comentarista esportivo pela televisão: *O bandeirinha comunicou "o juiz sobre a agressão" do zagueiro ao atacante.* Primeiro: em campo de futebol não há juiz, mas *árbitro*; segundo, ninguém comunica alguém "sobre".

comutação
Rege *de...em* (substituição) e *de...por* (troca): *A comutação da pena de morte em prisão perpétua foi concedida.* *** *A comutação de um fonema por outro numa palavra.*

com vista(s) a (ou em)
Nesse caso, *vista(s)* está por *propósito, intenção, intuito* e nada tem que ver com órgão da visão. Sendo assim, use uma ou outra, sem receio: *A secretária agrada o chefe com vista(s) a um* (ou *num*) *aumento de salário.* *** *O Flamengo treina com vista(s) à* (ou *na*) *final do torneio.*

conceito
Rege *de* ou *sobre*: *Formar conceito de* (ou *sobre*) *alguém.*

concentração
Rege *de...a* (acumulação) ou *em* (aplicação): *A concentração de recursos num só tipo de investimento é arriscada.* *** *A concentração da garotada na tela de televisão era total.*

concentrado
Rege *em*: *A riqueza está concentrada nas mãos de poucos.* *** *Estar concentrado no trabalho que está fazendo.* *** *A garotada está concentrada na televisão.*

concepção
Rege *de* (ou *acerca de* ou *a respeito de* ou *sobre*): *Sua concepção de* (ou *acerca de* ou *a respeito de* ou *sobre*) *disciplina é semelhante à minha.*

concepto
Os médicos costumam usar tal palavra como substantivo (sem registro no VOLP), mas se trata em verdade de um adjetivo obsoleto, equivalente de concebido. O Dicionário Aurélio, contrariando o VOLP, é o único que registra a palavra como substantivo, no significado de produto da concepção. Normal.

concernir
Conjuga-se por ferir.

concessão
Rege *a* (condescendência, transigência) e *de...a* (outorga): *O credor fez muitas concessões ao devedor.* *** *A concessão de privilégios a alguns funcionários foi cortada.*

conciliação
Rege *de...com* ou *entre*: *A conciliação do governo com o Congresso é necessária.* *** *A conciliação entre o governo e o Congresso é necessária.*

conclamação
Rege *de...a* (chamamento, convocação): *A conclamação da população à passeata era feita por alto-falantes instalados em veículos.*

concluir
Conjuga-se por atribuir.

concordância
Rege *com* ou *entre* (acordo), *de...com* ou *entre*: *A concordância com (ou entre) os sócios é fundamental para o sucesso da empresa.* *** *A concordância do verbo com o sujeito é de rigor.* *** *A concordância entre o verbo e o sujeito é de rigor.* Antecedida da preposição *em*, aparece combinada com *sobre* e *com*: *Não são todos os membros da família que estão em concordância sobre esse casamento.* *** *É necessário que nossa conduta e atitude estejam em concordância com a verdade.*

concordância nominal[1]
Uma das regras de concordância nominal reza o seguinte: quando o adjetivo vier antes de vários substantivos, concordará com o elemento mais próximo. Ex.: Ela apareceu na festa com novo penteado e maquiagem. Ou: Ela apareceu na festa com nova maquiagem e penteado. A ver-se como escrevem, os jornalistas brasileiros desconhecem totalmente essa regra. Manchete na revista Autoesporte: **EUA: GM investe em "novos" motor e câmbio**. Na Folha de S. Paulo: *Downsizing é palavra de ordem no Salão de Frankfurt. O nome é feio, mas o resultado é bom: trocar motores grandes e potentes por propulsores menores que, com o auxílio de turbos e injeção direta de combustível, têm bom desempenho e "menores" consumo e emissões.* Num site sobre automóveis: *Internamente, o novo Camaro ganha "novos" painel de instrumentos, volante com costura colorida e sistema de câmera traseira, entre outras novidades.* No Dicionário Houaiss, ao definir **falso moralismo**, no verbete **moralismo**, encontramos: *comportamento, atitude que denota "falsas" adesão e defesa de um valor moral qualquer.* Normal...

concordância nominal[2]
Outra regra de concordância nominal reza o seguinte: todo predicativo concorda com o elemento que ele modifica. Ex.: *As garrafas estão tampadas.* *** *Considero úteis essas informações.* Em O Globo: *Lewandowski considerou "normal" as divergências entre seu voto e o do ministro relator e negou que elas vão provocar desgaste.* Como se vê, provocaram não só desgaste... Ainda em O Globo: *Cães treinados são "capaz" de fazer coisas incríveis. Até mesmo "ficar vesgo". É o caso da cadela Olive, de apenas 11 meses.* Os jornalistas brasileiros também são capazes de fazer coisas incríveis!... Declaração da presidenta Dilma: *Eu repudio completamente o uso da violência nas manifestações. Acho "inadmissível", em um país democrático, atos de vandalismo, pessoas que usam da violência.* Nós todos repudiamos... Declaração do vice-presidente Michel Temer depois de o ministro da Casa Civil dar uma entrevista a um repórter de televisão, para explicar o inexplicável: *Considerei "útil" as explicações que deu à TV.* Questionado se o ministro Palocci permaneceria à frente da Casa Civil, Michel Temer tergiversou: *A presidente Dilma dispõe de todos os cargos e não "deve" ser eu a dizer o que deve ser feito.* Há, aqui, porém, uma atenuante: o vice-presidente é professor de Direito Constitucional, o que não o obriga a ter profundos conhecimentos sobre a nossa língua...

concordância nominal[3]
Outra regra de concordância nominal preceitua o seguinte: se o adjetivo predicativo aparecer anteposto a um sujeito composto, a concordância se fará com todos os elementos do sujeito, observada a prevalência do masculino. Ex.: *São vãos meu esforço e minha intenção.* *** *Estavam enfeitados o viaduto, as ruas e as janelas dos edifícios.* *** *Eram compridos as barbas e os cabelos do velhote.* Observe, agora, a concordância do predicativo do objeto: *Mantenha sempre limpos as mãos e os pés!* *** *Tive fraturados perna e braço.*

concordância nominal[4]
A mais singela das regras de concordância nominal diz o seguinte: o adjetivo concorda em gênero e número com o substantivo. Ex.: *homem generoso, mulher generosa, homens generosos, mulheres generosas.* Isso é muito simples? Claro, é até exageradamente simples. Para alguns. Para outros, isso é de uma dificuldade enorme! Veja este título de notícia que encontramos na Vejaonline: **Cirurgia plástica no rosto deixa as pessoas com aparência mais "jovens", mas não mais "atraentes"**. Essa concordância é, para alguns, de uma dificuldade quântica!...

concordância verbal[1]
Uma das regras de concordância verbal mais desconhecidas é a que estabelece que o verbo deverá ficar obrigatoriamente no singular, quando o sujeito composto vier posposto, e o primeiro elemento estiver no singular. Assim, a concordância correta é: *Morreu o motorista e todos os passageiros.* (E não: "Morreram" o motorista e todos os passageiros.) *** *Esteve aqui o pai e os filhos.* (E não: "Estiveram" aqui o pai e o filho.) Muito bem. E como se vê por aí? Vamos ver. No Dicionário Aurélio, ed. 2010, verbete **órbita**, acepção 2: *Cada uma das cavidades ósseas da face em que se "alojam" um globo ocular e as partes moles que o circundam*. De notar, ainda, que foi usada nomenclatura médica antiga: "globo ocular" por bulbo do olho. Na Veja, título de matéria: *Como "funcionavam" a quadrilha e as traficâncias de Rose Noronha, secretária de Lula*. Num famoso blog: *"Alertaram-me" um amigo advogado e muitos leitores que o nome desse crime não é "obstrução da Justiça", mas "coação no curso do processo"*. No Diário do Nordeste (21/02/2010): *"Faltam" estrutura e vagas nas creches municipais*. Aliás, falta muito mais... Num site sobre automóveis (impressionante!): *Neste início de ano, "foi revelado" as duas versões do Novo Elantra 2013, GT Hatch e Coupé*. Um jornalista comenta um acidente aéreo: *Só "sobraram" a cauda e as turbinas. Não dava para ver os corpos*. Do que esse jornalista aprendeu na escola, não sobrou nada... Manchete em O Globo: **Jovem tem 73% do corpo queimado ao se bronzear. Só "salvaram" rosto e mãos**. Abro uma revista e leio, logo de cara: *Campanha não é vale-tudo, "precisam" aprender o monarca e seus cortesãos*. Com licença: quem é mesmo que precisa aprender?

concordância verbal[2]
Uma das regras de concordância verbal mais conhecidas é aquela que diz que o verbo deve concordar com o sujeito. Alguns jornalistas parecem não ter compreendido muito bem essa regrinha elementar. Daí por que muitos deles escrevem frases como esta, colhida em O Globo: *O conceito de tempo dos Maias era muito mais amplo que o nosso, com datas citadas em ruínas que recuavam bilhões e bilhões de anos. O calendário deles "foram criados" para dar conta de intervalos de tempo gigantescos e lembrava o hodômetro de um carro, com os dígitos rodando e, eventualmente, retornando "a" posição inicial.* E o jornalista encerra assim a sua matéria: *Fim do mundo mesmo só "daqui alguns" bilhões de anos*. Será que daqui a alguns bilhões de anos ele vai aprender a escrever?... Daí por que, ainda, muitos deles escrevem frases como esta, colhida em O Estado de S. Paulo: *Os professores da rede estadual de São Paulo "convocou" uma paralisação de 24 horas nesta sexta-feira*. O calendário "foram criados" e Os professores "convocou" dão bem uma ideia do caos em que se encontra o atual jornalismo brasileiro. Daí por que a Vejaonline saiu-se com esta manchete: **Valor médio de mensalidades "sobem" depois de 11 anos**. Daí por que o Jornal Hoje, da emissora de televisão do "Roráima", nos contemplou com esta pérola, em manchete:

Erro dos pilotos "provocaram" queda de avião da Air France em 2009. Daí por que muitos deles escrevem frases como esta, colhida na Folha de S. Paulo: *O valor dos aluguéis "aumentaram" muito nessa região de São Paulo.* Ou como esta, vista no portal Terra: *A montadora alemã Daimler planeja construir uma nova fábrica no Brasil uma vez que a elevação dos impostos sobre veículos estrangeiros "dificultam" a venda de carros importados no País.* Ou ainda como esta, colhida também na Folha de S. Paulo: *Não "bastasse" os problemas inerentes de se viver em um país onde a língua é diferente, agora uma pesquisa da Universidade de Chicago (EUA) sugere que possuir um sotaque estrangeiro afeta a credibilidade do falante em relação ao ouvinte.* Não é apenas o sotaque estrangeiro que afeta a credibilidade de alguém... Esta apareceu no site de uma revista especializada em automóveis: *Apesar da boa disposição do motor, o sistema de freios do compacto "deixaram" a desejar em nossas avaliações, mesmo equipado com sistema antitravamento (ABS).* O sistema "deixaram"? Que maravilha! Na Autoesporte: *O Dodge Dart GT fica devendo um motor um pouco mais apimentado, já que é equipado com o mesmo propulsor da versão sedã. "Faltou" uns cavalinhos a mais aí, Chrysler!* Faltaram cavalinhos, mas certamente sobraram cavalgaduras... Eis outro disparate, na mesma Autoesporte: *Fotos de MiTo e Giulietta feitas em MG "reforça" a notícia do retorno oficial dos carros da marca italiana.* Eis mais um disparate, colhido no Terra: *Cássia Kiss diz que detesta plásticas e botox e também quem os "fazem".* Num site sobre automóveis: *Os engenheiros da Nissan estão constantemente tentando fazer melhorias no GT-R, "foram feitas" uma série de outras modificações.* Desde quando uma série "foram feitas"? Uma jornalista especializada em economia de O Globo escreve em sua coluna: *O IPCA, inflação oficial do país, subiu 0,79% em março, ficando praticamente igual à de fevereiro (0,80%), acima do que era esperado. O aumento dos preços dos alimentos e dos transportes pesaram.* O aumento "pesaram"? Então, 'tá... O jornalista responsável pela coluna Radar, da Veja, escreve: *O mercado dos imóveis comerciais anda tão aquecido que São Paulo registrou a menor taxa de vacância dos últimos dez anos. Na cidade, somente 6.9% dos imóveis classe A estão vazios. Há apenas seis anos, uma em cada cinco salas comerciais de São Paulo não "tinham" locatários.* Uma "tinham"? Então, 'tá... (E em números percentuais, no Brasil, se usa ponto?)

concordância verbal[3]

Segundo a regra mais simples de concordância verbal, o verbo deve concordar com o sujeito. Assim, construímos: *Morreram todos os passageiros do veículo.* *** *A humildade é uma das maiores virtudes que se possuem.* *** *Já não se veem cortesias hoje por parte de ninguém.* *** *Alugam-se casas.* *** *Vendem-se apartamentos.* Tudo isso é ensinado logo nos primeiros anos do ensino fundamental. Há, no entanto, os que não conseguem efetuar a concordância, quando a voz é passiva (caso dos quatro últimos exemplos). No verbete **pedantear**, do Dicionário Houaiss, logo na primeira acepção encontramos: ostentar conhecimentos que não se "possui". No mesmo dicionário, no verbete **pega-panelas**, tem-se esta definição: utensílio usado para proteger as mãos quando se "pega" panelas quentes. Um jornalista de O Globo escreve em seu blog este título num de seus posts: **Já não se "faz mais" plantões médicos como antigamente**. Já não se fazem jornalistas como antigamente. Pra que o "mais"? Outro jornalista, também de O Globo, escreveu isto: *Marina Silva entende "existir" no momento três ameaças à democracia em tramitação no Congresso. Um é o que tira a competência do Ministério Público para fazer investigação, o outro que dá ao Congresso a prerrogativa de validar ou não as decisões do Supremo e o terceiro o que fere o pluripartidarismo e o princípio da isonomia.* Entendemos cá nós existirem muito mais ameaças nos bastidores...

concorde

Rege *com*...*em* (de acordo), *a* ou *com* (de acordo) e *em*: *Todos estão concordes com o diretor nesse assunto.* *** *A prática nem sempre está concorde à (ou com a) teoria.* *** *Os trabalhadores estavam concordes num ponto: a manutenção do emprego, mesmo que para isso fosse necessário reduzir seus salários.* *** *Diante disso, todos* *os parlamentares foram concordes em invadir o Iraque.* *** *Ante isso, todos os parlamentares foram concordes em que o país invadisse o Iraque.*

concorrência
Rege *a* ou *com* (competição), *com...a* ou *a...com* (disputa), *de* (concomitância, simultaneidade), *de...a* (afluência) e *para* (ato administrativo): *A minha loja fazia concorrência à (ou com a) dele, mas sempre com escrúpulo, mas a recíproca nunca foi verdadeira.* *** *A concorrência com garotas mais novas ao título não a incomodava.* *** *A concorrência ao emprego com gente mais experiente não o preocupava.* *** *A concorrência de ações sobrecarrega o judiciário.* *** *Neste momento a concorrência de torcedores ao estádio é grande.* *** *O governo abriu concorrência para a aquisição de material escolar.*

concorrente
Rege *a* (disputante) ou *para* (coexistente): *São milhares os candidatos concorrentes a essa vaga.* *** *As concorrentes ao título de Miss Brasil desfilaram.* *** *São inúmeros os fatores concorrentes para o sucesso de uma microempresa.*

concorrer
Rege *a* (candidatar-se ou apresentar-se a um cargo, emprego, concurso, etc.; ser um entre os possíveis ganhadores ou vencedores de alguma coisa; tomar parte em concurso, disputa ou competição): *Muitos professores concorreram ao último concurso ao magistério.* *** *Concorri a uma bolsa de estudos na universidade.* *** *Não concorri ao prêmio da megassena, porque esqueci de jogar.* *** *Concorri ao cargo de senador.* *** *Num campeonato, as equipes concorrem ao título de campeão.* *** *Muitos escritores concorreram a essa vaga na Academia Brasileira de Letras.* Rege *com* [ter o mesmo objetivo que outro(s), disputar, competir]: *Os atletas brasileiros vão concorrer com os melhores do mundo, nas Olimpíadas.* *** *Nossa empresa é pequena, não tem condições de concorrer com as gigantes do mercado.* Rege *em* (existir simultaneamente, coexistir; concordar, convir, acordar): *Concorrem na figura do presidente a ética e grande popularidade.* *** *Nessa garota concorrem muitos defeitos e poucas qualidades.* *** *Os ex-cônjuges concorrem nos pontos fundamentais e discordam nos pontos secundários do acordo proposto pelo advogado.* Rege *com...para* (ou vice-versa) ou apenas *para* (dar dinheiro ou contribuição de outra forma para um fim, ajudar, colaborar; contribuir, cooperar): *Os empresários concorreram com milhões para a eleição desse candidato.* *** *Concorremos para a campanha do agasalho com mil reais.* *** *Concorri para a vitória do meu time.* *** *Vários fatores concorreram para que houvesse a enchente.* *** *Tudo concorria para o sucesso da missão.*

concurso
Rege *a* ou *para* (disputa para provimento de cargo ou de função), *em* (colaboração, contribuição) e *para* (exame): *Aguardou muito tempo o concurso a (ou para) uma vaga nessa empresa.* *** *Quando foi feito o último concurso à (ou para a) cadeira de Matemática?* *** *Qual foi o real concurso do povo na aprovação das reformas?* *** *Fiz um concurso para a carreira militar.* *** *Foi reprovado várias vezes no concurso para juiz, mas foi indicado para o STF. É o Brasil...*

condenação
Rege *a* ou *de* (reprovação) e *de...a* (pena, punição): *A condenação ao (ou do) emprego de inúmeros estrangeirismos é um exagero só aceito entre os puristas.* *** *A condenação do réu a trinta anos de prisão não satisfez a família da vítima.*

condensação
Rege *de...em*: *A condensação do relatório em três páginas possibilitou a apreciação rápida da matéria.*

condescendência / condescendente
Regem *a* (anuência, concordância), *a* ou *com* (complacência, tolerância), *com* ou *para com* (pessoa) e *em* (coisa): *É desaconselhável a pronta condescendência dos pais a*

todas as vontades dos filhos. *** *Os professores hoje têm muita condescendência aos* (ou *com os*) *erros dos alunos.* *** *Os mais experientes devem ter condescendência com* (ou *para com os*) *novatos.* *** *A polícia não pode ter condescendência com* (ou *para com*) *bandidos.* *** *São professores que demonstram muita condescendência na disciplina.* *** *São pais sempre condescendentes às vontades dos filhos.* *** *Os professores de hoje são muito condescendentes aos* (ou *com os*) *erros dos alunos.* *** *Os mais experientes devem ser condescendentes com* (ou *para com os*) *novatos.* *** *A polícia não pode ser condescendente com* (ou *para com*) *bandidos.* *** *São professores muito condescendentes na disciplina.* *** *Os professores dessa escola são muito condescendentes com* (ou *para com*) *os alunos na disciplina.*

conde d'Eu
Pronuncia-se *kôndi dê* (o *e* soa bem fechado, à francesa). O conde d'Eu (1842-1922) era um príncipe francês, neto do rei Luís Filipe, nascido *Louis Philippe Marie Fernand Gaston*, que casou (1864) com a princesa Isabel, herdeira do trono brasileiro. Nomeado marechal do Exército brasileiro, comandou as tropas durante a fase mais aguda da Guerra do Paraguai, obtendo uma série de grandes vitórias. Exerceu a regência, quando D. Pedro II viajou para a Europa. Proclamada a República (1889), deixou o Brasil, junto com a família imperial, indo morar no Castelo d'Eu, na França. Em 1922, quando retornava ao Brasil para participar das festividades do I Centenário da Independência, morreu a bordo do navio em que viajava. Há muitos logradouros públicos, em várias cidades brasileiras, com seu nome. O povo diz *kôndi "deu"*.

condição
Rege *de* ou *para* (possibilidade) e *para* (caráter, índole): *A equipe, formada de jogadores inexperientes, não tinha condição de* (ou *para*) *melhor desempenho ante um adversário tão poderoso.* *** *É um treinador que não tem condição para mandar.*

condicionado
Rege *a*: *A compra da casa está condicionada à venda do automóvel.*

condicionamento
Rege *de...a*: *Os estudantes não gostaram muito do condicionamento do crédito educativo a toda aquela série de exigências.*

condigno
Rege *a* ou *de*: *Deram-lhe uma recepção condigna à* (ou *da*) *sua importância.*

condizer
Conjuga-se por dizer.

condoído
Rege *de*: *Fiquei condoído daquele sofrimento e me propus colaborar.* *** *Condoídos da desgraça que se abateu sobre aquele povo, enviamos-lhes alimentos, remédios e roupas.*

condômino
É substantivo sobrecomum, ou seja, usa-se o condômino, um condômino, tanto em referência a homem quanto em referência a mulher. Ex.: *Luísa é um condômino que participa de todas as assembleias do condomínio.*

condor
Pronuncia-se kondôr. No plural (condores): kondôres. Há quem diga "kôndor".

condução
Rege *de... a* (ou *para*) [transporte] e *de...em* (posse): *A condução de uma cidade a* (ou *para*) *outra era feita por vans.* *** *A condução do funcionário no cargo se deu por mandado judicial.* A regência *de...a*, no segundo caso, muito comum, deve ser desprezada.

conduzir
Conjuga-se por aduzir.

conferir
Conjuga-se por ferir.

confiança
Rege *com* (familiaridade), *de* (desrespeito), *em* (crédito, fé) e *para* (convicção íntima): *Ela não gosta de ter nenhuma confiança com vizinhos.* *** *Teve a confiança de me desmentir na cara!* *** *Não tenho confiança nessa gente.* *** *Tenha confiança em Deus!* *** *Não tive confiança para prosseguir.* *** *É um político que fala sem confiança para o que diz.*

confidência
Rege *a* (pessoa) e *acerca de, a respeito de, em relação a, quanto a* e *sobre* (coisa): *O presidente não é de fazer confidências nem a sua mulher. Ninguém fez nenhuma confidência acerca da* (ou *a respeito da* ou *em relação à* ou *quanto à* ou *sobre a*) *reforma agrária.*

confirmação
Rege *de...a* (pessoa) e *de...em* (coisa): *A confirmação dessa notícia aos repórteres foi feita pelo ministro.* *** *A confirmação do ministro no cargo foi feita pelo próprio presidente.* Antecedida de *em*, aparece combinada com *de*: *Em confirmação da minha tese, opinou o senador.* *** *Em confirmação dessa verdade, levantaram-se vários cientistas.* *** *Em confirmação do que digo, estão aí os fatos.* Não convém usar "em confirmação a".

confissão
Adj. correspondente: *confessional*. Portanto, *sigilo de confissão* = *sigilo confessional*.

confluência / confluente
Regem *a* ou *para*: *A confluência do Amazonas ao* (ou *para o*) *mar.* *** *O Amazonas é um rio confluente ao* (ou *para o*) *mar.*

confluir
Conjuga-se por atribuir.

conformação / conformado
Regem *a* ou *com*: *É visível a conformação do sertanejo à* (ou *com a*) *sua sorte.* *** *O sertanejo é um homem conformado à* (ou *com a*) *sua sorte.*

conformar
Use conformar *a* ou conformar *com,* indiferentemente, na acepção de harmonizar, conciliar, adequar: *Procure conformar seu padrão de vida ao* (ou *com o*) *seu salário!*

conforme
Rege *a* (ajustado, afinado), *com* (igual, idêntico; coerente) e *em* (afinado, concorde): *É uma ideia muito conforme à minha.* *** *As declarações contidas na entrevista não parecem conformes ao pensamento do autor.* *** *As xérox devem estar conformes com o original.* *** *No exercício da presidência, ele tem se mostrado conforme com as promessas de campanha.* *** *O presidente e o ministro são homens conformes no objetivo de fazer o país crescer.* Usada sem a preposição, essa palavra adquire função prepositiva ou conjuntiva: *Dançar conforme a música.* *** *Fiz tudo conforme combinamos.*

conformidade
Rege *a* ou *com* (resignação) e *de...com* ou *entre* (harmonia, correspondência, adequação): *A conformidade do sertanejo à* (ou *com a*) *sua sorte é histórica.* *** *A conformidade dos gestos com a emoção era uma das grandes virtudes de Hitler em seus discursos.* *** *Deve haver conformidade entre gestos e emoção no discurso.* Antecedida de *em*, pode aparecer combinada com a preposição *com*: *Agiu em conformidade com a lei.* *** *Escreva sempre em conformidade com as regras ortográficas em vigor!* *** *Em conformidade com o disposto no artigo tal...* Outras combinações devem ser desprezadas.

confraternizar
Use sempre assim, e não com pronome ("confraternizar-se" ou confraternizaram "entre si"): *Os jogadores e o árbitro, ao final da partida, confraternizaram.* *** *Acabam de confraternizar os presidentes dos dois países.* Em determinada escola do interior de São Paulo se realizam, então, animadas festas juninas. Depois de encerradas, alguém escreve: *Tendo como exemplo o atleta olímpico Vanderlei Cordeiro de Lima, pais e professores "se" confraternizaram em uma animada competição.* Enquanto isso, em outra escola, realizam-se festas de encerramento de mais um ano letivo. Alguém escreve, então: *Todos os convidados "se" confraternizaram no gostoso almoço oferecido pela escola anfitriã.* Na coluna Radar da Veja aparece uma foto de Roberto Marinho em torno de seus três filhos. Embaixo, a legenda: *Roberto Irineu, João Roberto e José Roberto "confraternizam-se" com o pai, Roberto Marinho.* Numa empresa, realiza-se a última reunião de diretoria do ano. A repórter descreve assim o que acontece depois: *Finda a reunião, os membros da diretoria confraternizaram "entre si".* Para encerrar, escreve alguém, depois de uma formatura: *Alunos e professores "se" confraternizaram no Tênis Clube de Santos durante a realização da formatura.* E que formatura!...
EM TEMPO – O verbo *confraternizar* não é nem nunca foi pronominal. O Dicionário Aurélio, no entanto, assim o registra. O fato é tão grave na medida em que nem mesmo o Dicionário Houaiss comete o mesmo erro.

confusão
Rege *de...com* ou *entre*, *de* e *entre...acerca de* (ou *a respeito de* ou *em relação a* ou *em torno de* ou *quanto a* ou *sobre*): *A confusão de sanfona com acordeom é comum.* *** *A confusão entre safona e acordeom é comum.* *** *Essa confusão de ideias é própria dele.* *** *Existe muita confusão entre boa parte das pessoas acerca da* (ou *a respeito da* ou *em relação à* ou *em torno da* ou *quanto da* ou *sobre a*) *palavra cadáver, que muitos acreditam significar carne dada aos vermes.* Neste último caso, a primeira regência pode ser omitida: *Existe muita confusão acerca da...palavra cadáver, ...*

congênere
Rege *a* ou *de* e em: *As revistas são publicações não concorrentes dos jornais, mas congêneres a eles* (ou *deles*). *** *São obras congêneres em conteúdo.*

congestionar-se
Use sempre assim, na acepção de *ficar engarrafado* (trânsito): *As estradas se congestionam com o tráfego de tantos caminhões.* Alguns dicionários registram o verbo também como não pronominal. Normal.

congratulação
Rege *com* ou *para com...por* ou apenas *por*: *A congratulação com* (ou *para com*) *os pentacampeões mundiais por tão importante conquista não podia ser diferente, ou seja, com muitos fogos e alegria.* *** *Os pentacampeões receberam em Brasília congratulações pela conquista.*

congruência
Rege *de...com* ou *entre*: *É preciso que haja congruência da teoria com a prática.* *** *É preciso haver congruência entre a teoria e a prática.*

congruente
Rege *a* (apropriado) e *com* (coerente): *Esses exercícios não são congruentes à sua massa muscular.* *** *Às vezes, a prática não é congruente com a teoria.*

conhecer
Por ser verbo transitivo direto, usa-se assim: *ela o conhece, eu a conheço, ela os conhece, eu as conheço.* No Nordeste, todavia, é comum substituir o pronome *o* (e variações) por *lhe* (e variação). Então, comumente se ouve: *Eu não "lhe" conheço, o que é que você quer comigo?!* Convém conhecer?...

conhecido
Rege *a* ou *de* (habitual, familiar), *como* ou *por* (chamado, denominado) e *de* ou *por* (na voz passiva): *A voz e o cheiro do dono têm de ser bem conhecidos aos* (ou *dos*) *cães, para que eles não confundam alhos com bugalhos, principalmente à noite.* *** *Esse fato era segredo de família, portanto só conhecido a* (ou *de*) *seus membros.* *** *O governador começou a ser conhecido como* (ou *por*) *larápio.* *** *O fenômeno é conhecido como* (ou *por*) *El Niño.* *** *Esse fenômeno é conhecido de* (ou *por*) *todos os meteorologistas.*

conhecimento
Rege *de* ou *sobre* (ciência), *com* (contato, relacionamento, amizade) e *em* (experiência): *Não tenho conhecimento desse* (ou *sobre esse*) *assunto.* *** *A mulher tem perfeito conhecimento das* (ou *sobre as*) *farras do marido.* *** *Na faculdade, travou conhecimento com um mundo de gente, de todas as partes do país.* *** *Falta-lhe conhecimento no assunto.*

conivência / conivente
Regem *com* (pessoa)...*em* (coisa): *A conivência com o marido no crime é notória.* *** *A mulher foi conivente com o marido no crime.*

conjetura ou conjectura?
Tanto faz.

conjugação
Rege *de*...*com*: *A conjugação de talento com trabalho produz arte.* Antecedida de *em*, aparece com a preposição *com*: *Devemos reciclar os professores em conjugação com o aumento de seus salários.*

conjuntamente com
Correto: *A reciclagem dos professores deve ser feita conjuntamente com a substancial melhoria de seus salários.*

conluio
Coletivo de conspiradores, de gente interessada em praticar malfeitorias: *Um conluio de madeireiros foi formado, para eliminar o ambientalista.*
EM TEMPO – Numa das primeiras edições do meu minidicionário defini **greve** como conluio entre assalariados para não comparecer ao trabalho, até ser atendida uma reivindicação. Submetida à apreciação dos "avaliadores" do MEC, a obra recebeu apenas uma estrela (de um total de três), em razão da palavra conluio, na definição. Por uma dessas atitudes, porém, que só os mal-intencionados podem justificar, outro dicionário, com a mesma palavra, na definição do mesmo verbete, foi agraciado com três estrelas. Como o referido ministério não admite o direito de defesa, o que contraria todos os princípios do Estado de Direito, tivemos que engolir esse sapo. Sem falar no fato de ser avaliado, muitas vezes, por um mequetrefe, que só está ali porque se submete docilmente a cumprir ordens.

conosco
V. **com nós / conosco**.

conquista
Rege *de*...*a*...*por* ou *de*...*a* (ou *para*) e *sobre*: *A conquista do Acre à Bolívia pelo Brasil foi feita de forma tranquila.* *** *A conquista de adeptos a* (ou *para*) *sua causa não foi difícil.* *** *Esse projeto do governo é uma conquista do brasileiro sobre a miséria.*

conquistado
Rege *a* (tomado; atraído, aliciado): *O Acre foi conquistado à Bolívia de forma tranquila.* *** *Os fiéis conquistados a essa seita são obrigados a colaborar mensalmente com ela.*

consagração
Rege *de*...*a* ou apenas *a*: *A consagração da vida ao bem público é para poucos.* *** *A consagração às letras e às artes lhe aprimorou a comunicação.*

consagrado
Rege *a*: *O tempo consagrado ao estudo é o mais precioso de todos.*

consciência
Rege *de* ou *sobre* (nome) e apenas *de* (oração): *Ela não tinha consciência do (ou sobre o) mal que fazia a seus filhos, procedendo assim.* *** *Ela não tinha consciência de que prejudicava seus filhos.* *** *Tenho consciência de ter feito o que pude para salvá-la.*

consciencioso
Rege *com* ou *para com...em* ou apenas *em*: *Trata-se de um médico consciencioso com (ou para com) seus pacientes nos diagnósticos que faz.* *** *É um médico consciencioso nos diagnósticos que faz.*

consciente / cônscio
Regem *de*: *As pessoas devem estar conscientes (ou cônscias) da gravidade do problema ambiental no mundo.*

conscientização
Rege *de...para* (ou *sobre*) ou apenas *para* (ou *sobre*): *É fundamental a conscientização de todos para (ou sobre) a preservação do meio ambiente.* *** *Se todos tivessem a sua conscientização para (ou sobre) os males do cigarro, não haveria a indústria do tabaco no mundo.*

conseguir
Conjuga-se por ferir. É verbo transitivo direto, por isso não aceita a preposição "com" antes de oração desenvolvida: *Os pais conseguiram que a sua única filha casasse com um político famoso.* *** *O governo conseguiu que a inflação cedesse.* Volta e meia se encontra "conseguir com que", como nesta frase: *Conseguir "com" que projetos sejam mais do que a acumulação de diversas atividades exige uma estratégia que leve em conta a sustentabilidade e as consequências das ações sugeridas.* Ou como neste texto, de uma dermatologista: *Atualmente, cerca de 30% das mulheres, com mais de 20 anos, que vão ao meu consultório, apresentam esse tipo de problema que, se não for tratado, vai persistir até à menopausa. Para essas mulheres uma das saídas é a flutamida, um "anti-andrógeno", não hormonal, não antibiótico, que age no receptor, bloqueando-o dentro da célula e caracterizando-se por apresentar uma ação periférica, ou seja, conseguindo "com" que não haja ação dos andrógenos na pele.* Note: a doutora ainda usou "anti-andrógeno", em vez de *antiandrógeno*.

consenso
Rege *entre... em* (verbo ou palavra derivada de verbo) ou *entre...acerca de* (ou *a respeito de* ou *em relação a* ou *quanto a* ou *sobre*) (coisa): *Não houve consenso entre os professores em escolher o material didático para a escola.* *** *Não houve consenso entre os professores na escolha do material didático.* *** *Não houve consenso entre os professores acerca do (ou a respeito do ou em relação ao ou quanto ao ou sobre o) material didático a ser escolhido para a escola.*

consenso "geral"
Redundância. *Consenso* assim se define: **1.** Opinião ou posição tomada por um grupo como um todo ou por desejo da maioria; unanimidade de opinião; opinião geral; voz comum: *O consenso dos eleitores era que as reformas poderiam ser implementadas.* **2.** Acordo geral: *Nenhum governo obtém consenso da população.* *** *Nem mesmo Jesus Cristo obteve o consenso.* *** *Houve consenso sobre a minha ideia.* **3.** Modo de pensar da maioria; senso comum: *A redução do número de sindicatos é consenso na reforma sindical.* *** *O nazismo era consenso na Alemanha, em 1941.* **4.** Autorização; consentimento; anuência: *O diretor da escola deu seu consenso para fazer as reformas na escola.* *** *Ninguém esperava o consenso dos pais da moça nesse casamento.* Embora usada por alguns escritores de renome, a combinação "consenso geral" ou "consenso de todos", em razão da própria definição da palavra, deve ser evitada.

consentâneo
Rege *a* (apropriado) e *com* (coerente): *É uma medida consentânea à solução da crise.* *** *É um governo consentâneo com os seus princípios políticos.*

consentir
Conjuga-se por ferir. Pode ser transitivo direto ou transitivo indireto, indiferentemente, e rege *com* ou *em* (com coisa) e apenas *em* (com oração): *O pai não consentiu o* (ou *com o* ou *no*) *casamento da filha.* *** *Na verdade, o governo consente o* (ou *com o* ou *no*) *vandalismo dos membros desses movimentos sociais.* *** *O presidente acabou consentindo a* (ou *com a* ou *na*) *entrevista.* *** *Os pais consentiram em casar a única filha com aquele rapaz.* *** *O pai dela não consentiu (em) que viajássemos juntos.* *** *Não posso consentir (em) que você termine nosso noivado, sem me explicar os motivos de sua atitude.* Embora se possa omitir a preposição *em*, com as orações desenvolvidas, convém empregá-la. Como transitivo direto e indireto, rege *a* (com pessoa): *O pai não consentiu o namoro à filha.* *** *O rapaz não consente à namorada que saia de casa.*

consequência
Rege *de...em* (ou *sobre*): *A consequência dos raios ultravioleta na* (ou *sobre* a) *pele das pessoas pode ser um câncer.* *** *A consequência da alta do dólar na* (ou *sobre* a) *inflação é matemática.* Antecedida de *como, em* ou *por* pode aparecer combinada com *a* ou *de*: *A inflação sobe como* (ou *em* ou *por*) *consequência à* (ou *da*) *alta do dólar.*

consequente
Rege *a* (seguinte) e *com* ou *em* (coerente): *A eleição consequente a esta pode ser ainda mais rápida.* *** *É um partido consequente com* (ou *em*) *seus princípios!* *** *Os evangélicos sempre foram muito consequentes com* (ou *em*) *suas crenças.*

consideração
Rege *a, com, para com* ou *por* (apreço, estima, respeito) e *acerca de* ou *a respeito de* ou *sobre* (reflexão, comentário, observação): *Tenho muita consideração a* (ou *com* ou *para com* ou *por*) *todos os meus colegas.* *** *Ter consideração ao* (ou *com* o ou *para com* o ou *pelo*) *sentimento dos outros.* *** *Fiz algumas considerações acerca de* (ou *a respeito de* ou *sobre*) *esses costumes indígenas.* Antecedida de *por*, aparece combinada com *a* ou *de*: *Tudo o que fiz foi por consideração a* (ou *de*) *meus colegas.*

considerar
Por ser verbo transitivo direto, usa-se assim: *ela o considera, eu a considero, ela os considera, eu as considero.* No Nordeste, todavia, é comum substituir o pronome *o* (e variações) por *lhe* (e variação). Então, comumente se ouve: *Saiba, Nonato, que eu "lhe" considero muito, seu cabra da peste!* Seria verdade?...

considerar / considerado
Os predicativos representados por substantivos, tanto os do sujeito quanto os do objeto, vêm antecedidos de *como* ou não, indiferentemente: *Esse presidente é considerado um homem de bem* (ou *como um homem de bem*). *** *O povo o considera um homem honesto* (ou *como um homem honesto*). Os predicativos representados por adjetivos, no entanto, não aceitam *como*: *Esse presidente é considerado competente.* *** *O povo o considera competente.*

consigo
No português do Brasil, esse pronome só se deve empregar com sentido reflexivo, ou seja, em referência ao sujeito da oração: *Trouxe os documentos consigo?* *** *Ela fala consigo mesma.* *** *Quando ela ia ao médico, levava sempre o marido consigo.* Não pode referir-se à pessoa com quem se fala, equivalendo a *com você, com o senhor*, etc. Assim, por exemplo: *Juçara, quero falar "consigo" a sós. Manuel, estou muito aborrecido "consigo". Concordo inteiramente "consigo", meu amigo!* Em Portugal, porém, tal emprego é normal. Às vezes, empregam "com você" no lugar desse pronome, como se viu num anúncio: *A cada hora você toca inúmeros objetos diferentes e leva "com você" boa parte das bactérias.*

consistir
Use sempre consistir *em*, na acepção de ser formado ou composto, compor-se, e não consistir "de": *O esqueleto humano consiste em muitos ossos.* *** *Minha biblioteca consiste em algumas obras raras.* *** *O amor não consiste simplesmente em olhar um para o outro, mas sim em olhar junto na mesma direção.* *** *A Terra consiste em três quartos de água.* Acerca da recente descoberta, por astrônomos amadores, de um planeta iluminado por quatro sóis, assim escreveu um jornalista de O Estado de S. Paulo: *As chamadas estrelas binárias – um sistema estelar que consiste "de" duas estrelas orbitando um centro comum – não são incomuns, mas só foram encontrados alguns poucos planetas que orbitam em torno de duas estrelas.* Repare ainda que o nobre jornalista usou inicialmente de modo correto o verbo orbitar, mas depois incorreu em redundância, já que orbitar "em torno de" é o mesmo que chover no molhado. Veja, agora, a pergunta que fez uma comissão de pós-graduação, à guisa de explicações aos interessados no curso: *"De" que consiste o mestrado no IME-USP?* Confesso: não tenho a menor ideia *em* que consiste isso...

consoante
Rege *a* ou *com*: *Era um costume consoante ao (ou com o) gosto daquela época.* *** *O traje tem de ser consoante à (ou com a) importância da festa.* A exemplo de *conforme*, também exerce a função de preposição: *Dançou consoante a música.* Quando equivalente de *conforme*, usa-se como esta, ou seja, com ou sem preposição: *Consoante o (ou ao) disposto no parágrafo V da Constituição...*

consolação / consolo
Rege *a* ou *de*: *Para consolação (ou consolo) às (ou das) vítimas da catástrofe, esteve presente no hospital, em visita a elas, o presidente da República.*

consonância
Rege *de...com* ou *entre*: *A consonância da linguagem com os gestos é fundamental nesta representação teatral.* *** *A consonância entre linguagem e gestos é fundamental nesta representação.*

conspiração
Rege *contra*: *A conspiração contra o governo de João Goulart começou nos quartéis.*

constante
Rege *de* ou *em* (incluído) e apenas *em* (firme, contínuo): *Seu nome era constante de (ou em) todas as listas de aprovados.* *** *É uma palavra constante dos (ou nos) melhores dicionários.* *** *O rapaz era constante em seus pontos de vista.*

consternação / consternado
Regem *com* ou *por*: *Havia muita consternação com (ou por) essa notícia, em Brasília.* *** *Todos ficaram consternados com (ou por) essa morte.*

constituído
Rege *de* ou *por* e *em* (antes de predicativo): *Era um grupo constituído de (ou por) vários intelectuais.* *** *A nação brasileira é constituída de (ou por) várias raças.* *** *O tio foi constituído em procurador do menor.*

constranger
Muda o g em j antes de a e de o, mas isso não significa que se trata de verbo irregular.

constrangido
Rege *a*: *O ministro, não querendo sair de livre e espontânea vontade, foi constrangido à demissão.*

construído
Rege *com* ou *de* e *sobre*: *Casa construída com (ou de) taipa.* *** *É um ensino construído sobre modelo pedagógico ultrapassado.*

construir
Conj.: *construo, constróis* (ou *construis*), *constrói* (ou *construi*), *construímos, construís, constroem* (ou *construem*) [pres. do ind.]; *construa, construas, construa, construamos, construais, construam* (pres. do subj.). As formas entre parênteses existem, mas já se consideram arcaizantes. Por ele se conjugam *destruir* e *reconstruir*.

consubstanciado
Rege *a* ou *com* (identificado) e *em* (materializado, corporificado, concretizado): *Eram ideais consubstanciados às* (ou *com as*) *aspirações do povo.* *** *O ideal de beleza dos gregos está consubstanciado nas estátuas de seus escultores.*

consubstancial
Rege *a* ou *com*: *A língua falada não é menos consubstancial à* (ou *com a*) *literatura que a língua escrita.* *** *Na Santíssima Trindade, o Filho é consubstancial ao* (ou *com o*) *Pai.*

cônsul
Representante diplomático(a) de uma nação em país estrangeiro, para cuidar de assuntos comerciais e ali prestar assistência a cidadãos de seu país. Nesta acepção é substantivo comum de dois no português contemporâneo: *o cônsul, a cônsul*. O feminino *consulesa* se reserva à esposa do cônsul. Poucos dicionários registram a diferença. E os ranhetas não aceitam a distinção de jeito nenhum. Esquecem-se de que a língua é um fenômeno dinâmico. Note que *embaixadora* é a chefe de embaixada; *embaixatriz*, a esposa do embaixador. Na ONU não há embaixatrizes, mas apenas embaixadoras. Num consulado, mesmo constituído apenas de mulheres, há *cônsules*, e não *consulesas*. Aí vem a Folha de S. Paulo e estampa uma manchete assim: **EUA expulsam consulesa geral da Venezuela em Miami**. Mas a esposa do cônsul trabalhava na embaixada?!...

consulta
Rege *a* (pesquisa), *acerca de, a propósito de, sobre* (objeto de pesquisa) e *com...sobre* (busca de diagnóstico, conselho, informação, orientação, instrução, etc.): *Fiz uma consulta ao dicionário.* *** *Antes de oficializar a medida, o governo resolveu fazer uma consulta à população.* *** *Fiz consulta acerca dessa* (ou *a propósito dessa* ou *sobre essa*) *pessoa nos arquivos policiais.* *** *Os alunos fazem consulta acerca dos* (ou *a propósito dos* ou *sobre os*) *planetas.* *** *Faça uma consulta com seu cardiologista sobre essa dor no braço esquerdo!* *** *A beata resolveu fazer a sua costumeira consulta com o padre sobre o problema.*

consultado
Rege *acerca de, a propósito de, a respeito de* e *sobre*: *Foram dezenas de especialistas consultados acerca do* (ou *a propósito do* ou *a respeito do* ou *sobre o*) *problema.*

consumido
Rege *de* ou *por* e *em*: *Era um homem que vivia consumido de* (ou *por*) *preocupações.* *** *O tempo consumido no estudo é o de melhor proveito.*

consumir
Conjuga-se por fugir. Sempre com a vogal tônica *o* pronunciada com timbre fechado: cons*o*mes, cons*o*me, cons*o*mem. No português do Brasil, toda e qualquer vogal que antecede fonema nasal tem som fechado (s*o*nho, s*e*nha, p*o*mo, p*e*na, etc.), fato que não ocorre no português de Portugal, razão pela qual muitos brasileiros abrem a vogal tanto em formas do verbo consumir quanto do verbo sumir, assim como de comer.

contagiado
Rege *com, de* ou *por*: *Todo o mundo na repartição foi contagiado com o* (ou *do* ou *pelo*) *vírus da gripe.*

contágio
Rege *com* ou *entre* e *de...com* (ou *por*): *O contágio com* (ou *entre*) *pessoas portadoras da doença é um risco.* *** *O contágio de crianças com* (ou *por*) *esse vírus é comum.*

contaminação
Rege *com, entre* e *de*: *A contaminação com pessoas infectadas é muito fácil nesse caso.* *** *A contaminação entre pessoas da mesma família é comum nesse caso.* *** *A contaminação do lençol freático reduz drasticamente a quantidade de água potável disponível para a população.*

contaminado
Rege *com, de* ou *por*: *O lençol freático já está contaminado com* (ou *de* ou *por*) *metais pesados.* *** *O que existe é uma juventude inteiramente contaminada com a* (ou *da* ou *pela*) *droga e com* (ou *de* ou *por*) *valores espúrios.*

com tanto e contanto: qual a diferença?
Com tanto exprime quantidade ou valor: *Um só funcionário não pode com tanto trabalho.* *** *Com tanto corrupto, como o Brasil quer ir para a frente?* **Contanto** faz parte de locução conjuntiva, equivalendo a *desde que*: *Voto nele, contanto que se comprometa a acabar com a impunidade, a violência urbana, a corrupção e o desemprego.*

com tudo e contudo: qual a diferença?
Com tudo equivale a *com todas as coisas*: *Se você não aguenta com tudo, por que não pede ajuda?* **Contudo** é equivalente de *porém, no entanto, todavia*: *Ele se dizia honesto e ético, contudo não era.*

contato
Rege *com, de* ou *entre*: *O contato com* (ou *de* ou *entre*) *pessoas infectadas, neste caso, é fatal.* *** *Viveu bons anos no contato direto com a* (ou *da*) *natureza.* *** *O futebol é um esporte de contato entre os atletas.* *** *Era incomum o contato direto do povo com o* (ou *do*) *presidente.* *** *O contato entre o presidente e o povo é uma característica desse presidente.* Existe a variante *contacto*.

contêiner
Pl.: *contêineres*. Há os que usam "contêiners" e até "conteiners". Veja: *Esta operação mostra o quanto o Porto do Itaqui está preparado para a movimentação de cargas de grande volume. Entre as cargas já movimentadas estão "contêiners" e vagões de trem.*

contém / contêm
A primeira forma é de singular: *Leite contém cálcio*. A segunda forma é de plural: *Leite e iogurte contêm cálcio*. Simples, não? Pois é, mas alguns jornalistas revelam não conhecer a diferença. Eis como escreveu um deles esta manchete, no portal UOL: **10 alimentos fonte de cálcio que não "contém" leite**. Além do quê, existe uma norma em língua portuguesa que proíbe o início de período com numerais. Eles sabem disso? Que nada!

contemplação
Rege *com* ou *para com* (consideração, benevolência, condescendência) e *de* (apreciação): *Os senhores não tinham nenhuma contemplação com* (ou *para com*) *os escravos.* *** *Os guardas de trânsito estão multando sem nenhuma contemplação com* (ou *para com*) *os motoristas infratores.* *** *Tende mais contemplação com* (ou *para com*) *os defeitos alheios!* *** *Ficou absorto, na contemplação da paisagem.*

contemporaneidade
Embora seja a forma correta, há muita gente que ainda acredita na "contemporaniedade" das coisas. Veja: *Um dos fatores que comprovam a "contemporaniedade" de Euclides da Cunha é a sua atuação como amigo, engenheiro e cidadão.* *** *A CHLOROPHYLLA, necessitava que suas lojas se tornassem mais vendedoras. Foi detectado que, apesar das lojas apresentarem um estilo arrojado e clean, transmitindo "contemporaniedade", não estavam atingindo de forma plena seu público.* Note a vírgula entre o sujeito e o predicado, no início, equívoco pueril, de quem fugiu da escola.

contemporâneo
Rege *a* ou *de*: *Machado de Assis é contemporâneo a (ou de) Rui Barbosa.*

contente
Rege *com* (nome) e *de, em* ou *por* (verbo): *Estou contente com o serviço desse empregado.* *** *Estamos contentes com essa empregada.* *** *Estou contente de (ou em ou por) poder colaborar contigo.*

contente e alegre: qual a diferença?
Alguma. Uma pessoa está contente quando se encontra com o ânimo em situação agradável, ou seja, quando se percebe facilmente que ela está plenamente satisfeita interiormente. Uma pessoa está alegre quando demonstra um estado d'alma prazeroso, delicioso e manifesta o seu sentimento exteriormente, muitas vezes pulando, abraçando, fazendo escarcéu. Assim, uma pessoa pode estar contente, sem estar alegre; pode estar alegre sem estar contente. Tanto o Dicionário Aurélio quanto o Dicionário Houaiss dão ambos os termos como sinônimos. São?

EM TEMPO – O Dicionário Aurélio, aliás:
38) registra "lampsana" por **lâmpsana**, "lava-louças" por **lava-louça**, "lava-roupas" por **lava-roupa** e "lenga-lengar" por **lengalengar**;
39) registra "folder", "master" e "scanner" (estrangeirismos) por **fôlder**, **máster** e **escâner** (que já constam no VOLP);
40) registra "hábitat" (com acento) e "karaoke" por **caraoquê** (que já consta no VOLP);
41) o VOLP já aportuguesou **patronesse**, mas o dicionário continua tratando a palavra como se fosse estrangeirismo;
42) registra "franglês", "garage", "vomitar" e "hipe" (hippie), que não constam no VOLP;
43) registra "forsterita" por **forsterite** e "helictite" por **helictita**;
44) registra **frutos do mar** sem hífen (corretamente), mas em **maricultura** usa "frutos-do-mar";
45) registra **estrada de ferro** sem hífen (corretamente), mas em **gare** usa "estrada-de-ferro";
46) registra **língua-mãe** com hífen (corretamente), mas em **neofonema** usa "língua mãe";
47) registra língua-comprida com hífen, remetendo a língua de palmo (em língua de palmo aparece língua comprida, sem hífen);
48) dá errado o plural de **guia-corrente**;
49) registra "herpolodia" por **herpolódia** e "hiotireoideo" por **hiotireóideo**;
50) em **homoafetivo**, usa "mantém" por **mantêm**;
51) em **tisana**, aparece a palavra "mandésios" e "hesperossuco" (que não existem);
52) em *master*, remete o consulente a remasterização (que não tem registro no dicionário);
53) registra "incontinênti" (adv.) por **incontinente**;
54) em **jequiriti** aparece a palavra toxialbumina, que não tem registro no dicionário;
55) em **justilho**, define: "espécime" de colete muito justo (colete virou espécime?!...);
56) em **ligeiro**, comete redundância pueril: caminha "a pé" pelo leito da via férrea (pode-se caminhar "de trem" pela via férrea?...).

conter
Como se conjuga por *ter*, não existem as formas "conti", "conteu", "contia", "contiam", "conteram", comuns na língua popular, mas apenas, respectivamente, *contive, conteve, continha, continham, contiveram.*

contestação
Rege *a* (negação; réplica, resposta) e *de* (impugnação): *Há contestação de muitos cientistas à teoria do bigue-bangue.* *** *Houve contestação à arguição.* *** *Houve contestação do resultado das eleições.*

conteste e contraditório: qual a diferença?
Convém não confundir. **Conteste** é que está de acordo, é concorde. Depoimentos *contestes*

são depoimentos uniformes, iguais, sem discrepâncias, como se fossem prestados por uma só pessoa ou, literalmente, como se as cabeças de todos os depoentes se unissem, formando uma só no momento do depoimento. *Conteste* nada mais é que, literalmente, testa com testa e tem como antônimo **contraditório**. Da mesma forma, *inconteste* não significa incontestável (embora tenha este registro em alguns dicionários), mas sim que não foi testemunhado: *acidente inconteste, crime inconteste, casamento inconteste, atitudes incontestes*. Ou, ainda, contradizente, discrepante, contrário: *depoimentos incontestes, opiniões incontestes, provas incontestes. Incontestável* é que não pode ser contestado, questionado, negado. Apesar da diferença de significado existente entre *inconteste* e *incontestável*, há jornais que continuam trazendo: *Líder "inconteste" de audiência no país, a Rede Globo inicia sua fase de expansão no exterior.* *** *É "inconteste" que a maconha é uma porta que se abre para outras drogas.* Sem dúvida, *incontestável.*

contíguo
Rege *a* ou *com*: *Deram-me um apartamento contíguo ao* (ou *com* o) *de Gisele Itié, no hotel!* *** *Nossa chácara era contígua à* (ou *com* a) *do ex-presidente.*

continuação
Rege *a* ou *de*: *A continuação aos* (ou *dos*) *trabalhos ficou a meu cargo.* Antecedida de *de* ou *em*, aparece combinada com *a*: *De* (ou *Em*) *continuação à campanha contra a dengue, foram tomadas inúmeras providências importantes.*

continuar
Atenção para a concordância. Como aparece quase sempre antes do sujeito, é comum encontrá-lo só no singular, independentemente do número em que se encontra o sujeito. Exemplos do uso correto: *Continuam as manifestações por todo o país.* *** *Continuavam as greves.* *** *Espero que não continuem na televisão esses programas políticos.* *** *Você não queria que continuassem as invasões de terras?* *** *Até quando continuarão esses desmandos?*

conto do vigário
Sem hifens.

contra-
Só exige hífen antes de palavras iniciadas por a ou por h: contra-ataque, contra-haste.

contra
Use sem medo, em frases como esta: *A inflação foi de 80% contra um aumento de salário de apenas 30%.* *** *A taxa de desemprego no Brasil é de 22% contra 5% nos Estados Unidos.* O condenável é usar a preposição a depois, como fez uma jornalista: *Respeito aos direitos humanos é balela para qualquer ditadura, seja ela qual for. Ditadores, independentemente do matiz ideológico, transformam as lutas por liberdade em crimes lesa-pátria. Contra "a" si e o Estado, o que para eles é a mesma coisa. Prendem, torturam, matam.* Aliás, crimes *de* lesa-pátria.

contração
Rege *de...com*: *A contração da preposição a com o artigo a produz uma fusão a que se dá o nome especial de* crase.

contradição
Rege *a* ou *de* (oposição), *com* (incoerência) e *entre* (oposição): *Há muita contradição a essa* (ou *dessa*) *teoria.* *** *A testemunha entrou em contradição com o que acabara de afirmar.* *** *Há contradição entre a teoria e a prática.* Antecedida de *em*, aparece combinada com a preposição *com*: *Ele faz um governo em contradição com todos os ideais do seu partido.*

contradizer
Conjuga-se por dizer.

contrafação
Apesar de ser a grafia correta, muitos insistem na "contrafacção" da palavra. Declara um militante da esquerda radical do PT: *O governo de FHC queria fazer a famosa reforma agrária de mercado, ou seja, uma "contrafacção" da reforma agrária, porque o mercado nunca fará uma reforma agrária.* Agora, veja como escreve um jornalista esportivo de, no mínimo, cinquenta anos de "militância": *Ora, como o outro avante terá de ocupar um vazio enorme, que vai da intermediária adversária à marca de pênalti, de uma lateral à outra, esse, necessariamente, terá de ser um jogador veloz e versátil, a "contrafacção" do tal centroavante típico a que me refiro.* Tempo, como se vê, nem sempre pressupõe sabedoria.

contraído
Rege *de* (adquirido), *de* (reduzido) e *em* (encolhido, apertado, crispado): *A doença foi contraída de um colega de escola.* *** *Bondoso é forma contraída de bondadoso.* *** *Tinha o rosto contraído em trejeitos, cada um mais estranho que outro.*

contrair
Conjuga-se por cair.

contrapartida
Rege *a* ou *de*: *A contrapartida a esse (ou desse) sucesso todo era, além de prestígio, a renovação de contrato em bases mais generosas.*

contrapeso
Rege *a* ou *de*: *Tem na diversão do dia a dia profissional um ótimo contrapeso ao (ou do) baixo salário e aos (ou dos) ossos do ofício.*

contrapor
Como segue a conjugação de pôr, não existem as formas "contraporam", "contraposse", "contrapossem", "contrapormos" (no subj.), "contraporem", comuns na língua popular, mas apenas, respectivamente, *contrapuseram, contrapusesse, contrapusessem, contrapusermos, contrapuserem.*

contraposição
Rege *a*: *A contraposição aos interesses da empresa é que foi a causa maior da sua demissão.* Antecedida de *em*, aparece combinada com *a*: *A linha política do governo estava em contraposição aos ideais do partido.*

contrariado
Rege *com* (aborrecido, desgostoso) e *em* (impedido, obstado): *Ficou contrariado com a mulher, por desmenti-lo.* *** *Ficou contrariado com o desmentido da mulher.* *** *Contrariado em sua indicação pelo partido, desistiu da vida pública.*

contraste
Rege *de...com* (diferença marcante), *entre* e *em*: *É visível o contraste desta geração com a anterior.* *** *Há visível contraste entre as duas gerações.* *** *O contraste na forma de vestir entre a mãe e a filha era enorme.* Antecedida de *em*, aparece combinada com a preposição *com*: *O preto sempre se destaca, em contraste com o branco.*

contravenção
Rege *a* ou *de* (infração, transgressão; violação): *Agir em contravenção à (ou da) lei.* *** *Comportar-se em contravenção aos (ou dos) princípios de sua fé.*

contravir
Conjuga-se por vir e rege *a* (desrespeitar, infringir): *Um dos cônjuges contraveio ao acordo firmado dias antes.* *** *Ninguém deve contravir às leis.* *** *A filha saiu, contravindo às ordens do pai.*

contribuição
Rege *a* (ou *com* ou *em* ou *para*) [colaboração material] e *em* ou *para* [colaboração cultural]: *Esta doação é apenas uma pequena contribuição da empresa à (ou com a ou*

na ou *para* a) *campanha contra a fome.* *** *A contribuição dos idiomas indígenas e africanos* n*o* (ou *para* o) *léxico português é significativa.*

controle
Rege *de* ou *sobre* (domínio) e apenas *sobre* (monitoramento, fiscalização): *O controle* d*os* (ou *sobre* os) *impulsos é importante num momento destes.* *** *Já parece certo o controle* d*a* (ou *sobre* a) *inflação.* *** *É preciso maior controle sobre certos agentes penitenciários.* *** *O médico lhe pediu maior controle sobre a taxa de colesterol.*

controvérsia
Apesar de ser assim, muitos ainda alimentam a "controversa". Rege *com* (divergência) e *acerca de, a respeito de* ou *sobre* (polêmica): *As controvérsias com os patrões já foram superadas.* *** *Há muita controvérsia acerca d*a (ou *a respeito d*a ou *sobre* a) *existência dos óvnis.*

convalescença
Embora seja a grafia correta, há muitos (até escritores e gramáticos) que continuam no firme desejo de entrar em "convalescência". Isto é: continuam doentes. Escreve um médico: *Durante um eventual período de "convalescência" da pessoa intoxicada, devido a uma ocorrência qualquer (um acidente automobilístico, por exemplo) é possível que o organismo tente se abastecer com as suas "reservas", acumuladas nos tecidos, e ative a dioxina aí depositada.* Médico que não ajuda na *convalescença* do seu paciente, livre-se dele! Eis, agora, anúncio de um centro médico: *O Centro Médico trabalha com o conceito de* Day Hospital, *atuando em procedimentos cirúrgicos que demandam internações curtas, minimizando riscos de infecção hospitalar e possibilitando uma recuperação rápida do paciente devido a sua liberação para "convalescência" em ambiente familiar.* Todo cuidado é pouco... V. **nascença**.

convencer
Use assim: *ela* o *convenceu, eu* a *convenci, ela* os *convenceu, eu* as *convenço*. No Nordeste, todavia, é comum substituir o pronome *o* (e variações) por *lhe* (e variação). Então, comumente se ouve: *Falei, falei, até que "lhe" convenci.* Será?

convencido
Rege *a* (verbo) e *de* (nome e oração): *Ele foi convencido* a *renunciar.* *** *Estou convencido* d*a tua inocência.* *** *Estou convencido de que és inocente.* *** *Estava convencida de que o casamento era uma maravilha.* Nas orações desenvolvidas, pode haver elipse da preposição, se bem que não muito aconselhável: *Estou convencido que és inocente.* *** *Estava convencida que o casamento era uma maravilha.*

conveniente
Rege *a* ou *para*: *A época era conveniente* à*s* (ou *para* as) *viagens internacionais.*

convento
Adj. correspondente: *monástico* ou *monacal*. Portanto, *paz de convento* = *paz monástica* (ou *monacal*); *silêncio de convento* = *silêncio monacal* (ou *monástico*).

conversa / conversar
Regem *acerca de, a respeito de* ou *sobre*: *A conversa acerca de* (ou *a respeito de* ou *sobre*) *futebol antigamente não agradava às mulheres.* *** *Era importante o assunto acerca d*o *qual* (ou *a respeito d*o *qual* ou *sobre* o *qual*) *conversavam?*

conversão
Rege *de...a* (mudança de religião, costumes, etc.) e *de...em* (troca, substituição): *A conversão de católicos* a*o protestantismo era grande.* *** *A conversão de reais em dólares é relativamente fácil.*

convicção
Rege *de* ou *sobre* e *acerca de, a respeito de, em relação a, quanto a* ou *sobre*): *A convicção d*a (ou *sobre* a) *virgindade da filha é que a fez reagir assim.* *** *Havia ali*

muita convicção *acerca d*a (ou *a respeito d*a ou *em relação à* ou *quanto à* ou *sobre* a) reencarnação.

convicto
Rege *de*: *Estou convicto dos meus sentimentos por ela.* *** *Estamos todos convictos de que vocês serão muito felizes no casamento.* Neste último caso, que é de oração desenvolvida, pode haver elipse da preposição: *Estamos todos convictos que vocês serão muito felizes no casamento.*

convidado / convidativo
Regem *a* ou *para*: *Fomos convidados a* (ou *para*) *um banquete.* *** *O lugar aqui é muito convidativo à* (ou *para* a) *meditação.*

convidar
É transitivo direto (*quem o convidou?*) ou transitivo direto e indireto (rege *a* ou *para*): *Convidei-os a* (ou *para*) *ir ao cinema.* *** *Amigos me convidaram a* (ou *para*) *jantar.* *** *O calor nos convida a* (ou *para*) *tomar vários banhos diariamente.* Antes de substantivo ou de pronome relativo, todavia, convém usar somente a preposição *para*: *Amigos me convidaram para um jantar.* *** *Fomos convidados para um baile.* *** *Não fui à recepção para a qual me convidaram.* *** *Irei ao banquete para o qual ontem fui convidado.*

convir
Conjuga-se por vir e rege *em* (concordar): *Convim na opinião da maioria.* *** *Demorou, mas comprador e vendedor acabaram convindo no preço do carro.* Com oração desenvolvida, a preposição pode estar elíptica: *Convenha (em) que tenho razão!* *** *Ela conveio comigo (em) que era cedo para falarmos em casamento.* *** *Não quiseram convir (em) que eu pagasse a conta sozinho.*

convite
Rege *a* ou *para*: *Essa mulher é um enorme convite ao* (ou *para* o) *pecado.* *** *Este automóvel é um convite à* (ou para a) *velocidade.* *** *Dizem que o casamento é um verdadeiro convite ao* (ou *para* o) *sofrimento.*

convivência / convívio
Regem *com* ou *de* e *de* ou *entre*: *Sinto-me na convivência* (ou *no convívio*) *com os* (ou *dos*) *meus animais domésticos.* *** *Natal é dia para estar na convivência* (ou *no convívio*) *com os* (ou *dos*) *familiares.* *** *Seria mesmo impossível, no Oriente Médio, a convivência* (ou *o convívio*) *de* (ou *entre*) *árabes e israelenses?* *** *É cada vez mais difícil a convivência* (ou *o convívio*) *de* (ou *entre*) *pais e filhos.*

conviver "juntos"
Visível redundância. As pessoas apenas *convivem*: *Quanto tempo vocês convivem?* Declara um homem bem-intencionado: *A única solução para palestinos e israelenses seria se os dois povos aprendessem a conviver "juntos", num mesmo país, com um regime democrático que desse representação aos dois grupos.* Escreve um jornalista: *Isso não indica diretamente que o Gol 1.0 irá sair de produção, mesmo porque os dois poderão conviver "juntos" se houver uma diferença razoável de preços.*

convocação
Rege *de...a* (ou *para*): *Já está sendo feita a convocação de reservistas a* (ou *para*) *apresentação imediata aos quartéis.* *** *A convocação de jogadores à* (ou *para* a) *nova seleção será feita amanhã.* *** *A convocação de ministros à* (ou *para* a) *reunião já foi feita.*

convocado
Rege *a* ou *para*: *O vice-presidente também foi convocado à* (ou *para* a) *reunião ministerial.* *** *Convocado a* (ou *para*) *comparecer em juízo, negou-se a fazê-lo, daí a razão de sua prisão.*

convolar
Rege *para* (trocar, mudar de estado): *Divorciou-se e, de repente, convolou para novas núpcias.* *** *O deputado convolou do PMDB para o PT.* *** *O juiz convolou o arresto para penhora.* *** *Convolou-se o comodato para locação.* As regências "convolar a" e "convolar em", muito comuns, devem ser desprezadas.

cooperação
Rege *com...em* (ou *para*) e *entre*: *A cooperação dos alunos na* (ou *para* a) *limpeza da escola ajuda na redução de gastos.* *** *A cooperação entre policiais e bandidos é inaceitável.*

coordenação
Rege *de...a* (ou *com*): *A coordenação de uma oração a* (ou *com*) *outra é feita mediante conjunções coordenativas.*

coordenado
Rege *a* ou *com*: *É um trabalho coordenado ao* (ou *com* o) *Ministério da Saúde.* *** *Havia uma oração coordenada à* (ou *com* a) *outra.*

copioso
Rege *de* ou *em*: *O Grande dicionário Sacconi é copioso de* (ou *em*) *exemplos.*

copo / copinho / copão
As três têm o primeiro *o* aberto.

copo-d'água
Grafa-se com hífen apenas quando designa uma planta ou uma pequena reunião regada a doces e bebidas, em homenagem a alguém. Pl.: copos-d'água. Quando se trata de um copo cheio de água, grafa-se copo d'água (sem hífen), copo de água e até copo dágua. Certa vez alguém escreveu à Academia Brasileira de Letras, a fim de tirar uma dúvida. Queria saber se escrevia debaixo d'água (sem hífen) ou debaixo-d'água (com hífen). A resposta veio assim: *Usa-se o hífen antes de nomes começados por d com apóstrofo, como caixa-d'água etc.* Que respostinha mais marota! E equivocada! Como não quis aceitar a resposta da ABL, a referida pessoa me escreveu, para saber se eu confirmava aquela versão. Está claro que não confirmei e ainda lhe dei a explicação que achei correta: Escrevem-se com hífen as palavras que têm d', quando designam um ser. Por exemplo: caixa-d'água (designa um ser; a caixa-d'água existe, mesmo vazia, sem a água nela contida); gota-d'água (designa um ser), bomba-d'água (designa um ser), copo-d'água (designa um ser, aquele dos dicionários). Já copo d'água (copo cheio de água) não designa apenas um ser; são dois seres: o copo e a água. Não existe um objeto chamado copo d'água (estou tentando ser o mais didático possível). O mesmo se dá com lata d'água e poça d´água (sem hífen). Não faz nenhum sentido, portanto, usar hífen em "debaixo-d'água", como quis alguém da Academia Brasileira de Letras, em resposta a uma consulente, porque tal expressão não designa um ser.

coquetel-molotov
É assim que se escreve, com hífen, e o segundo elemento com inicial minúscula. O plural, segundo o VOLP, é coquetéis-molotovs. O Dicionário Houaiss traz sem hífen "coquetel molotov". Normal...
EM TEMPO – Esse mesmo dicionário:
65) define erradamente **atermasia** ("ausência de calor"), quando é justamente o oposto: grande calor;
66) em **borbotoante** comete redundância (v. **envolver**): que borbotoa "em profusão";
67) Em **mão-posta**, nova redundância: "preparação antecipada" (existiria preparação que não fosse antecipada?);
68) em **boteco**, **cóclea** e **fon**, usa nomenclatura médica obsoleta: "globo ocular" (por bulbo do olho) e "ouvido" (por orelha). O "globo ocular" aparece ainda em **simbléfaro** e **sincanto**;
69) indica erroneamente a pronúncia do latinismo *brevi manu*;

70) registra erroneamente com hífen "céreo-calcário";
71) define **chibarro** como bode novo castrado, mas define **chibo** como bode não capado e dá chibarro como sinônimo;
72) registra erroneamente **jagodes** como s.m. (é, na verdade, s.2gên.) e nesse mesmo verbete aparece "mal aspecto", erro elementar;
73) Registra **goró** como s.2gên., quando é s.m.;
74) registra apenas um plural para **lago-mar** (lagos-mares), quando o VOLP traz também lagos-mar;
75) por outro lado, registra dois plurais para **guerra-relâmpago**, **leite-morno**, **mãe-joana**, **mana-chica** e **mana-joana**, quando na verdade só existe um plural para cada uma delas: guerras-relâmpago, leites-mornos, mães-joanas, manas-chicas e manas-joanas;
76) registra o plural errado ("guia-correntes") para **guia-corrente** e o gênero errado de **guzunga** (que é palavra masculina, mas ali está como feminina);
77) registra **juvenilizante** e define a palavra assim: que juveniliza (mas não traz o verbo juvenilizar);
78) usa "estágio" por estádio, no verbete **hemimetabolismo**;
79) registra "jaboti" e "gaitista", que não constam no VOLP. Registra "lamarquita", quando o VOLP só traz **lamarkita**;
80) registra **mauzão** como adjetivo e substantivo, mas só a define como adjetivo;
81) em **necessidade**, classifica a palavra como s.f. (no que acerta), mas na acepção 2 a define como se fosse adjetivo (inevitável);
82) classifica **notista** como adjetivo e substantivo, mas define a palavra apenas como substantivo.

coração
Adj. correspondente: *cardíaco* (sentido lato); *cordial* (sentido figurado). Portanto, *ataque do coração* = *ataque cardíaco*, mas: *amigo do coração* = *amigo cordial*.

coragem
Rege *de, em* ou *para*: *A coragem da* (ou *na* ou *para* a) *mudança da política econômica surgiu com este governo.* *** *A coragem de* (ou *em* ou *para*) *fazer as reformas de que o país precisa, qual governo terá?*

corajoso
Pronuncia-se korajôzu, mas no plural (corajosos) a vogal fechada se torna aberta: korajózus. Rege *em* (nome) e *em* ou *para* (verbo): *Ela foi corajosa na manifestação dos seus sentimentos perante o rapaz.* *** *Ele foi corajoso em* (ou *para*) *fazer as mudanças que o Brasil reclamava.*

cordial / cordialidade
Regem *com* ou *para com*: *Ele sempre foi cordial com* (ou *para com*) *os colegas.* *** *A cordialidade com* (ou *para com*) *os colegas só o beneficia no trabalho.*

coronel
Fem.: *coronela*. Adj. correspondente: *coronelesco* ou *coronelício*: ordem *coronelesca*; solicitação *coronelícia*. Abrev.: c.ᵉˡ ou *cel*. O tratamento devido a *coronel* é *Vossa Senhoria* (V. S.ª).

correio
Adj. correspondente: *postal*. Portanto, *caixa do correio* = *caixa postal*; *entregas do correio* = *entregas postais*.

correitor
É a grafia atual; antes: co-reitor, forma bem mais palatável. A 5.ª edição do VOLP, no entanto, inventou essa maravilha.

correlação
Rege *de...com* ou *entre*: *A correlação deste crime com o outro me parece precipitada.* *** *A correlação entre os dois crimes me parece precipitada.*

correlacionado
Rege *a* ou *com* e *entre*: *Estaria esse crime correlacionado àquele* (ou *com aquele*)? *** *Estariam ambos esses crimes correlacionados entre si?*

correlato / correlativo
Regem *a* ou *com*: *Há muitas palavras correlatas* (ou *correlativas*) *a* (ou *com*) *essa em nossa língua.* *** *Dizem que nenhum idioma possui termo correlato* (ou *correlativo*) *a* (ou *com*) *saudade.*

correspondência
Rege *a* ou *para* (retribuição), *de...com* (relação), *de...entre*, *com...acerca de* (ou *a respeito de* ou *a propósito de* ou *sobre*) [troca de cartas] e *para* (informação escrita): *Eu só exigia dela correspondência aos* (ou *para os*) *meus sentimentos.* *** *Numa miss, é quase sempre obrigatória a correspondência da beleza com a simpatia.* *** *Nem sempre há correspondência de sentimentos entre namorados.* *** *Durou muito tempo minha correspondência com ela acerca de* (ou *a respeito de* ou *a propósito de* ou *sobre*) *literatura.* *** *Uma correspondência para a polícia informava o verdadeiro criminoso.*

correspondente
Rege *a* ou *de*: *Qual é o substantivo correspondente ao* (ou *do*) *verbo assumir?* *** *Qual é no russo o termo correspondente a* (ou *de*) *saudade?*

corréu
É a grafia atual. Fem.: *corré*. Antes: co-réu, co-ré, formas bem melhores. A 5.ª edição do VOLP, no entanto, inventou essas maravilhas.

corrida
Rege *a* ou *para*: *A corrida aos* (ou *para os*) *bancos quase provoca uma crise sem precedentes no país.* *** *Não há necessidade dessa corrida ao* (ou *para o*) *estádio: há muitos lugares.*

corrido
Rege *de* (expulso; envergonhado, vexado) e *de* ou *por* (perseguido): *O rapaz saiu corrido da casa da noiva.* *** *Saiu corrido do evento, em razão do fracasso de público.* *** *É um bandido corrido da* (ou *pela*) *polícia há um mês.*

corrigir
Use assim: *O professor já tinha (ou havia) corrigido as provas.* *** *As provas já foram corrigidas pelo professor.* O particípio irregular (*correto*) se tornou um adjetivo e não conservou o significado de *corrigir*, já que se usa como sinônimo de isento de erros, certo, apropriado: *frase correta, uso correto, conduta correta.* Por isso, uma *frase correta* = frase certa (caráter estático) e uma *frase corrigida* = frase que sofreu correção (caráter dinâmico).

corroído
Rege *de* ou *por*: *O ferro já estava todo corroído de* (ou *por*) *ferrugem.* *** *Ela sempre foi uma pessoa corroída de* (ou *por*) *mil dúvidas.*

corte
Rege *de* ou *em*: *É preciso fazer vultoso corte dos* (ou *nos*) *gastos públicos.* *** *A que se deve esse violento corte de* (ou *em*) *investimento por parte dos empresários?*

cortês / cortesia
Regem *com* ou *para com* (pessoa) e *em* (coisa ou oração): *Rapaz cortês com* (ou *para com*) *todas as garotas.* *** *Ele sempre foi muito cortês em tudo o que faz.* *** *Ela foi cortês em me acompanhar até o elevador.* *** *A cortesia do brasileiro com* (ou *para com*) *turistas é conhecida de todo o mundo.* *** *Todos notam sua cortesia em tudo o que faz.* *** *Agradeci-lhe a cortesia em me acompanhar até o elevador.*

coruja
Adj. correspondente: *estrigídeo*. Portanto, *hábitos de coruja* = *hábitos estrigídeos; pios*

de coruja = *pios estrigídeos*. Na acepção de aquele ou aquela que só consegue ver qualidades em seus entes queridos, não varia: *mães coruja, pais coruja, tios coruja*, etc.

cosseno
É a grafia atual, para alívio de todos os professores de Matemática, que já escreviam assim, mesmo quando não era assim.

costa
Adj. correspondente: *costeiro*. Portanto, *ecossistema da costa* = *ecossistema costeiro*; *região da costa* = *região costeira*.

costas
Adj. correspondente: *lombar* (usa-se geralmente com nomes abstratos) e *dorsal* (usa-se com nomes concretos). Portanto, *dores nas costas* = *dores lombares*, mas: *espinha das costas* = *espinha dorsal*.

costumes
Adj. correspondente: *consuetudinário* (o *e* soa levemente aberto). Portanto, *práticas baseadas nos costumes* = *práticas consuetudinárias; Direito fundado nos costumes* = *Direito consuetudinário*.

costurado
Rege *a*: *Havia retalhos costurados à colcha*.

cotado
Rege *a* ou *em* (com preço fixado pelo mercado) e *para* (qualificado): *O dólar estava cotado a* (ou *em*) *noventa centavos em 1996*. *** *O candidato mais cotado para o cargo é esse*.

cotejo
Rege *de...com* ou *entre*: *No cotejo de um carro importado com um nacional, no item acabamento, quem ganha?* *** *No cotejo entre um carro importado e um nacional, no item acabamento, quem ganha?*

"cotovelo"
Pela nomenclatura oficial da Sociedade Brasileira de Anatomia, devemos usar não mais "cotovelo", mas cúbito. Por isso, hoje, ninguém mais tem dor de "cotovelo", mas dor de *cúbito*...
P.S. – É claro que não passa de uma galhofice nossa a última frase. As frases feitas são imunes a mudanças desse tipo.

couve-flor
Até ontem, seu único plural era couves-flores; eis que nos aparece a 5.ª edição do VOLP e registra também couves-flor.

covarde / covardia
Regem *ante, com* ou *perante* (pessoa), mas apenas *ante* e *perante* (coisa): *Era um governo covarde ante* (ou *com* ou *perante*) *os poderosos*. *** *A covardia ante* (ou *com* ou *perante*) *os poderosos era a característica daquele governo*. *** *Por que ser covarde ante* (ou *perante*) *as adversidades?* *** *A covardia ante* (ou *perante*) *as adversidades caracteriza fraqueza do espírito*.

coxa
Adj. correspondente: *crural*. Portanto, *osso da coxa* = *osso crural; músculos da coxa* = *músculos crurais*.

cozinha
Adj. correspondente: *culinário*. Portanto, *arte de cozinha* = *arte culinária; receitas de cozinha* = *receitas culinárias*.

craque e crack: qual a diferença?
A primeira significa, em futebol, jogador de excepcional nível técnico; a segunda,

um anglicismo, é droga derivada da cocaína, comercializada em cristais: Craque responsável não usa crack.

crase¹

Crase é o nome de uma fusão. Que fusão? Fusão de duas vogais (a + a) numa só e com acento grave: à. Crase não é, portanto, o nome do acento grave. Esse acento apenas indica que houve fusão de duas vogais, ou seja, que houve *crase*. Sendo assim, não tem nenhum sentido esta pergunta: "Esse a tem crase?" O a não tem crase em lugar nenhum! Nem tem sentido "crasear o a", porque a crase, como disse, é um fenômeno, e os fenômenos não se fazem, não obedecem a ordens, simplesmente acontecem. Sendo um fenômeno (nunca é demais repetir), a *crase* independe da nossa vontade. Quando alguém inadvertidamente não acentua o a craseado, ou que sofreu *crase*, isso não significa que o fenômeno deixou de ocorrer. O fenômeno ocorreu, apenas deixou de ser indicado graficamente (mediante o uso do acento grave). De outro lado, quando se coloca o acento no a desnecessariamente, não se indica absolutamente coisa nenhuma, a não ser a ignorância do assunto, porque, se o fenômeno não se dá, não deverá ser por nossa augusta boa-vontade que o fará. O assunto *crase* é tão malcompreendido, tão mal ensinado, que é um verdadeiro deus nos acuda no dia a dia da língua. Já ouvi alguém até escrever: "Falta crase aí". Ora, falta crase! Num desses manuais de redação da vida se encontra este título: "Uso da crase". Sim, senhor, **uso da crase**! Crase, então, se usa?! Vai aqui uma advertência: ninguém, absolutamente ninguém, aprenderá a usar o acento da crase se antes não souber **o que é crase**. E poucos sabem o que é crase. V. **Nossa gramática completa**, que transformou as 25 regras de crase em apenas 2.

crase²

Pouca gente sabe usar o acento grave, que indica a existência de crase. Há quem use o acento antes de pronomes de tratamento! Quando da prisão dos Malufs, uma faixa foi estendida em frente à prisão: *Nossa solidariedade "à" você, Maluf*. Como pode haver crase antes de pronome de tratamento, se este tipo de pronome jamais aceita o artigo a anteposto? Para haver crase não é preciso que haja dois aa? Recentemente, os jornalistas da Veja escreveram isto: *Encerrada a era de Severino Cavalcanti, a Câmara dos Deputados tem tudo para recuperar-se perante a opinião pública, mas parece titubear. A eleição exibe um clima de vale-tudo tão debochado quanto "àquele" que antecedeu a escolha do próprio Severino*. Nenhum termo exige a presença do primeiro a. Não havendo dois aa, não pode haver acento da crase. Uma folha de S. Paulo estampou a foto de dois atores americanos e embaixo se leu: *Atores Jude Law e Kevin Spacey participam de protesto em Londres "à" favor da liberdade de expressão no Belarus*. Usar acento da crase antes de palavra masculina é brin-ca-dei-ra! E ainda há certos jornais que têm o desplante de publicar seus manuais de redação para serem vendidos ao público! É brin-ca-dei-ra!

crase³

Quem sabe o que é crase não usará o acento grave no **a** antes de palavras no plural. Por quê? Porque é irracional! Só se usará o acento quando essa palavrinha vier no plural. Assim, por exemplo: *O casal saiu às turras*. *** *Eles viviam às mil maravilhas*. Mas nunca assim: *A reunião foi "à" portas fechadas*. Quem faz isso não tem a mínima ideia do que está fazendo. Foi exatamente o que fez um jornalista da Folha de S. Paulo, ao escrever esta manchete: **Bovespa caiu mais de 1% em meio "à" incertezas de economia mundial**. Nem mesmo o obrigatório artigo antes de economia o nobre jornalista foi capaz de usar. Foi exatamente o que fez também um jornalista do Diário de S. Paulo, ao escrever esta manchete: **Facção investigada em atentados "à" policiais**. Foi exatamente o que fez, ainda, um jornalista no site da Carplace: *Em entrevista concedida "à" revistas especializadas britânicas nesta semana, o CEO da Kia no Reino Unido, Paul Philpott, declarou que a gigante sul-coreana planeja lançar um modelo esportivo nos próximos anos*. O jornalismo brasileiro, hoje, como quase todos os setores da sociedade brasileira, é brin-ca-dei-ra!

crase⁴
Quem sabe o que é crase também não usará o acento grave no **a** antes de palavra masculina. Por quê? Porque é bestial! Crase é fusão de dois **aa**, e palavra masculina não vem antecedida do artigo **a**. Portanto: *Estamos abertos a acordo*. Em O Estado de S. Paulo apareceu esta manchete "maravilhosa": **Dilma vai "à" velório em São Paulo e volta para Porto Alegre**. Se o jornalismo brasileiro não estivesse moribundo já há algum tempo, eu diria: é impressionante!

crase⁵
Quem sabe o que é crase também não usará o acento grave no **a** antes de palavras que não exigem o artigo **a**. Por quê? Porque é absolutamente desnecessário! Assim, quem tem noção do assunto escreve: *Vou a Brasília, mas volto a Salvador ainda hoje*. Por quê? Porque tanto Brasília quanto Salvador são palavras que não aceitam o artigo. Construímos sempre: Estou em Brasília (e não: "na" Brasília); voltei de Salvador (e não: "da" Salvador). Em O Globo, porém, deparo com esta manchete e com o "absolutamente desnecessário" logo após: **Não tolero a corrupção, afirma Dilma ao jornal Le Monde**. Segundo o periódico, visita da presidente "à" Paris foi ofuscada pelas novas denúncias de Marcos Valério. Resta apenas uma pergunta: os jornalistas brasileiros sabem o que é crase?

crase⁶
Enfim, quem sabe o que é crase também não usa o acento grave no **a** num título de notícias destes, visto no blog do Camarotti: **Dilma lava "às" mãos em relação a redivisão dos royalties**. Ora, se o verbo lavar não exige a preposição a, como pode haver crase aí? Como é difícil fazer certas pessoas entenderem um assunto tão simples! O mais curioso é que o jornalista colocou o acento onde não devia e não o colocou onde deveria (antes de redivisão). O que mais comentar?

credibilidade
Rege *ante, junto a* e *perante*: *A credibilidade ante a (ou junto à ou perante a) população se conquista pouco a pouco*. *** *Como está a credibilidade do país ante a (ou junto à ou perante a) comunidade financeira internacional?*

creditado
Rege *a* (pessoa) e *em* (coisa): *O dinheiro foi creditado a esse correntista*. *** *O dinheiro foi creditado na conta desse correntista*.

crédito
Rege *a* ou *para, com* ou *para com* (pessoa) [prestígio], *de* (direito de receber), *em* (bom conceito ou boa fama): *É preciso que o governo ofereça mais crédito às (ou para as) exportações*. *** *Ele fazia e desfazia, porque tinha crédito com (ou para com) o presidente*. *** *Meu crédito aí é de quanto?* *** *Ter crédito na praça*.

creme
Usada como adjetivo, indicando a cor, não varia: *camisas creme, meias creme, blusas creme*.

crença
Rege *em*: *A crença na vida eterna é que ameniza um pouco toda a aflição do ser humano ante a morte*. *** *A crença em Deus não é uma exigência, é um conforto*.

crente
Rege *de* ou *em* (nome), mas apenas *de* (oração): *Os crentes do (ou no) islã não pensam assim*. *** *Estou crente do (ou no) sucesso desse empreendimento*. *** *Estou crente da (ou na) vitória*. *** *Estou crente de que venceremos*. *** *Estou crente de podermos vencê-los*. No caso de oração desenvolvida, a preposição pode estar elíptica: *Estou crente que venceremos*.

crer
É verbo irregular. Conj.: *creio, crês, crê, cremos, credes, creem* (pres. do ind.); *cri,*

creste, creu, cremos, crestes, creram (pret. perf.); *cria, crias, cria, críamos, críeis, criam* (pret. imperf.); *crera, creras, crera, crêramos, crêreis, creram* (pret. mais-que-perf.); *crerei, crerás, crerá, creremos, crereis, crerão* (fut. do pres.); *creria, crerias, creria, creríamos, creríeis, creriam* (fut. do pret.); *creia, creias, creia, creiamos, creiais, creiam* (pres. do subj.); *cresse, cresses, cresse, crêssemos, crêssseis, cressem* (pret. imperf.); *crer, creres, crer, crermos, crerdes, crerem* (fut.); *crê* (tu), *creia* (você), *creiamos* (nós), *crede* (vós), *creiam* (vocês) [imperativo afirmativo]; *não creias* (tu), *não creia* (você), *não creiamos* (nós), *não creiais* (vós), *não creiam* (vocês) [imperativo negativo]; *crer, creres, crer, crermos, crerdes, crerem* (infinitivo pessoal); *crer* (infinitivo impessoal); *crendo* (gerúndio); *crido* (particípio).

criança
Adj. correspondente: *infantil* ou *pueril*. Portanto, *choro* de criança = *choro* infantil; *atitudes* de criança = *atitudes* pueris.

cri-cri
Com hífen, em qualquer acepção. Pl.: cri-cris.

crise
Rege de...com ou entre: *A crise* do *legislativo* com *o executivo foi passageira.* *** *A crise* entre *o legislativo e o executivo foi passageira.*

crisma
É palavra masculina (óleo sagrado) e também feminina (sacramento da confirmação). O Dicionário Houaiss não registra a diferença. O óleo, no entanto, nunca será "a" crisma, nem o sacramento jamais será "o" crisma.

cristalino
Rege a ou para: *É cristalino* ao (ou para *o*) *eleitor que esse candidato mente descaradamente.*

cristão
Superl. sint.: *cristianíssimo*. Portanto, *pessoa* muito cristã = *pessoa* cristianíssima.

critério
Rege em (nome) e para (verbo): *Houve critério* no *julgamento?* *** *É preciso que haja critério* para *julgar, caso contrário se perde o crédito.*

crítica
Rege a ou contra (censura) e acerca de ou a respeito de ou de ou em relação a ou sobre (apreciação, análise): *A crítica* às (ou contra *as*) *reformas só partia dos setores interessados em não perder privilégios.* *** *Não foi bem recebida pelos intelectuais a nova crítica* acerca *dessa (ou* a respeito *dessa ou* d*essa ou* em relação a *essa ou* sobre *essa) obra literária.*

crítico
Rege a, com, em relação a ou para com (analista observador, com objetivo quase sempre escuso) e de (analista profissional): *Ele gosta de ser crítico* a (ou com ou em relação a ou para com) *todos os colegas, mas não admite que sejamos críticos* a (ou com ou em relação a ou para com) *ele.* *** *Ele é o mais respeitado crítico* de *arte do Brasil.*

"cromear"
Existe para-choque "cromeado"? Ao menos por enquanto, não, já que o verbo português é cromar, e não "cromear". No entanto, o povo acha o contrário. Veja este comentário de um aficionado a automóveis: *Acho difícil a Mercedes-Benz fabricar um carro médio no Brasil. Pelo tanto que pagamos de impostos, fica inviável fazer bons carros aqui, até pela incapacidade dos fornecedores de atender o nível de exigência dos fabricantes. Li uma vez que a Mercedes estava com dificuldades de achar quem "cromeasse" com alta qualidade as peças aqui no Brasil.* É mesmo: uma di-fi-cul-da-de!...

crônica
Rege *de* ou *sobre*: *Ela gosta de ler essas crônicas de (ou sobre) fatos cotidianos que se publicam nos jornais.*

crucificação ou crucifixão?
Tanto faz, mas a primeira é mais usada (e mais recente que a outra).

crueldade
Rege *com*, *contra* ou *para com* (pessoa ou ser irracional) e *em* (coisa ou verbo): *A crueldade com (ou contra ou para com) os filhos levou-o a ser odiado por eles.* *** *A crueldade desse treinador com (ou contra ou para com) os animais foi punida com prisão.* *** *Era um homem que se caracterizava pela crueldade no trato com quaisquer pessoas.* *** *A crueldade desse juiz em julgar narcotraficantes ficou famosa.*

cruza / cruzamento
Rege *de...com* ou *entre*: *Meu cão era apenas um filhote, mas bravíssimo, cruza (ou cruzamento) de pit bull com rottweiler.* *** *A cruza (ou O cruzamento) entre pit bull e rottweiler produz cães bravíssimos.*

cruzamento
Rege *de...com* ou *entre*: *Do cruzamento do índio com o negro nascem os cabos-verdes ou cafuzos.* *** *Do cruzamento entre o índio e o negro nascem os cabos-verdes ou cafuzos.* *** *O acidente aconteceu no cruzamento da Rua da Paz com a Rua do Amor.* *** *O acidente aconteceu no cruzamento entre a Rua da Paz e a Rua do Amor.*

cruz-maltino
Relativo ou pertencente ao Vasco da Gama, clube carioca: torcedor *cruz-maltino*; estádio *cruz-maltino*. Note: escreve-se com hífen. Os jornalistas escrevem como? Justamente sem o hífen: *O goleiro de 34 anos, revelado pelo Grêmio, ajudou o time "cruzmaltino" a voltar para a primeira divisão.*

cuchê
Diz-se de um tipo de papel liso e brilhante. Há quem continue escrevendo em francês (*couché*).

cu de boi, cu de ferro, cu de judas, cu de mãe joana, cu do mundo
Tudo sem hifens.

cuidado
Rege *com*, *para com* ou *por* (pessoa ou ser irracional), *com* (coisa: zelo), *em* (coisa: atenção) e *de* ou *em* (verbo): *Babá que dedica todo o cuidado com o (ou para com o ou pelo) nenê.* *** *Treinador que tem todo o cuidado do mundo com os (ou para com os ou pelos) animais sob sua responsabilidade.* *** *Ela tem um cuidado com esses discos e livros!* *** *O que notei nesse trabalho foi o extremo cuidado do pintor nos detalhes.* *** *Ela revela, desde criança, muito cuidado na ortografia.* *** *Tive o cuidado de (ou em) lhe deixar alguns trocados.*

cuidadoso
Rege *com*, *para com* ou *por* (pessoa), *com, de, em relação a, em referência a* ou *quanto a* (coisa) e *de* ou *em* (verbo): *É um marido muito cuidadoso com (ou para com ou pela) mulher.* *** *Aluno cuidadoso com (ou de ou em relação a ou em referência a ou quanto a) seu material escolar.* *** *Os homens são hoje muito cuidadosos com a (ou da ou em relação à ou em referência à ou quanto à) aparência.* *** *Ela foi cuidadosa de (ou em) não abrir a porta para o estranho.*

culpa
Rege *de, em* ou *por* (coisa e verbo): *Nenhum dos motoristas teve culpa desse (ou nesse ou por esse) acidente.* *** *Ela atribuiu ao marido a culpa do (ou no ou pelo) fracasso no casamento.* *** *Não tive culpa de (ou em ou por) ter chegado atrasado.*

culpado
Rege *com* ou *para com* (pessoa), *de, em* ou *por* (coisa) e apenas *de* ou *por* (verbo): *Quem agride a natureza e maltrata os animais é muito culpado com* (ou *para com*) *Deus.* *** *Ele não se diz culpado desse* (ou *nesse* ou *por esse*) *erro.* *** *Em casa, era sempre ele o culpado de* (ou *por*) *tudo o que acontecia de ruim.* *** *O culpado de* (ou *por*) *termos chegado atrasado não fui eu.*

culto
Rege *a, de, para com* ou *por* (pessoa ou santo), mas apenas *a, de* ou *por* (coisa): *Todos devemos prestar culto aos* (ou *dos* ou *para com os* ou *pelos*) *gênios da humanidade.* *** *É muito forte no Brasil o culto a* (ou *de* ou *para com* ou *por*) *Nossa Senhora Aparecida.* *** *O culto às* (ou *das* ou *pelas*) *imagens é combatido por algumas religiões.*

cúmplice
Rege *com...de* (ou *em* ou *por*) e *com* (ou *de*)*...em*: *A mulher é cúmplice com o marido do* (ou *no* ou *pelo*) *crime.* *** *A mulher é cúmplice com o* (ou *do*) *marido no crime.*

cumplicidade
Rege *com* (pessoa), *de...com* (pessoas)*...em* (coisa), apenas *em* (coisa) e *entre...em*: *A cumplicidade com o criminoso lhe valeu bons anos de cadeia.* *** *A cumplicidade do marido com a mulher nesse crime é notória.* *** *A cumplicidade nesse crime lhe valeu bons anos de cadeia.* *** *A cumplicidade entre o marido e a mulher nesse crime é notória.*

cupê e sedã: qual a diferença?
Cupê é o carro esporte ou de passeio, de duas portas, dois ou mais lugares, teto rígido e duas janelas laterais, no qual os assentos traseiros ficam em compartimento fechado. **Sedã** é o veículo de duas ou quatro portas, com teto rígido e porta-malas saliente do habitáculo; é o mesmo que três-volumes.

cupim
Fêmea: *arará*. Note bem: *arará* não é feminino de cupim, é a *fêmea* dele. V. explicação sobre o assunto em **Nossa gramática completa**, no item *Gênero dos substantivos*.

Curaçau
É assim que se grafa em português o nome da maior ilha das Caraíbas, de 444km², situada no Sul do mar do Caribe, a 96km a noroeste da Venezuela. No IG, uma manchete convidativa ao erro: **10 motivos para ir a "Curaçao".**

curiosidade
Rege *de* (verbo) e *por* (nome): *Era grande minha curiosidade de vê-la.* *** *Por que tanta curiosidade de saber sobre o que eles conversam?* *** *Era grande minha curiosidade pela visita dela.* *** *Por que tanta curiosidade pela conversa deles?* V. **curioso**.

curioso
Rege *de* ou *por* (interessado) e apenas *de* (profissional sem diploma, prático): *Estou curioso de* (ou *por*) *saber como ela está.* *** *Selma ficou curiosa de* (ou *por*) *conhecer o rapaz que lhe escrevera.* *** *Cássio é um curioso de mecânica de automóvel.* *** *Você entende mesmo de eletricidade ou é apenas um curioso do assunto?*

Curitiba
É a grafia correta do nome da capital paranaense. Existe um clube na cidade que leva o nome de Coritiba, grafia do tempo do Onça, preservada por razões de tradição.

curvado
Rege *a, ante, diante de, perante* ou *sobre* (com as devidas mudanças de situação): *Encontrei-o curvado ao* (ou *ante o* ou *diante do* ou *perante o* ou *sobre o*) *túmulo do pai.*

cuspir
Conjuga-se por fugir.

custar

Na acepção de ser difícil ou penoso, tem sempre como sujeito um infinitivo: *Custa-me acreditar numa coisa dessas.* *** *Custou-me crer no que estava vendo.* *** *Custa-lhes ajudar os outros?* *** *Custou-nos entender o que ele queria.* No português do Brasil, todavia, usa-se o infinitivo precedido da preposição *a*: *Custa-me a acreditar.* *** *Custou-me a crer.* Não satisfeito com o acréscimo, o povo brasileiro inventou mais esta construção, que, por enquanto, é inaceitável na linguagem formal ou norma padrão, mas aceitável na língua cotidiana: *"Eu custo" a acreditar numa coisa dessas.* *** *"Eu custei" a crer no que estava vendo.* *** *"Vocês custam" a ajudar os outros?* *** *"Nós custamos" a entender o que ele queria.* Na verdade, tal construção não tem cabimento, porque não é a pessoa que custa, mas sim o fato. Um jornalista reproduziu desta forma a afirmação (corajosa) de um repórter investigativo inglês sobre um ex-presidente e a organização da Copa do Mundo no Brasil: *No esporte, Lula deixou o seu pior legado. Não imagino nada pior. O Brasil ficou de joelhos sem pedir nada em troca à Fifa. Se submeteu a todas as condições. São coisas que a gente "custa a acreditar".* A mim me custa acreditar muito mais coisas...

custoso

Rege *a* ou *para* (nome) e *de* (verbo): *É custoso ao (ou para o) governo reduzir impostos?* *** *Esse é um problema custoso de resolver?*

Cutia

É o legítimo nome da cidade paulista, mais conhecida por Cotia, grafia tradicional ou secular. Cutia é o nome de uma espécie de roedor, semelhante ao porquinho-da-índia, muito comum na região onde a cidade foi fundada.

D

d'
É d (minúsculo) com apóstrofo que se usa no interior de nomes próprios: Santa Bárbara d'Oeste, Estrela d'Oeste, Joana d'Arc, Manuela d'Ávila, etc. Numa telenovela da Rede Globo, deram este nome a uma cidade cenográfica: Pau D'Alho. No G1: *O cantor sertanejo Ivair dos Reis Gonçalves, o Renner da dupla Rick e Renner, se apresentou à Justiça e aceitou pagar uma multa de R$ 244 mil, além de prestar serviços comunitários, para escapar da prisão por envolvimento em um acidente de trânsito que matou um casal em 2001 em Santa Bárbara "D'Oeste"*. E esses mesmos jornalistas, quando se referem à comunista gaúcha, só sabem fazê-lo usando maiúscula: *Manuela "D'Ávila"*. Há novidade nisso? Não, nenhuma. Eles também escrevem assim, ao se referirem ao ex-presidente da OAB-SP: *Luiz Flávio Borges "D'Urso"*. Normal.

dadivoso
Rege *com* ou *para com*: *Chefe dadivoso* com *(ou* para com*) a secretária*.

dados
Rege *acerca de, a respeito de* ou *sobre*: *Precisamos de dados* acerca da *(ou* a respeito da *ou* sobre *a) vida pregressa desse homem*.

Dâmocles
Cortesão que vivia invejando a sorte de Dionísio, o Velho, tirano de Siracusa, a cidade mais rica da Sicília. Certo dia, Dionísio resolveu satisfazer-lhe a ambição, transmitindo a Dâmocles o poder durante um dia. Mandou, então, que se sentasse na sua cadeira, acima da qual ordenou que colocassem uma espada pendente de um fio muito tênue, que a qualquer momento poderia deixar escapar a espada sobre a sua cabeça. Queria o tirano demonstrar-lhe, com tal atitude, as constantes ameaças que pairam sobre o poder. Daí a expressão estar sob a espada de Dâmocles significar, hoje, estar sob ameaça permanente ou viver constantemente sob um perigo sempre iminente: *Nos tempos da Guerra Fria, quando pairava sobre o mundo todo o perigo de uma guerra nuclear, como uma* espada de Dâmocles *sobre as nossas cabeças, o Papa Paulo VI avisou o mundo: A paz impõe-se somente com a paz, pela clemência, pela misericórdia, pela caridade*. Note: a palavra é proparoxítona.

danado
Rege *com* ou *contra* (furioso), *para* (esperto, habilidoso) e *por* (apaixonado, louco): *Ficou danado* com *(ou* contra*) a vida e* com *(ou* contra*) todo o mundo, por causa do que lhe aconteceu*. *** *Rapaz danado* para *conquistar as garotas*. *** *A mulher dele é danada* para *negócios*. *** *As mulheres de hoje são danadas* por *um chope*. *** *Sempre fui danado* por *morenas e* por *jabuticaba*.

dança
Adj. correspondente: *coreográfico*. Portanto, *espetáculo de dança* = *espetáculo coreográfico*.

dano / danoso
Regem *a* ou *para*: *O contrabando é um dano* ao *(ou* para *o) país como um todo*. *** *É um clima danoso* à *(ou* para *a) saúde*. Antecedida de *em*, a palavra *dano* aparece combinada com *de*: *O aumento de impostos beneficia o governo e vem* em dano de *toda a população, que trabalha quatro ou cinco meses no ano, só para sustentar a administração pública*.

daqueles que
Sempre com verbo no plural: *Sou daqueles que vivem de esperança.* *** *Fui daqueles que confiaram nesse governo*. Declara, sem pejo, o senador Pedro Simon: *Vou ser muito sincero: fui daqueles que "olhei" o governo Lula na certeza de que seria um grande governo.* Vou ser mais sincero ainda: senador, do plural não se parte direto para o singular. Infelizmente...

daqui
A exemplo de *daí* e *dali*, pede *a* nas frases temporais (jamais "há"): *Daqui a Criciúma é longe.* *** *Daqui a Lajes são três horas de carro.* *** *Você sabe qual é a distância exata da Terra à Lua?* *** *Daqui à praia são duas quadras.* *** *Só daqui a anos vou voltar a vê-la.* *** *Daqui a alguns minutos chegaremos.* *** *Daqui a um minuto estaremos de volta.* *** *Daqui a quinze dias retornaremos.* *** *Estaremos aqui daqui a um pouquinho.* Escreve um apaixonado pelo novo Fusca, na Internet: *Sem dúvida, é um carrinho muito bacana. Tive a oportunidade de conhecer e andar em um, ainda que de carona. Confesso: comprarei um. Daqui "há" 3 anos.* Este outro reage assim à suposta possibilidade de a Mercedes-Benz vender o modelo CLA por menos de cem mil reais: *É mais fácil o Corinthians comprar outro mundial daqui "há" 100 anos do que a MB vender esse carro abaixo de 100 mil reais!* E os jornalistas? Como escrevem eles? Em O Estado de S. Paulo: *Choque entre as galáxias Via Láctea e Andrômeda deve ocorrer "daqui 4" bilhões de anos, a 1,9km/h; "Terra" e o Sol sobreviverão*. E a incompetência? Até quando sobreviverá? Qualquer aluno do ensino fundamental sabe que nosso planeta é *a* Terra, e não apenas "Terra". A Toyota do Brasil é diferente da Toyota do Japão; e é bem diferente da Toyota dos Estados Unidos. O que mais as distingue é o fator atenção ao consumidor e competência. Veja esta declaração do vice-presidente comercial da montadora brasileira: *É difícil falar de preço, já que o Prius só será lançado "daqui um" ano.* O apresentador de um programa de entrevistas costuma dizer, antes do único intervalo do seu programa: *O Globo News Painel volta "daqui um" instantinho.* Ah, se não voltasse...

dar
Na indicação de horas, varia normalmente, concordando com o número de horas: *Deram duas horas.* *** *Deu uma hora.* *** *Quando deram seis horas, todos saímos.* Se vem acompanhado de auxiliar, só este varia: *Estão dando duas horas.* *** *Estavam dando seis horas.* *** *Só deveríamos sair da empresa, quando estivessem dando seis horas.* Se o sujeito não vier representado pelo número de horas, o verbo, naturalmente, concordará com ele: *Deu duas horas o relógio da matriz.* *** *Quando o despertador deu seis horas, eu me levantei.* Não perde o *s* final, na 1.ª pessoa do plural do presente do indicativo, quando se lhe acrescenta *lhe*(*s*): *Demos-lhe*(*s*) *muitos presentes.* É verbo irregular. Conj.: *dou, dás, dá, damos, dais, dão* (pres. do ind.); *dei, deste, deu, demos, destes, deram* (pret. perf.); *dava, davas, dava, dávamos, dáveis, davam* (pret. imperf.); *dera, deras, dera, déramos, déreis, deram* (pret. mais-que-perf.); *darei, darás, dará, daremos, dareis, darão* (fut. do pres.); *daria, darias, daria, daríamos, daríeis, dariam* (fut. do pret.); *dê, dês, dê, demos, deis, deem* (pres. do subj.); *desse, desses, desse, déssemos, désseis, dessem* (pret. imperf. do subj.); *der, deres, der, dermos, derdes, derem* (fut. do subj.); *dá* (tu), *dê* (você), *demos* (nós), *dai* (vós), *deem* (vocês) [imperativo afirmativo]; *não dês* (tu), *não dê* (você), *não demos* (nós), *não deis* (vós), *não deem* (vocês) [imperativo negativo]; *dar, dares, dar, darmos, dardes, darem* (infinitivo pessoal); *dar* (infinitivo pessoal); *dando* (gerúndio); *dado* (particípio). O verbo circundar é regular, portanto não se conjuga por dar.

dar à luz alguém
É assim que se usa: *dar à luz gêmeos, dar à luz sêxtuplos, dar à luz um lindo bebê, dar à luz uma meninona. Luz* aí está por mundo; assim, *dar à luz alguém* = dar ao mundo alguém. Há, contudo, os que insistem em "dar a luz a" ou mesmo em "dar à luz a", principalmente jornalistas desavisados (que, aliás, existem a mancheias). Manchete da Folha de S.Paulo: **Mulher com morte cerebral dá à luz "a" uma menina**

nos EUA. Outra manchete da Folha de S. Paulo: **Victoria Beckham deu à luz "à" sua primeira filha em Los Angeles**. Como se vê, jornalistas brasileiros andam a querer que as mulheres deem à luz errado...

dar um pulo
Use com a preposição *a*, de preferência, mas no Brasil muito se vê com a preposição *em*: *Dar um pulo "na" farmácia*. Em verdade, quem dá um pulo, dá um pulo a algum lugar: *Dei um pulo à farmácia para comprar um analgésico*. *** *Vamos dar um pulo ao supermercado?* Podemos usar, ainda, a preposição até: *dar um pulo até a farmácia, até o supermercado.*

datado
Rege *de* ou *em*: *Carta datada de* (ou *em*) *18 de dezembro*. *** *Pedido datado de* (ou *em*) *5 do corrente*. *** *A carta era data de* (ou *em*) *Jabuticabal*. *** *Poema datado de* (ou *em*) *1847*.

DD.
É a verdadeira abreviatura de *digníssimo*, e não "D.D.".

DDD
Abreviatura de *discagem direta a distância*. Se é *discagem* (palavra feminina), lê-se: a DDD. Mas por que, então, todo o mundo faz um DDD? Porque deram à sigla o gênero da letra D (um D).

de...a
A preposição que se correlaciona com *de* é *a* (os jornalistas parece nem terem ideia disso): *Foram vacinadas todas as crianças de 1 a 3 anos de idade*.

de a (ou o ou aquele) + infinitivo
Há quem condene a contração da preposição de com o artigo ou com o pronome antes de orações infinitivas, em construções como estas: *Depois do ministro falar, discursou o presidente*. *** *Antes daquele avião aterrar, outro decolou*. Querem que a construção seja esta: *Depois de o ministro falar, discursou o presidente*. *** *Antes de aquele avião aterrar, outro decolou*. Naturalmente, esses mesmos preferem *Chegou a hora de a onça beber água* a *Chegou a hora da onça beber água*, o que me parece – até – meio cômico. Naturalmente, ambas as construções são corretas, mas esta é muito mais eufônica, espontânea e natural. Um jornalista da Veja, no entanto, ouviu o galo cantar, mas não soube exatamente onde. E construiu assim: *José Dirceu ajudou a criar o PT e chegou ao ápice como o ministro mais importante do governo Lula; nesta terça, é a vez "de aquele" que é apontado como o chefe da quadrilha do mensalão acertar as contas com a Justiça*. Convém que o nobre jornalista também acerte as contas com o seu conhecimento da língua...

de acréscimo
É expressão invariável, mas... jornalista esportivo tem ideia do que seja isso? Pelo que dizem e escrevem, a resposta é NÃO. No final de qualquer dos tempos de um jogo de futebol, eles só usam (corretamente, diga-se) *de acréscimo* quando o árbitro dá apenas um minuto a mais, além do tempo regulamentar. Se, no entanto, for mais de um minuto, eles não têm dúvida: lascam o "de acréscimos", como neste exemplo, colhido na Folha de S. Paulo, ao final de uma partida: *O árbitro dá três minutos de "acréscimos"* ou como nestoutro, ouvido durante a sequência de uma partida: *O árbitro assinala 4 minutos "de acréscimos"*. Eles não são ótimos?...

de admirar / de esperar / de estranhar, etc.
É assim que se usa, ou seja, sem o emprego do pronome *se* entre a preposição e o infinitivo, sempre que esta combinação equivaler a um adjetivo: *É de admirar o que houve*. (= *É admirável o que houve*.) *** *Uma reação violenta da moça será de compreender*. (= será *compreensível*.) *** *Essas notícias não são de crer*. *** *É de entender que isso tenha ocorrido*. *** *Foi de espantar a reação dela*. *** *É de esperar que isso não mais*

ocorra. *** *É de estranhar que ela não me tenha telefonado.* *** *Era de impressionar a sua disposição.* *** *Foi de notar a sua irritação.* *** *Tais arbitrariedades não são de tolerar.* *** *É de temer um retrocesso político.* Mas: *É de se perguntar: que país é este?* *** *Será de se responder: este é um país que vai pra frente...* De um crítico de cinema: *Era de "se" esperar, então, que um filme novo de David Cronenberg, cujo personagem principal sofresse de esquizofrenia, fosse no mínimo instigante.* Era de esperar muito mais! Principalmente dos críticos...

de baixo
Usa-se em duas palavras: a) em oposição a de cima (*Olhei-a de baixo a cima*); b) isoladamente (*Ela estava sem a roupa de baixo*); c) para exprimir lugar de onde parte algo (*A barata saiu de baixo da saia da mulher*) e por inferior (*O fogo começou na parte de baixo do carro*). Não sendo assim, usa-se debaixo, numa só palavra.

debandada
Rege *de...para* e apenas *para*: *Houve uma debandada de jogadores do Palmeiras para o Cruzeiro.* *** *Naquele ano ocorreu uma debandada de nisseis e sanseis para o Japão.*

debandar ou debandar-se?
Tanto faz, na acepção de fugir desordenadamente (muitos indivíduos): *Ao chegar à praia, a turma foi logo debandando* (ou *debandando-se*). *** *O inimigo acabou debandando* (ou *debandando-se*). *** *Quando a tropa de choque chegou, os manifestantes debandaram* (ou *se debandaram*).

debate
Rege *com* (ou *entre*)*...acerca de* (ou *a respeito de* ou *sobre*): *O debate com* (ou *entre*) *os deputados acerca da* (ou *a respeito da* ou *sobre*) *a) crise econômica trouxe alguma luz.* As primeiras preposições podem não aparecer: *O debate acerca da* (ou *a respeito da* ou *sobre*) *a) taxa de juros esclareceu muita coisa.*

debitar
Pede *a*, e não "de": *Debitaram à minha conta bancária quantia que não saquei.* (E não: Debitaram "da" minha conta...)*** *Debite à empresa todos os gastos que tivemos durante a viagem!* (E não: Debite "da" empresa todos os gastos...)*** *Ela gastou os tubos e mandou debitar tudo à minha conta: mas é muito folgada!* (E não: Ela gastou os tubos e mandou debitar tudo "da" minha conta...)

débito
Rege *com* ou *para com*: *Estar em débito com* (ou *para com*) *alguém.* *** *O débito do Brasil com* (ou *para com*) *os bancos internacionais é altíssimo.*

de bronze / de mármore / de mogno
Apesar de só existirem objetos e monumentos *de bronze*, há quem insista em vender objetos e monumentos *"em" bronze.* Apesar de só existirem estátuas *de mármore*, há quem insista em dizer que tem em casa uma estátua *"em" mármore.* Embora só existam móveis *de mogno*, há marceneiros que se esmeram em fazer móveis *"em" mogno.* E a Amazônia continua sendo desmatada...

debruçado / debruçar-se
Regem *a, em* ou *sobre*: *Encontrei-a debruçada à* (ou *na* ou *sobre a) janela.* *** *A mãe se debruçou ao* (ou *no* ou *sobre o) caixão do filho e dali não arredou o pé.* *** *Nunca se debruce à* (ou *na* ou *sobre a) mesa!*

decacampeão = dez vezes campeão (e depois o que vem?)
A seleção brasileira de vôlei conquistou em 2010 o eneacampeonato da Liga Mundial, ou seja, ficou nove vezes campeã. Antes, naturalmente, havia ficado bicampeã, tricampeã, tetracampeã, pentacampeã, hexacampeã, heptacampeã e octacampeã. Depois de ela conquistar o décimo título e se tornar decacampeã, alguém tem dúvida de que ela se tornará hendecacampeã? Não, mas a Mitsubishi pode, sim, estar com alguma. Por quê? Porque a fábrica japonesa de SUVs andou espalhando em seus

veículos a forma "hendecampeonato" que, a bem da verdade, não existe nem aqui nem no Japão...
EM TEMPO – Se não quiserem usar hendecacampeã, podem empregar undecacampeã, que os termos se equivalem. Ah, antes que eu me esqueça: a seleção brasileira de vôlei também será duodecacampeã (doze vezes), sem dúvida.

decaído
Rege *de...a* ou apenas *de*: *Decaído de matador a perna de pau, agora era um jogador vaiado pela própria torcida.* *** *Era agora um jogador decaído de todo o prestígio do passado.*

decair
Conjuga-se por cair.

decano
Membro mais velho ou mais antigo de um grupo ou associação: *Ele é o decano dos escritores brasileiros. Quem é o decano da sua universidade? Você sabe qual é o decano dos ministros?* Note: a palavra é paroxítona (*decano*), mas isso não impede que muitos digam "dékanu", por influência de *década*.

decapitar "a cabeça" / decapitação "da cabeça"
Visíveis redundâncias. Nem todos acham. Veja como se lê por aí: *Vai piorar se matarem Osama bin Laden, mas decapitar "a cabeça" é melhor que deixá-la à solta.* Uma professora ameaça assim seus alunos: *Que a classe fique em silêncio, senão vou decapitar "a cabeça" de vocês!* Grave, em todos os sentidos.

decasségui
É assim que se escreve em português (do japonês *dekassegui* = trabalhador temporário). Há jornalistas brasileiros que preferem escrever em japonês, que talvez seja a língua que mais se lhes apetece. Na primeira página do Diário de S. Paulo: *A polícia prendeu ontem um homem acusado de participar da chacina de cinco pessoas de uma família de "dekasseguis" na Zona Leste de São Paulo. "Dekassegui" é o estrangeiro descendente de japoneses que vai trabalhar no Japão.* Em O Globo: *Assaltantes invadem casa de "dekasseguis" atrás de dólares e matam cinco pessoas. Só um bebê e o pai escaparam.* Triste!

decente
Rege *a* ou *para* (pessoa) e *de* ou *em* (coisa): *O pai queria um serviço decente à (ou para a) filha.* *** *Era um homem decente de (ou em) atitudes.* Quem prima pela decência escreve sempre assim: decente, que não tem nada a ver com descer (muitos escrevem "descente"). Na Internet, onde se lê de tudo, um "artista" escreveu: *Educação já!!! Escola "descente" para todos!* Sem dúvida, escola decente para todos... Outro "artista" escreveu: *Quem quiser educação "descente" que pague!* Teria ele recebido educação decente? Outro "artista", morando nos Estados Unidos, escreveu na rede: *Moro em new york onde qq mortal (como eu!) pode ter um carro "descente".* E educação decente, vc teve?...

decepção / decepcionado
Regem *ante, com, diante de, em face de* ou *perante*, ou apenas *com*: *Minha decepção ante aquele (ou com aquele ou diante daquele ou em face daquele ou perante aquele) NÃO dela foi muito grande.* *** *Fiquei decepcionado ante aquele (ou com aquele ou diante daquele ou em face daquele ou perante aquele) NÃO dela.* *** *A decepção do povo com o governo era geral.* *** *O povo estava decepcionado com o governo.*

decibel
Pl.: decibels, mas muita gente usa "decibéis".

decidir
Na acepção de tomar decisão sobre, deliberar, determinar; estatuir, dispor, pode ser usado como transitivo direto ou como transitivo indireto: *O presidente decidirá o (ou do) novo salário mínimo na próxima semana.* *** *A Constituição decide o (ou do)*

direito de greve. Como verbo pronominal (decidir-se), rege *a* (resolver, tomar sua decisão) e *por* (manifestar-se, pronunciar-se): *Depois de muitos médicos e hospitais, decidiu-se a deixar o cigarro.* *** *Quando me decidi a renunciar ao cargo, já era tarde.* *** *Depois de tantas idas e vindas, decidi-me pela compra do carro.* *** *O júri decidiu-se pela condenação do réu.*

decisão
Rege *acerca de, a respeito de, a propósito de, em relação a, quanto a* ou *sobre*: *A decisão acerca da* (ou *a respeito da* ou *a propósito da* ou *em relação à* ou *quanto à* ou *sobre a*) *data do início dos bombardeios era do presidente.*

decisivo
Rege *a* ou *para*: *Aquele era um dia decisivo ao* (ou *para o*) *futuro do Iraque.*

declaração
Rege *a...acerca de* (ou *a respeito de* ou *a propósito de* ou *sobre*) e *de*: *Suas declarações à imprensa acerca da* (ou *a respeito da* ou *a propósito da* ou *sobre a*) *taxa de câmbio influíram na cotação do dólar.* *** *Recebeu uma declaração de amor.*

declinação
Rege *de* (recusa), *em...de...para* (inclinação) e *para* (propensão; declínio): *A declinação de honrarias é muito própria de sua personalidade.* *** *Há uma leve declinação no terreno da rua para seu interior.* *** *É um espírito que tem declinação para o mal.* *** *Para alguns, a Rússia sofreu uma declinação para o capitalismo, e não uma evolução.*

decompor
Como segue a conjugação de pôr, não existem as formas "decomporam", "decomposse", "decompossem", "decompormos" (no subj.), "decomporem", comuns na língua popular, mas apenas, respectivamente, *decompuseram, decompusesse, decompusessem, decompusermos, decompuserem*.

decorado
Rege *com* ou *de*: *Túmulo decorado com* (ou *de*) *flores*.

decorrer
Concorda normalmente com o sujeito, que vem quase sempre posposto: *Decorreram dois meses já da nossa separação.* *** *Decorrem do talento do cantor os inúmeros convites que recebe para apresentações.* *** *Decorriam muitas coisas interessantes naquelas férias, mas nenhuma que realmente me empolgasse.* *** *Quantas horas já decorreram desde que eles partiram?*

decorrido
Rege *de, desde* ou *sobre*: *Já seis meses decorridos de* (ou *desde* ou *sobre*) *sua posse: e as mudanças na economia?*

decreto-lei
Decreto com força de lei, emanado do poder executivo, por estar este, excepcionalmente, acumulando as funções do poder legislativo. Pl.: *decretos-leis* ou decretos-lei. Quando especificado, usam-se iniciais maiúsculas: **D**ecreto-**L**ei nº 1.318, de 18/12/2012.

dedicação
Rege *a* ou *por*: *Cientista de grande dedicação às* (ou *pelas*) *pesquisas.* *** *Pai que demonstra muita dedicação aos* (ou *pelos*) *filhos.*

dedicado
Rege *a*: *Dia dedicado às crianças.* *** *Poema dedicado à mulher amada.*

dedicatória
Rege *de...a*: *A dedicatória da obra ao pai foi um ato de consciência.*

dedo
Adj. correspondente: *digital*. Portanto, *impressões de dedo* = *impressões digitais*.

deduzir
Conjuga-se por *aduzir*.

deferência / deferente
Regem *a, com* ou *para com*: *Apesar de toda aquela deferência à (ou com a ou para com a) ex-mulher, não queria conversa com ela.* *** *Era patente a deferência do diretor a (ou com ou para com) alguns professores.* *** *Nosso guia era muito deferente a (ou com ou para com) todos.* *** *Um balconista deferente aos (ou com os ou para com os) fregueses.*

defesa
Rege *a* (ou *de*) [pessoa]...*contra*, apenas *a* ou *de* (pessoa), apenas *contra* (pessoa ou coisa) e *de* (coisa)...*contra*: *É um órgão que promove a defesa ao (ou do) consumidor contra os maus comerciantes.* *** *É um órgão de defesa ao (ou do) consumidor.* *** *Que defesa tinha antes o consumidor contra os maus comerciantes? Nenhuma.* *** *Esse fenômeno é uma reação da natureza, uma espécie de defesa sua contra os excessos praticados pelo seu maior predador, o homem.* *** *O novo presidente se comprometeu, por juramento, na defesa da democracia contra qualquer tipo de ameaça.*

defeso (ê) / defesso (é): diferença
Defeso, como adjetivo, é proibido, impedido; como substantivo, é período do ano em que é proibido caçar ou pescar: *É defeso aos pescadores pescar lagostas no defeso.* Defesso é cansado, exausto: *Não é com tropas defessas que se vencem guerras.*

défice
É assim que devemos escrever agora, ou então, deficit (sem acento), como latinismo puro. Antigamente se grafava "déficit", uma tolice do VOLP, porque se colocava acento numa palavra latina (em latim nunca houve acentos gráficos).

défice "negativo"
Redundância: todo défice é negativo.

deficiência / deficiente
Regem *de* ou *em*: *A deficiência de (ou em) vitaminas debilita o organismo.* *** *Um organismo deficiente de (ou em) vitaminas é mais susceptível a doenças.*

definhar ou definhar-se?
Tanto faz, na acepção de ir consumindo-se aos poucos ou na de murchar): *O aidético definha (ou se definha) até à morte.* *** *Sem água, qualquer planta definha (ou se definha).*

definição
Rege *de* (significação precisa) e *sobre* (decisão): *Não é fácil dar a definição de tempo.* *** *Ele queria uma definição rápida da editora sobre a publicação da obra.*

defluir
Conjuga-se por *atribuir*.

de forma a / de maneira a / de modo a
São expressões não rigorosamente portuguesas, mas já totalmente incorporadas ao nosso idioma: *Entre de forma a não acordar as crianças!* *** *Faça tudo de maneira a não levantar suspeita!* *** *Discursou de modo a emocionar os ouvintes.* O condenável está em desenvolver tais expressões desta maneira: *Entre "de forma a que" não acorde as crianças!* *** *Faça tudo "de maneira a que" não levante suspeita!* *** *Discursou "de modo a que" emocionasse os ouvintes.*

degelar ou degelar-se?
Tanto faz: *Os cubos de gelo já degelaram (ou se degelaram).* *** *Carne congelada não degela (ou se degela) facilmente.*

degeneração / degenerado
Regem *de...em* (ou *para*): *O ciúme nada mais é que a degeneração do amor próprio no* (ou *para* o) *egoísmo.* *** *O ciúme nada mais é que um sentimento degenerado do amor próprio no* (ou *para* o) *egoísmo.*

degradado
Rege *de* (privado, destituído) e *de...para* (rebaixado): *Envolvido com o narcotráfico, o tenente foi degradado de sua patente.* *** *O nível de alerta contra o terrorismo foi degradado do vermelho para o laranja.*

"de" grátis
Não se sabe ainda, apesar de mil investigações e pesquisas, por que alguns usam a preposição "de" antes de grátis. O fato é que usam. Um exemplo foi colhido neste comentário, naturalmente irônico, de um anônimo, sobre um ex-presidente brasileiro, que não teria corrido em defesa de Muammar Kadafi, considerado seu amigo, irmão e líder, quando foi deposto: *Ele gosta mesmo é de ser presidente e comer bem e beber (cachaça) "de grátis".* Não é preciso ser pitonisa para saber que ex-presidente é esse...

degredado
Rege *de...para* ou apenas *para* (desterrado, exilado): *Um político degredado de sua cidade natal para uma região tão distante dela não pode viver em paz.* *** *A maioria dos rebeldes mineiros degredados para a África morreram e nunca mais voltaram.*

degredo
Rege *para*: *O degredo para a África naquela época equivalia à pena de morte, com a economia dos serviços do carrasco.*

deitado
Rege *a* (lançado, arremessado, atirado; atribuído, imputado) e *em* ou *sobre* (estendido em posição horizontal): *Algumas das pedras deitadas ao árbitro atingiram-no com gravidade.* *** *Foi um crime deitado a um inocente, que ficou anos na cadeia, injustamente.* *** *Encontrei-a deitada na* (ou *sobre* a) *cama.*

deitar-se
Use sempre assim, ao menos na linguagem formal ou norma padrão, na acepção de meter-se ao comprido, em cama, sofá, no chão, etc.: *Deito-me tarde todos os dias.* *** *Ela se deitou no chão, e não no sofá.* *** *Nunca nos deitamos cedo.* *** *A que horas vocês se deitam?* *** *Deitamo-nos à meia-noite.* *** *Quando me deito, já caio no sono.* *** *Deitei-me um pouco mais tarde ontem.* A omissão do pronome só se admite na comunicação despretensiosa; na língua culta, não deve ocorrer. Frase encontrada numa autobiografia: *À noite, "deitávamos" na grama ao redor da igreja e de barriga para cima ficávamos vendo as estrelas e sonhando.* Sonhar é bom...

deixado
Rege *a* (abandonado), *a* ou *para* (doado, ofertado), *de* (desabituado) e *em* ou *sobre* (posto, colocado): *Crianças deixadas à rua.* *** *Foram bens deixados a* (ou *para*) *instituições de caridade.* *** *Encontrei-o anos mais tarde, já deixado do vício.* *** *Deixada a bengala na* (ou *sobre* a) *mesa, viu-se impossibilitado de caminhar.*

Dejanira
É a grafia correta. Muitas mulheres, no entanto, trazem "Djanira" no registro civil.

delegado
Rege *a* (representante): *O delegado brasileiro a essa conferência de paz foi Rui Barbosa.*

delegar poderes a (ou em)?
Tanto faz: *O comerciante saiu de férias e delegou poderes ao* (ou *no*) *filho mais velho para resolver qualquer negócio.* *** *O presidente delegou inteiros poderes ao* (ou *no*) *ministro para a solução do caso.*

"dele" mesmo / "com ele" mesmo / "por ele" mesmo
Não se usa por *de si* mesmo, consigo mesmo ou por si mesmo. Ex.: *Ele só fala "dele" mesmo*. O pronome reflexivo da 3.ª pessoa é *si*, e não "ele" (e variações): *Ele só fala de si mesmo*. *** *Ela só gosta de si mesma*. *** *Eles só falam de si mesmos*. *** *Elas só gostam de si mesmas*. *** *Ela só se preocupa consigo mesma*. *** *Ele só se interessa por si mesmo*. *** *Elas só se responsabilizam por si mesmas*. No G1: Segundo as ideias de Einstein, conforme o planeta gira, ele puxa "com ele" tanto o tempo quanto o espaço. De uma jornalista especializada em economia em O Globo: *O governo está numa armadilha em relação ao preço da gasolina, por culpa única e exclusiva "dele mesmo"*. Na Veja: *Baseando-se em dados pontuais, o ministro Guido Mantega afirma que o risco país do Brasil é menor que o dos EUA e elogia a política econômica conduzida por "ele" mesmo*. Um jornalista esportivo, comentando o jogo da seleção brasileira contra o selecionado chileno, arruma este título: *O Brasil só perde para "ele" mesmo*. Quem perde somos todos nós... No final da matéria, arremata: *Não há time capaz de ganhar do Brasil. Só há um adversário a se temer, que é o próprio Brasil. Caso não perca para "ele" mesmo o hexa virá, por certo*. Perda total...

deletar
Anglicismo da informática que vingou completamente. O verbo inglês *to delete*, porém, tem origem no latim *delere, delet-* = apagar. Significa apagar ou suprimir (algo já digitado num computador). O substantivo correspondente é *deleção*, mas já há quem use *deletação*.

deletério
Rege *a* ou *para* (nocivo, danoso, prejudicial): *Os climas desta região são deletérios à* (ou *para a*) *saúde*. *** *Filmes e revistas deletério aos* (ou *para os*) *costumes*. Há quem use "deletérico".

deliberação
Rege *de* (resolução) e *acerca de* (ou *a respeito de* ou *sobre*) [reflexão]: *A deliberação do horário de os filhos chegarem ficou a cargo da mãe*. *** *O presidente prometeu fazer deliberação acerca da* (ou *a respeito da* ou *sobre a*) *reivindicação e dar resposta em breve*.

delicadeza / delicado
Regem *com* ou *para com* (nome) e *de* (verbo): *Ele é de uma grande delicadeza com* (ou *para com*) *mulheres bonitas*. *** *Ele chegou cheio de delicadeza com* (ou *para com*) *ela, mas foi logo levando um bofetão*. *** *Ele é muito delicado com* (ou *para com*) *mulheres bonitas*. *** *Ele foi todo delicado com* (ou *para com*) *ela, mas acabou levando um bofetão*. *** *Tenha a delicadeza de se retirar!* *** *Ele até que foi delicado de se retirar pacificamente!*

delinquente
Embora o termo possa ser aplicado a maiores de idade, tende a ser específico a menores, já que àqueles se aplica com mais propriedade o termo *criminoso*. A *delinquência*, hoje generalizada no Brasil, em razão do irresponsável e utópico Estatuto da Criança e do Adolescente (ECA), é própria dos menores de idade.

demais ou de mais: diferença
Demais é advérbio e equivale a muito, excessivamente, demasiado (*falar demais, comer demais; agora é tarde demais*) e extremamente (*ser compreensivo demais, pessoa boa demais*). Usa-se também como palavra denotativa de adição (= além disso, ainda por cima, de mais a mais) e como substantivo (= restantes, outros): *Essa mulher não lhe convém; demais, ela já foi casada três vezes*. *** *Dois passageiros morreram no acidente; os demais estão no hospital em estado grave*. **De mais** é locução adjetiva equivalente de: *a mais* (*receber troco de mais*), *de anormal* (*beijar namorada na boca tem alguma coisa de mais?; não tem nada de mais*), desproposital ou descabido (*passar tempo de mais no banheiro; falar o tempo todo em mulher e*

gostar de sair só com homem já é de mais; ter amor de mais pelos filhos; isso de socorro a bancos já está ficando de mais) e *incrível* (*essa é de mais!*) Há casos, todavia, em que a dúvida se acentua, e a confusão pode reinar. Por exemplo: *Havia gente demais ali* ou *Havia gente de mais ali*? As duas frases estão perfeitamente corretas, dependendo do significado que se queira imprimir a cada uma delas. Se havia *muita* gente, gente em excesso, usamos demais (porque modifica o verbo). Se havia apenas gente *a mais*, numa ideia de simples acréscimo de pessoas (sem a ideia de excesso), empregamos de mais (porque modifica o substantivo). Num namoro, três sempre é *de mais*, principalmente quando a terceira pessoa é a mãe da garota... Num Celta, se houver dez pessoas, há gente *demais*; se, contudo, forem quatro as pessoas, e uma delas não pertencer ao grupo, ser-lhe estranha, há gente *de mais*. Poucos conhecem a diferença de emprego entre *demais* e *de mais*; daí por que só se vê a forma *demais*, o que não deixa de ser erro *de mais*, entre tantos outros que se encontram diariamente aqui e ali.

de mais a mais
Equivale a além disso, demais: *Essa mulher não lhe convém; de mais a mais, ela já saiu de três casamentos e tem oito filhos.*

demanda
Rege *com* (disputa, litígio) e *de* ou *por* (procura): *A demanda com a Bolívia, no caso do território do Acre, durou pouco tempo.* *** *A demanda de (ou por) carros importados foi reduzida drasticamente, com a alta do dólar.*

democrata-cristão
Faz no plural *democrata-cristãos*: só o último elemento é que varia, nos compostos formados de dois adjetivos. Confira: *nacional-socialistas, social-democratas, marxista-leninistas,* etc. Repare, porém, na manchete do principal jornal baiano: "*Democratas-cristãos*" *deixam o governo de Berlusconi.* De uma repórter, ouvimos recentemente: *Os "democratas-cristãos" estão voltando ao poder na Alemanha.* Em O Globo: *Tido como o partido mais ideológico desde que nasceu da dissidência do PCB, em 1960, o PC do B ainda tem como marca a foice e o martelo cruzados, simbolizando a aliança de operários e camponeses. Mas vive uma crise de identidade com suas bandeiras e ideologias "marxistas-leninistas" desde que se impôs uma perestróika à brasileira, quando chegou ao poder pelos braços do PT.* Os mundos político-jornalísticos são, realmente, complicados!...

de molde a
Trata-se de locução recente na língua, equivalente a *de modo a*: *O orador falou de molde a empolgar os ouvintes.* *** *O candidato trabalha de molde a poder vencer já no primeiro turno.* Em rigor, a locução deveria ser conjuntiva (*de molde que*), assim como é preferível o uso de *de modo que, de forma que, de maneira que* a *de modo a, de forma a, de maneira a*: *O orador falou de molde que empolgou os ouvintes.* *** *O candidato trabalha de modo que possa vencer já no primeiro turno.* A grande influência da língua francesa sobre a portuguesa, já no século XIX, fez-nos usar *de modo a, de forma a, de maneira a* e, agora, *de molde a*. Como não tenho absolutamente nada contra os estrangeirismos, desde que necessários ou já definitivamente consagrados, eis aí mais uma opção de construção que se afigura ao leitor.

demora
Rege *a* ou *em* (atraso) e *em* (estada, permanência): *A demora ao (ou no) atendimento é comum nos hospitais públicos.* *** *A demora a (ou em) atender-nos valeu ao funcionário uma admoestação de seu superior.* *** *A demora do nosso avião em solo será de no máximo trinta minutos, informou o comandante, sobre a próxima escala.*

demorar
É verbo intransitivo em três acepções (**1.** tardar a acontecer, a voltar ou a vir; **2.** custar a ser feito; **3.** ficar ou permanecer num lugar durante um tempo maior do

que o normal ou o previsto, deter-se) e verbo pronominal em duas (**4.** levar tempo, tardar, custar; **5.** tornar o movimento ou o desenvolvimento de uma coisa mais lento, atrasar-se): **1.** *As mudanças na política econômica demoraram, mas vieram. Vou até casa, mas não demoro. A resposta dela demorou, mas valeu a pena: foi positiva.* *** **2.** *O serviço no seu automóvel vai demorar; o senhor aguarda?* *** **3.** *Se você demorar muito na praia hoje, com este sol, vai ficar todo vermelho! Tive que demorar na capital, para solucionar todas as questões pendentes.* *** **4.** *O juiz demorou-se a* (ou *em*) *dar a sentença. Não se demore a* (ou *em*) *responder à minha carta! Por que o árbitro se demorou tanto a* (ou *em*) *dar início ao jogo?* (Evite usar "demorar-se para" ou "demorar para", nesta acepção!) *** **5.** *Eu me demorei um pouco mais hoje no meu passeio pela beira-mar. Demorei-me não mais que cinco minutos no banheiro: perdi o avião. Não se demorem, crianças: já está na hora de começarem as aulas! Se você se demorar um minuto, eu não a esperarei!*

denegrir
Conjuga-se por *agredir*.

denominar
O predicativo pode vir com ou sem a preposição *de*: *Denominaram-no Anhanguera* (ou *de Anhanguera*). *** *Ele se denomina filósofo* (ou *de filósofo*). *** *A cidade hoje se denomina Ancara* (ou *de Ancara*).

dentre
Contração de duas preposições: *de* e *entre*. Usa-se para destacar, num universo, um elemento, uma classe, um grupo, equivalendo, *grosso modo*, a *do meio de*: *Dentre todas as mulheres, Maria foi escolhida por Deus.* *** *Dentre os pentacampeões de futebol, o mais aplaudido foi o goleiro.* *** *Dentre os destaques dos atletas que foram às Olimpíadas está uma garotinha de dez anos.* *** *Dentre as árvores mais importantes da região amazônica, encontra-se a espécie* Carapa guianensis Aubl.*, cuja madeira é muito cobiçada pela indústria.*

dentro
Rege *de* ou *em* (no interior de; no íntimo de): *A cerveja está dentro do* (ou *dentro no*) *congelador.* *** *Dentro de* (ou *Dentro em*) *mim mora um anjo.*

denúncia
Rege *a, a...contra*, apenas *contra* e *de* ou *sobre*: *Têm sido feitas denúncias às autoridades, que não tomam providências.* *** *Têm sido feitas denúncias às autoridades contra a violência, mas nenhuma providência foi tomada até o momento.* *** *Chegaram inúmeras denúncias contra policiais.* *** *Foi nomeada uma comissão para investigar denúncias de* (ou *sobre*) *corrupção nesse órgão estatal.*

deparar
É verbo transitivo direto (encontrar por acaso ou inesperadamente, topar; avistar, ver) e pronominal (encontrar-se): *Deparei o* (ou *com o*) *presidente na rua, em Brasília.* *** *Na rua, a gente depara muitas vezes o que nunca espera.* *** *Deparei-me com o presidente na rua, em Brasília.* Quando o complemento é *coisa*, use de preferência como transitivo direto: *Deparei um erro grave no livro.* *** *Deparamos uma pedra no meio do caminho.* Quando o complemento é *pessoa*, emprega-se indiferentemente como transitivo direto ou como transitivo indireto, como vimos acima. Seu emprego como pronominal, junto da preposição *com*, é recente na língua (influência de *encontrar-se com*). Os clássicos o construíam como pronominal, sim, mas sem a preposição e como unipessoal. Assim, por exemplo: *Deparou-se-me um erro no livro de José de Alencar.* *** *As muitas oportunidades de estudar que se lhe depararam não foram aproveitadas.* *** *Deparam-se-nos agora dois enormes problemas, aparentemente sem solução.* *** *Deparava-se-lhes um obstáculo quase intransponível para o casamento: a oposição dos pais da moça.*

"deparar-mos"
Muitos usam o hífen na primeira pessoa do plural do infinitivo pessoal. Não se sabe bem por quê, já que esse hífen nunca existiu. Repare no desabafo de um leitor numa revista especializada em automóveis: *Toda vez que vejo uma propaganda da CAOA em revistas fico indignado a ponto de não ler mais aquela revista. Será que não vão punir essa empresa? Já está virando rotina nos "deparar-mos" com suas propagandas enganosas!* Foi engano?

departamento: abreviatura
A abreviatura de *departamento* é *depart.*, e não *"depto."*, que é a que, justamente, todo o mundo usa.

dependência
Rege *com* ou *para com* e *entre*: *Essa moça tem uma forte relação de dependência com (ou para com) esse rapaz.* *** *Há uma dependência do verbo com (ou para com) o sujeito da oração.* *** *Existe uma forte relação de dependência entre essa moça e esse rapaz.* *** *Há uma dependência entre o verbo e o sujeito da oração.* Rege *de*, e não "a", principalmente quando *dependência* vem seguida de um adjunto adnominal iniciado pela preposição *de*: *A dependência dos filhos dos pais, assim como das mulheres dos maridos, é cada vez menor, na sociedade brasileira.*

dependurado
Rege *de, em* e *sobre*: *Havia dois sininhos dependurados da vara do pastor.* *** *O retrato de seus avós estava dependurado na parede.* *** *Há um lustre de cristal dependurado sobre a mesa principal do saguão do hotel.*

dependurar / pendurar
Ambas as formas existem. Pode *dependurar* (ou *pendurar*) a camisa no cabide! Mas, atenção: no supermercado, no bar, na quitanda, você só pode *pendurar* a conta; ninguém "dependura" conta em estabelecimento nenhum. O dia 11 de agosto é o dia do *pendura*, na Faculdade de Direito da USP, e não do "dependura".

depois
Pede *de* (antes de nome ou de infinitivo): *Depois do namoro, vem o noivado; depois do noivado, o casamento.* *** *Depois de namorar vinte anos, era natural que a moça quisesse casar!* A elipse da preposição é obrigatória, se, em vez do nome ou do infinitivo, vem oração desenvolvida: *Ela nunca mais foi a mesma, depois que casou.*

depois / ao depois
Usam-se indiferentemente: *Chegamos ao Rio de Janeiro, almoçamos, conversamos um pouco e depois (ou ao depois) fomos passear na Avenida Atlântica.* *** *Este assunto não se pode deixar para depois (ou para ao depois).* *** *Estivemos em Lisboa, Madri e Paris; só depois (ou ao depois) fomos a Londres.*

depor
Como segue a conjugação de *pôr*, não existem as formas "deporam", "deposse", "depossem", "depormos" (no subj.), "deporem", comuns na língua popular, mas apenas, respectivamente, *depuseram, depusesse, depusessem, depusermos, depuserem*. Rege *em* ou *sobre*: *Antes de entrar na cela, o prisioneiro depôs todos os seus pertences numa (ou sobre uma) mesa.*

depor "à" polícia
É a mais nova invenção dos jornalistas brasileiros: usarem o verbo *depor* como transitivo indireto, na acepção de *declarar* ou *testemunhar em âmbito jurídico*, caso em que é transitivo direto ou, então, intransitivo. Uma pessoa pode *depor que não presenciou um crime* (neste caso é transitivo direto) ou pode *depor na polícia ou no Senado* (neste caso é intransitivo). O mais curioso é que os jornalistas usam depor "à" polícia (errado) a par de depor no Senado (correto). Mas o IG consegue o inusitado, ao estampar isto: *Luís Inácio Adams presta depoimento "ao" Senado sobre Operação Porto Seguro e nega intenção*

de deixar o cargo. Jornalista que não conhece o idioma deveria deixar de escrever, ficar em casa, lendo, estudando, refletindo. O jornalismo brasileiro, que já tenta mudar a regência do verbo *repercutir*, agora faz esforços para mudar a transitividade também de depor. Manchete da Veja: **PM João Dias Ferreira depõe "à" Polícia Federal**. Manchete da Folha de S. Paulo: **Mãe que deu à luz em banheiro deixa hospital e depõe "à" polícia**. No mesmo jornal, outra manchete: **Netinho de Paula agride Repórter Vesgo com soco e terá de depor "à" polícia**. Ninguém depõe "a" lugar nenhum, mas em um lugar. E alguns jornais ainda têm a cara de pau de elaborar manuais de redação e colocá-los à venda em livrarias, como se fossem obras de grande valia e de indisfarçável confiabilidade. O Brasil mostra toda a sua cara neles...

deportação
Rege *de...para*: *A última deportação de brasileiros clandestinos nos Estados Unidos para o Brasil se deu semana passada.*

depredar / depredação
Embora seja assim, ainda há muitos que apreciam "depedrar" a língua e causar "depedrações". São os que só pensam em *pedra*.

deputado
Use com *por*: *deputado por Goiás; deputado pelo PV*. Manchete do G1: **Deputado estadual "do" Ceará se defende do escândalo dos banheiros**. É um escândalo atrás do outro...

derivar ou derivar-se?
Tanto faz, na acepção de originar-se, provir; resultar: *Jiboia deriva* (ou *se deriva*) *do tupi.* *** *O queijo e o iogurte derivam* (ou *se derivam*) *do leite.*

derramado
Rege *em, por* ou *sobre*: *Havia café derramado na* (ou *pela* ou *sobre a*) *toalha da mesa.*

derrubado
Rege *de...a*, apenas *a* e *sobre* (caído): *Havia um guardanapo derrubado da mesa ao tapete.* *** *Vi-a com a cabeça derrubada ao ombro do namorado.* *** *Usava um boné com a pala derrubada sobre uma das orelhas.*

DERSA ou Dersa
Acrônimo de *Desenvolvimento Rodoviário S.A.* Grafa-se inteiramente com letras maiúsculas ou apenas com a primeira maiúscula, indiferentemente. Como as siglas devem ter o mesmo gênero da primeira palavra que as formam, *Dersa* é *o*, e não "a". Não importa que seja empresa. O SBT também é empresa (*Sistema Brasileiro de Televisão*). Mas não há ser racional que convença os jornalistas a dar-lhe o gênero correto. Eles só conhecem o que não existe: "a" Dersa. Normal: nosso jornalismo é o melhor do mundo!... Um jornalista de O Estado de S. Paulo, ao informar-nos da construção de um túnel entre Guarujá e Santos, escreve: *"A" Dersa (Desenvolvimento Rodoviário S.A.) contratará o projeto executivo e iniciará o processo de licenciamento ambiental do empreendimento.* E ele ainda teve a pachorra de colocar entre parênteses a palavra Desenvolvimento, que, no seu modo de entender, deve ser feminina, naturalmente... Estoutra informação é da Folha de S. Paulo: *O novo trecho do Rodoanel terá instalado um equipamento de medição da velocidade do vento na ponte sobre a represa Billings. Com base nos dados fornecidos pelo aparelho, "a" Dersa deve determinar possíveis medidas de segurança que podem chegar até ao fechamento da rodovia em caso de ventania.* Vírgula, para esse jornalista, também é algo supérfluo: faltou depois de segurança e depois de rodovia. A verdade é que há, hoje, muita gente sem noção escrevendo. Nosso jornalismo é ótimo!...

desabafo
Rege *com...contra* ou apenas *contra*: *O desabafo com a mãe contra as agressões do marido acabou redundando em divórcio.* *** *Fiz um desabafo contra todas as espécies de hipocrisia.*

desabar
Rege *em, em cima de* ou *sobre* (cair pesadamente, largar o corpo inteiramente): *Ao chegar, desabou na* (ou *em cima da* ou *sobre*) *a cama, de tão cansado!* *** *Quando cheguei, desabei no* (ou *em cima do* ou *sobre*) *o sofá.*

desabituado
Rege *a* ou *de*: *Ela ficou rica e desabituada aos* (ou *dos*) *afazeres domésticos.*

desabrochar ou desabrochar-se?
Tanto faz: *Este ano, as rosas desabrocharam* (ou *se desabrocharam*) *cedo.*

desabono
Antecedida de *em*, aparece combinada com a preposição *de*: *O presidente nada quis declarar em desabono do ministro demissionário.*

desacostumado
Rege *a* ou *de*: *Ficando vários dias com os olhos vendados, era natural que eles estivessem desacostumados à* (ou *da*) *luz.* *** *O presidente estava desacostumado a* (ou *de*) *viajar.* Curioso aqui é que *acostumado* rege *com*, mas *desacostumado*, seu antônimo, não.

desafeto
Rege *a* (contrário, adverso, oposto) e *de* (inimigo; rival): *É um povo desafeto aos partidos radicais.* *** *O ex-governador baiano era o maior desafeto da senadora alagoana.* *** *Os corintianos são, disparado, os maiores desafetos dos palmeirenses.*

desafio
Rege *a* (nome) e *para* (verbo): *A torre de Pisa é um desafio à lei da gravidade.* *** *A equipe toda aceitou o desafio para se classificar antes das últimas rodadas da competição.* Antecedida de *em*, aparece combinada com a preposição *com* ou *de*: *Viajando a 250km/h, você acaba entrando em desafio com a* (ou *da*) *morte!*

desafogo
Rege *com...sobre* ou apenas *sobre* (desabafo): *O desafogo com a mãe sobre as agressões do marido acabou redundando em divórcio.* *** *O desafogo sobre os incríveis problemas da sua administração emocionou a população.*

desaforo
Rege *a* (atrevimento, impertinência) e *contra* (insulto): *Considero um desaforo ao consulente remetê-lo a todo o instante a este ou àquele verbete, quando se pode dar a definição no verbete consultado.* *** *A senadora alagoana fez o seu discurso, com inúmeros desaforos contra os partidários do senador baiano.*

desafronta
Rege *a* ou *de*: *Esse gesto agressivo representa a desafronta à* (ou *da*) *humilhação que os brasileiros sofrem ao desembarque, nos aeroportos do Primeiro Mundo.* Antecedida de *em*, aparece combinada com *a* ou *de*: *Escreveu uma nota em desafronta ao* (ou *do*) *ultimato que recebeu.*

deságio
Rege *de...sobre* ou apenas *sobre* (desconto): *Houve um deságio de 0,5% sobre a receita.* *** *Houve um deságio sobre a importância devida.* *** *A compra da dívida foi feita com 60% de deságio sobre o valor de face.*

desagradado
Rege *com* ou *de*: *Alguns militantes do partido estavam francamente desagradados com a* (ou *da*) *política do presidente que eles ajudaram a eleger.* *** *Sentindo-se desagradado com o* (ou *do*) *espetáculo, o público vaiou.*

desagradar
Sempre transitivo indireto: *O filme desagradou ao público.* *** *A notícia desagradou ao presidente.* *** *Isso lhe desagrada?* *** *Não é minha intenção desagradar-lhe,*

mas este verbo é rigorosamente transitivo indireto, por isso não aceita o (e variações) como complemento pronominal. Durante a campanha presidencial de 2010, o então presidente da República criticou alguns jornais, tachando-os de excessivamente partidários. A Associação Nacional de Jornais (ANJ) reagiu, lançando esta nota: O papel da imprensa é o de levar à sociedade toda informação, opinião e crítica que contribua para as opções informadas dos cidadãos, mesmo aquelas que desagradem "os" governantes.

desagradável
Rege *a* ou *para* (antipático no trato; que causa má impressão) ou apenas *para* (insatisfatório, aborrecido): *Ela faz questão de ser desagradável a* (ou *para*) *todo o mundo.* *** *Notícia desagradável ao* (ou *para o*) *governo: a inflação voltou.* *** *Todo ruído acima de 70 decibels é desagradável à* (ou *para a*) *orelha.* *** *A viagem foi desagradável aos* (ou *para os*) *pais, mas não às* (ou *para as*) *crianças.*

desagrado
Rege *com* ou *para com*: *O desagrado com* (ou *para com*) *a política econômica do governo se transformou em manifestações violentas nas ruas.* *** *As duas equipes manifestaram desagrado com* (ou *para com*) *o árbitro do jogo.*

desagravo
Rege *a* ou *de*: *Representantes do movimento negro realizaram um ato de desagravo à* (ou *da*) *governadora.* *** *Foi redigida uma carta de desagravo ao* (ou *do*) *deputado.* Antecedida da preposição *em*, aparece combinada com *a* ou *de*: *Os evangélicos publicaram uma nota em desagravo ao* (ou *do*) *Deus único e verdadeiro da Bíblia.*

desaguar ou desaguar-se?
Tanto faz: *O Amazonas é um rio que deságua* (ou *se deságua*) *no mar*. Conjuga-se por aguar.

desamor
Rege *a, de* ou *por*: *Desde criança, ele sempre demonstrou o mais refinado desamor a* (ou *de* ou *por*) *parentes.* *** *Os suicidas têm desamor à* (ou *da* ou *pela*) *vida.* *** *A corrupção deslavada, a inércia do governo, a letargia da justiça, a violência desenfreada, um sistema de ensino falido, um futuro sem perspectiva, a apatia do povo, tudo isso provoca na juventude um desamor ao* (ou *do* ou *pelo*) *Brasil.*

desamoroso
Rege *com, para* ou *para com*: *Pais desamorosos com* (ou *para* ou *para com*) *os filhos.*

desanimado / desânimo
Regem *com* (pessoa), *com, de* ou *por* (coisa) e apenas *de* (verbo): *Os pais andam desanimados com os filhos.* *** *Está desanimado com o time.* *** *Os pais andam desanimados com o* (ou *do* ou *pelo*) *comportamento e atitudes dos filhos.* *** *Está desanimado com as* (ou *das* ou *pelas*) *derrotas do time.* *** *Os torcedores estão desanimados de ver tanta violência nos estádios.* *** *O desânimo dos pais com os filhos é notório.* *** *É visível o desânimo da torcida com o time.* *** *Todos veem o desânimo dos pais com o* (ou *do* ou *pelo*) *comportamento e atitudes dos filhos.* *** *O desânimo da torcida com as* (ou *das* ou *pelas*) *derrotas do time se reflete na baixa arrecadação de todos os seus jogos.* *** *O desânimo de ver tanta violência nos estádios é notório.*

desapego
Rege *a, de* ou *por*: *Com o desapego ao* (ou *do* ou *pelo*) *vício, sua vida começou a mudar.* *** *Aquele seu desapego à* (ou *da* ou *pela*) *família tinha forte razão de ser.*

desapercebido e despercebido: diferença
Desapercebido é desprevenido: *A chuva me pegou desapercebido.* *** *Os ladrões procuram pegar suas vítimas completamente desapercebidas, para alcançarem êxito no delito.* Significa também desprovido: *Como eu estava inteiramente desapercebido de dinheiro, ela pagou o jantar.* *** *As tropas ficaram cercadas e completamente*

desapercebidas de víveres. Trata-se de palavra de uso tão restrito, que seria preferível esquecê-la, nunca empregá-la, para não provocar confusão com sua parônima, que tem uso mais frequente. Quem diria, hoje, que está *desapercebido* de dinheiro? Quem afirmaria a seu professor, num dia de prova, que está *desapercebido* de conhecimentos para fazer a prova? **Despercebido** é não percebido ou não notado, imperceptível: *Esse fato me passou completamente despercebido.* *** *É um erro que facilmente passa despercebido de qualquer profissional de revisão.* Em O Globo: *Tanto Caio quanto Ronny conseguiram se destacar nos últimos jogos do Palmeiras, mas a dupla ainda não é facilmente reconhecida pelos torcedores. Em passeio a um shopping próximo ao Palestra Itália, os dois jogadores passaram praticamente "desapercebidos".* Numa revista especializada em automóveis, apareceu este título: *Andamos no novo Peugeot 408, um modelo que certamente não quer passar "desapercebido" nas ruas.* O Peugeot 408 pode até não passar mesmo despercebido nas ruas, mas... e certos jornalistas?

desapreço
Rege *a*, *de* ou *por*: *Os portugueses têm fortes razões históricas para ter profundo desapreço aos* (ou *dos* ou *pelos*) *galicismos, mas os brasileiros não.*

desaprovação
Rege *a* (discordância) e *de* (apreciação negativa): *Não se notava na expressão do pai nenhuma desaprovação às atitudes do filho.* *** *A desaprovação popular de mais um imposto pode trazer consequências nas próximas eleições.*

desarraigar
Conjuga-se por *arraigar*.

desatenção / desatencioso
Regem *a* (coisa) e *com* ou *para com* (pessoa): *A desatenção às placas de sinalização pode causar acidentes fatais nas estradas.* *** *Foi despedido por causa de sua desatenção com* (ou *para com*) *os fregueses.* *** *Comete grande desatenção com* (ou *para com*) *o palhaço aquele que não ri de suas graças.* *** *Aluno desatencioso às aulas.* *** *Balconista desatencioso com* (ou *para com*) *os fregueses.*

desatento
Rege *a*: *Aluno desatento às aulas.* *** *Motorista desatento às placas de sinalização.* Ninguém é desatento "com", mas desatento **a**. Assim, não há professores desatentos "com" seus alunos nem muito menos pais desatentos "com" seus filhos. Por isso, não seja desatento a este assunto! Eis a confissão de um homem que ainda não se arrependeu dos pecados que comete: *"Sou desatento 'com' formalismos. Minha professora de português sempre me dizia: "Tens que ser mais formal. Escreves bem, mas és desatento 'com' a ortografia".* Tenho cá minhas dúvidas se a professora disse desse jeitinho...

desavir-se
Conjuga-se por *vir*.

descair
Conjuga-se por *cair*.

descansado
Rege *de* (aliviado) e *em* ou *sobre* (apoiado): *Com o casamento da filha, agora tinha o espírito descansado de preocupações.* *** *Quando entrei na sua sala, estava com os pés descansados na* (ou *sobre*) *a mesa do escritório, feito caubói.* *** *É uma tese descansada em* (ou *sobre*) *opiniões abalizadas.*

descanso
Rege *a* ou *para* (alívio, paz), *de* (pausa, interrupção) e *para* (tempo livre, folga): *A morte foi um descanso a* (ou *para*) *esse sofredor.* *** *Depois do descanso do trabalho, foi jogar bola.* *** *Ainda não tive descanso nem para ir almoçar.*

Descartes
Adj. correspondente: *cartesiano*. Portanto, *teorema de Descartes* = *teorema cartesiano*.

descaso
Rege *a, com, para com* ou *por*: *O descaso por décadas à* (ou *com* a ou *para com* a ou *pela*) *educação causou esse caos que hoje impera no ensino brasileiro.*

descer
No português lusitano, todos descem ao andar térreo; no português do Brasil quase todos descem no andar térreo. Ou seja, usa-se *descer a* em Portugal; prefere-se *descer em*, no Brasil. Na linguagem formal, prefira usar a preposição a.

descida
Rege *a* ou *de...a*: *A descida à caverna assustava.* *** *A descida da nave ao solo de Marte foi tranquila.* *** *A descida da árvore ao chão levou dez minutos.* *** *A descida do último andar ao térreo só podia ser feita pela escada.*

descobrir
Conjuga-se por *cobrir*.

descompor
Como segue a conjugação de pôr, não existem as formas "descomporam", "descompossse", "descompossem", "descompormos" (no subj.), "descomporem", comuns na língua popular, mas apenas, respectivamente, *descompuseram, descompusesse, descompusessem, descompusermos, decompuserem.*

descompostura
Rege *contra* ou *em*: *A descompostura contra o* (ou *no*) *filho em público deixou este arrasado.* *** *O professor passou uma descompostura contra os* (ou *nos*) *alunos que não fizeram seus deveres.*

desconfiança
Rege *com, contra, de* ou *para com* (nome), apenas *de* (antes de oração), *em* (pessoa) e *acerca de* (ou *a respeito de* ou *a propósito de* ou *em relação a* ou *quanto a* ou *sobre*): *Essa desconfiança com o* (ou *contra* o ou *do* ou *para com* o) *filho não tinha razão de ser.* *** *A desconfiança do povo com aquele* (ou *contra* aquele ou *daquele* ou *para com aquele*) *governo era sentida nas ruas.* *** *Havia nele uma leve desconfiança de estar sendo inconveniente.* *** *Havia nele uma leve desconfiança de que estivesse sendo inconveniente.* *** *A verdade é que havia desconfiança do Palácio do Planalto nesse candidato.* *** *Ainda campeia muita desconfiança acerca da* (ou *a respeito da* ou *a propósito da* ou *em relação à* ou *quanto à* ou *sobre a*) *lisura com que foram feitas certas privatizações.*

desconfiar
É transitivo direto (*supor, achar* e sempre com objeto oracional) e transitivo indireto (*duvidar; suspeitar* e sempre com nome): *Eu já desconfiava que o meu time iria perder.* *** *Desconfio que eles estão namorando.* *** *Alguns duvidaram da sua capacidade de administrar o país.* *** *Ela desconfia até da sombra.* Não se constrói, portanto: *Eu já desconfiava "de" que o meu time iria perder.* *** *Desconfio "de" que eles estão namorando.* O Dicionário Houaiss, no entanto, registra o verbo transitivo direto como transitivo indireto. Normal.

desconhecido
Rege *a, de, para* ou *por*: *Era uma pessoa desconhecida às* (ou *das* ou *para* as ou *pelas*) *pessoas da cidade.*

desconsideração
Rege *a, com* ou *para com*: *Houve grande desconsideração à* (ou *com* a ou *para com* a) *autoridade do ministro.* *** *Por que tanta desconsideração aos* (ou *com* os ou *para com* os) *pobres?*

descontentamento / descontente
Regem *com, contra* ou *de*: *O descontentamento do povo com essa* (ou *contra essa* ou *dessa*) *política é visível.* *** *O povo anda descontente com o* (ou *contra o* ou *do*) *governo.*

descorar ou descorar-se?
Tanto faz: *O papel de parede descora* (ou *se descora*) *com o tempo.* *** *Ao saber do fato, a mãe descorou* (ou *se descorou*).

descortês / descortesia
Regem *com* ou *para com* (pessoa) e *em* (verbo): *Ser descortês com* (ou *para com*) *os fregueses da casa.* *** *Você foi descortês em não cumprimentar as visitas e em bater a porta, ao sair.* *** *Por que tanta descortesia com* (ou *para com*) *os fregueses da casa?* *** *Não entendi a sua descortesia em não cumprimentar as visitas e em bater a porta, ao sair.*

descrença / descrente
Regem *com* ou *em* (pessoa) e *de* ou *em* (coisa): *A descrença com a* (ou *na*) *classe política se refletiu nas urnas.* *** *A descrença do* (ou *no*) *futuro é grande por aqui.* *** *O povo está descrente com a* (ou *na*) *classe política.* *** *A população anda descrente do* (ou *no*) *futuro.*

descrer
Conjuga-se por crer.

descriminalizar e descriminar: qual a diferença?
Descriminalizar é declarar oficialmente a isenção de crime; é eliminar penalidades criminais. *O novo código descriminalizou muitas transgressões, mas descriminalizar o uso das drogas é loucura.* O substantivo correspondente é *descriminalização*: *Há quem seja a favor da descriminalização do uso da maconha.* **Descriminar** é inocentar, absolver: *A comissão parlamentar de inquérito descriminou todos os deputados envolvidos em corrupção.* Um juiz *descrimina* um réu. A sociedade pode *descriminalizar* um vício. Note, porém, que não se descriminalizam "as drogas", mas sim a prática, o uso, o hábito, o vício, a posse. Está difícil, está muito difícil convencer os jornalistas brasileiros disso. Por quê? Ora, por quê. Porque o jornalismo brasileiro é ótimo!... Em O Estado de S. Paulo, apareceu esta manchete, em declaração atribuída a Fernando Henrique Cardoso: **Congresso não está pronto para discutir a descriminalização "das drogas"**. Na ISTOÉ, também, em letras garrafais: **Marina Silva propõe plebiscito para a descriminalização "da maconha"**. Eu tenho outra proposta: estudarem!...

descuidado / descuido
Regem *de* ou *em* (nome), mas apenas *em* (verbo): *Mulher descuidada da* (ou *na*) *aparência.* *** *O que mais se vê hoje são jornalistas completamente descuidados da* (ou *na*) *linguagem.* *** *O descuido do* (ou *no*) *traje causou-lhe a perda do emprego.* *** *O descuido da* (ou *na*) *linguagem parece ser, hoje, uma característica de certos jornalistas.* *** *Mulher descuidada no vestir.* *** *O descuido no trajar causou-lhe a perda do emprego.*

desculpa
Rege *de* ou *por*: *O rapaz pediu desculpas de* (ou *por*) *não ter colaborado com os colegas.* *** *Foram bem recebidas pelos colegas as desculpas de* (ou *por*) *sua ausência da festa.*

desculpar-se
Rege *de* (pedir desculpa): *Desculpei-me do atraso com os meus colegas.* *** *Você já se desculpou do transtorno que lhes causou?*

descurar
É transitivo direto ou indireto e significa: **1.** Não dispensar os devidos cuidados a; desleixar: *Foi um governo que descurou por completo a* (ou *da*) *saúde pública.* **2.** Não

fazer caso de; não ter cuidado com; não cuidar; descuidar; negligenciar: *descurar o* (ou *do*) *traje, a* (ou *da*) *aparência.*

desde "à"
Depois da preposição desde usa-se artigo, e não "à". Portanto: *Esperei-a desde o meio-dia.* *** *Aguardei-a desde a uma hora.* *** *Desde a chegada do inverno ela não dorme sozinha.* Num jornal: *Desde "à" conquista da Taça Libertadores da América que o tricolor paulista não conseguia um triunfo.* Em outro jornal: *A chuva ainda causa falta de energia elétrica desde "às" 15h em bairros como a Barra Funda, Santa Cecília e Casa Verde.* Em outro: *O ministro Ricardo Lewandowski, do STF, suspendeu a sessão que transcorria desde "às" 14h desta quarta-feira (12) por volta das 16h devido a uma tentativa de invasão de militantes do MST.* Em mais outro: *O pneu de um avião cargueiro estourou durante o pouso no Aeroporto Internacional de Viracopos, em Campinas (SP), e a pista está fechada desde "às" 20h, sem previsão de reabertura.* Jornalista que coloca acento no a depois de desde não tem a mínima noção do que é crase. Em seguida se lê: *Para "a" próximas horas, a chuva deve permanecer, aumentando os riscos para deslizamentos de terra e alagamentos. No momento, "constam" em nossos sistemas apenas um ponto de alagamento transitável.* Ou seja, é um autêntico sem-noção...

desde "de"
Erro comum, principalmente entre os jornalistas: *desde*, como preposição que é, não precisa da companhia de outra. Volta e meia lemos ou ouvimos frases assim: *Está chovendo desde "de" manhãzinha.* *** *Desde "de" 1960 não acontecem terremotos por aqui.* *** *Desde "de" 1945 não há guerras mundiais.* Basta retirar a má companhia ("de"), para que as frases fiquem perfeitas. Em O Estado de S. Paulo: *O serviço interativo de compra ainda está longe de se viabilizar no Brasil, mas a tela de televisão conectada à rede virtual é uma tendência irreversível. Nos modelos da LG, o telespectador pode usar o próprio celular – desde "de" que com sistema operacional Android – para controlar o aparelho de TV, como se fosse um controle remoto.* Por ocasião da demissão de uma ministra da Casa Civil, por corrupção, em setembro de 2010, assim se leu nesse mesmo jornal: *O Palácio do Planalto sabia pelo menos desde "de" fevereiro deste ano que havia um lobby funcionando dentro da Casa Civil e cobrança de vantagens para intermediar empréstimos junto ao BNDES.* E ainda há pessoas, crédulas (ou ingênuas) que se norteiam por manuais de redação de jornais. Norteiam-se?...

desdém / desdenhoso
Regem *a, de, para com* ou *por*: *Era um presidente que demonstrava desdém ao* (ou *do* ou *para com o* ou *pelo*) *povo.* *** *Esse desdém às* (ou *das* ou *para com as* ou *pelas*) *normas da língua não convém a nenhum bom jornalista.* *** *Era um presidente desdenhoso ao* (ou *do* ou *para com o* ou *pelo*) *povo.* *** *As mulheres costumam ser desdenhosas àqueles* (ou *daqueles* ou *para com aqueles* ou *por aqueles*) *que as amam.*

desdenhar ou desdenhar de?
Tanto faz, na acepção de não dar o devido valor ou a mínima importância, menosprezar, fazer pouco caso: *Não desdenhe a* (ou *da*) *capacidade do rapaz!* *** *Ele é dado a desdenhar o* (ou *do*) *trabalho dos outros.* *** *O candidato do governo desdenha as* (ou *das*) *pesquisas, que apontam favoritismo para seu oponente.* *** *É um treinador que desdenha os* (ou *dos*) *craques do time, para aparecer com mais brilho que eles.*

desdouro
Rege *a* ou *para*: *O trabalho braçal não é desdouro a* (ou *para*) *ninguém.*

de segunda a sexta-feira
Sem acento no a: *Atendemos de segunda a sexta-feira, no horário comercial.*

desembargador: abreviatura
O Vocabulário Ortográfico da Língua Portuguesa (VOLP) registra três abreviaturas para *desembargador: desemb., des.^{dor}* e *des.^{or}*. Para *desembargadora* ficariam reservadas,

portanto: *desemb.ª*, *des.dora* e *des.ora*. Apesar disso, no meio jurídico se usa muito *des*. (para o homem) e *des.ª* (para a mulher).

desencantado / desencanto
Regem *com, de* ou *por*: *A população anda desencantada com a* (ou *da* ou *pela*) *classe política*. *** *O desencanto com a* (ou *da* ou *pela*) *classe política é uma realidade no país*.

desenganado
Rege *de* (desiludido) e *de* ou *por* (sem esperança de sobrevivência): *Depois do escândalo, ele ficou desenganado da política*. *** *O doente foi desenganado da* (ou *pela*) *equipe médica*.

desentupir
Conjuga-se por *fugir*.

desenvolver
Use assim seus particípios: O palestrante tinha desenvolvido bem o tema. *** O tema foi desenvolvido (ou desenvolto) muito bem pelo palestrante.

desequilíbrio
Rege *em* e *entre*: *O desequilíbrio nas contas públicas causa défice*. *** *O desequilíbrio entre receita e despesa causa défices*.

deserdado
Rege *de* ou *por*: *Ator deserdado de* (ou *por*) *talento*. *** *Filho deserdado dos* (ou *pelos*) *pais*.

desesperado / desespero
Regem *com, de* ou *por*: *A mãe ficou desesperada com a* (ou *da* ou *pela*) *prisão do filho, a quem sabia inocente*. *** *O desespero com a* (ou *da* ou *pela*) *morte do pai se justificava plenamente*.

desesperança
Rege *a propósito de, em relação a* ou *quanto a*: *A desesperança do povo a propósito do* (ou *em relação ao* ou *quanto ao*) *futuro do país era visível*.

desfalcado / desfalque
Rege *de* ou *em*: *O time entrou em campo desfalcado de* (ou *em*) *cinco titulares*. *** *O desfalque de* (ou *em*) *cinco titulares compromete o rendimento de uma equipe*.

desfavorável
Rege *a* ou *para*: *O acordo é desfavorável ao* (ou *para o*) *Brasil*.

desfazer
Conjuga-se por *fazer*.

desferir
Conjuga-se por *ferir*.

desforra
Rege *contra*: *Não aceitando a derrota, a seleção argentina se apressou em pedir desforra contra o Brasil*.

desgosto / desgostoso
Regem *com, de* ou *por*: *Senti certo desgosto com a* (ou *da* ou *pela*) *ausência de meus amigos*. *** *Tive grande desgosto com a* (ou *da* ou *pela*) *perda desse colega*. *** *Fiquei desgostoso com a* (ou *da* ou *pela*) *ausência de meus amigos*. *** *Ainda me sinto desgostoso com a* (ou *da* ou *pela*) *perda desse colega*.

designação
Rege *de...para* ou apenas *para*: *A designação desse professor para o ministério foi bem*

recebida pela classe política. *** Sua designação para o cargo era só uma questão de tempo.

desilusão / desiludido
Regem com ou de: A desilusão com o (ou do) governo não demorou muito a se manifestar. *** O povo anda desiludido com a (ou da) classe política.

desimpedido
Rege a: Com essa decisão, o campo estava desimpedido à instalação da CPI.

desimpedir
Conjuga-se por pedir.

desinteressar-se
Rege de: Desinteressei-me da casa, depois que soube do preço. *** Desinteressei-me da política, depois dessa decepção. *** Nunca pude pensar que um dia Mônica pudesse desinteressar-se de mim. A regência "desinteressar-se por", muito comum, deve ser desprezada.

desinteresse / desinteressado
Regem de, em ou por (nome), mas apenas em (verbo): Esse desinteresse das (ou nas ou pelas) eleições tinha explicação. *** O desinteresse feminino de (ou em ou por) futebol é coisa do passado. *** O desinteresse popular de (ou em ou por) teatro é apenas aparente. *** O povo se tornou, então, desinteressado das (ou nas ou pelas) eleições. *** Seu desinteresse em ir votar era explicável. *** Sentiu-se, então, desinteressado em colaborar. A regência "desinteresse a", muito comum, deve ser desprezada. Desinteresse, como substantivo, tem sempre e tônico fechado: desinterêsse. A forma verbal, porém, tem e tônico aberto: desinterésse. Ex.: Espero que ela não se desinteresse por mim.

desleal / deslealdade
Regem a, com ou para com (pessoa) e em (coisa): Foi uma atitude desleal a (ou com ou para com) todos os colegas. *** Não posso compreender sua deslealdade a (ou com ou para com) seus colegas. *** Jornalista desleal nas informações. *** Sua deslealdade nas informações custou-lhe o emprego.

desleixo / desleixado
Regem de ou em: Seu desleixo do (ou no) traje é atávico. *** Família desleixada do (ou no) traje.

deslizar ou deslizar-se?
Tanto faz: Uma lágrima deslizou (ou se deslizou) pela sua face. *** Os patinadores deslizam (ou se deslizam) na pista de gelo. *** As crianças gostam de deslizar (ou deslizar-se) pelo tobogã do parque aquático.

deslize
Rege com ou para com (pessoa) e de (coisa): Não perdoo seus deslizes com (ou para com) as visitas. *** Ninguém soube explicar a razão desse seu deslize dos hábitos de cortesia.

deslumbrado / deslumbramento
Regem ante, com, diante de e perante: Os turistas ficaram deslumbrados ante o (ou com o ou diante do ou perante o) espetáculo das cataratas do Iguaçu. *** Esse deslumbramento dos turistas ante o (ou com o ou diante do ou perante o) espetáculo das cataratas do Iguaçu é normal.

desmazelo
Rege de ou por (nome) e em (verbo): O desmazelo da (ou pela) linguagem é uma das características de certos jornalistas. *** Esse desmazelo no escrever não ajuda, só incomoda e confunde o leitor.

desmentido
Rege *a* ou *de*: *O porta-voz do governo saiu-se com um desmentido à (ou da) declaração do ministro.*

desmentir
Conjuga-se por *ferir*.

desmerecer ou desmerecer de?
Tanto faz, na acepção de não merecer, ser indigno de, não estar à altura de: *Desmerecer um (ou de um) prêmio.* *** *Esse rapaz desmerece minha (ou de) minha filha.* *** *É um ator que desmerece a (ou da) fama que tem.*

desmontar ou desmontar-se?
Tanto faz: *Eu desmontei (ou me desmontei) do cavalo e comecei a correr.* *** *Ela desmontou (ou se desmontou) do carro e foi a pé para casa.*

desobedecer
A exemplo de *obedecer*, é sempre transitivo indireto: *desobedecer aos pais, desobedecer às ordens, desobedecer aos sinais de trânsito, desobedecer ao regulamento.* *** *Os filhos de hoje são muito dados a desobedecer a conselhos.* Manchete no Terra: **Requião desobedece PMDB e diz que assinará CPI contra Palocci**. Não satisfeito com a desobediência do senador, o jornalista resolveu imitá-lo: desobedeceu à gramática.

desobstruir
Conjuga-se por *atribuir*.

desonra / desonroso
Regem *a* ou *para*: *O serviço de gari não é desonra (ou desonroso) a (ou para) ninguém.*

despacho
Rege *com* e *de*...*a* (ou *para*): *O despacho do presidente com o ministro da Educação foi rápido.* *** *O despacho de encomendas a (ou para) o exterior não é barato.*

despedida
Rege *a* ou *de*: *A despedida à (ou da) cidade, para nunca mais voltar, se deu há vinte anos.* *** *A despedida à (ou da) família foi feita às pressas.*

despedir
Conjuga-se por *pedir*, mas os clássicos antigos o conjugavam assim: *despido, despidas*, etc., ou seja, regularmente. Passou a ser conjugado irregularmente, isto é, *despeço, despedes*, etc., por influência justamente da conjugação de *pedir*. Ocorre o mesmo com *expedir*.

despeitado
Rege *a* ou *de*: *Hortênsia ficou despeitada com a (ou da) preferência dada a sua irmã, no concurso.*

despeito
Rege *contra* ou *por*: *O despeito de Hortênsia contra (ou pela) preferência dada a sua irmã era visível.* Antecedida de *a* (ou de *em*), aparece combinada com a preposição *de*, para formar a locução prepositiva *a despeito de* (= apesar de): *A despeito da chuva, ninguém se molhou.* *** *Em despeito de tantas adversidades, vencemos.*

despercebido
Rege *a, de* ou *para* (não notado): *O erro passou despercebido ao (ou do ou para o) setor de revisão da editora.* V. **desapercebido / despercebido**.

desperdiçado
Rege *com* ou *em*: *Tive boa parte do dia hoje desperdiçada com a (ou na) espera das visitas, que se atrasaram mais de seis horas.* *** *Ter a saúde desperdiçada com (ou em) drogas.*

desperdiçar ou esperdiçar?
Ambas as formas são corretas. *Não desperdice (ou esperdice) seu tempo!*

despesa
Rege *com* ou *de*: *As despesas com (ou de) transporte são pagas pela empresa.* *** *Os universitários têm muitas despesas com (ou de) livros.*

despir
Conjuga-se por ferir.

déspota
Rege *com, para* ou *para com*: *Era um diretor déspota com (ou para ou para com) os professores.*

despreocupação
Rege *com, de* ou *por*: *Foi viver no campo, para sua total despreocupação com os (ou dos ou pelos) problemas urbanos.*

despreocupado
Rege *de*: *Andava despreocupado dos problemas financeiros.* *** *Vive despreocupado da saúde.* *** *Está, hoje, totalmente despreocupado da vida.*

desprestígio
Rege *a* ou *de*: *O desprestígio ao (ou do) ministro não partia do Palácio do Planalto.* Antecedida de *em*, aparece combinada com *de*: *A declaração foi dada em desprestígio do governo.*

desprevenido
Rege *de...contra*, apenas *contra* e *para*: *O advogado se sentiu momentaneamente desprevenido de argumentos para provar a inocência do seu cliente.* *** *A população parece inteiramente desprevenida contra a dengue.* *** *A equipe estava desprevenida para uma partida decisiva.*

desprezado
Rege *de* ou *por*: *Sentiu-se desprezado de (ou por) todos.*

desprezo
Rege *a, de, para com* ou *por*: *Tenho o mais profundo desprezo aos (ou dos ou para com os ou pelos) fumantes.* *** *Em qualquer ditadura o que mais há é um profundo desprezo à (ou da ou para com a ou pela) opinião pública.*

desproporcionado / desproporcional
Regem *a* ou *com*: *A vingança foi desproporcionada (ou desproporcional) à (ou com a) ofensa recebida.*

desquite / desquitado
Regem *de*: *Quando se deu o seu desquite de Hersílio, Hortênsia?* *** *O seu processo de desquite da segunda mulher como anda?* *** *O meu desquite da nona mulher acabou de sair.* *** *Àquela época ele já estava desquitado da mulher.* A regência "desquite com", que sofreu clara influência de *divórcio com*, deve ser desprezada.

desrespeito
Rege *a, de, com, para com* ou *por* (pessoa), mas apenas *a, de* e *por* (coisa): *Nada justifica esse desrespeito aos (ou dos ou com os ou para com os ou pelos) aposentados, que têm de ficar horas e horas em filas, para receberem seus minguados reais.* *** *É um motorista que manifesta desrespeito às (ou das ou pelas) regras de trânsito.*

desses
Posposto a um substantivo antecedido do artigo indefinido, equivale a um adjetivo e se usa sempre no plural: *Eu jamais faria uma coisa dessas.* *** *Com um frio desses e ainda você sai de casa por aí?* *** *Depois de um esforço desses, vocês ainda nada*

conseguiram?! *** *Um país* desses, *como a Coreia do Norte, não pode querer encarar o poderio dos Estados Unidos*. Pode, ainda, aparecer antes de um substantivo no plural: *É um filho que nunca me proporciona desses prazeres.* *** *Ela nunca me dedicou dessas atenções*. Só para não dizer que não trouxemos espinhos, veja, agora, como escreveu um articulista da Folha de S. Paulo: *Lula, Dilma e o PT terão de dormir com um barulho "desse"*. Durma-se com um jornalismo desses...

destaque
Rege a ou para: *O jornal deu especial destaque a* (ou para) *essa matéria*.

destes
Posposto a um substantivo antecedido do artigo indefinido, equivale a um adjetivo e se usa sempre no plural: *Eu jamais pronunciaria um palavrão* destes. *** *Com um frio* destes, *quem consegue sair de casa?* *** *Quem é que é louco de viajar com um tempo* destes? *** *Depois de um esforço* destes, *tenho de chegar lá.* *** *Ela disse que não teria coragem de viver num país* destes. *** *Um país* destes *não pode passar por tantas e constantes crises*. Pode, ainda, aparecer antes de um substantivo no plural: *Thunderbird 57: já não se fazem destes carros*.

destinação
Rege de...a (ou para): *A destinação de merenda às* (ou para as) *escolas era regular, mas a corrupção a tornou bastante irregular...*

destinado
Rege a ou para: *As verbas destinadas à* (ou para a) *Educação ainda não são suficientes*.

destinar
Rege a ou para: *O pai destinou à* (ou para a) *filha mais nova a melhor propriedade, ao fazer o testamento.* *** *O governo destinou essas terras aos* (ou para os) *índios.* *** *Ele queria destinar o filho a* (ou para) *padre*.

destino
Rege a ou para: *É preciso dar um destino a* (ou para) *esse material*. Antecedida de com, aparece combinada com a ou para: *Partimos, então, com destino a* (ou para) *Cuba*.

destituir
Conjuga-se por atribuir.

destro
Significa direito: *A maior parte das pessoas são* destras. É ainda aquele que usa de preferência a mão direita, por ter alguma dificuldade ou algum desconforto de usar a esquerda. Os comentaristas, narradores e repórteres esportivos, todavia, usam a palavra em referência ao jogador que tem maior facilidade em chutar com o "pé" direito, no que produzem um exemplo literal de quem coloca os pés pelas mãos... Pronuncia-se *dêstru*, mas a 5.ª edição do VOLP (um desastre!; v. **VOLP**) também registra déstru, o que não chega a constituir nenhuma grande novidade. É mais um entre centenas de outros seus equívocos.

destróier
Pl.: *destróieres*. Nunca: "destróiers". O acento se justifica por se tratar de palavra paroxítona terminada em -r. Se terminasse na vogal, a palavra se escreveria sem acento: "destroie".

destruir
Assim como *construir*, pelo qual se conjuga, admite formas duplas no presente do indicativo: *destruo, destróis* (ou *destruis*), *destrói* (ou *destrui*), *destruímos, destruís, destroem* (ou *destruem*).

de sua vez ou por sua vez?
Tanto faz: *O presidente, de* (ou por) *sua vez, não aceitou receber os manifestantes.*

desumanidade / desumano
Regem *com* ou *para com*: *É inaceitável tamanha desumanidade com (ou para com) os animais.* *** *Ele sempre foi desumano com (ou para com) os animais.* *** *Houve muita desumanidade com (ou para com) os prisioneiros de guerra.* *** *Foi um país desumano com (ou para com) seus prisioneiros de guerra.*

desvalorizar-se
Use assim na acepção de *perder o próprio valor, depreciar-se*: *O brasileiro se desvaloriza quando demonstra desconhecer seus próprios direitos.* *** *As ações dessa empresa se desvalorizaram muito.* *** *No governo Sarney, nossa moeda se desvalorizava diariamente.* Eis, porém, manchete de um jornal sul-mato-grossense: **Arroba "desvalorizou" 13% "em" Mato Grosso do Sul**. Como pode um jornal desvalorizar tanto a língua, a ponto de chamar-se a seu próprio estado erroneamente? Aliás, a própria assembleia legislativa desse estado se diz "de" Mato Grosso do Sul.

desvantagem
Rege *em* ou *para*: *Jogar com desvantagem no empate.* *** *Lutar com desvantagem na força física, mas com enorme vantagem na inteligência.* *** *O gatilho salarial acabou sendo uma desvantagem para os trabalhadores, porque alimentava a inflação.*

desvantajoso
Rege *a* ou *para*: *O gatilho salarial foi um instrumento de reposição salarial altamente desvantajoso aos (ou para os) trabalhadores.*

desvario **ou** desvairo?
Ambas são formas corretas e usam-se uma pela outra nestas acepções: **1.** ação, palavra ou pensamento incoerente e sem sentido; disparate; desatino; **2.** transtorno ou insanidade mental; loucura; demência; **3.** *fig.* coisa fora do normal ou monstruosa; monstruosidade; **4.** *fig.* desmando; abuso; desacerto; erro grave.

desvelo
Rege *com, para com* ou *por* (pessoa); apenas *com* ou *por* (coisa) e apenas *em* (verbo): *É um médico que tem desvelo com (ou para com ou por) seus pacientes.* *** *É um cirurgião que tem desvelo com (ou por) seus instrumentos.* *** *É um médico que tem desvelo em ajudar seus pacientes.*

desviado
Rege *de...para* ou apenas *para*: *O motorista teve a atenção desviada do trânsito para o enorme buraco na pista e quase se envolve num grave acidente.* *** *O motorista teve a atenção desviada para um enorme buraco na rua e quase provoca um acidente.*

desvio
Rege *de...de...para* ou apenas *para*: *O desvio da atenção do motorista do trânsito para o buraco na pista quase foi fatal.* *** *Havia ainda o risco de desvio do governo ainda mais para a esquerda.*

detectar / detector
Não prescindiam do *c* até ontem. A 5.ª edição do VOLP (uma tragédia!; v. **VOLP**), no entanto, abona detectar e detetar, detector e detetor. No substantivo correspondente, porém, não mexeram, deixaram como sempre foi: detecção. O mundo gostaria de receber uma explicação: por que de repente, sem mais nem menos, detetar e detetor passaram a ser formas corretas, se nunca foram? Arrisco uma resposta: porque essa edição do vocabulário, na verdade, veio mais para complicar que para elucidar.

deter
Como segue a conjugação de *ter*, não existem as formas "deti", "deteu", "detia", "detiam", "deteram", comuns na língua popular, mas apenas *detive, deteve, detinha, detinham, detiveram*.

deteriorar-se
Use sempre assim: *A farinha se deteriora com a umidade.* *** *As relações entre Israel e os países árabes se deterioraram muito ultimamente.* Repare, neste texto, que interessa a todos nós, de alguém interessado no futuro do planeta: *Nos nossos relatórios anuais sobre o estado do mundo, que realizamos desde 1984, fazemos um exame clínico da Terra, checamos seus sinais vitais, como num* check-up *médico. E descobrimos que, a cada ano, os sinais vitais da Terra se deterioram. Estão se acentuando tendências como desmatamento, erosão do solo, aumento de temperatura, gelo derretendo, tempestades tornando-se mais destrutivas e espécies desaparecendo.*

determinadas "específicas"
Visível redundância. Há muito agrônomo por aí criando adubo para determinadas plantas "específicas". Esta, porém, é de um veterinário: *É importante salientar que o grupo ainda está em formação. Dividimos em quatro etapas. A primeira foi contatar e convidar especialistas em determinadas áreas "específicas" – oftalmologia, cardiologia, nefrologia, dermatologia, odontologia, entre outras – para trabalharem dentro da comissão. Essa primeira etapa já está formalizada, já temos o grupo inicial, mas o veterinário que quiser entrar, as portas estarão abertas. Esse núcleo já formado já começou a trabalhar, a levantar determinados problemas dentro de uma maneira genérica dentro de cada uma das especialidades. Os trabalhos serão feitos por blocos, dentro de determinadas características "específicas".* Os agrônomos entendem bastante... de agronomia...

detestado
Rege *a* ou *de*: *Os corruptos são indivíduos detestados de* (ou *por*) *toda a sociedade.*

detrás
É assim que se grafa, quando advérbio, equivalendo a atrás: *Lá vai o presidente e, detrás, alguns ministros.* Na acepção de traseiro, usa-se em duas palavras: *Crianças devem ir no banco de trás dos automóveis.* *** *A moto bateu na parte de trás do ônibus.* (Reformulei, portanto, meu conceito, neste caso.)

detrimento
Antecedida de *em*, aparece combinada com *de*: *Trabalhar em detrimento do país.*

dever
Rege *com* ou *para com* (nome) e *de* (verbo): *Um presidente tem um grande dever com* (ou *para com*) *o povo.* *** *Um pai tem deveres com* (ou *para com*) *os filhos.* *** *Todo homem de bem tem o dever de proteger a natureza.*

dever + se + infinitivo
Quando ocorrer tal combinação, caracterizando a voz passiva, o verbo *dever* deve ir de preferência ao plural, se o substantivo posposto ao infinitivo estiver no plural: *Devem-se expulsar os radicais do partido?* (= Devem ser expulsos os radicais do partido?) *** *Não se devem dar alimentos aos animais, no zoológico.* (= Não devem ser dados alimentos aos animais, no zoológico.) *** *Deviam-se pesquisar os preços antes de comprarmos.* (= Deviam ser pesquisados os preços, antes de comprarmos.) Muitos autores, alguns de nomeada, usaram, no entanto, o verbo *dever* no singular, neste caso.

devoção
Rege *a, com, para com* ou *por* (pessoa), mas apenas *a* ou *por* (coisa): *Ter devoção aos* (ou *com os* ou *para com os* ou *pelos*) *filhos.* *** *Os nordestinos têm muita devoção ao* (ou *com o* ou *para com o* ou *pelo*) *padre Cícero.* *** *Ao homem caberia a obrigação de ter grande devoção à* (ou *pela*) *natureza.* *** *O brasileiro tem devoção ao* (ou *pelo*) *trabalho.*

devorado
Rege *de* ou *por*: *Teve o estômago devorado de* (ou *por*) *úlceras.* *** *É uma mulher devorada de* (ou *por*) *inveja.*

dia a dia
Agora, segundo o VOLP, só se grafa assim, sempre sem hifens, tanto na acepção de cotidiano quanto na acepção de dia após dia: *É sempre aborrecida a rotina do dia a dia.* *** *Não é fácil meu dia a dia.* *** *Ter um dia a dia cheio de asnices.* Na acepção de todos os dias, dia após dia, diariamente, continua tudo como era antes: *O mal do casamento está justamente em um ver a cara do outro, dia a dia.* *** *Sua fortuna aumenta dia a dia.* *** *O Sol nasce dia a dia.* Este é um dos casos em que não deveria haver mudança. O uso dos hifens nas primeiras acepções era necessário. Mas a 5.ª edição do VOLP foi muito, mas MUITO infeliz (o termo não é preciso...).

diabete ou diabetes?
Tanto faz, mas dá-se preferência à segunda; seu gênero, em rigor, é o masculino: *O diabetes é uma doença crônica que provoca altas taxas de açúcar no sangue.* O VOLP registra os dois gêneros. E alguns dicionários também.

diabo
Adj. correspondente: diabólico. Portanto, festim do diabo = festim diabólico; atitudes do diabo = atitudes diabólicas.

diafragma
Adj. correspondente: *frênico*. Portanto, *os músculos do diafragma são estriados = os músculos frênicos são estriados.*

diamante
Adj. correspondente: *diamantino* e *diamantífero* (de diamante), *adamantino* (em relação a seu brilho ou à sua rijeza). Portanto, *exportação de diamantes = exportação diamantina; joalheiro que atua no setor de diamantes = joalheiro que atua no setor diamantífero; rocha que contém diamantes = rocha diamantífera; brilho de diamante = brilho adamantino.*

diapasão
No português do Brasil, é palavra masculina (*o diapasão, um diapasão*): *O diapasão é um instrumento de metal em forma de garfo que quando é vibrado emite a nota lá. Através de tal nota todas as outras podem ser afinadas também. Além do diapasão de garfo existem o de sopro (que emitem – em sua maioria – as notas E, A, D, G e B) e o diapasão eletrônico, que através de um visor indica se a corda está afinada ou não. Os dois ramos de um diapasão oscilam em oposição de fase, determinando uma interferência parcialmente destrutiva do som produzido. Disso decorre a baixa eficiência do diapasão (sem caixa de ressonância).* Escreveu recentemente uma jornalista, sobre a onda de corrupção que varre o país, empregando a palavra em sentido figurado: *Andam às tontas o governo e o PT e, neste diapasão confuso, se misturam como nunca antes. Prestam socorro mútuo, enquanto fazem o discurso de que precisam se distanciar um do outro.*

dica
Rege *de* ou *sobre*: *Eu lhe dei algumas dicas dos (ou sobre os) melhores restaurantes da cidade.*

diferença
Rege *de...a* (ou *para*) ou *entre* e *com* (desavença, rixa): *A diferença de um país a (ou para) outro é grande.* *** *A diferença entre um país e outro é grande.* *** *Tenho uma velha diferença com esse sujeito.*

diferente
Rege *de* ou *em*: *Povo diferente de (ou em) cultura.* *** *País diferente de (ou em) mão de direção, no trânsito.*

diferir
Use sempre assim, e não com pronome ("diferir-se"): *Seus objetivos diferem muito, por isso o casamento gorou.* *** *São povos que diferem em tudo.*

difíceis de + infinitivo
Não use o infinitivo no plural, mesmo que o adjetivo esteja no plural: *Problemas difíceis de resolver.* *** *Livros difíceis de ler.* *** *Carros difíceis de dirigir.* *** *Empresas difíceis de trabalhar.* *** *Essas coisas são difíceis de ser provadas.*

difícil
Rege *a* ou *para* (nome) e *de* (verbo): *É difícil ao (ou para o) presidente mudar radicalmente a política econômica.* *** *É um caso difícil de resolver.*

difícil de
Não se usa o pronome *se* depois da preposição: *Esse é um caso difícil de resolver* (e não: de "se" resolver). *** *Essa gente é difícil de aturar.* Por ocasião do decreto presidencial que, em 2012, adiou a vigência do Acordo Ortográfico, assim se manifestou um brasileiro pela Internet: *Deveria era extinguir essa língua ridícula e implantar o inglês como idioma oficial no Brasil. Muito mais fácil de "se" aprender!* Esse, positivamente, não vai aprender nunca.

dificuldade
Rege *a* ou *para* (pessoa), *de, em* ou *para* (verbo) e *em* (coisa): *A dificuldade aos (ou para os) novatos era natural.* *** *Sente dificuldade de (ou em ou para) aprender.* *** *Sempre sentiu dificuldade na pronúncia dessa palavra.*

digerir
Conjuga-se por ferir.

dignos de + infinitivo
Não se usa o infinitivo no plural, mesmo que o adjetivo esteja no plural. Portanto: *São exemplos dignos de ser seguidos.*

diluir
Conjuga-se por atribuir.

diminuição
Rege *de* ou *em*: *É preciso que haja grande diminuição das (ou nas) despesas, para que não haja défice.*

diminuir
Conjuga-se por atribuir.

dinheiro
Adj. correspondente: *pecuniário*. Portanto, *bens em dinheiro* = *bens pecuniários*.

diplomacia
Rege *com* ou *para com*: *É preciso usar de diplomacia com (ou para com) as crianças.*

direção
Antecedida de *em*, aparece combinada com *a* ou *de*: *Ir em direção à (ou da) praia.* *** *Caminhar em direção ao (ou do) mar.*

direcionado
Rege *a* ou *para*: *Um foco de luz direcionado ao (ou para o) quadro.* *** *É um governo cuja política está direcionada à (ou para a) educação.*

direito
Rege *a* ou *de* (coisa), *a, de* ou *para* (verbo) e *em* ou *sobre* (pessoa): *O direito a (ou de) greve é constitucional.* *** *Os trabalhadores têm o direito a (ou de ou para) entrar em greve.* *** *Os senhores tinham direitos absolutos nos (ou sobre) seus escravos.*

Direito
Adj. correspondente: *jurídico*. Portanto, *obra de Direito* = *obra jurídica*.

direto
Pode ser adjetivo (varia) e advérbio (= diretamente; não varia): *Tomei a estradinha direta*

para a fazenda. *** *São voos* diretos, *sem escalas.* *** *Saímos e fomos* direto *para a praia.* *** *A bola foi* direto *para a linha de fundo.* *** *As crianças estão indo* direto *para a escola.* Os principais adjetivos que funcionam como advérbios, tais quais nesse e noutros casos vistos anteriormente, encontram-se em **Nossa gramática completa**.

diretor-
Anote, sempre com hífen: *diretor-administrativo, diretor-comercial, diretor-executivo, diretor-financeiro, diretor-geral, diretor-industrial, diretor-jurídico, diretor-presidente, diretor-social, diretor-superintendente, diretor-técnico, diretor-vice-presidente, sócio-diretor, sócio-gerente.* Mas sem hífen: *diretor adjunto* e *diretor substituto.*

dirigido
Rege a ou para (endereçado) e contra (apontado): *A ordem dirigida ao (ou para o) coronel era terminante.* *** *Havia duas armas dirigidas contra os reféns.*

discernir
Conjuga-se por ferir.

discordância
Rege em ou acerca de ou a respeito de ou em relação a ou quanto a ou sobre: *A discordância na (ou acerca da ou a respeito da ou em relação à ou quanto à ou sobre a) política econômica era geral dentro do próprio governo.*

discreto
Rege com (pessoa) e acerca de ou a respeito de ou em ou em relação a ou quanto a ou sobre (coisa): *Seja discreto com ela acerca desse (ou a respeito desse ou nesse ou em relação a esse ou quanto a esse ou sobre esse) assunto!*

discriminação
Rege a ou contra (distinção preconceituosa, pessoa) e de (coisa); e de...em ou entre (distinção): *Não há discriminação aos (ou contra os) árabes e judeus no Brasil.* *** *Não há discriminação de raça e cor no Brasil.* *** *É preciso fazer a discriminação dos povos indígenas em aculturados e não aculturados.* *** *É preciso fazer a discriminação entre o bem e o mal.*

discussão
Rege com (pessoa) e acerca de, a propósito de, de, em torno de ou sobre (coisa): *A discussão com ela foi passageira.* *** *Foi adiada a discussão acerca desse (ou a propósito desse ou desse ou em torno desse ou sobre esse) problema.*

disfarçado / disfarçar / disfarçar-se / disfarce
Regem de (pref.) ou em: *De (ou Em) que você saiu disfarçado no carnaval?* *** *Ela saiu disfarçada de (ou em) gueixa.* *** *O pai disfarçou o filho de (ou em) veadinho, no carnaval.* *** *Disfarçou-se de (ou em) mulher e foi para a rua, brincar.* *** *Seu disfarce de (ou em) pirata divertiu o pessoal.*

disparate
Rege contra: *Cometer vários disparates contra o bom senso.*

dispersão
Rege de...em (ou por): *A dispersão dos torcedores no (ou pelo) estádio era tranquila até aquele momento.*

dispersar ou dispersar-se?
Tanto faz, na acepção de debandar: *Terminado o comício, a multidão dispersou (ou se dispersou).* *** *A concentração humana se demorou a dispersar (ou dispersar-se).* Usam-se assim seus particípios: *A polícia já tinha dispersado os manifestantes.* *** *Os manifestantes foram dispersos* (e não foram "dispersados") *pela polícia.*

disperso
Rege em, por ou sobre: *Havia muitas roupas dispersas na (ou pela ou sobre a) cama.*

displicência / displicente
Regem *com* ou *para com* (pessoa) e *em* (coisa): *A displicência com (ou para com) os filhos redundou em problemas.* *** *A displicência na educação dos filhos redundou em problemas.* *** *Pai displicente com (ou para com) os filhos.* *** *Pai displicente na educação dos filhos.*

disponível / disponibilidade
Regem *para*: *Trabalhador disponível para qualquer serviço.* *** *Seu espírito era de grande disponibilidade para a aventura.*

dispor
Como segue a conjugação de pôr, não existem as formas "disporam", "disposse", "dispossem", "dispormos" (no subj.), "disporem", comuns na língua popular, mas apenas, respectivamente, *dispuseram, dispusesse, dispusessem, dispusermos, dispuserem.*

disposição
Rege *a, de* ou *para* (verbo), mas apenas *a* ou *para* (nome): *Sua disposição a (ou de ou para) aprender era grande.* *** *O que é de admirar nele é sua grande disposição à (ou para a) pesquisa.*

disposto
Rege *a* ou *para* (inclinado, dado, propenso) e apenas *a* (decidido): *Era uma polícia disposta à (ou para a) violência.* *** *É um professor pouco disposto a (ou para) brincadeiras.* *** *Estou disposto ao pagamento da dívida.* *** *Ele está disposto a perdoar.* O plural (dispostos) tem *o* tônico aberto: dispóstus.

disputa
Rege *com* (ou *entre*)...*acerca de* (ou *a respeito de* ou *quanto a* ou *sobre*) e *entre*: *A disputa com a Bolívia acerca do (ou a respeito do ou quanto ao ou sobre o) Acre foi pacífica.* *** *A disputa entre a Bolívia e o Brasil acerca do (ou a respeito do ou quanto ao ou sobre o) Acre foi pacífica.*

disque-denúncia
Pl.: *disque-denúncias.*

dissecação / dissecção
As duas formas existem, com preferência pela segunda: *Presenciei a dissecção (ou dissecação) de uma flor.*

disseminação
Rege *de...em* (ou *por*): *A disseminação da prática do futebol no (ou pelo) mundo se deveu aos ingleses.*

disseminado
Rege *em* ou *por*: *O futebol disseminado no (ou pelo) mundo naquela época ainda era rudimentar.*

dissentir
Conjuga-se por ferir.

dissertação
Rege *acerca de, a respeito de, a propósito de* ou *sobre*: *Estava perfeita a dissertação acerca do (ou a respeito do ou a propósito do ou sobre o) Brasil.*

dissuadir
É verbo transitivo direto e indireto e também pronominal: *Ninguém conseguiu dissuadi-la de casar com o rapaz.* *** *Não foi fácil dissuadi-lo daquela sua intenção.* *** *Ela diz que não se dissuade de casar com o rapaz.* *** *Dissuadi-me de pedir empréstimo em banco.* Subst. correspondente: *dissuasão.*

distância

Rege *de...a* (ou *até*) e *entre*: *A distância daqui a* (ou *até*) *Salvador é grande.* *** *Há uma grande distância entre o discurso do candidato e as ações do prefeito.*

distinguir

A exemplo de *extinguir*, o *u* não soa: *distinghir*. Aqueles que já aprenderam a distinguir o certo do errado não mais pronunciam "distingüir", "distingüindu" (em vez de distinghindo) e "distingüidu" (em vez de distinghido). Tem conjugação regular: *distingo, distingues, distingue, distinguimos, distinguis, distinguem* (pres. do ind.); *distinga, distingas, distinga, distingamos, distingais, distingam* (pres. do subj.). Há ainda os que usam "distinguo", "distinguas", etc., como se o verbo fosse "distinguar". Usam-se assim seus particípios: *Todos já tinham distinguido uma marca de carro de outra.* *** *Uma marca de carro era distinta* (e não era "distinguida") *de outra.*

distribuir

Conjuga-se por atribuir.

divagação

Rege *por* (passeio; devaneio) e *sobre* (digressão): *A divagação pelo bosque lhe fez bem.* *** *A divagação pelo mundo da fantasia nem sempre traz alegria.* *** *O professor fazia divagações sobre a matéria.*

divergência

Rege *com* (pessoa)...*acerca de* (ou *a respeito de* ou *a propósito de* ou *em* ou *em relação a* ou *em torno de* ou *quanto a* ou *sobre*) e *entre*: *A divergência com o diretor acerca do* (ou *a respeito do* ou *a propósito do* ou *no* ou *em relação ao* ou *em torno do* ou *quanto ao* ou *sobre o*) *horário das aulas persistia.* *** *A divergência entre o diretor e os professores persistia.*

divergir

Conjuga-se por ferir.

diversificar

Use sempre assim, e não "diversificar-se", na acepção de variar, diferençar-se: *A linha brasileira de produção de veículos diversificou muito ultimamente.* *** *Sua opinião diversifica da minha.*

divertir

Conjuga-se por *ferir*.

dívida

Rege *a, com* ou *para com* (coisa), mas apenas *com* ou *para com* (pessoa): *A dívida dos Estados à* (ou *com a* ou *para com a*) *União está sendo renegociada novamente.* *** *Tenho uma dívida com* (ou *para com*) *meu fornecedor.*

dividido

Rege *em; com, entre* ou *por*; *em* ou *entre* (repartido) e *sobre* (divergente): *Palavra dividida em sílabas.* *** *O produto do roubo era dividido com os* (ou *entre os* ou *pelos*) *ladrões.* *** *População dividida em* (ou *entre*) *favoráveis e contrários à guerra.* *** *Era um governo dividido sobre a taxação dos inativos.*

divisa

Rege *de...com* e *entre*: *A divisa do Estado de São Paulo com o Estado do Paraná.* *** *A divisa entre os Estados de São Paulo e do Paraná.*

divorciado

Rege *com* ou *de*: *É um governo divorciado com o* (ou *do*) *povo.* *** *Viver divorciado com a* (ou *da*) *realidade.*

divórcio

Rege *com*: *Quando se deu o seu divórcio com Hersílio, Hortênsia?*

dizer
É verbo irregular: *digo, dizes, diz, dizemos, dizeis, dizem* (pres. do ind.); *disse, disseste, disse, dissemos, dissestes, disseram* (pret. perf. do ind.); *dizia, dizias, dizia, dizíamos, dizíeis, diziam* (pret. imperf. do ind.); *dissera, disseras, dissera, disséramos, disséreis, disseram* (pret. mais-que-perf. do ind.); *direi, dirás, dirá, diremos, direis, dirão* (fut. do pres.); *diria, dirias, diria, diríamos, diríeis, diriam* (fut. do pret.); *diga, digas, diga, digamos, digais, digam* (pres. do subj.); *dissesse, dissesses, dissesse, disséssemos, dissésseis, dissessem* (pret. imperf. do subj.); *disser, disseres, disser, dissermos, disserdes, disserem* (fut. do subj.); *dize* ou *diz, diga, digamos, dizei, digam* (imp. afirm.); *não digas, não diga, não digamos, não digais, não digam* (imper. neg.); *dizer* (infinitivo impessoal); *dizer, dizeres, dizer, dizermos, dizerdes, dizerem* (infinitivo pessoal); *dizendo* (gerúndio); *dito* (particípio). Por ele se conjugam todos os seus derivados: *bendizer, condizer, contradizer, desdizer, entredizer, interdizer, maldizer, predizer, redizer e tresdizer*.

diz que diz ou diz que diz que?
Tanto faz e sem hifens. Não variam no plural: os diz que diz, os diz que diz que.

dó
Rege *de* ou *por*: *Tenho muito dó dos* (ou *pelos*) *pobres*. *** *Tenho um dó grande de* (ou *por*) *crianças que passam fome*. *** *Quanto dó senti dela* (ou *por ela*)*!* Repare: é palavra masculina. Eis, porém, o que encontramos na Internet: *Eu tenho "muita" dó da Dininha, "muita". Já pensou, ser abandonada nova ainda, com sete filhos pequenos?* Já pensou, caro leitor? Veja, ainda, mais isto que encontramos na rede: *E tantas noites eu passei sentindo "tanta" dó de mim! Mas acabou!* Ainda bem que acabou...

doçaria ou doceria?
Tanto faz. Até pouco tempo atrás, só existia a primeira forma; doceria só passou a existir recentemente, ao menos oficialmente.

documentário / documento
Regem *acerca de* ou *a propósito de* ou *a respeito de* ou *de* ou *sobre*: *Os cineastas fizeram um documentário acerca das* (ou *a propósito das* ou *a respeito das* ou *das* ou *sobre as*) *riquezas da flora e da fauna desta região*. *** *Desapareceram todos os documentos acerca dessa* (ou *a propósito dessa* ou *a respeito dessa* ou *dessa* ou *sobre essa*) *investigação*.

doçura
Rege *com* ou *para com*: *A doçura da professora com* (ou *para com*) *os alunos, incompreensivelmente não a fazia estimada por eles*.

doente
Rege *de* (enfermo) e *por* (aficionado; apaixonado): *Ele é doente dos pulmões*. *** *Sou doente por música*. *** *Ele é doente pelo Palmeiras*.

doido
Rege *com* (esfuziante), *de* (esfuziante), *para* (ansioso) e *por* (aficionado; apaixonado): *A torcida está doida com a goleada que o seu time infligiu ao adversário*. *** *A torcida ficou doida de alegria*. *** *Ela está doida para casar*. *** *Ele é doido por cinema*. *** *Sou doido por morenas*.

doloroso
Rege *a* ou *para*: *Foram dias dolorosos à* (ou *para a*) *família*.

domiciliado
Rege *em*: *São pessoas domiciliadas em prédios públicos*.

dona de casa
Sempre sem hifens. Veja, porém, como saem manchetes a toda hora em nossos jornais: **"Donas-de-casa" têm alergia "com" detergentes**. Além do erro ortográfico, note o

erro de regência: quem tem alergia, tem alergia a alguma coisa, e não "com". Eles conseguem cometer dois erros em cinco palavras. Numa coluna de mexericos da TV de uma folha de São Paulo: *Em uma pesquisa feita com a mulherada que frequenta a plateia de Silvio Santos foi constatado que Adriane Galisteu tem 70% de rejeição das "donas-de-casa" que assistem TV à tarde.* Repare, agora, nestoutra notícia de jornal: *As "donas-de-casa" pobres – de famílias de baixa renda ou sem renda própria – poderão se aposentar recebendo um salário mínimo por mês. O benefício será dado aos homens que exercem a mesma função. Além das "donas-de-casa", terão direito ao mesmo benefício outros trabalhadores de baixa renda – camelôs, ambulantes, vendedoras de porta em porta, etc.* Na Veja: *Ainda existem "donas-de-casa" plenamente dedicadas ao marido, como provou Renilda Maria Santiago, em seu depoimento à CPI dos Correios.* Na mesma página: *Ninguém acredita em "donas-de-casa" dedicados ao marido e terminalmente desmemoriadas, como Renilda Maria Santiago.* A pergunta é: quem acredita em "dona-de-casa"? O Dicionário Aurélio, nas suas primeiras edições, trazia "dona-de-casa".

do ponto de vista
É a expressão correta, mas muitos insistem em usar "sob o ponto de vista". Do ponto de vista de todos os bons gramáticos, é expressão desprezível.

dor de corno / dor de cotovelo
Sem hifens.

dormir
Conjuga-se por cobrir.

dos males, o "melhor"
Claro está que, de uma série de males, todos preferimos sempre o *menor*, mesmo porque não há mal "melhor". Depois de uma partida disputadíssima, declara um jogador de futebol: *O time repetiu a atuação dos jogos anteriores, mas hoje conseguimos um bom resultado; dos males o "melhor", com o empate.*

dotação
Rege *de...a* (ou *para*): *A dotação de verbas a (ou para) um Ministério.*

dotado
Rege *com* ou *de*: *Todo homem equilibrado é dotado com (ou de) bom senso.* A regência "dotado em", muito comum, deve ser desprezada.

doutor
Rege *em...por* e *de* ou *em* (versado): *Ele é doutor em letras pela Universidade de São Paulo.* *** *Ele é doutor de (ou em) gramática.* Abrev.: *Dr.* e *Dr.ª* (ambas de preferência com inicial maiúscula).

dublê
Aportuguesamento já oficial do francês *doublé*.

dureza
Rege *com* ou *para com*: *A dureza dos antigos professores com (ou para com) seus alunos era virtude ou defeito?*

duro
Rege *com* ou *para com* (pessoa) e *de* ou *para* (verbo): *Chefe duro com (ou para com) seus subordinados.* *** *É um presidente duro com (ou para com) os banqueiros.* *** *Terra dura de (ou para) trabalhar.* *** *Gente dura de (ou para) chorar.*

duro de
Não se usa o pronome se depois da preposição: *Esse é um caso duro de resolver* (e não: de "se" resolver). *** *Remédio duro de tomar.* *** *Osso duro de roer.*

duros de + infinitivo
Não use o infinitivo no plural, mesmo que o adjetivo esteja no plural. Portanto: *Problemas duros de resolver.* *** *Livros duros de ler.* *** *Carros duros de dirigir.*

dúvida
Rege *acerca de, a respeito de, em relação a, em torno de, quanto a* ou *sobre* (nome), mas apenas *de* ou *em* (verbo): *Já não há dúvida acerca da* (ou *a respeito da* ou *em relação à* ou *em torno da* ou *quanto à* ou *sobre* a) *existência de vida em outros planetas, além do sistema solar.* *** *O pai não teve dúvida de* (ou *em*) *pedir a prisão do filho assassino.* Antes de oração desenvolvida usa-se apenas *de*, que pode aparecer em elipse: *Tive dúvida (de) que fosse ele o assassino.* *** *Não há dúvida (de) que o Brasil é um país rico em petróleo.*

E

E / e
Pronuncie-a sempre com som aberto, quando vier isolada ou quando soletrada: letra e, vogal e, vitamina E, turma E, grupo E da Copa do Mundo de Futebol, IBGE, TRE, OEA, DNER, ECT, BNDES, DER, ficar para RE (recuperação), classe E da sociedade, Tafman E. Não confunda letra e (é) com conjunção e (ê). Quando dizemos *Ela e ele comeram pão e bolachas*, temos a conjunção e, que, naturalmente, soa i, na cadeia da fala. V. **O / o**.

EM TEMPO – No aeroporto de Viracopos, em Campinas (SP), os funcionários das companhias de aviação insistem em dizer, pelo alto-falante: *Atenção, senhores passageiros da Azul para Fortaleza, embarque imediato no portão de letra "ê"*. Eles devem usar em suas casas lâmpadas gê "ê"...

echarpe
É palavra feminina: *a echarpe, uma echarpe*. Escreve alguém na Internet, ao comentar passagens de uma telenovela: *Cuidado com mulheres e "seus famosos" echarpes. A cleptomaníaca Haideé usa durante o dia todo. E se alguém sacudir "o" echarpe dela, cai lojas de dentro "dele". Winona Ryder não conhecia o truque "do" echarpe e foi presa em Beverly Hills.*

eclampsia ou eclâmpsia?
As duas prosódias existem, mas a segunda é meramente popular. Eclâmpsia está para eclampsia assim como necrópsia está para necropsia.

eclipse
É palavra masculina (o eclipse) desde o bigue-bangue, mas alguns jornalistas, que estão ainda na época anterior a esse fato, continuam usando-a no gênero feminino. O Estado de S. Paulo estampou assim uma manchete: **Brasil assistirá hoje "a" eclipse lunar**. Tiveram a pachorra de cometer dois erros numa frase desse tamanho: o verbo assistir, nessa acepção, é assim que se constrói, ô nobre jornalista?

écloga ou égloga?
Ambas as formas existem, com preferência pela primeira.

eco
Rege *em* ou *sobre* (repercussão): *Já se faz sentir o eco das ruas nos* (ou *sobre os*) *parlamentares*.

econômico
Rege *de* ou *em* (parcimonioso), mas apenas *em* (poupado): *Ninguém nunca viu nenhum político econômico de* (ou *em*) *palavras*. *** *Ninguém nunca viu nenhum filho de rico econômico nos gastos.*

econômico-financeiro
Neste adjetivo composto e em outros semelhantes, só o último elemento varia: *política econômico-financeira, políticas econômico-financeiras; revista jurídico-empresarial, revistas jurídico-empresarial; despesa médico-hospitalar, despesas médico-hospitalares*. Volta e meia, no entanto, encontramos: *auditoria "econômica-financeira", avaliações "econômicas-financeiras", estudos "econômicos-financeiros"*, etc. Há quem, além de fazer variar ambos os elementos, se esquece do hífen (que muitos imaginam ser de somenos importância). Notícia de jornal: *Análise "econômica financeira" do setor de papel e celulose 1999-2004: comparação do desempenho das empresas com*

rentabilidade de suas ações em bolsa. Na primeira página da Folha de S. Paulo: *A CPI dos Correios ouve "nesta quarta-feira" a diretora "administrativa-financeira" da agência SMPB, Simone Reis de Vasconcelos, responsável pela movimentação financeira da empresa de Marcos Valério, apontado como operador do suposto mensalão*. Se um jornalista não conhece sequer a língua, seu instrumento de trabalho, em seus aspectos mais elementares, mais comezinhos, como pretender ser formador de opinião?

é de esperar, é de estranhar, etc.
Quando o conjunto de + verbo for passível de substituição por um adjetivo, não se usa o pronome se depois da preposição. Ex.: É *de esperar* (= esperável) que o novo governo tenha juízo e não mude a economia, que vai bem. *** É *de estranhar* (= estranhável) que alguém do novo governo proponha mudança brusca no câmbio. Eis, agora, como escreveu o jornalista responsável pela seção Radar, da revista Veja: *Como era de "se" esperar, advogados dos réus do mensalão querem, e muito, que Dias Toffoli participe do julgamento*. (E nós queremos também – e muito! – que os jornalistas brasileiros sejam mais preparados...) A revista Carro, ed. 197, saiu-se com esta, na matéria da pág. 16: *Como era de "se" esperar, o crossover Edge ganhou cara nova. Não era de "se" estranhar*. Realmente, não era de estranhar: os jornalistas brasileiros ainda continuam com a cara muito velha...

edifício
Abrev.: *edif*. Os nomes de edifícios se grafam com inicial maiúscula/minúscula, indiferentemente: Edifício Itália ou edifício Itália.

editorial
Rege *acerca de, a propósito de, a respeito de* ou *sobre*: *Lenildo escreveu naquele dia um editorial acerca do* (ou *a propósito do* ou *a respeito do* ou *sobre o*) *nosso trabalho*.

educar
Use assim: *Seus pais não o educaram, não?* *** *Quem o educou desse jeito, rapaz?* Muitos, no entanto, principalmente no Nordeste, usam "lhe" no lugar do *o*.

efebo
Aquele que chegou à puberdade; adolescente. Pronuncia-se efêbu, sempre se disse efêbu, mas a 5.ª edição do VOLP traz também a pronúncia (que nunca existiu) "efébu". Nessa edição, tudo é absolutamente normal...

efeito
Rege *em* ou *sobre* (impressão; dano): *Os espetáculos circenses produzem bom efeito nas* (ou *sobre as*) *crianças*. *** *O efeito do craque no* (ou *sobre o*) *cérebro é devastador*.

efeminado ou afeminado?
Tanto faz.

efetivação
Rege *de...em* ou apenas *em*: *A efetivação desse servidor no cargo foi feita mediante mandado de segurança*. *** *Sua efetivação no emprego se deu em que ano?*

eficaz / eficácia
Regem *contra* (ativo), *em* ou *sobre* (válido) e *para* (efetivo): *Droga eficaz contra a AIDS*. *** *Os ateus dizem que as orações não têm eficácia contra as tentações do demônio*. *** *A pena de morte é eficaz na* (ou *sobre a*) *redução da criminalidade?* *** *O governo adotou medidas eficazes para baixar a inflação*.

eficiente / eficiência
Regem *a* (pessoa) e *em* (coisa): *Secretária eficiente ao chefe*. *** *Secretária eficiente no trabalho*. *** *Sua eficiência à empresa foi recompensada*. *** *Sua eficiência no trabalho foi recompensada*.
Em tempo – Sobre a diferença de sentido e, por consequência, de emprego entre *eficaz* e *eficiente*, v. item 348 do livro **1000 erros de português da atualidade**.

eixo
Adj. correspondente: *axial*. Portanto, *folga do eixo = folga axial*.

Elaine
Pronuncia-se elâini, mas no Nordeste as pessoas dizem "eláini". V. **Roraima**.

eleger
Muda o g em j antes de a e de o, mas isso não significa que se trata de verbo irregular. Rege *como, para* ou *por*, no predicativo do objeto: *Elegeram aquele rapaz como* (ou *para* ou *por*) *presidente: deu no que deu.* *** *Elegeram-no como* (ou *para* ou *por*) *deputado.* Ainda é possível a construção sem a preposição: *Elegeram aquele rapaz presidente.* *** *Elegeram-no deputado.* Usam-se assim seus particípios: O povo tem elegido (ou eleito) bons deputados? *** Ele foi eleito (e não foi "elegido") duas vezes.

elegia
Rege *a* ou *para*: *Elegia ao* (ou *para o*) *meu primeiro amor*.

eleição
Rege *de...a* (ou *para*) ou apenas *de*: *A eleição de Lula à* (ou *para a*) *presidência da República se deu sem quebra da ordem constitucional.* *** *No próximo ano haverá eleição de prefeitos.*

eleito
Rege *a* ou *para* (nome) ou apenas *para* (verbo): *Os eleitos ao* (ou *para o*) *senado ainda não tomaram posse.* *** *Ele foi eleito para ser o salvador da pátria.*

elétrodo ou eletrodo?
As duas prosódias existem, mas a segunda é eminentemente popular.

eletro-hidráulico
É a grafia atual. Pl.: eletro-hidráulicos.

elevação
Rege *de...a*: *A elevação de um sindicalista à presidência da República é uma vitória da democracia.*

elevado
Rege *a* (predicativo) ou *de...a* (ou *para*): *Ele foi elevado a presidente.* *** *O capital social da empresa foi elevado de 10 a* (ou *para*) *20 mil reais.*

Elísios
Na mitologia grega, lugar destinado aos heróis ou pessoas virtuosas depois da morte. Note: com -*ios*, mas a 5.ª edição do VOLP (um desastre!; v. **VOLP**) já traz também a forma com -eos, que nunca existiu. Prefira escrever sempre Campos Elísios.

elucubração ou lucubração?
Tanto faz: *Depois de longa elucubração, acho que estou preparado para casar, com quem quer que esteja disponível.* *** *O exercício do poder é sujeito a restrições muito mais duras do que a elucubração descompromissada feita nos gabinetes e escritórios dos intelectuais.* *** *Eu particularmente fico muito feliz quando saímos do campo da lucubração e passamos para o da realização.* *** *Sua tese é, a meu ver, uma lucubração fantasiosa, sem nenhum respaldo científico.*

"em anexo"
V. **anexo**.

embaixada / embaixador
Regem *junto a*: *A embaixada americana junto ao Brasil tem novo titular.* *** *O embaixador do Brasil junto às Nações Unidas será um diplomata de carreira.*

embaraçado
Rege *com, de, em* ou *por* (nome) e apenas *em* (verbo): *O motorista estava visivelmente*

embaraçado com o (ou *do* ou *no* ou *pelo*) *trânsito paulistano.* *** *O motorista estava visivelmente embaraçado em dirigir nas ruas de São Paulo.*

embaraço
Rege *a* (obstáculo), *com* (perturbação, acanhamento; dificuldade financeira), *com* ou *em* (dificuldade) e *de* ou *em* (verbo): *O presidente cubano era um embaraço à democratização do país.* *** *Era natural meu embaraço com aquela linda mulher.* *** *A que se devia tamanho embaraço do Brasil com seus credores internacionais?* *** *O governo teve visíveis embaraços com a* (ou *na*) *regulamentação da medida.* *** *Era compreensível o seu embaraço de* (ou *em*) *falar pela primeira vez com os pais da namorada.*

embaraçoso
Rege *a* ou *para*: *É embaraçoso aos* (ou *para os*) *críticos terem de reconhecer erros ou inépcias.*

embarque
Rege *de* (coisa)...*a* (ou *para*) e *de* (pessoa)...*em*: *O embarque de veículos nacionais ao* (ou *para o*) *Vietnã teve início ano passado.* *** *O embarque de tropas no avião se deu de madrugada.*

embate
Rege *com, contra* ou *em* e *entre*: *No embate das ondas com os* (ou *contra os* ou *nos*) *rochedos quem sofre é a sardinha, e não o tubarão.* *** *No embate entre as ondas e os rochedos, quem sofre é a sardinha.*

embebido
Rege *de* ou *em*: *Pano embebido de* (ou *em*) *gasolina.*

"embora" + gerúndio
Não é boa combinação. São comuns, no entanto, estas frases na língua cotidiana: *Embora "comendo" bastante, não engorda.* *** *Embora "sendo" pobre, é orgulhoso.* *** *Embora "gostando" do filme, não fiquei satisfeito.* Convém usar o subjuntivo: *Embora coma bastante, não engorda.* *** *Embora seja pobre, é orgulhoso.* *** *Embora gostasse do filme, não fiquei satisfeito.* Com gerúndio, podemos usar *mesmo* (que não é conjunção): *Mesmo sendo pobre, é orgulho.* *** *Mesmo gostando do filme, não fiquei satisfeito.* Por ocasião de uma greve de policiais militares numa capital brasileira, uma desembargadora declarou-a ilegal. Foi nestes termos: *Embora "reconhecendo" o direito dos militares em buscar a melhoria de suas condições de trabalho, não se pode perder de vista a supremacia do interesse público e a necessidade de se dar continuidade ao serviço essencial, assegurando o atendimento sem prejuízo à comunidade.* Os tempos, hoje, são outros; os juízes são outros; e Roma também é outra...

embravecer ou embravecer-se?
Tanto faz, na acepção de tornar-se bravo (animal, mar, etc.), enfurecer: *Cães embravecem* (ou *se embravecem*), *quando agredidos.* *** *O mar logo embravecerá* (ou *logo se embravecerá*), *por isso temos de retornar imediatamente a terra.*

embriagado
Rege *com, de* ou *por* (bêbado; extasiado): *Duro mesmo de aturar é homem embriagado com* (ou *de* ou *por*) *cachaça.* *** *Jogador embriagado com a* (ou *da* ou *pela*) *fama logo cai do trono.*

embriaguez
Qualquer aluno do ensino fundamental sabe que tal palavra se escreve com z no final, e não com s. Alguns jornalistas, que parecem estar ainda na fase pré-ensino fundamental, no entanto, escrevem como este, no Terra: *Jovem que bateu em mulher já responde por "embriaguês".*

embrulhado
Rege *com* ou *em* (envolto) e apenas *com* (complicado): *Arma embrulhada com* (ou *em*) *jornal*. *** *Estar embrulhado com o pai da noiva*.

em cumprimento a ou em cumprimento de?
Tanto faz. Na abertura do horário político, o TRE, porém, usa apenas a primeira regência. Muita gente estranha. De notar, todavia, que empregamos apenas *de* em frases como estas: *O cumprimento de promessas não é o forte dos políticos*. *** *O cumprimento do dever é próprio do bom cidadão*. Quando, todavia, a palavra *cumprimento* (= ação ou efeito de cumprir) vem antecedida da preposição *em*, pode aparecer combinada com *a* ou com *de*: *Em cumprimento à* (ou *da*) *Lei 5.692, o ensino brasileiro mudou*. Para pior, naturalmente...

emigração, imigração e migração: quais as diferenças?
Emigração é a saída de uma ou mais pessoas de um país para outro: *A emigração dos italianos aliviou os problemas econômicos da Itália*. Imigração é entrada num país estranho de uma ou mais pessoas, para nele se fixar: *A imigração italiana ajudou muito no desenvolvimento do Brasil*. Migração é o deslocamento de grande massa de indivíduos de um país ou região para outra, a fim de se estabelecer nela, por causas econômicas, políticas ou sociais: *A migração nordestina para São Paulo diminuiu muito nos últimos dez anos*. Manchete da Folha de S. Paulo: **Cresce "imigração" cubana aos EUA por mar**. E, então? Eles não são ótimos?

emigração / emigrado
Regem *de...para* ou apenas *para*: *A emigração de italianos para o Brasil se deu em maior número na década de 1880*. *** *A emigração para o Brasil era feita apenas por via marítima*. *** *O emigrado da Itália para o Brasil ia, geralmente, direto para o trabalho nas fazendas de café*.

eminente e iminente: qual a diferença?
Eminente é aquele que está acima de todos por suas qualidades intelectuais; é todo aquele que descobre, inventa, produz ou realiza algo de muito importante para a sociedade e para a humanidade, desde que tudo surja como resultado do talento, da inteligência: *Clóvis Beviláqua foi um eminente jurista; o eminente Carlos Chagas*. Claro está, portanto, que nenhum desses narcotraficantes que infestam a nossa sociedade pode ser visto como figura *eminente*, como já quis uma revista semanal de informação, que os estampou em suas capas. Iminente é que está prestes a acontecer: *É iminente um violento terremoto na Califórnia*. Diz-se o mesmo de *eminência* (qualidade do que é eminente ou superior, excelência: *a eminência do cargo de presidente da República*) e *iminência* (qualidade do que é iminente: *a iminência de uma guerra*). Escreve um famoso médico, que volta e meia aparece na televisão, num programa fantástico: *Pelo menos aparentemente, o portador da doença (esclerose lateral amiotrófica) costuma sofrer menos do que o cuidador, que precisa aprender a maneira correta de tratar do doente, sem demonstrar que teme por sua morte "eminente"*. Eu vivo dizendo: Os médicos são sábios.

emoção e comoção: qual a diferença?
Muita. Sente emoção a pessoa cuja alma experimenta um abalo forte, mas geralmente agradável. Quando o seu time do coração conquista um título importante, aquilo que você sente é emoção. Sente comoção a pessoa cuja alma ou cujo físico experimenta um abalo forte, mas violento, altamente desagradável. Quando perdemos um ente querido, sentimos comoção. A comoção traz o componente do desespero, estado de aflição ausente na emoção. Tanto o Dicionário Aurélio quanto o Dicionário Houaiss não estabelecem a diferença, conferindo sinonímia entre essas duas palavras. Normal.
EM TEMPO – O Dicionário Aurélio:
57) registra "benfeito" por **bem-feito**, "chechênio" por **checheno**, "chumbo--tetraetila" por **chumbotetraetila**; "ciclotron" por **cíclotron**, "cupuaçuzeiro" por **cupuaçueiro**, "daliano" por **daliniano** (de Salvador Dalí), "disquesia"

por **disquezia**, "dragão-de-comodo" por **dragão-de-komodo**, "cernambiguara" e "cernambitinga" por **sernambiguara** e **sernambitinga**;
58) registra timbre errado da vogal tônica (é) para **deforete**;
59) em **democraticida** (que não consta no VOLP), reproduz um exemplo com o nome errado do presidente da Venezuela ("Chaves");
60) registra "descomensurável" (que não consta no VOLP) por **incomensurável**;
61) em **grupal**, remete o consulente a sexo grupal (mas não registra esta expressão);
62) no verbete **palpo**, não dá o significado de em palpos de aranha, remetendo o consulente a em papos de aranha (mas no verbete **papo** não registra a expressão);
63) em **tecnologia**, usa "capacitadores MOS" por **capacitores** MOS;
64) em **cerceamento**, define: "arte" ou efeito de cercear (quem não gostaria de aprender tão nobre "arte"?...).

em O Globo ou no Globo?
Se o nome do jornal começa com o artigo *O*, não devemos, na escrita – veja bem, na escrita – contraí-lo com a preposição, porque o artigo forma com o nome próprio um conjunto indissolúvel. Por isso, pode ler suas notícias, mas sempre *em O Globo*, ou em *O Estado de S. Paulo*. Isso na escrita. Quando se fala, ocorre naturalmente a contração e dizemos: *Li a notícia no Globo, e não no Estado*. Há quem, ao escrever, use esdruxulamente: *Li a notícia nO Globo*. Não considero válida tal prática. Se não houver o artigo, não haverá problema nenhum: dá-se ao nome do jornal o gênero da primeira palavra que o compõe. Assim, podemos ler notícias tanto *na Folha de S. Paulo* quanto *no Jornal do Brasil*. No caso do nome das revistas, está oculta uma ideia (de *revista*), portanto usamos o artigo *a*. Assim é que lemos a Veja, a ISTOÉ, a Placar, a Vogue, etc.

empapado
Rege *com, de* ou *em*: *Lenço empapado com* (ou *de* ou *em*) *sangue*.

empecilho
Rege *a* ou *para*: *O presidente cubano era um empecilho à* (ou *para* a) *democratização do país*. Note a grafia: com e na primeira sílaba, e não com "i". Recentemente, o CEO do Grupo Fiat declarou que o Brasil tem sido a salvação financeira da Fiat (só mesmo no Brasil se vendem tantos Fiats). Ora, se assim é – quis saber alguém, de nome Sérgio, num site sobre automóveis – por que todos os lançamentos da Alfa Romeo chegam primeiro à Argentina e ao Chile? Outra pessoa, no mesmo site, logo abaixo, responde: Sérgio, infelizmente, é fácil te dar esse esclarecimento: *a política tributária do Brasil é o maior "impecílio". Não somente o imposto cobrado na produção e na venda do veículo, mas os impostos em cascata cobrados em toda a cadeia produtiva. Assim como os custos trabalhistas, de transportes, etc., etc., etc. O Brasil é uma merda. Graças à merda de classe política que temos*. Infelizmente. Infelizmente...

empedrar ou empedrar-se?
Tanto faz, na acepção de tornar-se duro como pedra, endurecer: *Suas mãos empedraram* (ou *se empedraram*) *em pouco tempo, depois que começou a fazer esse trabalho braçal*. *** *Depois de velho, o bolo empedrou* (ou *se empedrou*). *** *O açúcar empedrou* (ou *se empedrou*) *rapidamente, no recipiente fechado*.

empelotar
Use sempre assim, na acepção de endurecer, tomando a forma de pelota ou bola, e não com pronome ("endurecer-se"): *Depois de dois dias, o bolo empelotou todinho*.

emplumar-se
Use sempre assim, com pronome, na acepção de cobrir-se de penas, empenar-se: *O gaviãozinho já se emplumou*. *** *É nesta época que os passarinhos se emplumam*.

empobrecer ou empobrecer-se?
Tanto faz, na acepção de tornar-se pobre: *Ele empobreceu* (ou *se empobreceu*)

na política! *** Quando alguém empobrece (ou *se empobrece*), *vão-se os amigos, chegam os problemas. *** Eu empobreci* (ou *me empobreci*), *mas continuei ajudando todo o mundo.*

empolgado
Rege *com* (pessoa) e *com, em* ou *por* (coisa): *Ficou empolgado com a nova namorada. *** Estava empolgado com o* (ou *no* ou *pelo*) *novo emprego.*

em poucas palavras ou a poucas palavras?
Tanto faz: *O presidente disse em* (ou *a*) *poucas palavras tudo o que desejava. *** Em* (ou *A*) *poucas palavras, o diretor se explicou muito claramente. *** Vou dizer em* (ou *a*) *poucas palavras o que concluí desse escândalo: ele foi mentiroso e cínico.*

emprestar
Empresta quem cede: *Emprestei a caneta a ela. *** O banco emprestou mil reais ao comerciante.* O beneficiado pelo empréstimo sempre pede ou toma emprestado: *Pedi mil reais emprestados a um amigo.* (E não: "Emprestei" mil reais "de" um amigo.) *** *Pedi uma ferramenta emprestada a um colega.* (E não: "Emprestei" uma ferramenta "de" um colega.) *** *Nunca tome emprestadas coisas a estranhos!* (E não: Nunca "empreste" coisas "de" estranhos!) Note que *emprestado* (predicativo do objeto) sempre concorda com o nome a que se refere. Notícia da Folha de S. Paulo: *O presidente do Corinthians diz que, para construir o estádio do clube, vai "emprestar" R$400 milhões "do" BNDES e obter o restante do dinheiro via incentivo fiscal concedido pela prefeitura para a zona leste.* E ainda existem por aí certos jornais que publicam seus manuais de redação para serem vendidos ao público! Para quê? Para ensinar o quê?

empréstimo
Rege *a* ou *de* (empréstimo tomado), *a* ou *para* (empréstimo feito) e *sobre* (empréstimo garantido por): *O empréstimo ao* (ou *do*) *banco ainda não foi pago. *** Saiu o empréstimo ao* (ou *para* o) *Brasil. *** Fazer empréstimo sobre penhores, na Caixa Econômica.*

em que pese a
Equivale a *apesar de* e, como locução prepositiva que é, termina obrigatoriamente por preposição: *Em que pese ao temporal, chegamos bem. *** O Palmeiras venceu bem, em que pese ao árbitro. *** Elegeram o candidato do governo, em que pese à atual situação.* Apesar de a pronúncia de *pese*, em rigor, ser com *e* fechado (por ser da mesma família de *pêsames*), só se ouve na língua corrente com *e* aberto. Na coluna Radar, da revista Veja: *Nos minutos que antecederam o início do julgamento do mensalão Márcio Thomaz Bastos – "em que pese sua" experiência em processos criminais – estava nervoso.* Nervosos estamos todos nós, não é mesmo? Não convém variar a palavra, tomando-a como verbo: *Em que "pesem" os problemas, vamos evoluindo.* Há certa publicação que realiza verdadeiras mágicas em relação a essa expressão, para justificar seus empregos descabidos. E saber que tudo é tão simples! Alguns jornalistas, extremamente "criativos", encontraram uma variante jocosa para em que pese a. Numa revista especializada em automóveis: *A Alfa Romeo é um nome que ainda causa intenso frisson em qualquer autoentusiasta, "no que pese os" incompreensíveis desvios ocorridos em sua história.* No Diário do Nordeste, de Fortaleza: *"No que pese o" reforço policial nas imediações da confluência das avenidas Raul Barbosa e Murilo Borges, os casos de assaltos no entorno das vias não param.* Os assaltos à língua também não param...

em solo
No aeroporto de Guarulhos, um aviso pelo alto-falante interno: Informamos aos senhores passageiros do voo 1790 que a aeronave já se encontra "no" solo. Na verdade, as aeronaves aguardam os passageiros *em* solo. Se no lugar da palavra solo estivesse terra, ninguém iria anunciar que as aeronaves se encontravam "na" terra, mas *em* terra.

em toda a parte ou em toda parte?
Tanto faz, mas dá-se preferência à primeira: *A violência está em toda (a) parte.*

em todo o caso ou em todo caso?
Tanto faz, mas dá-se preferência à primeira: *Seu salário vai depender da sua competência; em todo (o) caso, nunca será inferior a mil reais.* *** *O objetivo é conquistar o hexacampeonato mundial; em todo (o) caso, acho complicado, porque os europeus estão muito fortes.*

é muito, é pouco, é demais, é nada: (concordância)
Quando o sujeito dá ideia de preço, quantidade, peso, medida, etc., o verbo *ser* fica no singular: *Dez reais é muito por um jornal.* *** *Quinze metros é pouco para fazer um vestido para essa mulher.* *** *Trezentos quilos é demais para esse carrinho levar.* *** *Um é pouco, dois é bom, três é demais.* *** *Para quem ganha quinhentos mil reais por mês, cinquenta mil não é nada.* Manchete do G1, reproduzindo fala de Lula, depois de oito meses do governo de Dilma: **Lula diz que 8 meses "são" pouco para quem vai governar por 8 anos.** O jornalismo brasileiro é ótimo!...

encabulado
Rege *com, de* ou *por*: *Ficou encabulado com a (ou da ou pela) presença de estranhos.*

encadeado
Rege *a*: *Um crime encadeado ao outro.*

encadeamento
Rege *de...a*: *O encadeamento de um crime a outro.*

encantado
Rege *com, de* ou *por*: *Os turistas ficaram encantados com as (ou das ou pelas) praias brasileiras.* *** *Ela ficou encantada com o (ou do ou pelo) rapaz.*

encantamento / encanto
Regem *com* ou *por*: *A criançada teria perdido o encantamento (ou encanto) com o (ou pelo) circo?*

encaracolar ou encaracolar-se?
Tanto faz: *Cabelos que encaracolam (ou se encaracolam) naturalmente.*

encarar "de frente"
Visível redundância: quem encara nunca encara de lado; ademais, *encarar* já significa *olhar de frente*. Muito menos por trás. Pouco pior que essa é estoutra redundância: enfrentar "de frente". Escreve alguém preocupado com os cavacos da vida: *É preciso encarar "de frente" todos os sacrifícios que esta verdade impõe.* Sem dúvida... Eis, agora, como escreve um jornalista: *Face às incertezas petrolíferas, não há como encarar "de frente" o recurso às energias alternativas, verdes de preferência, nucleares se necessário.* Ainda de um jornalista: *Com ou sem Genoíno, com ou sem a sombra de Dirceu, o PT precisa enfrentar "de frente" os seus problemas se quiser superar a crise, doa mesmo a quem doer, como Lula e petistas têm dito de público.* Nobre jornalista, doa a quem doer: que vexame! Para finalizar, eis um "generoso" conselho de alguém: *Para enfrentar o mal "de frente", faça o bem!* É justamente o que estamos fazendo há quase cinquenta anos: enfrentando o mal...

encargo
Rege *com* ou *para com* (nome) e *de* (verbo): *Esse é um encargo que assumi com (ou para com) meus amigos.* *** *Quer dizer que você não tem nenhum encargo com (ou para com) o Brasil?* *** *Recebeu o encargo de cuidar das crianças.*

encarnar ou encarnar-se?
Tanto faz: *O espírito de Joana d'Arc (se) encarnou na mulher.*

encenação
Rege *de* ou *sobre*: *Será feita a encenação do (ou sobre o) crime.*

encerrado
Rege *dentro de* ou *em*: *Todos os bandidos encerrados dentro da (ou na) prisão empreenderam fuga.* *** *Qual era exatamente a quantia encerrada dentro do (ou no) cofre?*

encerrar-se
Use sempre assim, na acepção de ter seu termo ou fim, terminar, finalizar: *As inscrições se encerrarão amanhã.*

encharcado
Rege *de* ou *em*: *Estômago encharcado de (ou em) refrigerante.* *** *Mentes encharcadas de (ou em) ódio.*

encher
Use assim seus particípios: *A mãe já tinha enchido o copo de leite.* *** *O copo foi enchido (ou foi cheio) de leite pela mãe.*

encobrir
Conjuga-se por cobrir.

encostado
Rege *a* ou *em*: *Fiquei ali, encostado ao (ou no) portão.* *** *Quando a bola está no campo adversário, esse goleiro costuma ficar encostado à (ou na) trave.*

endereçado
Rege *a*: *Pergunta endereçada ao presidente.* *** *Carta endereçada a um amigo.* A regência "endereçado para", muito comum, deve ser desprezada.

endurecer ou endurecer-se?
Tanto faz, na acepção de tornar-se duro ou rijo; enrijecer: *O pão endureceu (ou se endureceu) rápido.* *** *Com o tempo, a massa endureceu (ou se endureceu).*

e nem
Só se admite tal combinação, quando equivaler a *e nem sequer*: *Susana chegou e nem me veio ver. = Susana chegou e nem sequer me veio ver.* *** *Não gosto dele e nem mesmo amizade lhe dispenso. = Não gosto dele e nem sequer mesmo amizade lhe dispenso.* Do contrário, usa-se apenas *nem*: *Ifigênia não come nem bebe.* *** *As crianças não almoçaram nem jantaram.* *** *Ele não estuda nem trabalha.* Manchete em O Estado de S. Paulo: **O sistema judiciário brasileiro é uma tragédia. Não funciona para as vítimas "e" nem para os criminosos**. Não é apenas o sistema judiciário brasileiro que é uma tragédia... Por falar em tragédia, eis o que declarou Raúl Castro, durante visita de Lula a Cuba, em 24 de fevereiro de 2010: *Aqui não temos tortura "e" nem desrespeito aos direitos humanos.* Verdade?!!! Então, 'tá. Repare, por fim, nesta declaração infeliz (e cínica) de um ex-presidente do PT, ao renunciar a seu cargo, por causa da repercussão do escândalo do mensalão: *Nós, do PT, não praticamos irregularidades. O PT não compra "e" nem paga deputados.* Verdade?!!!

enfeitado
Rege *com* ou *de*: *Sala enfeitada com (ou de) flores.*

enferrujar ou enferrujar-se?
Tanto faz, na acepção de criar ferrugem, oxidar-se: *Os carros nacionais facilmente enferrujavam (ou se enferrujavam).* *** *À beira-mar, todo metal logo enferruja (ou se enferruja).*

enfiar ou enfiar-se?
Tanto faz, na acepção de embrenhar-se e rege *em* ou *por*: *Os ladrões enfiaram (ou se enfiaram) no mato (ou pelo mato).* *** *Os bandeirantes enfiavam (ou se enfiavam) no*

(ou *pelo*) *sertão, à busca de ouro e pedras preciosas.* *** *As crianças enfiaram* (ou *se enfiaram*) *no* (ou *pelo*) *meio da multidão e desapareceram.*

enfoque
Rege *de* ou *sobre*: *O enfoque dessa* (ou *sobre essa*) *questão tem de ser diferente.*

enfraquecer ou enfraquecer-se?
Tanto faz, na acepção de tornar-se fraco, frágil: *O organismo enfraquece* (ou *se enfraquece*) *com as extravagâncias.* *** *Quando o corpo enfraquece* (ou *se enfraquece*), *vêm as doenças.*

enfrentar com ou fazer frente a?
Tanto faz: *Naquela fase da guerra, ninguém desejava enfrentar com os* (ou *fazer frente aos*) *alemães.* *** *Os jogadores brasileiros se preparam para enfrentar com os* (ou *fazer frente aos*) *argentinos.*

enfrentar "de frente"
V. **encarar "de frente"**.

enfurecido
Rege *com* ou *contra*: *O leão estava enfurecido com* (ou *contra*) *seu treinador.* *** *O contribuinte está enfurecido com* (ou *contra*) *o governo, que só pensa em arrecadar, provocando excesso de impostos.*

engajar / engajado / engajamento
Use de preferência com a preposição *em*: *Saiba como engajar-se em nossa campanha.* *** *O programa buscará engajar pais, responsáveis e comunidades em geral em um esforço concentrado para a adoção de novas normas, as quais deixam de considerar o castigo físico contra crianças como opção de medida disciplinar.* *** *Naquela época ele já estava engajado no espiritismo kardecista.* *** *O deputado potiguar defende o engajamento da classe política no debate das questões que proporcionem o desenvolvimento.* Notícia de jornal: *Há dentro do próprio Palácio do Planalto uma corrente não engajada "à" candidatura oficial.*

enganar
Use sempre assim: *Você engana o fisco?* *** *Cuidado, que querem enganá-lo!* No Nordeste, todavia, muitos usam o pronome "lhe" por o: *Eu quis "lhe" enganar, mas não consegui.* *** *Seu amigo "lhe" enganou, rapaz!*

engolir
Conjuga-se por cobrir.

engrossar ou engrossar-se?
Tanto faz: *É molho que não engrossa* (ou *se engrossa*). *** *O cordão dos insatisfeitos cada dia mais vai engrossando* (ou *se engrossando*). *** *A voz masculina só engrossa* (ou *se engrossa*) *na adolescência.* *** *Um tronco de jabuticabeira leva anos para engrossar* (ou *se engrossar*).

enjoado
Rege *com* ou *de*: *Estava enjoado com* (ou *de*) *tudo.*

enjoo
Rege *de* ou *por*: *Sempre tive enjoo desse* (ou *por esse*) *tipo de comida.* *** *Há pessoas que têm enjoo de* (ou *por*) *mar.*

enlambuzar(-se) ou lambuzar(-se)?
Tanto faz: *A criança enlambuzou* (ou *lambuzou*) *as mãos, ao comer o doce.* *** *A criança chupava pirulito, enlambuzando-se* (ou *lambuzando-se*) *toda.* *** *Nunca me lambuzei* (ou *me enlambuzei*) *para comer doces.*

enojado
Rege *de*: *O povo anda enojado da política e dos políticos.*

enquadrado
Rege *a* ou *com* (condizente): *Meu plano estava enquadrado ao (ou com o) dele.*

enquadramento
Rege *de...dentro de* (ou *em*): *O enquadramento da Economia dentro das (ou nas) ciências exatas não era preciso.*

enquadrar-se
Rege *em* (ajustar-se, adaptar-se): *Ele não se enquadra nessa definição.* *** *Eu não me enquadrei no cargo.*

enquete
Rege *com* (ou *entre*)...*sobre*: *Fazer uma enquete com (ou entre) populares sobre a política econômica.*

enquete e pesquisa: qual a diferença?
Enquete é um conjunto de opiniões ou testemunhos breves acerca de uma pessoa ou coisa, geralmente reunido por veículo de comunicação de massa (jornal, revista, TV, etc.). **Pesquisa** é um estudo sistemático e investigação científica minuciosa acerca de um assunto ou campo de conhecimento, para descobrir ou estabelecer fatos, corrigir teorias, princípios, etc. A *pesquisa* sempre tem cunho científico, no que difere substancialmente da *enquete*. O que as emissoras de televisão fazem, pedindo aos telespectadores que respondam sim ou não a uma pergunta, é, portanto, simples *enquete*.

enraivecer ou enraivecer-se?
Tanto faz: *Ao saber da verdade, o homem enraiveceu (ou se enraiveceu).*

enriquecer ou enriquecer-se?
Tanto faz: *Enquanto uns enriquecem (ou se enriquecem) na vida pública, o trabalhador paga cada vez mais impostos escorchantes.* *** *Enriquecemos (ou Enriquecemo-nos) trabalhando no comércio.* *** *Eu enriqueci (ou me enriqueci) vendendo gravatas na rua.*

enriquecido
Rege *com, de, em* ou *por*: *Leite enriquecido com (ou de ou em ou por) vitamina A.*

enrolado / enroscado
Regem *em*: *Os árabes costumam enrolar turbantes na cabeça.* *** *As lavadeiras usam um pano enroscado na cabeça, para conduzir trouxas de roupa.*

enrubescer ou enrubescer-se?
Tanto faz: *Mentiu descaradamente e nem enrubesceu (ou se enrubesceu).* *** *Os envergonhados enrubescem (ou se enrubescem) à toa.*

enrugar-se
Use sempre assim, na acepção de *encher-se de rugas*: *As mãos se enrugam mais cedo que o rosto.* *** *De repente, não só minha testa, mas também todo o meu rosto se enrugou.* Num *site* médico, uma pergunta (em letras garrafais): **Por que os dedos "enrugam"?** Acabei ficando sem saber por que é que os dedos *se* enrugam...

ensaio
Rege *acerca de* ou *a propósito de* ou *a respeito de* ou *de* ou *sobre*: *Escrever um ensaio acerca da (ou a propósito da ou a respeito da ou da ou sobre a) atual música popular brasileira.*

ensejo
Rege *de* ou *para*: *Ela não perdeu o ensejo de (ou para) pedir um autógrafo ao ator, no aeroporto.*

ensinar
A exemplo de *começar*, exige a preposição *a* antes de infinitivo: *Só mesmo a vida é*

que ensina a viver. *** Curso que ensina a passar no vestibular. *** Livro que ensina a controlar os sintomas da dislexia. Recentemente, ouvimos de uma mãe extremamente preocupada, dirigindo-se quase ferozmente ao filho: *Quem foi que ensinou você falar palavrão?* Talvez ela mesma, pensei eu... E no *site* de uma associação de *marketing* direto se lê assim, em manchete: **Livro "ensina administrar" negociações difíceis**. Que tal este livro, que ensina a usar corretamente a língua?

ensopado
Rege *de* ou *em*: *Lenço ensopado de* (ou *em*) *sangue.*

entra e sai
Sem hifens. Um *entra e sai* é um movimento incessante de pessoas que entram e saem, vão e vêm; é o mesmo que vaivém: *O entra e sai dos restaurantes. *** Com o início do campeonato brasileiro de futebol, começam os entra e sai dos técnicos.* Repare: é invariável no plural.

entrância e instância: qual a diferença?
Entrância é categoria das circunscrições jurisdicionais, estabelecida segundo a organização judiciária de cada Estado ou do Distrito Federal. **Instância** é juízo, jurisdição, foro: *primeira instância, segunda instância.* A expressão *em última instância* significa em último caso, por último recurso.

entrar "de" sócio
Construção típica da língua italiana que já se arraigou no português do Brasil. Em Portugal se usa *como* no lugar do *de*: *Entrei como sócio do Benfica.*

entrar "dentro" / entrar "para dentro"
Visíveis redundâncias, mas muito encontradas. Eis como nos diz alguém acerca de parto na água: *O bebê pode nascer embaixo da água ou não. Mãe que está tendo o bebê pela primeira vez não deve entrar "dentro" da banheira antes de atingir sete centímetros de dilatação, pois diminuiria a progressão da dilatação.* As mamães devem ter muito cuidado...

entre-
Só exige hífen antes de palavras iniciadas por e ou por h: entre-eixos, entre-hostil.

entre...e
A preposição que se correlaciona com a preposição *entre* é *e* (os jornalistas nem têm ideia disso): *Foram vacinadas todas as crianças entre 1 e 3 anos de idade. *** Foram dolorosos os dias que mediaram entre 20 e 30 de abril.* No Terra: *O processo de esqueletização, que reduz o corpo somente aos ossos, depois da morte, pode variar de acordo com o tipo de ambiente que fica exposto o cadáver, entre dois "a" três anos.* (Aliás, com o tipo de ambiente em que fica exposto o cadáver, não é mesmo, nobre jornalista?) Na Veja: *A Toyota "ocopou" o posto de maior montadora mundial entre 2008 "a" 2010.* Manchete na Folha de S. Paulo: **Prefeito e vereadores de BH terão reajuste salarial entre 22% "a" 34%**. (Não sei qual escândalo é maior...) Manchete de O Estado de S. Paulo: **Ex-presidente da Venezuela, Carlos Andre Perez morre nos EUA** *Perez governou entre 1974 "a" 1979 e 1989 "a" 1993; no 2.º mandato, renunciou após escândalos de corrupção.* Escândalo!... Detalhe: o verdadeiro nome do ex-presidente é Carlos Andrés Perez.

entreabrir ou entreabrir-se?
Tanto faz, na acepção de abrir um pouco: *Aquela doce boca, então, entreabriu* (ou *se entreabriu*) *num sorriso animador. *** O vento fez entreabrir* (ou *entreabrir-se*) *a porta.*

entre-eixos
Com hífen: o entre-eixos. O prefixo *entre-* só exige hífen antes de *h* (*entre-hostil*) e de e.

entre eles
V. **entre si**.

entrega
Rege *de...a* (cessão; dedicação integral; rendição, submissão; proteção): *A entrega da quantia ao correntista foi feita pessoalmente.* *** *A entrega da mulher ao marido é virtude ou defeito?* *** *A entrega de uma pessoa ao vício é muito triste.* *** *Quando entro num avião, faço sempre a entrega da alma a Deus.*

entrepor
Como segue a conjugação de pôr, não existem as formas "entreporam", "entreposse", "entrepossem", "entrepormos" (no subj.), "entreporem", comuns na língua popular, mas apenas, respectivamente, *entrepuseram, entrepusesse, entrepusessem, entrepusermos, entrepuserem*.

entre si
Use sempre *entre si*, e não "entre eles", quando houver ideia de reciprocidade, ou seja, quando o sujeito for da terceira pessoa do plural: *Os árabes brigam entre si mesmos.* *** *Os operários fizeram um jogo entre si mesmos.* *** *As mulheres trocam acusações entre si mesmas.* Não havendo reciprocidade, ou seja, não estando o sujeito na terceira pessoa do plural, usar-se-á, então, *entre eles*: *Não haverá mais briga entre eles.* *** *Nunca vi discussão entre eles.* Escreve um jornalista: *Assim como terminou a fase José Dirceu do governo Lula, acabou também a fase José Dirceu do PT. Os moderados do partido debatem um novo acordo "entre eles" para a manutenção da hegemonia na legenda. Temem perder o controle para as alas radicais.* Escreve uma colunista da Folha de S. Paulo, que também é comentarista de telejornal: *O que tucanos, petistas e democratas não percebem é que não estão apenas se matando "entre eles". Estão, também, matando a crença na política. E há muitos, ainda, matando a própria língua...* O Palmeiras jogava com o São Paulo, e o primeiro tempo terminava com cheiro de goleada, a favor do tricolor: 3 a 1. Alguns jogadores palmeirenses, no intervalo, saíram tão atordoados, que discutiam entre si. O narrador da partida pela televisão, no entanto, constatou (com uma pitadinha de ironia): *Que beleza: eles estão brigando entre "eles" mesmos.* Que beleza!...

entreter
Como segue a conjugação de *ter*, não existem as formas "entreti", "entreteu", "entretia", "entretiam", "entreteram", comuns na língua popular, mas apenas *entretive, entreteve, entretinha, entretinham, entretiveram*.

entrever
Como segue a conjugação de ver, não existem as formas "entreveram", "entrevesse", "entrevessem", "entrevermos" (no subj.), "entreverem", comuns na língua popular, mas apenas, respectivamente, *entreviram, entrevisse, entrevissem, entrevirmos, entrevirem*.

entristecer ou entristecer-se?
Tanto faz: *Os corintianos entristeceram (ou se entristeceram) com a goleada sofrida pelo seu time do coração.* *** *O jardineiro, a cada rosa colhida, entristecia (ou se entristecia).*

entulhado
Rege *com* ou *de*: *Estante entulhada com (ou de) livros e discos velhos.*

entupir
Conjuga-se por fugir. Use entupir-se, sempre com pronome, na acepção de encher-se, ficar lotado e entupir ou entupir-se na de fechar-se, tapar-se, entulhar-se: *O estádio se entupiu de torcedores de todos os times.* *** *O cano da pia entupiu (ou se entupiu) novamente.*

entusiasmado / entusiasmo
Regem *com* ou *por*: *Ficou entusiasmado com o (ou pelo) prêmio recebido.* *** *Era justificado seu entusiasmo com o (ou pelo) prêmio recebido.*

entusiasta
Rege *de* ou *por*: *Ele é um grande entusiasta dos* (ou *pelos*) *carros japoneses.*

envenenado
Rege *por*: *Comprou um carro envenenado por kits importados.* *** *Você quer toda a população de São Paulo envenenada por monóxido de carbono?* A regência "envenenado com", muito comum, deve ser desprezada.

envergar ou envergar-se?
Tanto faz, na acepção de vergar-se, curvar-se: *A prateleira envergou* (ou *se envergou*) *ao peso dos livros.* *** *Quando bati, o prego envergou* (ou *se envergou*).

envergonhado
Rege *com, de* ou *por* (nome), mas apenas *de* ou *por* (verbo): *Ficou envergonhado com o* (ou *do* ou *pelo*) *que fez.* *** *Ficou envergonhado de* (ou *por*) *fazer aquilo.*

envermelhar ou envermelhar-se?
Tanto faz: *Suas costas envermelharam* (ou *se envermelharam*) *instantaneamente, à primeira chicotada recebida.*

envio
Rege *de...a*: *O envio da mercadoria ao comprador foi feito ontem.*

envolver
Use assim seus particípios: *Tinham envolvido o rapaz no crime.* *** *O rapaz foi envolvido* (ou foi *envolto*) *no crime.*

envolver "por todos os lados"
Redundância, a exemplo de cercar "por todos os lados". No Dicionário Houaiss, entretanto, no verbete **aerosfera** a definição está assim: *massa de ar que envolve a Terra "por todos os lados".* Uma mãe que envolve o filhinho com um cobertor, protegendo-o do frio, deixaria alguma brecha por onde passar o vento gelado?...

enxaguar
Conjuga-se por aguar.

enxaqueca
O *e* tônico é fechado: enxakêka.

enxofre
Adj. correspondente: *sulfúreo, sulfúrico* ou *sulfuroso*. Portanto, *substância de enxofre = substância sulfúrea; ácido de enxofre = ácido sulfúrico; água que contém enxofre = água sulfurosa.*

enxugar
Rege *a* ou *em*: *Enxugue as mãos à* (ou *na*) *toalha, e não ao* (ou *no*) *guardanapo!* *** *Ele tem o vezo de enxugar a boca à* (ou *na*) *toalha da mesa.* É verbo intransitivo ou pronominal, indiferentemente: *As roupas já enxugaram* (ou *se enxugaram*). *** *Ao sol, as roupas logo enxugam* (ou *se enxugam*). *** *Lavou o cabelo e saiu ao vento, para que enxugasse* (ou *se enxugasse*) *rapidamente.* Usam-se assim seus particípios: *O homem tinha enxugado o rosto.* *** *O rosto foi enxugado* (ou foi *enxuto*) *pelo homem.*

enzima
É palavra feminina: *a* enzima, *uma* enzima. Os médicos sabem disso? Não tenho a resposta com certeza, já que recentemente um professor da Faculdade de Medicina da Universidade de São Paulo (USP) foi entrevistado no programa Canal Livre, da Rede Bandeirantes, e foi um desfilar sem fim de "o" enzima e de "um" enzima. Nunca é demais repetir: médico entende muito é de **medicina**...

epizootia
Aplica-se a animais: *epizootia de aftosa.* Preocupada com a gripe aviária, lança a

Folha de S. Paulo esta pergunta a todos nós: *Você teme que a doença vire epidemia "entre humanos"?* Terrível seria se a doença virasse epidemia entre jumentos...

é preciso
Fica sempre invariável, quando a ideia é de indeterminação: *É preciso atenção redobrada, ao dirigir veículos à noite.* *** *É preciso muita paciência para lidar com crianças.* *** *É preciso muitos exercícios para aprender isso.* Claro está que o verbo pode sofrer variações: *Será preciso atenção redobrada nesta estrada.* *** *Seria preciso muitos exercícios para aprender isso.* Por que a não variação? Porque está subentendido um verbo, depois do adjetivo: *É preciso ter atenção redobrada, É preciso ter muita paciência, É preciso fazer muitos exercícios.* Se houver artigo, o adjetivo variará: *Para inscrição ao vestibular, é precisa a documentação pedida.* *** *Para se formar, são precisos os créditos mínimos exigidos pela faculdade.* *** *Para que a cirurgia tenha pleno êxito, é precisa a mão de um experiente cirurgião, nesse caso.* Como se viu pelo segundo e terceiro exemplos, pronomes indefinidos não interferem na flexão da expressão, que continuará invariável.

equânime / equanimidade
Regem *com* ou *para com* (pessoa) e *em* (coisa): *É um juiz que procura ser o mais equânime possível com* (ou *para com*) *os réus.* *** *É um professor equânime na atribuição de notas.* *** *Ele se caracteriza pela equanimidade com* (ou *para com*) *todos.* *** *Todos elogiavam a equanimidade do professor na atribuição das notas.*

"e que"
Combinação marota, pois ora uma palavra está a mais, ora a outra. Repare nesta frase, errônea: *Há gigantes que adormecem e "que" não acordam.* Não há nenhuma necessidade do emprego do pronome "que" nessa frase, por isso, retirado, a frase fica perfeita. Eis mais dois exemplos errôneos, na mesma situação: *Há coisas que a gente vê e "que" já não aceita.* *** *Existem rios que são poluídos e "que" por isso não têm peixes.* Observe, agora, este trecho do discurso de Lula, no dia 12 de agosto de 2005, em meio à pior crise do seu governo, no qual se tem um "e" perfeitamente dispensável: *Quero dizer a vocês, com toda a franqueza, eu me sinto traído. Traído por práticas inaceitáveis das quais nunca tive conhecimento. Estou indignado pelas revelações que aparecem a cada dia, "e" que chocam o país. O PT foi criado justamente para fortalecer a ética na política.* Pois é...

é que
Como locução de realce ou expletiva, não varia: *As rosas é que são belas, os espinhos é que picam, mas as rosas é que caem, os espinhos é que ficam.*

equipado
Rege *com* ou *de*: *Automóvel equipado com* (ou *de*) *toca-CDs.*

equiparação / equiparado
Regem *de...a* (ou *com*)*...em*: *A equiparação dos carros japoneses aos* (ou *com os*) *russos em qualidade, acabamento e design ainda é quase impossível.* *** *Os carros russos não são equiparados aos* (ou *com os*) *japoneses em qualidade, acabamento e design.*

equivaler
Conjuga-se por valer, portanto não existem as formas "equivalo", "equivala", mas equivalho, equivalha.

erário "público"
Redundância. *Erário* já significa tesouro público, fazenda pública. Portanto, quando quiser se referir ao órgão do governo que cuida da administração financeira, use apenas *erário*. Há quem resista. Por exemplo, um jornalista: *A essência da Lei de Improbidade Administrativa, seu objetivo final, é especificamente garantir o pleno ressarcimento ao erário "público", tornando-se de pouca ou quase nenhuma*

importância o incômodo *pessoal do agente ímprobo, face à coletividade lesionada.* Agora, veja que texto interessante de O Globo: Será que os brasileiros não sabem reagir à hipocrisia e à falta de ética de muitos dos que os governam? Não lhes importa que tantos políticos que os representam no governo, no Congresso, nos estados ou nos municípios sejam descarados salteadores do erário "público"? Também eu não entendo isso. Não entendo...

erguido
Rege *a* ou *para* (advérbio) e *a* (predicativo): *Mandaram-no ficar com os braços erguidos ao* (ou *para o*) *alto.* *** *O sindicalista foi erguido a presidente.*

erigir
Use assim seus particípios: *Já tinham erigido uma herma em sua homenagem.* *** *Uma herma foi erigida* (ou foi *ereta*) *em sua homenagem.*

erro
Rege *contra* ou *de* e *de* ou *em*: *Cometeu vários erros contra a* (ou *de*) *ortografia.* *** *Foi erro de* (ou *no*) *cálculo.*

esbaforir-se
Conjuga-se por falir.

esbarrar
Rege *com* (topar algum obstáculo material) e *em* [deter-se (diante de dificuldades)]: *Esbarrei com o vidro da porta de entrada e machuquei a cabeça.* *** *Esbarrei com Jeni no calçadão da praia.* *** *O aeroplano esbarrou com o morro e caiu.* *** *Esbarrei em tantos problemas, que acabei desistindo do projeto.* *** *Esbarraram numa dificuldade enorme, ao fazerem a mudança.* *** *O aluno esbarrou na conjugação do verbo polir.*

escala
Rege *em* ou *por*: *O avião fez escala em* (ou *por*) *Salvador.* *** *Até Cuba, o navio fará escala em* (ou *por*) *quantos portos?*

escalação
Rege *de*...*para*: *A escalação dos titulares para o jogo decisivo será fornecida pelo treinador minutos antes do início da partida.*

escalado
Rege *em* ou *para*: *O jogador foi escalado na* (ou *para a*) *zaga, embora seja centroavante.*

escalão (concordância)
Antecedida de numerais ordinais, varia, se o artigo não vem repetido. Ex.: nomeações d*o* primeiro e segundo *escalões*. Se o artigo vem repetido, pode variar ou não. Ex.: *nomeações do primeiro e do segundo escalão* (ou *escalões*).

escaldado
Rege *com* ou *de*: *Era uma pessoa escaldada com as* (ou *das*) *desilusões e sofrimentos da vida.*

escancarado
Rege *a* ou *para*: *Algumas alunas fazem mesmo questão de provocar, ficando com as pernas escancaradas ao* (ou *para o*) *professor.*

escandalizado
Rege *com* ou *de*: *Estava escandalizado com o* (ou *do*) *que vira.*

escandescer
É a grafia correta. O Dicionário Houaiss traz "escandecer". Normal...

escandir
Conjuga-se por falir.

escapado
Rege *a* ou *de*: *As crianças escapadas *a*o (ou *d*o) incêndio estavam sendo levadas a uma creche.*

escapulir
Conjuga-se por fugir.

escaramuça
Rege *com* ou *contra*: *Provocar uma escaramuça *com* (ou *contra*) um colega.*

escarlate
Usada como adjetivo, na indicação da cor, não varia: *fitas escarlate, meias escarlate*. No Dicionário Houaiss, porém, no verbete **camaradinha** aparece flores "escarlates". Normal...

escarnecer ou escarnecer de?
Tanto faz: *As crianças gostam de escarnecer o (ou *d*o) velho.* *** *Eles, por inveja, tentavam escarnecer-me (ou escarnecer *de mim*).*

escárnio
Rege *a* ou *de*: *Aquele sorriso era um escárnio *a*o (ou *d*o) meu sofrimento.*

escassez / escasso
Regem *de* ou *em*: *A escassez *de* (ou *em*) petróleo obriga o país a importar o produto.* *** *É uma região escassa *de* (ou *em*) recursos minerais.*

esclarecer
Quem esclarece, esclarece alguma coisa a alguém ou esclarece alguém *de* (ou *acerca de* ou *a respeito de* ou *sobre*) alguma coisa: *Quando o delegado chegou, os investigadores esclareceram-lhe toda a situação.* *** *É preciso esclarecer-lhe a verdade.* *** *O presidente queria que o ministro o esclarecesse *d*a (ou *acerca d*a ou *a respeito d*a ou *sobre* a) real situação da economia.* *** *O professor esclareceu os alunos *de* (ou *acerca de* ou *a respeito de* ou *sobre*) todas as suas dúvidas.*

esclarecido / esclarecimento
Regem *acerca de* (ou *a propósito de* ou *a respeito de* ou *de* ou *em relação a* ou *quanto a* ou *sobre*): *O povo já está esclarecido *acerca de* (ou *a propósito de* ou *a respeito de* ou *de* ou *em relação a* ou *quanto a* ou *sobre*) tudo.* *** *As autoridades não forneceram nenhum esclarecimento *acerca d*o (ou *a propósito d*o ou *a respeito d*o ou *d*o ou *em relação a*o ou *quanto a*o ou *sobre* o) caso.*

esconder
Quando usado como transitivo direto e indireto, pode reger *a* ou *de*, indiferentemente: *Devemos esconder os remédios *à*s (ou *d*as) crianças e as joias *à*s (ou *d*as) visitas.* *** *O gerente fez de tudo para esconder os desfalques *a*os (ou *d*os) diretores do banco.* = *O gerente fez de tudo para esconder-lhes os desfalques.*

escondido
Rege *a* ou *de*: *Dados escondidos *à* (ou *d*a) população.* *** *Namoro escondido *a*os (ou *d*os) pais.* Pode ser advérbio (e não varia), adjetivo ou particípio (e varia). Frases com o advérbio: *Ela viajou para ter o filho escondido dos pais.* *** *Elas saíram de casa escondido dos pais.* *** *Elas viajaram escondido da mãe.* *** *Eles fizeram tudo isso muito bem escondido do professor.* *** *A empregada fazia tudo escondido do patrão.* Frases com o adjetivo ou com o particípio: *A mãe deixou escondidas as joias, mas mesmo assim os ladrões as acharam.* *** *As melhores praias desta região ficam escondidas.* *** *As crianças foram escondidas dos verdadeiros pais.*

escorado
Rege *em*: *Encontrei-o bêbado e escorado *n*um poste.* *** *O filho, embora já com trinta anos, vivia escorado *n*a família.*

escorregar
Use sempre assim, ou seja, sem o pronome ("escorregar-se"): *Escorreguei na casca da banana.* *** *Cuidado para não escorregar na escada!* De um aspirante a poeta, na Internet: *Nada é eterno, pois que tudo é chama, fluxo, incapacidade, "escorregar-se", deixar de ser.*

escravista / escravocrata
Pessoa simpatizante da escravatura. Use uma pela outra, indiferentemente. Só não vale usar "escravagista", embora (pasme!) esta forma tenha registro na 5.ª edição do VOLP, que é um desastre! Daí por que alguém tenha escrito na Internet: *Salário no Brasil ainda é uma manifestação da cultura "escravagista".*

escravo
Adj. correspondente: *servil*. Portanto, *trabalho de escravo* = *trabalho servil*.

escrito
Rege *de* ou *sobre*: *Publicar um escrito de* (ou *sobre*) *parapsicologia*.

escrivão
Pl.: escrivães. Um famoso apresentador de televisão, no entanto, ao criticar a ação dos Black Blocs, usou duas vezes um plural inexistente: "escrivões".

esculpir
Conjuga-se por abolir.

escuma ou espuma?
Tanto faz, com leve preferência pela primeira, embora a segunda seja a mais vulgar. Também são variantes *escumadeira* e *espumadeira*.

escusa
Rege *a* ou *de*: *A escusa a* (ou *de*) *explicações só o prejudicou.* *** *A escusa a* (ou *de*) *dar explicações não o ajudou, só o prejudicou.*

esfinge
Adj. correspondente: *esfíngico* (pref.) e *esfingético*. Em sentido figurado, toma-se por *misterioso*: *Ela me olhou com olhar esfíngico, enigmático, fatal.* *** *Deu-me um sorriso esfingético.* *** *Fez-se um silêncio esfíngico no ambiente.* *** *Um pensador esfingético.*

esfirra
É a grafia correta. Muitos, no entanto, andam comendo por aí "esfiha" e até "sfiha".

esforçar-se
Rege *a, em, para* ou *por*: *As mulheres se esforçam a* (ou *em* ou *para* ou *por*) *manter segredo sobre esse assunto.* *** *Esforcei-me a* (ou *em* ou *para* ou *por*) *aprender rapidamente aquilo tudo.* *** *Os soldados governistas se esforçaram a* (ou *em* ou *para* ou *por*) *defender o regime.* As preposições mais usadas, no português contemporâneo, são *em* ou *para*.

esforço
Rege *a* (ou *em*) *favor de*, ou *em prol de*, ou *por* (nome) ou *contra* (nome) e *de, em, para* ou *por* (verbo): *É louvável seu esforço a* (ou *em*) *favor do* (ou *em prol do* ou *pelo*) *bem-estar da sua família.* *** *Todo esforço é válido contra as injustiças.* *** *São louváveis os esforços do governo de* (ou *em* ou *para* ou *por*) *acabar com a inflação.* O plural (esforços) tem *o* tônico aberto: esfórços.

esfriar ou esfriar-se?
Tanto faz: *Tome a sopa antes que esfrie* (ou *se esfrie*). *** *O tempo esfriou* (ou *se esfriou*) *de repente.* *** *Assim que o Flamengo sofreu o gol, a torcida esfriou* (ou *se esfriou*) *no estádio.* *** *Depois daquilo, ela esfriou* (ou *se esfriou*) *comigo.*

esganar "pelo pescoço"
Redundância: em esganar já existe a ideia de pescoço; ninguém esgana ninguém pela barriga... Certa feita, houve uma invasão de corintianos no CT do Corinthians, como protesto por uma derrota vexatória do time para o Santos (1 x 5), na qual alguns jogadores sofreram nas mãos dos "carinhosos" torcedores. O presidente do clube declara, então, revoltado: *Imperdoável, Guerrero foi esganado "pelo pescoço". Imperdoável...* Continua o presidente: *Estou me sentindo um lixo. Estou deprimido, magoado, arrasado.* Não era pra menos... E o jornalista que deu a notícia não deixou por menos: *Os jogadores não tinham a menor condição emocional de entrar em campo no próximo jogo, contra a Ponte Preta. O principal deles era o Paolo (Guerrero), que foi esganado "no seu pescoço".* Não seria o caso de esganar ambos os dois?...

esgotar-se
Use sempre assim, na acepção de chegar ao último artigo ou exemplar, acabar: *Esta obra logo se esgotará nas livrarias.* *** *Toda obra valiosa logo se esgota.* Em O Estado de S. Paulo, no entanto, se leu, em referência a uma obra de García Márquez: *Duas semanas após o lançamento, sua autobiografia* Vivir para Contarla, *"esgotou" nas livrarias da Colômbia, Bolívia, Peru, Equador, Venezuela e também na Espanha, México, Bolívia e Argentina. No Brasil, fatalmente, a obra também se esgotaria...*

eslaide
É o aportuguesamento do inglês *slide*.

esmero
Rege *de* ou *em*: *Trabalho feito com esmero de (ou em) pesquisa.*

esnobe
É o aportuguesamento do inglês *snob*. Daí sai *esnobar*.

esôfago
Adj. correspondente: *esofágico*. Portanto, *espasmos do esôfago* = *espasmos esofágicos*.

espaguete
É o aportuguesamento do italiano *spaghetti*, plural de *spaghetto*, diminutivo de *spago* = barbante, cordinha. Muitos restaurantes preferem manter a grafia italiana.

espantado / espanto
Regem *com, de* ou *por*: *Ficou espantado com a (ou da ou pela) reação da mulher.* *** *O espanto com o (ou do ou pelo) nível de corrupção é geral no país.*

esparso
Rege *em* ou *por*: *A polícia encontrou roupas esparsas no (ou pelo) quarto.* Quando há ideia de superposição, ainda admite *sobre*: *Havia muitos tipos de doces esparsos na (ou pela ou sobre a) mesa.*

espatifar-se
Use sempre assim, na acepção de reduzir-se a pedaços: *Avião, quando cai em terra, se espatifa.* *** *O balão subiu uns vinte metros e se espatifou no chão.* *** *A melancia caiu do décimo andar, espatifando-se na rua.*

especialista
Rege *de* ou *em* (nome), mas apenas *em* (verbo): *Médico especialista de (ou em) otorrinolaringologia.* *** *Professora especialista em Semiótica.* *** *Ela era especialista em trocar de namorados a cada semana.*

espécie, espécime e gênero: quais as diferenças?
Espécie é o grupo de seres ou indivíduos de caracteres comuns, transmissíveis por reprodução ou procriação. **Espécime** é o indivíduo ou o item representativo de um gênero, classe ou todo, geralmente usado para teste; é o mesmo que exemplar, amostra, modelo: *O botânico encontrou um espécime raro de lírio na mata Atlântica.* **Gênero** é o grupo de espécies que apresentam características comuns distintivas. O *gênero*

símio compreende muitas *espécies*. Diz-se indiferentemente *gênero humano* ou *espécie humana*, porque o homem é a única *espécie* de seu *gênero*.

espectador e expectador: qual a diferença?
Espectador se relaciona com assistir, é aquele que assiste a um espetáculo ou a um fato; expectador se relaciona com esperar, é aquele que tem expectativa. Assim, usamos: *Fui espectador da queda do Muro de Berlim.* *** *Sou expectador de melhores dias para o Brasil.* Por ocasião da morte do cineasta Eduardo Coutinho, a presidenta postou isto no Twitter: *Coutinho deixava que os personagens contassem suas histórias com suas próprias palavras, criando assim uma relação direta com o "expectador".* E, então? Não devemos mesmo ser sempre expectadores de melhores dias?

espelho
Adj. correspondente: *especular*. Portanto, *fragmento de espelho* = *fragmento especular*; *reflexos de espelho* = *reflexos especulares*.

esperança
Quem tem esperança, tem esperança *de* alguma coisa: *Tenho a esperança de ter dias melhores.* *** *Tinha a esperança de que lhe aumentassem o salário.* *** *Temos a esperança da vitória.* Nas orações reduzidas, o *de* é de rigor, mas nas desenvolvidas (que se iniciam normalmente por *que*), a preposição pode estar elíptica. Assim, a segunda frase poderia também estar assim: *Tinha a esperança que lhe aumentassem o salário.* Quando *esperança* representa o sujeito, a preposição *de* é facultativa: *A esperança era (de) que lhe aumentassem o salário.*

esperança / esperançoso
Regem *de* (infinitivo ou oração desenvolvida) e *em* (nome): *Ter esperança de ficar rico.* *** *Ela alimentava vivas esperanças de que seu filho ainda estivesse vivo.* *** *Tens esperança no futuro?* *** *Estar esperançoso de ficar rico.* *** *Ela ainda estava muito esperançosa de que seu filho ainda estivesse vivo.* *** *Estás esperançoso no futuro?* No caso das orações desenvolvidas, a preposição pode estar elíptica: *Ela alimentava vivas esperanças que seu filho ainda estivesse vivo.*

esperar
Use sempre assim: *Estou esperando-o há dez minutos.* *** *Há muito tempo que estou a esperá-lo.* *** *Eu a espero para o almoço.* *** *Se você se atrasar, eu não a espero.* No Nordeste, todavia, é comum construírem com o pronome "lhe": *Há muito tempo que estou a "lhe" esperar.* *** *Eu "lhe" espero para o almoço.* *** *Se você se atrasar, eu não "lhe" espero.* Na acepção de *aguardar*, pode ser construído com a preposição *por*: *A futura mãe espera o (ou pelo) nenê com saúde.* *** *O vestibulando espera sua (ou por sua) aprovação no exame.* *** *A torcida esperava o (ou pelo) time com banda de música.*

espocar
Embora seja assim, muita gente prefere "espoucar", variante popular, que os elegantes preferem desprezar. *Na passagem de ano, espocam os fogos e os foguetes.*

espontâneo / espontaneidade
Note: com s na primeira sílaba. Muitos, todavia, trocam essa letra por "x". Há, ainda, os que preferem usar sempre de muita "espontaniedade", o que só prejudica. Na Veja: *Regina Casé se colocou numa "saia-justa" na estreia da terceira temporada do Esquenta. Na plateia, a apresentadora recebeu deficientes físicos tratados na Rede Sarah Kubitschek em programa temático sobre inclusão social, assunto, inclusive, de entrevista concedida pela presidente Dilma Rousseff à apresentadora. Ao pedir "para" a plateia corroborar o grito de "Xô preconceito", Regina Casé, empolgada, convidou a todos a levantar a mão e, logo depois, soltou o comentário constrangedor: Quem puder levantar a mão, né? O programa é gravado, portanto, manter a gafe na edição foi uma decisão da direção, talvez, numa tentativa de referendar o clima de "espontaniedade"*

do Esquenta. Não funcionou. Um pequeno texto e vários problemas: primeiro, saia justa já não tem hífen; segundo, a regência do verbo pedir (se o redator fosse preparado, escreveria: Ao pedir que a plateia corroborasse...); terceiro, a falta da competente e indispensável vírgula depois de Xô; quarto, a "espontaneidade" do jornalista. Ante isso tudo, não me contenho: **Xô, ignorância!**

esporte

Usada como adjetivo, por *esportivo*, não varia: *camisas esporte, roupas esporte, carros esporte*. Na Veja: *Carros "esportes" podem chamar a atenção das mulheres, mas elas preferem casar com que se exibe menos*. Outro problema: se que é um pronome relativo que se refere a coisas, conclui-se que o jornalista tomou homem por coisa; o pronome relativo que se refere a pessoas é quem. Portanto: *Carros esporte podem chamar a atenção das mulheres, mas elas preferem casar com quem se exibe menos*.

esposa

Adj. correspondente: *uxório* ou *uxoriano*. Portanto, *fidelidade de esposa* = *fidelidade uxória; cumplicidade de esposa* = *cumplicidade uxoriana*.

esposo

Adj. correspondente: esponsal. Portanto, responsabilidade de esposo = responsabilidade esponsal.

esprei

É o aportuguesamento (ainda não oficial) do inglês *spray*. Há, todavia, os que preferem escrever ainda em inglês a adotar a forma aportuguesada. Estão entre esses os próprios elaboradores do VOLP. Por que aportuguesar slide, *stand* e *stress* e deixar *spray* de fora?

esquadria de alumínio

É o correto, mas em algumas regiões interioranas se ouve muito "esquadrilha de alumínio". Esquadrilha boa só mesmo a da fumaça...

esquecer

Como seu antônimo *lembrar*, admite várias construções para o mesmo significado: **1.** *Esqueci o dinheiro*. **2.** *Esqueci-me do dinheiro*. *** *As crianças se esqueceram de apagar as luzes*. **3.** *Esqueceu-me o dinheiro*. Na construção 1, ocorre certa culpa da pessoa que esquece, ao contrário da segunda, que implica esquecimento involuntário, ou seja, é um esquecimento que provém de alguma abstração ou preocupação. De repente, o agente se dá conta de que está algo a lhe faltar e sai em busca do ser esquecido. Não assim quando a pessoa *esquece*. Note ainda a diferença, por mais estes exemplos: *Esqueci os documentos em casa. Esqueci-me da vida lá na fazenda*. Na construção 2, antes de infinitivo, o pronome pode não aparecer: *Esqueci de trazer o dinheiro*. *** *As crianças esqueceram de apagar as luzes*. A construção 3 é eminentemente clássica e não corre na língua cotidiana. Nela, o ser esquecido exerce a função de sujeito; o verbo se classifica, então, como unipessoal. Não convém construir "Esqueci do dinheiro", "Ela esqueceu de mim", "Eles esqueceram do jogo", "Ela já esqueceu até do meu nome", isto é, usando o verbo como transitivo indireto, e não como pronominal: *Esqueci-me do dinheiro, Ela se esqueceu de mim, Eles se esqueceram do jogo, Ela já se esqueceu até do meu nome*. A omissão do pronome só é admitida quando o complemento é representado por infinitivo. Ex.: *Esqueci de pegar o dinheiro, Ela esqueceu de me levar, Eles esqueceram de ir ao estádio, Ela já esqueceu até de me ver*.

esquecido

Rege *de* ou *por* (nome), mas apenas *de* (oração desenvolvida): *Já são escândalos esquecidos do* (ou *pelo*) *povo*. *** *Os pobres já não são pessoas esquecidas do* (ou *pelo*) *governo*. *** *O homem destrói a floresta, esquecido de que ela é uma fonte de energia e de vida*. Neste caso, pode haver elipse da preposição: *O homem destrói a floresta, esquecido que ela é uma fonte de energia e de vida*.

esquilo
Adj. correspondente: *ciurídeo*. Portanto, *hábitos de esquilo* = *hábitos ciurídeos*.

esquistossomose
É a forma correta, e não "esquistosomose", como muito se encontra. *Precisamos erradicar a esquistossomose*. Perfeito. E também a "esquistosomose".

esquivar-se
Rege *a* ou *de* [evitar ou livrar-se de (coisa ou pessoa que desagrada ou ameaça), fugir de; desviar-se de (coisa que possa causar dano ou acidente); recusar-se, negar-se]: *Ele se esquivou às* (ou *das*) *vaias do público, saindo pela porta dos fundos do prédio.* *** *Procurem esquivar-se a este* (ou *deste*) *ponto do mar, que é perigoso!* *** *O demônio se esquiva à* (ou *da*) *cruz.* *** *Ao chegar ao Palácio do Planalto, o ministro se esquivou aos* (ou *dos*) *repórteres.* *** *O motorista, ao esquivar-se ao* (ou *do*) *poste, foi de encontro ao muro.* *** *Ao esquivar-me a* (ou *de*) *um buraco, fui ter a outro bem maior, na rua.* *** *Ele se esquiva a* (ou *de*) *pagar a multa.* Rege apenas *a* [evitar (coisa desprezível ou à qual não se dá importância), eximir-se, furtar-se; evitar (uma responsabilidade), deixar de cumprir, desobrigar-se]: *O ministro se esquivou a todas as denúncias de corrupção.* *** *Nunca me esquivei a compromissos.* *** *Não se esquive às suas obrigações!*

esquivo
Rege *a* ou *de* (arredio) e *com* ou *para com* (áspero, rude): *O ministro se mostrou esquivo aos* (ou *dos*) *repórteres.* *** *Ela já estava meio esquiva ao* (ou *do*) *namorado.* *** *Chefe esquivo com* (ou *para com*) *seus subordinados*.

essencial
Rege *a* ou *para* (nome), mas apenas *para* (verbo): *Essas máquinas são essenciais ao* (ou *para o*) *nosso desenvolvimento.* *** *Essas máquinas são essenciais para aprimorar nossos produtos.*

estabelecido
Rege *em* (residente, localizado): *As pessoas estabelecidas nesta área foram contaminadas pela radiatividade.* *** *A empresa se encontra, hoje, estabelecida no interior paulista.* *** *O comerciante, estabelecido na Rua da Paz, reclama providências às autoridades.*

estacionado / estacionamento
Regem *em* ou *sobre* (ideia de superposição), mas apenas *em* (sem ideia de superposição): *Carro estacionado na* (ou *sobre a*) *calçada.* *** *Carro estacionado em local proibido.* *** *O estacionamento de veículos nas* (ou *sobre as*) *calçadas é proibido.* *** *O estacionamento de ônibus neste local é proibido.*

estadia e estada: qual a diferença?
Estadia, em rigor e na verdade, se usa para veículos: *estadia de carro num estacionamento, estadia de moto numa garagem, estadia de avião num hangar, este hotel não cobra estadia para carros de hóspedes*, etc. **Estada** é, em verdade e em rigor, apesar dos caturras despreparados, a palavra que se aplica a pessoas: *Foi curta minha estada na cidade.* *** *Tenha boa estada em nosso hotel!* *** *É cara a estada neste hotel?* *** *Como foi sua estada entre nós: boa ou ruim?* Os caturras despreparados e até mesmo alguns dicionários (que novidade!) encampam a sinonímia, porque muitos escritores, alguns até de nomeada, trocaram uma pela outra, assim como trocaram também *estádio* por "estágio" em frases em que só cabe aquela. Por isso, nesta manchete do jornal O Globo, **"Estadia" da família Lula no Forte dos Andradas será paga pelo Exército**, há dois inconvenientes: o primeiro é óbvio; o segundo é problema meu, teu, seu, nosso, vosso, enfim, do contribuinte...

EM TEMPO – A Internet é uma conquista humana formidável, sem dúvida. Mas o que mais há na rede é gente despreparada tentando aparecer para o mundo. Gente que faz críticas pelo mero prazer de fazer, sem ter a mínima noção daquilo que está tratando. São os cretinos de plantão.

estádio e estágio: qual a diferença?

É **estádio** que significa período (de doença ou não), fase, estado, etapa: *Morreu, porque o câncer já estava em estádio avançado.* *** *A política brasileira de 1930 até hoje passou por vários estádios.* *** *No estádio atual da nossa língua, a palavra Cleópatra é proparoxítona.* *** *O atual estádio das pesquisas para a cura do câncer é animador.* **Estágio** é período de aprendizado prático para o exercício de certas profissões; é cada uma das sucessivas fases obrigatórias por que deve passar um estudante, num curso, é etapa escolar; é, enfim, aprendizagem ou preparação profissional ou escolar: *Estou no meu primeiro ano de estágio na empresa.* *** *Ainda estou no segundo estágio de inglês; faltam mais seis estágios para eu completar o curso.* Em suma: pessoas fazem estágio; coisas que se desenvolvem por etapas passam por estádio. Apesar de tudo, a língua cotidiana está plena de empregos de "estágio" por *estádio*, assim como está cheia do emprego de "estadia" por estada. Agora, só por curiosidade, veja o que um jornalista "criou", na manchete que deu no seu jornal, O Globo: **Chuva volta a cair no Rio e Defesa Civil entra em "estágio" de atenção**. É de arrepiar!... O Dicionário Houaiss usa uma pela outra no verbete **hemimetabolismo**.

EM TEMPO – Esse mesmo dicionário apresenta inúmeros erros técnicos. Que é erro técnico, num dicionário?

83) é registrar um verbete como substantivo e defini-lo como adjetivo [p. ex.: **pesca-siri** e **tesura** (acepção 2), ou vice-versa;

84) é classificar uma palavra como substantivo masculino e defini-la como se fosse de dois gêneros, ou vice-versa (como se vê em **goró** e **jagodes**);

85) é registrar uma palavra como adjetivo e substantivo, mas defini-la como se fosse advérbio (como se vê em **secativo**);

86) é registrar uma palavra como advérbio e defini-la como se fosse adjetivo (como se vê na acepção 7 de **caro**);

87) é classificar um verbo como transitivo direto e defini-lo como se fosse intransitivo, como se vê em **memoriar** (na primeira definição da acepção 3), em **micromanipular** e em inúmeros outros verbetes;

88) é registrar um verbo como transitivo indireto (**acorrer**, p. ex.) e fornecer-lhe este exemplo: ir ao local do acidente, em que o verbo é intransitivo, e não transitivo indireto;

89) é classificar um verbo como transitivo direto e fornecer-lhe este exemplo: nuvens esparsas manchavam de branco o céu muito azul, em que o verbo é transitivo direto e indireto.

Esse mesmo dicionário, ainda:

90) não indica o timbre das vogais tônicas **e** e **o** e a pronúncia correta do x, como se vê em **cisticerco**, **cochicholo**, **hipoxemia**, **hipóxia**, **petisseco**, **pichuleta**, **picueta** e **uredo**;

91) faz confusão, ao registrar a pronúncia de **changui** (cujo **u** é sonoro);

92) além de todos esses senões, equívocos e impropriedades, o Dicionário Houaiss revela-se uma obra bizarra: não traz ponto no final das frases, não traz vírgula antes de etc. e usa terminologia obsoleta (p. ex.: "bitransitivo" na classificação de verbos);

93) registra **bicicleta**, mas não **bicicletaria** nem **bicicleteiro**;

94) registra **chagas**, mas não **chagásico**;

95) registra **copidesque**, mas não **copidescagem**;

96) registra **currículo**, mas não **curricular**;

97) registra **customizar**, mas não **customização**;

98) registra **fisiculturismo** e **fisiculturista**, mas não **fisicultura**;

99) registra **garupa**, mas não **garupeiro**;

100) registra **heliporto**, mas não **heliponto**;

101) registra **hímen**, mas não **himenal**;
102) registra **insaciável**, mas não **insaciedade**;
103) registra **lagosta**, mas não **lagosteira** nem **lagosteiro**;
104) registra **lúrido**, mas não **luridez**;
105) registra **polissemia**, mas não **monossemia**;
106) registra **pré-gravado**, mas não **pré-gravar**.
107) fornece algumas informações totalmente equivocadas, como no verbete **indochinês** (que a Indochina fica no "Sudoeste" da Ásia, em vez de Sudeste) e
108) como no verbete **carrasco** [que Belchior Nunes Carrasco viveu em Lisboa antes do séc. XV, quando na verdade o homem viveu ali no século XVIII ("só" 300 anos depois...).

Estado
Eis como se encontra o verbete **Estado** no **Grande dicionário Sacconi**: **1.** Poder público supremo, representado por um grupo de pessoas politicamente organizado, numa entidade política soberana, num território ou territórios de fronteiras definidas: *unir o Estado e a Igreja*; *cabe ao Estado o recolhimento dos impostos e a boa aplicação desses recursos no bem comum; muitas colônias africanas se tornaram Estados nos anos setentas*. **2.** Esfera da mais alta autoridade governamental e da administração; governo civil: *chefe de Estado; ministros de Estado; o Estado brasileiro está constituído desde 1822; segredo de Estado; golpe de Estado*. **3.** Modo específico de governo; regime político: *os Estados socialistas; Estado monárquico*. **4.** Corpo político, princ. aquele constituído por uma nação: *os Estados bálticos; os Estados eslavos*. **5.** Cada uma das unidades territoriais e políticas mais ou menos autônomas que constituem uma federação sob um governo soberano: *os 26 Estados da União; o Estado da Bahia*. (Usa-se facultativamente com inicial minúscula nesta acepção, se a palavra aparecer isolada: *Você sabe quais os estados que mais produzem petróleo no Brasil?*) **6.** Atividade governamental: *os afazeres de Estado*.

Estados Unidos
Usa-se apenas no plural e exige verbo e determinantes também nesse número: *Os Estados Unidos são hoje a única potência mundial.* *** *Os Estados Unidos conseguiram o acordo que desejavam.* *** *Os Estados Unidos estão atentos aos acontecimentos na América Latina.* *** *Todos os Estados Unidos foram assolados pelo cataclismo.* *** *Os Estados Unidos inteiros estão preocupados com os atos terroristas.* *** *Os próprios Estados Unidos reconheceram a falha*. Não se usa apenas "Estados Unidos" sem o artigo, a não ser em circunstâncias especialíssimas, como em titulações e em mapas, onde só aparecem mesmo os nomes dos países: *Estados Unidos, Brasil, Alemanha,* etc. Escreve, então, um jornalista de O Estado de S. Paulo: *Bush vota e se diz confiante na vitória. Afirmando ter esperança que o resultado das eleições seja conhecido ainda hoje, "presidente" promete liderar o país, unir o povo e garantir "um" Estados Unidos mais "seguro"*. Escrevendo assim – convenhamos – nenhum leitor se sentirá seguro...

estafilococo
Pronuncia-se estàfilokóku.

estande
É o aportuguesamento do inglês *stand*.

estar
É verbo irregular. Conj.: *estou, estás, está, estamos, estais, estão* (pres. do ind.); *estive, estiveste, esteve, estivemos, estivestes, estiveram* (pret. perf. do ind.); *estava, estavas, estava, estávamos, estáveis, estavam* (pret. imperf. do ind.); *estivera, estiveras, estivera, estivéramos, estivéreis, estiveram* (pret. mais-que-perf. do ind.); *estarei, estarás, estará, estaremos, estareis, estarão* (fut. do pres.); *estaria, estarias, estaria, estaríamos, estaríeis, estariam* (fut. do pret.); *esteja, estejas, esteja, estejamos, estejais, estejam*

(pres. do subj.); *estivesse, estivesses, estivesse, estivéssemos, estivésseis, estivessem* (pret. imperf. do subj.); *estiver, estiveres, estiver, estivermos, estiverdes, estiverem* (fut. do subj.); *está* (tu), *esteja* (você), *estejamos* (nós), *estai* (vós), *estejam* (vocês) [imperativo afirmativo]; *não estejas* (tu), *não esteja* (você), *não estejamos* (nós), *não estejais* (vós), *não estejam* (vocês) [imperativo negativo]; *estar, estares, estar, estarmos, estardes, estarem* (infinitivo pessoal); *estar* (infinitivo impessoal); *estando* (gerúndio); *estado* (particípio). Como se vê, não existem as formas "esteje", "estejem", no presente do subjuntivo. Muitos usam assim: *Quero que você "esteje" aqui amanhã.* *** *Espero que vocês "estejem" com sorte hoje.* Nem tanta...

estar a cavaleiro
Significa estar perfeitamente à vontade: *Estou a* cavaleiro *para falar sobre este assunto.* De um ex-presidente sul-americano de fala portuguesa, ao discursar na ONU: *O Brasil hoje é um país que está a "cavalheiro" e não precisa renovar o acordo com o FMI.* O Brasil pode, realmente, estar a cavaleiro, a ponto de dispensar os dólares do referido Fundo. Mas que muita gente em Brasília anda tratando a língua com o desrespeito que ela não merece, ninguém pode contestar. É deplorável que das próprias autoridades do país não partam bons exemplos. Reconhecemos, todavia, a absoluta impossibilidade de exigir de alguém algo que, positivamente, não pode dar.

estar na moda ou estar em moda?
Tanto faz: *A ignorância está* na *moda* (ou *está* em *moda*).

estar no encalço de
Significa perseguir, seguindo as pistas de: *A polícia* está no encalço d*os sequestradores*. Em sentido figurado, usa-se por perseguir de perto, para alcançar: *O Flamengo* está no encalço d*o líder do campeonato.* *** *Todos* estamos no encalço d*a felicidade.* V. **ir** (ou **sair**) **ao encalço de**.

estatuir
Conjuga-se por atribuir.

este ano ou neste ano?
Tanto faz: nas expressões adverbiais de tempo, a preposição *em* é facultativa. *Este ano* (ou *Neste ano*) *o Brasil vai ter uma safra recorde.* Se substituirmos a palavra *ano* por *dia*, por *semana*, por *noite* ou por *mês*, teremos a mesma faculdade: *Esta semana* (ou *Nesta semana*) *o Palmeiras joga contra o Flamengo*.

estendido
Rege *a* ou *para* (ampliado), *de*... (ou *até*) [esticado] e *em* ou *sobre* (esparramado, deitado): *O direito de voto foi estendido* às (ou *para* as) *mulheres muito recentemente no país.* *** *A estrada foi, então, estendida daquele ponto* à (ou *até* a) *entrada da fazenda do governador.* *** *Encontrei-a estendida* n*o* (ou *sobre* o) *sofá*.

estima
Rege *a, de, para com* ou *por*: *Ter estima a*o (ou *d*o ou *para com* ou *pel*o) *idioma pátrio.* *** *Ter estima a*os (ou *d*os ou *para com os* ou *pel*os) *fãs*.

estimado
Rege *de* ou *por* (querido) e *em* (calculado, avaliado): *Funcionário estimado de* (ou *por*) *todos os colegas.* *** *Prejuízos estimados em milhões de reais.* *** *Manifestação estimada em cem mil pessoas.*

estimar
Use assim: *ela o estima, eu a estimo, ela os estima, eu as estimo.* No Nordeste, todavia, é comum substituir o pronome *o* (e variações) por "lhe" (e variação). Então, comumente se ouve: *Eu ainda "lhe" estimo, minha bichinha!* *** *Nunca houve alguém que "lhe" estimasse tanto, seu cabra da peste!* Na acepção de alegrar-se, folgar, não use com a preposição "em": *Estimo vê-lo com saúde.* *** *Estimamos ficar a seu lado, Luís.* A construção *estimar em* equivale a calcular,

avaliar: *O joalheiro estimou em um bilhão de reais o anel, mas eu o estimei em dois reais.*

estimativa
Rege *de* ou *sobre*: *Fazer uma estimativa exata do* (ou *sobre* o) *número de manifestantes.*

estímulo
Rege *a, de* ou *para*: *A impunidade é um estímulo ao* (ou *do* ou *para* o) *crime.* *** *É preciso criar maior estímulo às* (ou *das* ou *para* as) *exportações.*

estirado
Rege *em* ou *sobre*: *Encontrei-a com o corpo estirado na* (ou *sobre* a) *cama.*

estômago
Adj. correspondente: *estomacal* ou *gástrico*. Portanto, *perturbações do estômago* = *perturbações estomacais; suco do estômago* = *suco gástrico.*

estória
É forma polêmica. Vamos, no entanto, dar aqui sobre ela a nossa opinião. Quem quiser acolhê-la apenas estará se pautando pelo bom senso; quem não quiser acolhê-la, que seja feliz! Antes de tudo é preciso ressalvar que a palavra *estória*, que a muitos repudia, se pronuncia rigorosamente como a outra: *istória*. **Estória** é conto popular, narrativa tradicional, é o causo do caboclo, do matuto: *revista de estória em quadrinhos; contar estorinhas para crianças*. Também significa conversa mole, balela, lorota: *Não me venha com estória!* Trata-se de um estrangeirismo (ingl. *store*) absolutamente necessário, ainda que a caturrice ou o espírito purista de alguns o renegue. Rejeitar estrangeirismos, no mundo moderno, é desejar se deixar esquecido e abandonado num canto dele. A informática e a astronáutica, sem falar em outras ciências da atualidade, são fonte inesgotável de estrangeirismos. Voltar-se contra eles é dar murro em faca de ponta; ignorá-los é desejar a volta à idade das trevas. **História** é algo que jamais se inventa; é fato comprovado por documentos. Sendo assim, *estórias* jamais ganharão o *status* de *histórias*. Nenhuma *estória* faz *história*; vira conto, narrativa. Mas a *história* propicia muitas *estórias* engraçadas. Um dia alguém resolveu contar-nos passagens de bastidores da nossa *história*. Intitulou a obra assim: *As estórias da nossa história*. Absolutamente certo! *Estória*, além de ser um anglicismo, também é forma arcaica do próprio português. João Ribeiro, em 1919, já admitia o seu emprego, a par de *história*. Foi esse respeitado gramático quem sugeriu o uso da palavra. É mais do que sabido que a única grafia cientificamente defensável, no português, é *história*. Não é esse o ponto que se discute. Se as maiores autoridades em lexicografia latina já registravam *estória* por *causo* ou por *conversa fiada*, é hora de estabelecermos a distinção, para maior clareza da comunicação, em nome do bom senso (que não faz ciência, mas é virtude indispensável). Um ladrão, à frente de um juiz, nunca jamais contra si. Dediquemos à palavra legítima o respeito que ela merece! E deixem-se de *estórias* os caturras!

estórias em quadrinhos
É assim mesmo que escrevo e recomendo que escrevam, e não "histórias" em quadrinhos, como querem os quadrinistas e seus seguidores. Creio que a explicação do item anterior basta para justificar esta minha "caturrice".

estorvo
Rege *a, de* ou *para*: *O governador era um estorvo às* (ou *das* ou *para* as) *pretensões do ministro de se candidatar à presidência*. O plural (estorvos) também tem o tônico fechado.

estragar-se
Use sempre assim, na acepção de *deteriorar-se*: *Vinho aberto se estraga facilmente.* *** *O leite se estragou, porque ficou fora da geladeira.*

estranho
Rege *a, de* ou *para*: *Era um assunto estranho às* (ou *das* ou *para as*) *crianças.* *** *Aquilo pareceu estranho aos* (ou *dos* ou *para os*) *olhos do presidente.* *** *É proibido entrada a pessoas estranhas ao* (ou *do* ou *para o*) *ambiente.*

estratégia
Rege *contra* (desfavorável) e *para* (favorável): *Armar uma estratégia contra o tráfico de drogas.* *** *Usar de boa estratégia para a retomada do desenvolvimento.* *** *Qual foi a estratégia para atrair os consumidores?*

estrear-se
Use sempre assim, na acepção de iniciar, fazer algo pela primeira vez: *Com que livro ele se estreou na literatura?* *** *O jogador se estreou ontem no time do Corinthians.* *** *Fernanda, quando você se estreou no teatro?* *** *Eu me estreei na vida pública como vereador.* O Dicionário Houaiss, no entanto, registra-o também como não pronominal nessa acepção. Não é.

estrebuchar ou estrebuchar-se?
Tanto faz, na acepção de debater-se: *O homem estrebuchou* (ou *se estrebuchou*) *muito no leito, antes de morrer.* *** *Na ânsia de se verem livres das cordas com que estavam amarrados, os meninos estrebuchavam* (ou *se estrebuchavam*).

estrela
Adj. correspondente: *estelar*. Portanto, *brilho das estrelas* = *brilho estelar*.

estreptococo
Pronuncia-se estrèptokóku.

estribado
Rege *em* ou *sobre* (nome concreto), mas apenas *em* (nome abstrato): *Edifício estribado em* (ou *sobre*) *pilotis.* *** *Teoria estribada na razão.*

estropício e estrupício: qual a diferença?
Estropício é prejuízo, dano, malefício e, também, pessoa indesejável: *O acidente causou vultosos estropícios.* *** *Essa mulher é um estropício na empresa.* **Estrupício** é conflito, rolo, rebu e, também, coisa complicada ou fora do comum: *o estrupício criado pelos parlamentares corruptos; esse estrupício de monumento.* Em Portugal só se conhece a primeira forma; a segunda só existe mesmo no VOLP.

estudioso
Rege *de* ou *em*: *Homem estudioso de* (ou *em*) *arqueologia.*

estudo
Rege *de* ou *acerca de* ou *a respeito de* ou *sobre*: *Fazer estudos de* (ou *acerca de* ou *a respeito de* ou *sobre*) *arqueologia.*

estufado / estufar
A língua popular usa tais palavras por *entufado* e *entufar*. Assim, o povo gosta muito de peito *estufado* e de barriga *estufada*, mas na verdade o peito cheio é *entufado* e a barriga inflada, *entufada*. Por isso, convém entufar o peito e dizer alto e bom som: *Eu entufo o peito, mas não entufo a barriga.*

estupefato
Rege *com* ou *de*: *Ficou estupefato com o* (ou *do*) *que viu.*

estupidez
Faz no plural *estupidezes*: *Todas as guerras se fazem por causa da ambição e outras estupidezes humanas.* A 5.ª edição do VOLP surpreendeu mais uma vez, ao registrar também estupideza, até ontem cacografia de arrepiar pelos e cabelos.

esvair
Conjuga-se por cair.

esverdear ou esverdear-se?
Tanto faz: *Com as chuvas, os campos voltaram a esverdear* (ou *esverdear-se*). *** *Seus olhos esverdearam* (ou *se esverdearam*) *ainda mais em contato com a sua blusa limão.*

esvoaçar ou esvoaçar-se?
Tanto faz, na acepção de bater as asas para erguer voo; flutuar ao vento: *Os patos ali esvoaçam* (ou *se esvoaçam*) *livremente.* *** *Seus longos cabelos esvoaçavam* (ou *se esvoaçavam*) *ao vento, como as bandeiras nos mastros.*

eta! ou eita! ?
Tanto faz: *Eta!* (ou *Eita!*) *Meu time foi de novo rebaixado!*

etc.
Abreviatura da expressão latina *et cetera* = e as outras coisas. Apesar de seu significado, aplica-se hoje também a pessoas e animais: *Recebi em casa Teresa, Juçara, Hermengarda, Hortênsia, etc.* Usa-se vírgula antes de *etc.*? Usa-se. Embora essa abreviatura signifique *e outras coisas*, o uso da vírgula é obrigatório, a ver-se como está em todos os bons dicionários. Quando o período se encerra com *etc.*, não há necessidade de empregar outro ponto, além do abreviativo (*etc..*). Usa-se "e" antes de etc.? Não.

ética e moral: sinônimos?
São sinônimos, mas muitos usam tais termos como se não o fossem. Foi o que fez o leitor Alberto Orsini em O Globo, no dia 25/11/2012 às 11h21min, ao comentar uma notícia sobre escândalo no governo Dilma: *A dona da loja de 1,99 que conseguiu falir mentiu para todos os brasileiros quando ministra da Casa Civil: constava em seu* curriculum lattes *que possuía mestrado e doutorado pela Unicamp.* Envolveu a plataforma Lattes e a Unicamp em uma mentira. Ética, moral? Esse grupo no poder não é exemplo de nenhum desses conceitos. E não venham colocar a culpa em nossas heranças coloniais, porque ética e moral se aprende em casa. Pois é.

etíope
Natural ou habitante da Etiópia. Pode parecer incrível, mas há quem diga "etiópi".

eu, particularmente / eu, pessoalmente
Salvo casos excepcionalíssimos, não convém usar tais combinações, que soam como redundantes, assim como minha opinião "pessoal". *Eu, "particularmente", não gosto de ver as pessoas sofrer.* *** *Eu, "pessoalmente", não faço a mínima ideia do que isso significa.* Ora, em tais casos, não há necessidade nenhuma do reforço entre vírgulas. Exemplo de casos excepcionalíssimos ocorrem quando se faz uma ressalva: *Eu, particularmente, sempre fui contra o aborto, mas defendo o direito de as pessoas se manifestarem a favor.* (Só se manifestarem...)

Euler
No Brasil se diz "êuler", mas à luz da lógica não há como defender tal pronúncia, já que em alemão o encontro eu soa *ói*, conforme se ouve em *Reuters, Neubarth, Leutze, Feuerbach,* etc. Portanto, a pronúncia razoável, coerente, sensata é *óiler*. Há pessoas com esse nome que fazem questão de que ele seja pronunciado como se escreve. Ora, ninguém é dono da pronúncia do nome. Já imaginou, caro leitor, se tivéssemos de dizer: *Isso "Frêud" explica?* Aos que ingenuamente sugerem e até exigem uma pronúncia portuguesa deste nome (*Euler*), cabe fazer uma pergunta singela, de resposta algo complexa: por que não pronunciarmos, então, também portuguesmente, *Nike, Sprite, Washington, Miami, Renoir, Beauvoir, Romy Schneider, Shakespeare, Byron* e *Mike Tyson*? Já pensou, caro leitor, receber uma mordida na orelha e um direto de *Mike Tízon*?... Por fim, quando tiver oportunidade, pergunte a Eike (nome alemão) Batista

como se pronuncia o seu nome. De antemão lhe asseguro que todos os caipiras dizem "êiki", assim como todos eles só dizem "êuler".

Eurípides
É a grafia correta. Muitos, no entanto, trazem "Eurípedes" no registro civil.

eu vi "ela"
Só use assim se estiver entre pessoas íntimas, quando as circunstâncias permitem, porque o pronome pessoal reto, na norma padrão, não pode figurar como objeto direto. A função de objeto direto é exercida pelos pronomes oblíquos (*o* e suas variações). Portanto, quando estiver em meio que não lhe é íntimo, ou quando as próprias circunstâncias exigirem outro tipo de comportamento, convém usar eu *a* vi. Não deixa de ser mais elegante. Só por curiosidade, veja agora esta notícia, que seria interessante, se não saísse como saiu no Terra: **Dez coisas automobilísticas que seus filhos não vão conhecer.** *Carros são parte de nossa cultura. Crescemos neles, vivemos neles, amamos "eles", mas como a cultura que eles refletem, carros mudam com o tempo. Aqui estão dez coisas que você experimentou, mas seus filhos talvez não vão.* Não vão o quê? Não era preciso repetir o verbo experimentar? E, cá entre nós, coisas "automobilísticas" é combinação de quem não tem ideia do que está escrevendo.

evacuar
Tenha sempre em mente que se evacuam lugares, e não pessoas: *A polícia evacuou o prédio que corria o risco de desabar.* Os jornalistas sabem disso? A resposta está nesta manchete de um deles: **Rússia controla incêndio em arsenal que evacuou 30 mil pessoas**. A resposta está ainda nestoutra manchete de outro deles: **Cazaquistão evacuou seus cidadãos da Líbia**.

evadido
Rege *a* ou *de*: *Menores evadidos à* (ou *da*) *antiga Febem*.

evadir-se
Use sempre assim: *Nenhum detento se evadiu do presídio.* *** *Esta é uma penitência de segurança máxima, isto é, da qual nenhum prisioneiro poderá evadir-se.* *** *Evadimo-nos dali, em meio à confusão que se estabeleceu no local.*

evaporar ou evaporar-se?
Tanto faz: *A água do mar evapora* (ou *se evapora*), *para depois cair em forma de chuva.* *** *A gasolina evapora* (ou *se evapora*) *com facilidade*.

evolução
Rege *de...a* (ou *para*): *A evolução de um sistema a* (ou *para*) *outro*.

evoluir
Conjuga-se por atribuir.

exaltação
Rege *a* ou *de*: *Essa música é uma exaltação à* (ou *da*) *Bahia*.

exame
Rege *de* (nome concreto) e *acerca de* ou *a respeito de* ou *quanto a* ou *sobre* (nome abstrato): *Fazer o exame de um paciente.* *** *Fazer o exame acerca da* (ou *a respeito da* ou *quanto à* ou *sobre* a) *inflação*.

exasperado
Rege *ante, com* ou *diante de*: *A torcida ficou exasperada ante as* (ou *com as* ou *diante das*) *seguidas derrotas do time*.

exaurir
Não tem a primeira pessoa do singular do presente do indicativo nem todo o presente do subjuntivo. Pres. do ind.: --, *exaures, exaure, exaurimos, exauris, exaurem*.

exausto
Rege *com* ou *por* (exaurido) e *de* (cansado, extenuado): *O brasileiro é um contribuinte exausto com a (ou pela) pesada carga tributária.* *** *Exausto do trabalho, logo adormeceu.*

exceção
É a grafia correta, mas sete, entre dez pessoas, escrevem "excessão". O interessante é que dez, entre dez pessoas, escrevem *excepcional*, palavra que lhe é derivada. Por que, então, escrever "excessão"? Influência perniciosa de *excesso*? É provável.

exceder ou exceder a
Tanto faz, na acepção de ultrapassar: *O motorista excedeu a* (ou *à*) *velocidade máxima permitida.* *** *Não exceda os* (ou *aos*) *limites de carga deste elevador!* *** *Os convidados não excediam vinte* (ou *a vinte*). Apesar de não se usar a preposição "de", o Dicionário Aurélio fornece exemplo com tal preposição (os convidados não excediam "de" cinquenta). Normal.

Excelência
Forma de tratamento que pede verbo e pronome na terceira pessoa: *Vossa Excelência sabe que o momento é grave e a sua posição, delicada, por isso lhe sugiro que renuncie ao cargo.*

excesso
Rege *de* ou *em* (exagero) e *de...sobre* (diferença a mais): *O excesso de* (ou *em*) *exercícios físicos também é prejudicial.* *** *O excesso de qualquer quantia sobre a féria do dia ficava com o caixa.*

excluir
Conjuga-se por atribuir.

excursão
Rege *a* ou *para* (viagem de recreio ou de estudo) e *em* (incursão, invasão): *Fazer uma excursão a (ou para) Salvador.* *** *As tropas aliadas fizeram uma excursão no território inimigo.* Quando se trata de excursão (viagem) dentro de um mesmo território, rege *através de* ou *por*: *Fazer uma excursão através da (ou pela) Bahia.*

exercício
Rege *de* (ato de exercer, prática) e *em* (atividade física): *O exercício da cidadania.* *** *O exercício de um direito.* *** *O exercício de edição de um telejornalismo.* *** *Fazer muitos exercícios em barras.*

Exército, Marinha e Aeronáutica
V. **Marinha, Exército e Aeronáutica**.

exigência / exigente
Regem *com* ou *para com* (pessoa) e *em* (coisa): *Sua exigência com* (ou *para com*) *os funcionários é sempre a mesma.* *** *A escola quer mais exigência dos professores nas provas.* *** *Chefe exigente com* (ou *para com*) *os funcionários.* *** *Professor exigente na disciplina.*

eximir
Quem exime, exime alguém *de* alguma coisa (antes de infinitivo): *A lei eximiu os idosos de pagar passagem nos veículos urbanos.* *** *A lei os eximiu de pagar esse imposto.*

eximir / eximir-se
Regem *a* ou *de* antes de nomes ou de orações desenvolvidas: *Nada o poderá eximir a essa (ou dessa) responsabilidade.* *** *Todos agora querem eximir-se à (ou da) responsabilidade.* *** *Há certas responsabilidades a (ou de) que ninguém pode se eximir.*

existir
O problema maior aqui é de concordância. Como existir aparece quase sempre antes

do sujeito, é comum encontrá-lo só no singular, independentemente do número em que se encontra o sujeito. Exemplos com seu uso correto: *Não existem lobisomens.* *** *Antigamente existiam mais mulheres encabuladas que hoje.* *** *Não existem rios no deserto.* *** *Acho normal que existam reclamações da população quanto à segurança, precariíssima, quase indecente, no Brasil.* Se vem acompanhado de auxiliar, este é que varia: *Não devem existir tantos pedidos assim.* *** *Podem existir muitas vítimas.* *** *Estão existindo muitas reclamações da população quanto à segurança.* *** *Começam a existir problemas de falta de energia em nosso país.* Veja, agora, o que saiu nos jornais, recentemente: *O deputado petista criticou a proposta de acabar com a reeleição no Brasil, classificando-a como oportunista. No seu entendimento, não "existe" fatos que liguem o instituto à corrupção.* Esse pessoal não se contenta com a corrupção no governo; faz questão de proceder à corrupção também da língua.

expectativa
Quem tem expectativa, tem expectativa *de* alguma coisa: *Tenho a expectativa de ter dias melhores.* *** *Tinha a expectativa de que lhe aumentassem o salário.* *** *Temos a expectativa da vitória.* Nas orações reduzidas, o *de* é de rigor, mas nas desenvolvidas (que se iniciam normalmente por *que*), a preposição pode estar elíptica. Assim, a segunda frase poderia também estar assim: *Tinha a expectativa que lhe aumentassem o salário.* Quando *expectativa* representa o sujeito, a preposição *de* é facultativa: *A expectativa era (de) que lhe aumentassem o salário.*

expedição
Rege *a* ou *para* (grupo de exploração ou pesquisa) e *de...a* (remessa, envio): *Tomar parte em uma expedição à (ou para a) Antártica.* *** *A expedição de um telegrama a alguém.*

expedir
V. **despedir**.

expelir
Conjuga-se por ferir. Use assim seus particípios: *O rapaz já tinha expelido o cálculo.* *** *O cálculo foi expelido (ou foi expulso) pelo rapaz.*

experiência
Rege *com* (vivência), *com* ou *em* (experimento), *com*, *de* ou *em* (prática) e *sobre* (ensaio, prova): *É um profissional que tem larga experiência com adolescentes.* *** *Fazer experiências com (ou em) cobaias.* *** *É um mecânico que tem experiência com esse (ou desse ou nesse) serviço.* *** *Fazer experiências sobre o comportamento do homem no espaço.*

"experimentar" melhoras
V. **sentir melhoras**.

explodir
Conjuga-se por abolir. Portanto, não tem a primeira pessoa do presente do indicativo nem todo o presente do subjuntivo. Pres. do ind.: --, *explodes, explode, explodimos, explodis, explodem*. Embora a gramática tradicional estabeleça essa regra, a língua cotidiana tem consagrado esse verbo na sua conjugação completa, usando *expludo* como a primeira pessoa do singular do presente do indicativo, tendo *cobrir* por paradigma. É, portanto, equivocada a forma "explodo" e também as supostas derivadas "exploda", "explodas", etc. Assim, podemos até admitir: *Quero que ela expluda.* Mas não: *Quero que ela "exploda".* *** *Eu expludo de raiva, quando isso acontece.* E não: *Eu "explodo" de raiva, quando isso acontece.* O melhor mesmo, todavia, é substituir as formas desse verbo, condenadas pela gramática, pelas correspondentes de *estourar*.

expô
Quando se reduzem palavras, e a redução termina em -e ou em -o, ela se torna,

geralmente, uma oxítona. Assim é que temos *apê* (de *apartamento*), *metrô* (de *metropolitano*), *expô* (de *exposição*), etc. Além do quê, diz-se *espô*, e não *"ékspo"*, como muito se ouve: *Visite a "Expo" Center Norte esta semana!*

expor
Como segue a conjugação de pôr, não existem as formas "exporam", "exposse", "expossem", "expormos" (no subj.), "exporem", comuns na língua popular, mas apenas, respectivamente, *expuseram, expusesse, expusessem, expusermos, expuserem.*

exportação
Rege *de...para*: *A exportação de soja para a Europa aumenta.*

expressar
Use assim seus particípios: *Tenho expressado minha preocupação com a violência crescente no país.* *** *Minha preocupação com a violência foi expressada* (ou foi *expressa*) *inúmeras vezes.*

exprimir
Use assim seus particípios: *Tenho exprimido minha preocupação com a violência crescente no país.* *** *Minha preocupação com a violência foi expressa* (e não foi *"exprimida") inúmeras vezes.*

exprobrar ou exprobar?
As duas formas existem. A um pobre que rouba, os jornais não hesitam em *exprobrar* ao ladrão, ao gatuno, o roubo que praticou; mas se é um colarinho-branco que comete o mesmo crime, então os jornalistas escrevem: *desvio de fundos, desfalque, fraude,* etc. O povo observou perfeitamente essa injustiça e fez sobre ela um provérbio admirável: *Quem rouba um pão, é ladrão; quem rouba um milhão, é barão.*

expropriação
Rege *de...a*: *A expropriação de fazendas improdutivas a seus donos aumentou no governo atual.*

expulsar
Use assim seus particípios: *O país tem expulsado imigrantes ilegais.* *** *Imigrantes ilegais foram expulsos pelo país.*

expulsar "para fora"
Visível redundância. Nenhum árbitro expulsa "para fora" um jogador, sem ficar com dor na consciência...

extasiado
Rege *ante* ou *com* ou *diante de* ou *perante*: *As crianças ficaram extasiadas ante a* (ou *com a* ou *diante da* ou *perante a) presença de tantos palhaços.*

extensão
Rege *de...a* (ou *até* ou *para*) [prolongamento, expansão], mas apenas *de...a* (ampliação): *O governo paulista vai cuidar da extensão da rodovia a* (ou *até* ou *para*) *Mato Grosso.* *** *A extensão do direito de voto às mulheres é relativamente recente.*

extensivo
Rege *a*: *Os benefícios são extensivos aos aposentados.* A regência "extensivo para", muito comum, deve ser desprezada.

extinguir
A exemplo de *distinguir*, o u não soa: *extinghir*: *O governo não está empenhado em extinguir as greves.* Aqueles que já aprenderam a distinguir o certo do errado não mais pronunciam "extingüir", "extingüindu" (para extinguindo), "extingüidu" (para extinguido). Usam-se assim seus particípios: *Os bombeiros têm extinguido muitos incêndios todo mês.* *** *Todo mês incêndios têm sido extintos* (e não *têm sido "extinguidos") pelos bombeiros.*

extorquir
O u não soa: *estorkír*. Não tem a primeira pessoa do presente do indicativo nem todo o presente do subjuntivo. Pres. do ind.: --, *extorques, extorque, extorquimos, extorquis, extorquem*. Rege *a* ou *de*: *Os bandidos extorquiram vultosas quantias ao* (ou *do*) *apresentador de televisão, ameaçando-o de sequestro*. *** *Os policiais foram presos por tentarem extorquir dinheiro aos* (ou *dos*) *narcotraficantes*. Em rigor, não se extorquem pessoas, mas coisas. Daí por que seriam impróprias as construções jornalísticas como estas: *Quadrilha é presa tentando "extorquir" médico*. *** *Foram presos os homens que tentaram "extorquir" o presidente do PT*. O primeiro ministro da Justiça do governo Lula afirmou: *Tentaram-me extorquir*. Trata-se de um fato linguístico, portanto, plenamente aceito.

extra-
Só exige hífen antes de palavras iniciadas por a ou por h: *extra-agenda, extra-humano*.

extra
Extra é abreviação de *extraordinário*, assim como *foto* é abreviação de *fotografia* e *moto* é abreviação de *motocicleta*. Nos casos de abreviação, ocorre um fenômeno: troca do timbre da vogal da sílaba inicial da palavra. Repare: *fotografia* e *motocicleta*, por exemplo, têm o primeiro o fechado, mas na abreviação esse o se abre. O mesmo ocorre com *extraordinário*, que tem o e fechado, mas na abreviação, torna-se aberto. Pronuncia-se, portanto, *éstra*, embora no Rio de Janeiro e no Nordeste só se ouça êstra. Varia normalmente: *edições extras, horas extras, voos extras, camas extras de hotel*. É abreviação de *extraordinário*. V. **xérox**.

extrair
Conjuga-se por cair.

extrema-unção
Antiga denominação de um dos sete sacramentos do catolicismo (atualmente unção dos enfermos, último sacramento ou santa unção). Pl.: extremas-unções.

exultar "de alegria"
Visível redundância: quem exulta, já se sente muito alegre. Difícil, difícil mesmo é ver alguém exultando "de tristeza"... Repare nesta frase: *Exultando "de alegria", ela o levou à reunião, e ele, timidamente, sentou-se na fila da frente e ouviu a palestra com toda a atenção*. Repare, ainda, nesta declaração: *Estamos exultando "de alegria" por saber que somos tão queridas*. Não exulte!...

fábrica
Adj. correspondente: *fabril*. Portanto, *zona de fábrica = zona fabril; operários de fábrica = operários fabris*.

fabricado
Rege *com* ou *de*: *Motor fabricado com* (ou *de*) *alumínio*. *** *Casa fabricada com* (ou *de*) *madeira*.

face
Adj. correspondente: *facial* ou *genal*. Portanto, *região da face = região facial; músculos da face = músculos genais*.

fáceis de + infinitivo
Não use o infinitivo no plural, mesmo que o adjetivo esteja no plural: *Problemas fáceis de resolver*. *** *Livros fáceis de ler*. *** *Carros fáceis de dirigir*. *** *Empresas fáceis de trabalhar*. *** *Essas coisas são fáceis de ser provadas*. *** *Essas informações são fáceis de ser tiradas*.

fácil
Rege *a* ou *para* (nome) e *de* ou *em* (verbo): *Não é fácil a* (ou *para*) *um pai conviver com um filho drogado*. *** *Criança fácil de* (ou *em*) *contentar*.

fácil de
Não se usa o pronome se depois da preposição: *Esse é um caso fácil de resolver* (e não: de "se" resolver). *** *O povão é fácil de enganar*.

facilidade
Rege *com* ou *para com* (indulgência, complacência) e *para* (aptidão): *Muitas facilidades com* (ou *para com*) *crianças são-lhes nocivas à educação*. *** *Ele tem facilidade para trabalhos manuais*.

fada
Adj. correspondente: *feérico*. Portanto, *varinha de fada = varinha feérica; mãos de fada = mãos feéricas*.

fadado
Rege *a* ou *para*: *Empresa fadada à* (ou *para a*) *falência*.

falange
Coletivo de pessoas em geral, tomadas comumente em bom sentido: *uma falange de heróis, de trabalhadores, de poetas, de sábios, de patriotas*, etc.

falar e dizer: qual a diferença?
Falar é simplesmente exprimir pela voz. Qualquer pessoa, não muda, fala. Político, por exemplo, fala à beça, mas costuma não dizer coisa nenhuma... **Dizer**, como se vê, é algo bem diferente, é expressar por meio de palavras, é declarar, ter o que expressar. Papagaio fala. Mas diz? Por isso mesmo, falar é verbo intransitivo (não exige complemento nenhum, é um verbo que se basta por si só) e dizer, transitivo direto (pede algo, exige um complemento). Poucos jornalistas sabem disso. Título de um post de um blogueiro da Veja: **Marco Maia confunde divergência com briga de rua e fala "alguns disparates"**. Disse um disparate...

falecer e morrer: qual a diferença?
Falecer é morrer (ser humano) por doença ou naturalmente: *Ele faleceu dormindo.* **Morrer** é deixar de viver ou perder a vida, de modo violento ou não: *Ele morreu de ataque cardíaco.* *** *A vítima morreu no local do acidente.* *** *Queira Deus que eu não morra disso!* *** *Meu avô morreu em paz.* *** *Ele morreu de velhice.* O falecimento, ao contrário da morte, só exprime um efeito natural. A morte pode ser violenta; o falecimento jamais. Por isso, não se diz que, por efeito de um pavoroso acidente, as vítimas "faleceram" no hospital, mas sim que morreram. Ayrton Senna morreu, e não "faleceu", como quis um narrador esportivo de uma emissora de televisão, que se manifestou muito consternado com o "falecimento" do piloto brasileiro. Não há também falecimento num assassinato; há morte, que serve para todos, indistintamente, velhos e moços. O falecimento é próprio dos velhos, dos que já viveram o bastante. Os jornalistas conhecem a diferença? Por este trecho de um deles, avalie e responda você mesmo a essa pergunta: *Na Rua da Várzea, embaixo do Viaduto Pacaembu, na Barra Funda, zona oeste de São Paulo, um delegado matou um rapaz de 18 anos que tentou assaltá-lo com uma arma de brinquedo, na noite desta quarta-feira. De acordo com o DHPP, quando esperava, em uma Pajero preta, a esposa sair do trabalho, o delegado do Departamento de Investigações Sobre o Crime Organizado (Deic) José Eduardo Zappi foi abordado por Caio César Pereira de Andrade, que bateu no vidro do carro com a arma de brinquedo. Zappi desceu do veículo e atirou contra Andrade. Socorrido no hospital Alvaro Dino de Almeida, não resistiu aos ferimentos e faleceu. Bandido, em confronto com a polícia, falece?!*

falência
Adj. correspondente: *falimentar*. Portanto, *risco de falência* = *risco falimentar*; *Direito de falência* = *Direito falimentar*.

falho
Rege *de* ou *em* (carente, desprovido): *O público presenciou no jogo de ontem um futebol falho de* (ou *em*) *emoções fortes.* *** *Era falho de* (ou *em*) *cabelos apenas no cocuruto.*

falir
Só se conjuga nas formas arrizotônicas, ou seja, aquelas que têm o acento prosódico fora do radical. Assim, no presente do indicativo existem apenas as formas *falimos* e *falis*. O presente do subjuntivo não existe. Para suprir suas lacunas, use locuções ou expressões equivalentes: *Se o governo não ajudar, os microempresários vão à falência* (ou *vão entrar em falência*). Por esse verbo se conjugam: *adimplir, adir, aguerrir, combalir, embair, emolir, empedernir, esbaforir-se, escandir, espavorir, florir, foragir-se, garrir, rangir, reflorir, remir, renhir, ressarcir, ressequir* e *transir*. Alguns desses verbos, contudo, já se conjugam integralmente no português contemporâneo, como é o caso de *escandir* e *ressarcir*.

Falkland
Sem s final, no nome do arquipélago britânico do Atlântico sul, reivindicado pela Argentina, que o conhece pelo nome de Malvinas. Manchete da Veja: **Cameron afirma que não cederá "Falklands"**. A esse e a outros jornalistas que insistem em escrever "Falklands", sugiro uma consulta a qualquer enciclopédia britânica ou americana. O Dicionário Houaiss, em **antártico**, também usa "Falklands". Normal... Ainda na Veja, acharam de montar uma manchete incrível (na acepção literal): Estamos dispostos a lutar pelas Malvinas, **afirma Cameron**. Sem dúvida, há um enorme equívoco aí: jamais o primeiro-ministro britânico iria dizer "Malvinas" em referência ao referido arquipélago.

"falo"
Como particípio de *falar*, é inaceitável. Mas existem muitos que dizem *Eu tinha "falo" a verdade*. Mentira!

falsidade
Rege *com* ou *para com* (pessoa), *contra* (coisa) e *sobre* (calúnia): *Não tolero falsidade comigo* (ou *para comigo*). *** *Cometeu uma falsidade não só contra o bom senso, mas contra a história.* *** *Encerrado o namoro, o rapaz espalhou falsidades sobre a moça.*

falso
Rege *com* ou *para com* (pessoa) e *contra* (coisa): *Ela é falsa com* (ou *para com*) *os colegas e amigos.* *** *Você foi falso contra a história, porque os fatos não se deram assim.*

falta
Rege *a* (ausência), *contra* (transgressão, desrespeito), *de* (carência) e *com* ou *para com* (culpa): *A falta às aulas é punida com suspensão.* *** *Isso é uma falta contra as normas de trânsito.* *** *A falta de dinheiro é o principal problema da Prefeitura.* *** *Temos muitas faltas com* (ou *para com*) *Deus.* Antecedida de *em*, aparece combinada com *com* ou *para com*: *Estou em falta com* (ou *para com*) *ela.* *** *Sinto-me em falta com* (ou *para com*) *meus amigos.*

faltar¹
Use sempre com a (faltar a): *Nunca faltei a um compromisso.* *** *Estudante consciente não falta às aulas.* *** *Parlamentar sério não falta às sessões do Congresso.* *** *Não convém faltar ao serviço ou ao trabalho nem muito menos aos compromissos.* (Mas há muitos que faltam à palavra, principalmente àquela empenhada em palanques...) Manchete em O Globo: **Adolescentes "faltam aulas" para cometerem crimes na Grande SP**. Outra manchete em O Globo: **Caso Adrielly: em depoimento, médico diz que "faltava plantões" há um mês**. Outra manchete em O Globo: **Neurocirurgião que faltou "no" plantão de Natal estava escalado para o "Ano Novo"**. O Brasil tem um jornalismo supimba!...

faltar²
O maior problema aqui é a concordância. Como faltar aparece quase sempre antes do sujeito, é comum encontrá-lo só no singular, independentemente do número em que se encontra o sujeito. Exemplos com seu uso correto: *Faltavam dois minutos para as seis.* *** *Quantos minutos faltam para as dez horas?* *** *Quando faltarem cinco minutos para a uma, avise-me!* *** *Faltam remédios para o povo, faltam alimentos, falta moradia, falta segurança, falta justiça, falta educação, falta seriedade, falta tudo*: então, vem naturalmente a pergunta: Que país é este? Se vem acompanhado de auxiliar, este é que varia: *Não deviam faltar nem dois segundos para as 18h.* *** *Estão faltando poucos minutos para a meia-noite.* No G1 apareceu esta manchete: **Em Petrópolis, RJ, "falta" vagas no SUS para procedimentos vasculares**. É inadmissível que jornalistas cometam um erro tão primário desses e ainda em manchete! Por outro lado, longe dos jornalistas, escreveu um leitor do diário baiano A Tarde: *Se conseguirem cassar os mandatos de todos os corruptos do Brasil, corre-se o risco de não haver eleições no próximo ano. "Vai" faltar candidatos.* E se prenderem todos os corruptos, vão faltar cadeias...

faltar³
O verbo faltar exige também outros cuidados, principalmente quando seu sujeito é uma oração. Assim, por exemplo: *Faltou pouco para eu lhe dar um bofetão.* (O povo usa "faltei" neste caso, dando ao verbo o sujeito *eu*.) *** *Faltou-me um triz para morrer.* *** *Faltou-lhe quase nada para morrer esmagado entre as ferragens do carro acidentado.* Ainda quando tem como sujeito uma oração (geralmente constituída por um infinitivo ou iniciada por ele), há comumente erro de concordância com esse verbo. Assim por exemplo: *São muitos os exercícios que ainda me falta corrigir.* (O povo pensa que o sujeito de *faltar* é o pronome *que*, representante de *exercícios*, mas seu verdadeiro sujeito é *corrigir*.) Eis outros exemplos, corretos: *Falta ainda votar dois deputados.* (E não: *"Faltam" ainda votar dois deputados*.) *** *Muitas pessoas ainda faltava opinarem.* (E não: *Muitas pessoas ainda "faltavam" opinar*.) *** *Faltou*

pronunciarem-se dois associados. *** *Falta elucidar muitos pontos importantes.* *** *Os torcedores insultaram tanto o árbitro, que só lhes faltou dizerem que ele era maricas.* *** *As fãs do cantor ficaram tão emocionadas, que só lhes faltou agredirem-no.* *** *Os espectadores estavam tão decepcionados, que só lhes faltou atirarem ovos podres nos atores e atrizes.* *** *A pobreza desses meninos é tamanha, que só lhes falta comerem terra.* *** *Nossa angústia era tão grande, que só nos faltava chorarmos.* *** *São três os jogos que falta ao Flamengo vencer para ser campeão brasileiro de futebol.* Na dúvida, é só fazer a pergunta O QUE? antes do verbo para encontrar o sujeito. Quem não faz essa pergunta e não domina a estrutura da língua está sujeito a escrever isto, colhido na Internet: *Os petistas são tão cínicos e mentirosos, que só "faltam" dizer que nunca foram corruptos.* Em O Globo: *Depois da reportagem da Folha de S.Paulo sobre a multiplicação por 20 do patrimônio de Palocci em apenas quatro anos, no período em que exerceu o mandato de deputado federal pelo PT paulista, explicações foram prestadas, mas ainda "faltam" esclarecer pontos obscuros.* Num site sobre automóveis: *O Novo Cerato 2013 já é uma realidade, mas ainda "faltam" chegar as versões hatch e cupê.* No blog de um jornalista esportivo: *O estádio do Corinthians corre risco de receber jogos da Copa do Mundo com sua cobertura inacabada. A pouco mais de dois meses da abertura do Mundial, ainda "faltam" ser instalados 15 metros de vidro na ponta das coberturas de cada arquibancada lateral.* E então? Os jornalistas brasileiros conhecem português?

faltar ao respeito ou faltar com o respeito?
Tanto faz: *Haroldo não sabe o que é faltar ao* (ou *com o*) *respeito com ninguém.* *** *Desculpe-me, cavalheiro, mas aqui ninguém lhe quis faltar ao* (ou *com o*) *respeito.* *** *Não admito que você falte ao* (ou *com o*) *respeito com sua mãe!* Como *respeito* é palavra que pede a preposição *com*, para que não haja repetição, a tendência é usar sempre a primeira construção.

famigerado
Em rigor, significa *de boa fama*, mas adquiriu conotação pejorativa no português do Brasil. Existe uma tendência de ser usada como palavra-ônibus, sempre com conotação pejorativa: *Os solteiros ou solitários têm de se contentar com o famigerado Miojo.* *** *O turista e a famigerada câmera a tiracolo.* *** *O famigerado Clube dos 13.* *** *Os clubes do famigerado eixo Rio-SP.* *** *Nessas festinhas ainda se usa o famigerado lança-perfume.* Não se deve usá-la na acepção de *faminto*, porque nada tem que ver com *fome*.

familiar
Rege *a* ou *para* (conhecido de longa data ou de outros tempos; próprio), *com* (bem-relacionado), *de* (conhecido; íntimo) e *em* (frequentador): *Este lugar é familiar a* (ou *para*) *mim.* *** *Nenhum assunto é tão familiar ao* (ou *para* o) *brasileiro quanto o futebol.* *** *É um escritor familiar com os clássicos da língua.* *** *É um apresentador familiar do povo brasileiro.* *** *É um homem já familiar da nossa casa.* *** *Ele era familiar nos cassinos de Las Vegas.*

fanático
Rege *de* (defensor intransigente; adepto) e *por* (apaixonado): *Sou um fanático do lar e da família.* *** *Os fanáticos dessa teoria não aceitam objeções.* *** *Ser fanático pelo Flamengo.*

fantasiado
Rege *de* ou *em*: *Saiu fantasiado de* (ou *em*) *pirata.*

fantasma
Adj. correspondente: *espectral* ou *lemural*. Portanto, aspecto *de fantasma* = aspecto *espectral* (ou *lemural*). Usada com o valor de adjetivo, por *inexistente*, a palavra *fantasma* não varia nem se liga por hífen ao substantivo: *contas fantasma, empresas fantasma, eleitores fantasma*, etc. Será que os jornalistas sabem disso? A resposta está nesta notícia colhida na Veja: *Varredura em obras do Ministério dos Transportes*

mostra fraudes que vão do superfaturamento a funcionários "fantasmas". O Brasil passa por um dos momentos mais críticos da sua história, tendo no governo um partido cuja bandeira era a moralização do país. É um dos jornalistas da mesma revista que no seu blog inicia um post com este título: **Nunca antes neste país os larápios federais roubaram tanto e tão descaradamente**. Nunca!

faraó "egípcio"
Redundância. Não existiu faraó a não ser no Egito. No G1, em manchete: **Tomografia revela que faraó "egípcio" teve garganta cortada**.

farelo
Adj. correspondente: *furfuráceo* ou *furfúreo*. Portanto, *mistura de farelo* = *mistura furfurácea; bolo de farelo* = *bolo furfúreo*.

faringe
Adj. correspondente: *faríngeo, faringiano* ou *faríngico*. Portanto, *inflamação da faringe* = *inflamação faríngea* (ou *faringiana* ou *faríngica*).

farinha
Adj. correspondente: *farináceo*. Portanto, *massa de farinha* = *massa farinácea*.

farol e semáforo (ou sinaleira): qual a diferença?
Farol é a torre construída na costa de mares, lagos, etc. ou em ilhas e rochedos no meio da água, provida de poderoso foco luminoso, para a orientação dos navegantes, à noite. É também cada uma das duas lanternas dianteiras de maior poder luminoso dos automóveis. **Semáforo** (ou **sinaleira**) é o conjunto dos sinais luminosos de trânsito. Todo *farol* pressupõe foco potente de luz; no sinal luminoso de trânsito não há esse requisito básico, por absoluta desnecessidade.

farto
Rege *de* (aborrecido, enjoado) e *de* ou *em* (repleto, cheio; rico): *O povo está farto de promessas*. *** *O celeiro estava farto de* (ou *em*) *trigo e soja*. *** *É um país farto de* (ou *em*) *petróleo*.

fascinação / fascínio
Regem *de* ou *por*: *As garotas daquela época tinham fascinação do* (ou *pelo*) *magistério*. *** *Esse fascínio do* (ou *pelo*) *Flamengo tinha uma explicação*.

fascinado
Rege *com, de* ou *por*: *São crianças fascinadas com a* (ou *da* ou *pela*) *informática*. *** *É histórica a fascinação do povo brasileiro com o* (ou *do* ou *pelo*) *futebol*.

fatal
Rege *a* ou *para*: *Uma picada de escorpião é dolorosíssima para um adulto, mas fatal a* (ou *para*) *uma criança*.

fatigado
Rege *com, de* ou *por* (nome), mas apenas *de* (verbo): *Chegou fatigado com a* (ou *da* ou *pela*) *viagem*. *** *Desabou na cama, fatigado de ter trabalhado doze horas intensamente*.

favorável
Rege *a* ou *para*: *As condições do clima são favoráveis ao* (ou *para o*) *plantio*. *** *Quantos votos no congresso há favoráveis ao* (ou *para o*) *projeto do governo?*

favorecer
Use sempre assim, e não "favorecer a": *Árbitros caseiros são os que gostam de favorecer os times da casa*. *** *Há sentenças que favorecem os mais fortes*.

fazer[1]
É verbo irregular: faço, fazes, faz, fazemos, fazeis, fazem (pres. do ind.); fiz, fizeste, fez, fizemos, fizestes, fizeram (pret. perf. do ind.); fazia, fazias, fazia, fazíamos,

fazíeis, faziam (pret. imperf. do ind.); fizera, fizeras, fizera, fizéramos, fizéreis, fizeram (pret. mais-que-perf. do ind.); farei, farás, fará, faremos, fareis, farão (fut. do pres.); faria, farias, faria, faríamos, faríeis, fariam (fut. do pret.); faça, faças, faça, façamos, façais, façam (pres. do subj.); fizesse, fizesses, fizesse, fizéssemos, fizésseis, fizessem (pret. imperf. do subj.); fizer, fizeres, fizer, fizermos, fizerdes, fizerem (fut. do subj.); faze ou faz, faça, façamos, fazei, façam (imp. afirm.); não faças, não faça, não façamos, não façais, não façam (imper. neg.); fazer (infinitivo impessoal); fazer, fazeres, fazer, fazermos, fazerdes, fazerem (infinitivo pessoal); fazendo (gerúndio); feito (particípio). Por ele se conjugam todos os seus derivados: afazer, benfazer, contrafazer, desfazer, liquefazer, perfazer, rarefazer, refazer e satisfazer.

fazer²
Em orações temporais, só use na terceira pessoa do singular, porque não tem sujeito: *Faz dois anos que casei.* *** *Fez dez anos ontem que ele morreu.* *** *Fazia muitos anos que não chovia.* *** *Em 2014, fará 450 anos que São Paulo foi fundada.* *** *Eu achava que já fizesse dez anos que ele tinha morrido.* Quando aparecem auxiliares, estes também não variam: *Vai fazer dois anos que casei.* *** *Estará fazendo dez anos amanhã que ele morreu.* *** *Ia fazer três anos que não chovia por aqui.* *** *Está fazendo mil anos que isso aconteceu.* Um jogador de futebol do Corinthians, vindo do Milan da Itália, numa de suas entrevistas só dizia "fazem dois anos". "fazem meses", etc. Na boca de um jogador de futebol até que se compreendem frases como essas, mas um ministro da Fazenda (dos governos Lula e Dilma) dizer publicamente "fazem quatro anos" é de doer! Notícia de O Globo: *O mal de Alzheimer precisa ser diagnosticado cedo, antes que a pessoa desenvolva um "estágio" severo de demência. Já "fazem" 27 anos que os princípios para diagnosticar a doença foram estabelecidos.* Na Folha de S. Paulo, em legenda: *Policial coloca flores em local de homenagem às vítimas dos atentados no transporte público de Madri, que "fazem" dez anos hoje.* Chega às raias do inacreditável haver jornalistas que ainda cometem esse tipo de erro infantil, que se aprende a sanar nos primeiros anos escolares. E é preciso que alguns jornalistas saibam também que só pessoas fazem estágio; doenças e quaisquer outras coisas passam por estádio.

fazer³
Com infinitivo, usam-se os pronomes oblíquos átonos, e não os pronomes retos. Ex.: *Fizeram-me dormir.* *** *Fi-la ficar quieta.* O povo, contudo, usa assim: *Fizeram "eu" dormir.* *** *Fiz "ela" ficar quieta.* Recentemente, um presidente da República (não vai ser difícil saber qual foi), em discurso numa das refinarias da Petrobras, afirmou alto e bom som: *A elite não vai fazer "eu" baixar a "minha" cabeça.* Coisas da vida... Se o pronome estiver no plural, o infinitivo não variará, ficará no singular: *Fizeram-nos dormir.* *** *Fi-las ficar quietas.* Se, no lugar do pronome, houver um substantivo, poderemos variar ou não o infinitivo: *Fizeram os rapazes dormir* (ou *dormirem*). *** *Fiz as crianças ficarem* (ou *ficar*) *quietas.* Por isso, o verbo sumir poderia também ficar no singular nesta manchete de jornal: **Operação contra traficantes faz usuários sumirem da cracolândia.** Mas jamais poderia ir ao plural neste caso, encontrado no Dicionário Houaiss, no verbete **sedonho**: *moléstia que ataca os suínos, fazendo "nascerem"-lhes pelos na goela.* Erro gritante, por isso mesmo inaceitável, mormente num dicionário.

fazer bem de ou fazer bem em?
Tanto faz: *Você fez bem de* (ou *em*) *vir.*

fazer ciente
Rege *de*: *Faço Vossas Senhorias cientes, mediante este instrumento, de que não tenho interesse na renovação de meu contrato com a sua editora.*

fazer de (ou fazer-se ou fazer-se de) + *adjetivo*
As três expressões existem e se usam por fingir, querer passar por: *Ela ouviu o insulto e*

fez de desentendida (ou *fez-se* desentendida ou *fez-se de* desentendida). *** *Esse rapaz é idiota* ou *faz de idiota* (ou *faz-se idiota* ou *faz-se de idiota*)?

fechado
Rege *a* ou *para*: *Ela diz que seu coração está fechado aos* (ou *para os*) *pretendentes*.

fecundo
Rege *de* ou *em*: *Os políticos costumam ser fecundos de* (ou *em*) *promessas*.

fedor
Pronuncie como escreve, ou seja, com o *r* final claro, embora haja pessoas que convivam com "fedô"... Rege *a* ou *de*: *O fedor a* (ou *de*) *cigarro incomoda*.

feijão
Adj. correspondente: *faseolar*. Portanto, *cálculo semelhante a feijão* = *cálculo faseolar*.

feio
Sup. sint.: *feíssimo*. Não existe "feiíssimo": os adjetivos que têm vogal antes da terminação -*io* fazem o superlativo com apenas um *i*; só os que têm consoante antes dessa terminação fazem o superlativo com dois *ii*: sério/*seriíssimo*, precário/*precariíssimo*, etc. O diminutivo, com valor de superlativo, também tem apenas um i: *feinho*. O mais curioso é que existem aqueles que "ensinam" por aí justamente o contrário. Consta até em dicionários! Normal...

feiura
Sem acento.

felicitar
Use sempre assim: *Felicito-o pelo seu aniversário*. *** *Felicitamo-lo pela brilhante conquista*. Há, no entanto, quem o empregue com "lhe": *"Felicito-lhe" pelo seu aniversário*. *** *"Felicitamos-lhes" pela brilhante conquista*. Os nordestinos, em particular, apreciam muito essa regência equivocada.

feliz
Rege *com* (satisfeito), *em* (bem-sucedido) e *de*, *em* ou *por* (verbo): *Está feliz com o casamento*. *** *Foi feliz nesse empreendimento*. *** *Está feliz de* (ou *em* ou *por*) *ter casado com esse homem*.

fêmur
Adj. correspondente: *femoral*. Portanto, *fratura do fêmur* = *fratura femoral*.

fenômeno
É a palavra certa, mas há quem use "fenônemo", como aparece na acepção 2 do verbete **deliquescência** do Dicionário Houaiss. Normal...
EM TEMPO – Esse mesmo dicionário:
109) define em **peneplanizado**: que passou por processo de peneplanização (mas não registra esta palavra);
110) em **polimetria**, define: utilização do polímetro (mas não registra esta palavra);
111) em **petalita** aparece castorita (cadê?);
112) registra **policitado** como substantivo, quando na verdade se trata de adjetivo;
113) registra **sexângulo** como adjetivo, quando na verdade é um substantivo;
114) registra **porta-sementes** como s.2gên, quando na verdade é s.m.;
115) registra **ribamar**, **salpinge** e **pereba** como substantivos masculinos, quando na verdade se trata de femininos;
116) registra "russilhonas" por **russilhona**, "peripetinga", por **peripitinga** e "quiquiriqui" por **quiqueriqui**;
117) registra "xixixi" por **xi-xi-xi**, "radiogravador" por **rádio-gravador** e "radiovitrola" por **rádio-vitrola**;
118) registra "razoídeo" por **razóideo**, "tifoídeo" por **tifóideo**, "ramerrame" por **ramerame** e "serôtino" por **serótino**;

119) registra "sistemata" por **sistêmata**, "pressóstato" por **pressostato**, "polínia" por **polinia**, "tálipe" por **talipe** e "topotipo" por **topótipo**.
120) em **coroca** usa "rabujento" por rabugento;
121) não registra o já aportuguesado guei (gay);
122) registra **punheteiro** como adjetivo e substantivo, mas define a palavra como se fosse apenas substantivo;
123) em **sargenteante**, usa "primeiro sargento" por primeiro-sargento;
124) Registra **ropálico** como adjetivo e substantivo, quando se trata apenas de um adjetivo e comete lambança na sua definição;
125) comete lambança também em **palratório**, para a qual dá como sinônimo locutório, mas neste verbete aparece parlatório, e não "palratório";
126) em **satelismo**, comete lambança na primeira acepção;
127) em **vibrissa**, ora usa uma concordância (crescem), ora outra (cresce), com o mesmo tipo de sujeito;
128) o VOLP só registra **vitrina** como forma portuguesa, mas o dicionário continua trazendo "vitrine";
129) o VOLP já traz **pró-forma**; o dicionário, porém, insiste em trazer apenas o latinismo (*pro forma*);
130) registra **sempre-verde** como adjetivo, quando na verdade é um substantivo;
131) não registra **socioeducativo, semidesnatado, plasmável, poliesportivo, pronúcleo, relicto, repentismo, painelista** e **país-membro**;
132) registra **insecável**, mas não secável;
133) registra "papel celofane", que pelo VOLP se escreve **papel-celofane**;
134) em **etiologia**, fornece esta etimologia: etio- + -logia, mas não registra na obra nem uma nem outra;
135) em **ortopedia**, encontramos: ort(o)- + -pedia [mas cadê **ort(o)-**?; cadê **-pedia**?];
136) em **tetraplegia**, encontramos: tetr(a)- + -plegia [mas cadê **tetr(a)-**?; cadê **-plegia**? e é assim na obra toda!].

fera
Adj. correspondente: *ferino*. Portanto, *unhas de fera* = *unhas ferinas*.

féria e férias: qual a diferença?
Féria é dinheiro apurado no dia de trabalho: *Apurou a féria e foi para casa*. **Férias** são descanso, repouso e exige verbo e determinantes no plural: *as férias, boas férias, férias coletivas, felizes férias*. *** *Suas férias foram boas?* *** *Nas suas próprias férias ele ficava em casa, que se dirá, então, fora delas!* O jornalista Gilberto Dimenstein, da Folha de S. Paulo, escreveu matéria e a intitulou assim: **Greve remunerada "é" férias**. É mesmo?!...

ferir
É verbo irregular apenas no presente do indicativo e no presente do subjuntivo: *firo, feres, fere, ferimos, feris, ferem* (pres. do ind.); *fira, firas, fira, firamos, firais, firam* (pres. do subj.). Por *ferir* se conjugam: *aderir, advertir, aferir, aspergir, assentir, auferir, compelir, competir, concernir, conferir, conseguir, consentir, convergir, deferir, desferir, desmentir, despir, diferir, digerir, discernir, dissentir, divergir, divertir, expelir, gerir, impelir, inerir, inferir, ingerir, inserir, interferir, investir, mentir, perseguir, preferir, pressentir, preterir, proferir, propelir, prosseguir, referir, refletir, repelir, repetir, ressentir, revestir, seguir, sentir, servir, sugerir, transferir, transvestir* ou *trasvestir* e *vestir*.

ferradura
Adj. correspondente: *hipocrepiforme*. Portanto *objeto semelhante a ferradura* = *objeto hipocrepiforme*.

ferro
Adj. correspondente: *férreo* (sentido próprio e figurado) ou *ferrenho* (sentido figurado). Portanto, *objeto de ferro* = *objeto férreo*, mas: *vontade de ferro* = *vontade férrea* (ou *ferrenha*).

ferrugem
Não varia, quando exerce a função de adjetivo, indicando cor: *blusas ferrugem, meias ferrugem*.

fértil
Rege *de* ou *em* (nome), mas apenas *em* (verbo): *Povo fértil de* (ou *em*) *crendices*. *** *Povo fértil em imaginar tolices*.

fervor
Rege *de* ou *em* (empenho, dedicação) e *por* (entusiasmo, ardor): *Admiro seu fervor da* (ou *na*) *luta pelos menos favorecidos*. *** *Esse teu fervor de* (ou *em*) *lutar pela causa do povo só te enobrece*.

fervoroso
Rege *em, para* ou *por* (ardorosamente disposto): *Saiu de casa fervoroso em* (ou *para* ou *por*) *arrumar um bom emprego*.

festa / festinha / festão
As três têm *e* aberto: Ela diz que não dá festinha, só dá festão.

fezes
Palavra só usada no plural (*as fezes*). Adj. correspondente: *fecal*. Portanto, *resíduos de fezes* = *resíduos fecais*. Curioso é que a palavra enfezado é da mesma família. E o que é um homem enfezado? É um homem zangado, amuado. Os antigos acreditavam que aquele que acumulava fezes por dias a fio ficava mal-humorado. Aliás, os antigos acreditavam em muito mais coisas, até que a Terra era quadrada...

fiado
É palavra invariável, na acepção de *a crédito* (por oposição a *à vista*): *comprar produtos fiado, vender mercadorias fiado*. Usa-se também *a fiado*: *Ela compra tudo a fiado*.

ficha-suja
Faz no plural fichas-sujas, assim como ficha-limpa faz fichas-limpas. Como se vê, não há nenhuma dificuldade na variação de tais compostos. Mas pelo menos um jornalista (da coluna Radar, da Veja) conseguiu: *O Supremo Tribunal Federal já concluiu o julgamento do caso da Lei Ficha Limpa, determinando que a regra não valeu para as últimas eleições. Até agora, no entanto, não há perspectivas para a posse dos políticos que foram impedidos de assumir suas vagas na Câmara por terem sido considerados "fichas-suja"*. Há jornalistas brasileiros que são fantásticos. Formadores de opinião!!!

fidelidade / fiel
Regem *a, com* ou *para com* (pessoa), mas apenas *a* (coisa) e *em* (nome derivado de verbo e verbo): *Passou toda a vida conjugal guardando absoluta fidelidade à* (ou *com* a ou *para com* a) *mulher*. *** *Sempre procurou guardar fidelidade à tradição*. *** *É notória sua fidelidade ao rock*. *** *É louvável essa tua fidelidade no cumprimento de teus deveres*. *** *É louvável essa tua fidelidade em cumprir teus deveres*. *** *Mulher fiel ao* (ou *com* o ou *para com* o) *marido*. *** *Sempre foi fiel às tradições*. *** *Sempre fui fiel no cumprimento dos meus deveres*. *** *Sempre fui fiel em cumprir meus deveres*. O adjetivo tem como superlativo sintético erudito *fidelíssimo* (o *e* soa levemente aberto).

figadal
Significa profundo, intenso: *inimigo figadal*. Há, porém, por aí muita gente que tem inimigos "fidagais", que, diga-se, causam muito mais prejuízos do que os inimigos figadais...

fígado
Adj. correspondente: *figadal* (figurado) e *hepático*. Portanto, *inimigo do fígado* = *inimigo figadal*; *doença do fígado* = *doença hepática*.

filé à "parmegiana"
O filé bom, o filé que faz bem à saúde é o *à parmigiana*. Mas a Sadia e a Perdigão

continuam vendendo filés de frango à "parmegiana". Deliciosos, sem dúvida, mas perigosos para a língua...

filha de santo
Sem hifens.

filho da mãe / filho da puta / filho de santo
Sem hifens.

filiar / filiar-se
Regem a ou em [tornar(-se) membro ou associado]: *Ele filiou a sua empresa a* (ou *em*) *uma rede nacional.* *** *Filiei todos os meus filhos ao* (ou *no*) *PV.* *** *O senador se filiou a* (ou *em*) *nosso partido há muito tempo.* *** *Filiei-me de coração aos* (ou *nos*) *princípios democráticos.* *** *Para a Grã-Bretanha, filiar-se à* (ou *na*) *moeda única europeia é mais vantajoso que ficar fora dela.*

Filipinas
Assim como Estados Unidos, exige sempre o verbo e determinantes no plural: *As Filipinas são constituídas por várias ilhas*. Manchete na Veja: **Crocodilo gigante é capturado "na" Filipinas**. Onde, cara-pálida?

filtrar ou filtrar-se?
Tanto faz: *A água não está filtrando* (ou *se está filtrando*) *direito.* *** *Se o filtro está sujo, a água demora para filtrar* (ou *filtrar-se*). *** *O suco, grosso, levou horas para filtrar* (ou *para se filtrar*).

fim
Rege a: *É preciso que o governo ponha fim à gasolina adulterada.* *** *A Coreia do Norte aceitou pôr fim a seu programa nuclear.* *** *É preciso dar fim a esse sofrimento.* *** *No final do período cretáceo ocorreu uma enorme extinção em massa, que ficou famosa, pois deu fim ao reinado dos dinossauros*. Manchete do Diário do Nordeste, de Fortaleza: **Acordo põe fim "na" greve dos Correios**.

fim de semana
Sem hifens, em qualquer acepção (lazer, descanso; final de semana): *Há muito tempo não tenho fim de semana.* *** *Há muito tempo não vou ao clube a que sempre ia nos fins de semana.*

findar
Use assim seus particípios: *O clube já tinha findado as negociações para a venda do jogador.* *** *As negociações foram findadas* (ou *foram findas*) *pelo presidente do clube.*

fineza
Rege com ou para com: *Usar de fineza com* (ou *para com*) *todos.* *** *Ele era um grosso, mas com* (ou *para com*) *a secretária era de uma fineza ímpar.*

fingir ou fingir-se?
Tanto faz, na acepção de querer passar por (o que não é): *Ele fingia* (ou *se fingia*) *de rico.* *** *Ela fingiu* (ou *se fingiu*) *de morta.*

fino
Rege com ou para com: *Ser fino com* (ou *para com*) *todos.* *** *Ele era um grosso, mas extremamente fino com* (ou *para com*) *a secretária.*

fissão e ficção: qual a diferença?
Fissão é divisão: *fissão nuclear*. Ficção é produto de imaginação, coisa imaginária: *Os contos de fada são pura ficção.*

fixação
Rege a, em ou por (apego exagerado ou psicótico) e de... a (ou em) [fixagem]: *Ele não conseguia explicar essa fixação à* (ou *na* ou *pela*) *mãe.* *** *A fixação de cartazes aos* (ou *nos*) *muros da cidade estava proibida.*

fixar
Use assim seus particípios: *O juiz tinha fixado um prazo para a solução do caso.* *** *Um prazo para a solução do caso foi fixado (ou foi fixo) pelo juiz.*

flamboaiã / flambuaiã
Aportuguesamentos do francês *flamboyant*. O VOLP já registra esses aportuguesamentos, mas resiste em aportuguesar outras palavras, de uso muito mais frequente, como *mignon, bacon, freezer, iceberg, slogan, spray, superavit, pout-pourri, réveillon*, etc. Por quê, ninguém sabe. É um mistério. Por nossa conta, conviemos em aportuguesar tsunâmi, que eles, só para colocar um chapeuzinho no a, vão demorar um século.

flebite
Doença que se caracteriza por inflamação das veias, à qual muitos chamam "feblite" e até "febrite".

flexionar-se
Use sempre assim, na acepção de tomar a forma flexionada, variar: *A palavra padrão, assim como fantasma e chave, não se flexiona quando funciona como um autêntico adjetivo, daí por que usamos escolas padrão, eleitores fantasma, palavras chave, etc.* *** *As conjunções jamais se flexionam.*

florido
Rege *de* ou *em*: *Campo florido de (ou em) ipês.* *** *Vida florida de (ou em) sonhos.*

fluido
Como adjetivo (*óleo fluido, substância fluida*) ou como substantivo (*fluido negativo*), a pronúncia é com acento prosódico no u: *flúi*. Só o particípio é que tem acento no i: *O trânsito tem fluído normalmente na rodovia.* *** *A água tem fluído bem pelo novo cano.* *** *Na sua companhia, as horas têm fluído rapidamente.* Escreve um pseudojornalista: *Os olhos tem uma proteção natural contra organismos estranhos – o "fluído" que cobre a córnea contém enzimas protetoras e ao piscar a pessoa impede que algo se fixe à superfície ocular.* Um jornalista de verdade escreveria: *Os olhos têm uma proteção natural contra organismos estranhos – o fluido que cobre a córnea contém enzimas protetoras e, ao piscar, a pessoa impede que algo se fixe à superfície ocular.* Numa revista especializada em esportes: *A nova geração do sedã Azera inicia o uso do novo design da marca sul-coreana, a qual chamam de estilo "fluído".* Estilo furado...

fobia
Rege *a* ou *de* (medo mórbido; repulsa instintiva): *Essa tua fobia a (ou de) alturas era compreensível.* *** *Essa tua fobia a (ou de) fumaça de cigarro é justificável.*

foca
Na acepção de jornalista principiante, é substantivo masculino e sobrecomum: *Juçara é apenas um foca esforçado.* *** *Naquela época, Ifigênia ainda era um foca.* *** *As irmãs gêmeas eram os focas da redação do jornal.*

fofoca
Rege *de* ou *sobre*: *Essas revistas vivem de fazer fofoca da (ou sobre a) vida dos artistas.*

fogo
Adj. correspondente: *ígneo*. Portanto, *pedra de fogo = pedra ígnea*. O plural (fogos) pronuncia com o tônico aberto: fógus.

foice
Adj. correspondente: *falciforme*. Portanto, *objeto semelhante a uma foice = objeto falciforme*.

folgar
Rege *com* (nome) e *de, em* ou *por* (sentir prazer, alegrar-se): *O presidente folgou com*

a rápida aprovação no Congresso da reforma da Previdência. *** *Folgo de* (ou *em*) *saber que você enriqueceu.* *** *Folgamos de* (ou *em*) *vê-la com saúde.* Com orações desenvolvidas, todavia, usa-se apenas em: *Folgo em que voltes para mim.*

folha
Podemos usar indiferentemente: *a folhas 18, à folha 18* e *na folha 18.* Não se usa "às folhas 18". O às só tem cabimento se a expressão se referir a duas folhas ou mais: *O registro está feito* às *folhas 18 e 19.* Se a folha for a primeira, naturalmente, usaremos *na folha 1, à folha 1.* O numeral fica invariável: *a folhas vinte e um, à folha vinte e um, na folha vinte e um; a folhas trinta e dois, à folha trinta e dois, na folha trinta e dois.* Se a folha for a primeira: *na folha um, à folha um.* Embora também possa ser abreviada com *f.* (de pl. *fs.*), a palavra *folha* aparece geralmente com a abreviatura *fl.* (de pl. *fls*).

folhear: verbo regular?
Não. Nenhum verbo terminado em -ear é regular. Mas se você for ao Dicionário Houaiss, na versão eletrônica, e consultar a ferramenta Conjugação de verbos, encontrará uma janela que, entre outras informações, descreve o verbo folhear como regular. Normal...

fomento
Rege *a* ou *de*: *É fundamental o fomento* à (ou *da*) *indústria e ao* (ou *do*) *comércio.*

Fonte Nova
Nome do principal estádio de futebol da Bahia. Nunca é demais insistir: trata-se de nome masculino (**o** *Fonte Nova*). Agora, se o povo resolveu lhe dar outro gênero, é algo que só se pode mesmo imputar a coisas do povo. Os jornalistas esportivos, por isso, só usam "a" Fonte Nova. Ora, quem usa "a" Fonte Nova (concordando com *fonte*), tem, por coerência, de usar também "a" Serra Dourada. Mas jornalista esportivo brasileiro é coerente? Claro que não: jornalista esportivo brasileiro usa "lateral direito", "lateral esquerdo"! Mas por que diabos nenhum deles usa "ponta-direito" ou "ponta-esquerdo"? Porque não são coerentes. Em verdade, não existe nenhum "lateral direito" (sem hífen) no mundo do futebol, mas sim lateral-direita (com hífen). Jornalista esportivo brasileiro me faz lembrar Bento Carnêro, vampiro brasilêro...

fora da lei
Sem hifens. Não varia no plural, seja como adjetivo, seja como substantivo: *os irmãos fora da lei, os fora da lei de Brasília.* No Congresso, o ministro da Justiça do governo Dilma declarou: *Não há gravações entre Lula e Rosemary. Há tantas especulações, às vezes, que não sei de onde vieram. Se alguém fez essas gravações são "foras das leis" e foram ilegais.* Está tudo ilegal... Manchete da Folha de S. Paulo: *Bush vai para terra dos "foras-da-lei", diz* **The Times**. No primeiro parágrafo da notícia, leu-se: *Bush vai para a terra dos "foras-da-lei". Com este título, o jornal britânico The Times publica uma reportagem sobre a viagem do presidente americano George W. Bush "para" a América do Sul para participar da 4.ª Cúpula das Américas e visitar o Brasil.* E se o presidente americano fizesse uma viagem à América do Sul, em vez de "para" a América do Sul, seria, com certeza, bem mais proveitosa... Afinal, Bush não viria aqui para ficar.

fora de série
Sem hifens. No plural, não varia: os fora de série.

foragido
Rege *a* ou *de*: *Viajavam no navio alguns foragidos* à (ou *da*) *guerra em seu país.* *** *Ele é considerado um foragido* à (ou *da*) *justiça.*

foragir-se
Conjuga-se por falir.

força
Rege *a* (apoio), *contra* (energia), *de* ou *para* (verbo), *em* ou *sobre* (influência, prestígio): *É importante a força* à *iniciativa privada.* *** *Mostrou ter força contra as adversidades*

da vida. *** *Não teve força de* (ou *para*) *reagir.* *** *Fazer força para aprender.* *** *A mulher do presidente tem força nele* (ou *sobre ele*).

forçar
Use assim: *Não o forcei a nada.* *** *O pai da moça o forçou a casar?!* Há os que usam o pronome "lhe" no lugar do correto o: *Não "lhe" forcei a nada.* *** *O pai da moça "lhe" forçou a casar?!* No Nordeste, principalmente, essa tendência é quase generalizada. Na acepção de *obrigar*, exige a preposição a, iniciando oração reduzida: *Os bandidos nos forçaram a fazer saques em caixas eletrônicos.* *** *Ninguém me forçou a vir aqui.*

formado
Rege *com, de* ou *por* (estruturado), *de* ou *por* (composto, constituído), *em* (educado) e *para* (alinhado; preparado): *As palavras formadas com esse* (ou *desse* ou *por esse*) *sufixo são femininas em português.* *** *Uma torcida formada de* (ou *por*) *bons e maus elementos.* *** *São pessoas formadas nas melhores escolas do país.* *** *A tropa está formada para o desfile.* *** *É um profissional formado para esse serviço.*

formidável
Passou a significar excelente, extraordinário, maravilhoso, admirável, magnífico, mas seu sentido próprio, original, é medonho, terrível, assustador. Hoje, porém, poucos usam: *guerra formidável, doença formidável, peste formidável, acidente formidável, monstro formidável.* Trata-se de um dos poucos casos de inversão semântica ocorridos em nossa língua.

formiga
Adj. correspondente: *formicular*. Portanto, *ninho de formigas* = *ninho formicular; labirinto de formigas* = *labirinto formicular*.

fornecedor / fornecimento
Regem *de...a* (ou *para*): *Os fornecedores de alimentos ao* (ou *para o*) *governo estavam emitindo notas frias.* *** *O fornecimento de livros didáticos aos* (ou *para os*) *alunos do ensino fundamental teve início em 1996.*

foro
Tem o tônico fechado em qualquer sentido relacionado com o Direito ou Justiça (o foro militar; a cidade tem novo foro); tem o tônico aberto quando significa assembleia para livre debate de um tema da atualidade ou esse debate: *Promoveram um foro sobre a economia nacional.* Em ambos os casos, usa-se também fórum. No plural (foros) significa direitos: *Ele luta por adquirir seus foros de cidadão brasileiro.* A expressão ganhar foros de = ganhar condição de: *A vila ganhou foros de cidade no século XIX.* *** *Ele ganhou foros de doutor em 2012.*

fortalecido
Rege *com, de* ou *por*: *Organismo fortalecido com* (ou *de* ou *por*) *vitaminas.*

forte
Rege *de...para* ou apenas *para* (vigoroso) e *em* (versado, entendido; seguro): *É preciso ser forte do coração para suportar tantas emoções.* *** *É preciso ser forte para suportar tantas emoções.* *** *O menino era forte em Matemática.* *** *Ela sempre foi forte em suas decisões, por isso nunca voltou atrás.*

"fototipo"
É como os médicos dizem, mas a prosódia correta é fotótipo. Segundo o fotótipo de pele de cada pessoa, ou seja, sua caracterização quanto à coloração e reação à exposição solar, fica mais fácil escolher o protetor solar ideal para a pele. Quanto aos médicos, continuo dizendo: eles entendem muito. (De medicina...)

fraco
Rege *com* (sem energia, frouxo), *de* (nome) [sem força, débil], *em* (deficiente), *para* (verbo) [sem força, débil] e *por* (queda, afeição, inclinação): *Professor fraco com os*

alunos. *** *Homem fraco do coração.* *** *O menino era fraco em Português.* *** *Homem fraco para carregar peso.* *** *Ter um fraco por morenas.*

fragrância
É a grafia correta, mas há os que preferem sentir "fragância".

franco
Rege *com...em* (ou *sobre*), apenas *com* (pessoa) e apenas *em* (ou *sobre*) [coisa]: *Os pais têm de ser francos com os filhos nesse* (ou *sobre esse*) *assunto.* *** *Estou sendo franco com você.* *** *Nunca fui tão franco em* (ou *sobre*) *uma resposta como o fui nessa.*

franco-atirador
Faz no plural *franco-atiradores*: No filme podem-se observar algumas sequências de franco-atiradores canadenses eliminando franco-atiradores talibãs. Um franco-atirador é um indivíduo especialmente dotado e treinado no manejo de armas de fogo, para atingir alvos a certa distância.

franqueza
Rege *com* (pessoa) e *acerca de* (ou *a propósito de* ou *a respeito de* ou *em relação a* ou *quanto a* ou *sobre*) [coisa]: *Sua franqueza comigo foi fundamental para a solução do caso.* *** *Sua franqueza acerca da* (ou *a propósito da* ou *a respeito da* ou *em relação à* ou *quanto à* ou *sobre a*) *decisão tomada chocou, mas não havia outra forma de fazer a coisa.*

fraqueza
Rege *com* ou *para com* (pessoa), *de* (coisa) e *em* (frouxidão) [coisa]: *A fraqueza do professor com* (ou *para com*) *seus alunos repercute mal.* *** *A fraqueza de caráter é um estigma da personalidade.* *** *A fraqueza na defesa do réu levou este à condenação.*

fraternidade
Rege *com* ou *para com*: *A fraternidade do chefe com* (ou *para com*) *seus subordinados repercutia favoravelmente na produtividade.*

fraudado
Rege *de* (privado) e *em* (frustrado; lesado): *Uma criança fraudada do carinho dos pais cresce com problemas.* *** *O time foi fraudado em suas expectativas de conquista do título.* *** *Consumidor fraudado em seus direitos já tem um órgão a que recorrer.*

fraude
Rege *contra* e *em*: *Nova fraude contra o INSS.* *** *Constatou-se fraude no peso dos pacotes de arroz.*

frear / freada / freando
Sem i, letra que só entra no substantivo *freio*. Preste atenção, agora, a este conselho de alguém muito preocupado com a integridade física de seu semelhante: *Tome cuidado para não ejetar o carona com uma "freiada" brusca!* Tome cuidado!...

freezer
Ninguém sabe dizer por que o VOLP ainda não trouxe o aportuguesamento frízer.

freio
Rege *a* ou *contra* (coisa) e *para* (pessoa): *O código do consumidor é um freio à* (ou *contra a*) *fraude.* *** *O Código do Consumidor é um freio para os maus comerciantes.* Adj. correspondente (em sentido figurado): desenfreado (ou infrene). Portanto, paixão *sem freio* = paixão *desenfreada* (ou *infrene*).

frenesi
Rege *de* ou *por*: *Naquela época estava havendo um frenesi do* (ou *pelo*) *vôlei, por causa das atletas, algumas lindas e formosas.*

frente
Antecedida da preposição *em*, pode aparecer combinada com *a* ou *de*: *Ela passou em*

*frente a*o (ou *d*o) portão e me acenou com a mão. *** *A vítima acabou morrendo em frente a*o (ou *d*o) *hospital*.

frente a
Tanto no Brasil quanto em Portugal, tem substituído *ante, diante de* e *perante*: *O Flamengo não jogou bem frente a*o *Vasco*. *** *Ele mentiu muito frente a*o *juiz*. *** *Os paulistas se houveram muito bem no jogo de ontem frente a*os *cariocas*. *** *Frente a isso, ficamos meio sem alternativas*. *** *Quais seriam esses interesses dos Estados Unidos frente a uma América Latina empobrecida e combalida?* Alguns jornalistas brasileiros, no entanto, sempre muito criativos, já estão usando apenas frente, como fez um deles, no IG, em manchete: **Volta do IPI deixa carro usado mais atrativo "frente o" zero quilômetro**. Nem mesmo usar hífen em zero-quilômetro?!

frente a frente
Sem acento no a. Repare neste anúncio, deveras "convidativo", de uma rádio de São Carlos (SP): *Clube FM, sete anos em primeiro lugar. E você frente "à" frente com seu artista preferido. Você vai ficar frente "à" frente com EDSON & HUDSON*. Convenhamos: ficar frente a frente desse jeito não é lá muito saudável... Também não se grafa "frente-a-frente" nem muito menos se usa a preposição "a" posposta, como se vê neste anúncio: *A GP11 irá colocá-lo "frente-a-frente a" ótimos negócios*.

frequentar "constantemente"
Redundância: quem frequenta já vai constantemente. No entanto, há os que não acham. Veja: *Os pacientes precisam frequentar "constantemente" os hospitais para fazer exames e as desgastantes diálises*. *** *Porém, mesmo contra a vontade de Luís da Silva, o homem passa a frequentar "constantemente" sua casa*. *** *Além disso, se eu frequentar a tua casa "constantemente", o que dirá o mundo? Dirá que és bestial...*

frieza
Rege *com* ou *para com*: *Mostrou muita frieza com* (ou *para com*) *a ex-mulher, na audiência de conciliação*.

frio
Rege *com, para* ou *para com*: *A mulher se mostrava cada dia mais fria com* (ou *para* ou *para com*) *o marido*. Sup. sint.: *friíssimo* (regular) ou *frigidíssimo* (erudito).

friorento ou friolento?
Tanto faz, a par, ainda, de friento.

fritar
Use assim seus particípios: *A cozinheira tem fritado ovos todas as manhãs*. *** *Ovos foram fritados* (ou *foram fritos*) *pela cozinheira*.

frívolo e fútil: qual a diferença?
Frívolo é leviano, inconsequente: *mulher frívola, de comportamento e interesses frívolos*. **Fútil** é que não tem utilidade alguma, inútil: *obras fúteis, gastar o tempo em atividades fúteis*.

frouxo
Rege *com* ou *para com* (pessoa), *de* ou *em* (coisa) e apenas *em* (verbo): *Professor frouxo com* (ou *para com*) *os alunos*. *** *Professor frouxo de* (ou *na*) *disciplina*. *** *Professor frouxo em punir*.

fruir
Segue a conjugação de atribuir: *fruo, fruis, frui, fruímos, fruís, fruem*. É transitivo direto ou transitivo indireto, indiferentemente: *Fruir umas* (ou *de umas*) *boas férias*. *** *Fruir a* (ou *da*) *liberdade reconquistada*. *** *Fruir uma* (ou *de uma*) *música*. *** *Fruir uma* (ou *de uma*) *obra de arte*. Significa *gozar, usufruir, desfrutar*.

frustrar / frustração / frustrado / frustrante
Apesar de ser assim, há muitos que frustram a gente, usando sem o r da segunda

sílaba. É frustrante ver um texto redigido desta forma por um jornalista: *Lindbergh Farias foi condenado por improbidade administrativa; se mantida, decisão "frustará" planos de disputar governo do estado nas eleições de 2014.* Quem não se sentirá frustrado?

fuga
Rege *a* ou *de* e *de...para*: *Suas constantes fugas à*s (ou *da*s) *obrigações causaram sua demissão.* *** *Essa fuga à* (ou *da*) *realidade não o ajuda, só o prejudica.* *** *A fuga de brasileiros para o exterior.*

fugido
Rege *a* ou *de*: *Judeus fugidos a*os (ou *d*os) *nazistas.* *** *Pessoas fugidas a*o (ou *d*o) *inverno rigoroso.*

fugir ou fugir a?
Tanto faz, na acepção de evitar: *Os portugueses fogem os* (ou *a*os) *galicismos como o diabo foge a* (ou *à*) *cruz.* *** *O comandante da aeronave, experiente, fugiu a* (ou *à*) *tempestade.* Na acepção de escapar, use apenas fugir *de*: *Três detentos fugiram da cadeia ontem.* É verbo irregular no presente do indicativo e no presente do subjuntivo: *fujo, foges, foge, fugimos, fugis, fogem* (pres. do ind.); *fuja, fujas, fuja, fujamos, fujais, fujam* (pres. do subj.). Por ele se conjugam: *acudir, bulir, consumir, cuspir, desentupir, entupir, escapulir, sacudir, subir* e *sumir*.

fulano / sicrano / beltrano
Agora, sempre com iniciais minúsculas.

fundado / fundamentado
Regem *em* ou *sobre*: *Prédio fundado* (ou *fundamentado*) *em* (ou *sobre*) *pilotis.* *** *Uma relação fundada* (ou *fundamentada*) *na* (ou *sobre* a) *hipocrisia.*

fundamental
Rege *a* ou *para*: *As exportações são fundamentais a*o (ou *para* o) *equilíbrio do balanço de pagamentos.*

fundiário
Adjetivo formado do latim *fundus* (fundo e, por extensão, bens de raiz, propriedade, patrimônio) + o sufixo -ário. Fundo, aí, está por solo, com todos os seus componentes, e indica especificamente o solo agrário. Portanto, deve estar ligado à noção de terra, terreno: *estrutura fundiária, conflito fundiário, sistema fundiário, regularização fundiária, crédito fundiário, Direito Fundiário*, etc. Os "adevogados" (e alguns, no Brasil, chegam até a ministros do STF) no entanto, sempre solertes na arte de inventar, deturpam o significado da palavra, empregando, por exemplo, depósitos "fundiários", verbas "fundiárias", desejando que o termo se refira não à terra, mas ao Fundo de Garantia do Tempo de Serviço (FGTS). Os advogados, no entanto, evitam essa combinação, usando sem preguiça: depósitos do FGTS, verbas do FGTS. Simples assim. E correto.

fundir
Conjuga-se por abolir.

funesto
Rege *a* ou *para*: *Essas invasões de terras são funestas à* (ou *para* a) *democracia.*

furacão e tufão: qual a diferença?
Ambos são ciclones tropicais violentos, com ventos entre 100 e 350km/h, geralmente acompanhados de chuvas fortes, trovões e relâmpagos, mas os *furacões* só ocorrem no Atlântico, enquanto os *tufões* acontecem apenas no Pacífico, geralmente na Ásia. Os *furacões* giram no sentido anti-horário e ocorrem nos trópicos, originando-se no Oeste da Índia ou na costa oeste da África. Os *tufões* atacam geralmente a Índia e a China e giram no sentido horário.

furto e roubo: qual a diferença?

O **furto** é ação que consiste em tomar e reter os bens de outrem, sem que este o saiba; o **roubo** é ação que toma os bens de outrem à vista da vítima. Assim, um menino de rua quando subtrai de uma loja um tênis, sem que os vendedores percebam, *furta*; quando um indivíduo abre repentinamente a porta do seu carro, no trânsito, e exige que você desça, levando seu precioso veículo, *rouba*. Se sob ameaça de arma branca ou arma de fogo, assalta.

fustigado

Rege *de* ou *por*: *Comerciantes fustigados da* (ou *pela*) *ganância.* *** *São famílias e famílias que migram para o Sudeste e o Sul, fustigados da* (ou *pela*) *seca.*

futessal

Forma rigorosamente correta, mas a 5.ª edição do VOLP (uma tragédia!; v. **VOLP**) optou pela grafia futsal, que não é nem nunca foi português.

futevôlei

A 5.ª edição do VOLP (uma tragédia!; v. **VOLP**), registra a palavra assim. Acertou. Mas se acertou aqui, por que teria errado ali, em futsal? A coerência não mandaria registrarem também "futvôlei"? Por que não o fizeram? Ah, porque não tem cabimento? E tem cabimento futsal? Essa edição do VOLP está lamentável (para não dizer hilária).

fuxico

Rege *de* ou *sobre*: *Essas revistas vivem de fazer fuxico da* (ou *sobre*) *a*) *vida dos artistas.*

G

gafanhoto
Adj. correspondente: *acridiano* e *acrídio*. Portanto, *nuvem de gafanhotos* = *nuvem acridiana* (ou *acrídia*); *infestação de gafanhotos* = *infestação acridiana* (ou *acrídia*).

gaivota
Adj. correspondente: *larídeo*. Portanto, *hábitos de gaivota* = *hábitos larídeos*.

galante
Rege *com* ou *para com*: *Um homem galante com* (ou *para com*) *as mulheres mais novas, mas indiferente às mais velhas*.

galanteio
Rege *com* ou *para com*: *Os frequentes galanteios com* (ou *para com*) *ela acabaram dando certo, e eles passaram a namorar*.

galo
Adj. correspondente: *alectório*. Portanto, *canto de galo* = *canto alectório; esporão de galo* = *esporão alectório*.

gama
Na acepção física, não varia: *raios gama, ondas gama*, etc.

gamado
Rege *em* ou *por*: *Estar gamado na* (ou *pela*) *vizinha*.

Gâmbia
Exige o artigo: *A Gâmbia é um país pobre*.

gana
Rege *a* (raiva, ódio), *de* (apetite), *de* ou *em* (verbo) e *por* (desejo): *Ter gana à ex-mulher*. *** *É um time que tem gana de títulos*. *** *Ter gana de* (ou *em*) *esganar alguém*. *** *Chegou cheio de gana por uma orgia*.

Gana
Não exige o artigo, quando o nome aparece isolado: *Gana tem cerca de 20 milhões de habitantes*. Quando aparece modificado por um adjetivo, use o artigo: *No atual Gana, 40% da população é analfabeta*.

gandaia
Alguém tem dúvida de que é essa a palavra correta? Quem já não caiu, pelo menos uma vez na vida, na *gandaia*? Pois recentemente apareceu uma atriz de telenovela que quis mudar até esse prazer. Numa de suas falas se ouviu: *O síndico aderiu à "gandalha"*. Na ânsia de não parecer caipira (que diz "cueio" por *coelho*, "muié" por *mulher*), a moça extrapolou, apelou inconscientemente para o preciosismo. Aliás, a bem da verdade, essa sua preocupação já não tem nenhum fundamento: houve até um presidente da República que nos chamou a todos caipiras. De modo que todos somos mesmo caipiras. Mas... se até o síndico aderiu à *gandaia*, a coisa deveria mesmo estar "mais mió do que boa, não é mesmo"?

ganhar
Rege *de* ou *por* (vencer): *O Palmeiras ganhou de* (ou *por*) *5 a 0 ontem*. Usam-se

assim seus particípios: *Eu tinha ganhado* (ou tinha *ganho*) *uma bolada na loteria aquele dia*. *** *Muito dinheiro no jogo foi ganho por ele*. Muitos pensam haver erro no uso de *ganhado*, que está em desuso, mas seu emprego está longe de constituir erro.

ganhar terreno a / perder terreno a
Use sempre assim: *Os esforçados sempre ganham terreno aos acomodados*. *** *O piloto brasileiro ganha terreno ao piloto italiano*. *** *Os que caminham perdem terreno aos que se apressam*. Há jornalistas que usam "sobre" no lugar da preposição a.

ganso
Adj. correspondente: *anserino*. Portanto, *hábitos de ganso* = *hábitos anserinos; penas de ganso* = *penas anserinas*.

garganta
Adj. correspondente: *gutural* ou *jugular*. Portanto, *som da garganta* = *som gutural; veia da garganta* = *veia jugular*.

gari
A palavra *gari* vem de nome próprio: *Aleixo Gary*, que foi o primeiro proprietário de empresa de serviços de limpeza do Rio de Janeiro, no final do século XIX. Seus funcionários eram inicialmente chamados pela população de *empregados do Gary*; posteriormente, apenas *garis*, aplicada, assim, mais uma vez, a lei do menor esforço, lei de que o povo tanto gosta, desde os tempos do latim vulgar. Daí surgiu o verbo *garibar* (= limpar) e o substantivo *garibada*, que muitos trocam para *guaribar* e *guaribada*, formas que um dicionário por aí atribui a um topônimo. Por isso, *garibada* e *guaribada* e *garibar* e *guaribar* viraram formas variantes, ou seja, podem ser usadas umas pelas outras.

garrafa
Usada como adjetivo, indicando cor, não varia: *camisas garrafa, calças garrafa, meias garrafa*.

gastar
Use assim seus particípios: *Tenho gastado* (ou Tenho *gasto*) *muito dinheiro*. *** *Muito dinheiro foi gasto por mim*. Muitos pensam haver erro no uso de *gastado*, que está em desuso, mas seu emprego está longe de constituir erro.

gastrenterite / gastrenterologia / gastrintestinal
São formas variantes e preferíveis a *gastroenterite, gastroenterologia* e *gastrointestinal*, respectivamente.

gato
Adj. correspondente: *felino*. Portanto, *agilidade de gato* = *agilidade felina; miados de gato* = *miados felinos*.

gear
Use apenas na terceira pessoa do singular. Só o presente do indicativo e o presente do subjuntivo têm *i*: *No Sul do Brasil geia muito no inverno*. *** *Espero que, quando eu for para lá, não geie*. Há quem use, respectivamente, "gia" e "gie".

gêiser
Pl.: gêiseres. Pronuncie jêizer, e não "ghêizer" ou "gáizer".

gelar ou gelar-se?
Tanto faz, na acepção de transformar-se em gelo, congelar-se: *Com o frio intenso, até a água das torneiras gelou* (ou *se gelou*).

gelo
Adj. correspondente: *glacial*. Portanto, *zona de gelo* = *zona glacial*. Usada como adjetivo, indicando cor, não varia: *carros gelo, sapatos gelo, bolsas gelo*.

geminado
É a palavra que deriva de *gêmeo*, e não "germinado", como querem muitos. Portanto: *casas geminadas, letras geminadas*.

general de brigada / general de divisão / general de exército
Sem hifens.

generosidade / generoso
Regem *com* ou *para com* (pessoa) e *em* (coisa): *Não esperem generosidade do governo com* (ou *para com*) *os aposentados*. *** *Não esperem generosidade do governo no reajuste do salário mínimo*. *** *O governo não tem sido generoso com* (ou *para com*) *os aposentados*. *** *Ser generoso na ração dos animais*.

geniturinário
Assim que se grafa essa palavra, mas grande parte dos médicos escreve "gênito-urinário": doenças "gênito-urinárias", trato "gênito-urinário", etc. Existe a variante "genitourinário"? Não: essa forma não tem registro no VOLP.
Se tiver dúvida sobre a escrita de qualquer palavra, consulte o **Grande dicionário Sacconi da língua portuguesa**.

gente
V. **a gente**.

gente bem ou gente de bem?
Tanto faz, mas a primeira guarda certo sentido pejorativo: *Ele é um mau-caráter e faz de tudo para passar por gente bem* (ou por *gente de bem*). *** *Todo político brasileiro é gente de bem* (ou, na opinião de muitos, *gente bem*).

gentil / gentileza
Regem *com* ou *para com*: *Ser gentil com* (ou *para com*) *as visitas*. *** *Demonstrar gentileza com* (ou *para com*) *as visitas*.

gentílico / pátrio
V. **adjetivo gentílico / adjetivo pátrio**.

geo-
Nas palavras formadas no seio da língua, tal elemento tem *e* aberto: geociência, geoecologia, geofísica, geoidrografia, geoistória, geolinguística, geomedicina, geopolítica, geotécnico. As palavras que já passaram ao português com tal elemento, como geografia, geologia e geometria, têm *e* fechado.

gerente-comercial
Sempre com hífen. Da mesma forma: *gerente-administrativo, gerente-financeiro, gerente-geral, gerente-industrial, gerente-jurídico, gerente-regional*.

gerir
Conjuga-se por ferir.

gerúndio + infinitivo
Não se flexiona infinitivo que depende de gerúndio. Ex.: *Já saiu a lista dos alunos aprovados no exame, devendo os dias para matrícula ser marcados na próxima semana*. *** *Alguns corpos das vítimas do acidente já foram retirados do local, devendo seus familiares proceder ao exame de reconhecimento*. *** *As inscrições ao concurso estão abertas, devendo os candidatos ser brasileiros natos e ter diploma de curso superior*. Os políticos sabem disso? Responda você mesmo a essa pergunta, depois do que disse um deles: *No PMDB os problemas são fundamentais, pois têm raízes ideológicas, ao passo que no DEM as divergências são superficiais, podendo "serem" acomodadas com relativa facilidade*. Os jornalistas sabem disso? Responda você mesmo a essa pergunta, depois do que escreveu (em título) um deles: **CCJ do Senado deve aprovar projeto obrigando carros a "terem" limitador de velocidade**. É o fim da picada...

gestões
Rege *junto a...para*: *Fazer gestões junto ao banco para levantar um empréstimo.*

gigante
Usa-se sempre posposto ao substantivo: espetáculo gigante, peixe gigante, festa gigante, etc. Anteposto, usa-se gigantesco, e não "gigante": *Foi um gigantesco espetáculo*. No portal Terra, no entanto, apareceu esta notícia: *Desde 2008 a situação se repete. Nesta mesma época do ano, "gigantes" desenhos, conhecidos como agroglifos, aparecem nas lavouras da cidade de Ipuaçu, a 580 quilômetros de Florianópolis, Santa Catarina*. Bons jornalistas hoje são como os ETs: não existem...

Gislaine
Pronuncie gislâini. No Nordeste dizem "gisláini". V. **Roraima**.

glândula "de Bartholin"
Pela nomenclatura oficial da Sociedade Brasileira de Anatomia, devemos usar em seu lugar glândula vestibular maior.

glicose
É a palavra que devemos usar, e não "glucose", forma inglesa. Não faltam doces e guloseimas, no entanto, que tragam na embalagem: *Não contém "glucose"*.

glu-glu
Com hífen.

Gobi
Nome do deserto asiático. Pronuncia-se góbi. A falta do acento se deve ao fato de a palavra não ser portuguesa.

Goiás
Não use com artigo. Ex.: *Estou em Goiás* (e não "no" Goiás). *** *Passei por Goiás* (e não "pelo" Goiás). Eis, no entanto, como usa um professor da USP e também colunista da Folha de S. Paulo: *"No" Goiás, a gente costumava dizer que o sujeito inteligente é aquele que dá um boi para não entrar numa briga e uma boiada pra não sair*. Sim, os inteligentes...

Goitacás
Em rigor, é plural de *Goitacá*. Sendo assim, esdrúxula seria a forma *Goitacases*, se não estivesse consagrada. Na verdade – convém salientar – equivale a "voceses", "cafeses", etc. Muitos escrevem, ainda, "Goitacazes".

goleada
Rege *em* ou *sobre*: *A goleada de 7 a 2 do Vitória no* (ou *sobre* o) *Palmeiras, em pleno Parque Antártica, foi historicamente humilhante*. (Por vingança do destino, o Vitória, que também foi responsável pela queda do Palmeiras para a segunda divisão, em 2002, acabou, como castigo, na terceira. Não se pode fazer mal aos deuses... E o Fluminense, responsável pela nova queda do Palmeiras, em 2012, que aguarde! Mas o Fluminense não é aquele time que estava na terceira divisão e entrou pela porta dos fundos na primeira, através da Copa João Havelange?) *Goleada* é uma vitória por diferença igual ou superior a três gols. Por exemplo, quando o Palmeiras vence o Corinthians por 4 a 1. Outro exemplo: quando o Palmeiras é derrotado pelo Vitória por 2 a 7. Mas uma vitória por 4 a 3 do Corinthians não é goleada, nem uma de 5 a 4. Muitos jornalistas esportivos pensam que *goleada* é a feitura de muitos gols numa partida, independentemente da diferença no placar. Está certo que pensar não ofende, mas que aborrece, ah, isso aborrece! A *goleada*, senhores, está na *diferença*, e não na quantidade.

golfo Pérsico
Por que não *golfo Persa*? Porque *golfo Pérsico* é expressão consagrada, assim como consagrado é o nome do *oceano Índico*, embora todos saibamos que *índico* seja

sinônimo de *indiano, índio* e *hindu*. Por isso é que nenhum professor de Geografia fala em golfo "Persa" nem em oceano "Hindu", que tudo isso é estrambotismo.

golpe
Rege *com* ou *de* (com nome indeterminado), mas apenas *com* (com nome determinado) e *contra* ou *em*: *Foi um golpe com* (ou *de*) *navalha*. *** *Foi um golpe com a navalha.* *** *Foi um verdadeiro golpe contra as* (ou *nas*) *liberdades individuais.*

gorar ou gorar-se?
Tanto faz: *Os planos da empresa goraram* (ou *se goraram*). *** *O projeto gorou* (ou *gorou-se*) *no nascedouro.* V. **malograr**.

gorila
É nome epiceno: *o gorila macho, o gorila fêmea*. Não existe, portanto, "a gorila". Recentemente, uma repórter de televisão nos apresentou "uma gorila fêmea" de um zoológico. Ainda mais formidável seria se ela nos apresentasse também "uma gorila macho"...

gostar
É verbo que exige sempre a preposição *de*, a menos que anteceda oração desenvolvida, caso em que ela pode aparecer elíptica: *Gosto* (*de*) *que ela me beije, ao sair.* *** *Esse é o carro de que gosto.* Como gíria, tem sido usado com pronomes oblíquos átonos: *Eu "te" gosto.* *** *Eles "se" gostam.*

gosto
Rege *a* (simpatia, afeição), *a, de* ou *por* (queda, inclinação) e *de* ou *em* (verbo): *A criança tomou gosto à babá.* *** *Você tem gosto a* (ou *de* ou *por*) *que instrumento musical?* *** *Ela sempre teve um gostinho à* (ou *da* ou *pela*) *safadeza.* *** *Ele tem gosto de* (ou *em*) *estragar a festa dos outros.*

gostoso de
Não use o pronome *se* depois da preposição. Portanto: *Carro gostoso de dirigir* (e não: de "se" dirigir). *** *Trabalho gostoso de fazer.*

gota-d'água
Com hífen. Pl.: gotas-d'água. V. **copo-d'água**.

gozar
Use gozar ou gozar de, indiferentemente, na acepção de ter, possuir e apenas gozar na de desfrutar: *Gozo boa* (ou *de*) *boa saúde.* *** *Funcionário que goza muitos* (ou *de muitos*) *privilégios.* *** *Ela não goza boa* (ou *de boa*) *fama na cidade.* *** *Gozarei as férias no exterior.* *** *Gozaram a bolada da megassena por vários anos.* *** *Vamos gozar a vida?* Na acepção de caçoar, fazer chacota, tirar um sarro, use assim: *Você está gozando a* (ou *com a* ou *da minha cara*)?

graças a
É preferível (note bem: preferível) que se use esta expressão apenas com complementos de valor positivo, reservando-se para os de valor negativo as locuções devido a, por causa de, em razão de ou equivalentes. Portanto: *Escapou da morte, graças à intervenção divina.* *** *Graças a essa nova tecnologia, nossa produção aumentou muito.* *** *Devido à sua ignorância, não conseguiu o cargo que pretendia.* *** *Devido ao seu alto teor de sais, a água do mar é imprópria para o consumo humano e para a maioria dos usos da água doce.* Um ator e diretor de televisão, ao acabar de fazer um seriado sobre a vida de Dercy Gonçalves, fez um elogio assim às atrizes que encarnaram a personagem: *Graças a essas duas "monstras" que esse foi um de meus trabalhos mais maduros.* Será? A revista IstoÉ, fazendo um resumo sobre o governo de Hugo Chávez, na Venezuela, trouxe: *Graças à "corrupção" e à falta de investimentos em tecnologia, os venezuelanos reduziram a produção diária de petróleo de 3,1 milhões de barris em 1999 para 2,4 milhões atualmente.* Graças à **corrupção**?! Só no Brasil mesmo...

grã-fino
É a grafia correta. Em seu blog, escreve Augusto Nunes, que vez ou outra se arvora em defensor intransigente do idioma: *Ele segurou tudo calado, disse tudo em quatro palavras a senadora Marta Suplicy, referindo a Delúbio Soares. Os Altos Companheiros ainda caçavam explicações menos cafajestes para a volta de Delúbio Soares ao PT e se enredavam nos palavrórios costurados para justificar a invenção da expulsão temporária quando Marta, com a sinceridade de primeira-dama das estrebarias e a arrogância de "granfina" quatrocentona, foi direto ao ponto.* Somente as reduções granfa e granfo se escrevem sem o til e o hífen. Questionado sobre a escrita errônea, bateu o pé e insistiu no erro. Continua escrevendo "granfino" e "granfina". Com que isso contribui?

grande número (ou parte ou quantidade) de
Deixam o verbo no singular ou no plural, quando se lhes segue nome no plural: *Grande número de torcedores veio* (ou *vieram*) *ao estádio.* *** *Grande parte das mulheres chorou* (ou *choraram*). *** *Grande quantidade de víveres foi jogado* (ou *foram jogados*) *fora.* Se uma dessas expressões vem antes do nome no plural, naturalmente que só cabe o singular: *Veio ao estádio grande número de torcedores.* *** *Chorou grande parte das mulheres.* *** *Foi jogada fora grande quantidade de víveres.* Um grupo de senadores, justificadamente preocupados com a cartilha do MEC que abalizava erros de português assim se manifesta, segundo a Folha de S. Paulo: *Não bastassem as precárias condições em que se "encontram" grande parte das escolas públicas brasileiras, o MEC acrescenta novo obstáculo para a formação intelectual do estudante brasileiro ao aprovar material que incentiva o emprego de construções gramaticais impróprias.* O ensino brasileiro é ótimo!...

grandessíssimo / grandíssimo
Ambos são superlativos sintéticos de *grande*, mas a primeira forma se usa pejorativamente: *Ele é um grandessíssimo sem-vergonha!* *** *Ela é uma grandessíssima vigarista!* Nunca se ouviu dizer, porém: *Ele é um grandessíssimo honesto!* *** *Ela é uma grandessíssima amiga!*

gratidão
Rege *a* ou *para com* (pessoa) e *por* (coisa): *Mostrou gratidão aos* (ou *para com os*) *professores.* *** *Mostrou gratidão pelos favores recebidos.*

gratificar
Use assim: *O homem não o gratificou por você ter-lhe achado a carteira perdida?* Muitos, no entanto, trocam o pronome *o* por "lhe".

grato
Rege *a...por* e *por* (verbo): *Foi grato ao policial pela compreensão.* *** *Mostrou-se grato à plateia pela atenção.* *** *Muito grato por se lembrarem de mim!*

gratuito
Pronuncie com *úi*, assim como *gratuitamente*: *entrada gratuita, violência gratuita; entrar gratuitamente; acusar gratuitamente.* Há repórteres que insistem em dizer "gratuíto", "gratuìtamente".

gravata-borboleta
Com hífen. Pl.: gravatas-borboleta ou gravatas-borboletas.

gravidez
Faz no plural *gravidezes*, para espanto de muita gente. *Há mulheres que passam por duas ou mais gravidezes de risco.* *** *A cada ano, 600 mil gravidezes são consequência de violações.* Repare neste texto: *Em 1975, o número de gravidezes não planejadas representava 46% da totalidade de gravidezes; hoje, esse número abaixou para 33%. A propensão ao aborto nesses casos, porém, apesar de apresentar uma leve estabilidade desde 1980, aumentou: em 1975, 41%*

dessas gravidezes eram interrompidas, sendo que, em nossos dias, temos 60% de interrupções.

gravitar "em torno de" (ou "ao redor de")
Redundância: gravitar, por si só, já significa mover-se ou girar em torno de. Ex.: A Lua gravita a Terra. Isso não impediu que um ministro barbudo do Supremo Tribunal Federal, felizmente já aposentado, escrevesse: *O debate travado nestes autos gravita "em torno do" percentual de juros.* Esta é de um jornalista: *O dólar gravita "ao redor de" R$1,60.* Esta é de outro jornalista: *A torcida corintiana gravita "em torno de" Ronaldo.* V. **orbitar**.

greco-
Elemento que entra em compostos, com o significado de grego: cultura *greco*-romana. Pronuncia-se com e tônico fechado ou aberto, indiferentemente.

grelha
Na língua cotidiana se ouve muito "grêlha", por influência da pronúncia de abelha, centelha, orelha, telha, etc., mas a pronúncia original é grélha.

gritar "bem alto"
Visível redundância. Repare neste desabafo maroto, pela Internet: *Minha vontade era gritar "bem alto", mas estava totalmente dominada pelo prazer.* Também neste: *Eu queria gritar "bem alto" ao mundo o quanto amo você, mas como meu mundo é você, eu sussurro no seu ouvido: Te Amo!* Ainda neste: *Quero gritar "bem alto" pra todo o mundo ouvir quanto meu coração pulsa por ti, meu amor, eterno amor!* Finalmente, num passo histórico: *Aí começaram a gritar "bem alto": – Crucifica! Crucifica! Crucifica!*

grosseiro / grosso
Regem *com* ou *para com* (pessoa) e *de* ou *em* (coisa): *Homem grosseiro com* (ou *para com*) *todo o mundo.* *** *Homem grosso com* (ou *para com*) *todo o mundo.* *** *Homem grosseiro de* (ou *em*) *modos.* *** *Homem grosso de* (ou *no*) *trato.*

grosso modo
Como se trata de locução latina, dispensa a preposição, embora muitos a usem ("a" grosso modo): *A explicação foi dada* grosso modo. *** *O julgamento foi feito* grosso modo. Em O Estado de S. Paulo: *Além de comandar o novo Jornal da Record News, que estreia na próxima segunda-feira, das 21h às 22h, Heródoto Barbeiro já se prepara para pilotar o Fórum, programa semanal que pode, "a" grosso modo, ser tratado como um Roda Viva com plateia. O jornalismo brasileiro é ótimo"!* Por outro lado, aquele que não era brasileiro nem falava português, o ex-presidente francês François Mitterrand, declarou certa feita, sabiamente: *Ser presidente é como uma espécie de filósofo que diz,* grosso modo, *qual será o caminho e nada mais.*

grudado a / grudar a
Use, de preferência, sempre assim: *O chiclete ficou grudado a os dentes.* *** *As crianças ficam com os olhos grudados à televisão.* *** *Meus pés pareciam grudados a o chão!* *** *Chiclete gruda a os dentes.* *** *Algo grudou a o meu sapato.* *** *Este pneu faz com que o carro fique grudado a o chão.* No português do Brasil, todavia, prefere-se a preposição *em*.

grupo
Coletivo de pessoas ou coisas em geral: um grupo de estudantes, de ilhas, etc. Naturalmente, deixa o verbo no singular, quando figura como sujeito de uma oração: *Um grupo de estudantes não aderiu à greve.* *** *Um grupo de ilhas ficou submerso.* Eis, no entanto, o que conseguiu escrever um jornalista em uma legenda, no Terra: *O grupo RPM também "estiveram" no evento.* Ou seja, é o tipo do jornalista que deve escrever também: Como a turma "gostaram", o pessoal "aplaudiram"...

-guaçu
Sufixo nominal tupi, antônimo de -mirim, que entra na formação de vários nomes indígenas denotando grande, grosso, amplo. É o mesmo que -açu. Daí por que se grafam corretamente Embuguaçu, Mojiguaçu, Mojimirim.

Guantánamo
Baía do mar do Caribe, em Cuba, onde foi instalada em 1903 uma base naval dos Estados Unidos. Pronuncia-se *guantánamu* (à espanhola) ou *guantânamu* (à portuguesa).

guarda-
Este elemento não varia, quando se junta a substantivo: os *guarda*-chuvas, os *guarda*-roupas, os *guarda*-pós. Quando se junta a adjetivo, porém, varia: os *guardas*-civis, os *guardas*-noturnos, os *guardas*-florestais.

guarda-costas / guarda-joias / guarda-móveis / guarda-vassouras
Sempre com o segundo elemento no plural.

guarda-pó e jaleco: qual a diferença?
Guarda-pó é avental que se usa sobre a roupa, para resguardá-la de pó ou poeira, principalmente no trabalho ou em viagem. **Jaleco** é casaco curto, usado por profissionais liberais.

guarnecido
Rege *com* ou *de*: *Sala guarnecida com* (ou *de*) *cortinas de seda*.

Guarujá
Nomes de cidade geralmente não se usam com artigo. Portanto, o normal seria que todos fôssemos a Guarujá ou que morássemos em Guarujá. Há, todavia, os que entendem que existe a ideia de balneário aí. Assim, fica justificado o uso do artigo: vou a**o** Guarujá, moro n**o** Guarujá. Mas essa ideia me parece meio mambembe.

guerra
Adj. correspondente: *bélico* ou *marcial*. Portanto, *zona de guerra* = *zona bélica; música de guerra* = *música marcial*.

guidom
Em português, sempre com m final; em francês é que se escreve *guidon*. Existe em nossa língua a variante *guidão*. Repare, porém, neste texto de um aficionado ao ciclismo: *O* one hand *é uma manobra simples. É apenas tirar uma das mãos do "guidon" quando se está no ar. Mas falar é muito mais fácil do que fazer. Depois de assistir diversos pilotos que começaram a pedalar junto comigo executando o* one hand *com facilidade, me senti obrigado a pelo menos tentar. Nessa hora que começam os pensamentos: E se... eu não conseguir por a mão de volta no "guidon"?, e se... eu perder a pegada e der de cara no "guidon"?, e se... Resolvi esquecer os "e se...", coloquei um capacete* full face *e resolvi tentar. A primeira vez eu consegui largar o "guidon" rápido e voltar, com a mão direita (sou destro). Tudo bem... parecia fácil. Na segunda vez aconteceu o pior: pousei com apenas uma mão no "guidon"! Porém... isso não foi um problema, pelo contrário. Ao pousar com apenas uma mão no "guidon", eu vi que isso não é tão ruim assim. Se você está devagar, sentirá apenas uma pressão na mão que ainda está no "guidon" e se tiver rápido perderá o controle da* bike*, bastando soltá-la. Nada de dentada no "guidon" ou tombo feio. No fim do dia já estava ficando mais confiante e até colocando a mão no capacete antes de voltar para o "guidon". Parece até que o rapaz é anglo-francês...*

guloso
Rege *de* ou *por*: *Os gordos são geralmente pessoas gulosas de* (ou *por*) *doces*.

H

h
Abreviatura de *hora(s)*: *2h*, *3h*. Note: é em letra minúscula e sem ponto nem s. Deve vir imediatamente após o número. A fração de minuto(s) vem logo após: *2h15min* (também sem ponto nem espaço). Na língua portuguesa não se representam as horas e minutos com o uso do dois-pontos (*15:00*), prática da língua inglesa. As palavras que indicam horas exigem artigo, sem exceção: *Telefone-me antes do meio-dia.* *** *Estarei em casa a partir das nove horas.* *** *Elisa nos procurou da uma às duas.* *** *Telefonei-lhe entre as duas e as três horas.* *** *Estiveram aqui por volta da meia-noite.* *** *Vimos Ifigênia pouco antes das cinco horas.* *** *Só encontrei Neusa depois da uma da madrugada.* *** *O desfile começará por volta da meia-noite.* No site do Globoesporte: *Pacaembu abre as portas para os santistas e recebe últimos retoques para a final "de" 16h.* Quando o numeral se refere a *minutos*, evidentemente é *os* que se usa: *O telejornal começa aos cinco (minutos) para as oito.* *** *Cheguei aos quinze para a meia-noite.* *** *A reunião terá início a partir dos dez para as nove.* *** *O filme começou aos dois para as seis.* *** *O ônibus sai aos vinte para as nove.* *** *Cheguei por volta dos quinze para a uma.* A mídia brasileira ignora tudo isso. A Rede Globo de Televisão usa e abusa de representar as horas com H (e ainda usa espaço entre o algarismo e a abreviatura). Nada a ver...

"há" por havia
Se na frase com o verbo haver existir verbo no pretérito imperfeito ou no pretérito mais-que-perfeito do indicativo, aquele verbo deverá estar no pretérito imperfeito. Ex.: *Havia muito tempo que não comíamos tão bem.* (= Fazia muito tempo...) *** *Não víamos terra havia meses.* (= ... fazia meses) *** *Quando o prefeito chegou, saíramos da prefeitura havia três minutos.* *** *Havia mais de cinco anos que não tínhamos estudado tanto!* Manchete de jornal: **Morreu faquir que não comia "há" dez dias**. Título de um post de um blogueiro da Vejaonline: **Jornal decide contar ao leitor o que os jornalistas e o governo sabiam "há" muito: Lula e Rosemary, no centro do novo escândalo, eram amantes desde 1993**. Notícia da mesma Veja: *Notívagos e astrônomos acreditavam "há" muito tempo que Tau Ceti, estrela visível a olho nu da Terra, brilhasse solitária na noite, mas cientistas acabam de descobrir cinco planetas em sua órbita, um deles situado em uma zona habitável.*
EM TEMPO – Quando se emprega o pretérito imperfeito do indicativo pelo pretérito perfeito, usa-se há, e não "havia", como nesta manchete: **O presidente Kennedy morria há cinquenta anos**. (= O presidente Kennedy morreu há cinquenta anos.)

habeas corpus
Sem hífen. Eis, todavia, como escreveu um membro do Supremo Tribunal Federal, ao comentar uma de suas polêmicas decisões: *O dr. Batocchio, aliás, não me queria como relator do "habeas-corpus", tanto que apresentou recurso de agravo contra a decisão do presidente do tribunal que mandou redistribuir os autos a mim. Após o julgamento, quando, na companhia de colegas, cumprimentava advogados que frequentam o Supremo, cumprimentou-me ele sorridente porque ganhara o "habeas-corpus".* Rege *a* (ou *em*) *favor de* ou *de*: *O advogado requereu habeas corpus a* (ou *em*) *favor do* (ou *do*) *homem preso, acusado do crime.*

habeas data
Rege *contra*: *Impetrar habeas data contra atos do governo.*

hábil
Rege *em* ou *para*: *Um jogador hábil no* (ou *para* o) *drible.* *** *Um jogador hábil em* (ou *para*) *driblar.*

habilidade
Rege *de, em* ou *para*: *Ter habilidade de* (ou *em* ou *para*) *driblar.* *** *Um jogador com muita habilidade do* (ou *no* ou *para* o) *drible.*

habilitação / habilitado
Regem *a* ou *para* (nome), mas apenas *para* (verbo): *Conseguiu, enfim, habilitação ao* (ou *para* o) *cargo.* *** *Conseguiu, enfim, habilitação para dirigir veículos pesados.* *** *A empresa queria contratar alguém habilitado à* (ou *para* a) *função.* *** *A empresa queria contratar um motorista habilitado para dirigir veículos pesados.*

habilitar
Use assim: *As autoridades não o habilitaram para dirigir veículos pesados.* Muitos, no entanto, substituem o pronome o por "lhe". Rege *a* ou *para*, mesmo quando pronominal: *Sua experiência o habilita a* (ou *para*) *exercer o cargo.* *** *Ele não se habilitou ainda a* (ou *para*) *dirigir veículos pesados.*

hábita
V. *habitat*.

habitante
Rege *de* ou *em*: *A maioria dos habitantes de* (ou *em*) *favelas não têm água encanada.*

habitar ou habitar em?
Tanto faz: *Ele habita um* (ou *num*) *sobrado.* *** *Você acha que ninguém habita a* (ou *na*) *Antártica?*

habitat
Pronuncia-se *ábitat*. O aportuguesamento, ainda sem registro no VOLP, é *hábita*.

habite-se
Pl.: *os habite-se* (inv.). *A certidão do habite-se é um documento que atesta que um imóvel foi construído segundo as exigências estabelecidas pela prefeitura.*

habituado
Rege *a*: *Estar habituado a serviço pesado.* *** *Estar habituado a dormir cedo.* A regência "habituado com", muito comum, deve ser desprezada, já que sofreu influência de *acostumado com*.

habitual
Rege *a, em* ou *entre*: *A humildade é habitual aos* (ou *nos* ou *entre os*) *mendigos.*

habituar / habituar-se
Regem *a*: *Habitue seus filhos ao estudo!* *** *Habituei-os a levantar-se bem cedo.* *** *Já me habituei a isso.* *** *Quem se habitua a roer unhas dificilmente deixa o vício.* *** *Habituamo-nos ao clima de Salvador.* A regência com a preposição "com", muito comum, deve ser desprezada.

haja vista
Expressão invariável no português contemporâneo. Equivale a *veja, leve-se em conta*: *O Brasil, país sério, espera ser potência mundial respeitada muito brevemente; haja vista os atuais políticos que tem...* *** *Os bandidos vão ser varridos das ruas. Haja vista as promessas do governador.* *** *O Brasil vai erradicar a violência. Haja vista o moderno aparelhamento da polícia e a enorme vontade política do governo.* *** *O Brasil vai acabar com a incompetência. Haja vista o alto salário que já se paga aos professores.* *** *O Brasil está eufórico. Haja vista que se acabou com o desemprego, com a miséria, com a corrupção, com a violência e com a alta carga de impostos.* E, então? Não somos um povo feliz? *Haja vista o seu sorriso* (ou *a sua gargalhada?*)...

hambúrguer
Pl.: *hambúrgueres*. Há quem use "hambúrguers".

há mister / há mister de / há de mister
As três expressões existem (é preciso, há necessidade de): *Há mister* (ou *Há mister de* ou *Há de mister*) *valorizar o professor, para a melhoria do ensino e a erradicação da incompetência*. Todas três podem ser construídas pessoalmente (necessitar, precisar, desejar), equivalendo a verbo transitivo direto: *As crianças brasileiras hão mister* (ou *hão mister de* ou *hão de mister*) *ajuda*. *** *Hei mister* (ou *Hei mister de* ou *Hei de mister*) *falar sincera e desapaixonadamente*.

Hamurábi
É a grafia correta do nome do rei da primeira dinastia da Babilônia, famoso pelo código que elaborou. Muitos, no entanto, escrevem "Hamurabe".

handicap
Este anglicismo significa, em rigor, qualquer desvantagem que torna o sucesso mais difícil: *A seleção brasileira de futebol ganhou quatro campeonatos mundiais com o* handicap *de campo e torcida*. *** *O principal* handicap *da Hyundai é a falta de imagem da marca*. Pronuncia-se *réndikèp*.

happy hour
É expressão inglesa de amplo emprego entre nós. Usamo-la corretamente no gênero feminino: *a* happy hour, *uma* happy hour. Significa *hora feliz*. Toda sexta-feira é dia de *happy hour*. Eis, porém, como anunciam certos estabelecimentos comerciais: *A casa é conhecida "pelo"* happy hour, *com duas pistas de dança que funcionam simultaneamente*. *** *DO CAFÉ DA MANHÃ "AO" HAPPY HOUR Bob's reinaugura a loja da Avenida Paulista com três novas estações de café, de sorvete e de chope*. No jornal A Tarde, de Salvador: *Agora "seu"* happy hour *vai ter muito mais conteúdo*. Na Folha de S. Paulo: *A Bolha é uma microeditora carioca que vende livros em sua sede, onde organiza animados microeventos culturais. Todo sábado, a editora realiza "o"* happy hour *Hora Feliz*. Difícil é viver qualquer hora feliz assim...

harmonia / harmônico / harmonioso
Regem *com* e *entre*: *A harmonia do poder executivo* com *o poder judiciário é importante*. *** *A harmonia* entre *os poderes da República é importante*. *** *O poder executivo deve ser harmônico* (ou *harmonioso*) com *os demais poderes*. *** *Os poderes da República devem ser harmônicos* (ou *harmoniosos*) entre *si*.

harmonizar ou harmonizar-se?
Tanto faz: *Nossos ideais não harmonizam* (ou *se harmonizam*). *** *Liberdade e marxismo nunca harmonizaram* (ou *se harmonizaram*). *** *Quando os gênios não harmonizam* (ou *se harmonizam*), *o casamento acaba rapidamente*.

Havaí
Arquipélago do Pacífico que constitui o 50.º Estado americano desde 21 de agosto de 1959. Em português não se escreve "Hawai" nem "Haway" nem muito menos "Avaí" (embora haja um clube em Santa Catarina com esse nome e grafia).

haver[1]
É verbo auxiliar e irregular: hei, hás, há, havemos ou hemos, haveis ou heis, hão (pres. do ind.); houve, houveste, houve, houvemos, houvestes, houveram (pret. perf. do ind.); havia, havias, havia, havíamos, havíeis, haviam (pret. imperf. do ind.); houvera, houveras, houvera, houvéramos, houvéreis, houveram (pret. mais-que-perf. do ind.); haverei, haverás, haverá, haveremos, havereis, haverão (fut. do pres.); haveria, haverias, haveria, haveríamos, haveríeis, haveriam (fut. do pret.); haja, hajas, haja, hajamos, hajais, hajam (pres. do subj.); houvesse, houvesses, houvesse, houvéssemos, houvésseis, houvessem (pret. imperf. do subj.); houver, houveres, houver, houvermos, houverdes, houverem (fut. do subj.); há, haja, hajamos, havei ou hei, hajam (imper.

afirm.); não hajas, não haja, não hajamos, não hajais, não hajam (imper. neg.); haver (infinitivo impessoal); haver, haveres, haver, havermos, haverdes, haverem (infinitivo pessoal); havendo (gerúndio); havido (particípio).

haver²
No sentido de *existir, acontecer, realizar-se* e *fazer*, é invariável: *Havia poucos ingressos à venda.* (Havia = Existiam) *** *Já houve duas guerras mundiais. Haverá outras?* (houve = aconteceram; haverá = acontecerão) *** *Quantas reuniões haverá hoje?* (haverá = se realizarão) *** *Não a vejo há séculos!* (há = faz). Por ocasião do julgamento dos réus do mensalão, assim opinou alguém, pela Internet: *Ainda que "hajam" muitos Dirceus, Genoínos e Lewansdovskis dispostos a dilapidar o patrimônio, enriquecer à custa do trabalho suado e mal-remunerado da imensa maioria da população, ficamos aliviados e até temos esperança de retomar-se a decência quando figuras como o excelentíssimo sr. ministro Joaquim Barbosa e seus pares condenam esses pulhas.* Impressionante, parece que não teve na vida professor de Língua Portuguesa. Frase de um jornalista: *"Haviam" três carros na garagem da casa da vítima no momento do crime.* Diria o mineiro: É messsm? Frase de um deputado federal (e não vá pensar que foi o palhaço) sobre um ministro corrupto: *Novais confessou sua incompetência ao afirmar, em audiência na Câmara, que "haviam" irregularidades nos convênios de sua pasta.* Palhaços falam melhor... Escreveu assim em sua súmula um árbitro de futebol: *No momento da expulsão do jogador da S.E. Palmeiras, "houveram" invasões de dois torcedores.* E o futebol continua fazendo milionários!... Numa revista especializada em automóveis: *Não "haverão" muitas alterações no novo Ford Fusion em relação ao que foi lançado ano passado.* E o que dizer de um jornalista que escreve isto (no Diário de S. Paulo)?: *"Haviam" quem ainda não soubesse que Marcelinho Carioca é candidato a vereador em São Paulo.* Na Veja: *Os norte-coreanos irão comemorar neste domingo o aniversário de seu novo líder, Kim Jong-un, sem ter ideia de quantos anos ele estará fazendo. As festividades – se "houverem" – devem ser discretas, devido à morte do ditador Kim Jong-Il, seu pai, em dezembro.* Jornalista que não conhece o emprego do verbo haver, é brin-ca-dei-ra! Retornemos, todavia, às luzes: quando o verbo da oração principal está no presente ou no pretérito perfeito, usa-se *há* na oração que expressa o tempo. Ex.: *Há muitos anos que não vejo Beatriz.* Se, porém, o verbo da oração principal estiver no pretérito imperfeito ou no mais-que-perfeito, usar-se-á *havia*: *Havia muitos anos que eu não via Beatriz.* Repare, agora, na frase de uma excelente jornalista carioca: *Ao contrário do que pretendem fazer crer alguns governistas, o caso atual não é mera continuidade daquilo que Marcos Valério já fazia "há" algum tempo.* No site do Globoesporte: *Adriano deixou o campo debaixo dos mais pesados xingamentos como não acontecia "há" muito tempo.* Não é mesmo pra xingar, caro leitor? Não satisfeito, o jornalista finaliza desta forma sua matéria: *Adriano deixou o estádio discretamente, porém com uma sensação que ele não sentia "há" dez anos no Flamengo.* Agora, para finalizar, frase de um jornalista de tradicional jornal paulistano: *Em Ímola, um duelo como "há" muito não se via.* O jornalismo brasileiro não é ótimo?...

haver de haver
Correto: o verbo *haver* pode ser auxiliar de si próprio. Ex.: *Haverá de haver um mundo melhor.* *** *Há de haver outros planetas habitados.*

havido
Rege *como* ou *por* (predicativo): *Aquele rapaz é tido e havido como* (ou *por*) *bandido.*

hegemonia
Rege *de* ou *sobre*: *A hegemonia da* (ou *sobre*) *as Américas ainda é dos Estados Unidos.*

"hegemonismo" / "hegemonista"
São palavras desconhecidas da língua portuguesa, que tem *hegemonia* e *hegemônico*, respectivamente. A Rede Bandeirantes, então, faz uma entrevista com o presidente do

PPS, que se revelou mais um inventor de palavras da língua portuguesa: *era um tal de "hegemonismo" pra cá, "hegemonista" pra lá, que deu até pena*. Imperdoável.

hein / hem
São, ambas, formas corretas, mas não há uma terceira. Uma fábrica de motocicletas, no entanto, divulgou recentemente um anúncio que assim tinha início: *Que inveja, "heim"!* Como ter inveja de algo que já começa errado?

Helvetia
Nome latino de uma antiga região da Suíça, que corresponde atualmente à parte ocidental do país. Em português: *Helvécia*. Em São Paulo, todavia, existe uma rua que exibe placas com o nome latino. Todo o mundo diz *rua "elvétia"*.

hemácia
É a grafia correta, mas oito entre dez professores de Biologia escrevem "hemácea".

hemorroida
Segundo o VOLP, já pode ser usada no singular: a hemorroida (antigamente só se usava no plural: as hemorroidas).

hendecacampeonato
V. **decacampeonato**.

hepatite "do fígado"
Visível redundância. Mas não falta quem diga que está com hepatite "do fígado".

herdado
Rege a ou de: *Bens herdados a (ou de) um capitalista.* *** *Cultura herdada a (ou de) civilizações pré-colombianas.*

herdeiro
Rege a ou de: *No Brasil, não se sabe ao certo quem seria o legítimo herdeiro ao (ou do) trono, se fosse reimplantada a monarquia.*

hesitação
Rege *em, em relação a, quanto a* ou *sobre*: *A hesitação do treinador na (ou em relação à ou quanto à ou sobre a) escolha dos onze jogadores que vão entrar em campo irritou a torcida.* *** *Ela revela muita hesitação nas (ou em relação às ou quanto às ou sobre as) mínimas decisões que tem de tomar.*

hesitar
Antes de infinitivo, use ou não a preposição *em*: *Ele não hesitou dizer (ou em dizer) tudo o que sabia.* *** *O bandido não hesitou matar (ou em matar) a vítima.*

hetero-
Este elemento grego tem o primeiro e aberto: heteroinfecção, heteroinoculação, heteroinstrospecção, heterossexual, etc.

heterogêneo
Rege *a* e *em*: *Um fenômeno heterogêneo a outro.* *** *São partidos heterogêneos na ideologia.*

heureca!
Interjeição que indica regozijo por um descobrimento inesperado ou pelo encontro da solução de um problema difícil: *Heureca! o Brasil acabou com a inflação!* A exclamação se deve ao matemático grego Arquimedes, ao descobrir a lei do peso específico dos corpos.

hexa-
Este elemento grego tem o e aberto e o x equivalente de ks ou de kz: hexacampeão, hexacampeonato, hexaclorofeno, hexaedro, hexagonal, hexágono, hexassílabo, etc.

hidro-
Sempre sem hífen: *hidroavião, hidroginástica, hidromassagem, hidrossanitário*, etc. Engenheiros e arquitetos, porém, costumam escrever "hidro-sanitárias", além de "ante-projeto", naturalmente...

hidroavião ou hidravião?
Tanto faz.

hífen ou hifem?
As duas grafias são corretas, mas só a primeira tem registro no VOLP (a segunda é até mais aconselhável, apesar de não ser a vulgar). Qualquer delas faz no plural *hifens* (sem acento).

hilaridade
É a forma correta, mas há quem use "hilariedade". Alguém, tratando dos efeitos maléficos da maconha, escreve: *Os efeitos psíquicos agudos dependerão da qualidade da maconha fumada e da sensibilidade de quem fuma. Para uma parte das pessoas os efeitos são uma sensação de bem-estar, acompanhada de calma e relaxamento, sentir-se menos fatigado, vontade de rir ("hilariedade"). Para outras pessoas os efeitos são mais para o lado desagradável: sentem angústia, ficam aturdidas, temerosas de perder o controle da cabeça, trêmulas, suando. É o que comumente chamam de má viagem ou bode*. Bode é a palavra certa para quem fala em "hilariedade"...

hímen ou himem?
As duas grafias são corretas, mas só a primeira tem registro no VOLP (a segunda é até mais aconselhável, apesar de não ser a vulgar). Qualquer delas faz no plural *himens* (sem acento).

hinterlândia
Região afastada ou distante do litoral; sertão; interior. Escreve-se com h, porque nos vem do alemão *Hinterland*.

hiper-
Só exige hífen antes palavras iniciadas por h ou por r: hiper-hidratação, hiper-rancoroso. Usado como substantivo, recebe acento e varia normalmente: *o híper* (= o hipermercado) *os híperes* (= os hipermercados).

hipótese
Rege *acerca de* ou *a propósito de* ou *a respeito de* ou *de* ou *em relação a* ou *quanto a* ou *sobre*: *Os cientistas estabeleceram várias hipóteses acerca da* (ou *a propósito da* ou *a respeito da* ou *da* ou *em relação à* ou *quanto à* ou *sobre* a) *origem do universo*.

Hiroxima
E não "Hiroshima".

história
Rege *acerca de* ou *a propósito de* ou *a respeito de* ou *de* ou *em relação a* ou *quanto a* ou *sobre*: *Os alunos queriam saber toda a história acerca dos* (ou *a propósito dos* ou *a respeito dos* ou *dos* ou *em relação aos* ou *quanto aos* ou *sobre os*) *bandeirantes*.

história e História: qual a diferença?
Com inicial minúscula: ciência ou ramo do conhecimento que estuda os fatos passados de um povo, país, etc. *É importantíssimo conhecer história, para aprender a viver no presente e preparar a vida para o futuro*. Com inicial maiúscula: nome da disciplina escolar que trata dessa ciência. *Sempre gostei de História, sempre fui bom aluno de História*. *** *Existem estudantes que pensam que História é mera decoreba. Como se enganam!*

homão / hominho
São, respectivamente, forma aumentativa e diminutiva que o povo inventou para homem. As duas já têm registro na 5.ª edição do Vocabulário Ortográfico da

Língua Portuguesa (VOLP). Importante acrescentar que, em ambas, o primeiro o soa fechado.

homem
Pronuncie corretamente com o fechado. No português do Brasil, todo fonema nasal confere timbre fechado à vogal anterior, mormente quando esta for tônica. Confira: *nome, dome, some, tome, come, fome*, etc. Os portugueses, no entanto, abrem essa vogal. Não devemos imitá-los: os portugueses têm lá suas peculiaridades. Escrevem *António* e pronunciam *antóniu*; os brasileiros, ao contrário, temos outras peculiaridades, que precisamos corrigir: escrevemos *Antônio* e dizemos "antóniu", escrevemos *quilômetro* e pronunciamos "kilómetru". Dá para entender?

homenagem
V. **bobagem**.

homilia ou homília?
As duas prosódias existem.

homogêneo
Rege *a* e *em*: *Um fenômeno homogêneo a outro.* *** *São partidos homogêneos na ideologia.*

homossexualidade e homossexualismo
Não se confundem tais conceitos. A homossexualidade é a preferência sexual por indivíduos do mesmo sexo, é a condição de homossexual; o homossexualismo é a prática homossexual. Assim, podemos construir: A homossexualidade já nasce com o indivíduo. *** Os evangélicos não combatem os homossexuais, mas sim o homossexualismo.

honestidade / honesto
Regem *com* ou *para com* (pessoa) e *em* (coisa): *A honestidade do professor com* (ou *para com*) *os alunos na correção das provas difunde confiança entre eles.* *** *Sempre foi honesto com* (ou *para com*) *todos no exercício da profissão.*

honra
Rege *a* (homenagem) e *para* (privilégio): *Honra àqueles que lutam pela Pátria!* *** *É uma honra para mim colaborar nessa campanha.* Antecedida da preposição *em*, aparece combinada com *a* ou *de*: *Foi feita homenagem em honra aos* (ou *dos*) *mortos.*

honrado
Rege *com* ou *por* (nome), *de* ou *em* (verbo) [dignificado, lisonjeado] e *em* (honesto): *Sinto-me honrado com o* (ou *pelo*) *seu apoio.* *** *Sinto-me honrado de* (ou *em*) *ter seu apoio.* *** *Comerciante honrado em tudo o que faz.*

honrar-se
Rege *com* ou *de*: *Honro-me com* (ou *de*) *trabalhar com você, Gumersindo.* *** *Eu me honraria com* (ou *de*) *sair com você, Susana.*

honroso
Rege *a* ou *para*: *Seu apoio é honroso a* (ou *para*) *mim.*

hora
Rege *de* (verbo) e *para* (nome e verbo): *É hora de trabalhar.* *** *Há hora para tudo.* *** *Há hora para o lazer e hora para trabalhar.*

hora e ora: qual a diferença?
Hora é período de tempo equivalente a sessenta minutos: *De hora em hora há um noticiário nesse canal.* *** *Ele ganhava nos Estados Unidos dez dólares por hora.*
Ora é advérbio, interjeição e palavra denotativa de continuação (equivalente de *mas*): *Ela, que ora é minha mulher, era apenas uma criança.* *** *Ora, vem você agora com conversa mole!* *** *Ela queria ir à praia; ora, havia chovido muito, por*

isso não a acompanhei. A expressão *por ora* equivale a *por enquanto*: *Por ora está tudo bem.*

horas
V. **h**.

horror
Rege *a* ou *por* (aversão, repulsa) e *de* (medo, pavor): *O velho tinha horror a* (ou *por*) *crianças.* *** *Ele sente horror ao* (ou *pelo*) *casamento.* *** *As crianças têm horror de bicho-papão.* *** *As mulheres têm horror de baratas.* *** *Homens e mulheres têm horror de ficar velhos.*

horrorizado
Rege *com, de* ou *por*: *Os turistas ficaram horrorizados com a* (ou *da* ou *pela*) *violência no Rio de Janeiro.*

Hortênsia
É a grafia correta. Muitas mulheres, no entanto, trazem "Hortência" no registro civil.

hospedagem
Rege *a* (pessoa) e *em* (coisa): *A hospedagem aos turistas em pousadas foi a solução encontrada para a falta de vagas nos hotéis da cidade.*

hostil / hostilidade
Regem *a, contra, para* ou *para com*: *Esse congresso é hostil ao* (ou *contra o* ou *para o* ou *para com o*) *governo.* *** *O Congresso revelou desde logo hostilidade ao* (ou *contra o* ou *para o* ou *para com o*) *novo presidente.*

humanidade / humano
Regem *com* ou *para com*: *Governo que não tem humanidade com* (ou *para com*) *os pobres.* *** *O carcereiro era muito humano com* (ou *para com*) *os presos.*

humildade / humilde
Regem *com* ou *para com*: *Manifestar grande humildade com* (ou *para com*) *os pais.* *** *É preciso ser humilde com* (ou *para com*) *todos.*

humilhado
Rege *com* (coisa): *Sentiu-se humilhado com aquela declaração.*

humo ou húmus?
As duas formas existem, mas a segunda é mais usada.

I

i / I
A minúscula (repare) tem pingo ou ponto, mas a maiúscula não. Muitos, porém, escrevem o i sem pingo, ou colocam uma bolinha em seu lugar, e grafam o I com pingo. V. **j / J**.

ia indo
Correto: o verbo *ir* pode ser auxiliar de si próprio, assim como o verbo *vir*: *Eu ia indo, e ela não vinha vindo...*

ibero
Pronuncia-se *ibéru*. Muitos, no entanto, usam "íberu". Os iberos foram um povo que por muito tempo dominou a península Ibérica. Ao se unirem com os celtas, surgiram os celtiberos (bé), que muitos dizem "celtíberos". Existe uma boa faculdade em São Paulo que se chama *Ibero-Americana*. Muitos dizem "íberu-amerikâna". Certamente, não estudaram nela...

ida
Rege *de...a* (para retornar breve) ou *para* (para permanecer ou ficar), ou apenas *a* e *para*: *Minha ida de São Paulo a Cuiabá foi por compromissos profissionais.* *** *Minha ida de São Paulo para Cuiabá se deveu a uma transferência solicitada por mim.* *** *Minha ida a Santos todos os fins de semana me faz bem.* *** *Minha ida para Santos talvez resolvesse de vez meu problema de saúde.* *** *Sua ida ao banheiro não foi percebida nem pelo namorado.* *** *Sua ida para a cama não foi percebida nem pelo marido.*

idade
Adj. correspondente: *etário*. Portanto, *faixa de idade* = *faixa etária*; *grupos por idade* = *grupos etários*.

Idade Média
Adj. correspondente: *medieval*. Portanto, *costumes da Idade Média* = *costumes medievais*.

ideia
Rege *a favor de* ou *contra, de* (intenção, geralmente com verbo; lembrança), *de* ou *sobre* (conceito, noção) e *acerca de* (ou *a propósito de* ou *a respeito de* ou *em relação a* ou *quanto a* ou *sobre*) [convicção]: *Alimentar ideias a favor da* (ou *contra a*) *monarquia*. *** *Não tenho ideia de viajar.* *** *Não tinha a mínima ideia do fato.* *** *A ideia de* (ou *sobre*) *Deus é muito difusa.* *** *Qualquer dia eu te direi minhas ideias acerca desse* (ou *a propósito desse* ou *a respeito desse* ou *em relação a esse* ou *quanto a esse* ou *sobre esse*) *projeto*. Adj. correspondente: *ideativo* (*mundo ideativo*).

identificado
Rege *a* ou *com*: *Ela já estava tão identificada àquele* (ou *com aquele*) *estilo de vida, que nem percebia estar sendo usada.* *** *Estou plenamente identificado aos* (ou *com os*) *interesses do meu país.*

identificar-se
Rege *com* ou *em*: *Minha alma parece identificar-se com a* (ou *na*) *dela.*

idolatria
Rege *a, de* ou *por*: *Ter idolatria aos* (ou *dos* ou *pelos*) *filhos*.

ignorado
Rege *de* ou *por*: *Na escola, sentia-se ignorado dos (ou pelos) colegas.*

ignorância
Rege *acerca de* ou *a respeito de* ou *em relação a* ou *de* ou *quanto a* ou *sobre*: *A ignorância acerca da (ou a respeito da ou em relação à ou da ou quanto à ou sobre a) crase é geral.*

ignorante
Rege *de* ou *em*: *São pessoas completamente ignorantes do (ou no) assunto.*

Igreja
Adj. correspondente: *eclesiástico*. Portanto, *tribunal da Igreja* = *tribunal eclesiástico*; *dignidades da Igreja* = *dignidades eclesiásticas*.

igual
Rege a: *Ele é igual ao pai*. Frase do mais cacete dos narradores esportivos que este país já produziu, durante um jogo da seleção brasileira de futebol na Bolívia: *O Neymar tem que jogar igual "o" Messi, que faz de tudo para não cair*. Além de profundamente chato, o sujeito ainda ignora o que não deveria ignorar. V. **"menas"**.

igualar
Use assim: *Ninguém ainda o igualou em habilidade no futebol*. Há quem use "lhe" no lugar o pronome *o*. Usado como transitivo direto e indireto ou como pronominal, rege *a* ou *com*: *Você quer igualar minha casa à (ou com a) sua?* *** *Minha casa não se iguala à (ou com a) sua.*

"Iguassu"
Noticiam os jornais que alguns políticos do Paraná resolveram mudar a grafia do nome de *Iguaçu* para "Iguassu", estribando-se num equívoco da Academia Brasileira de Letras, que ainda mantém a grafia antiga e incorreta "Mossoró", além de outras. No dia que um país permitir que políticos, a maioria sem nenhuma formação linguística, legislem sobre coisas que absolutamente ignoram, será melhor que fechemos as portas de todas as nossas universidades, porque, afinal, já se sabe onde está a sabedoria, que no mais das vezes costuma ser aplicada a uma enorme gama de resultados...

ilha
Dim. irregular: *ilhéu* (s.m.), *ilhota*. Adj. correspondente: *ilhéu* (de fem. *ilhoa*), *insular* (*homem ilhéu; população ilhoa; aves insulares*). Col.: *arquipélago*. Alguns livros de Geografia continuam insistindo na definição redundante de ilha: porção de terra cercada de água "por todos os lados". Gostaria de saber de um professor de Geografia se existe algo cercado que não seja por todos os lados.

ilha de Itaparica ou Ilha de Itaparica?
Tanto faz. Da mesma forma: ilha (ou Ilha) de Comandatuba, ilha (ou Ilha) de Itamaracá, etc. Quando, porém, a palavra ilha(s) faz parte do nome de um país, a inicial é obrigatoriamente maiúscula: Ilhas Britânicas, Ilhas Virgens, Ilhas Caimão, etc.

ilhós
Pl.: ilhoses: *O uso de ilhoses evita que as bordas afiadas de painéis metálicos cortem cabos que por eles passem. Os ilhoses podem ser usados ainda para reforçar furos, ou para dar firmeza ao suporte de cortinas ou ganchos.*

iludido
Rege *com* ou *por*: *Ficou iludido com (ou por) aquela promessa.*

iludir
Use sempre assim: *Ela o iludiu*. Muitos, no entanto, usam o pronome "lhe" no lugar do *o*.

iluminado
Rege *com, de* ou *por*: *O estádio era iluminado com (ou de ou por) grandes e fortes holofotes.* *** *A sala estava iluminada com (ou de ou por) grandes lâmpadas.*

imbuir
Conjuga-se por atribuir.

imediato
Rege *a*: *Qual é o número imediato a 17?* *** *O dia imediato ao domingo é sempre uma enfadonha segunda-feira.* A regência "imediato de", muito comum, deve ser desprezada.

imergir
Use assim seus particípios: Ele tinha imergido o objeto em álcool. *** O objeto foi imerso (e não foi "imergido") em álcool.

impaciente / impaciência
Regem *com, de* ou *por*: *Estar impaciente com a (ou da ou pela) demora no atendimento.* *** *Todos notaram sua impaciência com a (ou da ou pela) demora no atendimento.*

impacto
Rege *em* ou *sobre*: *O aumento de combustíveis sempre causa um forte impacto na (ou sobre a) inflação.*

imparcial / imparcialidade
Regem *com* ou *para com* (pessoa) e *em* (coisa): *Um árbitro imparcial com (ou para com) as equipes em disputa.* *** *É fundamental a imparcialidade do árbitro com (ou para com) as equipes em disputa.* *** *Ele sempre se revelou um juiz imparcial nas sentenças.* *** *Sua imparcialidade nas sentenças era de todos conhecida.*

impassível / impassibilidade
Regem *a* ou *ante* ou *diante de* ou *perante*: *Gente impassível à (ou ante a ou diante da ou perante a) dor alheia.* *** *A impassibilidade do árbitro à (ou ante a ou diante da ou perante a) tentativa de agressão foi louvável.*

impeachment
A palavra inglesa *impeachment* (pronuncia-se *impítchment*) é mais específica que a vernácula *impedimento* (que pode existir até em futebol). Daí por que tem a preferência dos juristas e jornalistas. Podem, contudo, ambas ser usadas, sem problemas. Não há como rejeitar um estrangeirismo, quando ele é necessário, mais adequado, conveniente ou apropriado que a palavra vernácula. Há algum tempo, tivemos um presidente da República que sofreu processo de *impedimento*. Muitos cientistas políticos, à época, defendiam o uso da palavra em inglês: *impeachment*, condenando o seu aportuguesamento, pois, segundo eles, a palavra *impedimento* não teria o mesmo alcance do significado jurídico do termo inglês.

impedimento
Rege *a* ou *de* ou *para* (obstáculo): *Não havia nenhum impedimento à (ou da ou para a) sua saída do país.* *** *A alta taxa de juros era um impedimento ao (ou do ou para o) crescimento.*

impedir
Quem impede, impede alguém de alguma coisa ou impede a alguém alguma coisa: *Os guardas impediram o homem de entrar no teatro.* Ou: *Os guardas impediram ao homem que entrasse no teatro.* *** *A mãe impediu as filhas de viajar.* Ou: *A mãe impediu às filhas que viajassem.* Conjuga-se por pedir.

impeditivo
Rege *a* ou *de*: *Medida impeditiva à (ou da) liberdade de expressão.* *** *Lei impeditiva à (ou da) importação de carros.*

impelido
Rege *a* ou *para*: *Hortênsia foi impelida à (ou para a) prática do mal.* *** *Sinto-me impelido aos (ou para os) braços daquela mulher.*

impelir
Conjuga-se por ferir.

imperdoável
Rege *a*: "*Aumentar ainda mais*" *é uma redundância imperdoável a qualquer jornalista.*

imperialismo
Rege *em* ou *sobre*: *Desde há muito que Paris exerce um imperialismo na* (ou *sobre*) *a*) *moda, não contestado por nenhum movimento "libertador".*

império
Rege *de* ou *sobre* (domínio) e *em* ou *sobre* (ascendência): *A Inglaterra exercia, naquela época, um império dos* (ou *sobre os*) *mares de todo o mundo.* *** *O império do homem na* (ou *sobre*) *a*) *mulher é o da força bruta, e o da mulher no* (ou *sobre*) *o*) *homem é o da beleza.*

impertinência / impertinente
Regem *com* ou *para com*: *A impertinência do chefe com* (ou *para com*) *alguns dos seus subordinados era injustificável.* *** *Era um homem impertinente com* (ou *para com*) *crianças.*

impiedade / impiedoso
Regem *com* ou *para* ou *para com* (pessoa) e *em* (coisa): *Demonstrar impiedade com* (ou *para* ou *para com*) *os mendigos.* *** *Ditador impiedoso com* (ou *para* ou *para com*) *os adversários políticos.* *** *Sua impiedade no julgamento já era notória.* *** *Juiz impiedoso nas sentenças que proferia.*

ímpio
Rege *com, contra* ou *para com*: *Os bolchevistas eram ímpios com* (ou *contra* ou *para com*) *qualquer tipo de religião ou de religiosidade.*

implacável
Rege *com, contra* ou *para com* (pessoa), mas apenas *com* ou *contra* (coisa): *Mostrar-se implacável com* (ou *contra* ou *para com*) *os conspiradores.* *** *Professor implacável com* (ou *contra*) *os vícios de linguagem de seus alunos.*

implicância
Rege *com* (antipatia) e *em* (envolvimento): *Sua implicância com as crianças era irritante.* *** *Qual é a sua real implicância nessa fraude?*

implicar
Sem preposição, nas acepções de dar a entender, pressupor; produzir como consequência, acarretar; originar, causar, produzir; tornar indispensável ou necessário, requerer, exigir: *Um sorriso que implica certa cumplicidade.* *** *Greve ilegal implica demissões.* *** *A tecnologia implica maior conforto para a humanidade.* *** *Democracia implica responsabilidade e muita disciplina.* A língua cotidiana, porém, usa-o com a preposição "em". Na acepção de ter implicância, antipatizar, ter birra, use com a preposição *com*: *É um vizinho que implica com todo o mundo.* *** *Por que você implica tanto comigo?* *** *Eu implico com criança mal-educada.* Use implicar-se na acepção de envolver-se: *Procure não se implicar em confusões!*

impor
Como segue a conjugação de pôr, não existem as formas "imporam", "imposse", "impossem", "impormos" (no subj.), "imporem", comuns na língua popular, mas apenas, respectivamente, *impuseram, impusesse, impusessem, impusermos, impuserem.*

importado ou exportado?
É um pouco difícil ver pessoas confundindo os dois conceitos. Mas alguns jornalistas conseguem. Repare nesta notícia, caro leitor: A Mercedes-Benz anunciou o recall de mais de 85 mil modelos Classe C e Classe E, nos Estados Unidos. A Mercedes ainda não anunciou se o recall vai envolver os modelos "importados" para o Brasil.

importância
Rege *a* ou *para* (interesse) e *em* ou *sobre* (influência): *São medidas sem nenhuma importância ao* (ou *para* o) *povo.* *** *São fatos de grande importância à* (ou *para* a) *história.* *** *A importância da educação na* (ou *sobre* a) *formação da personalidade da criança.* *** *A importância de um cacique em* (ou *sobre*) *um partido político.*

importante
Rege *a* ou *para* (interessante) e *em*: *São fatos importantes à* (ou *para* a) *história.* *** *Trata-se de um fenômeno importante na linguagem.*

importunação / importunado
Regem *com, de* ou *por*: *Sua importunação com* (ou *de* ou *por*) *qualquer ruído o deixava cada vez mais nervoso.* *** *Homem importuno com* (ou *de* ou *por*) *ruídos.*

importuno
Rege *a* ou *para* (chato, cacete) e *com* ou *para com...em* (inconveniente): *Criança importuna aos* (ou *para os*) *pais.* *** *Rapaz importuno com* (ou *para com*) *a namorada nas carícias que fazia.*

imposição
Rege *de...a* (ou *sobre*): *A imposição da língua do vencedor ao* (ou *sobre* o) *povo vencido não é boa política.*

impossibilidade
Rege *de, em* ou *para*: *A impossibilidade de* (ou *em* ou *para*) *poder viajar é que o atormentava.* *** *A impossibilidade do* (ou *no* ou *para* o) *crescimento imediato era uma das preocupações do governo.*

impossibilitado
Rege *de* ou *para*: *Estar impossibilitado de* (ou *para*) *andar.* *** *Sentiu-se impossibilitado do* (ou *para* o) *desempenho de suas funções.*

impossível
Rege *a* ou *para*: *É impossível ao* (ou *para* o) *governo baixar agora a taxa de juros.* *** *É impossível a* (ou *para*) *uma criança de cinco anos compreender isso.*

impossíveis de + infinitivo
Não use o infinitivo no plural, mesmo que o adjetivo esteja no plural: *Problemas impossíveis de resolver.* *** *Picos impossíveis de escalar.* *** *Essas informações são impossíveis de ser tiradas.*

imposto
Rege *de* ou *sobre* (neste caso, exige o artigo): *Foi cobrado o imposto de* (ou *sobre* a) *renda na fonte.* *** *O Brasil é o único país do mundo em que se paga tanto imposto para não receber absolutamente nada em troca.*

impotência / impotente
Regem *ante* ou *perante* e *contra*: *Sua impotência ante* (ou *perante*) *o Congresso é que mais o incomoda.* *** *Um governo impotente ante* (ou *perante*) *o Congresso.* *** *Sua impotência contra as forças do mal o atormentava.* *** *Era um ser impotente contra as forças do mal.*

imprescindível
Rege *a* e *a...em* (ou *para*): *São atributos imprescindíveis a um craque o cabeceio, o drible e a visão de jogo.* *** *O drible é imprescindível ao jogador na* (ou *para* a) *sua profissão.* *** *O alumínio, hoje, é um metal imprescindível às montadoras nos* (ou *para os*) *seus motores sofisticados.*

impressão
Rege *em* (sensação, impacto) e *acerca de* ou *a respeito de* ou *quanto a* ou *sobre* (opinião): *A impressão do novo carro nos consumidores foi altamente favorável.* ***

Minha impressão acerca daquele (ou *a respeito daquele* ou *quanto àquele* ou *sobre aquele*) *dicionário não é nada boa.* Quem tem impressão, tem impressão *de* alguma coisa: *Tenho a impressão de estar sendo seguido.* *** *Tive a impressão de que havia um jato na minha cabeça, de tanta dor!* Nas orações reduzidas, o *de* é de rigor, mas nas desenvolvidas (que se iniciam normalmente por *que*), a preposição pode estar elíptica. Assim, a segunda frase poderia também estar assim: *Tive a impressão que havia um jato na minha cabeça, de tanta dor!* Quando *impressão* representa o sujeito, a preposição *de* é facultativa: *A impressão era (de) que havia um jato na minha cabeça, de tanta dor!*

impressionado
Rege *com, de* ou *por*: *Ficou impressionado com a* (ou *da* ou *pela*) *inteligência da menina.* *** *Não estou nada impressionado com isso* (ou *disso* ou *por isso*).

impressionar
Use sempre assim: *O filme o impressionou muito.**** *Nada a impressiona?* Muitos, no entanto, usam o pronome "lhe" no lugar do *o*.

imprimir
Use assim seus particípios: *A editora já tinha imprimido o livro.* *** *O livro já fora impresso pela editora.* Na acepção de comunicar, transmitir, só aceita imprimido: *O motorista tinha imprimido grande velocidade ao veículo.* *** *Foi imprimida* (e não *Foi "impressa"*) *grande velocidade ao veículo.*

impróprio
Rege *a* ou *para* (nome), mas apenas *para* (verbo): *O mar está impróprio ao* (ou *para o*) *banho.* *** *Filme impróprio a* (ou *para*) *menores.* *** *Água imprópria para beber.*

improvido / impróvido
Atenção, senhores "adevogados"! **Improvido** é que não teve provimento; sem provimento: recurso improvido, agravo improvido, apelo improvido. **Impróvido** é que não foi advertido ou informado: *Ele entrou para a reunião totalmente impróvido quanto ao assunto a ser tratado.* No entanto, do Ministério da Justiça do governo Lula, junho de 2010, saiu isto: *Recurso conhecido e "impróvido", legitimando a lavratura do acórdão nos moldes autorizados pelo artigo 46 da Lei n°.9.099/95.* Tudo a ver...

impugnação
Rege *a* ou *de*: *A impugnação ao* (ou *do*) *resultado das eleições foi motivo de protesto da oposição.*

imundície ou imundice?
Tanto faz, além de imundícia. V. **calvície**.

imune / imunidade
Regem *a* ou *de*: *Esses atletas parecem imunes ao* (ou *do*) *cansaço.* *** *As crianças são criaturinhas imunes a* (ou *de*) *qualquer pecado.* *** *Há pessoas imunes ao* (ou *do*) *vírus HIV.* *** *Há pessoas que apresentam imunidade a esse* (ou *desse*) *vírus.*

inábil / inabilidade
Regem *em* ou *para*: *O rapaz mostrou inabilidade em* (ou *para*) *negócios.* *** *É um rapaz inábil em* (ou *para*) *negócios.*

inabilitado
Rege *de* ou *para*: *Foi considerado inabilitado de* (ou *para*) *servir o Exército.*

inacessível
Rege *a* ou *para*: *A universidade pública se tornou inacessível à* (ou *para a*) *maioria da classe pobre.*

inadequado
Rege *a*: *Traje inadequado à ocasião.*

inadimplemento / inadimplência
Falta de cumprimento das obrigações contratuais. Ambas são formas corretas, mas a primeira é gramatical; a segunda, mais recente na língua, é, todavia, a mais usada. Verbo correspondente: *inadimplir*, que se conjuga por *falir*. Antôn.: *adimplemento / adimplência* (cujo verbo corresp. é *adimplir*). A pessoa que não cumpre suas obrigações contratuais se diz *inadimplente*. Há quem use "inadiplência" e "inadiplente".

inalienável
Rege *de*: *A liberdade é um direito inalienável do ser humano.*

inapto / inaptidão
Regem *a* ou *para* (nome), mas apenas *para* (verbo): *Presidente inapto ao* (ou *para o*) *exercício da democracia.* *** *Os índios eram inaptos para trabalhar como escravos.* *** *Essa inaptidão ao* (ou *para o*) *exercício da democracia quase lhe foi fatal.* *** *A inaptidão dos índios para trabalhar como escravos obrigou os portugueses a importar africanos.*

inaugurar-se
Use sempre assim, na acepção de *estrear-se*: *A televisão colorida no Brasil se inaugurou em 1973.* *** *O novo cinema da cidade se inaugurará amanhã.*

incapacitado
Rege *a, de* ou *para*: *Era um presidente incapacitado ao* (ou *do* ou *para o*) *exercício da democracia.* *** *Considerou-se incapacitado a* (ou *de* ou *para*) *ocupar o cargo.*

incapaz / incapacidade
Regem *de, em* ou *para*: *Gente incapaz de* (ou *em* ou *para*) *chorar.* *** *Essa incapacidade de* (ou *em* ou *para*) *chorar era atávica.* *** *Homem rude, incapaz dum* (ou *num* ou *para um*) *carinho.*

incentivo
Rege *a, de* ou *para*: *A impunidade é um incentivo ao* (ou *do* ou *para o*) *crime.* *** *As altas alíquotas do imposto de renda são um incentivo à* (ou *da* ou *para a*) *sonegação.*

incerto / incerteza
Regem *acerca de* ou *a respeito de* ou *de* ou *em relação a* ou *quanto a* ou *sobre*: *Estou incerto acerca do* (ou *a respeito do* ou *do* ou *em relação ao* ou *quanto ao* ou *sobre o*) *rumo a seguir.* *** *A incerteza acerca do* (ou *a respeito do* ou *do* ou *em relação ao* ou *quanto ao* ou *sobre o*) *sucesso do empreendimento o angustiava.*

inchar ou inchar-se?
Tanto faz: *De tanto caminhar, meus pés incharam* (ou *se incharam*). *** *Todos os rios da região incharam* (ou *se incharam*) *com as últimas chuvas.*

incidente / incidência
Regem *em* ou *sobre*: *O imposto incidente nesse* (ou *sobre esse*) *produto é alto.* *** *A maior incidência desse imposto é nos* (ou *sobre os*) *assalariados.*

incitação ou incitamento?
Tanto faz. Regem *de...a* ou apenas *a*: *A incitação* (ou *O incitamento*) *dos torcedores ao vandalismo era feita(o) por indivíduos já conhecidos da polícia.* *** *Esse discurso foi um incitamento* (ou *uma incitação*) *à violência.*

inclemente / inclemência
Regem *com* ou *para com* (pessoa), mas *em* (coisa): *Magistrado inclemente com* (ou *para com*) *os criminosos.* *** *Magistrado inclemente nos julgamentos.* *** *A inclemência do magistrado com* (ou *para com*) *os criminosos era conhecida de todos.* *** *Sua inclemência nos julgamentos era pública e notória.*

inclinação / inclinado
Regem *a* (queda, tendência), *para* (vocação, propensão), *por* (simpatia, atração) e *sobre*

(curvado, dobrado): *Sentia-se no rapaz forte inclinação à humildade.* *** *Meu filho não tem nenhuma inclinação para o sacerdócio.* *** *Sua inclinação para o crime era atávica.* *** *Tem uma clara inclinação por morenas.* *** *Rapaz inclinado à humildade.* *** *Era gente inclinada para o crime.* *** *Ele é inclinado por morenas.* *** *Encontrei a mãe inclinada sobre o leito do filho.*

incluir
Conjuga-se por atribuir. Tem dois particípios: *incluído* (regular) e *incluso* (irregular). O primeiro se usa com *ter, haver, ser* e *estar*; o segundo, apenas com *ser* e *estar*: *O noivo havia incluído vários convidados para a festa.* *** *Vários convidados para a festa foram incluídos* (ou *foram inclusos*) *pelo noivo.* Portanto, não se usa "tinha incluso".

inclusão
Rege *de...em, de...entre,* ou apenas *entre*: *A inclusão de meu nome na lista foi feita tardiamente.* *** *A inclusão de meu nome entre os aprovados foi feita tardiamente.* *** *Ele queria saber a razão da sua inclusão entre os sonegadores.*

incoerente
Rege *com* ou *em*: *Discurso incoerente com a prática.* *** *Presidente incoerente em seu discurso.*

incomodar
Use assim: *Qualquer ruído o incomoda.* Muitos, no entanto, usam "lhe" no lugar do *o*.

incomodar-se
Rege *com* (nome) e *de* ou *em* (verbo): *Não me incomodo com ruído.* *** *Você se incomoda de* (ou *em*) *me ceder seu lugar na fila?* Antes de orações desenvolvidas, omite-se geralmente a preposição *com*: *A juventude de hoje não se incomoda que lhe critiquem o comportamento.* *** *O pai não se incomoda que o filho traficante vá para a cadeia.*

incômodo
Rege *a* ou *para*: *Essa gente é um incômodo ao* (ou *para o*) *governo.*

incompetente / incompetência
Regem *em* (nome ou verbo) e *para* (verbo): *Governo incompetente na solução de problemas.* *** *Governo incompetente em* (ou *para*) *solucionar problemas.* *** *A incompetência no ensino não se deve aos professores.* *** *A incompetência em* (ou *para*) *fazer o serviço causou-lhe a demissão.*

incompreendido
Rege *de* (ou *por*)*...em,* ou apenas *de* ou *por*: *Cientista incompreendido de* (ou *por*) *seus colegas em sua teoria.* *** *Filhos incompreendidos dos* (ou *pelos*) *pais.*

incompreensão
Rege *acerca de* ou *a respeito de* ou *de* ou *em relação a* ou *quanto a* ou *sobre*: *A incompreensão acerca do* (ou *a respeito do* ou *do* ou *em relação ao* ou *quanto ao* ou *sobre o*) *problema poderá ter consequências desagradáveis.*

incompreensível
Rege *a* ou *para* (pessoa) e *em* (coisa): *Teoria incompreensível à* (ou *para a*) *maioria da população.* *** *Professor incompreensível em suas explicações.*

incontinente e *incontinenti*: qual a diferença?
Incontinente é adjetivo e significa que não é capaz de conter seus desejos ou paixões: *Estou impaciente para encontrá-la e demonstrar-lhe meu amor incontinente.* Também significa que padece de incontinência da bexiga e dos intestinos. *Incontinenti* é advérbio latino que significa imediatamente, sem demora, no mesmo instante, prontamente: *Elas se levantaram incontinenti e partiram.* *** *Ordens superiores têm de ser cumpridas incontinenti.* Alguns dicionários não registram o latinismo.

inconveniente / inconveniência
Regem *com* ou *para com* (descortês; indiscreto) e *a* ou *para* (impróprio; transtorno): *Eu não quis ser inconveniente com* (ou *para com*) *ela, mas acabei sendo.* *** *Era um rapaz inconveniente com* (ou *para com*) *as garotas, por isso nenhuma gostava dele.* *** *Filme inconveniente a* (ou *para*) *menores.* *** *O sistema apresenta sérios inconvenientes aos* (ou *para os*) *usuários.*

incorporação
Rege *de...a* (ou *em*): *A incorporação dos bancos pequenos aos* (ou *nos*) *maiores é sempre bem-vinda pelo Banco Central.*

incorporado
Rege *a* ou *em*: *Foram esses os bancos incorporados a* (ou *em*) *outros, maiores.*

incorporar e anexar: qual a diferença?
Incorporar é juntar em um só corpo: *incorporar leis, incorporar tribos para formar um país.* **Anexar** é acrescentar ou juntar a algo maior ou mais importante. A Alemanha *anexou* a Polônia em 1939. O Brasil *anexou* o Acre em 1904, mediante tratado celebrado com a Bolívia. Quando um país anexa outro, este conserva seu governo próprio, ainda que subordinado ao poder central. Diferente é o caso de *incorporar*, que foi o que fez Saddam Hussein com o Kuwait em 1990 e o que pretende fazer a China com Taiwan.

incorporar / incorporar-se
Regem *a* ou *em* (pref.): *A Rússia bolchevista incorporou a Letônia e a Lituânia a* (ou *em*) *seu território.* *** *O português incorporou a* (ou *em*) *seu léxico centenas de palavras francesas.*

incubadeira ou incubadora?
Tanto faz. Um nenê nascido de sete meses, por exemplo, fica em incubadeira (ou em incubadora). Para chocar ovos, também se usa a incubadora (ou incubadeira), mas neste caso há os que preferem usar chocadeira.

inculcar-se + predicativo
Rege *como, de* ou *por* e significa fazer-se passar por, apresentar-se como: *Ele se inculca como* (ou *de* ou *por*) *filósofo.* *** *Esse homem se inculca como* (ou *de* ou *por*) *Jesus Cristo.*

incumbido de
O adjetivo incumbido rege de: *Ele está incumbido de cuidar dos irmãos mais novos.* No portal Terra, no entanto, apareceu esta notícia: *O presidente do comitê de Governança Independente da Fifa, Mark Pieth, incumbido "com" a tarefa de sugerir reformas à instituição, disse que os recentes protestos no Brasil podem ter levado os patrocinadores a perceber uma desvantagem em apoiar eventos com a Copa do Mundo.* Nossos jornalistas não conhecem regência nominal! Seria o mesmo que um médico não saber onde fica o apêndice.

incumbir
Quem incumbe, incumbe alguém de alguma coisa ou incumbe a alguém alguma coisa: *Os pais incumbiram os filhos mais velhos do trabalho.* Ou: *Os pais incumbiram aos filhos mais velhos o trabalho.* *** *O professor incumbiu um aluno de cuidar dos demais.* Ou: *O professor incumbiu a um aluno cuidar dos demais.*

incursão
Rege *a, em* ou *por*: *Fazer uma incursão ao* (ou *no* ou *pelo*) *passado.*

indecente / indecoroso
Regem *a* ou *para*: *Filme indecente* (ou *indecoroso*) *a* (ou *para*) *menores e também a* (ou *para*) *maiores.*

indeciso
Rege *a respeito de* ou *em* ou *em relação a* ou *quanto a* ou *sobre* (nome) e *em* (verbo): *O*

candidato está indeciso a respeito da (ou *na* ou *em relação à* ou *quanto à* ou *sobre* a) *conveniência do debate.* *** *Está indeciso em debater com os demais candidatos.*

indefinição
Rege *em* ou *em relação a* ou *quanto a* ou *sobre*: *Essa indefinição na* (ou *em relação à* ou *quanto à* ou *sobre a*) *política de preços desestabiliza o mercado.*

indelicado / indelicadeza
Regem *com* ou *para com* (pessoa) e *em* (coisa): *Ser indelicado com* (ou *para com*) *as visitas.* *** *Ser indelicado no trato com as pessoas.* *** *A indelicadeza com* (ou *para com*) *os fregueses lhe custou o emprego.* *** *A indelicadeza no trato com os fregueses lhe custou o emprego.*

indenizar
Rege *de* ou *por*: *A empresa o indenizou dos* (ou *pelos*) *prejuízos causados.* *** *Indenizaram-me de* (ou *por*) *todas as despesas que tive.*

independente
É adjetivo: *país independente*. Como advérbio, usa-se *independentemente*: *Independentemente da vontade dos pais, ela casou.* *** *Independentemente de tudo, o Brasil vai progredindo.* Muitos usam "independente" por *independentemente*. Em O Globo: *Ministro da Justiça afirma que, depois de transitado em julgado, decisões do STF começam a valer, "independente" de avaliações.* Já numa publicidade de um grande banco nacional, leu-se recentemente: *Acreditamos que todo ser humano deve ser tratado com igualdade, independentemente de sexo, raça, cor, credo ou saldo.* Absolutamente certo! No Dicionário Aurélio, no verbete **nécton**, aparece "independente" por independentemente. Normal...

EM TEMPO – Esse mesmo dicionário:
65) registra dois plurais para fecha-fecha, foge-foge e guerra-relâmpago, quando cada um desses compostos só aceita um plural: fecha-fechas, foge-foges e guerras--relâmpago;
66) **bubu** vem do malinquês? (e cadê esta palavra?);
67) em **ferrimagnetismo**, usa "ferritos" (mas não registra a palavra);
68) em **lago-mar** e **toque-emboque**, por sua vez, que admitem dois plurais, só registra um;
69) só registra um timbre (é) para a vogal tônica de **ferropeia**;
70) registra **fichinha** como s.f., quando é s.2gên; por outro lado, registra **figurilha** como s.2gên., quando é s.f.;
71) registra **iguana** como s.2gên, quando é apenas masculino;
72) registra "azul da Prússia", por **azul da prússia**, sem hifens, mas em **cianotipia** usa "azul-da-prússia";
73) registra **gramaticoide, tira-dentes, tureba** e **locotenente** como s.m. e **põe-mesa** como s.f., quando são s.2gên.;
74) registra como substantivos masculinos **filicite**, *happy hour, holding*, **manduri, maria** (biscoito), **mussaca**, quando são femininos;
75) registra como substantivos femininos **goró, lichi, mangonga, metacone, metasterno, noema, paraguatã, plasmalema, rorqual, verde-bexiga** e **xixá**, quando são masculinos;
76) registra **ilustradoramente** como advérbio e, na acepção 2, define a palavra como se fosse adjetivo;
77) em **ancilose**, traz a combinação "menos boa", que não chega a ser português castiço...
78) em **apófito** traz a construção "embora sendo", que também não chega a ser português legítimo...;
79) em **bicromia**, usa "a" duas cores, em vez de *em* duas cores;
80) na acepção 8 de **concluir** aparece: "terminar" de falar por *acabar* de falar;
81) em **recuperatório**, aparece "mandato" judicial, por *mandado* judicial;
82) em **breguéço** comete redundância, ao definir assim: traste "sem importância" (há traste importante?).

indez ou endez?
As duas formas são corretas. Diz-se do ovo que se deixa no ninho para servir de chamariz às galinhas e indicar onde se quer que ela faça a postura.

indicação
Rege *de...a, de...para* (predicativo) ou apenas *para*, e *sobre* (informação): *A indicação do rumo a seguir ao motorista foi feita por um policial rodoviário.* *** *A indicação desse advogado para ministro não foi bem recebida pela população.* *** *Sua indicação para ministro foi um desastre.* *** *Ele procura uma indicação sobre um bom hotel.*

indiferença / indiferente
Regem *a* ou *por* (coisa) e *para com* (pessoa): *Não posso compreender essa tua indiferença a* (ou *por*) *uma questão de tão relevante importância.* *** *Sua indiferença ao* (ou *pelo*) *sexo oposto era apenas parte da estratégia de conquista.* *** *Sua indiferença para com os parentes era justificável.* *** *Ser indiferente a* (ou *por*) *sexo.* *** *Não podemos ser indiferentes ao* (ou *pelo*) *passado.* *** *Era absolutamente indiferente para com os parentes.*

indigesto
Rege *a* ou *para* (cansativo; complicado): *Peça teatral indigesta a* (ou *para*) *crianças.* *** *A maioria da obra machadiana é indigesta a* (ou *para*) *adolescentes.*

indignação
Rege *com, contra* ou *por*: *Houve indignação com o* (ou *contra o* ou *pelo*) *aumento dos combustíveis.*

indignado
Rege *com, contra* ou *de*: *Povo indignado com a* (ou *contra a* ou *da*) *carestia.* *** *Os ruralistas estão indignados com o* (ou *contra o* ou *do*) *ministro.*

indiscreto
Regem *com* (pessoa) e *sobre* (coisa): *Rapaz indiscreto com estranhos sobre assuntos de família.* *** *Sua indiscrição com estranhos sobre assuntos de família já lhe tinha valido várias repreensões.*

indispensável
Rege *a, em* ou *para*: *A sobriedade é virtude indispensável àqueles* (ou *naqueles* ou *para aqueles*) *que vão fazer entrevista de emprego.* *** *É um dicionário indispensável ao* (ou *no* ou *para o*) *estudo da nossa língua.* *** *O domínio da norma padrão é indispensável ao* (ou *no* ou *para o*) *exercício do jornalismo.*

indispor
Como segue a conjugação de pôr, não existem as formas "indisporam", "indisposse", "indispossem", "indispormos" (no subj.), "indisporem", comuns na língua popular, mas apenas, respectivamente, *indispuseram, indispusesse, indispusessem, indispusermos, indispuserem.*

indispor / indispor-se
Regem *com* ou *contra*: *O jogador queria indispor o árbitro com* (ou *contra*) *a torcida.* *** *Ele se indispôs com* (ou *contra*) *os netos, por causa do volume alto do televisor.*

indisposto / indisposição
Regem *com* ou *contra* (pessoa) e *para* (coisa e verbo): *Era um ministro indisposto com* (ou *contra*) *o presidente, por isso tinha de sair.* *** *Sempre se mostrou indisposto para o casamento.* *** *Sentir-se indisposto para trabalhar.* *** *Sua indisposição com* (ou *contra*) *os vizinhos era antiga.*

indo-chinês e indochinês: qual a diferença?
Indochinês é da península da Indochina, península do Sudeste asiático. **Indo-chinês** é da Índia e da China ou entre esses dois países: *as relações indo-chinesas.*

indócil / indocilidade
Regem *a*: *Os índios eram indóceis à escravidão.* *** *Sua indocilidade aos pais lhe valeu algumas palmadas.*

Indostão
Nome de uma região histórica do Norte da Índia. Muitos escrevem "Industão".

indulgência / indulgente
Regem *com* ou *em* (coisa) e *com* ou *para com* (pessoa): *A indulgência do professor com os* (ou *nos*) *erros dos alunos lhe trouxe problemas.* *** *A indulgência da justiça com* (ou *para com*) *os criminosos tem revoltado a população.* *** *A indulgência do juiz nas suas sentenças foi criticada pela população.* *** *Era uma mãe indulgente com os* (ou *nos*) *pecados de estranhos e extremamente rigorosa com os erros dos filhos.* *** *Justiça indulgente com* (ou *para com*) *os criminosos.* *** *Juiz indulgente nas sentenças que profere.*

indulto
Rege *a* ou *para* (nome = perdão), mas apenas *para* (verbo = concessão): *O presidente dará indulto aos* (ou *para os*) *presos, no Natal?* *** *Conseguiu indulto para viajar.*

indústria automobilística
Não se confunde com indústria automotiva (veja **automobilismo**). Não obstante, declara o sr. Fernando Pimentel, ministro do Desenvolvimento, Indústria e Comércio Exterior, do governo Dilma: *Nós temos uma indústria "automobilística" antiga, consolidada, que tem capacidade de fabricar qualquer tipo de carro, não precisamos importar.* É mesmo? Não diga! Então, tá.

induzido
Rege *a*: *São crianças induzidas a roubar.* *** *O povo foi induzido à revolta.* *** *Com aquelas palavras, fui induzido a erro.* A regência "induzido em", muito comum, deve ser desprezada.

induzir
Conjuga-se por aduzir.

ineficaz / ineficácia
Regem *contra* ou *para* (coisa = inoperante), *em*, *para* ou *sobre* (pessoa = inútil, sem resultado) e *para* (verbo): *Antibiótico ineficaz contra* (ou *para*) *uma infecção.* *** *Medida ineficaz contra* (ou *para*) *o combate à inflação.* *** *Essas ameaças são ineficazes nos* (ou *para os* ou *sobre os*) *radicais do partido.* *** *Essa medida se revelou inteiramente ineficaz para combater a inflação.* *** *A ineficácia do antibiótico contra* (ou *para*) *a infecção quase lhe causou complicações sérias de saúde.* *** *A ineficácia das ameaças nos* (ou *para os* ou *sobre os*) *radicais do partido levou a atitudes mais drásticas por parte dos moderados.*

inelegível
Rege *para*: *Com a cassação, ele se tornou inelegível para qualquer mandato público.*

inerente
Rege *a* ou *em*: *O conceito de liberdade e de propriedade é inerente ao* (ou *no*) *ser humano.*

inerir
Conjuga-se por ferir.

inevitável
Rege *a* ou *para*: *Naquela altura, a falência era inevitável à* (ou *para a*) *empresa.* *** *Trata-se de uma doença inevitável aos* (ou *para os*) *viciados em drogas.*

inexorável
Pronuncia-se *inezorável*, mas os pseudoletrados costumam dizer "ineksorável".

Rege *com, contra* ou *para com* (pessoa) e *a* ou *em* (coisa): *O empresariado tem sido inexorável com* (ou *contra* ou *para com*) *os empregados, na hora de conceder aumento de salários.* *** *O empresariado se mantém inexorável às* (ou *nas*) *reivindicações dos trabalhadores.*

inexperiente / inexperiência
Regem *de* ou *em*: *Ela casou completamente inexperiente das* (ou *nas*) *coisas do sexo.* *** *Sua inexperiência dos* (ou *nos*) *negócios levou a firma à falência.*

infalível
Rege *a* ou *em* (que não falta, habitual) e *em* (que não erra): *Ela era infalível a* (ou *em*) *nossas festas.* *** *Cartomante infalível nas previsões.*

infame
Rege *com* ou *para com* (vil, desprezível, baixo): *Era um empresário infame com* (ou *para com*) *seus funcionários.* Superl. sint. erudito: *infamérrimo*.

infâmia
Rege *sobre* (dito desonroso, calúnia): *Nunca aceitou essas infâmias sobre seus colegas.*

infanta
Antigamente, em Portugal e na Espanha, princesa, filha do rei, mas não herdeira da coroa. Usa-se hoje apenas como feminino de *infante*. Atenção: houve reforço na definição apresentada (princesa, *filha do rei*), porque as filhas bastardas do rei também eram princesas, mas nunca "infantas".

infante
Filho dos reis de Portugal ou da Espanha, não herdeiro da coroa, ou, então, irmão do príncipe herdeiro. Infante é nome comum de dois apenas no sentido militar (soldado de infantaria); na esfera do regime monárquico, tem infanta como feminino.

infantojuvenil
É a grafia correta agora.

infarto do coração
Não há nenhuma redundância aqui, já que infarto também pode ser do rim, do cérebro, etc. O infarto mais conhecido é o do miocárdio, ou seja, do músculo cardíaco; o infarto cerebral é mais conhecido por acidente vascular cerebral (AVC). As grafias enfarte, infarte e enfarto também são corretas.

infectocontagioso
Sem hífen.

infelicitar
Use assim: *O vício da filha o infelicitou.* *** *O namorado a infelicitava demais.* Muitos usam "lhe" no lugar do *o* ou do *a*.

infeliz / infelicidade
Regem *com* (pessoa) e *em* (coisa): *Mulher infeliz com o marido.* *** *Mulher infeliz no casamento.* *** *Sua infelicidade com o marido era justificável.* *** *Não se conformava com sua infelicidade no casamento.*

infenso
Isento, livre; contrário, hostil. Rege *a*: *Nenhum poder da República pode considerar-se infenso às pressões legítimas do povo.* *** *Mostrar-se infenso às mudanças sociais.*

inferir
Conjuga-se por ferir.

infidelidade
Rege *a* (falta de fidelidade no relacionamento conjugal) e *com* ou *para com* (falta de fidelidade no relacionamento amistoso ou partidário): *Sua infidelidade ao marido lhe*

custou a separação. *** *Cometer infidelidades* com (ou *para com*) *os companheiros.* *** *Será punido com a cassação do mandato o parlamentar que cometer infidelidade* com (ou *para com*) *o partido pelo qual se elegeu.*

infinitivo
O infinitivo fica invariável nas locuções verbais: *Conseguimos nos* manter *em pé.* *** *Não podes* entrar *sem seres anunciado.* *** *Vocês querem* tomar *um chope?*

inflamação
Rege de ou em (geralmente contraída): *A inflamação d*o (ou n*o*) *apêndice.* *** *Estar com uma inflamação* de (ou n*a*) *garganta.*

inflexão
Rege a ou para (guinada), de ou em (contraída) [entonação, acento] e em ou sobre (incidência): *A qualquer momento se espera a inflexão do governo* à (ou *para* a) *esquerda.* *** *A inflexão* de (ou n*a*) *voz.* *** *A inflexão de raios solares* na (ou sobre *a*) *piscina se dava só no período da manhã.*

inflexível
Rege a...em, ou apenas a, ou apenas em (coisa) e com ou *para com* (pessoa): *Presidente inflexível* a *apelos* em *suas decisões.* *** *Presidente inflexível* a *súplicas.* *** *Presidente inflexível* na *disciplina.* *** *Presidente inflexível* com (ou *para com*) *os fora da lei.*

influência / influente / influxo
Regem em ou sobre: *O pai exerce influência* em (ou sobre) *todos os filhos.* *** *A influência do demônio* em (ou sobre) *tais seitas é evidente.* *** *É contínua a influência da literatura* na (ou sobre *a*) *sociedade, e vice-versa.* *** *É um político influente* n*o* (ou sobre *o*) *governo.* *** *A televisão é muito influente* n*os* (ou sobre *os*) *modismos.* *** *É notável o influxo desse tipo de leitura* n*o* (ou sobre *o*) *raciocínio.*

influenciado
Rege de ou por: *É um presidente muito influenciado* d*os* (ou pe*los*) *radicais do seu partido.*

informação
Rege a...de ou apenas a, ou apenas de (comunicado, participação), *acerca de* ou *a propósito de* ou *a respeito de* ou sobre (dados) e para (instrução, orientação): *Haverá informação* a*os lavradores* d*a iminência de geada.* *** *Faltou informação* a*os agricultores, por isso a geada foi devastadora aos cafezais.* *** *O serviço de meteorologia só veio a fornecer informação* d*a geada depois de ela ter ocorrido.* *** *Não temos maiores informações* *acerca d*o (ou *a propósito d*o ou *a respeito d*o ou sobre *o*) *acidente.* *** *No manual, você encontrará as informações* para *a montagem do aparelho.*

informado
Rege *acerca de* ou *a respeito de* ou de ou sobre: *O presidente é um homem informado* *acerca de* (ou *a respeito de* ou de ou sobre) *tudo o que ocorre na região.*

informar
Rege *acerca de, a respeito de, de* ou sobre, indiferentemente: *Os jornais e as rádios informam o público diariamente* *acerca de* (ou *a respeito de* ou de ou sobre) *tudo o que acontece no mundo.* Admite ainda esta construção: *Os jornais e as rádios* informam *ao público diariamente tudo o que acontece no mundo.* Ou seja: podemos informar alguém *acerca de* (ou *a respeito de* ou de ou sobre) alguma coisa, ou podemos informar a alguém alguma coisa. Esse verbo, a exemplo dos demais, não perde o *s* final, na 1.ª pessoa do plural do presente do indicativo, quando se lhe acrescenta *lhe* ou *lhes*. Ex.: *Informamo*s*-lhe que estamos procedendo ao conserto solicitado.* *** *Informamo*s*-lhes que já não temos interesse nos seus produtos.*

informar-se
Rege de (pref.) ou sobre: *Procuro informar-me* de (ou sobre) *tudo.* *** *Você já se*

*informou d*o (ou *sobre* o) *preço da passagem?* *** *Procurei informar-me d*o (ou *sobre* o) *endereço dela.*

informe
Rege *acerca de* ou *a respeito de* ou *sobre*: *Ainda não há informes acerca d*o (ou *a respeito d*o ou *sobre* o) *preço dos ingressos para o jogo decisivo de domingo.*

infra-
Só exige hífen antes de palavras iniciadas por a ou por h: infra-assinado, infra-hepático.

infração
Rege *a, contra* ou *de*: *A infração à* (ou *contra* a ou *d*a) *lei implica punição, de acordo com sua gravidade.*

infravermelho
Varia normalmente: *raios infravermelhos.* V. **ultravioleta**.

infringir e infligir: qual a diferença?
Infringir é desrespeitar: *infringir as regras de trânsito; infringir as leis, os regulamentos, os estatutos do clube.* Substantivo correspondente: *infração*. **Infligir** é aplicar ou impor (coisa desagradável ou dolorosa) a: *infligir castigo a um filho; infligir pesada multa a um motorista bêbado; infligir muitas baixas ao inimigo; infligir severa pena ao réu.* Substantivo correspondente: *inflição.* Os dois são verbos regulares. Comentário colhido na Internet de um usuário inconformado com certos políticos: *Chegará o dia em que esses escroques do PT serão perseguidos pela Justiça e terão que prestar contas de todo o mal que "infringem" à Nação.* Aliás, infligem.

infundir
Usado como verbo transitivo direto e indireto, rege *a* ou *em* (inspirar; insuflar): *É um treinador que infunde muita confiança a* (ou *em*) *seus jogadores.* *** *Deus infundiu alma a* (ou *em*) *Adão e Eva com um sopro.*

ingerir
Conjuga-se por ferir.

ingratidão
Rege *a, com* ou *para com*: *Todos comentaram a sua ingratidão a*o (ou *com* o ou *para com* o) *chefe que o havia promovido meses antes.*

ingrato
Rege *a* ou *para* (árduo) e *a, com* ou *para com* (falto de reconhecimento ou de gratidão): *Missão ingrata a*os (ou *para* os) *agentes federais.* *** *Os ateus são criaturas infelizes por natureza, ingratas a* (ou *com* ou *para com*) *Deus.*

ingresso
Rege *a* (admissão) e *em* (estreia): *Seu ingresso à escola se deu somente quando era adulto.* *** *Seu ingresso n*a *carreira se deu ainda criança.*

iniciação
Rege *a* (introdução) e *em* (entrada): *Iniciação à informática – é esse o nome do livro.* *** *Sua iniciação n*o *vício se deu ainda jovem.*

iniciado
Rege *de* ou *em*: *Àquela época, ele era então apenas um iniciado d*o (ou *n*o) *vício.*

iniciar ou iniciar-se?
Tanto faz, na acepção de ter início, começar: *As inscrições para o vestibular iniciam* (ou *se iniciam*) *em novembro.* *** *Dizem que a vida inicia* (ou *se inicia*) *aos 40.*

inidôneo
Rege *a* ou *para*: *O candidato foi considerado inidôneo a*o (ou *para* o) *cargo.*

inigualável
Apesar de ser a palavra correta, há quem prefira ser "inegualável". Eis como escreve um biblioteconomista: *Oferecemos a nossos sócios uma "inegualável" biblioteca com um dos maiores acervos ocultistas da cidade, contando com alguns exemplares raros*. Raridade é com eles mesmos... Agora, veja o que escreve e como escreve um adolescente mal-informado: *O McDonald´s é conhecido no mundo inteiro e tem um sabor "inegualável" " todo mundo" sabe... E por falar em sabor "inegualável", dia desses resolvi fazer um lanche rápido no McDonald´s do Recreio dos Bandeirantes, até aí tudo bem*. Ele, ainda, acha que até aí está tudo bem!...

inimizade
Rege *a* ou *com* e *entre*: *Era notória sua inimizade a*o (ou *com* o) *ministro*. *** *Essa inimizade entre parentes tem uma explicação*.

ininteligível
Rege *a* ou *para*: *Matéria ininteligível a* (ou *para*) *crianças*.

iníquo
Rege *com* ou *para com*...*em*: *Árbitro iníquo com* (ou *para com*) *os times pequenos na aplicação das regras do futebol*.

injúria
Rege *a* ou *contra*: *Toda injúria a* (ou *contra*) *um colega será punida*.

injurioso
Rege *a* ou *para*: *Essa medida é injuriosa a*os (ou *para* os) *brasileiros*.

injustiça
Rege *a, com, para* ou *para com* (falta de justiça) e apenas *com* ou *contra* (ação injusta): *Havia na empresa injustiça a*os (ou *com* os ou *para* os ou *para com* os) *empregados mais antigos*. *** *Com o aumento da alíquota, o governo consegue cometer injustiça com* (ou *contra*) *os contribuintes honestos*.

injusto
Rege *com* ou *para com*...*em* ou apenas *com* ou *para com* e *em* (verbo): *O árbitro foi injusto com* (ou *para com*) *o meu time nesse lance*. *** *Não seja injusto com*igo (ou *para com*igo) *em seus julgamentos!* *** *As mulheres costumam ser injustas com* (ou *para com*) *os homens*. *** *Foste injusto em criticá-la*.

inocente / inocência
Regem *de* (não culpado) e *em* (ingênuo): *Ela é inocente d*esse *crime*. *** *Ela só tem treze anos, é inocente em tudo*. *** *A sua inocência d*esse *crime será provada*.

inocular
Quem inocula, inocula alguma coisa em alguém ou em algum animal: *Inocular vacinas em crianças. Inocular um vírus no rato*. Sendo assim, não há propriedade em construir: "O rato foi inoculado com um vírus". Por quê? Porque *no rato*, na primeira frase, é objeto indireto, e este tipo de complemento não pode passar a exercer função subjetiva, na voz passiva.

inócuo
Rege *a* ou *para* (pessoa) e *contra* (coisa): *Esse programa do governo se revelou, até agora, inócuo a*os (ou *para* os) *interessados, que são os pobres*. *** *Medidas inócuas contra a inflação*.

inofensivo
Rege *a* ou *para* (pessoa) e apenas *a* (coisa): *Os agrotóxicos são inofensivos a*os (ou *para* os) *homens?* *** *Os agrotóxicos são inofensivos à saúde?* *** *A picada desse escorpião é inofensiva a*os (ou *para* os) *adultos, mas pode ser fatal às crianças*. *** *Esse tipo de revistas é inofensivo a*os *bons costumes?*

inquérito
O u não soa. Rege *sobre*: *A polícia abriu inquérito sobre as irregularidades no Ministério*.

inquirir
O u não soa. Usa-se como transitivo direto ou como transitivo indireto (procurar saber, informar-se, inteirar-se): *Inquiriram as* (ou *acerca das* ou *a respeito das* ou *das* ou *sobre as*) *causas do acidente*. É apenas transitivo direto na acepção de interrogar judicialmente: *O delegado inquiriu o detido, mas não conseguiu que ele revelasse nada*. É apenas transitivo direto e indireto (querer saber, perguntar) e rege *a* ou *de*: *Inquiriu à* (ou *da*) *filha se ela voltaria cedo para casa*. *** *Inquiriu dela* (ou *Inquiriu-lhe*) *se voltaria cedo para casa*. É ainda verbo transitivo direto e indireto (interrogar, fazer perguntas): *Inquiri o porteiro do prédio acerca dos* (ou *a respeito dos* ou *quanto aos* ou *sobre os*) *últimos acontecimentos*.

insaciável
Rege *de* ou *em*: *Comerciantes insaciáveis de* (ou *em*) *lucros cada vez maiores*. *** *Gente insaciável da* (ou *na*) *fome de lucros*.

insatisfeito / insatisfação
Regem *com* ou *de* (nome) e *em* (verbo): *Estar insatisfeito com o* (ou *do*) *salário que recebe*. *** *Sentindo-se insatisfeito em viver ali, mudou-se*. *** *Sua insatisfação com o* (ou *do*) *salário que recebia era justa*. *** *Ao se mudar, revelou sua insatisfação em viver ali*.

inscrição
Rege *a* ou *para*: *Está encerrada a inscrição ao* (ou *para o*) *vestibular*.

inscrito
Rege *em* (gravado) e *em* ou *para* (matriculado): *Havia nomes de pessoas inscritos nas pedras*. *** *Havia muitos candidatos inscritos nesse* (ou *para esse*) *concurso*.

insculpir
Conjuga-se por abolir.

insegurança / inseguro
Regem *acerca de* ou *a propósito de* ou *a respeito de* ou *em* ou *em relação a* ou *quanto a* ou *sobre*: *A insegurança do governo acerca da* (ou *a propósito da* ou *a respeito da* ou *na* ou *em relação à* ou *quanto à* ou *sobre a*) *eficácia da medida adotada se transmitiu ao mercado*. *** *O governo está inseguro acerca da* (ou *a propósito da* ou *a respeito da* ou *na* ou *em relação à* ou *quanto à* ou *sobre a*) *eficácia dessa medida*. *** *Havia insegurança do médico acerca do* (ou *a propósito do* ou *a respeito do* ou *no* ou *em relação ao* ou *quanto ao* ou *sobre o*) *diagnóstico*.

insensível / insensibilidade
Regem *a* ou *ante* (indiferente) e *com* ou *para com* (frio): *Gente insensível ao* (ou *ante o*) *sofrimento alheio*. *** *Governo insensível a* (ou *ante*) *protestos*. *** *A insensibilidade à* (ou *ante*) *dor pode ser indício de problema*. *** *Pais frios com* (ou *para com*) *os filhos*.

inserir
Conjuga-se por ferir. Use assim seus particípios: *Ele tinha inserido meu nome no abaixo-assinado*. *** *Meu nome foi inserido* (ou *foi inserto*) *no abaixo-assinado por ele*.

inseto
Adj. correspondente: *entômico*. Portanto, *reprodução de insetos* = *reprodução entômica*.

insistência
Rege *com* (pessoa) e *em, para, por* ou *sobre* (coisa) ou apenas *para* (verbo): *A insistência com o marido na* (ou *para a* ou *pela* ou *sobre a*) *compra de um carro novo valeu a pena*. *** *A insistência com o marido para comprar um carro novo valeu a pena*.

insistir

É verbo transitivo indireto e rege *em, por* ou *sobre* (nome) e *em* (verbo): *O presidente insiste na (ou pela ou sobre a) aprovação da reforma da Previdência.* *** *Não quis insistir no (ou pelo ou sobre o) assunto.* *** *Ela insistia em me telefonar dez vezes por dia.* Quando se trata de orações desenvolvidas, a preposição *em*, agora a única aceita, pode estar elíptica: *O presidente insiste (em) que o Congresso aprove a reforma da Previdência.* *** *O parlamentar insiste (em) que não recebe presentes de empresários.* Podemos insistir com alguém para alguma coisa: *Insistiram comigo para jantar com eles.* *** *Ela insistiu com o namorado para que ele lhe perdoasse.* Mesmo aqui, a preposição pode ficar elíptica, desde que a oração seja desenvolvida: *Ela insistiu com o namorado que lhe perdoasse.*

insolente / insolência

Regem *com* (nome) e *em* (verbo): *Foi expulso da escola por ser insolente com o professor.* *** *A insolência do aluno com o professor lhe valeu a expulsão da escola.* *** *Foste insolente em dizer aquilo ao professor.*

inspeção

Rege *a* ou *de*: *A inspeção aos (ou dos) bares e restaurantes ficou a cargo desses fiscais.* No português contemporâneo, só existe essa forma; *inspecção* deve ser desprezada.

instado

Rege *a* ou *para*: *Como a garota era menor de idade, o rapaz foi instado a (ou para) casar.* *** *Instado ao (ou para o) trabalho, negou-se a fazê-lo.*

instância

Rege *com* (ou *para com*) [pessoa]...*a* (ou *para*) [oração ou verbo] e *por* (nome): *Foram vãs as instâncias com (ou para com) a moça a (ou para) que aceitasse o rapaz em casamento.* *** *As instâncias pela paz no Oriente Médio foram feitas várias vezes pelo Papa.*

instância e estância: qual a diferença?

Instância é pedido insistente, insistência: *Ela, então, cedeu às instâncias do namorado.* Em direito, equivale a jurisdição: *tribunal da primeira instância*. **Estância** é fazenda: *Comprou uma estância de mil hectares perto de Porto Alegre.*

instantaneidade

Apesar de ser a palavra correta, há quem use "instantaniedade". Repare nesta desculpa esfarrapada de alguém mal-informado: *A "instantaniedade" e o imediatismo que o jornalismo online exige faz com que esse meio de comunicação seja mais propenso a erros.* Quem não tem competência não se estabelece. Veja agora este texto de jornalista do Banco do Brasil: *A "instantaniedade" que o rádio e, depois, a televisão, trouxeram permite que todos possam ficar sabendo ao mesmo tempo de tudo. À medida que evolui a sociedade de massas, essa "instantaniedade" começa a ser cada vez maior. E chegamos hoje a um ponto em que, o tempo todo, sabemos tudo de todos, se quisermos saber.* Já estamos sabendo...

instar em (ou por)

Use sempre assim, na acepção de insistir: *Os trabalhadores instaram na (ou pela) continuação da greve.* *** *Insto demais em (ou por) entender esse crime.* Podemos construir, ainda: *A garota instou (com) o pai a (ou para) que ao menos cumprimentasse o namorado.* Neste caso, a preposição *com* é facultativa.

instigação

Rege *de*...*a* (ou *para*) [coisa] e *de*...*contra* (pessoa): *A instigação de cães à (ou para a) luta entre si é crime.* *** *A instigação de cães contra carteiros é crime.*

instituir

Conjuga-se por atribuir.

instruir
Conjuga-se por atribuir.

instrumento
Rege *de* ou *para*: *Instrumento de* (ou *para*) *transmissão de dados.*

insubmissão
Rege *a* ou *contra*: *A insubmissão dos índios à* (ou *contra a*) *escravidão provocou a importação de africanos.*

insubmisso
Rege *a*: *Os índios eram insubmissos à escravidão.*

insuportável
Rege *a* ou *para*: *Derrota insuportável à* (ou *para*) *a torcida.*

insuspeito
Rege *a*: *Cidadãos insuspeitos à polícia também cometem crimes.*

intacto ou intato?
As duas formas existem; a primeira é mais corrente, mas a segunda é mais aconselhável.

integração / integrado / integrar
Regem *a* ou *em* (pref.): *A integração do jogador ao* (ou *no*) *plantel se deu ainda ontem.* *** *O jogador já está integrado ao* (ou *no*) *plantel.* *** *O treinador quer integrar o novo jogador ao* (ou *no*) *plantel quanto antes.* *** *A integração do homem ao* (ou *no*) *seu meio ambiente.* *** *Tal sentimento se encontra integrado à* (ou *na*) *alma do brasileiro.* *** *Integrar um território ao* (ou *no*) *país.* *** *O treinador se encarregou de integrar o jogador ao* (ou *no*) *grupo.* A regência com a preposição *a* é relativamente recente.

intenções
Rege *com* ou *para com* (pessoa), mas *a favor de* ou *contra* (coisa): *Quais são as suas intenções com* (ou *para com*) *minha filha, rapaz?* *** *D. Pedro tinha intenções a favor da independência, e não contra.*

interceder / intercessão
Regem *a* (ou *em*) *favor de* ou *por*: *Em discussão entre marido e mulher, não convém interceder a* (ou *em*) *favor de* (ou *por*) *nenhum deles.* *** *A comissão de direitos humanos só intercede a* (ou *em*) *favor dos* (ou *pelos*) *criminosos, mas nunca a* (ou *em*) *favor da* (ou *pela*) *família da vítima.* *** *Toda comissão de direitos humanos só se esmera na intercessão a* (ou *em*) *favor de* (ou *por*) *bandidos, mas nunca se interessa na intercessão a* (ou *em*) *favor da* (ou *pela*) *vítima.*

"interclubes"
Palavra malformada: o prefixo *inter-* se apõe a adjetivo (*interescolar, interestadual, interoceânico, interurbano*, etc.), e não a substantivo. Em razão dessa má formação, há quem use uma concordância esdrúxula: *campeonato mundial "interclubes"*, fazendo um adjetivo no plural modificar uma expressão no singular. Como o adjetivo *interclubista* não corre, seria de bom senso usarem *entre clubes* no lugar da referida palavra. Na Folha de S. Paulo: *O São Paulo se tornou o primeiro clube brasileiro tricampeão da Taça Libertadores, principal "interclubes" da América do Sul.*

interessado
Rege *em* ou *por* (nome), mas apenas *em* (verbo): *Estar interessado em* (ou *por*) *uma mulher.* *** *Estar interessado em comprar uma casa.*

interessar
Este é um verbo que facilmente leva a erro de concordância, quando seu sujeito é um infinitivo. Assim, é comum encontrarmos frases como esta: *Por razões que não me "interessam" agora dizer, pediu demissão do emprego*, em que seu autor está certo

de que o sujeito de *interessar* é *razões* (representado pelo pronome relativo *que*). Não é. O sujeito de *interessar* é, na verdade, o infinitivo (*dizer*): afinal, o que é que não interessa? É *dizer*; portanto, o verbo deve ficar no singular.

interessar / interessar-se
Regem *em* ou *por* (nome) e *em* (verbo): *O governo tem de interessar os jovens na* (ou *pela*) *prática de esportes.* *** *É preciso interessar a juventude em praticar esportes.* *** *Ninguém se interessou no* (ou *pelo*) *nosso caso.* *** *Todos se interessam na* (ou *pela*) *exploração do petróleo brasileiro.* *** *Nunca se interessou em procurar um advogado.*

interesse
Rege *de* ou *em* (verbo), *para* (utilidade, proveito) e *por* (atrativo): *Temos todo o interesse de* (ou *em*) *ajudar vocês.* *** *Esse assunto não é de interesse para crianças.* *** *Cresce o interesse pelas eleições.* *** *Por que tanto interesse pela garota?* A regência "interesse sobre", muito comum, deve ser desprezada.

interestadual
Pronuncie *in.te.res.ta.du.al*, e não "inter-estadual". O r do prefixo se junta à sílaba da vogal posterior. Diz-se o mesmo de *interescolar, interestatal, interestelar, intereuropeu, inter-helênico, inter-hemisférico, inter-humano, interinsular, interoceânico, interocular, interósseo, interurbano,* etc.

interferir
Conjuga-se por ferir.

ínterim
Note: é palavra proparoxítona. O povo, no entanto, continua dizendo "interim". Por quê? Porque a maioria das palavras terminadas em *-im* são oxítonas: *amendoim, benjamim, capim, Paim, ruim, tuim*, etc. *Nesse ínterim* = enquanto isso; nesse meio-tempo: *Desci do carro e subi ao terceiro andar para entregar a encomenda; nesse ínterim, roubaram o meu veículo.* Atenção: usa-se apenas e tão somente *nesse* em tal expressão, e não "neste", conforme se registra em alguns dicionários.

intermediar
Conj.: *intermedeio, intermedeias, intermedeia, intermediamos, intermediais, intermedeiam* (pres. do ind.); *intermedeie, intermedeies, intermedeie, intermediemos, intermedieis, intermedeiem* (pres. do subj.). Há quem use "intermedio", "intermedia", etc.

interpor
Como segue a conjugação de pôr, não existem as formas "interporam", "interposse", "interpossem", "interpormos" (no subj.), "interporem", comuns na língua popular, mas apenas, respectivamente, *interpuseram, interpusesse, interpusessem, interpusermos, interpuserem.*

interpor entre
Redundância consagrada: *Interpus o corpo entre os briguentos.*

interrogado
Rege *acerca de* ou *a respeito de* ou *sobre*: *Interrogado acerca dos* (ou *a respeito dos* ou *sobre os*) *motivos que o levaram a romper o noivado, nada respondeu.*

interrupção
Rege *de* ou *em*: *A interrupção da* (ou *na*) *partida se deveu à forte chuva.*

intervir
Conjuga-se por vir. O particípio deste verbo é vindo; portanto, o particípio de intervir é *intervindo*, e não "intervido", que não existe: *O governo interveio nos preços da energia, mas era de esperar que tivesse intervindo muito antes.* *** *A polícia tem intervindo pouco nesse tipo de manifestação.* *** *As Forças Armadas já deveriam ter intervindo*, sim.

intestino
Adj. correspondente: *intestinal* ou *celíaco*. Portanto, cólica *do intestino* = cólica *intestinal*; pólipos *do intestino* = pólipos *celíacos*.

intimado
Rege *a* ou *para*: Intimado *à* (ou *para* a) rendição, negou-se a fazê-lo. *** Intimado *a* (ou *para*) comparecer a juízo, negou-se a fazê-lo, sendo preso.

intimar
É verbo transitivo direto e indireto (ordenar com autoridade) e constrói-se assim: *O delegado o intimou a entregar a arma.* *** *O delegado o intimou a que entregasse a arma.* *** *O delegado lhe intimou que entregasse a arma.* Por outra: podemos intimar alguém a alguma coisa ou intimar a alguém alguma coisa.

intimidado
Rege *com* ou *por*: *Intimidada com a (ou pela) presença do bandido na sala, a testemunha nada quis declarar.*

intimidar
Use sempre assim: *Essas ameaças não o intimidam?* Muitos, no entanto, usam "lhe" no lugar do *o*.

intolerante / intolerância
Regem *a* ou *contra* (coisa), *com* ou *para com* (pessoa) e *em* (coisa e verbo): *Ser intolerante a (ou contra) críticas.* *** *Todos sabiam da intolerância daquele governo a (ou contra) greves.* *** *A prefeita se mostra intolerante com (ou para com) os vendedores ambulantes.* *** *Professor intolerante em questões de disciplina.* *** *Era por demais conhecida sua intolerância em aceitar críticas.*

intra-
Só exige hífen antes de palavras iniciadas por a ou por h: intra-abdominal, intra-hepático.

intransigente / intransigência
Rege *a* (coisa), *com* ou *para com* (pessoa) e *em* (coisa e verbo): *O Congresso se mostrou intransigente às reformas.* *** *Professor intransigente com (ou para com) seus alunos na disciplina.* *** *Sou intransigente na defesa da liberdade.* *** *Foi intransigente em aceitar a minha sugestão.*

intrincado ou intricado?
Tanto faz: *caso intrincado* (ou *intricado*).

introdução
Rege *a, de* ou *sobre*: *É uma pequena introdução ao (ou do ou sobre o) estudo de filologia.*

introduzir
Conjuga-se por aduzir.

intuir
Conjuga-se por atribuir.

intumescer ou intumescer-se?
Tanto faz: *O local da pancada logo intumesceu (ou se intumesceu).* *** *Quando as artérias intumescem (ou se intumescem), causam preocupação.*

inundado
Rege *de* ou *em* (coisa) e *de* ou *por* (pessoa): *Rosto inundado de (ou em) suor.* *** *Estádio inundado de (ou por) vândalos.*

inútil
Rege *a* ou *para*: *Medidas inúteis à (ou para a) maioria da população.* *** *Conhecimentos inúteis ao (ou para o) trabalho do dia a dia.*

invadido
Rege *de* ou *por*: *Casa invadida d*e (ou *por*) *baratas.* *** *Sentiu-se invadido d*e (ou *por*) *um estranho desânimo.*

invasão
Rege *de*: *Os Estados Unidos desmentem invasão d*a *Síria.* *** *Houve uma invasão d*a *Terra no século passado; seres estranhos por aqui andaram.* *** *Você conhece o episódio da invasão d*a *baía dos Porcos, em Cuba?* *** *O mundo ocidental condenou a invasão d*a *Checoslováquia pelos russos, em 1968.* *** *Os Estados Unidos não ficarão indiferentes a uma possível invasão chinesa d*e *Taiwan.* *** *É crime a invasão d*e *domicílio.* *** *É muito desagradável a invasão d*e *privacidade.* As regências "invasão a" e "invasão em" devem ser desprezadas. No Terra, porém, apareceram justamente essas duas regências, num texto abaixo de uma manchete: *Veja momentos marcantes da invasão dos EUA "ao" Iraque. Saiba como foram os 7 anos de invasão "no" Iraque.* Eles são ótimos!...

inveja
Rege *a* ou *de*: *Ter inveja a*o (ou *d*o) *irmão.*

invejar
Use sempre assim: *Eu não* o *invejo.* Muitos, todavia, usam "lhe" no lugar do *o.*

invejado
Rege *de* ou *por*: *Seu sucesso era invejado d*os (ou *pel*os) *irmãos.*

invejoso
Rege *de*: *Era invejoso d*o *sucesso do irmão.*

inverno
Adj. correspondente: *hibernal.* Portanto, *ventos de inverno* = *ventos hibernais.*

inverso
Rege *a* ou *de*: *Trilhou um caminho inverso a*o (ou *d*o) *que lhe traçaram.* *** *O procedimento é inverso a*o (ou *d*o) *daqueles que todos conhecem.*

invertível ou inversível?
As duas formas existem, assim como coexistem *convertível* e *conversível, reversível* e *revertível.* Quando ocorrem formas variantes como tais, a tendência popular é dar preferência a uma delas e fixá-la, provocando o arcaísmo da outra. O povo só diz *carro conversível* e *situação reversível.* Os professores de Matemática usam geralmente *inversível,* mas há os que preferem *invertível.* Tudo é uma questão de estar situado no tempo...

investida
Rege *a, contra* ou *sobre* (ataque; ato de atirar-se com ímpeto ou coragem) e *em* (tentativa de entrada): *Foi um discurso de investida à* (ou *contra a* ou *sobre a*) *democracia.* *** *Essa nova investida a*os (ou *contra os* ou *sobre os*) *contribuintes é improfícua: quanto maior a alíquota do imposto de renda, maior a sonegação e menor a arrecadação.* *** *Apreciar as investidas dos surfistas às* (ou *contra as* ou *sobre as*) *ondas.* *** *A investida dessa multinacional n*o *mercado brasileiro é para valer.*

investigação
Rege *acerca de, a respeito de, de* ou *sobre*: *Começaram as investigações acerca d*as (ou *a respeito d*as ou *d*as ou *sobre as*) *irregularidades nesse órgão federal.*

investir
Rege *a, com, contra, para* ou *sobre* (lançar-se hostilmente, atacar com fúria), *de* [revestir (de poder)] e *em* (aplicar, empregar capital ou dinheiro; empossar): *O cão investiu a*o (ou *com* o ou *contra* o ou *para* o ou *sobre* o) *carteiro.* *** *As Forças Armadas investiram o ditador d*e *plenos poderes.* *** *Investimos todo o nosso dinheiro em imóveis.* *** *As empresas nacionais precisam investir mais em pesquisas e tecnologia.* *** *Ele investiu o filho mais velho n*a *presidência da empresa.* *** *Há juízes e até desembargadores sem*

nenhum preparo profissional e psicológico para exercer tão nobre e importante função *em* que foram investidos. Na primeira acepção, a regência com as preposições *para* e *sobre* se limita aos clássicos da língua. Conjuga-se por ferir.

invisível
Rege *a* ou *para*: *Avião invisível* a*os* (ou *para os*) *radares inimigos.*

invocação
Rege *a* (coisa = pedido de proteção, auxílio ou inspiração), *de* (pessoa = alegação) e com (coisa ou pessoa = implicância, cisma): *Fazer uma invocação a seu anjo da guarda.* *** *A invocação d*a *ignorância da lei não é aceita em nenhum tribunal.* *** *Ter invocação* com *ruídos e* com *criança mal-educada.*

ioga
Há quem faça distinção entre a ioga (ó) e o yoga (ô), preferindo alguns até grafar com circunflexo e inicial maiúscula: Yôga. Costumam afirmar os adeptos desta grafia e pronúncia: Quando alguém diz estar fazendo ioga (ó), não está praticando a filosofia tradicional, nascida na antiguidade como Yôga, assim chamada durante milênios, no mundo inteiro e tida como filosofia de vida, baseada estritamente em técnicas. Quem faz ou ensina ioga (ó), segundo essas mesmas pessoas, refere-se a outra modalidade de prática, que teve origem na década de 1960, no Rio de Janeiro, de finalidade bem diferente, mistura de teosofia com ginástica. O VOLP só registra ioga, nos dois gêneros. A palavra nos vem do sânscrito *yogah* = união com Deus, através do inglês *yoga*.

Ipanema
Nome do mais famoso bairro carioca, notável não só pelos poetas que nos deu, mas também pelas lindas moçoilas que todos os dias por ele perambula ou se estende nas invejáveis areias da praia do bairro. Tem origem no tupi e significa água que não presta, água imprópria para beber.

Ipauçu
Nome de origem tupi (ypau-uçú = ilha grande), por isso se grafa com ç. Embora rara, às vezes aparece a grafia "Ipaussu".

ipsis litteris / *ipsis verbis*
Trata-se de latinismos; o primeiro significa *pelas mesmas letras*. Assim, ninguém pode repetir nada ao telefone *"ipsis litteris"*, mas sim *ipsis verbis*, que significa *pelas mesmas palavras*. Portanto, quando se fala, repete-se *ipsis verbis*; quando se escreve, repete-se *ipsis litteris*: *Na carta, Manuel repetiu* ipsis litteris *o que ouvira.* *** *Ao juiz, Manuel repetiu* ipsis verbis *o que afirmara ao delegado.* A primeira se pronuncia *ípsis líteris*; a segunda, *ípsis vérbis*.

ir
Rege *a*, mas no Brasil se usa muito a preposição *em*: *Vou* a*o cinema.* *** *Irei* a*o estádio domingo.* *** *As crianças foram* à *casa da tia.* *** *Não vás a batizado e a casamento sem ser convidado!* Convém usar a preposição *em* apenas na comunicação informal, despretensiosa, familiar. Conj.: *vou, vais, vai, vamos, ides, vão* (pres. do ind.); *ia, ias, ia, íamos, íeis, iam* (pret. imperf. do ind.); *fui, foste, foi, fomos, fostes, foram* (pret. perf. do ind.); *fora, foras, fora, fôramos, fôreis, foram* (pret. mais-que-perf. do ind.); *irei, irás, irá, iremos, ireis, irão* (fut. do pres.); *iria, irias, iria, iríamos, iríeis, iriam* (fut. do pret.); *vá, vás, vá, vamos, vades, vão* (pres. do subj.); *fosse, fosses, fosse, fôssemos, fôsseis, fossem* (pret. imperf. do subj.); *for, fores, for, formos, fordes, forem* (fut. do subj.); *vai, vá, vamos, ide, vão* (imper. afirm.); *não vás, não vá, não vamos, não vades, não vão* (imper. neg.); *ir* (infinitivo impessoal); *ir, ires, ir, irmos, irdes, irem* (infinitivo pessoal); *indo* (gerúndio); *ido* (particípio).

ira
Rege contra: *Sentir muita ira* contra *a falsidade.* *** *É grande a ira popular* contra *a falta de justiça.*

irado
Rege *com* ou *contra*: *Homem irado com (ou contra) a falsidade.* *** *Povo irado com (ou contra) a falta de justiça.*

irapuru **ou** uirapuru?
As duas formas existem, mas a segunda é a mais usual.

ir dar / ir ter
Como dão ideia de movimento, tais expressões verbais exigem a preposição *a*, embora o brasileiro aprecie o uso de *em*: *Esta rua vai dar aonde?* *** *Entramos naquela rua e fomos dar a um beco sem saída.* *** *Se eu seguir por aqui, vou ter à praia?* *** *Se você quiser ir dar à praia, tome esta avenida e vá sempre em frente!* *** *Tomamos uma estrada vicinal e fomos ter a um sítio.*

íris
Adj. correspondente: *iridiano*. Portanto, *coloração da íris* = *coloração iridiana*.

irmanado
Rege *a* ou *com* (pessoa)...*em* (coisa): *O presidente tem de estar irmanado aos (ou com os) ministros no mesmo ideal.*

irmão
Adj. correspondente: *fraternal*. Portanto, *atitude de irmão* = *atitude fraternal*.

ir (ou sair) ao encalço de
Use sempre assim: *Quando a polícia ia ao encalço dos sequestradores, houve o acidente com a viatura.* *** *Os agricultores saíram ao encalço da onça que estava matando suas reses.* Não convém usar a preposição "em", ou seja, *ir* (ou *sair*) "no" *encalço de*. V. **estar no encalço de**.

ironia
Rege *a* ou *contra*: *A ironia ao (ou contra o) presidente não foi muito bem recebida em Brasília.*

ir "para" aí
Não: *aí*, como *aqui*, não aceita a preposição *para*, em construção desse tipo. Por isso, convém *ir aí*? *Lá*, sim, admite a companhia da referida preposição. Então: convém *ir para lá?* V. **vir "para" aqui**.

irradiar-se
Use sempre assim, na acepção de propagar-se, difundir-se, espalhar-se: *A bondade do Papa se irradia aos fiéis.* *** *A violência das torcidas paulistanas se irradiou para todo o país.* *** *Sua fama se irradiou pela cidade.* *** *O fogo se irradiava furiosamente para todas as dependências da casa.* *** *Sua simpatia se irradiou por todo o ambiente.* *** *O câncer irradiou-se por todo o organismo.*

irresponsável / irresponsabilidade
Regem *de, em* ou *por*: *Ser irresponsável de (ou em ou por) seus atos.* *** *A irresponsabilidade de (ou em ou por) seu comportamento não era assumida pelos pais.*

irreverência / irreverente
Regem *a, com, para* ou *para com* (pessoa) e *em* (coisa): *A irreverência do aluno ao (ou com o ou para o ou para com o) professor lhe valeu severa pena.* *** *Sua irreverência na atitude com os colegas lhe valeu o emprego.* *** *Aluno irreverente ao (ou com o ou para o ou para com o) professor é expulso da escola.* *** *Funcionário irreverente na atitude com os colegas é demitido.*

irritado / irritação
Regem *com* ou *contra* (nome) e *de* ou *por* (verbo): *O professor estava irritado com (ou contra) alguns alunos.* *** *A irritação do presidente com (ou contra) o ministro era evidente.* *** *Ficou irritado de (ou por) ver tudo espalhado pelo chão.*

irritar
Use assim: *Ruídos não o irritam?* Muitos, no entanto, usam "lhe" no lugar do *o*.

ir-se
O pronome *se* é palavra de realce, portanto não obrigatório, mas confere à ação um caráter de espontaneidade: *Ela chegou às 12h e às 13h já se foi.* *** *Deu-me um beijo e foi-se embora.*

isentar
Use assim seus particípios: *Eles já tinham isentado o rapaz de culpa.* *** *O rapaz foi isento* (e não foi "isentado") *de culpa por eles.*

isento / isenção
Regem *com* ou *para com* (pessoa)...*em* (coisa) [neutro, imparcial] e *de* (desobrigado; livre): *Professor isento com* (ou *para com*) *seus alunos na atribuição de notas.* *** *Rapazes isentos do serviço militar.* *** *Comerciantes isentos do pagamento de impostos.*

isto é
Abrev.: *i.e.*

isto posto
Nas orações reduzidas de particípio, esta forma nominal encabeça sempre a oração: *Declarado o imposto de renda, resta aguardar a restituição.* *** *Feito o depósito bancário, basta aguardar a mercadoria pedida em casa.* Este, no entanto, é um caso de exceção: *Isto posto, passemos a outro assunto!* Mas podemos construir, perfeitamente: *Posto isto, passemos a outro assunto!*

item
Tanto o singular quanto o plural (itens), sem acento.

J

j / J
A minúscula (repare) tem pingo ou ponto, mas a maiúscula não. Muitos, porém, escrevem o **j** sem pingo, ou colocam uma bolinha em seu lugar, e grafam o **J** com pingo. V. **i / I**.

jabuticaba
É a escrita correta. Assim, não existe naturalmente a forma "jaboticaba", que o VOLP (ufa!) não registra, com acerto. Se não existe a forma "jaboticaba", como se justifica que o VOLP registre "jaboticabalense" para o que nasce em Jabuticabal? Poderão argumentar alguns: Ah, mas o vocabulário registra essa forma porque respeita a grafia secular de Jaboticabal para a cidade. Correto: e por que não respeita também a grafia secular de Lages e registra lagense? Por que só registra lajense? Não, não precisa explicar: eu já entendi perfeitamente...

Jabuticabal
É a grafia atualizada do nome da cidade paulista, cujos habitantes, porém, preferem o uso da forma tradicional, *Jaboticabal*. Respeitamos. A palavra derivada de *jabuticaba*, no entanto, é *jabuticabal*. Não existe hoje a forma "jaboticaba" em nosso léxico. A cidade foi fundada antes de 1943, ano em que se promoveu uma grande reforma ortográfica. Por ela, *jaboticaba* passou a ser escrita *jabuticaba*. Hoje, quem nasce na cidade se diz *jabuticabalense*, embora a 5.ª edição do VOLP traga também "jaboticabalense", o que não surpreende. Por tradição histórica secular, podemos manter inalterada a grafia original de um nome de cidade. Isso não significa dizer que somos obrigados a mantê-la. Assim, podemos grafar *Jaboticabal* (por tradição) e *Jabuticabal* (pela ortografia vigente). Como a forma "jaboticabal" não existe em nosso léxico, que explicação daria um professor ao aluno que lhe perguntasse o que significa "jaboticabal"? Pra que estabelecer a balbúrdia? Quem não aprecia confusão adota Jabuticabal/jabuticabalense. Os outros que se virem!...

já...mais
Constitui redundância o uso simultâneo de *já* e *mais*, em frases negativas, indicando cessação ou mudança de um fato. Convém usar apenas *já*: *Os ateus afirmam que Deus já não existe*. *** *Já não se faz carro como antigamente*. Na língua cotidiana, quando não se usam ambas as palavras na mesma frase, emprega-se *mais* como equivalente de *já*: *Os ateus afirmam que Deus não existe mais*. *** *Não se faz mais carro como antigamente*. Originariamente, *mais* equivale a *novamente, outra vez*: *Não volto lá mais*. *** *Não erre mais!* Apesar da evidente impropriedade, a língua cotidiana já consagrou o uso de *mais* por *já* e até está a consagrar o emprego simultâneo de ambas as palavras na mesma frase, em nome da ênfase: *Já não se faz mais carro como antigamente*. *** *Já não há mais motivo para discussões*.

jambo
Usada como adjetivo, na indicação da cor, não varia: *morenas jambo, peles jambo, meninas jambo*.

jantar
É a palavra que deve ser usada na linguagem elegante. O povo, no entanto, prefere comer a "janta" na sala de "janta". Já pensou, caro leitor, participar de uma "janta dançante"? Ou de uma "janta de gala"? Não, os elegantes não participariam... Xavier Fernandes, em suas *Questões de língua pátria*, afirma que "janta" é brasileirismo próprio de gente inculta, palavra que se ouve no Brasil só na boca de analfabetos,

semianalfabetos e pseudodoutos. De fato, essa "janta" é algo indigesta, mas nem por isso "consumida" por certos gramáticos.

jardim
Abrev.: *j.* (com o ponto). *Moro no J. Tremembé*. Muitos usam "jd.".

jardim de infância / jardim de inverno
Sem hifens.

jazer
Este verbo é mais usado nas terceiras pessoas, do singular e do plural: *Aqui jaz meu avô.* *** *Aqui jazem os restos mortais de meu avô.*

jeans
Anglicismo consagrado entre nós. Os portugueses, no entanto, não o aceitam de jeito nenhum. Preferem usar jines. Que tal?

Jeni
É a grafia correta. Muitas mulheres, no entanto, trazem "Geni" no registro civil.

Jericoaquara
Nome de uma famosa praia de pescadores do Ceará, onde só se vê a escrita "Jericoacoara", errônea: em português esse final se grafa sempre com *-quara* (= buraco, esconderijo, no tupi). Assim é que temos *Araraquara, Jabaquara, Nhundiaquara, Piraquara, taquara*, etc. Esse mesmo elemento está presente em *Taquaritinga* (repare: com *qu*). No IG: *Deitar-se em uma rede armada dentro d'água é um privilégio de quem vai "à Jericoacoara".* E o jornalista ainda achou de usar aí *a* com acento grave! Manchete em um de nossos jornais: **Moradores e turistas denunciam onda de estupros em "Jericoacoara"**. Aqui houve mais um...

Jesus
Sagrado nome do Filho de Deus, segundo os cristãos. Às vezes se faz referência a Jesus com as iniciais latinas J.H.S. ou JHS = *Jesus, Hominum Salvator* (Jesus, salvador dos homens). Outras vezes se usam as iniciais, também latinas, I.N.R.I. ou INRI = *Jesus Nazareno Rex Judxorum* (Jesus Nazareno, Rei dos Judeus).

jiu-jítsu ou jujútsu?
As duas formas existem, mas... quem no Brasil luta *jujútsu*?

joão-ninguém
Pl.: joões-ninguém. Note: com minúsculas. Há quem escreva "João-Ninguém": *Sonham as pulgas comprar um cão e sonham os "Joões-Ninguém" deixar de ser pobres.*

"joelho"
Pela nomenclatura oficial da Sociedade Brasileira de Anatomia, devemos usar não mais "joelho", mas patela.

jogo
Rege *com* ou *contra*: *Num jogo com* (ou *contra*) *o Palmeiras, a arrecadação subiu.* No plural (jogos), tem *o* tônico aberto, assim como o diminutivo (joguinhos) e o aumentativo (jogão).

jogo da velha
Sem hifens.

joint venture
Não se grafa com hífen e, no português, é usado no gênero feminino, embora em outras línguas latinas seja de gênero masculino. Significa consórcio empresarial. Pronuncia-se *djóint vêntchâr*.

jóquei
Faz no feminino *joqueta* (ê). Pl.: jóqueis-clubes ou jóqueis-clube.

jovem
Superl. abs. sint.: *juveníssimo*. Portanto, *pai muito jovem* = *pai juveníssimo*.

jovem "de pouca idade"
Visível redundância. Encontrada, porém, no verbete **bedelho**, do Dicionário Houaiss, acepção 4. Já pensou, caro leitor, encontrar um jovem de idade avançada? Talvez um ET seja assim...

jovem e jovial: qual a diferença?
Jovem é quem está na juventude (dos 14 aos 21 anos). Seu antônimo é *velho*. **Jovial** é alegre, engraçado, espirituoso. Seu antônimo é *triste*. Da mesma forma, *jovialidade* não equivale a *juventude*, mas a *alegria*. Dizem que sexo frequente e feliz colabora para a aparência *jovem* (e não *"jovial"*). Mas não deixa de trazer muita *jovialidade*... Não nos espantemos, portanto, se um dia ouvirmos um repórter dizer isto: *Todos se emocionaram com a jovialidade dos velhinhos do asilo*, no que estaria absolutamente certo, se, de fato, os velhinhos fossem divertidos. Mas, por outro lado, ao fazer reportagem sobre a vice-primeira-dama, escreveu um jornalista, que parece não conhecer o significado da palavra, já que escreveu: *Mercê da beleza "jovial" exibida durante a posse de Dilma Rousseff e de Temer, Marcela foi ao noticiário como Carla Bruni brasileira*.

Juá
É a grafia correta, mas muitos escrevem "Joá": estrada do "Joá", elevado do "Joá", etc. Antes de 1943 era mesmo assim que se escrevia; antes de 1943.

Juaçaba
É a grafia correta, mas todo o mundo só conhece Joaçaba (grafia antiga), cidade catarinense. Quem nasce na cidade é juaçabense e também joaçabense.

jubilar-se, aposentar-se e reformar-se: qual a diferença?
Jubilam-se professores, educadores, pedagogos. **Aposentam-se** funcionários públicos em geral, comerciários, operários, industriais, bancários e banqueiros, etc. **Reformam-se** apenas militares. Um general não "se aposenta" nem "se jubila", mas *se reforma*.

júbilo / jubiloso
Regem *com, de* ou *por*: *Havia pouco júbilo com a* (ou *da* ou *pela*) *conquista daquele título*. *** *Era uma equipe pouco jubilosa com a* (ou *da* ou *pela*) *conquista daquele título*.

Juçara
É a grafia correta. Muitas mulheres, no entanto, trazem "Jussara" no registro civil.

Judas Iscariote
É o nome correto do traidor de Jesus, e não Judas "Iscariotes".

judiar
Rege *de* (maltratar) e *com* (gozar, zombar, tirar um sarro com a cara de): *Guarde-se daquele que judia dos animais!* *** *Os palmeirenses judiam com os corintianos, quando o alviverde vence o alvinegro, e vice-versa*.

juiz
Adj. correspondente: *judicial*. Portanto, *sentença de juiz* = *sentença judicial*.

juízo
Rege *acerca de* ou *a propósito de* ou *a respeito de* ou *em relação a* ou *sobre*: *Ninguém quis emitir um juízo acerca do* (ou *a propósito do* ou *a respeito do* ou *em relação ao* ou *sobre o*) *assunto*.

junção
Rege *de...a* (ou *com*): *A junção de um cano a* (ou *com*) *outro*.

júnior
Significa o mais novo. Diz-se de categoria esportiva em que seus praticantes têm entre 14 e 18 anos: *futebol júnior*. Diz-se do campeonato disputado por essa categoria: *campeonato júnior*. Diz-se do selecionado composto por praticantes dessa idade: *seleção júnior*. Diz-se do tamanho de roupa confeccionada para pessoas de constituição física pequena ou delicada.   Posposta a nome próprio, usa-se com inicial maiúscula e significa que é o mais jovem ou o menor entre duas pessoas que levam o mesmo nome: *Luís de Sousa Júnior*, assim como se faz com *Sênior*. Se vem depois de nome comum, significa menos experiente ou hierarquicamente inferior: *secretária júnior, sócio júnior*. Faz no plural *juniores* (ô), e não "júniors". Abrev.: *jr*. Antôn.: *sênior*.

juntada
Rege *de*...*a*: *Fazer a juntada de novas provas aos autos*.

juntar
Use assim seus particípios: *O rapaz já tinha juntado todos os documentos para a inscrição*. *** *Os documentos para a inscrição foram juntados* (ou *foram juntos*) *pelo rapaz*.

junto
Use *com a*, *com* ou *de* (pessoa = ao lado), mas apenas *a* ou *de* (coisa = ao lado) e *com* (pessoa = também, inclusive): *Ficou o tempo todo junto à* (ou *com a* ou *da*) *namorada*. *** *Elas só saem junto à* (ou *com a* ou *da*) *mãe*). *** *Junto a* (ou *com* ou *de*) *vocês, estamos seguros*. *** *Esperei-a junto ao* (ou *do*) *portão*. *** *Ficamos junto à* (ou *da*) *cerca*. *** *Saiu junto com a namorada*. *** *Elas foram junto comigo ao supermercado*. Note que, nesses exemplos, a palavra não varia, já que faz parte de locução prepositiva. Às vezes, se omite a preposição: *Elas foram ao supermercado*. *Junto fui eu*. (= *Junto com elas fui eu*.) *** *O pai saiu*. *Junto foram as filhas*. (= *Junto com o pai foram as filhas*.) Como adjetivo, *junto* varia normalmente: *Elas foram juntas ao supermercado*. *Eles sempre saem juntos*.

Júpiter
Faz no plural *Júpiteres*. Por que não "Júpiteres"? Pela mesma razão apresentada em *júnior*. Veja, porém, este trecho colhido no G1: *Em nosso sistema solar existem três tipos de planetas: rochosos e terrestres (Mercúrio, Vênus, a Terra e Marte), gigantes gasosos (Júpiter e Saturno) e gigantes de gelo (Urano e Netuno). Por outro lado, existem planetas variados que orbitam em torno de estrelas distantes, entre os quais há mundos de lava e "Júpiteres" quentes*. Além do plural errôneo, existe aí ainda uma redundância: orbitam "em torno". Alguém já viu qualquer coisa orbitar sem ser em torno?

Juquiri
Nome de uma das mais antigas colônias psiquiátricas do Brasil. Embora seja o nome correto, muitos escrevem Juqueri (grafia antiga).

jurar de + infinitivo
Use corretamente: *Jurei de amá-la eternamente*. *** *Jurou de defender a Constituição*. *** *Você jura de dizer a verdade e somente a verdade?* Reprovável, sim, é o uso de jurar "como": *Juro "como" não fui eu quem fez isso*. *** *Juro "como" eu esgano aquele sujeito*. Convém substituir por *jurar que*.

jurisdição
Rege *em* ou *sobre*: *Os Estados Unidos têm jurisdição nesse* (ou *sobre esse*) *território*.

justapor
Como segue a conjugação de pôr, não existem as formas "justaporam", "justaposse", "justapossem", "justapormos" (no subj.), "justaporem", comuns na língua popular, mas apenas, respectivamente, *justapuseram, justapusesse, justapusessem, justapusermos, justapuserem*.

justiça
Rege *a, com* ou *para com* (pessoa) e *em* (coisa): *É preciso fazer justiça aos* (ou *com os* ou *para com os*) *aposentados.* *** *Houve justiça no julgamento.*

justiceiro
Rege *com* ou *para com*: *Foi justiceiro com* (ou *para com*) *o assassino do pai.*

justificativa
Rege *de* ou *para*: *Qual a justificativa desse* (ou *para esse*) *atraso?*

justo
Rege *com* ou *para com* (pessoa) e *em* (coisa): *Sempre foi um pai justo com* (ou *para com*) *seus filhos.* *** *Sempre foi um pai justo na aplicação dos castigos a seus filhos.*

L

ladeado
Rege *de* ou *por*: *Empresário ladeado de* (ou *por*) *seguranças.*

lado
Adj. correspondente: *lateral*. Portanto, *entrada do lado* = *entrada lateral.*

lago
Adj. correspondente: *lacustre*. Portanto, *porto de lago* = *porto lacustre.*

lajota / lajotinha / lajotão
As três têm o primeiro *o* aberto.

lamentar e lastimar: qual a diferença?
Lamentar é sentir ou expressar profunda dor ou pesar por algo desagradável: *lamentar a perda de um ente querido.* **Lastimar** é sentir ou expressar profunda compaixão, dó ou muita tristeza também por algo desagradável: *lastimar a morte de um famoso ator.* Um torcedor fanático não "lamenta" a derrota do seu time, mesmo que ele perca por 2 a 7 para o Vitória da Bahia; *lastima*-a, ou seja, sente muita tristeza pelo acontecimento. Esse mesmo torcedor *lamenta* a morte de um colega numa briga entre torcidas rivais. Da mesma forma, não se confunde *lamentável* com *lastimável*. Um acidente com mortes é sempre *lamentável*; um presidente de clube incompetente que se agarra à cadeira e não quer deixar o cargo de jeito nenhum é sempre *lastimável*.

lançado
Rege *a* ou *em* (jogado), *contra* (arremessado), *para* (apresentado como candidato) e *sobre* (ideia de superposição): *Esgoto lançado ao* (ou *no*) *rio.* *** *A bola foi lançada contra a trave.* *** *Candidato lançado para o governo do Estado.* *** *Mafiosos lançados para deputados.* *** *Roupas lançadas sobre a cama.*

lançamento
Rege *de...a* (ou *em*) e *de...contra* (quando há ideia de choque ou de hostilidade): *O lançamento de um modelo de carro ao* (ou *no*) *mercado.* *** *O lançamento de esgoto aos* (ou *nos*) *rios.* *** *O lançamento da bola contra a trave.* *** *O lançamento de um míssil contra as forças iraquianas.*

lançamento "novo" / "novo" lançamento
Redundância. Há lançamento velho? Num grande jornal paulistano: *Leila Pinheiro faz show de lançamento de "novo" álbum.* Já pensou se qualquer cantor fizesse *show de lançamento de um álbum antigo?* Num site sobre automóveis: *Mercedes-Benz – Lançamento de "novos" carros no Brasil.* Teria interesse a Mercedes-Benz de lançar algum modelo antigo no Brasil? Creio que não...

lançar / lançar-se
Regem *a* ou *em*: *O aluno lançou um aviãozinho de papel ao* (ou *no*) *colega, em plena sala de aula.* *** *O garoto, assim que viu a mãe, se lançou aos* (ou *nos*) *braços dela.*

lápis-lazúli
É o verdadeiro nome desse termo da mineralogia. Dia desses, na televisão, uma "jurada" disse "lápis-lázuli", algo que, naturalmente, deverá ter sido trazido por extraterrestres, já que no nosso planeta essa pedra não existe...

laranja
Usada como adjetivo, na indicação da cor ou como equivalente de falso ou fraudulento, não varia: *fitas laranja, camisas laranja, gravatas laranja, meias laranja, correntista laranja, contas laranja*. Nossos jornalistas ignoram totalmente o assunto. Veja como escrevem: *Menina amarra fitas "laranjas", símbolo do movimento contra o plano de retirar assentamentos judaicos da faixa de Gaza, em cerca militar perto do* kibutz *de Ein Hashlosha*. Notícia de O Globo: *Revista Veja diz que empresa que aluga o imóvel a Palocci possui sócios "laranjas"*. Quando um político de Brasília teve impugnada sua candidatura e quis colocar sua mulher no lugar, a Justiça Eleitoral negou. Um jornalista da Folha de S. Paulo nos informou assim: *Para os desembargadores, a candidatura é escárnio e fraude. Os procuradores dizem que candidatura da mulher de Roriz legitimaria candidaturas "laranjas" em todo o país*. Por ocasião do julgamento do mensalão pelo STF, outro jornalista, agora de O Estado de S. Paulo, saiu-se com esta: *Tribunal absolveu apenas a ex-vice-presidente do Banco Rural Ayanna Tenório, apontada como "uma verdadeira" laranja*. Na verdade, a distinta senhora era apontada como um verdadeiro laranja, uma vez que a palavra laranja, nesse caso, é nome sobrecomum. Por que essa palavra veio a adquirir a acepção figurada em que hoje muito se usa? Diz-se que nos Estados Unidos, na época da Lei Seca, que vigorou de 1919 a 1933, as pessoas utilizavam as laranjas para driblar a referida lei. Abriam a fruta superiormente, retiravam-lhe o conteúdo e, no continente, colocavam uma bebida alcoólica, geralmente gim ou uísque. De repente, as pessoas passaram a chupar muita laranja, o que despertou a atenção das autoridades. Foi então que a palavra passou a significar *fraudulento, falso, inexistente*.

largo
Abrev.: *l.* (com o ponto). *Moro no L. Paiçandu*. Muitos usam "lg.".

largue mão!
Expressão muito usada no interior paulista, perfeitamente correta. Significa *deixe-se disso, abandone essa prática* ou *essa mania*: *Você adula muito seus filhos e recebe ingratidão como paga. Largue mão!* *** *Você não percebe que seu vício de roer unhas está deixando a ponta dos dedos todo deformada? Largue mão!*

laringe
Em rigor, palavra masculina: *o laringe*. Por influência do gênero de *faringe*, passou a ser usada como feminina. A língua aceita ambos os gêneros, mas prefere o primeiro.

laser
É acrônimo inglês de *light amplification by stimulated emission of radiation* = amplificação da luz pela emissão estimulada de radiação. Já poderíamos estar usando o aportuguesamento *lêiser*. O VOLP, todavia, não se manifesta.

lastimado
Rege *de* ou *por*: *Morte lastimada de* (ou *por*) *todos*. *** *Derrota lastimada de* (ou *por*) *torcedores de todos os times*.

lata d'água
A exemplo de copo d'água e de poça d'água, não traz hífen.

lateral-direita / lateral-esquerda
A bem da lógica, da coerência e consequentemente da correção, são estas as palavras corretas existentes no mundo do futebol, mas os jornalistas esportivos só conhecem "lateral direito" e "lateral esquerdo". Claro... Ora, *lateral* é palavra feminina e, se se tornou masculina, só mesmo os profissionais do esporte andam a saber do "fato". Sendo, sem dúvida, feminina, não tem cabimento usar "lateral direito" nem "lateral esquerdo", como cabimento ainda não tem o uso de "ponta-direito" e "ponta-esquerdo", coisas que a gente do esporte ainda não ousou usar, embora ousada seja muito. Eu não tenho dúvida em afirmar que o maior *lateral-direita* de todos os tempos foi Djalma Santos; e o maior *lateral-esquerda* foi Nílton Santos. Alguém duvida?

látex
Pronuncia-se láteks, e não "latéks".

latrocida
Se *homicida* é o que mata um ser humano; se *matricida* é quem mata a mãe; se *parricida* é o que mata o pai, *latrocida* é o que mata o ladrão. Muitos pensam, todavia, que *latrocida* é o ladrão que mata a vítima para roubar. Pensar não ofende...

laureado
Rege *de*: *O escritor laureado do Prêmio Nobel de Literatura daquele ano foi um português.* *** *Um cientista laureado de tantos prêmios tem mesmo de ser respeitado por toda a comunidade científica mundial.* A regência "laureado com", muito comum entre os jornalistas, deve ser desprezada.

lava a jato
Embora pelas ruas da principais cidades brasileiras se veja muito lava-jato, em que não consideramos nenhuma impropriedade, convém usar *lava a jato*, para evitar que certas cabecinhas imaginem que lava-jato seja uma lavagem de avião a jato, como já ouvimos por aí. Assim, convém que todo lava-rápido seja um *lava a jato*.

lavado
Rege *com* (instrumento) e *de* ou *em* (modo): *Rosto lavado com álcool.* *** *Banheiro lavado com água sanitária.* *** *Chegou com o rosto lavado de* (ou *em*) *suor.* *** *Saiu vivo do acidente, mas com o corpo lavado de* (ou *em*) *sangue.*

lavar a mão
Ao ler essa pequena frase, o que entenderá o leitor? Entenderá, naturalmente, que ela equivale a molhar a mão, para limpá-la, usando algum líquido, geralmente água. É o que o brasileiro entende. E se quem escreve quer dizer não isso, mas isto: lavar (alguma coisa) usando as mãos? Se assim for, temos, então, para dirimir quaisquer dúvidas, que colocar um acento grave no a: lavar à mão. Outro exemplo de uso obrigatório do acento da crase (sem que haja crase): desenhar à pena. Sem o acento, fica claro que se desenha a própria pena, e não **com** a pena. No português do Brasil (e só no português do Brasil), portanto, para dirimir dúvidas, usaremos sempre o sinal grave no **a** nas locuções adverbiais de meio, modo, instrumento, etc. Portanto: *Essa mulher só lava à mão, não usa lavadora.* *** *Só compro à vista.* *** *O ministro corrupto declarou que só saía à bala. Não precisou...*

lavrador
Faz no feminino *lavradeira*, e não "lavradora", como divulga a emissora do "Roráima", que em vez de prestar serviço à Educação está fazendo justamente o oposto. Aliás, no Brasil, televisão deixou de ser cultura há algumas décadas. O mais intrigante é que ninguém reage; nenhum governo toma a iniciativa de fazer isso mudar definitivamente. Mas um dia a casa cai. V. **comendador**.

leal / lealdade
Regem *com* ou *para com* (pessoa), *a* (coisa) e *de* (verbo): *É uma pessoa leal com* (ou *para com*) *os colegas.* *** *Ser leal a seus ideais, a sua fé.* *** *Sua lealdade com* (ou *para com*) *os colegas é de todos sabida.* *** *Ninguém o demove da lealdade a seus ideais, a sua fé.* *** *Teve a lealdade de consultar os colegas, antes de tomar a decisão.*

leão
Adj. correspondente: *leonino*. Portanto, *urro de leão* = *urro leonino*.

leão de chácara
Sem hifens.

lebre
Adj. correspondente: *leporino*. Portanto, *rapidez de lebre* = *rapidez leporina*; *lábios fendidos, como os da lebre* = *lábios leporinos*.

leiaute
É o aportuguesamento do inglês *layout*. Significa esboço, projeto. Daí saem os verbos *leiautar* (fazer o leiaute de) e o substantivo comum de dois *leiautista* (pessoa que faz leiaute).

lei de Newton ou Lei de Newton?
A primeira: os nomes das leis científicas se grafam com inicial minúscula. Por extensão, também: lei de Murphy. Já os nomes de leis jurídicas devem grafar-se com inicial maiúscula: Lei Maria da Penha, Lei do Acesso, Lei de Crimes Ambientais, Lei de Imprensa, Lei n.º 7.783, etc.

leite
Adj. correspondente: *lácteo*. Portanto, *produtos de leite* = *produtos lácteos*.

lembrança
Rege *a* ou *para*: *Mandei lembranças a* (ou *para*) *todos*.

lembrar
É verbo transitivo direto (fazer recordar, sugerir; não esquecer de): *Marisa lembra muito a mãe no modo de andar.* *** *Lembre o que eu lhe disse ontem!* É transitivo direto e indireto (advertir, recordar), com objeto direto de coisa e objeto indireto de pessoa: *Lembrei ao presidente os acontecimentos do ano passado.* = *Lembrei-lhe os acontecimentos do ano passado.* *** *Lembramos ao pessoal que já passava da meia-noite.* *** *Lembro a vocês que vivemos num país pobre.* Não se aconselha seu emprego com objeto direto de pessoa e indireto de coisa. Assim, p. ex.: "Lembrei o presidente dos acontecimentos do ano passado" = "Lembrei-o dos acontecimentos do ano passado". É verbo pronominal (ter lembrança, recordar-se): *Maísa chegou. Você se lembra dela?* *** *Ninguém se lembrou de mim!* Há uma tendência na língua cotidiana de omitir o pronome: "Você lembra dela?", "Ninguém lembrou de mim!". Essa omissão só é possível se o verbo anteceder um infinitivo. Ex.: *Você lembra de ter me visto ontem?* *** *Ninguém lembrou de me avisar.* *** *Não lembrei de assinar a lista de presença.* *** *Ninguém lembrou de avisar a polícia.* Notícia de uma folha de S. Paulo: *Em discurso na Câmara dos Deputados, José Alencar chorou ao "lembrar da" mãe.* Existe ainda a construção clássica desse verbo, que dá por sujeito o ser lembrado. Por ela, o sujeito sempre se pospõe ao verbo. Ex.: *Lembra-me muito bem a fisionomia dela.* *** *Lembram-me muito bem as decepções que ela me causou.* *** *Não me lembra nem mais o nome dela.* *** *Nunca mais me lembraram aquelas malditas férias.* V. **esquecer**.

lembrete
Rege *a* ou *para* (pessoa)...*sobre* (coisa): *Deixei um lembrete a* (ou *para*) *meus filhos sobre o compromisso de amanhã*.

lenda
Rege *de* ou *sobre*: *Todos conhecem a lenda de* (ou *sobre*) *A bela e a fera*.

lenga-lenga
Com hífen.

lenimento e linimento: qual a diferença?
Lenimento é qualquer coisa que abranda, mitiga ou suaviza dores físicas ou morais; é o mesmo que *lenitivo* e *alívio*. **Linimento** é remédio de fricção. Pessoas há que encontram numa nova profissão um *lenimento* para os insucessos percebidos na anterior; há outras, porém, que preferem encontrar num cargo público o *lenimento* ideal para todos os males passados, presentes e, naturalmente, futuros... Toda mãe zelosa aplica *linimento* no filho, se necessário, antes de este ir para a cama.

lenitivo
Rege *a* ou *para*: *Há lenitivo a* (ou *para*) *este meu sofrimento?*

lente corretiva ou lente corretória?
Tanto faz.

lentejoula ou lantejoula?
Tanto faz.

lento / lentidão
Regem *de* (nome) e *em* (verbo): *Homem lento de raciocínio.* *** *Homem lento em raciocinar.* *** *A lentidão de movimentos da preguiça.*

leque
Adj. correspondente: *flabeliforme*. Portanto, *penugem semelhante a um leque* = *penugem flabeliforme*.

lesão
Rege *de* ou *em* (traumatismo; dano moral): *Sofrer lesão do (ou no) joelho.* *** *Sofrer lesão do (ou no) prestígio.*

lesivo
Rege *a* ou *de*: *As queimadas são lesivas à (ou da) natureza, ao (ou do) meio ambiente.*

lesma
Adj. correspondente: *limacídeo*. Portanto, *rastros de lesma* = *rastros limacídeos*.

leste
Trata-se de um galicismo (*l'est*) arraigado no idioma, assim como *sabonete, bidê, carnê, detalhe, banal*, etc. Em nossa língua, de fato, os pontos cardeais são, em rigor, *norte, sul, este* e *oeste*.

leste ou Leste?
Com inicial minúscula, quando se trata de ponto cardeal: *As bússolas, ao apontarem o norte, orientam quanto ao leste e ao oeste.* Com inicial maiúscula ou minúscula, quando se trata de região: *Você conhece o Leste (ou leste) europeu?* *** *Todo brasileiro tem de conhecer o nordeste (ou Nordeste).*

levado
Rege *de...a* (ou *para*), apenas *a* (ou *para*) e *de* ou *por*: *Eram carros roubados, levados do Brasil ao (ou para o) Paraguai.* *** *Bandidos levados à (ou para a) penitenciária de segurança máxima.* *** *Levado do (ou pelo) desejo de vingança, acabou por consumar um crime bárbaro.* *** *Levada da (ou pela) ambição, usava o corpo e o charme pessoal para alcançar seus objetivos.*

leva e traz
Sem hifens. Não varia no plural: *os/as leva e traz*.

levantado
Rege *a* ou *para* (em direção) e *de* (saído): *A polícia pediu que as pessoas ficassem com as mãos levantadas ao (ou para o) alto.* *** *Horário de verão: crianças e trabalhadores levantados da cama de madrugada para irem à escola ou ao trabalho.*

levantar-se
Use sempre assim, na acepção de pôr-se de pé (ao sair de cama, sofá, cadeira, etc.): *Quando me levantei, minhas calças caíram.* *** *A que horas vocês se levantam todos os dias?* *** *Levantamo-nos às seis horas.* *** *Quando me levanto, já me ponho debaixo do chuveiro.* A língua cotidiana mostra uma tendência de omitir o pronome. Veja, por exemplo, esta notícia que nos dá um jornalista: *Um funcionário da TV belga VTM cometeu uma gafe durante uma transmissão ao vivo no domingo. No momento em que a jornalista Lynn Wesenbeek apresentava as notícias, ele "levantou" no fundo e começou a festejar um gol, sem notar que sua dança estava sendo filmada.* O que é pior: ser flagrado dançando, ou dançando, escrevendo?...

levar
Usa-se melhormente com a preposição *a*, embora no português do Brasil se encontre muito a preposição *em*: *Levei as crianças à escola.* *** *Você já levou seu avô ao médico para ver o que ele tem?* Levar crianças *na* escola e o avô *no* médico, positivamente, não me parece nada elegante. Não convém usar a preposição "para" com levar, pois ela implica permanência duradoura no lugar a que se chegou. Portanto, usamos: *A mãe levou as crianças à escola* (porque elas, depois das aulas, retornarão ao lar). Mãe que leva as crianças "para" a escola, está visivelmente com más intenções, ou seja, quer que elas fiquem lá e nunca mais retornem... Essas coisas, no entanto, acontecem. Veja como saiu no Diário do Nordeste, de Fortaleza: *Uma empresária foi vítima de assalto e acabou baleada no braço quando levava três filhas "para" a escola.* Teria ela pressentido o assalto e, de antemão, resolvera deixar as filhas na escola para todo o sempre, a fim de que educadores delas cuidassem a partir dali?...

levar um tombo
Apesar de ser a construção correta, há muita gente que insiste em "cair um tombo", cometendo redundância.

levedo ou lêvedo?
Ambas as prosódias existem deste substantivo; a mais aconselhável é a segunda, mas a primeira tem a preferência no português do Brasil. O adjetivo, todavia, é apenas *lêvedo* (que sofreu fermentação; fermentado; levedado: *leite lêvedo*).

leviano
Diz-se da pessoa pouco séria ou irresponsável: *mulher leviana; jornalista leviano*. Na língua cotidiana, usa-se este adjetivo por *leve*: *mala leviana; trabalho leviano*.

lhama
É palavra masculina, sempre foi palavra masculina: *o lhama, um lhama*, mas a 5.ª edição do VOLP (um desastre!; v. **VOLP**) já a registra também como feminina. Mas nunca foi! Que mágica é essa? Gostaria de conhecê-la...

lhano / lhaneza
Regem *com* ou *para com*: *Balconista lhano com* (ou *para com*) *os fregueses.* *** *Sua lhaneza com* (ou *para com*) *a freguesia só lhe trazia benefícios.*

libelo
Rege *a* ou *contra*: *A obra é um libelo aos* (ou *contra os*) *jornalistas que mal sabem escrever.*

liberal / liberalidade
Regem *com* ou *para com* (pessoa) e *em* (coisa): *Ser liberal com* (ou *para com*) *os pobres.* *** *Homem liberal no comportamento, no debate das ideias.* *** *Pais que demonstram muita liberalidade com* (ou *para com*) *os filhos podem ter dissabores ao longo da vida.* *** *Recebia elogios da imprensa pela sua liberalidade no comportamento, no debate das ideias.*

"liberais-democratas"
Em 2010, nas eleições britânicas, nenhum dos dois partidos tradicionais, o trabalhador e o conservador, conseguiu maioria no parlamento; um deles teve de se compor com o terceiro colocado das urnas, o liberal-democrata, cujos seguidores se dizem *liberal-democratas*. Nos telejornais, todavia, os nossos jornalistas se referiam a eles como "liberais-democratas". Eu sempre costumo ser justo com os jornalistas brasileiros: eles são ótimos!...

liberdade
Rege *a* ou *para* (pessoa), *a, de, em* ou *para* (coisa) e *de* ou *para* (verbo): *É preciso dar liberdade à* (ou *para a*) *polícia agir contra o crime organizado.* *** *Devem os pais dar total liberdade aos* (ou *para os*) *filhos?* *** *Na cadeia, não há liberdade a* (ou *de* ou *em* ou *para*) *movimentação.* *** *O elevado número de candidatos a uma vaga afeta a*

liberdade do vestibulando à (ou *da* ou *na* ou *para* a) *escolha do curso universitário que deseja fazer.* *** *A prisão significa a perda da liberdade de* (ou *para*) *ir e vir.* *** *Você tem liberdade de* (ou *para*) *fazer o que quiser numa democracia, desde que responda pelos seus atos.*

libido
Repare: é palavra paroxítona. De gênero feminino: a libido. Há, porém, os que usam "o líbido". Coisa de gente que nunca teve libido sadia...

licença
Rege *de* ou *para* (verbo): *Os cubanos não obtiveram licença de* (ou *para*) *sair do seu país.*

liderança / líder
Regem *de* ou *em* (supremacia), *em* ou *sobre* (poder de líder): *É uma emissora cuja liderança de* (ou *em*) *audiência é indiscutível.* *** *O goleiro exerce liderança em* (ou *sobre*) *todo o time.* *** *O governador não exerce nenhuma liderança nos* (ou *sobre os*) *deputados.* *** *A liderança de Ivã nos* (ou *sobre os*) *companheiros é absoluta.* *** *Emissora que é líder de* (ou *em*) *audiência.*

ligado
Rege *a* ou *com* (que tem conexão) e *em* (concentrado; admirador; sintonizado): *Era um homem ligado à* (ou *com* a) *Máfia.* *** *Policiais ligados ao* (ou *com* o) *narcotráfico.* *** *As crianças estão ligadas na televisão.* *** *Sou ligado nessa atriz.* *** *Estar ligado no SBT.*

lilá ou lilás?
As duas formas existem; a primeira é até mais aconselhável, mas a segunda é a mais corrente. Assim, podemos construir: *tecido lilá* (ou *lilás*), *tecidos lilás* (ou *lilases*). A forma com *s* final se deve à influência do francês.

limão
Adj. correspondente: *cítrico.* Portanto, *ácido de limão* = *ácido cítrico.* Pl.: *limões.* Dim. pl.: *limõezinhos.*

limitar-se
Rege *a* ou *em*: *Ele se limitou a* (ou *em*) *dizer que não participara do crime.* *** *O guarda se limitou a* (ou *em*) *lavrar a multa.*

limítrofe
Rege *com* ou *de*: *O Brasil é limítrofe com a* (ou *da*) *Bolívia.* *** *Quais são os Estados limítrofes com o* (ou *do*) *Piauí?*

limpar
Rege *a* ou *em*: *Limpe os pés àquela* (ou *naquela*) *toalha velha!* *** *Cansado, ele limpava o rosto à* (ou *na*) *manga da camisa.* Usam-se assim seus particípios: *A empregada tem limpado* (ou tem *limpo*) *minha sala.* *** *Minha sala foi limpa* (ou foi *limpada*) *pela empregada.*

limpar e limpar-se de
Use indiferentemente: *O menino caiu e, chateado, levantou-se limpando a* (ou *limpando-se da*) *poeira.* *** *Limpe o* (ou *Limpe-se do*) *suor, que lhe dá mau aspecto!*

limusine
Aportuguesamento do francês *limousine.*

"lindérrimo"
Superlativo próprio de gente superficial, novo-rico, pedante ou pouco escolarizada, assim como "bacanérrimo" e "chiquérrimo". O jornal O Globo apresentou no final de 2012 matéria a que deu este título: **EM FOCO: Fim de ano "chiquérrimo".** O jornalismo brasileiro merece parabéns...

língua e linguagem: qual a diferença?
Língua é o código verbal de que se serve o homem para se comunicar. **Linguagem** é a faculdade que possui o homem de poder expressar seus pensamentos. Pode ser falada, escrita, mímica, etc. Quando essa faculdade passa a pertencer a um determinado povo, com o seu complexo sistema de sons e sinais, constitui a *língua*, que é, assim, uma consequência da evolução da *linguagem*. A *língua* é, em suma, a *linguagem* articulada, apanágio do ser humano. A função principal da *linguagem* é a comunicação.

líquen ou liquem?
Ambas as grafias existem; a primeira é a mais usada; a segunda é a mais aconselhável, mas nem sequer consta do VOLP, o que é compreensível... Qualquer delas faz no plural *liquens* (sem acento). O u não soa. Na Veja: *Um novo estudo defende que um organismo antes tido como ancestral de criaturas marinhas remotas vivia na verdade em terra. Caso seja confirmada, a descoberta pode antecipar em 65 milhões de anos a existência de vida em ambientes terrestres. O geólogo Gregory Retallack, da Universidade do Oregon, usando análises químicas e microscópicas, afirma, porém, que os fósseis provavelmente pertenceram a organismos terrestres. De acordo com Retallack, eles podem ter sido "líquens".*

lisonja
Rege *a* ou *para com*: *É comum haver lisonja a*o (ou *para com* o) *vencedor e calúnia contra o vencido.*

lisonjeado
Rege *com, de* ou *por*: *Sentir-se lisonjeado com* (ou *de* ou *por*) *um elogio.*

lisonjear
Use assim: *Ele fica aborrecido quando ninguém o lisonjeia.* Muitos, no entanto, usam "lhe" no lugar do o.

lisonjeiro
Rege *a* ou *para* (favorável) e *com* ou *para com* (cavalheiro; adulador): *Os resultados das últimas Olimpíadas foram pouco lisonjeiros a*o (ou *para* o) *Brasil.* *** *Rapaz lisonjeiro com* (ou *para com*) *as mulheres.* *** *Secretária lisonjeira com* (ou *para com*) *o chefe.*

literocientífico / literomusical
É assim que se escrevem, ou seja, sem hífen.
Se tiver dúvida sobre a escrita de qualquer palavra, consulte o **Grande dicionário Sacconi da língua portuguesa**.

"livre" escolha
Redundância: toda escolha deve ser, necessariamente, livre. Ou existe escolha forçada? Para alguns, todavia, tudo existe. Veja como escrevem por aí, principalmente na Internet: *A opção pela "livre" escolha é obrigatória em caso de seguros de saúde, mas não nos planos de saúde.* Repare, ainda, neste texto: *Constitui prática abusiva a venda casada, que basicamente se constitui "pelo" condicionamento de produto ao fornecimento de outro produto ou serviço. O objetivo central de tal proibição está em estabelecer proteção a um direito essencial do consumidor, a "livre" escolha. Além da coibição à "livre" escolha a venda casada, outrossim, é prejudicial à livre concorrência negocial e, no caso específico, torna-se até arbitrária – venda casada de* hardwares *e* softwares. (O verbo pronominal *constituir-se* não se usa com a preposição "por", mas com a preposição *em*. Portanto, o texto deveria estar assim: *Constitui prática abusiva a venda casada, que basicamente se constitui n*o *condicionamento de produto ao fornecimento de outro produto ou serviço*.)

lobby
Aportuguesamento desejável: *lóbi*. O VOLP, no entanto, não faz o registro. Ora, se registra lobista, por que não também lóbi?

lobisomem
O o tônico é fechado, a exemplo do que deve ocorrer com a pronúncia de homem.

lobo
Parte arredondada e saliente em um órgão do corpo. O *o* tônico é aberto. Certa feita, num programa de televisão, falou-se em epilepsia do "lôbu" temporal. Seria o caso de perguntar: uiva?...

lobo
Adj. correspondente: *lupino*. Portanto, *hábitos de lobo* = *hábitos lupinos*. O plural (lobos) mantém a vogal tônica fechada.

locador e locatário: qual a diferença?
Locador é aquele que recebe o aluguel todos os meses do **locatário**. Nem sempre são amigos; quase sempre se tornam inimigos figadais, logo depois do primeiro mês de locação. Quando o *locador* pede o imóvel de volta, indignando o *locatário*, os ânimos se acirram e se tornam muitas vezes insustentáveis. Quando vai haver paz entre *locador*, proprietário, e *locatário*, inquilino?

lograr
Use assim: *Quem o logrou?* *** *Ninguém o logra, mas eu o lograi*. Muitos, no entanto, usam "lhe" no lugar do *o*.

loja / lojinha / lojão
As três têm o primeiro *o* aberto.

longínquo ou longíquo?
Tanto faz, mas a primeira é a mais usada.

longíssimo
Advérbios não aceitam o sufixo -*íssimo*, mas alguns constituem exceção, principalmente na língua cotidiana. Daí por que dizemos que a escola não fica longe, fica *longíssimo*, que o Japão não está longe, está *longíssimo*.

lotação
Como redução de autolotação, é palavra masculina: *o* lotação, *um* lotação. Notícia em O Globo: *Um homem foi assaltado ao sair de um banco, na Vila Mariana, em São Paulo. Os ladrões foram presos pela polícia dentro de "uma" lotação.*

loução e loção: qual a diferença?
Loução é gracioso, belo (*rosto loução*) e tem como feminino *louçã* (*fisionomia louçã*). **Loção** é produto líquido, usado como cosmético ou medicamento (*loção bronzeadora, loção capilar*).

louco
Rege *de* (tomado, possuído), *para* ou *por* (verbo) e apenas *por* (apaixonado; grande apreciador): *Estar louco de amor.* *** *Estar louco para* (ou *por*) *tirar umas férias.* *** *Estar louco pela vizinha.* *** *Ser louco por figos.*

louro ou loiro?
Tanto faz; a primeira é mais usada em Portugal; a segunda, no Brasil.

lousa e quadro-negro: qual a diferença?
Lousa é uma pequena lâmina retangular de ardósia, portátil, emoldurada em madeira, usada para escrita com giz ou com pincel. Apoia-se geralmente em um cavalete.
Quadro-negro é uma superfície plana, quadrangular e fixa à parede, usada nas escolas e revestida de material próprio para se escrever com giz.

louvor
Rege *a*: *Entoar louvores aos anjos*. Antecedida de *em*, aparece combinada com *de*: *Compor uma canção em louvor da mulher amada*. Adj. correspondente: *laudatório*. Portanto, *nota de louvor* = *nota laudatória*.

lua de mel
Sem hifens. Num anúncio de uma agência de viagens: *Casamento é sinônimo de "Lua-*

de-Mel". E planejar uma "lua-de-mel" é pensar em um local romântico e agradável para passar momentos a dois que vão ficar para sempre na memória.

Lúcifer
Segundo a Bíblia, chefe dos anjos rebeldes, expulso do Paraíso por liderar a revolta dos anjos, antes da sua queda. Pronuncia-se com o e levemente aberto: *lúcifèr*. Alguns dizem até "lucifé". Faz no plural *Lucíferes*. Por que não "Lúciferes"? Pela mesma razão apresentada em *júnior*. Podemos grafar com inicial minúscula: *lúcifer*. V. **Júpiter**.

lufa-lufa
Significa correria (geralmente do dia a dia). É nome feminino: *a lufa-lufa*. Faz no plural *lufa-lufas*. Eis um texto em que o autor troca o gênero desta palavra: *Sentado no banco traseiro do ônibus, a caminho de casa, Marcos mal continha a emoção: "o" lufa-lufa à sua volta* – boys *de escritório e estudantes ginasianos fazendo-se de distraídos para não cederem o lugar à mulher grávida de pé, vítima, a cada freada, dos rigores da da inércia, ameaçando atirá-la ao chão*.

lugar incerto ou não sabido
É a expressão rigorosamente correta, racionalmente sadia. Na linguagem forense, todavia, corre outra, um tanto ou quanto jocosa, por ser visivelmente redundante: *lugar incerto "e" não sabido*. Se o lugar é incerto, só pode ser igualmente não sabido. Um réu, ou um acusado de crime, quando procurado e não encontrado, está, na verdade, em *lugar incerto ou não sabido*, já que *incerto* e *não sabido* se equivalem em significado. Àqueles que ainda têm alguma dúvida, ou seja, àqueles que ainda acham que *incerto* não pode ser tomado como sinônimo de *não sabido*, sugerimos que imaginem a expressão antônima: *lugar certo "e" sabido*. Eis outra redundância.

lugar-tenente
O plural sempre foi lugar-tenentes. Veio a 5.ª edição do VOLP, no entanto, e registrou lugares-tenentes. Como num passe de mágica, o plural mudou!

Lurdes
É a grafia vernácula correta. Muitas mulheres, no entanto, trazem "Lourdes" no registro civil, à francesa.

lusíadas, Os
Famosa obra de Luís de Camões. Exige o verbo no plural: *Os lusíadas notabilizaram Camões*. O mesmo se dá com o nome de outras obras literárias clássicas, como *Os três mosqueteiros, Os sertões*, etc., que se iniciam com o artigo no plural. Se, porém, a obra ainda não adquiriu o *status* de clássica, convém usar o singular. Por exemplo: a obra *Os ratos*, de Dionélio Machado. Todos devemos usar: *Os ratos contribuiu bastante na literatura brasileira moderna*. *** *Os ratos está em que parte da biblioteca?* *** *Os ratos é muito agradável, levei-o à praia e me deliciei com ele*. Imagine todas essas frases com o verbo, adjetivo e pronomes no plural!

lutulento e lutuoso: qual a diferença?
Tudo o que é lamacento, cheio de barro, lama, é **lutulento**. Quem passa por caminhos *lutulentos* fica com os sapatos *lutulentos* e até com os pés *lutulentos*. Nada tem que ver com luto, como imaginam muitos, ao contrário de **lutuoso**, que significa coberto de luto: *Há viúvas que continuam lutuosas pelo resto da vida*. É também sinônimo de triste, fúnebre. Nos últimos quarenta anos, em alguns países africanos, todos os dias têm sido *lutuosos*, marcados por confrontos, guerras e mortes sem cessar. *Lutulento* ainda significa cheio de problemas não resolvidos: *personalidade lutulenta*.

luz baixa ao "cruzar veículo"
É o aviso que todos os motoristas lemos à beira das nossas rodovias. Pouco sensato. Todo motorista sensato dá *luz baixa, ao cruzar com veículo*. Nessa frase não se pode conferir a *veículo* o caráter de sujeito, como querem alguns.

M

maça e massa: qual a diferença?
Maça é pau pesado, com uma extremidade mais grossa que a outra, usado como arma, ao qual os índios chamam *tacape*; é o mesmo que *clava*. Massa possui vários significados, e nenhum deles se assemelha a *maça*: *massa de pão, massa de tomate, massa de ar*, etc.

macaco
Adj. correspondente: *simiesco*. Portanto, *expressão de macaco* = *expressão simiesca*.

maçã do rosto
Adj. correspondente: *malar*. Portanto, *região da maçã do rosto* = *região malar*.

macambúzio, melancólico e sorumbático: qual a diferença?
Macambúzio é o triste carrancudo, emburrado. Melancólico é o triste calmo, silencioso, muito meditativo, porém, algo depressivo. Geralmente apresenta desinteresse pela vida e pode praticar o suicídio, dependendo do grau de melancolia que o acomete. Sorumbático é o triste e sombrio. Fica geralmente *macambúzia* a criança mimada a quem se nega alguma coisa desejada. Adulto *macambúzio* é caso clínico...

macarrão gravatinha
Sem hífen.

macho
Adj. correspondente: másculo. Portanto, atitude *de macho* = atitude *máscula*.

maciço
É a palavra portuguesa, que muitos já estão a substituir pelo anglicismo "massivo". Substantivo correspondente: *macicez*.

macro-
Só exige hífen antes de palavras iniciadas por o ou por h: macro-objetivo, macro-história.

Madagáscar
É a prosódia legitimamente portuguesa, que não se ouve no Brasil. Por aqui prefere-se *Madagascar*, oxítona, que recebeu influência do francês.

madama ou madame?
As duas formas existem, mas a segunda tem a preferência no Brasil, embora a primeira esteja mais de acordo com a índole do nosso idioma.

madeira
Adj. correspondente: *lígneo* ou *lenhoso*. Portanto, *dureza de madeira* = *dureza lígnea* (ou *lenhosa*).

madrasta
Adj. correspondente: *novercal*. Portanto, *coração de madrasta* = *coração novercal*.

Madri ou Madrid?
Com o Acordo Ortográfico, ambas as grafias passaram a ser válidas. Quem nasce em Madri é *madrilense, madrilês* ou *madrileno* (mas a 5.ª edição do VOLP registra também "madrilenho", que até ontem era uma cacografia).

mãe
Adj. correspondente: *materno* ou *maternal*.

mãe de santo
Sem hifens.

má-fé
Interessante: o VOLP não registra boa-vontade, má-vontade, bom-gosto, mau-gosto, bom-humor, mau-humor (com hifens), mas traz *bom-senso* e *má-fé*. Por que só essas? Ninguém sabe.

magnânimo / magnanimidade
Regem *com* ou *para com* (pessoa) e *em* (coisa): *A justiça tem sido magnânima com (ou para com) os bandidos.* *** *Não se entende a razão de tanta magnanimidade com (ou para com) esses bandidos.* *** *O empresário foi magnânimo na doação que fez.*

magro
Atenção, muita atenção: o superlativo sintético irregular de *magro*, em rigor, é *macérrimo*, e não *magérrimo*, forma eminentemente popular, cujo *g* surgiu em razão do mesmo *g* de *magro*. A palavra nos vem do latim *macer* (e não "mager"); o elemento *-rimo* se acrescenta a radicais latinos com tal terminação; portanto, *macérrimo*. Há quem tenha consciência e conhecimento. A prefeitura de Macaé (RJ) abriu certa vez concurso público para preenchimento de vagas na guarda municipal. Com muito respeito à língua. Veja: *O candidato avaliado como macérrimo, obeso ou mórbido será julgado reprovado no exame.* Quem sabe sabe; quem não sabe, que bata palmas!

maioria
Rege *sobre*: *Os negros têm maioria sobre os brancos na África do Sul.* *** *O governo tem maioria sobre a oposição no Congresso.* Adj. correspondente: *majoritário*. Portanto, *partido da maioria* = *partido majoritário*.

mais (por mas)
É cada vez mais frequente o uso de *mais* (antônimo de *menos*: *mais amor*, *ler mais*) por *mas* (conjunção: *fui lá, mas não a vi*). Aceitar a troca num aluno de ensino fundamental até que é compreensível, mas em jornalistas, não. Nos que escrevem na Internet também é compreensível, já que a rede aceita tudo, como esta frase de uma internauta: *A Coreia do Norte é aquele cão que ladra "mais" não morde.* O Diário do Nordeste, de Fortaleza, estampou este subtítulo, numa matéria sobre Educação: **Ensino fundamental avança "mais" ainda preocupa**. (Note: e ainda sem a competente vírgula antes da conjunção.) A ironia é que a matéria tratava justamente do baixo aproveitamento escolar em Português dos alunos brasileiros. Com a mídia jogando contra, é difícil a escola avançar. A mídia deveria ser uma aliada da escola, deveria prestar serviço à Educação. O que mais se vê hoje, no entanto, são jornalistas completamente despreparados, que não têm a mínima condição de escrever. Mas querem porque querem ser formadores de opinião. Não basta quererem.

mais bem- ou mais bem?
Use *mais bem-*, quando *bem-* fizer parte de um adjetivo composto: *Sua casa está mais bem-conservada que a minha.* *** *Estou mais bem-disposto hoje.* *** *Nossos jornalistas são mais bem-informados que os desse país.* Na voz passiva, em que existe uma ideia dinâmica, prefira usar *mais bem* no lugar de *melhor*: *O filho dela foi mais bem educado que o dele.* *** *O presidente era mais bem informado pela sua mulher que pelos seus assessores.* V. **mais mal-** e **mais mal**.

mais bom
Use apenas quando comparar qualidades de um mesmo ser: *Ficar calado é mais bom que mau.* *** *Minha empregada é mais boa que má.* Quando comparar qualidades de seres diferentes, use *melhor*: *Meu carro é melhor que o seu.* *** *Minha empregada é melhor que a sua.*

mais de um
Quando faz parte do sujeito, exige o verbo no singular: *Mais de um torcedor entrou no estádio sem pagar.* *** *Mais de uma pessoa estava no cinema.* É curioso, porque, do ponto de vista lógico, *mais de um* = dois ou mais. O verbo irá ao plural, todavia, se *mais de um* vier repetido ou se houver ideia de reciprocidade: *Mais de um diplomata, mais de um cientista morreram nesse atentado terrorista.* *** *Mais de um torcedor se agrediram no estádio.* V. **menos de dois**.

mais grande
Use apenas quando comparar qualidades de um mesmo ser: *Você é mais grande que inteligente.* *** *Ela é mais grande que pequena.* Quando comparar qualidades de seres diferentes, use *maior*: *Você é maior que eu.* *** *Ela é maior que a irmã.* No Dicionário Houaiss, no calhamaço, editado em 2001, o verbete **maior** começa a ser definido justamente com "mais grande". Como diria o outro: Grande!

mais grandioso
Expressão correta: *Foi o jogo mais grandioso da vida desse atleta.* *** *O Palmeiras de 1996 proporcionou os mais grandiosos espetáculos de futebol dos últimos tempos.* E hoje?

"mais" inferior / "mais" superior
Não são combinações recomendáveis: basta usar *inferior* e *superior*, já que a ideia de *mais* já está contida no adjetivo. No verbete **escorralho** do Dicionário Houaiss, porém, se encontra, na acepção 2: "o" conjunto de indivíduos da camada "mais inferior" de uma sociedade; gentalha; ralé. Como se vê, não é apenas o escorralho que usa "mais inferior"...

mais mal- e mais mal: qual a diferença?
Use *mais mal-*, quando *mal-* fizer parte de um adjetivo composto e vier antes de vogal ou h: *Sua casa está mais mal-arrumada que a minha.* *** *Estou mais mal-humorado hoje.* *** *Nossos jornalistas são mais mal-informados que os de outros países.* Quando vem antes de qualquer outra letra, não há hífen: *Seu bife está mais malpassado que o meu.* *** *Você foi mais malsucedido que ela.* Na voz passiva, em que existe uma ideia dinâmica, prefira usar *mais mal* no lugar de *pior*: *O filho dela foi mais mal educado que o dele.* *** *O presidente era mais mal informado pelos assessores que pela sua mulher.* V. **mais bem-** e **mais bem**.

mais mau
Use apenas quando comparar qualidades de um mesmo ser: *Você é mais mau que bom.* *** *Ela é mais má que boa.* Quando comparar qualidades de seres diferentes, prefira *pior*: *Você é pior que eu.* *** *Ela é pior que a irmã.*

mais que fazer / muito que fazer / nada que fazer
São as expressões usadas pelos puristas, ou seja, sem o emprego do pronome "o" antes do *que*: *Vá embora, que tenho mais que fazer!* *** *Não havia muito que fazer naquela casa.* *** *Foi passear, porque não havia nada que fazer aqui.* E assim também: *Você ainda tem muito que aprender.* *** *Não tenho muito que dar.* *** *Ela tem muito que contar.* *** *Elas ainda são crianças, têm muito que ler.* Os puristas, todavia, são uma espécie em extinção.

mal-
Exige hífen antes de palavras iniciadas por qualquer letra: mal-acabado, mal--encarado, mal-iluminado, mal-oclusão, mal-urbanizado, mal-habituado.

mal ou mau: qual a diferença?
Mal é advérbio, por isso antônimo de *bem*: *dormir mal, escrever mal.* Também é substantivo (de pl. *males*) e conjunção: *O mal do brasileiro é querer sempre levar vantagem em tudo.* *** *Sofrer de mal incurável.* *** *Ele sofre do mal de Parkinson.* *** *O mal da humanidade é a falta de humanidade.* *** *Mal abriu a boca, já começaram a*

rir. **Mau** é adjetivo, antônimo de *bom*: *homem mau, mau pressentimento, mau tempo, mau-humor, mau-caráter*. O conhecimento dessa diferença evita, por exemplo, que se diga ou escreva: *O gol só saiu porque a defesa está "má postada"*. Ou: *Sua intenção é boa, mas pode ser "má-interpretada"*. Numa revista especializada em automóveis: *Se a Alfa caprichar no pacote dinâmico, não há razão para que o 4C não seja uma sensação absoluta, assim como seu estilo sugere. Alguns carros acabam carregando um pesado fardo de má fama e a Alfa não escapa de ter a reputação de construir carros "mau" acabados, de pouca durabilidade e com serviços pós-venda complicados*. De fato, complicado... Manchete num site sobre novidades automotivas: **Honda assume culpa pelo "mal" desempenho do Civic nos EUA**. O manchetista assumiria também a culpa pelo seu mau desempenho? Opinião de um aficionado a automóveis, na Internet: *Qual a diferença entre a frente do Passat, do Jetta, do Fox e do Gol? Nenhuma, então, se vc paga 100 mil em um carro com a mesma cara do carro de 30 mil, vc está fazendo um "mal" negócio. Péssimo negócio!*... Quantas vezes não tenho visto pessoas escreverem que determinado fato é uma piada de "mal" gosto. Dia desses, vi este comentário na Internet: *Não existe produto ruim, existem "mal" vendedores*. Ah, então, 'tá...

mala
Usado em sentido figurado, por cacete, chato, é nome sobrecomum (*o* mala, *um* mala), por isso só se usa no masculino: *Filipe é um mala*. *** *Marisa é um mala*. O VOLP (em mais um desastre; v. **VOLP**) registra a palavra como comum de dois. Não é. Opinião de um torcedor, na Internet: *Ufa! Chega de monopólio da Globo e de ouvir "aquela" mala de Galvão Bueno*. Não, na emissora do "Roráima" não existe isso; só existe aquilo...

Malaca
Nome de uma cidade e de um estreito asiáticos. Como a palavra é paroxítona, a tonicidade está na penúltima sílaba. Recentemente, porém, o apresentador de um telejornal fez referência a um estreito que não existe: o estreito de "Málaca". Talvez na Lua exista, mas na Terra ainda não temos conhecimento dele...

"malácia"
Há médicos que dizem "catéter", quando o correto é cateter (que rima com colher); há médicos que dizem "pálato", quando o correto é palato (que rima com sapato); há médicos que dizem (e escrevem) "malácia", quando o correto é malacia (que rima com melancia); há médicos que dizem (e escrevem) "alopécia", quando o correto é alopecia (que rima com mercancia). Eu costumo dizer e confirmo: os médicos entendem é de medicina.

malcriadez
Faz no plural *malcriadezes*: *Foram sete gravidezes, muitas estupidezes do marido, sem contar as malcriadezes dos filhos*. Agora, a novidade: a 5.ª edição do VOLP registra também "malcriadeza", que era uma cacografia até ontem. Como num passe de mágica, o VOLP transforma cacografias em ortografia.

maldade / maldoso
Regem *com*: *Não usemos de maldade com os animais!* *** *Ela foi maldosa com o rapaz*. A regência "maldade contra", muito comum, assim como "maldoso contra", deve ser desprezada.

maldizer
Conjuga-se por dizer.

mal e mal
Sem hifens. O povo diz malemá.

malevolência / malevolente
Regem *com, contra* ou *para com* e *entre* (má-vontade, aversão, hostilidade): *A malevolência dos sogros com* (ou *contra* ou *para com*) *o genro era justificável*. *** *A malevolência entre colegas não pode resultar em boa coisa*. *** *Ser malevolente com* (ou *contra* ou *para com*) *os colegas*.

malograr-se
Use assim, na acepção de *não ir avante, não vingar, fracassar, gorar*: *Os planos da empresa se malograram*. *** *O projeto se malogrou no nascedouro*. *** *Como o primeiro plano se malogrou, era mister levar a cabo o segundo plano*. Seu sinônimo, gorar, no entanto, usa-se também sem o pronome.

malquerença
Rege *a* ou *contra* e *entre*: *A malquerença ao* (ou *contra* o) *vizinho tinha sua explicação*. *** *A malquerença entre parentes*.

malquerer
Como verbo significa querer mal, sentir aversão a (*malquerer alguém, malquerer um tipo de trabalho*); como substantivo significa aversão, malquerença e, neste caso, tem como antônimo *bem-querer*: *O malquerer ao vizinho tinha razão de ser*. Usam-se assim os particípios: *A criança tem malquerido a babá*. *** *A babá é malquista* (e não é "*malquerida*") *pela criança*. Portanto, não se usa: *Ele é "malquerido" pelas elites*, mas *Ele é malquisto pelas elites*.

malquisto
Rege *a, com, de* ou *por*: *Era malquisto aos* (ou *com* os ou *dos* ou *pelos*) *colegas*.

maltratado
Rege *de* ou *por*: *Criança maltratada do* (ou *pelo*) *padrasto*. *** *O nordestino é maltratado da* (ou *pela*) *seca*.

maltratar
Use sempre assim: *Quem o maltratou?* *** *Foi mal recebido lá, mas ninguém o maltratou*. Muitos usam "lhe" no lugar do *o*.

malvadez ou malvadeza?
Ambas as formas existem. A primeira faz no plural *malvadezes*: *Acusaram a babá de inúmeras malvadezes contra a criança*.

malvisto
Rege *de, entre, perante* ou *por*: *Ficar malvisto dos* (ou *entre* os ou *perante* os ou *pelos*) *amigos*.

mamãe
A forma como todos pronunciamos esta palavra vem provar que é fechada toda vogal que antecede fonema nasal, ou seja, as consoantes m, n e nh. Há quem diga "mámãe" (com a aberto)? Há quem diga "máninho"? Há quem diga "mánhã"? Sem dúvida, todos dizemos mãmãe, mãninho, mãnhã, ou seja, com o primeiro a nasalado, e não aberto. Apesar de tudo, quase todo o mundo continua dizendo caminhão, banana, banheira, com o primeiro a aberto. E assim caminha a humanidade...

mandachuva
Sem hífen.

mandar
Com infinitivo, use pronomes oblíquos átonos, e não pronomes retos. Ex.: *Mandaram-me entrar*. *** *Mande-os sair!* *** *Mandaram-nos ficar quietos*. O povo, contudo, usa assim: Mandaram "eu" entrar. *** Mande "eles" sair! *** Mandaram "nós" ficar quietos. Se o pronome está no plural, note: o infinitivo não varia, fica no singular. Se, no lugar do pronome, houver um substantivo, poderemos variar ou não o infinitivo: *Mande os rapazes sair* (ou *saírem*)! *** *Mandaram as meninas calar* (ou *calarem*) *a boca*. Se, porém, o infinitivo vier imediatamente após, ficará sempre no singular: *Mande sair os rapazes!* *** *Mandaram calar as meninas*.

manequim
É substantivo comum de dois, ou seja, usa-se *o manequim* para o homem e *a manequim* para a mulher: *Luís é um bom manequim*. *** *Luísa é uma boa manequim*.

manga-larga
Há quem escreva "mangalarga". Pl.: *mangas-largas*.

manhã
Adj. correspondente: *matinal* ou *matutino*. Portanto, *ar da manhã* = *ar matinal* (ou *matutino*) *aulas da manhã* = *aulas matutinas* (ou *matinais*).

mania
Rege *de* (hábito extravagante, costume estranho; desejo obcecado; costume nocivo, vício; receio obsessivo) e *por* (gosto excessivo): *Ter mania de derrubar um pouco da bebida, antes de tomá-la.* *** *Ter mania de grandeza.* *** *Ter a mania de mentir.* *** *Ter mania de segurança, de perseguição.* *** *Ter mania por videogame.*

maníaco
Rege *por* (obcecado): *É maníaco por videogame.* *** *É maníaca por limpeza.*

manter
Como segue a conjugação de *ter*, não existem as formas "manti", "manteu", "mantia", "mantesse", etc., mas mantive, manteve, mantinha, mantivesse, etc. Veja, porém, como saiu num de nossos principais jornais: *Depois me associei tanto ao Brasil, compus com Vinicius, traduzi canções brasileiras, fui traduzido, "manti" sempre uma relação profunda com a música e a cultura brasileiras.* (Relação profunda, aqui, é ótimo!...) Falando de um game, eis como escreve um adolescente mal-informado: *O jogo "manteu" a tradição do anterior, isto é, "manteu" todos os dinossauros, os gráficos das fases e a jogabilidade.* (Com direito a invenção de palavra, ainda, já que "jogabilidade" é brincadeira de mau-gosto.) Mas há seres ainda piores: *Um amigo meu da facul disse q seria melhor se eu parasse com os aerobicos e "mantesse" uma alimentacao super hipocalorica (mas com gordura, tipo um pastelzinho no almoço umas bolachinhas recheadas no jantar), cafe, cigarro .... dai eu emagrecia ou "mantia" o peso, destruindo as formas.* Há hoje certos professores, gênios do mundo moderno, que defendem tudo isso. Alguns deles, nas décadas de 1970 e 1980, eram *hippies*, também conhecidos como *bichos-grilos*, que entraram nas suas faculdades prestando vestibulares fazendo cruzinhas e hoje posam de educadores ou pedagogos, que se acham autoridades incontestáveis. Daí a pindaíba em que se encontra o ensino brasileiro, classificado recentemente por um organismo internacional em penúltimo lugar em eficiência (só ganhamos da Indonésia). Eles defendem as inépcias de hoje segundo um princípio conhecido há milênios: *Os iguais andam com iguais*. O caro leitor já viu hiena andar com leão?

mão de obra
Sem hifens.

mão de tinta ou demão de tinta?
Podemos dizer e escrever de uma ou de outra forma. *Mão* também significa demão, ou seja, cada camada de verniz, pintura, gesso, cal, etc. aplicada sobre um objeto ou superfície.

mão-inglesa
Com hífen. Na revista Carro, ed. 197, porém, leu-se: *Alugar um carro na África do Sul é fácil. Duro mesmo é se acostumar à "mão inglesa".* Comprar revista no Brasil é fácil. Duro mesmo é se acostumar com a qualidade do jornalimo brasileiro.

maquete
Pronuncia-se com e tônico aberto, mas maqueta, seu aportuguesamento, se diz com e tônico fechado.

maquiar
Conjuga-se regularmente, ou seja, *maquio, maquias, maquia*, etc. Como o verbo não é "maquear", não existem as formas "maqueio", "maqueias", etc.

mar
Adj. correspondente: *marinho* ou *marítimo*.

marajá
Antigamente, príncipe soberano da Índia. Título desse príncipe. Em sentido figurado, usa-se por homem muito rico. Popularmente, tem sido empregado por funcionário público de salário muito acima do normal. Faz no feminino *marani* (e não "marajana" ou "marajoa", como usam muitos). A 5.ª edição do VOLP, no entanto, nos surpreende mais uma vez, registrando "marajoa". Não é formidável?

maravilhado
Rege *com, de* ou *por*: *Os turistas ficaram maravilhados com as* (ou *das* ou *pelas*) *nossas praias*.

marcado
Rege *com, de* ou *por*: *Trazia as costas marcadas com* (ou *de* ou *por*) *vergões*.

marca-passo
É a palavra correta, mas os jornalistas insistem em escrever "marcapasso". Normal...

marcha à ré
Apesar de ser a expressão correta (com acento no a, no português do Brasil), há muita gente que insiste em dar "marcha a ré" (até dicionaristas brasileiros), sem falar nos que preferem mesmo é a "marcha-ré". É o tipo de gente que nunca vai para a frente...

marechal
Abrev.: *mar.*, mas muitos usam "mal." Faz no feminino (se existisse ou existir um dia): *marechala*.

marfim
Adj. correspondente: *ebóreo* ou *ebúrneo*. Portanto, *dente de marfim* = *dente ebóreo* (ou *ebúrneo*); *objeto de marfim* = *objeto ebúrneo* (ou *ebóreo*).

margem de rio
Adj. correspondente: *ribeirinho*. Portanto, *população das margens dos rios* = *população ribeirinha*.

maria-chuteira
Pl.: marias-chuteiras. Manchete no UOL: **Corintiano Zé Elias diz não dormir após prisão e alerta jovens jogadores sobre "marias-chuteira".**

marimbondo ou maribondo?
As duas formas existem, mas a primeira tem a preferência no Brasil. Tanto é assim que a literatura brasileira conheceu a maior obra-prima de todos os tempos, com a publicação de Marimbondos de fogo, de um autor maranhense...

marinha de guerra
Adj. correspondente: *naval*. Portanto, *escola de marinha de guerra* = *escola naval*; *engenharia de marinha de guerra* = *engenharia naval*; *batalha entre marinhas de guerra* = *batalha naval*.

mar Mediterrâneo ou Mar Mediterrâneo?
Tanto faz. Da mesma forma: mar (ou Mar) Morto, mar (ou Mar) das Caraíbas, etc.

marmitex
É palavra feminina: *a marmitex, uma marmitex*. Escreve, porém, um adolescente, aspirante a escritor, na Internet: *Dei meia volta, entrei sozinho no restaurante e apanhei "um" marmitex*. Ele continua: *Eu peguei "esse" marmitex pra você!* E insiste: *Ele pega "o" marmitex "morno" das minhas mãos... e antes mesmo que eu pense que não trouxe aqueles garfinhos de plástico que haviam lá pra ele... começa a devorar a*

feijoada pegando-a com as mãos sujíssimas! Um com as mãos sujíssimas; o outro com a língua em frangalhos...

mármore
Adj. correspondente: *marmóreo*. Portanto, *monumento de mármore = monumento marmóreo*.

Marrocos
Não aceita artigo: *Marrocos é um país árabe do Norte da África.* *** *Conheci Marrocos.* *** *Estive em Marrocos*. No Dicionário Houaiss, verbete **marroquino**, usa-se o artigo antes dessa palavra. Mas nele, como você já sabe, tudo é perfeitamente normal... Na Veja: **Meteorito que caiu "no" Marrocos veio de Marte**. No Terra, um convite meio maroto: *Que tal sair de férias neste verão com o seu amor para um lugar cheio de mistério? Pois a atmosfera sensual zen-chic "do" Marrocos é perfeita como cenário de grandes histórias de amor.* Existem até gramáticos que constroem: "O" *Marrocos foi dominado pelos árabes no século VIII.* Ou seja: 'tá tudo dominado...

marxista-leninista
Faz no plural marxista-leninistas. V. **democrata-cristão**.

"mas" por e (e vice-versa)
A conjunção mas, adversativa, indica oposição, compensação, diferente de e, que indica adição. Alguns jornalistas brasileiros têm demonstrado ultimamente que não sabem empregar tais conjunções, usando principalmente "mas" por e, como fez um deles, no jornal Diário de S. Paulo: *Prefeito Haddad elogia Joaquim Barbosa, "mas" diz que Lula tem de se explicar*. Por que "mas"? Não faz sentido. Por outro lado, vê-se o uso inverso nesta frase de um jornalista especializado em automóveis: **Nissan Versa: Painel é feio "e" funcional**. Ora se feio é mau atributo, e funcional é bom atributo, caberia mas no lugar do "e".

mascote
É palavra feminina: *a mascote, uma mascote*. Significa: animal ou coisa cuja presença se acredita trazer boa sorte. Ou, ainda, qualquer animal ou coisa muito querida de uma pessoa ou de um grupo de pessoas: *A mascote do parque aquático era um golfinho, que se chamava Clipper.* Num universo em que quase todo o mundo usa a palavra no masculino, encontramos no jornal O Estado de S. Paulo (aleluia!) um trecho em que ela é usada corretamente: *Quem tem bicho de estimação precisa estar preparado para o aumento de preços nos serviços oferecidos em clínicas veterinárias, pet shops e hotéis para animais de estimação. O custo para manter as mascotes saudáveis e bem arrumadas subiu cinco vezes mais que a média geral dos produtos e serviços oferecidos em São Paulo e na região metropolitana.* Aleluia!

"mas que"
Combinação errônea, quando se trata de duas conjunções. Ex.: *O motorista declarou que não viu o pedestre, "mas que" percebeu ter atropelado alguém*. Evita-se o inconveniente modificando a frase: *O motorista declarou que não viu o pedestre, mas percebeu, porém, ter atropelado alguém*. Quando não forem conjunções, seu emprego é correto: *Mas que nada!* *** *Mas que mania!* (Nestes exemplos, mas é palavra denotativa e que pronome adjetivo.) A liberdade poética permitiu a Vinícius de Morais escrever dois versos de um dos seus mais famosos poemas assim: *Que não seja imortal, posto que é chama. Mas que seja infinito enquanto dure*. Um jornalista da Folha de S. Paulo, porém, que de poeta não tem nada, escreveu: *Um dos responsáveis pelo Aeroporto dos Amarais, em Campinas, de onde partem aeronaves de pequeno porte, afirmou que não há registro de monomotores que tenham saído do local "mas que" não retornaram*. Usar a vírgula, então, para os nossos jornalistas, é um exercício muito difícil...

matar
Use assim seus particípios: *O lavrador tinha* (ou havia) *matado as formigas*. *** *As formigas foram mortas* (e não foram "matadas") *pelo lavrador*.

matar a fome e matar à fome: qual a diferença?
Matar a fome é saciá-la, é pôr alimento no estômago, é deixar de ter fome. Basta almoçar ou jantar para *matar a fome*. **Matar à fome** é matar de fome: *Quem sequestra e não alimenta o sequestrado mata-o à fome*. *** *A seca no Nordeste costuma matar à fome*. *** *No Brasil poucos matam a fome; a corrupção e a incompetência continuam matando à fome.*

matéria
Rege *a*, *de* ou *para* (causa) e *de* (assunto; objeto, material): *O escândalo deu matéria a* (ou *de* ou *para*) *muito comentário*. *** *Esse assunto é matéria de antropologia, e não de arqueologia*. *** *Isso é matéria de pesquisa.*

material
Rege *de* ou *para*: *Material de* (ou *para*) *limpeza*.

matinê
É palavra feminina: *a matinê, uma matinê. Matinê* é um galicismo que os puristas (espécie já extinta) quiseram fosse substituído por *vesperal*, que não vingou.

matiz
É palavra masculina (*o matiz, um matiz*). *Matiz* é cada um dos diferentes tons de uma mesma cor, nuança: *O carmim é um matiz do vermelho*. Ou combinação de cores diversas num todo; gradação sutil de cores: *Os matizes de uma asa de borboleta*. Em sentido figurado significa linha ou cor política, facção: *Disputaram a presidência dois políticos praticamente do mesmo matiz ideológico*.

Mato Grosso
Não aceita artigo, ao contrário de Mato Grosso do Sul: *Mato Grosso é um Estado da Região Centro-Oeste*. *** *Moro em Mato Grosso*. *** *Vou a Mato Grosso*. *** *Passei por Mato Grosso*. *** *Governo de Mato Grosso*. Quem sintoniza a emissora do "Roráima", no entanto, só ouve e vê "no" Mato Grosso. Normal... Num jornal: *Um terremoto considerado moderado atingiu o norte "do" Mato Grosso*. *** *Uma pamonha de 650kg foi feita em Cáceres, "no" Mato Grosso, para festejar o fim da colheita do milho*. Manchete de um site sobre automóveis: **Etanol. Quer economizar? Vá "ao" Mato Grosso.** Melhor mesmo é ir *ao* Mato Grosso do Sul...

Mato Grosso do Sul
Exige artigo, ao contrário de Mato Grosso: *O Mato Grosso do Sul tem como capital Campo Grande*. *** *Moro no Mato Grosso do Sul*. *** *Vou ao Mato Grosso do Sul*. *** *Passei pelo Mato Grosso do Sul*. *** *Governo do Mato Grosso do Sul*. No IG: *Agentes da Polícia Rodoviária Federal em São Paulo prenderam próximo a São José do Rio Preto um coronel da reserva da Polícia Militar "de" Mato Grosso do Sul com 53 quilos de crack*. Quem sintoniza a emissora do "Roráima" também só ouve e vê "de" Mato Grosso do Sul, "em" Mato Grosso do Sul, "por" Mato Grosso do Sul. Normal...

Matusalém
Patriarca hebreu, filho de Enoque (Enoch) e avô de Noé que, segundo o Antigo Testamento, teria vivido 969 anos. Pronuncia-se matuzalém, mas há quem diga "matuçalém".

mau-caráter e mau caráter: qual a diferença?
Mau-caráter é pessoa de má índole (usa-se tanto para homem quanto para mulher): *Luís é mau-caráter, e Marisa também é mau-caráter*. Faz no plural *maus-caracteres*: *O mundo está cheio de maus-caracteres*. O substantivo correspondente é um neologismo: *mau-caratismo*. **Mau caráter** é má índole: *Luís é homem de mau caráter*. Há pessoas, no entanto, que escrevem "mal caráter" como se viu neste comentário, que contém verdades e mentiras, na rede: *O Brasil está atrás da Colômbia, Argentina, Tailândia, Chile, Espanha, Grécia, Portugal e outros países meia-boca no desempenho escolar*

e habilidade cognitiva. Esse resultado já era totalmente esperado. Lula teve 87% de aprovação popular, ou seja, o povo é burro mesmo, mas se fossem fazer uma pesquisa sobre o caráter do brasileiro, aí sim, estaríamos em último lugar como o povo mais "mal caráter" do mundo.

mau-gosto / mau-humor
Preferimos grafá-las com hífen.

maus tratos e maus-tratos: qual a diferença?
Maus tratos são sevícias, tormento, flagelo, tortura, mau tratamento. *Há pais que dão maus tratos aos filhos, não merecendo esse nome. Aquele que impuser maus tratos a animais pode ser preso.* **Maus-tratos** é termo jurídico e significa crime cometido por aquele que põe em risco a vida ou a saúde de pessoa que está sob sua autoridade, guarda ou vigilância. Os jornalistas brasileiros nunca usam o termo jurídico. Mas sempre empregam o composto *maus-tratos*, que gramáticos desavisados abonam para a primeira acepção. Convém acrescentar, ainda, que não se usa "mau trato" nem "mau-trato", como fazem alguns veterinários.

má-vontade
Preferimos grafá-la com hífen.

maxi-
Só exige hífen antes de palavras iniciadas por i ou por h: *maxi-investimento, maxi-humildade*.

"maxilar inferior"
Pela nomenclatura oficial da Sociedade Brasileira de Anatomia, devemos usar não mais "maxilar inferior", mas mandíbula.

máxime
Latinismo aportuguesado. Usa-se por mormente: *Ele gosta muito de mulheres, máxime as morenas*. O x tem valor de ks ou de ss, indiferentemente, e o e soa levemente aberto.

maximização / maximizar / máximo
O x tem o valor de ss, sempre teve, em português, o valor de ss, mas a 5.ª edição do VOLP agora lhe dá também o valor de ks. Não é o máximo?

meado
Apesar de ser assim, há quem insista em usar "meiado", por influência de *meio*. Significa parte média, meio: *No meado do século XX surgiu o biquíni.* *** *Quando chega o meado do mês, o salário já foi.* Usa-se mais no plural e sem o artigo: *Em meados do século XX surgiu o biquíni.* *** *Quando chegam meados do mês, o salário já foi.* *** *Ela faz aniversário em meados de setembro.*

Me dá um beijo!
Existe pedido mais carinhoso? Creio que não. E correto! Essa conversa de que em português não se pode iniciar período com pronome oblíquo é do português de Portugal. E nós estamos muito longe de Portugal, há todo um mar a nos separar. Quem advoga essa colocação ainda vive no tempo do Onça. Não vale a pena dar murro em faca de ponta. Dói! Que brasileiro cantaria *"Dá-me um dinheiro aí"*? Que brasileiro pede, ao balcão do bar, um cafezinho usando *dá-me*? Certos exames vestibulares continuam insistindo em exigir conhecimentos de colocação pronominal com base na colocação portuguesa. Exigência esdrúxula. É bom parar com isso. Millôr Fernandes, na ed. 1.912 da Veja escreve sobre o escândalo do mensalão: *Me repito (repito-me, antigamente): vivo num mundo melhor do que jamais foi. Há uma razoável transparência nos atos e nos fatos, não porque o pudêr o queira, mas porque é impossível ocultar os malfeitos, os nãofeitos, a violência e, vamos falar claro, a escrotidão.*

mediar
A exemplo de ansiar, remediar, incendiar, intermediar e odiar, não é verbo regular:

recebe um e nas formas rizotônicas: *medeio, medeias, medeia, mediamos, mediais, medeiam* (pres. do ind.); *medeie, medeies, medeie, medeemos, medeeis, medeiem* (pres. do subj.). Recentemente, uma deputada federal pelo Rio Grande do Sul (aquela mesma, tão novinha e já tão velha), numa entrevista, usou e abusou do "media". Antes de ser político, o indivíduo tem de saber falar. Se não sabe, que se cale para sempre! Manchete em O Estado de S. Paulo: **Oposição na Venezuela pede à Unasul que "medie" diálogo com o governo**. Rege *de...a, desde...até* ou *entre* [decorrer (entre dois momentos)]: *Foram dolorosos os dias que mediaram de 20 a 30 de abril de 1945.* *** *Foram dolorosos os dias que mediaram desde 20 até 30 de abril de 1945.* *** *Foram dolorosos os dias que mediaram entre 20 e 30 de abril de 1945.* Na imprensa muito se vê esse verbo usado como transitivo direto: *Foram dolorosos os dias que "mediaram 20 e 30 de abril de 1945".* Normal...

médico-
Escreva: *médico-chefe* (pl.: médicos-chefes), *médico-cirurgião* (pl.: médicos-cirurgiões ou médicos-cirurgiães), *médico-clínico* (pl.: médicos-clínicos), *médico-dentário* (pl.: médico-dentários), *médico-hospitalar* (pl.: médico-hospitalares), *médico-legal* (pl.: médico-legais), *médico-legista* (pl.: médico-legistas, como adjetivo, e médicos-legistas, como substantivo), *médico-residente* (pl.: médicos-residentes), *médico-veterinário* (pl.: médicos-veterinários).

medir
Conjuga-se por pedir.

meditar
Rege *em* ou *sobre*: *Procure meditar nesse* (ou *sobre esse*) *assunto e tome a decisão que achar melhor!* *** *Fiquei ali meditando na* (ou *sobre* a) *beleza daquela filosofia de vida*. Pode, também, ser usado como transitivo direto: *Ficou horas ali, meditando aquele assunto*.

medo
Rege *a* ou *de* (nome) e *de* (oração): *Ter medo à* (ou *da*) *morte*. *** *Ter medo a* (ou *de*) *escuro*. *** *Você tem medo de sair à noite, em São Paulo?* *** *Ele não sai de casa à noite porque tem medo de que o assaltem*. Quando se trata de oração desenvolvida (como no último exemplo), a preposição pode estar elíptica: *Ele não sai de casa à noite porque tem medo que o assaltem*. A regência com a preposição *a* se usa mais em Portugal.

medrar
Significa crescer, prosperar: *Com o novo fertilizante, as plantas voltaram a medrar.* *** *As exportações medram a olhos vistos.* De forma nenhuma deve ser empregado na acepção de ter medo, tremer, como fazem certos jornalistas esportivos: *Na final da Copa do Mundo, o centroavante "medrou".* (Como perceberam que a invenção era tola, substituíram o verbo por *amarelar*.)

medula espinhal / medula óssea
Adj. correspondente: *mieloide* (ói). Portanto, *metaplasia da medula espinhal = metaplasia mieloide; leucemia da medula óssea = leucemia mieloide*.

mega-
Só exige hífen antes de palavras iniciadas por a ou por h: *mega-astro, mega-hertz*. A Globo transmitiu recentemente uma exibição de skatistas numa rampa gigantesca. No vídeo saiu assim: "megarampa". Qualquer criança leria esse r como o de cara. A Caixa insiste em trazer em seus volantes de loteria "Mega Sena". Manchete na Folha de S. Paulo: **Após 20 anos, Roberto Carlos volta a emplacar um "megasucesso"**. Eles não acertam nunca!
EM TEMPO – As palavras megahair e megarecall não se enquadram na regra acima, por se tratar de anglicismos.

meia-dúzia e meia dúzia: qual a diferença?
Meia-dúzia é pronome indefinido e equivale a alguns: *Por causa de meia-dúzia de bêbedos, o bar teve de ficar aberto até as 4h.* *** *Antigamente havia só meia-dúzia de ladrões nas ruas (e de galinhas), mas hoje...* **Meia dúzia** é metade de uma dúzia, ou seja, seis: *Comprei meia dúzia de laranjas.* Note que *meia-dúzia* pode equivaler a três, quatro, cinco ou mais. Por isso, comprar *meia dúzia* de laranjas não é o mesmo que comprar *meia-dúzia* de laranjas.

meia-noite
Exige artigo, quando indica hora: *a meia-noite*. Em frases: *Estarei em casa a partir da meia-noite.* *** *Elisa nos procurou da meia-noite à uma.* *** *Telefonei-lhe incessantemente entre a meia-noite e as duas horas.* *** *Estiveram aqui por volta da meia-noite.* *** *Vimos Ifigênia pouco antes da meia-noite.* *** *Só encontrei Neusa depois da meia-noite.* Num jornal paulista: *Uma estudante foi morta com várias facadas por volta "de" meia-noite, logo após chegar ao prédio com um homem que seria o seu namorado.* Num jornal carioca, ao anunciar o início do horário de verão: *Prepare-se para perder uma hora de sono a partir "de" meia-noite de sábado.*

meigo / meiguice
Regem *com* ou *para com* (pessoa) e *de* (coisa): *Ser meigo com (ou para com) os filhos.* *** *Mulher meiga de feições.* *** *Sua meiguice com (ou para com) os filhos era de todos notada.* *** *Sua meiguice de feições tocava a todos.*

meio
Esta palavra, antecedida da preposição *em*, aparece combinada com *a* (pref.) ou *de*: *O jogador apareceu em meio aos (ou dos) torcedores.* *** *O garotinho surgiu em meio aos (ou dos) manifestantes.* Quando acompanha substantivo, varia (porque é adjetivo): *meia melancia, meia laranja; meios melões, meias abóboras; meios sorrisos.* *** *Não me venha com meias palavras!* Quando acompanha adjetivo, é invariável (porque é advérbio): *Ela ficou meio tonta, meio nervosa.* *** *As crianças estavam meio nuas, meio envergonhadas.* *** *Eram costumes meio antigos.*

meio ambiente
Sem hífen. *Meio*, aí, significa *lugar onde se vive*, e *ambiente* é adjetivo, está por *ambiental*.

meio de campo
Hoje se grafa sem hifens, nos dois sentidos: **1.** espaço físico onde atuam, num campo de futebol, sobretudo os jogadores antigamente chamados centromédios e armadores. Muita gente não sabe por que existe aquele círculo no *meio de campo*. Um jogo de futebol sempre começa com a bola no *meio de campo*. **2.** jogador que atua nesse espaço. Antigamente, tínhamos ótimos *meios de campo*: Zito, Didi, Zequinha, Chinesinho, Ademir da Guia, Gérson e tantos outros.

meio-dia
Exige artigo, quando indica hora: *o meio-dia*. Em frases: *Estarei em casa a partir do meio-dia.* *** *Elisa nos procurou do meio-dia à uma.* *** *Telefonei-lhe incessantemente entre o meio-dia e as duas horas.* *** *Estiveram aqui por volta do meio-dia.* *** *Vimos Ifigênia pouco antes do meio-dia.* *** *Só encontrei Neusa depois do meio-dia.* *** *Estarei fora do escritório do meio-dia às três horas.* *** *A sessão começará ao meio-dia.* Já ouvimos jornalista dizer que a sessão do Congresso começará "à" meio-dia e também narrador de futebol afirmar que jogo que começa "à" meio-dia é um crime para a saúde dos jogadores. Qual crime é maior?

mel
Pl.: *méis* ou *meles*: *Há méis que açucaram e meles que não se açucaram.*

melhor
Quando acompanha substantivo, varia: *Obter melhores resultados.* *** *Aguardar por*

melhores dias. Quando acompanha verbo, é invariável: *As meninas dançam melhor que os rapazes.* Antes de particípio, convém substituí-lo por *mais bem* e antes de adjetivo composto (em que o primeiro elemento é *bem-*) por *mais*: *As meninas foram mais bem preparadas pelos instrutores que os rapazes.* *** *As meninas estão mais bem-preparadas que os rapazes.*

melhor do que
O adjetivo melhor exige que ou do que; preferível é que exige a preposição a: *Ninguém é melhor que* (ou *do que*) *ninguém.* *** *Melhor é ter saúde que (ou do que) ter dinheiro.* *** *É preferível ter saúde a ter dinheiro.* Quando entra um jornalista na história, no entanto, tudo muda. Veja como um deles "elaborou" sua manchete: **Melhor ser ditador "a" gay, diz presidente da Belarus.** O artista confundiu a regência do verbo preferir com a regência do adjetivo melhor. O Coritiba goleou o Grêmio recentemente por 4 a 0. A TV Globo atribuiu ao treinador Renato Gaúcho, da equipe goleada, esta frase, que foi estampada no vídeo, depois de ver o time paranaense fazendo algumas firulinhas: *Melhor é ser goleado "a" ver o adversário fazer gracinhas.* Teria mesmo o referido treinador usado a frase dessa forma ou na verdade foi mais uma das muitas com que a emissora do "Roráima" nos agracia diariamente? A verdade é que estamos vivendo uma fase realmente crítica: em Brasília, presidentes não sabem falar; nas redações de jornais, revistas e televisão, jornalistas não sabem escrever. Os cearenses costumam dizer: Estamos lascados!

memorando
Muitos apreciam usar o latinismo *memorandum* em seu lugar. Neste caso, seu plural é *memoranda*. Melhor mesmo é empregarmos o que temos: *memorando, memorandos.*

memória
Adj. correspondente: *mnêmico* ou *mnemônico*. Portanto, *processo da memória = processo mnêmico* (ou *mnemônico*).

"menas"
Não existe no léxico português isso aí, que deve ser substituído por menos. Frase do mais cacete dos narradores esportivos que este país já produziu, durante um jogo da seleção brasileira de futebol na Bolívia: *Na altitude, o ar tem "menas" resistência.* Segundo consta, seu salário é de um milhão de reais. Nos anos oitentas, outra figura também só sabia dizer "menas". Acabou virando presidente da República. No Brasil é assim...

menção
Rege a ou de: *Não havia menção a* (ou *de*) *meu nome no relatório.*

mencionar
É verbo transitivo direto, mas não admite complemento oracional. Portanto, devemos construir assim: *O bandido mencionou o nome de todos os seus comparsas, no depoimento à polícia.* *** *Não mencionei os detalhes do plano.* *** *O jornalista não é obrigado a mencionar a fonte da informação.* *** *Ele não menciona, na obra, a data do fenômeno.* E não: *O bandido mencionou "que não teve comparsas".* *** *Não mencionei "quais eram os detalhes do plano".* *** *O jornalista não é obrigado a mencionar "qual foi a fonte da informação".* *** *Ele não menciona, na obra, "quando se deu o fenômeno".*

menos bem / menos mal / menos bom
São expressões corretas: *Seu filho é menos bem educado que o meu.* *** *Na creche, essas crianças comem menos mal que nas suas casas.* *** *Menos mal que tenha sido você o derrotado.* *** *Entre todos os times do campeonato brasileiro, ele torce pelo menos bom.* *** *Das vinte equipes que disputam o torneio, essa é a menos boa.*

menos de dois
Quando faz parte do sujeito, exige o verbo no plural: *Menos de dois passageiros*

morreram no acidente. *** *Menos de duas pessoas foram presas entre os manifestantes*. É curioso, porque, do ponto de vista lógico, *menos de dois* = um. V. **mais de um**.

menosprezo
Rege *a, para com* ou *por*: *Essa demonstração de menosprezo à* (ou *para com* a ou *pela*) *natureza ainda vai custar caro ao homem*.

mentir
Conjuga-se por ferir.

mercancia
Todo gênero que é objeto de comércio; mercadoria: *Os demagogos fazem da palavra a sua mercancia*. Embora a palavra rime com melancia e malacia, há muita gente por aí que insiste em pronunciar "mercância".

Mercosul
Acrônimo de Mercado do Cone Sul. O e soa fechado, mas muita gente lhe dá timbre aberto. Alguém, no entanto (sem ser nordestino), pronuncia mèrkádu para mercado?

mesa-redonda
Rege *sobre*: *Fazer uma mesa-redonda sobre futebol*.

mesclado
Rege *a* ou *com*: *Vaias mescladas a* (ou *com*) *aplausos*.

meses
V. **nomes de meses**.

mestre
Rege *de* ou *em* (grande conhecedor, versado): *Ele é mestre desse* (ou *nesse*) *assunto*. *** *Ser mestre de* (ou *em*) *gramática*. Fem.: *mestra*. Aum. pejorativo: *mestraço*. Adj. correspondente: *magistral*. Portanto, *golpe de mestre* = *golpe magistral*.

mestria
É esta, em rigor, a palavra que significa grande habilidade, arte, perícia: *A mestria de um marceneiro*. *** *Quem não conheceu a mestria de Ademir da Guia ainda não sabe o que é classe na prática do futebol*. Há quem defenda "maestria" por *mestria*, atendo-se à forma do catalão antigo *maestre* = mestre.

metade de
Seguida de complemento no plural, esta expressão deixa o verbo no singular (concordando com *metade*) ou leva o verbo ao plural (concordando com o complemento): *Metade dos homens não gostou* (ou *não gostaram*) *da ideia de ter de se vestir de mulher*. *** *Metade das crianças da cidade foi vacinada* (ou *foram vacinadas*) *naquele posto de saúde*. Com a expressão mais da metade fazendo parte do sujeito, seguida de complemento no plural, o verbo vai obrigatoriamente ao plural. Ex.: *Mais da metade dos brasileiros são contra o aborto*. *** *Mais da metade dos candidatos desistiram*. Correta, pois, está a frase vista em manchete no G1: **Mais da metade das agressões contra crianças acontecem em casa**. Repare agora nesta notícia do Jornal do Brasil, de saudosa memória: *Mais da metade dos parlamentares do PTB, mais especificamente 55,3%, tem ficha criminal, ou já foi "processado", no Supremo Tribunal Federal. As ações incluem sonegação, peculato, falsificação e desvio de verbas*. O teor da notícia é muito mais preocupante, sem dúvida, mas é esta a pergunta que não quer calar: *processado* está, aí, concordando com quê? O ideal seria que mais da metade dos jornalistas que temos hoje fossem humildes e reconhecessem que deveriam voltar aos bancos escolares.

metades "iguais"
Redundância. Mas não faltam pessoas que dizem ter partido a melancia em *metades "iguais"*. Na verdade, eles partem a melancia em *metades*. Ou em *partes iguais*. Eis, agora, uma "informação" de jornalista esportivo: *Todo campo de futebol oficial*

tem uma linha que o divide em metades *"iguais"*. Saiamos do jornalismo esportivo. Encontramos, então: *O paralelo mais famoso do mundo é o Equador, que divide a Terra em duas metades "iguais"*. No jornalismo brasileiro é assim: escapa-se do forno, cai-se no fogão...

meteorologia
Apesar de ser a palavra correta, muitos continuam confiando no Serviço de "Metereologia", que não existe. Repare nesta notícia da Folha de S. Paulo: *Após a passagem do furacão Dennis pelo Caribe, o quinto ciclone da temporada ganha força "nesta segunda-feira" no Atlântico Central, informou o Instituto de "Metereologia" de Cuba (IMC).* Como a notícia foi veiculada na segunda-feira, por que usar "nesta segunda-feira", e não *hoje*? Ou esta palavra já caiu em desuso?

micro-
Só exige hífen antes de *o* ou de *h*: micro-onda, micro-habitat. Varia normalmente quando funciona como substantivo: as micros (= microempresas), os micros (= microcomputadores), etc. Manchete da Veja: **Blog lança concurso de "micro-contos"**. Na revista brasileira de zoociências: *Em todo o mundo muito pouco se sabe sobre um grande número de "microhabitats" discretos ou efêmeros como troncos, fezes, carcaças, frutos e abrigos sob rochas.* Muito pouco se sabe também de ortografia...

micro-organismo ou microrganismo?
Tanto faz. A forma "microorganismo" é que já não existe.

mídia
É aportuguesamento do inglês *media* (que se pronuncia *mídia*), plural de *medium* = meio, com adoção de tal pronúncia como grafia. A palavra só existe no português do Brasil. Surgiu numa redação de jornal ou, mais provavelmente, numa sala de agência de publicidade: em ambos os locais viceja a flor da língua anglo-saxã. O ideal seria usarmos *meios de comunicação de massa*. E dessa palavra surgiram outros mostrengos: *midiateca, midiático, midiatizar*, que, naturalmente, vingaram. Afinal, no Brasil, tudo o que cheira a Tio Sam vinga. A macaquice é ampla, geral e irrestrita.

mignon
Já passou da hora de o VOLP trazer o aportuguesamento *minhom*. Já se aportuguesou até *flamboyant* (flamboaiã), mas *mignon* ainda não. Por quê? Ninguém sabe.

mil
Antes de *mil* não se usa *um* nem *uma*. A razão é elementar: *mil* é palavra de plural; *um* é palavra de singular. Singular e plural são como água e óleo: não se misturam. Muita gente diz e escreve "um mil" reais e até "hum mil" reais. Ora, o Brasil foi descoberto em *mil e quinhentos* ou em "um" mil e quinhentos? A II Guerra Mundial começou em *mil novecentos e trinta e nove* ou em "um" mil novecentos e trinta e nove? Quem pensa só um pouco não comete a asneira. Mas pensar é difícil, dói muito... Veja estas manchetes encontradas no Terra: **Novo lanche do Burger King chega quase a "1" mil calorias**. *** **Zagueiro Luisão é multado em "1" mil euros por gesto impróprio**. *** **TIM pagará R$ "1" mil por restringir idas de funcionária ao banheiro**. Em O Estado de S. Paulo: **Sony afirma que vai cortar "1" mil vagas na divisão de celulares**. Pra que o 1? Sem ele, tudo fica mais inteligente.

mil (com e ou sem e?)
No português contemporâneo, não se usa a conjunção *e* após mil, seguido de centena. Portanto: *Ano de mil novecentos e noventa.* *** *Gastei mil duzentos e cinquenta reais.* *** *A despesa foi de mil quinhentos e um reais.* Se, porém, a centena começa por zero ou se termina por dois zeros, usa-se *e*: *Gastei mil e vinte reais.* (= Gastei R$1.020,00.) *** *O Brasil foi descoberto no ano de mil e quinhentos.* (= 1500). As centenas devem unir-se às dezenas e unidades pela conjunção: *Gastei mil duzentos e vinte e seis reais.* *** *A despesa foi de mil quinhentos e cinquenta e três reais.* Note que não se usa vírgula em nenhum dos casos. Com *milhão, bilhão, trilhão*, etc., a conjunção aparece, igualmente:

Um milhão e duzentos mil reais. *** *Dois trilhões e quatrocentos e cinquenta bilhões e setecentos e trinta milhões de dólares.* Quem estiver habituado ao preenchimento de cheques de tais importâncias, por favor, que esteja atento!...

milhão

É palavra masculina (*o milhão, um milhão*). Sendo assim, nunca pode haver "duas" milhões de pessoas em lugar nenhum. Muito menos "duzentas" milhões de pessoas. É preciso dizer sempre a verdade: *Mais de dois milhões de crianças foram vacinados ontem contra a poliomielite.* *** *Duzentos milhões de laranjas foram colhidos este ano em Bebedouro (SP).* Há jornalistas que usam "duas" milhões de pessoas, mas não têm coragem de usar "uma" milhão de pessoas. Por que será?... Certa vez o apresentador de um famoso telejornal anunciou a venda de "quinhentas" milhões de ações da Petrobras. Normal... Veja agora esta notícia de jornal: *Depois de ultrapassar a marca "das" 20 milhões de cópias vendidas, o romance* O Código Da Vinci, *de Dan Brown, se vê envolvido numa polêmica com a Igreja Católica.* Veja agora esta legenda, logo abaixo da foto de uma casa famosa: *Inscrição em frente à casa natal de Hitler pede paz, liberdade e democracia contra o fascismo e "suas" milhões de vítimas.* Veja agora esta manchete de O Globo e a maravilha que segue: **Poluição pelo uso de térmicas já é maior do que a do desmatamento**. *No fim do ano, "foram emitidas" 15,3 milhões de toneladas de gás carbônico.* É impressionante: os jornalistas acham que milhão é palavra feminina. Eles não escrevem; farreiam...

milhar

É sempre substantivo masculino: *o milhar, um milhar*: *um milhar de telhas.* *** *Dois milhares de maçãs foram perdidos durante a viagem.* *** *Duzentos milhares de crianças sul-vietnamitas foram levados para os Estados Unidos, em 1972.* *** *Qual foi o milhar do primeiro prêmio da loteria?* *** *Esses milhares de pessoas que reclamaram têm razão.* *** *Você sabe dizer quantos milhares de pessoas são assaltadas diariamente neste Brasil de hoje?* *** *Muitos milhares de telhas são necessários para cobrir essa mansão.* Há os que usam "uma" *milhar de agulhas*; "duas" *milhares de calculadoras*; "as" *milhares de pessoas; deu* "uma bonita" *milhar no jogo do bicho hoje.* (No jogo do bicho, é só usada no feminino, por influência do gênero de *dezena* e *centena*: o povo joga n**a** dezena, perde "n**a**" milhar e ganha n**a** centena.) Veja, agora, como saiu no Terra: *Os acessos à conturbada Quito foram bloqueados hoje para impedir a entrada de simpatizantes do presidente do Equador, Lucio Gutiérrez, a fim de evitar confrontos com "as" milhares de pessoas que exigem a renúncia do mandatário nas ruas do país.* Esta notícia é da Veja: *Uma bactéria presente na boca pode causar sérias doenças quando atinge a corrente sanguínea. Segundo um estudo publicado no periódico* Internacional Journal of Systematic and Evolutionary Microbiology, *a bactéria* Streptococcus tigurinus, *uma "das" milhares que vivem dentro da boca sem causar prejuízos, pode causar doenças cardíacas e até meningite quando atinge a corrente sanguínea.* No entanto, ainda há esperança. Veja, finalmente, um texto de jornalista competente, colhido por coincidência no mesmo Terra: *Um grupo de executivos de uma empresa multinacional pagou 1.200 libras (equivalente a cerca de R$ 3,2 mil) por uma corrida de táxi entre as cidades de Northampton, no sul da Inglaterra, e Genebra, na Suíça. Como outros milhares de pessoas, os executivos tiveram seu voo cancelado pelo fechamento do espaço aéreo britânico, causado pela nuvem de cinza vulcânica gerada pela erupção do Eyjafjallajökull, da Islândia. A viagem da Inglaterra à Suíça durou 13 horas. São 1.120km entre as duas cidades.* A Veja também nos apresenta um texto que só não foi perfeito porque foi usado indevidamente um artigo: *Entre todos os supervulcões que já foram encontrados, os cientistas estimam que o mais poderoso tenha sido o supervulcão Toba, que entrou em erupção "na" Sumatra há cerca de 74.000 anos. Segundo os pesquisadores, a energia liberada foi dezenas de milhares de vezes maior do que a liberada pela bomba de Hiroshima. O evento lançou 3.000 quilômetros cúbicos de poeira na atmosfera e deixou todo o sul asiático coberto de cinzas. Os cientistas debatem sobre o quanto a temperatura global caiu* nos anos seguintes à erupção, mas os valores estimados vão de 3 a 15 graus Celsius. Alguns registros fósseis mostram que, na mesma época, a população humana quase foi extinta. Sobreviveram apenas alguns milhares de pessoas na África, dos quais descendem todos os humanos vivos hoje. Como se vê, nem tudo está perdido...

militares (como classe)
Adj. correspondente: *castrense*. Portanto, *atividades de militar = atividades castrenses; reivindicações dos militares = reivindicações castrenses*.

Minas Gerais
Exige o verbo no singular e os determinantes no feminino: *Quase toda Minas Gerais votou nesse candidato*. *** *Ele, finalmente, voltou à sua querida Minas Gerais*.

minguado
Rege *de* ou *em* (escasso, pobre): *Ministério minguado de* (ou *em*) *verba*. *** *País minguado de* (ou *em*) *recursos naturais*. *** *Gente minguada de* (ou *em*) *bom senso*.

minguar
Conj.: *mínguo, mínguas, míngua, minguamos, minguais, mínguam* (pres. do ind.); *míngue, míngues, míngue, minguemos, mingueis, mínguem* (pres. do subj.). *Dizem que, depois do casamento, o amor ou míngua, ou estaciona*.

minhoca / minhoquinha / minhocão
Têm o primeiro *o* tônico aberto.

mini-
Só exige hífen antes de palavras iniciadas por *h* ou por *i*: *mini-investimento, mini-hotel*. Usado como substantivo, recebe acento e varia: *as mínis* (= as minidesvalorizações), *os mínis* (= os minidicionários). Manchete de jornal: **Robinho fica na reserva no "mini-coletivo" da seleção**.

"mínimos" detalhes
Redundância: em *detalhes* já existe a ideia de minudência. Mas sempre há aquele que gosta de contar tudo nos "mínimos" detalhes.

minoria
Adj. correspondente: *minoritário*. Portanto, *partido da minoria = partido minoritário*.

minucioso
Rege *a respeito de, em, em relação a* ou *sobre*: *O general era minucioso a respeito de* (ou *em* ou *em relação a* ou *sobre*) *tudo*. *** *Procurou ser minucioso a respeito da* (ou *na* ou *em relação à* ou *sobre a*) *matéria, na palestra*.

misericórdia
Regem *de, com, para com* ou *por*: *Não se pode ter misericórdia com* (ou *de* ou *para com* ou *por*) *um bandido desses*. *** *Que Deus tenha misericórdia com os* (ou *dos* ou *para com os* ou *pelos*) *ateus!*

misericordioso
Rege *com* ou *para com*: *Imploraram aos vencedores que fossem misericordiosos com* (ou *para com*) *eles*. *** *Quem consegue ser misericordioso com* (ou *para com*) *um bandido desses?*

Miss
Título usado com o nome de alguma coisa, por uma garota ou mulher escolhida para determinada representação: *a* Miss *Bahia, a* Miss *Brasil*. Também: título usado com um nome que representa algum atributo ou identidade particular de uma mulher: *a* Miss *Simpatia*. Usa-se com inicial minúscula, em referência a qualquer garota bonita e formosa: *Minha namorada é uma* miss! Nas faixas das beldades dos concursos internacionais, a forma usada é *Miss*, inglesa, mas no Brasil, seria interessante e salutar que tivéssemos a *Misse Bahia, a Misse São Paulo, a Misse Goiás*, etc. A prática,

garantimos, não iria afetar a beleza de nenhuma delas. Mas como qualquer concurso dessa natureza recebe enorme influência direta de Tio Sam, nas faixas só se vê *Miss* Alagoas, *Miss* Amazonas, *Miss* São Paulo. Não está na hora de mudar?

mister
Propósito, fim, intuito: Veio com o mister de me cumprimentar. Pronuncia-se mistér.

mistério
Rege *de* ou *sobre* na expressão *fazer mistério*: *O governo faz mistério d*o (ou *sobre* o) *pacote econômico que está preparando.*

mistério e segredo: qual a diferença?
Muita. **Mistério** é a reserva com que manifestamos um pensamento. Quando alguém nos diz que tem algo importante para nos contar, mas não conta, faz mistério. **Segredo** é o silêncio absoluto que alguém faz de algo que não convém ser revelado. Quando alguém nos pede segredo para alguma coisa, cabe-nos a dignidade e a discrição de não revelá-lo a ninguém. Como se vê, longe estarem de ser sinônimos. O Dicionário Houaiss registra a sinonímia na acepção 2 de **mistério**; enquanto o Dicionário Aurélio considera sinônimas essas palavras no verbete **arcano**.

misterioso
Rege *com* ou *para com* (pessoa) e *em* ou *sobre* (coisa): *Governo misterioso com* (ou *para com*) *a população n*as (ou *sobre* as) *medidas econômicas.* *** *Professor misterioso com* (ou *para com*) *os alunos n*a (ou *sobre* a) *matéria que exigirá na prova.*

misturar
Use assim seus particípios: *Ela tinha* (ou *havia*) *misturado cerveja com vodca.* *** *Cerveja com vodca foram misturadas* (ou *foram mistas*) *por ela.*

misturar / misturar-se
Regem *a* ou *com*: *Não podemos misturar alhos a* (ou *com*) *bugalhos.* *** *Não misture camisas a* (ou *com*) *camisetas na gaveta!* *** *As gotas da chuva se misturavam às* (ou *com as*) *suas lágrimas.*

mobiliado
Rege *com* ou *de*: *Casa mobiliada com* (ou *de*) *finas peças.*

mobiliar ou mobilhar?
Tanto faz. *Mobiliar* se conjuga assim: *mobílio, mobílias, mobília, mobiliamos, mobiliais, mobíliam* (pres. do ind.); *mobílie, mobílies, mobílie, mobiliemos, mobilieis, mobíliem* (pres. do subj.). Muitos, no entanto, usam "mobilíu", "mobilías", etc.

Moçoró
Nome de origem indígena, portanto só cabe a grafia com ç. A grafia Mossoró é do tempo do Onça. Quem nasce em Moçoró é um rigorosamente moçoroense, mas também mossoroense (porque consta no VOLP).

moda / modinha / modão
As três têm o inicial aberto.

modelado
Rege *por* ou *sobre* (moldada): *Personagem modelada por* (ou *sobre*) *Oscarito.* *** *Gente modelada por* (ou *sobre*) *costumes antigos.*

modelo
Use com o ou com a, conforme se refira a homem ou a mulher: *Luís é um bom modelo.* *** *Luísa é uma boa modelo.*

modesto / modéstia
Regem *de* ou *em*: *Ser modesto de* (ou *em*) *ambições.* *** *Sua modéstia de* (ou *em*) *ambições era de todos conhecida.*

moeda
Adj. correspondente: *monetário*. Portanto, *correção da moeda* = *correção monetária*.

Moisés
Adj. correspondente: *mosaico*. Portanto, *tábua de Moisés* = *tábua mosaica; leis de Moisés* = *leis mosaicas*.

Moji
Nome de origem indígena, portanto se grafa atualmente com j. A grafia Mogi é tradicional, secular.

mola / molinha / molão
As três têm o inicial aberto.

moldado
Rege *por* ou *sobre*: *Filho moldado pelo* (ou *sobre*) *o pai*. *** *Personagem moldada por* (ou *sobre*) *Rodolfo Valentino*.

moldar
É verbo transitivo direto e indireto (adaptar) e rege *a, com, em* ou *por*: *Ele moldou seu gênio ao* (ou *com o* ou *no* ou *pelo*) *do pai*. Como verbo pronominal, rege *a* ou *com* (adaptar-se), apenas *por* (orientar-se, nortear-se) e apenas *com* (harmonizar-se): *Tive de me moldar ao* (ou *com o*) *novo ambiente*. *** *Ele sempre se moldou pelos hábitos do pai*. *** *Um sócio tem de se moldar com as ideias e os planos do(s) outro(s), senão a sociedade fracassa*.

molhar-se
Use sempre assim, na acepção de receber líquido sobre si: *As fortes chuvas fizeram que entrasse muita água em casa, e todos os móveis se molharam*. *** *Ela usava uma touca, para que os cabelos não se molhassem*. *** *Ela entrou na piscina, mas tomou todo o cuidado para que os cabelos não se molhassem*.

molho
Como coletivo de tudo o que está agrupado tem, preferencialmente, o tônico aberto, mas no Brasil só se ouve "môlhu", única pronúncia registrada na 5.ª edição do VOLP: *um molho de chaves, de cenouras, de rabanetes, etc.*

monge
Adj. correspondente: *monacal* ou *monástico*. Portanto, *hábitos de monge* = *hábitos monacais; vida de monge* = *vida monástica*.

monopólio
Rege *de* ou *sobre*: *Ter o monopólio da* (ou *sobre a*) *verdade*. *** *País que tem o monopólio do* (ou *sobre o*) *petróleo*.

monstro
É substantivo masculino e não tem feminino: *Mãe que joga filho recém-nascido no lixo é um monstro*. *** *Minha professora era um monstro em matemática*. Como adjetivo, permanece invariável, embora haja alguns autores, sobretudo portugueses, que, nesse caso, tenham variado a palavra: *comícios monstro, passeatas monstro, etc.* O VOLP registra-a como adj. 2g.2n. e s.m.

montar
Conj.: *monto, montas, monta, montamos, montais, montam* (pres. do ind.); *monte, montes, monte, montemos, monteis, montem* (pres. do subj.). Apesar de a primeira pessoa do pres. do ind. ser *monto*, há muita gente que diz "munto": *Eu "munto" a cavalo*. E até o animal reclama... Na acepção de pôr-se sobre (cavalgadura), para cavalgar, usa-se indiferentemente: *Montei um* (ou *em um*) *belo cavalo branco e saí a galope*. Na acepção de trepar sobre (alguma coisa), abrindo as pernas, rege *em* ou *sobre*: *O moleque montou no* (ou *sobre o*) *cabo de vassoura e saiu galopando*. Na acepção de importar, chegar a, atingir, rege *a* ou *em*: *A despesa montou a* (ou *em*) *cem mil reais*. *** *O exército cubano*

monta *a* (ou *em*) *um milhão de efetivos.* *** *Os gastos do nosso país com a importação de petróleo montam* a (ou *em*) *milhões de dólares.*

Monte-mor
É a grafia correta do nome da cidade paulista, mas muitos escrevem "Montemor". Ora, por que não escrevem também "altarmor", "capitãomor", etc.? Quem aí nasce se diz monte-morense.

monumento
Rege *a* ou *de*: *Erguer um monumento à* (ou *da*) *honestidade na vida pública.*

morador
Use com *em* ou *de*: *Sou morador na* (ou *da*) *Rua dos Ingleses.* *** *Ela sempre foi moradora na (ou da) Praça 15 de Novembro.* *** *Luís de Sousa, morador na* (ou *da*) *Rua da Paz, brasileiro, solteiro,* ...

Morais
É a grafia correta. Muitos, no entanto, trazem "Moraes" no registro civil.

morder
Pode ser transitivo direto ou transitivo indireto: *O cão mordeu a* (ou *na*) *perna do carteiro.* *** *Mordi a* (ou *na*) *maçã com vontade!* *** *Que bicho o mordeu* (ou *mordeu em você*)? Só morde aquele que tem dente; quem não tem dente não morde nem dá mordida, *pica* (mosquito) ou *ferroa* (abelhas e vespas). Por isso, quem diz que foi "mordido" por pernilongo ou foi "mordida" por uma abelha, exagera.

mordido
Rege *de* ou *por*: *Carteiro mordido de* (ou *por*) *cachorro tem medo até de serpentina.* *** *Ficou mordida de* (ou *por*) *inveja.*

morrer
Use assim seus particípios: *O homem já tinha* (ou *havia*) morrido *quando chegamos.* *** *O homem foi* morto *por um desconhecido.*

morte
Adj. correspondente: *mortal, fúnebre* ou *letal*. Portanto, *acidente que causa morte* = *acidente mortal*; *canto da morte* = *canto fúnebre*; *dose que leva à morte* = *dose letal*.

morte e falecimento: qual a diferença?
A morte serve para todos, indistintamente, velhos e moços; o falecimento é próprio dos velhos, dos que já viveram o bastante. Só a *morte* pode ser violenta; o *falecimento*, ao contrário, exprime apenas um efeito natural. Por isso, ninguém "falece" num violento acidente de automóvel (como afirmaram alguns jornalistas quando da morte de Ayrton Senna), assim como não há "falecimento" num assassinato; há, em ambos os casos, *morte*.

motosserra
Sem hífen e assim também motorreator, motorromaria, etc. Na capa da Veja, certa vez, apareceu a maravilha "moto-serra". Normal.

motor flex
Redução de motor flexível em combustível, que, hoje, no Brasil, equipa boa parte da frota nacional. O curioso e altamente desinteressante é que tais tipos de motor cobram o preço da versalidade: não alcançam a eficácia máxima possível nem com gasolina, nem com álcool. Ou seja: quem tem um veículo flex está jogando dinheiro fora, pensando que está economizando, que está no melhor dos mundos. Bela tecnologia!...

muçarela
É a grafia correta em português. O VOLP registra ainda mozarela e muzarela. Como, porém, no Brasil não se ouve nem muito menos se vê alguém usar assim, preferimos a grafia compatível com a pronúncia geral: muçarela. O Dicionário Houaiss só registra

muçarela como segunda opção, remetendo o consulente a mozarela. E não registra muzarela. O Dicionário Aurélio, por sua vez, não registra nem muçarela nem muzarela. Para ele, somos obrigados a engolir a sua mozarela e até a sua indigesta "moçarela". E a Sadia – veja só! – quer agora que a gente engula a sua nova "mussarela". Não dá. Você está disposto?
EM TEMPO – Logo depois de escrever este item, deparo com esta manchete na Folha. com: **Famosa rede de restaurante dá mozarela empanada de cortesia**. Ah, jornalistas!... Eles são ótimos: se perguntarmos a qualquer deles se come isso em casa, todos negarão, alguns até com veemência. Eles são ótimos!...

Muçum
É a grafia correta. Muitos, no entanto, estão acostumados com "Mussum".

mudar-se
Use sempre assim, na acepção de transferir residência e quando na frase aparece adjunto adverbial de lugar: *Mudei-me daquele bairro há muito tempo.* *** *Não nos mudaremos daqui tão cedo.* *** *Nossos vizinhos se mudaram para bem longe.* Sem o adjunto, use sem o pronome: *Mudei há muito tempo.* *** *Não mudaremos esta semana, mudaremos só no final do mês.* *** *As pessoas mudavam, mas ninguém sabia por quê.* *** *Nossos vizinhos, enfim, mudaram.* Repare ainda, em cada um destes pares de exemplos: **1.** *Vou me mudar para Teresópolis. Vou mudar assim que criar coragem.* **2.** *Para mudar-se para o interior do Amazonas, é preciso coragem. Para mudar, é preciso coragem.* **3.** *Os mais pobres se mudavam para outras regiões, à procura de melhores condições de vida. Os mais pobres mudavam, à procura de melhores condições de vida.*

mudar a roupa ou mudar de roupa?
Tanto faz: *Esperem um minuto, que vou mudar a* (ou *de*) *roupa.* O desaconselhável é usar vou "me trocar".

mudo
Rege *a* ou *para*: *É um governo mudo a* (ou *para*) *negociações.*

mui
Usa-se por muito, principalmente antes de outros advérbios terminados em -*mente*: *mui respeitosamente, mui atenciosamente, mui cordialmente*, etc.

muita vez ou muitas vezes?
As duas expressões existem: *Muita vez* (ou *Muitas vezes*) *eu saía de casa preocupado.* Mas há impropriedade em usar muitas "das" vezes por muitas vezes.

muitíssimo
Em rigor, advérbios não têm grau, mas admite-se, em casos de ênfase, o uso de *muitíssimo*: *Muitíssimo obrigado por tudo!* *** *Carro que custa muitíssimo caro!*

"muito" embora
Combinação esdrúxula, mas muito comum na pena e na boca de jornalistas esportivos, que geralmente se saem com frases assim: *"Muito" embora o árbitro tenha dado uma mãozinha ao Flamengo, o time mereceu a vitória.* No português contemporâneo, embora só pode ser conjunção ou palavra denotativa, e nunca advérbio: *Embora seja assim, muitos acham o contrário.*

muito poucos
Existe aí um enigma: muito não varia, mas não pode ser considerado advérbio (já que *poucos* é pronome substantivo), embora seja assim classificado por alguns gramáticos: *Os Lexus são carros para muito poucos.* *** *Muito poucos chegarão ao ano 2100.* *** *Todos tentaram, muito poucos conseguiram.*

muitos de nós
Exige concordância do verbo com o segundo pronome (*nós*): *Muitos de nós não*

chegaremos ao ano 2100. Equivocam-se aqueles que aceitam a concordância com o primeiro pronome.

multa
Rege *a* ou *para* (pessoa) e *sobre* (coisa): *A multa aos* (ou *para os*) *motoristas que cometerem essa infração é alta.* *** *A multa sobre atraso na mensalidade é pequena.*

multi-
Não exige hífen: multimarcas, multirracial, multirrisco, multissecular, multissensorial, multissetorial, etc. Se, porém, você for a um supermercado, no setor de produtos de limpeza só vai encontrar "multi-uso".

múlti
Recebe acento e varia normalmente quando substantivo: as múltis (= multinacionais).

multidão
Coletivo de pessoas ou de coisas aglomeradas: uma multidão de espectadores, de torcedores, de peixes, de árvores, de fatos, etc. Adj. correspondente: *multitudinário*. Portanto, *movimento de multidão* = *movimento multitudinário*; *casamento de multidão* = *casamento multitudinário*.

munido
Rege *com* ou *de*: *Ladrão munido com* (ou *de*) *punhal*.

murchar ou murchar-se?
Tanto faz, na acepção de ficar murcho; mas sem pronome, quando significa perder a firmeza ou a consistência: *Com o calor, todas as flores murcharam* (ou *se murcharam*). *** *O pneu murchou, impedindo a nossa viagem.* Evite dizer "muchar". O adjetivo é *murcho*, mas não são poucos os que dizem "mucho". Use assim seus particípios: *O pneu tinha* (ou *havia*) *murchado rapidamente.* *** *O pneu foi murchado* (ou *foi murcho*) *pelos moleques.*

murro em ponta de faca
Podemos dar murro em ponta de faca ou dar murro em faca de ponta: de uma ou de outra forma – garantimos – dói. Mas ninguém erra...

musgo
Usada como adjetivo, na indicação da cor, não varia: *lençóis musgo, gravatas musgo, meias musgo, tecidos musgo.*

musculomembranoso
Sem hífen, a exemplo de *musculocartilaginoso* e *musculotendinoso*.

N

nacionalidade
No preenchimento de formulário de dados pessoais, o homem que nasce no Brasil escreverá *brasileiro*; só a mulher que nasce no Brasil escreverá corretamente *brasileira*. Muitos homens escrevem "brasileira", atendo-se ao gênero da palavra *nacionalidade*. Não. Se assim fosse, no item *estado civil*, as mulheres teriam, então, de escrever "casado". Neste caso, a concordância tem de ser feita com a palavra que consta no formulário. Afinal, quando perguntamos a qualquer pessoa (homem, mulher, velho ou criança) *Como vai o seu estado de saúde?*, a resposta será sempre: *Bom* (ou *Precário*). Por outro lado, quando perguntamos a uma senhorita: *Qual é o seu estado civil?*, ouvimos a resposta sempre desta forma: *Solteira*. Se a resposta vier "solteiro", tenha mais cuidado!...

nacional-socialista
Faz no plural *nacional-socialistas*. V. **democrata-cristão**.

nada a ver
V. **não ter nada a ver**.

nádegas
Adj. correspondente: *glúteo*. Portanto, *região das nádegas* = *região glútea*; *músculos das nádegas* = *músculos glúteos*.

Nagasáqui
É assim que se grafa em português o nome da cidade japonesa. Como o k é uma letra que já faz parte do nosso alfabeto, seria de esperar que também pudéssemos passar a escrever Nagasáki. Mas não. Também nos proíbem de escrever kilo, kiwi, kafta, karaokê, etc. Por quê? Ninguém sabe.

náilon
Aportuguesamento do inglês *nylon*.

na hora em que / na ocasião em que / no dia em que / no momento em que
São expressões que podem ter a preposição *em* elíptica: *Na hora (em) que explodiu o motor do foguete, o fogo tomou conta de tudo.* *** *Na ocasião (em) que o rei esteve no Brasil, morávamos em Brasília.* *** *No dia (em) que eu for rico, ajudarei a todos.* *** *No momento (em) que ele ia fazer o gol, escorregou e perdeu.*

Najibe
É a grafia correta desse nome próprio. Muitos, no entanto, trazem "Nagib" no registro civil.

na medida em que
Locução recente na língua. Só se usa corretamente quando substituível por *se* ou *caso*: *Aprender línguas estrangeiras é útil na medida em que possamos praticá-las constantemente.* *** *Os obstáculos são superados na medida em que são assimilados e compreendidos.* *** *Só é possível usar a inteligência na medida em que ela exista.* Muitos a empregam indevidamente por *à medida que*: *A taxa de juros deve cair "na medida em que" a inflação diminui.* *** *A alíquota do imposto de renda sobe "na medida em que" o contribuinte recebe maior salário.* Em Vejaonline se leu: *Um cometa é uma espécie de bola de neve suja. O seu interior é formado por gases congelados (gelo) e poeira cósmica e, "na medida em que" vai se aproximando do Sol, a radiação faz com que esses gases*

se vaporizem, originando duas coisas: a coma, que envolve o núcleo do cometa, e uma ou mais caudas. Também não se deve usar essa expressão com valor causal, como se viu no editorial de O Estado de S. Paulo: *No Brasil, de tempos em tempos, aparece um guru aceito por muitos. Em plantão permanente, esse guia oferece soluções geniais para alguns dos graves problemas nacionais. "Na medida em que" há muito tempo que a questão Educação não é levada a sério neste país, a lista de gurus eleitos para o setor cresceu muito.* A questão Educação, de fato, não é levada a sério no país...

não disse nada
Trata-se de negativa enfática, que reforça a declaração. Outros exemplos de negativa enfática: *Não vi ninguém.* *** *Não quero não.*

não "queixou-se" de nada
O advérbio não, assim como qualquer palavra negativa (*ninguém, nada*, etc.) é um forte fator de próclise, ou seja, exige o pronome oblíquo antes do verbo. Portanto, *não se queixou de nada, ninguém se machucou, nada se cria,* etc. Eis, porém, como se leu no Jornal do Brasil: *A nova direção do PT quer explicações do ex-presidente da Câmara João Paulo Cunha (PT-SP) sobre suas relações com Marcos Valério Fernandes de Souza, acusado de ser um dos operadores do mensalão. Integrantes da Executiva Nacional confirmam que, diferente de outros petistas flagrados na lista do Banco Rural, que se apressaram em procurar a legenda para se justificar, João Paulo, até o momento, não "explicou-se".* Não se explica o inexplicável...

"não" ... "sempre"
Não e *sempre* são palavras que se repelem. Assim, frases como *Oportunidade como esta "não" aparece sempre* devem substituir-se por *Oportunidade como esta nem sempre aparece*. Eis outros exemplos: *Nem sempre isso acontece.* (E não: *Isso "não" acontece "sempre".*) *** *Nem sempre se encontra garota inteligente por aí.* (E não: *"Não" se encontra "sempre" garota inteligente por aí.*) Também se repelem *não* e a expressão *todos os dias* ou *todas as vezes*. Portanto, construímos: *Nem todos os dias é dia de festa.* (E não: *"Não" é dia de festa "todos os dias".*) *** *Nem todos os dias é possível ver a Lua assim tão linda!* (E não: *"Não" é possível ver a Lua assim tão linda "todos os dias".*) *** *Nem todas as vezes se elegem presidentes honestos.* (E não: *Presidentes honestos "não" se elegem "todas as vezes".*) Em períodos com orações adversativas, todavia, as combinações impugnadas se usam com propriedade. Assim, por exemplo: *Isso não acontece sempre não, acontece somente aos domingos.* *** *Presidentes honestos não se elegem todas as vezes não, mas apenas de século em século.* Os jornalistas sabem disso? Eu mesmo respondo: não têm a menor ideia! Se tivessem, não escreveriam como um deles, na Folha de S. Paulo, em título da primeira página: **Tesouro "não" arcará "sempre" com custos do setor elétrico**.

não só...mas também
Tal correlação, assim como *não só...como*, exige o verbo no plural: *Não só eu, mas também o motorista pegamos no sono.* *** *Não só o garoto, como a mãe viram o óvni.* *** *Não só o pai como a mãe bebiam.* *** *Não só o professor mas também eu ficamos curiosos.*

não tanto...
Como primeiro elemento de correlação, esta expressão exige *quanto* como segundo elemento: *Reclamei não tanto por mim quanto por Cristina.* *** *O namorado a beijou não tanto por desejo quanto por hábito.* *** *O jogador se contundiu não tanto pelo choque com o adversário quanto pelo mau estado do gramado.* *** *Cristina veio até aqui não tanto para buscar o livro quanto para me ver.* Muitos usam "mas" ou "mas também", que se usam como segundo elemento de *não só* (v. caso anterior).

não tem dúvida
Frase em que o verbo *ter* está por *haver*. De tanto ser usada, tornou-se fato linguístico, não tem dúvida...

não ter nada a ver
É esta a frase, mas muitos escrevem assim: *não ter nada "haver"*. Equivale a não ter razão de ser, não ter fundamento e até a estar uma droga, um lixo: *Sua preocupação não tem nada a ver*. *** *Esse teu brinco não tem nada a ver*. Escreve um "artista" na Internet: *A frente do Passat não tem nada "haver" com a frente do Gol G5, só um retardado, um idiota para achar que são parecidos*. Retardado? Idiota? Quem? Sobre a excessiva carga tributária que incide sobre os automóveis no Brasil, escreve alguém na Internet: *As montadoras no Brasil vendem seus carros com a maior margem de lucro do mundo e nada tem "haver" com os impostos. Sim, os impostos influenciam, mas não são os responsáveis diretos, os responsáveis são os consumidores (burros) brasileiros, que mesmo a preços abusivos continuam comprando indiscriminadamente*. Nada a ver: os impostos têm, sim, *a ver* com os preços abusivos dos carros brasileiros. Tão abusivos, que chegam a ser vergonhosos. Automóveis que no Brasil custam 60 mil reais, no Chile custam exatamente a metade. Têm culpa ambos os dois: o governo e as montadoras, que não deixam de ser gananciosas. No dia 21 de abril de 2010, a prefeitura carioca liberou espaços públicos para a realização de um culto evangélico, o que provocou verdadeiro caos no trânsito, em pleno feriado, em vista da afluência de milhares de ônibus conduzindo seguidores. Muitos cariocas lúcidos reclamaram, mas um deles, que não era tanto, escreveu este comentário no site do jornal O Globo: *O que tem "haver" religião com trânsito? O que tem "haver" religião com incompetência da administração municipal?* Nada, amigo, não tem nada a ver...

não ter nada "para" dizer
Não é construção boa. A preposição deve ser substituída pelo pronome relativo *que*: *Não tenho nada que dizer*. *** *Não tenho nada que esconder*. *** *Ela tem muito que explicar*. *** *Não tenho nada que declarar*. Não se usa o pronome "o" antes do *que*.

nariz
Adj. correspondente: nasal. Portanto, fossa *do nariz* = fossa *nasal*.

narrativa
Rege *de* ou *sobre*: *Naquela longa narrativa de* (ou *sobre*) *suas aventuras, não se fez referência a isso*.

nasalizar ou nasalar?
Tanto faz, assim como *nasalização* e *nasalação*.

nascença
Ser caolho de *nascença* ou ter um sinal de *nascença* é normal; anormal é ser perfeito ou não ter nenhum sinal, nem de "nascência"...

na surdina ou à surdina?
Tanto faz: *O governo dos Estados Unidos arma, na* (ou *à*) *surdina um ataque contra o Irã*. *** *O acordo entre as empresas de telefonia foi feito à* (ou *na*) *surdina*. Certo manual de redação, todavia, condena o uso da primeira expressão. Normal...

natural
Rege *a* ou *para* (normal), *a* (peculiar, próprio) e *de* (nascido): *É natural ao* (ou *para o*) *animal reagir dessa forma, quando provocado*. *** *Esses gestos são naturais a ignorantes*. *** *Esse comportamento é muito natural a estrangeiros*. *** *Sou natural de São Paulo*.

navegação
Rege *em* ou *por*: *É uma embarcação própria para navegação em* (ou *por*) *igarapés*.

navio
Adj. correspondente: naval. Portanto, *indústria de navios* = *indústria naval*.

necessitar
Antes de oração reduzida, dispensa a preposição *de*: *Necessito ajudar meus filhos*. ***

Todos necessitam ganhar mais. Antes de oração desenvolvida e de pronome relativo, a preposição pode estar elíptica: *Meus filhos necessitam (de) que eu os ajude*. *** *Esse era o emprego (de) que ele necessitava*. Antes de nome, no português contemporâneo, a preposição tem sido usada obrigatoriamente: *Necessito de ajuda*. *** *Necessitamos de verbas*. *** *É uma figura que não necessita de apresentação*. Mas já houve época em que ela era desnecessária, conferindo elegância à comunicação: *Necessito ajuda*. *** *Necessitamos verbas*. *** *É uma figura que não necessita apresentação*.

necropsia
Note: a tonicidade recai em *si*. Portanto, a pronúncia correta é nekropsía; a variante prosódica "necrópsia", embora corrente e já com registro no VOLP, deve ser desprezada: recebeu influência de *autópsia*, que, ao pé da letra, significa exame de si mesmo (*auto* = mesmo). *Necropsia* é que, em rigor, significa exame cadavérico.

nefasto
Rege *a* ou *para*: *São medidas nefastas ao* (ou *para o*) *povo*.

negação
Rege *a* ou *de*: *A adesão às drogas é uma negação à* (ou *da*) *vida*.

"negada"
Quantas não foram as vezes em que ouvimos pessoas dizerem assim: Aí, "negada", vamos embora, que já é tarde! Pois é. A palavra correta, nesse caso, que equivale a pessoal, não é "negada". É negrada. Por isso, negrada, vamos corrigir isso, enquanto é tempo! Só faltava agora aparecer um "artista" dizendo que isso é coisa de racista, que a língua é racista, que a língua é instrumento elitista. (Eles não costumam dizer isso a todo instante? Tudo que os contraria é culpa dos "elitistas".) Gente infeliz. País infeliz.

negar que
Exige o verbo no modo subjuntivo: *O acusado nega que tenha molestado a moça*. (E não: O acusado nega que "molestou" a moça.) *** *O tesoureiro do PT negava que houvesse mensalão*. (E não: O tesoureiro do PT negava que "havia" mensalão.) *** *Ela nega que seja prostituta*. (E não: Ela nega que "é" prostituta.)

negociante
Rege *de* ou *em*: *Ele é negociante de* (ou *em*) *carros usados*.

negociar
Conjuga-se normalmente: negocio, negocias, negocia, etc., a exemplo de premiar.

nem e e nem: qual a diferença?
Nem equivale a *e não*, por isso usa-se sempre após outra negação: *Elisa não comeu nem* (= e não) *bebeu nada*. *** *Juçara nunca veio aqui nem telefonou*. **E nem** equivale a *e nem sequer*: *Creusa chegou e nem* (= e nem sequer) *quis ver a mãe*. *** *Jeni passou e nem me deu bom-dia*.

nem...nem
Quando faz parte do sujeito composto, exige o verbo no plural: *Nem o pai nem a mãe sabiam do namoro*. *** *Nem ela nem eu ficamos satisfeitos*. Quando há ideia de exclusão, porém, o verbo fica no singular: *Nem seu pai nem sua mãe dirigirá o carro*.

nem um nem outro
Exige o substantivo no singular, mas o adjetivo e o verbo no plural: *Não conheço nem um nem outro rapaz argentinos*. *** *Nem um nem outro contrato serão aprovados*.

nenê ou neném?
As duas formas existem. São sempre nomes masculinos: *o nenê, o neném*. Portanto: *Que nenê lindo é sua filha!* *** *Meu neném se chama Isadora*. Não convém usar "a nenê", "nenê linda", "minha neném", etc., porque se trata de nome sobrecomum, a exemplo de *criança*. O diminutivo carinhoso, da mesma forma, é sempre *nenezinho*

(e nunca "nenezinha"). O ministro da Educação do governo FHC, no entanto, pela televisão, declarou que já fez as vezes de babá, cuidando "da neném" Nina. O caro leitor, naturalmente, reparou: ministro da E-du-ca-ção, que mais tarde foi secretário da E-du-ca-ção de São Paulo. V. **bebê**.

EM TEMPO – A desastrada 5.ª edição do Vocabulário Ortográfico da Língua Portuguesa (VOLP), que traz centenas de erros, entre os quais alguns ridículos, registra nenê como pertencente aos dois gêneros. É mais um dos seus inúmeros desastres. As mais recentes edições, tanto do Dicionário Aurélio quanto do Dicionário Houaiss, resolveram encampar a impropriedade. Que me perdoe o caro leitor, mas a comparação é válida: o sargentão pulou no abismo, e os soldados, ingênuos, foram atrás (outra vez)... V. **bebê**. E se o seu registro no feminino se deve ao uso generalizado nesse gênero, por que também nesse gênero não registrou o VOLP a palavra milhar, que todos (repare: **todos**) os jornalistas usam como feminina? É um tal de "as" milhares de propostas, "as" milhares de pessoas, "as" milhares de medidas e por aí vai. Alguém já ouviu algum jornalista dizer ou escrever: os milhares de propostas, os milhares de pessoas, os milhares de medidas?

nenhum

Concorda normalmente com o substantivo a que se refere e deve ser usado sempre anteposto: *Não sobrou nenhum dinheiro.* *** *Não temos nenhuns recursos para investir.* *** *Não sinto nenhumas cócegas.* *** *Não tínhamos nenhuns trocados.* *** *Nunca precisei usar nenhuns óculos.* Quando posposto, usa-se apenas no singular, caso em que podemos substituí-lo por *algum: Não tenho dinheiro nenhum.* *** *Ninguém ali possuía cultura nenhuma.* *** *Ela não tem condição nenhuma de vencer.* *** *Você não tem razão nenhuma de reclamar.* Portanto, não se usa: *Não sinto cócegas "nenhumas".* *** *Não tínhamos trocados "nenhuns".* *** *Nunca precisei usar óculos "nenhuns".* O procurador-geral da República, no entanto, em 2010, ao tachar de graves as acusações que pesavam sobre a ministra da Casa Civil, afirmou: As notícias apontam para fatos graves, mas não temos elementos "nenhum" ainda que "aponte" a responsabilidade se envolve ou não envolve a ministra. Frase de procurador-geral...

nenhum de

Quando faz parte do sujeito, mesmo seguida de nome no plural, nenhum de exige o verbo no singular: *Nenhum de nós chegará ao ano 2200.* *** *Nenhum de vocês reagiu?* *** *Nenhuma das mulheres chorou.* Notícia de O Globo: *Cinco balões decolaram do Centro Nacional de Paraquedismo de Boituva, por volta das 8h da manhã. Segundo os bombeiros, uma rajada de vento atingiu três deles. Um dos balões conseguiu fazer um pouso forçado e nenhuma das três pessoas que estavam a bordo "se feriram".* No mesmo jornal: *Uma família brasileira foi presa no Aeroporto de Barajas ao tentar entrar em Madri com sete quilos de cocaína sob as roupas, segundo informações divulgadas pela polícia espanhola nesta sexta-feira. Pai, mãe, filho e nora eram procedentes de São Paulo e, como nenhum deles "tinham" residência fixa na Espanha, disseram estar em viagem de turismo.* Na Veja: *Cientistas encontram quatro novas espécies de insetos. Nenhum dos animais "possuem" olhos ou pigmento.* Na Autoesporte, sobre a venda da Aston Martin para a Mahindra: *Por enquanto, nenhuma das companhias citadas na possível transação "se pronunciaram" sobre o assunto.* Num site sobre automóveis: *Em dezembro do ano passado no estado do Texas/EUA, um motorista dirigia na estrada tranquilamente com seu Hyundai Elantra 2011. Mas em uma fração de segundo o freio do carro deixou de funcionar, e o carro passa a acelerar ininterruptamente. Ele entrou em desespero e resolveu ligar para a polícia para pedir ajuda. Os policiais disseram para ele tentar pisar bem forte no freio, desligar o motor, ou colocar o câmbio no modo neutro. Mas nenhuma dessas dicas "funcionaram".* Será que, para os nossos jornalistas, nenhuma das dicas que damos aqui funciona?

neo-

Só exige hífen antes de palavras iniciadas por *o* ou por *h*: *neo-ortodoxia, neo-hebraico.*

néon, neon ou neônio?

Tanto faz.

"nesse" país
Se a referência é ao país em que está a pessoa que fala, não é a contração que se deve usar, mas *neste*: *É preciso acabar com a violência e a corrupção "nesse" país, disse Lula.* (Usando "nesse", em vez de neste, cabe a pergunta: Qual país?)

"neste" domingo
Nos anúncios de programas da televisão, feitos pela própria emissora, ouve-se diariamente: *"Neste domingo" assista a um filme inédito.* *** *"Nesta quarta-feira", assista a mais um capítulo de...* *** *"Neste sábado", grande jornada esportiva* e assim por diante. Ora, para que o uso da contração? Quando se diz *Domingo vou ao cinema*, já não fica entendido que se trata do próximo domingo? É preciso dizer *"Neste" domingo*? Esse critério tolo ainda vai fazer aparecer qualquer dia destes algum locutor de televisão dizendo: *"Neste" amanhã veja o videoteipe do jogo entre o Vasco e o Flamengo.* *** *"Neste" hoje não exibiremos o capítulo da telenovela.* Quem gosta de inventar, faz de tudo, não é mesmo? Num jornal: *O Palácio do Planalto divulgou nota, na tarde "deste sábado", negando informações divulgadas pela revista Veja, na edição "deste domingo", segundo a qual um dos irmãos do presidente Luiz Inácio Lula da Silva abriu um escritório em São Bernardo do Campo para intermediar negociações entre empresários e órgãos do governo.* Os escândalos não têm fim...

neta / netinha / netona
As três têm *e* aberto, assim como neto, netinho, netão.

neve
Adj. correspondente: *níveo*. Portanto, *blocos de neve* = *blocos níveos*. Col.: *alude* (massa de neve) e *avalancha* (neve que rola).

nhe-nhe-nhem ou nhem-nhem-nhem?
Tanto faz. Pl.: *nhe-nhe-nhens, nhem-nhem-nhens.* Mas aqui reside mais uma "boa" do VOLP. Antes da mais recente Reforma Ortográfica, todos escrevíamos *nhenhenhém*. Chega, então, a dita-cuja e nos obriga a escrever de duas formas (como acima). Ora, mas a grafia *nhe-nhe-nhem* está correta? Receamos que não. As palavras monossílabas tônicas terminadas em -e são acentuadas: *dê*, *crê*, etc. Bolas, então, teríamos como correta a escrita *nhê-nhê-nhem*, assim como temos *tró-ló-ló* (que antes escrevíamos *trololó*). A propósito, logo após a Reforma, o VOLP chegou a registrar *tro-lo-ló*, corrigida depois.

nível
É palavra que só deve ser antecedida de *em* para combinar-se com *de*: *Reunião em nível de diretoria*. Há, todavia, uma febre de "a nível de", que, com o tempo, naturalmente, deverá baixar.

nivelado
Rege *a*, *com* ou *por*: *Um piso nivelado ao* (ou *com* o ou *pelo*) *outro.* *** *Salário nivelado aos* (ou *com* os ou *pelos*) *demais funcionários da empresa.*

nivelar / nivelar-se
Regem *a* ou *com*: *Não podemos nivelar o ensino de antigamente ao* (ou *com* o) *de hoje.* *** *Não podemos nivelar a pujança do Japão à* (ou *com* a) *letargia desse país africano.* *** *Machado de Assis se nivela a* (ou *com*) *Eça de Queirós.*

"no" aguardo
V. **aguardo**.

Nobel
Rima com Fidel e Miguel; portanto, pronuncia-se nobél: prêmio Nobel.

nocivo
Rege *a* ou *para*: *Medidas nocivas aos* (ou *para* os) *interesses do país.*

no dia que, no dia em que ou o dia em que?
Tanto faz: *No dia que* (ou *No dia em que* ou *O dia em que*) *passar um furacão por Brasília, pouca coisa sobrará.* A inconveniência está em usar "o dia que".

nojento
Rege *a* ou *para*: *Alimento nojento *a*os* (ou *para* os) *brasileiros, mas não *a*os* (ou *para* os) *asiáticos.* *** *Ele fazia questão de ser nojento *a** (ou *para*) *os vizinhos.*

nojo
Rege *a* ou *de*: *Ter nojo *a** (ou *de*) *fígado.* *** *Ter nojo *a** (ou *de*) *gente suja.*

nomear
Use com a preposição *para*: *Para a vaga do secretário nomearam Ivã.* *** *Nomearam para a minha vaga o decano da escola.* *** *O presidente nomeou para a vaga do ministro um de seus secretários.* Muitos usam "em" no lugar de *para*.

nomes de acidentes geográficos
Escrevem-se com inicial minúscula: *serra do Mar, rio Amazonas, ilha de Marajó, estreito de Magalhães, lagoa Rodrigo de Freitas, oceano Pacífico, golfo Pérsico, península Ibérica, pico da Neblina, cabo Canaveral, pantanal Matogrossense, mata Atlântica*. Existe, contudo, uma tendência de usar tais nomes com inicial maiúscula.

nomes de automóveis
São todos masculinos: o Mercedes, um Mercedes; o Ferrari, um Ferrari; o BMW, um BMW; o Jaguar, um Jaguar; o Lamborghini, um Lamborghini; o Porsche, um Porsche – e até – o Romi-Isetta, um Romi-Isetta. Quando se fala nessas máquinas, existe uma ideia masculina latente: *automóvel*. Muita gente, porém, usa todos esses nomes no feminino e às vezes até no diminutivo ("uma" Mercedinha, "uma" Ferrari), talvez por desejar fazer prevalecer a ideia de *máquina poderosa* sobre a de um simples *automóvel*. Tolice. Dois jornalistas me encheram de emoção, ao acertarem, escrevendo: *O novo Mercedes-Benz SLK conversível recebeu várias mudanças, principalmente em sua linha de motores.* *** *O novo Ferrari 458 Spider foi revelado pelo fabricante italiano através das primeiras fotografias oficiais.* Às vezes, eles acertam...

nomes de bairros
Exigem o adjetivo e outros determinantes no masculino, se o nome do bairro não vem com artigo: *O tiroteio foi em pleno Copacabana.* *** *O assalto foi em pleno Santa Cecília.* *** *O crime aconteceu em pleno Santa Teresa.* *** *O meu Ipanema continua produzindo garotas belíssimas!* *** *Até que enfim voltamos a morar no nosso querido Santana.* *** *Moro no tranquilo Itapuã.* Se o nome do bairro já se usa com artigo, porém, o adjetivo e os determinantes com ele concordam: *O tiroteio foi em plena Lapa.* *** *O assalto foi em plena Penha.* *** *A minha Tijuca continua linda.* *** *Até que enfim voltamos a morar na nossa querida Pituba.*

nomes de horas
Todos os nomes de horas exigem o artigo: *Estarei lá entre a uma e as duas horas.* *** *Estive lá por volta da meia-noite.* *** *Vimos o pessoal pouco antes das cinco horas.* *** *Só a encontrei depois da uma da madrugada.* *** *Cheguei aqui ao meio-dia, e não à meia-noite.* (A crase comprova a existência do artigo.) Não há quem faça os jornalistas usarem o artigo também nesse caso. Se alguém lhe perguntar: Quando você estará aqui? e você responder: Estarei aí por volta "de" uma hora, é natural que a pessoa entenda que você estará lá no prazo de uma hora. Já se você responder: Estarei aí por volta da uma hora, a situação muda: você estará lá por volta desse horário. Os jornalistas brasileiros, todavia, não conseguem ver tamanha diferença. Manchete da Folha de S. Paulo: **Greve passa a atingir todas as linhas da CMTC a partir "de" zero hora**. No mesmo jornal, esta notícia: *Com a onda de calor na região de Ribeirão Preto, o serviço de entrega de cartas está suspenso entre "11h" e "15h".* E entre **as** 11h e **as** 15h não vai nada?...

nomes de logradouros públicos
Escrevem-se com inicial maiúscula ou minúscula, indiferentemente: *Avenida* (ou *avenida*) *da Felicidade, Rua* (ou *rua*) *da Paz, Beco* (ou *beco*) *do Amor, Alameda* (ou *alameda*) *da Saudade, Largo* (ou *largo*) *da Matriz, Praça* (ou *praça*) *da Alegria*. Prefiro usar iniciais maiúsculas.

nomes de meses
Escrevem-se com inicial minúscula: *janeiro, fevereiro, março*, etc. A inicial maiúscula só aparece em nomes de logradouros públicos e em datas históricas: *Rua 2 de Julho*. *O 7 de Setembro*.

nomes de revistas
Todos os nomes de revistas exigem o uso do artigo: a ISTOÉ, *a Placar, a Vogue, a Caras, a Capricho, a Nova*, enfim, todas. Os jornalistas d*a* Veja, no entanto, não usam o artigo.

nomes de títulos de obras
Segundo a ortografia oficial, usam-se iniciais maiúsculas nos títulos de obras literárias ou artísticas, mas há hoje uma tendência ao uso da maiúscula apenas na primeira palavra. Assim, grafamos: *Os lusíadas, Os três mosqueteiros, Sete homens e um destino, ...E o vento levou.*

nomes de tribos indígenas
Devem variar normalmente no plural, ser adaptados ao português e escritos com inicial minúscula: os *pataxós* (e não: os "Pataxó"), os *ianomâmis* (e não: os "Yanomami"), os *caingangues* (e não: os "Kaingang"), os *guaicurus* (e não: os "Guaykuru"), etc., o que vem justamente de encontro a certos "ensinamentos" constantes em alguns manuais de redação de jornal. Há certos manuais de redação que, ao invés de colaborar com os professores de Língua Portuguesa, só fazem atrapalhar, causar confusão, transformando seus compradores em vítimas, pois buscam, ansiosos e confiantes, por **conhecimentos** de português. Para tais manuais de redação e seus autores, muitas vezes improvisados, naturalmente o poema de Gonçalves Dias teria de se chamar não *Os timbiras*, mas Os "Timbira", que é, sem dúvida, a mais autêntica linguagem de índio.

nomes e sobrenomes de pessoas
Variam normalmente: os *Luíses*, os *Joões*, as *Esteres*, as *Raquéis*; os *Serras*, os *Matarazzos*, os *Alencares*. Se o nome ou o sobrenome é composto, só varia o primeiro elemento: os *Luíses Antônio*, as *Marias Ester*; os *Machados de Carvalho*. Se os elementos vêm ligados por *e*, ambos variam: os *Costas e Silvas*, os *Gamas e Silvas*. Se o nome ou o sobrenome é estrangeiro, com terminação estranha à língua, acrescenta-se apenas um *s*: os *Walts*, os *Johns*; os *Disneys*, os *Kennedys*, os *Malufs*. Essas são as regras. Mesmo assim, eis como um jornalista da Folha de S. Paulo intitulou um de seus artigos: *Os "Maluf" merecem cadeia, não humilhação*. Manchete da Veja: **Cuba: A juventude rebelde contra os "Castro"**. Notícia de O Globo: *Representantes de organizações de direitos humanos em Cuba querem encontrar a presidente Dilma, para falar da situação vivida na ilha sob o regime dos "Castro"*. Manchete do Terra: **Conheça a história da herdeira dos "Kennedy"**. Aliás, a emissora de televisão do "Roráima" apresentou certa vez um interessante documentário sobre essa família americana: **Os "Kennedy" não choram**. Normal... Mais recentemente, lançou-se um livro sobre a família Rousseff, na Bulgária. O jornalista de O Globo, então, lasca esta manchete: **Livro sobre os "Rousseff" é lançado**. Eles não são ótimos? Equivocam-se em grande estilo os que ensinam (e existem até gramáticos envolvidos) que os nomes e sobrenomes estrangeiros podem não variar. Variam, **sim**. Tanto variam, que em São Paulo existem a Rua dos *Gusmões* e a Rua dos *Andradas*. Será que nenhum desses jornalistas e gramáticos ainda não passou por essas ruas? Será que nenhum desses jornalistas e gramáticos nunca leu o livro de Sir Arthur Conan Doyle, ou mesmo assistiu ao filme O cão dos Baskervilles? Será que nenhum desses jornalistas e gramáticos ainda não assistiu a Os Simpsons? Um ex-presidente da Apeoesp, durante a manifestação dos professores paulistas em greve, em março de 2010, disse com absoluta propriedade: *Pergunte aos Frias, aos Mesquitas e aos Marinhos se eles não têm posição político-partidária*. Parabéns! Ao menos um que, sem ser jornalista, parece ter lido Os Maias...

EM TEMPO – Recentemente, a Folha de S. Paulo apresentou uma foto de viciados em crack reunidos numa das ruas centrais de São Paulo. Embaixo, a legenda: *Usuários de drogas caminham pela rua dos Gusmões, no centro de São Paulo, na região* *conhecida como cracolândia*. Ué, os drogados não estavam caminhando pela rua dos "Gusmão"?! Por que os senhores não são coerentes? Por que não são razoáveis? Muito de vez em quando, no entanto, as luzes prevalecem sobre as trevas. Notícia dessa mesma Folha de S. Paulo: *O jornal New York Times publicou na capa de seu caderno de cultura de quarta-feira (18) reportagem sobre os Barretos, descritos como a primeira família do cinema brasileiro*. Por que os senhores não são coerentes? Por que não são razoáveis?

no momento que ou no momento em que?
V. **na hora em que**.

no que "pertine"
Eis aí um uso quase generalizado entre "adevogados". Os advogados, no entanto, os profissionais sérios, confiáveis, preferem usar *no pertinente*, ou *no que concerne*, ou *no que se refere*, ou *no que tange*, no referente, etc. Vê-se que a língua nos coloca à disposição uma série de expressões corretas. Eis o que se viu num parecer da assessoria jurídica da polícia civil do Estado do Rio de Janeiro: *No que "pertine" a matéria do expediente em apreço, esclareça-se que, a mesma já foi objeto de análise em manifestação pretérita desta ASSEJUR, no parecer LLDB nº 012/1204/99, de 23 de julho de 1999, conforme cópia em anexo*. De notar nesse pequeno trecho, uma série de outros erros: primeiro, a falta do acento grave no primeiro *a*; segundo, vírgula depois do *que*; terceiro, a abreviatura de *número* sem o devido ponto; quarto, a expressão "em anexo". Vejamos, agora, um pequeno trecho constante de uma decisão do Superior Tribunal de Justiça: *No que "pertine" à alegada violação a dispositivos da Resolução 2.309/86, do Banco Central do Brasil, deve-se frisar que...* Ao menos aqui, colocaram o acento grave no *a*...

nordeste ou Nordeste?
Com inicial minúscula, quando se trata do ponto colateral: *A bússola aponta o nordeste*. Com inicial maiúscula ou minúscula, quando se trata de região: *Você conhece o Nordeste (ou nordeste) do Brasil?* Se, porém, a referência for ao nordeste de qualquer país, usar-se-á apenas a grafia com inicial maiúscula: *Você é do Nordeste?* *** *Nos Estados Unidos, ele prefere morar no Nordeste*.

Norte
Adj. correspondente: *boreal* ou *setentrional*. Portanto, *região do Norte* = *região boreal* (ou *setentrional*).

norte ou Norte?
Com inicial minúscula, quando se trata do ponto cardeal: *A bússola aponta o norte*. Com inicial maiúscula ou minúscula, quando se trata de região: *Você conhece o Norte (ou norte) do Brasil?* Se, porém, a referência for ao norte de qualquer país, usar-se-á apenas a grafia com inicial maiúscula: *Você veio do Norte?* *** *A Itália é rica, mais propriamente o Norte*.

norteado
Rege *a* ou *para*: *É um governo norteado aos (ou para os) pobres*.

nostalgia
Rege *de* ou *por*: *Sentir nostalgia da (ou pela) adolescência*.

notícia
Rege *acerca de, a respeito de, de* ou *sobre*: *Não foi permitida a publicação da notícia acerca da (ou a respeito da ou da ou sobre a) morte do presidente*.

noticiário
Rege *de* ou *sobre*: *Ouvi o noticiário da (ou sobre a) guerra*.

"no" volante
V. **ao volante**.

nuança
É a forma portuguesa. Muitos, no entanto, preferem usar a forma francesa *nuance*. É palavra feminina: *a nuança*.

nuca
Adj. correspondente: *occipital* ou *ocipital*. Portanto, *região da nuca* = *região occipital* (ou *ocipital*).

nucleico
No Brasil, pronuncia-se com o ditongo aberto: nukléiku. Em Portugal, todavia, se diz *nuklêiku*. Não podemos esquecer que, em termos de pronúncia, estamos um pouco distantes dos portugueses, que dizem *nóvu* (para novo), *sóma* (para soma), *dóna* (para dona), *cóma* (para coma), *tambáim* (para também), etc. V. **proteico**.

numa boa
V. **às boas**.

numeral (concordância)
O numeral deve concordar com o substantivo que ele modifica: *O livro tem trezentas e vinte páginas*. *** *Enviamos convite para quatrocentas e oitenta pessoas.* *** *Inscreveram-se para o concurso duzentas e doze garotas.* *** *Compramos quinhentas e onze folhas de papel.*

numeral (uso)
Na sucessão de papas, reis, anos, séculos, etc., use os numerais ordinais de 1 a 10; de 11 em diante empregue os cardinais: Pio X (décimo), Luís IX (nono), ano III a.C. (terceiro), século VIII (oitavo), Luís XV (quinze), século XX (vinte), etc. Nossos jornalistas simplesmente ignoram o assunto. Chegam até a escrever Pio "10", século "1", ou seja, obrigando o leitor, assim, a igualar-se a eles.

numerar e enumerar: diferença
Numerar é indicar ou especificar por números: *numerar as casas de uma quadra, numerar a camisa dos jogadores, numerar os carros de uma competição*. **Enumerar** é relacionar ou especificar um a um: *você quer que eu enumere os deputados corruptos?*

números (plural)
O nome dos números varia normalmente: *Manuel fez três cincos quase ilegíveis.* *** *Faça dois quatros aí, que eu quero ver!* *** *Você fez dois setes; agora pinte os setes!* *** *Os melhores onzes do mundo já jogaram no Maracanã.* *** *Você sabe fazer a prova dos noves?*

números fracionários (concordância)
Os números fracionários exigem concordância normal, mesmo que venham depois da expressão mais de um: *Um terço das mulheres não sai de casa sem maquiagem e dois quartos delas retocam a pintura do rosto cerca de duas a três horas depois de deixar a residência*. Em O Globo: *Um terço das mulheres "sofrem" com perda da libido*. Manchete do Terra: **Um quarto dos americanos "duvidam" que Obama nasceu nos EUA**. Informação na Carta Capital: *Cerca de um terço dos cidadãos com mais de 15 anos "baixam" músicas, filmes e jogos pirateados da internet*. Manchete da Folha de S. Paulo: **Um terço dos processos contra prefeitos "prescreveram" em SP.** Outra manchete do mesmo jornal: **Mais de um terço dos donos de tablets "usam" o aparelho no banheiro**. Opina um leitor em O Globo: *É um absurdo o descaso da prefeitura do Rio com a iluminação pública. Em Jacarepaguá, cerca de um terço das luminárias "estão queimadas" há vários meses*. É um absurdo!...

números percentuais (concordância)
Os números percentuais também exigem concordância normal: *Trinta por cento dos homens morrem de câncer de próstata.* *** *Um por cento do Brasil é devastado anualmente em suas florestas*. Se, após o número percentual, vier um nome, no singular ou no plural, a concordância poderá ser feita com tal nome. Ex.: *Trinta*

por cento da cidade ficou inundada. *** *Um por cento das florestas brasileiras são devastadas anualmente.* Vindo, todavia, o verbo no início da oração, a concordância normal será obrigatória. Ex.: *Ficaram inundados trinta por cento da cidade.* *** *É devastado um por cento das florestas brasileiras anualmente.* Se o número percentual vier determinado por artigo ou por pronome adjetivo, com eles se fará a concordância. Ex.: *Os 30% da produção serão exportados.* *** *Esses 2% do lucro já me bastam.* Veja, agora, se você aprova esta manchete do jornal O Estado de S. Paulo: **Meio século após a pílula, 46% das gestações no Brasil não é planejada**.

número tantos
Na indicação do número de casa, telefone, etc., quando não se sabe exatamente o número, usamos tantos (no plural), e não "tanto": *Elisa me disse que morava na Rua da Paz, número tantos.* *** *Teresa me disse o telefone, número tantos, e partiu.* *** *Mora na Avenida tal, número tantos.*

nutrido
Rege *com, de, em* ou *por*: *Crianças nutridas com* (ou *de* ou *em* ou *por*) *leite de cabra.* *** *Pessoas nutridas com o* (ou *do* ou *no* ou *pelo*) *ódio ao capitalismo.*

O / o
Pronuncie sempre com som aberto esta vogal, quando vier isolada. Em português não existe letra "ô", vogal "ô", mas letra ó, vogal ó. Assim, a palavra bolo é formada por quatro letras: bê, ó, ele, ó, e não: bê, "ô", ele, "ô". Portanto, dizemos sempre com som aberto o **O** destas siglas ou fórmulas químicas: **O**AB, **O**EA, C**O**2, H2**O**, B**O**, S**O**S, I**O**F, **O**DD, **O**K, etc. V. **E** / **e**.

o (antes de nomes próprios masculinos)
Só convém usar o antes de nomes próprios masculinos, quando houver intimidade entre as partes. Se você for amigo de uma pessoa chamada *Manuel*, use sem receio: *O Manuel não tem namorada*. Se, porém, você não tiver amizade com ele, ou se quiser mostrar que dele quer alguma distância, use: *Manuel não tem namorada*. Quando usamos hipocorísticos (reduções carinhosas de nomes próprios), é normal que empreguemos o artigo, porque a amizade já está implícita no próprio emprego. Daí por que antes de hipocorísticos, o uso do artigo é quase de rigor: *o Chico*, *o Zé*, *o Mané*, *o Carlinhos*, *o Tôni*, etc. Em certas regiões brasileiras, porém, usa-se o artigo antes de qualquer nome ou sobrenome de pessoa, conhecida ou não, simpática ou não, amiga ou não. Assim, ouve-se comumente: "o" Maluf (em referência a Paulo Salim Maluf), "o" Palocci (em referência a Antônio Palocci), etc. O apresentador do principal telejornal da emissora do "Roráima" dia desses soltou "o" Kadafi... Após o desfecho do caso Battisti, no STF, declarou Ayres Britto, que, aliás, votou pela não extradição do terrorista: *Digo com toda a pureza d'alma, com toda a honestidade: eu, no lugar de Lula, extraditaria "o" Battisti correndo*. Que alma pura!... Em outra ocasião, uma governadora petista do Rio de Janeiro declarou: *Espero que algum governador aceite receber "o" Fernandinho Beira-Mar*. Mas que intimidade estranha!... Antes de nomes completos, inteiros, a língua também rejeita o emprego do artigo. Pois mesmo assim, volta e meia se ouve: "o" José Serra, "o" Caetano Veloso, "o" Gilberto Gil, etc., como se a pessoa que fala tivesse a maior intimidade com todas essas pessoas. A novelista Glória Perez, enfurecida (com razão) com uma entrevista dada por um dos assassinos de sua filha à Rede Record, tendo ganho para isso 18 mil reais, desabafou: *O assassino ainda recebeu pela entrevista, corja "do" Edir Macedo!*

obcecado
Quem fica obcecado, fica obcecado por alguém ou por algo: *Há pais que amam os filhos; há avós que são obcecados pelos netos*. *** *A maioria dos brasileiros andam, há muito tempo, obcecados por um emprego*. Eis, todavia, uma notícia da Veja, de teor muito verdadeiro: *Diego Maradona, mais uma vez, conseguiu reinventar-se para os argentinos. E a Argentina, mais uma vez, está obcecada "com" ele. O ex-jogador de futebol parecia ter chegado ao fim da linha. Há treze semanas, contudo, ele ressurgiu, e "estreou" como apresentador de televisão. Desde então, tornou-se um grande sucesso.* Em verdade, em verdade, o homem se estreou como apresentador de televisão, já que o verbo *estrear*, nesse caso, não dispensa o pronome.

obedecer
A exemplo de *desobedecer*, é sempre verbo transitivo indireto: *obedecer aos pais, obedecer às ordens, obedecer aos sinais de trânsito, obedecer ao regulamento*. Declaração do então presidente da Câmara dos Deputados, Marco Maia: *Pode não se cumprir a medida tomada pelo STF, de cassação imediata dos deputados condenados*.

Isso não é desobedecer "o" STF. É obedecer "a" Constituição. Sei. Em O Globo: Pânico na TV *obedece "a" justiça* e não exibe imagens de Carolina Dieckmann. Na Veja: *A história das relações entre "Brasil e Argentina" "obedece um" princípio básico: toda vez que a economia de um deles atinge velocidade superior à do outro, surgem atritos diplomáticos.* Manchete da Folha de S. Paulo: **Aliados decidem manter ataques, até Gaddafi "obedecer ONU".** E ainda há certos jornais que têm a pachorra de publicar manuais de redação para vendê-los ao público! Como se fossem obras confiáveis! Para ensinar o quê? Isso aí?! De outro lado, não há cristão que faça jornalista brasileiro usar artigo antes de nomes que o exigem, caso de *Brasil* e *Argentina*. V. **Brasil**.

obediência / obediente
Regem *a*: *É fundamental a obediência à lei.* *** *Sempre fui obediente à lei.* O substantivo, quando antecedido da preposição *em*, aparece combinado com *a*: *O mercado se comporta em obediência à lei da oferta e da procura.*

óbolo
Embora seja a palavra correta, muita gente insiste em dar "óbulo". Num boletim diocesano: *É com este "óbulo", o de São Pedro que o Santo Padre consegue perfazer a gestos de caridade em qualquer parte do globo.* Passemos a outra diocese: *No domingo que vem, dia 03 de julho, Dia do Papa, em todas as igrejas do mundo, "estaremos fazendo" a Coleta, chamada de "Óbulo" de São Pedro.* Escrevendo assim, e ainda com gerundismo, fica difícil oferecer óbolo...

obra
Rege *acerca de* ou *a respeito de* ou *sobre*: *Saiu mais uma obra acerca de* (ou *a respeito de* ou *sobre*) *Hitler.*

obrigação
Rege *a* ou *de* (coisa), *com* ou *para com* (pessoa) e *de* (verbo): *A obrigação ao* (ou *do*) *pagamento desse imposto é inconstitucional.* *** *Não ter obrigação de pagar pedágio.* *** *O governo tem muita obrigação com* (ou *para com*) *o povo, mas só consegue cumprir uma ou outra, às vezes muito mal.* *** *Um jornal ou uma revista tem tantas obrigações com* (ou *para com*) *seus leitores quanto um eleito com* (ou *para com*) *seus eleitores.*

obrigar
A exemplo de *forçar*, exige a preposição *a* antes de infinitivo: *O pai o obrigou a comer.* *** *O bandido a obrigou a sacar dinheiro no caixa eletrônico.* *** *Ninguém o obriga a trabalhar aos sábados.*

obrigatório
Rege *a* ou *para*: *O exame psicotécnico será obrigatório a* (ou *para*) *todos os candidatos à carteira de habilitação.*

observação
Abrev.: *ob.* (observação), *obs.* (observações). Rege *acerca de* ou *a propósito de* ou *a respeito de* ou *de* ou *em relação a* ou *quanto a* ou *sobre*: *Foi interessante essa tua observação acerca da* (ou *a propósito da* ou *a respeito da* ou *da* ou *em relação à* ou *quanto à* ou *sobre a*) *maneira de agir dos corruptos.*

observância
Rege *a* ou *de*: *A observância às* (ou *das*) *regras da ortografia é requisito básico a qualquer jornalista.* *** *Agiu em observância à* (ou *da*) *lei.*

obsessão
Rege *de*: *Ter obsessão da fama.* A regência "obsessão por", muito comum, deve ser desprezada.

obstáculo
Rege *a* ou *para* (nome), mas apenas *para* (verbo): *Não encontrou nenhum obstáculo a*

(ou *para*) *essa nomeação dentro do Congresso.* *** *Não encontrou nenhum obstáculo para satisfazer seus instintos.*

obstar ou obstar a?
Tanto faz: *A chuva obstou a* (ou *à*) *viagem deles.* *** *O governo, afinal, conseguiu obstar o* (ou *ao*) *avanço da inflação.*

obstruir
Conjuga-se por atribuir.

obter
Como se conjuga por *ter*, não tem formas como "obti", "obteu", "obtia", "obtiam", "obtesse", etc., que muito se encontram aqui e ali, mas obtive, obteve, obtinha, obtinham, obtivesse, etc. Eis, porém, como escreve uma adolescente mal-informada, na Internet: *Finalmente estou de férias. Vocês devem estar se perguntando o que mudou em minha vida nesse período de tempo. Na verdade não mudou quase nada. Continuo a amar e a escrever para o Tôni, porém não escrevo mais com tanta frequência como antes, mas escrevo, mais ou menos 1 carta por mês. Amanhã vou "terminar" de aprontar a número 34. Se "obti" resposta? Não, é triste dizer isso, mas não "obti" resposta.* Também, pudera!... Veja, agora, outra maravilha: *Se você "obteu" permissão de residência por período determinado na Finlândia, você não precisará de permissão de trabalho se for ex-cidadão finlandês.* Agora, escreve um cirurgião-dentista: *Para Hunter Hoffman, pesquisador da Universidade de Washington, a realidade virtual pode atuar como um analgésico. Para a pesquisa, a equipe de Hoffman contou com a participação de oito homens. Todos usavam um capacete que gerava um mundo virtual ao mesmo tempo que "obtia" imagens da atividade cerebral.* Para encerrar, escreve um "adevogado": *Para tentar acabar com essa desigualdade que impera em nossos tribunais, vários doutrinadores começaram a reivindicar que na disputa da guarda de menores o magistrado primeiro tentasse expor para os pais a possibilidade do modelo da guarda compartilhada e os benefícios que traria para o menor, e, só depois dessa tentativa se não "obtesse" êxito é que partiria para o modelo da guarda única.* Um advogado, naturalmente, escreveria diferente...

ocasião "favorável"
Redundância: na palavra *ocasião* já está implícita a ideia de favorável. Toda ocasião é algo favorável. Tanto é assim, que diz o aforismo popular: *A ocasião faz o ladrão.* Ou seja: A circunstância favorável propicia o surgimento do ladrão. O Dicionário Aurélio, ed. 2010, define chance assim: Ocasião "favorável". O Dicionário Houaiss define pé, na acepção 11 (edição compacta) e na acepção 14 (no calhamaço) da mesma forma. Normal... Certa feita, uma empresa fez anúncio em que mostrava um certo cidadão, com ares professorais, porém, plagiador de primeira linha, definindo a palavra *oportunidade*. A definição era capenga: *oportunidade é ocasião "favorável"*. Ah, se não fosse!...

Oceania ou Oceânia?
As duas prosódias existem; a primeira é a preferida no Brasil; a segunda, mais aconselhável, só corre em Portugal.

oceano Atlântico ou Oceano Atlântico?
Tanto faz. Da mesma forma: oceano (ou Oceano) Pacífico, oceano (ou Oceano) Índico.

ocorrer
Rege *a*, mas no português do Brasil se vê muito com a preposição *com*: *Ocorreu aos pais da criança sofrer um grave acidente.* (= Ocorreu-lhes sofrer um grave acidente.) Se a verdadeira preposição fosse *com*, não seria possível a substituição do objeto indireto por *lhe*. Na acepção de vir à lembrança, lembrar, não varia quando tem como sujeito uma oração reduzida: *São ideias que só agora me ocorre pôr em prática.* *** *Eram pensamentos que ocorria vir à mente nas horas mais erradas.* V. **acontecer**. Cuidado, ao usar esse verbo, principalmente quando o sujeito vier posposto! Recentemente, um

ministro da Educação (repare: da Educação), que mais tarde foi até ministro da Justiça, fez esta declaração, reportando-se às denúncias de corrupção que envolviam o seu partido: *No mínimo, "ocorreu" irregularidades*. No mínimo...

ocre
Usada como adjetivo, indicando cor, não varia: *mantos ocre, vestidos ocre, camisas ocre, papéis ocre*.

óculos
Palavra só usada no plural: *os* óculos, *meus* óculos, óculos *escuros*. Na língua popular, porém, se encontra: "o" óculos, "meu" óculos, óculos "escuro". É a evolução... E o IG vai atrás, ao estampar esta manchete: **Cores, chapéu e óculos "grande" ditam a moda**. A moda agora é essa...

ocultar
Use assim seus particípios: *Ele tinha (ou havia) ocultado esses dados*. *** *Esses dados foram ocultados (ou foram ocultos) por ele*.

ocupação
Rege *de...com* (ou *em*), ou apenas *com* (ou *em*): *A ocupação do tempo com* (ou *em*) *leitura é sempre gratificante*. *** *A ocupação com* (ou *em*) *futilidades não traz nenhum benefício*.

ocupar-se
Rege *com* ou *de* (nome) e *em* (verbo): *O ministro ainda não se ocupou com esse* (ou *desse*) *assunto*. *** *Enquanto a mãe se ocupava com o* (ou *do*) *almoço, as crianças traquinavam no quintal*. *** *Enquanto a mãe se ocupava em fazer o almoço, ela se ocupava em arrumar a casa*.

odiado
Rege *de* ou *por*: *Jogador odiado da* (ou *pela*) *torcida*.

odiar
Conj.: *odeio, odeias, odeia, odiamos, odiais, odeiam* (pres. do ind.); *odeie, odeies, odeie, odiemos, odieis, odeiem* (pres. do subj.). Há quem use "odio", "odia", etc. V. **mediar**.

ódio
Rege *a, para com* ou *por*: *A menina cresceu com ódio à* (ou *para com a* ou *pela*) *babá*. *** *Nunca senti ódio a* (ou *para com* ou *por*) *ninguém*. *** *Ele não sente a* (ou *para com* ou *por*) *seus irmãos nenhum tipo de ódio, mas não quer mais vê-los*. A regência "ódio de", comum na língua cotidiana, deve ser desprezada.

odioso
Rege *a* ou *para*: *Comportamento odioso aos* (ou *para os*) *mais velhos*.

oeste ou Oeste?
Escreva oeste, com inicial minúscula, quando se tratar de ponto cardeal: *As bússolas, ao apontarem o norte, orientam quanto ao leste e ao oeste*. Escreva com inicial maiúscula ou minúscula, quando se tratar de região: *Você conhece o Oeste* (ou *oeste*) *americano?*

ofender
Use assim: *Quem o ofendeu? Ninguém o ofendeu?* Muitos, no entanto, usam "lhe" no lugar do *o*.

ofensa
Rege *a, contra* ou *de*: *Foi punido por ofensa à* (ou *contra a* ou *da*) *autoridade*.

ofensivo
Rege *a, de, para* ou *para com* (pessoa), mas apenas *a* ou *de* (coisa): *Foram declarações ofensivas ao* (ou *do* ou *para o* ou *para com o*) *povo brasileiro*. *** *São trajes ofensivos à* (ou *da*) *moral e aos* (ou *dos*) *bons costumes*.

ofuscado
Rege *com, de* ou *por*: *Teve a visão ofuscada com o* (ou *do* ou *pelo*) *farol do veículo que vinha em sentido contrário*.

Oiapoque
É a grafia correta do nome de uma cidade amapaense e também do rio, afluente do Atlântico, de 490km de extensão, que serve de fronteira entre o Brasil e a Guiana Francesa. Há, no entanto, os que ainda escrevem "Oiapoc".

oitenta
Ordinal correspondente: *octogésimo* (e não "octagésimo"). Portanto, quem está no *80.º* distrito policial, está no *octogésimo DP*. Alô, jornalistas!

ojeriza
Rege *a, contra* ou *por*: *Ter ojeriza a* (ou *contra* ou *por*) *corruptos*. *** *Ter ojeriza a* (ou *contra* ou *por*) *pessoas falsas*.

oleaginoso
Apesar de ser a palavra correta, muita gente fala em sementes "oleoginosas". Notícia da Embrapa: *Brasil deve colher 18 mil toneladas da "oleoginosa"*. Num jornal: *Qualquer planta "oleoginosa" pode servir de base para a produção do biodiesel e essa origem não tem grande influência no produto final*. Agora, escreve um produtor de soja: *A rentabilidade média do sojicultor, em razão dos bons preços da "oleoginosa" nos mercados interno externo, foi este ano 100% maior que a safra anterior.* Finalmente, num jornal de Joinville (SC): *O dendezeiro é a "oleoginosa" tropical de maior rendimento existente, chegando a produzir dez vezes mais óleo do que a soja, quatro vezes mais do que o amendoim e duas vezes mais do que o coco-da-baía.* Apenas uma pergunta: e o rendimento do jornalismo brasileiro, em que pé está?

olhar para
Use assim, na acepção de dirigir ou voltar os olhos e na de cortejar, paquerar: *Olhe para mim: não estou elegante?* *** *Ela olhou para mim, e eu olhei para ela: começamos a namorar*. Use olhar a, na acepção de levar em conta, atentar, importar-se com: *Quem ama não olha a defeitos*. *** *Quando o rico vai às compras, não olha a preços*. Não rege "para" nessa acepção, ao contrário do que preceituam certos gramáticos.

olho
Adj. correspondente: *ocular*. Portanto, *globo do olho* = *globo ocular*. No plural, o o tônico soa aberto. Não admite pronome possessivo, quando a ideia de posse é clara: *Abra os olhos!* (E não: Abra os "seus" olhos!) *** *Quando pressenti o acidente, fechei os olhos*. (E não: Quando pressenti o acidente, fechei os "meus" olhos.) *** *Devemos abrir os olhos contra certo tipo de gente*. (E não: Devemos abrir os "nossos" olhos contra certo tipo de gente.) Quando a ideia de posse não for clara, naturalmente aparecerá o pronome: *Meus olhos estão ardendo*. *** *Seus olhos estão vermelhos*. Num jornal: *O senador Pedro Simon disse hoje em entrevista à Jovem Pan que Lula precisa abrir "seus" olhos e agir em relação à crise que se instalou em seu governo*. Ele abriu *os* olhos?...

olho de gato
Sem hifens.

Olimpíadas
É o nome dos jogos olímpicos modernos, realizados desde 1896, de quatro em quatro anos, em países diferentes. Sempre no plural e com inicial maiúscula: *as Olimpíadas*. Quem usa *Olimpíada*, nessa acepção, ainda está no tempo do Onça, pois levava esse nome o conjunto de competições esportivas realizadas na Grécia nos anos antes de Cristo. Seus resultados (imagine!) eram transmitidos apenas por pombos-correio. A *Olimpíada*, que deixou de existir em 396 a.C., era dedicada a Zeus; *as Olimpíadas* ainda existem e não são dedicadas a nenhum deus grego...

Servem como uma espécie de confraternização esportiva mundial. Na *Olimpíada* havia provas em que os atletas competiam com armaduras. Na*s Olimpíadas* – ao que parece – não há competições desse tipo. À época da *Olimpíada*, o mundo era pagão. No tempo da*s Olimpíadas*, é um pouquinho pior... A*s* próximas Olimpíada*s* serão no Brasil. Quando acontecerão *as XXXI Olimpíadas*? A*s* trigésima*s* primeira*s* Olimpíada*s* acontecerão em 2016. Em vez de *Olimpíadas*, podemos usar *Jogos Olímpicos*. A palavra *Olimpíada*, hoje, só tem sentido quando aplicada a uma competição esportiva específica (de natação, p. ex.), ou competição científica, cultural, disciplinar (de Matemática ou de Língua Portuguesa, p. ex.). Trata-se de uso especial da palavra. Ah, mas um manual de redação traz *"Olimpíada"* – poderá argumentar você. Manual de redação? Sei...

P.S. – **1.** Aos que insistem em achar que existe Olimpíada nos tempos modernos, queiram responder a esta singela pergunta: Já assistiram às Paraolimpíadas? Ou alguém já viu atletas disputarem "Paraolimpíada"? Ah, sim, alguns já devem ter visto (porque são cegos...).

2. Recebi recentemente e-mail de um de meus leitores dizendo que sofreu forte objeção, ao contestar o jornalista Augusto Nunes, que usou "Olimpíada" em um de seus posts. Ao objetar, o referido jornalista se alicerçou no fato de que, para a elaboração do manual de redação de O Estado, foram consultados dez gramáticos, todos favoráveis à forma no singular. Ora – agora digo eu –, não é esse mesmo jornalista que acha os gramáticos "muito chatos"? Sim, claro, os gramáticos somos todos muito chatos! Chatos, naturalmente, porque lhes apontamos as iniquidades; chatos, naturalmente, porque lhes desnudamos as estultices; chatos, sem dúvida, porque não nos conformamos com o fato de certos jornalistas se arvorarem em formadores de opinião, sem terem as reais condições para isso. A verdade é que alguns jornalistas pensam que são profundos conhecedores do idioma. Só pensam. E deliciam-se nesse pensamento. Que saudade de Lenildo Tabosa Pessoa!

oliva
Usada como adjetivo, indicando cor, não varia: *ternos oliva, uniformes oliva, calças oliva*.

o mais...possível
É expressão invariável: *Traga cervejas o mais geladas possível! *** Encontrei pessoas o mais esforçadas possível*. Se, porém, o artigo variar, a expressão toda variará: *Traga cervejas as mais geladas possíveis! *** Encontrei pessoas as mais esforçadas possíveis*.

ombrear com
Use sempre assim, na acepção de equiparar-se, igualar-se: *Até hoje nenhum jogador conseguiu ombrear com Pelé. *** Nenhum poeta contemporâneo foi capaz de ombrear com Fernando Pessoa, na literatura luso-brasileira*. O uso "ombrear-se a" deve ser desprezado.

o mesmo
Podemos usar *o mesmo* no lugar de um nome ou de um pronome? Não é aconselhável. Volta e meia vemos frases assim: *A casa de D. Maria caiu, para o desespero "da mesma". *** O fenômeno foi visto por Luísa e Manuel, e "os mesmos" não quiseram dar entrevistas sobre "o mesmo"*. Em português, essas frases ficam assim: *A casa de D. Maria caiu, para o seu desespero. *** O fenômeno foi visto por Luísa e Manuel, que não quiseram dar entrevistas sobre ele*. Às vezes nem é preciso usar *o mesmo* ou uma de suas flexões. Repare nesta frase: *Haverá maneira de consumir frutas e hortaliças sem que "as mesmas" percam as suas propriedades nutritivas?* Retire-se a excrescência, e a frase ficará absolutamente correta. A expressão *o mesmo* só tem cabimento quando significa *a mesma coisa*, como neste bom exemplo do Unibanco: *Você já suou muito pelo seu dinheiro. É justo que agora ele faça o mesmo por você*. Por outro lado, na lista de material de uma escola, encontramos esta frase "apoteótica": *O uniforme é de uso obrigatório, não sendo permitida a permanência do aluno em sala de aula sem "o mesmo"*. Note a deselegância. Aliás, essa frase bem que merecia

outro tratamento. Assim, por exemplo: *O uniforme é de uso obrigatório, sem o qual não será permitida a permanência do aluno em sala de aula.* V. **mesmo**.

omitir
Use assim seus particípios: O homem tinha (ou havia) omitido esse detalhe. *** Esse detalhe foi omitido (ou foi omisso) pelo homem.

"omoplata"
Pela nomenclatura oficial da Sociedade Brasileira de Anatomia, devemos usar não mais "omoplata", mas escápula.

onde¹
É palavra que exige a próclise, ou seja, a colocação do pronome oblíquo antes do verbo: *Ela não quis dizer onde se formou.* *** *Salvador é a cidade para onde eles se mudaram.* Repare, porém, nesta notícia da primeira página de tradicional jornal paulistano: *O Mangueirão, em Belém, estará lotado para o jogo com a Venezuela, onde "espera-se" uma goleada.* Goleada, a língua deu é no autor do texto.

onde²
Onde substitui-se por o lugar em que, no lugar em que, portanto sempre indica lugar físico. Ex.: *Ela não quis dizer onde* (= *o lugar em que*) *se formou.* *** *Salvador é a cidade para onde* (*o lugar em que*) *eles se mudaram.* *** *Esta é a terra onde* (*no lugar em que*) *nasci.* *** *Há restaurantes onde* (*no lugar em que*) *se come bem por aqui.* (A língua popular, no entanto, tem usado a palavra a torto e a direito, valendo por que, em que, quando, cujo, no qual. Daí por que no dia a dia se encontram com alguma facilidade frases como estas: *No futebol, "onde" existe muita maracutaia, o governo não interfere.* *** *Passei por momentos "onde" não desejo nem para o meu pior inimigo.* *** *Os filmes "onde" tem violência eu não vejo.*

onerado
Rege *com, de* ou *por*: *Contribuinte onerado com* (ou *de* ou *por*) *impostos escorchantes*.

online ou on-line?
As duas grafias são corretas, em inglês. No Brasil, vê-se mais a primeira.

opinião
Rege *acerca de* ou *a propósito de* ou *a respeito de* ou *de* ou *em relação a* ou *quanto a* ou *sobre*: *Manifestei minha opinião acerca do* (ou *a propósito do* ou *a respeito do* ou *do* ou *em relação ao* ou *quanto ao* ou *sobre o*) *desmatamento da Amazônia.* Quem tem opinião, tem opinião *de* alguma coisa, mas a preposição pode vir elíptica: *Tenho a opinião (de) que tudo vai dar certo.*

opor
Como segue a conjugação de pôr, não existem as formas "oporam", "oposse", "opossem", "opormos" (no subj.), "oporem", comuns na língua popular, mas apenas, respectivamente, *opuseram, opusesse, opusessem, opusermos, opuserem.* Como verbo transitivo direto ou como transitivo indireto, significa apresentar em oposição, como objeção ou obstrução: *O pai da moça opunha toda sorte de dificuldades, para que o casamento não saísse.* *** *Nossas tropas opuseram forte resistência ao inimigo.* *** *A polícia opôs barreira humana ao público.* Apenas como transitivo indireto, significa pôr em paralelo, contrapor, confrontar, cotejar: *Opor uma bandeira a outra.* *** *Opor um LP a um CD.* *** *Opor as vantagens de morar em São Paulo às desvantagens.* Muitos usam "pôr" nesses casos.

opressão
Rege *contra, de* ou *sobre*: *A opressão contra os* (ou *dos* ou *sobre os*) *fracos e oprimidos é histórica.*

opróbrio
Apesar de ser a palavra correta, muitos insistem em usar "opróbio". Veja o desabafo

de uma brasileira desiludida com as ações do homem predador: *Meu Deus! Haverá tanto perdão para tanto crime? Quisera morrer com Sete Quedas e assim não sentir o "opróbrio" de que me vejo coberta por pertencer à humanidade; quisera morrer com Sete Quedas para não me sentir uma criminosa também; quisera morrer com Sete Quedas para que, submergindo em suas águas me sentisse pura; para que no leito do grande lago ainda pudesse ouvir o cantar das suas próprias águas caindo nas pedras e desafiando o espaço; para ainda poder vislumbrar seu arco-íris pairando sobre tudo e sobre todos*. Não, não, não: não haverá perdão...

óptica ou ótica?
Existem as duas formas. É a parte da física que trata da luz e da visão. Por extensão: loja em que se aviam receitas de oculistas: *Numa boa óptica (ou ótica) se encontram todos os tipos de armação*. Em sentido figurado significa ponto de vista: *Na ótica (ou óptica) marxista, o capitalismo está em decadência há duzentos anos*.

óptico e ótico: qual a diferença?
Óptico se relaciona com a visão. Para usarmos óculos, fazemos exame *óptico*. **Ótico** se refere à orelha (ex-ouvido): *nervo ótico, acuidade ótica*.

opulento
Rege *de* ou *em*: *Biblioteca opulenta de (ou em) livros raros*. *** *Região opulenta de (ou em) pinheiros*. *** *Pessoas opulentas de (ou em) ideias*.

o qual
O qual e suas variações substituem *que* nos casos de possíveis ambiguidades ou duplos sentidos. Por exemplo: *Eram promessas e homens desonestos, as quais ninguém levava a sério*. Se usássemos *que* no lugar de *as quais* (que se refere a *promessas*), teríamos uma frase de sentido duplo ou ambíguo: *Eram promessas de homens desonestos, "que" ninguém levava a sério*. As preposições de duas ou mais sílabas e as locuções prepositivas exigem *o qual* (e variações), e não "que". Ex.: *Não vou a casamento para o qual não sou convidado*. *** *Chamou a mulher, perante a qual confessou tudo*. *** *Esse foi o tema sobre o qual dissertei*. *** *Esse é o poste contra o qual o automóvel bateu*. *** *Foi chamado o pai, diante do qual o filho confessou o crime*. *** *Essa é a garota sobre a qual lhe falei ontem*. *** *O presidente, para o qual a eliminação do crime organizado é uma questão de honra nacional, foi enfático ao tratar do tema*. Há jornalistas que usam, mormente quando se trata de pessoas: "para quem", "sobre quem", etc.

o quanto / o quanto antes / o quão
Os puristas não aceitam esse *o* inicial, mas seu emprego aí já está consagrado: *Ela não sabe o quanto a amo*. *** *Diga isso a ela o quanto antes*. *** *Você não imagina o quão tolo fui!* Daí por que um ex-presidente declarou alto e bom som, com correção: *Só Deus sabe o quanto todas essas denúncias de corrupção vão manchar a honra e a vida política de Lula*.

orangotango
Adj. correspondente: pitecoide. Portanto, *hábitos de orangotango* = *hábitos pitecoides*.

orbitar "em torno de" / "ao redor de" / "em volta de"
Redundância: orbitar já significa, por si só, girar em torno de. Ex.: *A Lua orbita a Terra* (e não: *A Lua orbita "em torno da" Terra*). *** *O telescópio Hubble orbitou a Terra a 612km de altura e a 28.000km/h, o que o fazia dar uma volta na Terra em apenas 97min*. No Terra: *Uma equipe de astrônomos de vários países encontrou uma superterra, um planeta que pode ter um clima parecido com o da Terra e com potencial para ser habitado, a apenas 42 anos-luz de distância. O planeta orbita "em volta da" estrela HD 40307. Anteriormente, sabia-se que três planetas orbitavam "em volta desta" estrela, todos eles próximos demais para permitir a existência de água*. Acerca das tempestades solares, assim se leu também no Terra: *A maior intensidade das erupções solares poderia gerar a suspensão de voos, cortes elétricos e erros no controle dos saté-*

lites que orbitam "em torno da" Terra. Há certos jornalistas que vivem com estrelas a orbitar-lhes a cabeça... V. **gravitar**.

ordinais
São numerais que poucos conhecem, principalmente depois de *quadragésimo* (quarenta). Convém saber: *quinquagésimo* (cinquenta), *sexagésimo* (sessenta), *setuagésimo* ou *septuagésimo* (setenta), *octogésimo* (oitenta), *nonagésimo* (noventa), *centésimo* (cem), *ducentésimo* (duzentos), *trecentésimo* ou tricentésimo (trezentos), *quadringentésimo* (quatrocentos), *quingentésimo* (quinhentos), *sexcentésimo* ou *seiscentésimo* (seiscentos), *setingentésimo* ou *septingentésimo* (setecentos), *octingentésimo* (oitocentos), *noningentésimo* ou *nongentésimo* (novecentos). Dê preferência às formas setuagésimo e setingentésimo. Note, ainda: *octogésimo*. Os repórteres de hoje desconhecem totalmente esses ordinais. Eles costumam dizer: *No "setenta e oito" DP, no "oitenta e cinco" DP, etc*. Consideram-se totalmente incapazes de dizer corretamente: *No setuagésimo oitavo distrito policial, no octogésimo quinto distrito policial*, etc. É o jornalismo moderno...

orgulho
Rege *de* ou *por* (pessoa), *de* ou *por* (coisa) e *de* ou *em* (verbo): *Ter orgulho dos* (ou *pelos*) *filhos*. *** *É compreensível seu orgulho dos* (ou *pelos*) *filhos*. *** *Ter orgulho do* (ou *pelo*) *trabalho que fez*. *** *Ter orgulho de* (ou *em*) *ser brasileiro*.

orgulhoso
Rege *com, de* ou *por*: *Povo orgulhoso com o* (ou *do* ou *pelo*) *presidente que tem*.

ortodontista
Embora seja a forma correta, muita gente anda consultando o "ortodentista". De uma adolescente, pela Internet: *Ele, meu "ortodentista", parecia um açougueiro, me machucava toda hora, mas não percebia e eu também não falava nada*. Melhor mesmo é ficar quieta...

ortoépia ou ortoepia?
Tanto faz.

ortoépia e prosódia: qual a diferença?
Ortoépia é a correta pronúncia das palavras em relação às vogais, semivogais, consoantes, encontros consonantais, sílabas, etc. Assim, pronunciamos: *iscrevêr* (e não "iscrevê"), *fórnus* (e não "fôrnus"), *suór* (e não "suôr"), *estôuru* (e não "estóru"), *Roráima* (e não "Roráima"), Elâini (e não "Eláini"), etc. Prosódia é a correta acentuação tônica das palavras. Quem diz "rékordi", "rubríka", "interím", "prototípu", comete erro de *prosódia*.

Óscar
O nome do famoso troféu do cinema tem plural (*Óscares*) tanto quanto *Grammy*, troféu que corresponde ao *Óscar*, para os melhores músicos e intérpretes: *Grammys*. Convém acrescentar, todavia, que esse plural (*Óscares*) só será válido se a palavra for escrita com acento, o que define seu aportuguesamento. Se escrita sem acento, tratar-se-á, naturalmente, de um nome inglês (*Oscar*), de plural *Oscars*. A estatueta foi criada pela Academia de Artes Cinematográficas de Hollywood em 1927, para premiar filmes, diretores, artistas e técnicos. Quatro anos depois, em 1931, a secretária da Academia, sobrinha do pioneiro Oscar Pierce, olhando para a estátua, exclamou: *Nossa, parece o meu tio Óscar!* O troféu, então, já tinha nome. Há, todavia, outra versão, segundo a qual a atriz Bette Davis, então no começo da carreira em Hollywood, teria achado o traseiro da estátua parecido com a de seu marido, Harmon *Oscar* Nelson. Na Veja: *O cineasta Paul Haggis tem grande prestígio em Hollywood. Já ganhou dois "Oscar" pelos filmes* Crash - No Limite e Menina de Ouro.

Os Lusíadas ou Os lusíadas?
Tanto faz: é facultativo o uso de maiúsculas/minúsculas a partir da primeira palavra

do título dos livros. Daí por que podemos grafar também indiferentemente: *Os Três Mosqueteiros* ou *Os três mosqueteiros*, *Memórias Póstumas de Brás Cubas* ou *Memórias póstumas de Brás Cubas*, *Grande Dicionário Sacconi da Língua Portuguesa* ou *Grande dicionário Sacconi da língua portuguesa*, etc.

osseointegração
Técnica moderna, usada tanto na Medicina quanto na Odontologia, surgida com o médico sueco Per-Ingvar Bränemark, radicado no Brasil (Bauru, SP). Embora já se esteja vulgarizando a forma em destaque acima, em português, a melhor forma é *osteointegração*, a exemplo de *osteocartilaginoso, osteopatia, osteoporose*, etc.

ou (concordância)
Quando a conjunção *ou* possui caráter de exclusão, o verbo fica no singular, concordando com o elemento mais próximo: *O Brasil ou a Alemanha será o novo campeão mundial de futebol.* *** *Eu ou Filipe casará com Ifigênia.* *** *Virgílio ou eu casarei com Beatriz.* *** *Teu pai ou tu irás dirigindo o automóvel?* *** *Aguinaldo ou eu serei eleito presidente do clube.* Manchete de O Estado de S. Paulo: **Argentina ou EUA "vencerão" a Copa do Mundo**. Não souberam informar, no entanto, quando foi que a Fifa permitiu a consagração de dois campeões no referido torneio...

ou e e: qual a diferença?
Ou é conjunção que pode ser usada por *e*, quando as ações não se excluem entre si, mas esta não pode substituir aquela, em nenhuma circunstância. *O presidente se expressava bem em inglês ou espanhol* (isto é: em inglês *e* em espanhol). Quando as ações se excluem entre si, não há como fugir ao emprego de *ou*: *assobiar ou chupar cana, ir a pé ou a cavalo.*

ouve e houve: qual a diferença?
Ouve é forma do verbo *ouvir*: *Há pessoas que não ouvem nem enxergam nada.* **Houve** é forma do verbo *haver*: *Que houve? Por que estás chorando?* Por incrível que possa parecer, há quem confunda tais formas verbais, empregando uma pela outra. Como ocorreu, certa vez, ao lermos um livro sobre aves: *O papagaio é a única ave do mundo que imita a voz humana, repetindo tudo exatamente como "houve".* No Diário do Nordeste, de Fortaleza: *Segundo a moradora Luciene Góis, há muito se "houve" falar em projetos de melhorias para o bairro, mas até o momento, nada foi concretizado no Porto das Dunas.* (Nem mesmo a vírgula o jornalista demonstra saber usar.) A Folha de S. Paulo resolveu inverter: *Nos últimos dias, o governo andou justificando o déficit comercial, que muitos atribuem ao câmbio, ao déficit público persistente. "Ouve" até comparações entre o caso brasileiro e os* twins deficits *(déficits gêmeos) dos Estados Unidos.* Eles são ótimos!

ouvido
Segundo a nova nomenclatura médica, devemos usar *orelha* por *ouvido*. Há, no entanto, certas expressões, já consagradas, que dificilmente aceitarão a troca. Por exemplo: que músico tocará de *orelha*? E levar pé de *orelha* não seria ainda mais doloroso que receber um pé de ouvido?...

ouvir
Conj.: *ouço, ouves, ouve, ouvimos, ouvis, ouvem* (pres. do ind.); *ouça, ouças, ouça, ouçamos, ouçais, ouçam* (pres. do subj.). Com infinitivo, usam-se os pronomes oblíquos átonos, e não os pronomes retos: *Ouvi-o chorar baixinho.* *** *Ouvi-os chorar baixinho.* O povo, contudo, usa assim: *Ouvi "ele" chorar baixinho.* *** *Ouvi "eles chorarem" baixinho.* Se o pronome está no plural, note: o infinitivo não varia, fica no singular. Se, no lugar do pronome, houver um substantivo, poderemos variar ou não o infinitivo: *Ouvi os rapazes chorar* (ou *chorarem*)! *** *Ouvi portas e janelas bater* (ou *baterem*). Se, porém, o infinitivo vier imediatamente após, ficará sempre no singular: *Ouvi chorar os rapazes!* *** *Ouvi bater portas e janelas.*

ovinos
Refere-se a ovelhas: *exposição de bovinos, caprinos e ovinos*. *Oviário* é curral de ovelhas; *ovinocultor* é o que cria ovelhas. Há quem pense que *ovino* se refere a ovos.

ovos estrelados
Ovos que adquirem a forma de estrela, assim que são lançados à frigideira (a gema é o núcleo; a clara, a irradiação). Muitos usam ovos "estalados", em razão dos estalos que o óleo quente dá na frigideira, assim que a ela são lançados. Na verdade, a cozinheira (quando é boa) *estrela* ovos, e não "estala" ovos.

oxidar-se
Use sempre assim, na acepção de criar ferrugem, enferrujar-se: *O cromo ajuda o ferro a não se oxidar.* *** *Antigamente, a lata dos automóveis nacionais facilmente se oxidava.* O *o* soa levemente aberto.

P

"pa" (por pra)
Muitos reduzem *para a* a *pra*, o que não constitui erro: *ir pra cama*. (Note: *pra*, sem acento.) Um cultíssimo presidente de um país sul-americano de fala portuguesa, no entanto, só diz em seus discursos que só com ele o Brasil foi "pa" frente. Foi?

paciência
Rege *com* ou *para com* (pessoa), *em* (coisa) e *de* ou *para* (verbo): *É preciso ter paciência com* (ou *para com*) *crianças*. *** *É preciso ter paciência nas adversidades da vida*. *** *É preciso ter paciência de* (ou *para*) *ficar duas horas na fila de um banco*.

pacencioso
Apesar de ser a palavra correta, há quem seja "pacencioso". Certa feita, a funcionária de uma empresa foi fazer um curso personalizado. Ao término, emitiu sua opinião sobre o curso: *Gostei muito, professor "pacencioso" e eficiente na forma de transmitir conhecimento*. Eis outra opinião: *Gostei muito do curso, o professor foi "pacencioso" com os alunos que tiveram dificuldades para aprender porque nunca estiveram em frente a um computador*. Os professores têm de ser *pacenciosos* mesmo. Muito *pacenciosos*...

paciente
Rege *com* ou *para com* (pessoa) e *em* (coisa e verbo): *Guarda paciente com* (ou *para com*) *os motoristas nas explicações destes*. *** *Pessoas pacientes em aguardar a sua vez, na fila*.

padrão
Usada como adjetivo, por *modelar, exemplar*, não varia nem se liga por hífen ao substantivo: *escolas padrão, operários padrão, casas padrão, produtos padrão*, *operações* padrão, etc. Note que não há hífen. No entanto, a Folha de S. Paulo estampa esta manchete (que não surpreende): **Polícia Federal cancela "operações-padrão", mas diz que vai recorrer**. A Vejaonline nos apresenta isto (que também não surpreende): *Sindicatos afirmam que ainda não receberam notificação da Justiça sobre proibição das "operações-padrão"*. Logo abaixo, o jornalista insiste: *"Operação-padrão" da Polícia Federal no aeroporto de Cumbica, em Guarulhos, provocou filas nesta quinta-feira*. O jornal O Estado de S. Paulo, antes tão cioso no trato da língua, estampou isto: **STJ proíbe "operações-padrão" da Polícia Federal**. É duro, quase impossível, encontrar hoje jornalista brasileiro que conheça a sua própria língua.

padre-nosso
Antigo nome do *pai-nosso*. Hoje, portanto, ninguém ensina o "padre-nosso" ao vigário.

pãezinhos
É o diminutivo plural de *pão*. Nunca: *pãozinhos*. Anuncia, porém, um bar: *Servimos aquela sopa quentinha de carnes e legumes, com "pãozinhos" torrados*. Informa a direção de uma escola: *Como o leite é unanimidade entre as crianças, todas ficaram felizes com os copinhos, pedacinhos de queijo, "pãozinhos" doces, etc*. Note, agora, caro leitor, o que nos informa um adolescente mal-informado, pela Internet: *Cheguei em casa, liguei pro Marcos pra decidir as coisas, vi um pouco de TV, comi uns "pãozinhos" de queijo [daqueles que a gente compra congelado] que tavam no freezer faziam mais de 3 meses [deviam estar fora da validade já. Não deu pra ler a data de validade pq a tinta do pacote já tinha descascado]. Bom, o máximo que vai acontecer é eu morrer, nada mais do que isso*. É, tem razão: é o máximo...

pagar na mesma moeda
É a frase legitimamente portuguesa, mas no Brasil o povo prefere pagar de outro jeito, ou seja, "com a" mesma moeda. Quando paga...

página
Podemos usar, indiferentemente, *à página, a páginas* e *na página*: *Meu nome aparece à página* (ou *a páginas* ou *na página*) *20 da obra*. Só não se usa "às páginas 20". O *às* só terá cabimento se a expressão se referir a duas folhas ou mais: *O registro está feito às páginas 20 e 21*. Alguns autores portugueses ainda usaram *em páginas*: *Meu nome aparece em páginas 20 da obra*. Abrev.: *p.* ou *pág*. Pl.: *pp.* ou *págs*. V. **folha**.

pai
Adj. correspondente: *paternal* ou *paterno*.

pai dos burros / pai dos inteligentes
Sem hifens. Os dicionários são chamados popularmente pai dos burros. Há apenas um, no entanto, que é conhecido como o pai dos inteligentes...

pai-nosso
Pl.: pai-nossos ou pais-nossos. É o nome da oração mais conhecida do cristianismo: Pai nosso, que estais nos céus, ... (Note que não há hífen entre as duas primeiras palavras do início da oração.)

paisinho e paizinho: qual a diferença?
Paisinho é diminutivo de *país*; paizinho, de *pai*. Há, ainda diferença de pronúncia: na primeira, existe hiato, portanto se diz *pa-i-zí-nhu*; na segunda existe ditongo, portanto se pronuncia *pai-zí-nhu*. *Ele vivia com o velho paizinho num paisinho da América Central.*

paixão
Adj. correspondente: *passional*. Portanto, *atitude motivada por paixão* = *atitude passional*; *torcedor caracterizado pela paixão* = *torcedor passional*. Rege *a, de, para* ou *por*: *A paixão do brasileiro ao* (ou *do* ou *para o* ou *pelo*) *futebol*.

palácio do Planalto ou Palácio do Planalto?
Tanto faz. Da mesma forma: palácio da Alvorada ou Palácio da Alvorada.

palato
Note: é palavra paroxítona. Há médicos e dentistas que dizem "pálato". Que loucura! Se, durante uma consulta médica ou odontológica, caro leitor, seu médico ou dentista disser "pálato", saia correndo: sua saúde é o mais importante!

palavra
Rege *a respeito de, em relação a* ou *sobre* (considerações): *Os repórteres querem uma palavra do presidente a respeito do* (ou *em relação ao* ou *sobre o*) *incidente*.

paletó
Apesar do acento agudo, indicativo de vogal aberta, muitos continuam dizendo "paletô". O curioso é que a palavra quilômetro tem acento circunflexo, indicativo de som fechado, e todo o mundo diz "kilómetro". Dá pra entender?

palavra de honra
Use sempre com *em*: *Deu sua palavra de honra em que voltaria logo*. *** *O presidente deu sua palavra de honra em que erradicaria a fome*. *** *Dê sua palavra de honra em que não vai cobrar isso dele!*

palhaço
Faz no feminino *palhaça*. A palavra *palhaço* é um italianismo (*pagliaccio*) e se formou de *palha* (*paglia*). Tinha esse nome um artista popular do teatro napolitano, que vestia fantasia confeccionada com tecido de forrar colchão de palha.

palpite
Rege *sobre* (opinião baseada na intuição): *Quero um palpite sobre o jogo 3 da loteca.* *** *Você pode me dar um palpite sobre o jogo de amanhã?* *** *Nunca dê palpite sobre o que não é da sua conta!* *** *Sobre isso não vou dar palpite.* Muitos usam a preposição "em" ou "para".

pamonha "de milho verde"
Redundância. Nem mesmo a melhor cozinheira do mundo consegue fazer pamonha que não seja de milho verde. Se alguma conseguir, esteja certo, caro leitor, de que o mundo está por um fio...

pan-
Exige hífen antes de palavras iniciadas por vogal, h, m ou n: pan-americano, pan--eslavismo, pan-humano, pan-islamismo, pan-mixia, pan-negritude, pan-oceânico, etc.

pan-americano
Sempre se escreveu com hífen, desde os tempos de Adão e Eva... No entanto, uma rádio paulistana nasceu com o nome errado: "Panamericana". Para se safarem do erro, abreviaram-no para apenas Pan.

pancada
Rege *em* ou *sobre*: *Levou uma pancada no* (ou *sobre o*) *tornozelo.*

pâncreas
Adj. correspondente: *pancreático*. Portanto, suco *do pâncreas* = suco *pancreático*.

Pandora
Na mitologia grega, a primeira mulher na Terra, a Eva dos gregos. Zeus ordenou sua criação como uma vingança aos homens. Os deuses lhe deram uma caixa (a que os portugueses chamam *boceta*, termo que os brasileiros evitamos, por razões óbvias) que ela nunca deveria abrir, porque nela estavam encerrados todos os males do mundo. Incapaz, porém, de conter a curiosidade (afinal, ela era uma mulher), abriu-a e libertou todas as doenças, pragas e males da vida humana. Quando fechou a tampa, a única coisa que não escapara fora a esperança, que ficara no fundo da caixa. A expressão caixa de Pandora passou a significar, então, em sentido figurado: causa de muitos problemas imprevisíveis ou fonte de todos os males. (Em Portugal se usa boceta de Pandora.) Assim, podemos afirmar, sem receio de errar, que o jornalismo brasileiro parece ser hoje, de fato, a caixa de Pandora da língua portuguesa e também que a reforma do judiciário brasileiro é outra caixa de Pandora. Pronuncia-se *pandóra*, mas alguns dizem "pândora".

pane
É palavra feminina: *a pane, uma pane, pane elétrica*. Repare, agora, nesta informação que, como informação, é preciosa: *Segundo estudo que durou 13 anos e foi publicado em uma das revistas científicas mais prestigiadas do mundo, a Sleep, dormir mais pode ajudar a emagrecer. A pesquisa, feita pelo Instituto Nacional de Saúde Mental dos Estados Unidos, monitorou quase 500 adultos com idades entre 27 e 40 anos. Nesse período os voluntários que dormiam menos de seis horas por dia, engordaram em média 2kg e meio. Isso acontece porque se o sono é de má qualidade há "um" pane no organismo e a atuação das substâncias como a hipocretina, que tem a função de nos manter acordados, a grelina que está por trás da sensação de fome e a leptina que regula o apetite, fica toda alterada*. De fato, quando a qualidade é má, sempre dá uma pane...

panorama
Esta palavra traz os elementos gregos *pan-* (tudo) e *-orama* (visão, espetáculo), portanto já significa *visão total, vista de tudo, espetáculo total*. Sendo assim, nenhum *panorama* pode ser "parcial" nem muito menos "geral", o que caracteriza respectivamente contrassenso e redundância. Redundância maior ainda ocorre na

combinação "panorama geral visto", como se viu num jornal: *Um "panorama geral visto" de helicóptero tornava possível localizar os pontos de congestionamento no centro da cidade.*

pântano
Adj. correspondente: *palustre*. Portanto, *plantas de pântano = plantas palustres*.

pantomima
Apesar de ser a forma correta, há mais de quinhentos anos, o VOLP também registra "pantomina", o que não nos surpreende, absolutamente.

pão de ló
Sem hifens.

papagaio
Fem.: *papagaia*. Muitos, no entanto, preferem usar esse nome como epiceno: *papagaio macho, papagaio fêmea.*

Papai Noel
Sem hífen. No Terra: *Você sabia? O "Papai-Noel" foi criado pela Coca-Cola.* Duas mentiras.

paparazzo / paparazzi
Respectivamente, singular e plural, em italiano. Eis, todavia, como escreve uma jornalista brasileira: *Daniella Cicarelli foi o alvo preferido dos "papparazzis" no Tim Festival, que aconteceu sexta e sábado no MAM do Rio.* Já está difícil para essa gente escrever em português, que se dirá, então, de se meter a enveredar por outras línguas!

papel almaço
É assim que se escreve, sem hífen: *almaço* é contração de *a lo maço*, que deveria dar normalmente *ao maço*. Anote: papel-alumínio, papel-arroz, *papel-carbono, papel-cartão, papel-celofane, papel-chupão, papel-contínuo, papel crepom, papel-cuchê, papel da china, papel de parede, papel-filtro, papel-jornal, papel Kraft, papel machê, papel-manilha, papel-manteiga, papel-moeda, papel-ofício, papel-palha, papel-pergaminho, papel-porcelana, papel sulfite, papel-tabaco, papel-tela, papel-título*. Se tiver dúvida sobre a escrita de qualquer palavra, consulte o **Grande dicionário Sacconi da língua portuguesa**.

papel "título"
Em português temos *papel principal*. Há críticos de cinema por aí que vivem dizendo que este ou aquele filme tem Julia Roberts no *papel "título"*. Nunca teve.

para (preposição e verbo)
Convém não confundir a preposição para com a forma verbal para (que nunca deveria ter perdido o acento). Exemplo com a preposição: *As crianças já foram para a cama.* Pode aparecer contraída: *As crianças já foram pra cama.* Exemplo com a forma do verbo parar: *A Terra gira e não para.* *** *Para quieto, menino!* *** *O nível de endividamento do brasileiro não para de crescer.* O acento da forma verbal não deveria ser eliminado. Em manchete como esta, por exemplo, o acento é indispensável: *Chuva para São Paulo.* Se nem para, forma verbal, hoje deve receber acento, que se dirá, então, de param! Eis como saiu o título de uma notícia no G1: **Servidores do Judiciário "páram" nesta quarta-feira em Salvador**. Se estivéssemos vivendo ainda os anos sessentas, diríamos: Parei!...

para "às"
Depois de preposição (para) jamais se usa às. Mas jornalistas brasileiros sempre dão um jeitinho de conseguir o impossível. Na página de esportes de O Globo: *A chuva castigou Uberaba durante toda a tarde e início da noite desta quarta-feira e não poupou o gramado do estádio Uberabão. Cheio de poças em vários pontos, o campo que recebe o duelo entre Uberaba e Palmeiras apresenta más condições de jogo. Antes*

da partida, funcionários do estádio tentavam amenizar o efeito do temporal tirando parte da água com um rodo. Ao analisar o gramado, a diretoria manifestou o desejo de pedir o adiamento da partida, marcada para "às" 21h50m (de Brasília). Aliás, o jogo era entre o Uberaba e o Palmeiras, e depois de temporal, uma vírgula se faria necessária. No entanto – reconhecemos – estamos falando de jornalistas. Entendemos perfeitamente...

parabéns
É palavra só usada no plural: os parabéns, meus parabéns, etc. Boa notícia: alguns brasileiros montaram um grande telescópio e acabaram descobrindo um cometa. Má notícia: o âncora do Jornal da Band, então, sai-se com esta: *"O nosso" parabéns aos descobridores*. Pena que não possamos dar-lhe **os nossos** parabéns...

para-brisa
Use para-brisa para o singular e para-brisas para o plural. Os jornalistas, no entanto, que inventaram a roda, fazem diferente. Na Veja: *A maior ocorrência de estrelas cadentes, ou meteoros, é durante o amanhecer. Nesse momento, a Terra está de frente para o caminho orbital que percorre. É como se insetos (as rochas espaciais) fossem arremessadas contra o para-brisas (a atmosfera) da Terra*. Numa revista: *A montadora Kia vai apresentar no Salão de Paris o carro conceito Pop, um modelo com motor elétrico de três lugares. É um carro com desenho ousado e futurista, bem diferente dos carros de linha da montadora coreana. O formato do carro é quase de um triângulo: a linha superior do carro segue diretamente do para-choque dianteiro até o alto da traseira, sem nenhuma saliência, mesmo no "para-brisas"*. Em tempo: o "artista" teria se esquecido de usar "para-choques"?...

para cá / para lá
É assim que se usa: *Olhe para cá!* *** *Olhe para lá!* Muitos inventam, usando para "aqui", para "ali". Ninguém vem para "aqui" nem vai para "ali".

para "chegar" aqui, gastamos duas horas
A regra é clara: no início da frase, o infinitivo antecedido de preposição ou de locução prepositiva varia obrigatoriament e. Portanto: *Para chegarmos aqui, gastamos duas horas*. *** *Por terem chegado tarde, ficarão de castigo*. *** *Em vez de irem ao cinema, eles foram ao teatro*. *** *Apesar de ficares calado, conhecemos tua opinião*. Num jornal: *Apesar de "possuir" hábitos diferentes, os pirilampos e vaga-lumes têm características diferentes*. Noutro jornal: *Para "evitar" as invasões, os fazendeiros começam a se armar*. A revista Veja trouxe na ed. 1.808 uma matéria sobre casamento homossexual. Abriu-a assim: *Até algum tempo atrás, para "encontrar" amigos e "namorar" sem ser molestados, os gays se isolavam em guetos*. No meio da matéria ainda se leu: *Em vez de "manter" o confinamento como técnica de defesa, os gays começam a se expor, a se exibir, a emergir*. Noutra de suas edições, trouxe: *Antes de "condenar" os brasileiros que tentam realizar seu sonho de obter um curso superior fora do país, precisamos entender o porquê dessa escolha*. O São Paulo F.C. conquistou a Taça Libertadores da América pela terceira vez em 14 de julho de 2005. No dia seguinte, a Folha de S. Paulo estampou esta manchete: **Em vez de "comemorar", torcedores depredam a Avenida Paulista**. Poderíamos até parodiar: *Ao invés de revelarem conhecimento da língua, os jornalistas fazem justamente o oposto*. O infinitivo só pode não variar, quando aparecer depois do verbo principal. Por exemplo: *Gastamos duas horas para chegar* (ou *chegarmos*) *aqui*. *** *Eles ficarão de castigo, por ter* (ou *terem*) *chegado tarde*. *** *Eles foram ao teatro, em vez de ir* (ou *irem*) *ao cinema*. *** *Conhecemos tua opinião, apesar de ficar* (ou *ficares*) *calado*. Mesmo em tal situação, o infinitivo variará obrigatoriamente, se for pronominal ou se exprimir reciprocidade ou reflexibilidade de ação: *Gastamos duas horas para nos dirigirmos até lá*. *** *Eles relutaram muito para se cumprimentarem*. *** *Foram até um canto da sala, a fim de se pentearem*. Eis, porém, como escreveu um jornalista: *Daqui a pouco vão demonizar o direito de as pessoas "se apaixonar"*. Eles são ótimos!...

paraestatal ou parestatal?
Tanto faz.

parágrafo
Em sentido jurídico, subdivisão de artigo, na qual se exemplifica ou modifica a disposição principal. Quando um artigo tem só uma disposição secundária desse tipo, chama-se *parágrafo único*. O sinal gráfico que indica tal subdivisão é este: §.

Paraguaçu
É o nome correto da índia filha do chefe tupinambá da Bahia, escolhida pelo náufrago português Diogo Álvares Correia, depois Caramuru, como sua mulher. Dessa união surgiram os primeiros brasileiros. Por isso, Paraguaçu é considerada a mãe do Brasil. Seu corpo está sepultado na igreja da Graça, em Salvador. Algumas cidades brasileiras adotaram esse nome. Muitos escrevem "Paraguassu".

paraíso
Adj. correspondente: *paradisíaco*. Portanto, *produto do paraíso* = *produto paradisíaco*.

paralelo
Rege a (semelhante) e entre (cotejo; analogia): *As exportações devem superar as importações ou no máximo ser paralelas a estas.* *** *Trata-se de uma revolução paralela à Francesa.* *** *Vamos estabelecer um paralelo entre Eça de Queirós e Machado de Assis.* *** *Observei curioso paralelo entre o seu caso e o meu.* Antecedida de em, aparece combinada com a preposição com e equivale a *a par de*: *A economia brasileira já cresce em paralelo com o seu crescimento populacional.*

"Paralimpíada"
Eis a mais nova invenção dos gênios do jornalismo brasileiro. Eles nem sequer sabem ortografia e querem porque querem ser formadores de opinião. Sobre essa excrescência ora inventada, escreve João Ubaldo Ribeiro: Certamente eu descobriria no Google, mas me deu preguiça de pesquisar e, além disso, não tem importância saber quem inventou essa palavra grotesca, que agora a gente ouve nos noticiários de televisão e lê nos jornais. O surpreendente não é a invenção, pois sempre houve besteiras desse tipo, bastando lembrar os que se empenharam em não jogarmos futebol, mas ludopédio ou podobálio. O impressionante é a quase universalidade da adoção dessa palavra (ainda não vi se ela colou em Portugal, mas tenho dúvidas; os portugueses são bem mais ciosos de nossa língua do que nós), cujo uso parece ter sido objeto de um decreto imperial e faz pensar em por que não classificamos isso imediatamente como uma aberração deseducadora, desnecessária e inaceitável, além de subserviente a ditames saídos não se sabe de que cabeça desmiolada ou que interesse obscuro. Imagino que temos autonomia para isso e, se não temos, deveríamos ter, pois jornal, telejornal e radiojornal implicam deveres sérios em relação à língua. Sua escrita e sua fala são imitadas e tidas como padrão, e essa responsabilidade não pode ser encarada de forma leviana. Por que será que aceitamos sem discutir uma excrescência como "paralimpíada"? Que cretinice é essa? Que quer dizer essa palavra, cuja formação não tem nada a ver com nossa língua? A cretinice tem dominado não só o jornalismo brasileiro, mas também boa parte da sociedade brasileira, que não consegue reagir a desmandos, que não consegue se rebelar contra o cinismo, a corrupção, a impunidade e a falta de segurança.

paralisar ou paralisar-se?
Tanto faz, nas acepções de tornar-se imóvel (de pasmo, admiração, terror, etc.) e de parar, estacionar, não prosseguir: *Seus olhos paralisaram* (ou *se paralisaram*) *de assombro.* *** *Na década de 1980, o Brasil simplesmente paralisou* (ou *se paralisou*). *** *A coleta de lixo paralisará* (ou *se paralisará*) *amanhã, com a greve dos garis.*

paraquedas
Sempre com s final e agora sem hífen, assim como paraquedismo e paraquedista.

para "quem"
V. **quem**.

para-raios
Sempre com *s* final; muitos, no entanto, evitam raios com "para-raio". É perigoso: pode não funcionar... Num anúncio: *Kit "Para -Raio". Instale você mesmo na sua empresa ou casa de campo*. Dá para confiar, caro leitor?

parco
Rege *de* ou *em*: *Ministério parco de* (ou *em*) *verba*.

parecer
Admite duas construções: *As crianças parecem gostar da festa* (formando locução verbal; nesse caso, é verbo auxiliar) e *As crianças parece gostarem da festa* (como verbo intransitivo, com sujeito oracional) = *Parece gostarem da festa as crianças*. Se, porém, ao verbo *parecer* seguir-se infinitivo pronominal, somente este variará: *As crianças parece queixarem-se do colchão duro*. Usa-se indiferentemente: *As crianças parece que estão contentes* e *Parece que as crianças estão contentes*. Na primeira construção, a inversão da ordem dos termos pode levar à errônea interpretação de que haja erro de concordância, prontamente desfeita na segunda, que lhe equivale. Assim, estas frases estão absolutamente corretas, mas à primeira vista ao leigo pode parecerem que não: *Quando eu estava com ela, as horas parecia que voavam*. *** *Os meninos parece que brincam, mas na verdade brigam*. *** *Nós parecia que estávamos tranquilos, mas não estávamos*. Essas frases equivalem a estas: *Quando eu estava com ela, parecia que as horas voavam*. *** *Parece que os meninos brincam, mas na verdade brigam*. *** *Parecia que nós estávamos tranquilos, mas não estávamos*. Na coluna Radar, da Veja: *Lula e o próprio Palácio do Planalto "parecem" que querem fazer crer que Dilma Rousseff não sabe governar sozinha*. De outro jornalista (pasme!): *Aos poucos, as coisas "parecem" que "está" querendo se ajeitar*. É i-na-cre-di-tá-vel! Esses jornalistas de hoje *parece que querem bagunçar a língua mesmo*... Como pronominal, rege *a* ou *com* (assemelhar-se, ser parecido no aspecto fisionômico ou no temperamento): *Ela se parece muito à* (ou *com a*) *mãe*. *** *Você não se parece em nada a* (ou *com*) *sua irmã*. *** *Dizem que eu me pareço com* (ou *a*) *Brad Pitt!* *** *Ela não se parece com* (ou *a*) *Julia Roberts?* *** *Você acha que eu me pareço com* (ou *a*) *esse sujeito?* A exemplo de *ser*, o verbo *parecer* concorda de preferência com o predicativo, quando este figura no plural: *Aquilo parecem estrelas, mas são planetas*. Se, porém, o sujeito for pessoa, o verbo com ele concordará obrigatoriamente: *Com aquela roupa, ela parece muitas coisas, menos gente*.

parecer
Este nome rege *acerca de* ou *a respeito de* ou *em relação a* ou *quanto a* ou *sobre*: *Já dei meu parecer acerca da* (ou *a respeito da* ou *em relação à* ou *quanto à* ou *sobre a*) *questão*.

parecido
Rege *a* ou *com* (pessoa) e *de* ou *em* (coisa): *Menino parecido ao* (ou *com o*) *pai*. *** *Irmãos nada parecidos de* (ou *em*) *gênio*.

parede-meia / paredes-meias
Tanto faz (significa contiguamente): *Moro parede-meia com Pérola Faria! Você não imagina o que significa morar paredes-meias com uma deusa!* Além de advérbio, pode ser adjetivo (intimamente ligado ou associado): *O ódio sempre esteve parede-meia com o amor*. *** *O jogo do bicho estaria mesmo paredes-meias com o tráfico?*

parêntese ou parêntesis?
Tanto faz. Assim, podemos usar *o parêntese, um parêntese* ou *o parêntesis, um parêntesis*, mas nunca "o parênteses", "um parênteses".

parêntese (uso do)
Se o primeiro parêntese for aberto sem que o período anterior tenha sido encerrado, o ponto ficará fora do segundo parêntese. Em caso contrário, dentro. Ex.: *Ela olhou para mim maliciosamente (e eu também a ela).* *** *Ela olhou para mim maliciosamente. (Eu correspondi da mesma forma.)* Nas citações, o nome do autor pode aparecer entre parênteses ou não, com pontuação ou não, preferindo-se, todavia, o uso dos parênteses com a pontuação: *"A maioria dos heróis são como certos quadros: para estimá-los não devemos olhá-los muito de perto." (La Rochefoucauld.)* ou apenas *(La Rochefoucauld)* ou *La Rochefoucauld.*, ou apenas *La Rochefoucauld* (sem o ponto).

pároco e cura: qual a diferença?
Pároco é o sacerdote a quem foi confiada uma paróquia; é o mesmo que *vigário*. **Cura** é o sacerdote que doutrina e dirige espiritualmente os fiéis.

paródia
Rege *a* ou *de*: *A peça é uma paródia ao* (ou *do*) *ensino público*.

parque
Abrev.: *pq*. *O ônibus não passa pelo Pq. São Domingos*.

parte de
Quando faz parte do sujeito, o verbo poderá ficar no singular ou ir ao plural, se o complemento estiver neste número: *Parte dos passageiros morreu* (ou *morreram*) *no acidente*. *** *Apenas parte das crianças foi vacinada* (ou *foram vacinadas*) *hoje*.

participar
Rege *de* ou *em*: *Quem participar do* (ou *no*) *concurso de Miss Brasil deste ano vai ganhar um Lexus*. *** *Há pessoas que gostam de participar de* (ou *em*) *todos os movimentos grevistas*. *** *Você participou daquelas* (ou *naquelas*) *manifestações?* *** *Os sócios participarão de* (ou *em*) *todos os lucros da empresa*. *** *É preciso que todos os brasileiros participem dessa* (ou *nessa*) *campanha*.

particular
Rege *a* ou *de* (peculiar): *A emoção é um sentimento particular ao* (ou *do*) *ser humano*.

partido
Rege *a* ou *por*: *Uma melancia partida ao* (ou *pelo*) *meio*.

partilhar ou partilhar de?
Tanto faz, na acepção de compartilhar: *O pai e a mãe partilham a* (ou *da*) *responsabilidade de educar os filhos*. *** *Quero partilhar momentos* (ou *de momentos*) *bons e maus a seu lado*.

partir ao meio ou partir pelo meio?
Tanto faz: *O homem partiu ao* (ou *pelo*) *meio a melancia*. *** *O homenzarrão partiu o tronco ao* (ou *pelo*) *meio*.

parvovirose
Apesar de ser a forma correta, muita gente continua tendo cão que morre de "pavirose".

Páscoa
Adj. correspondente: *pascal*. Portanto, *festa da Páscoa* = *festa pascal*.

pasmado
Rege *com* ou *de* (nome), mas apenas *de* (verbo): *Estou pasmado com a* (ou *da*) *sua reação!* *** *Estou pasmado de ver sua reação!*

pasmo
Embora *pasmo* seja substantivo, tem sido usado por *pasmado* na língua cotidiana. Não recomendamos tal emprego na linguagem elegante ou mais bem-cuidada, ainda que venha com o abono de alguns bons escritores, que também vacilaram e ainda vacilam.

passagem
Rege *por*: *A passagem de aviões por nosso território está proibida.* *** *Os cubanos não permitem a passagem de aviões americanos pelo seu espaço aéreo.* *** *A passagem dos bandeirantes por esta região consta nos anais do nosso município.* A regência "passagem sobre", muito comum, deve ser desprezada.

passar
Rege *como* ou *por* (predicativo): *Era um vigarista e queria passar como* (ou *por*) *homem de bem.* *** *Não é uma vergonha homens quererem passar como* (ou *por*) *mulheres?*

"passarão" por passaram
Existe uma tendência entre os que não se escolarizaram completamente de substituir as formas do pretérito perfeito do indicativo pelas do futuro desse mesmo modo. Então, escrevem: Eles "disserão" que não vêm. *** Eles "tomarão" muita chuva, por isso "ficarão" molhados como pintos. Se você acha que os jornalistas não cometem um erro tão infantil desses, engana-se. Veja este texto, de um deles: *Já está entre nós, em testes pelas ruas, o Alfa Giulietta, o hatch da marca italiana que na década de 90, com o 155 e o 164, era sonho de consumo e que trazia status de sofisticação e bom gosto aos seus felizes proprietários. Os anos "passarão", a marca foi sendo ultrapassada pela concorrência e o que ficou foram boas lembranças.*

passar ou passar-se?
Tanto faz, na acepção de ocorrer, transcorrer, suceder: *Ninguém ainda sabe o que realmente passou* (ou *se passou*) *ali.* *** *Já passaram* (ou *se passaram*) *muitos anos desde que ela se foi.* *** *O que passa* (ou *se passa*) *lá, que ninguém atende ao telefone?*

passar de + horas
O verbo fica sempre no singular: *Ao acordar, passava das oito horas.* *** *Quando ela chegou, passava das dez horas.* De um repórter do SBT: *Já "passam de" dez horas.* Dois erros numa frase tão pequena!

passar em revista ou passar revista a?
Tanto faz: *O presidente passou em revista a* (ou *passou revista à*) *tropa formada em sua honra.* *** *Os fiscais passaram em revista os* (ou *passaram revista aos*) *documentos da firma.*

pastel
Usada como adjetivo, na indicação da cor, não varia: *tons pastel, tecidos pastel, lenços pastel.*

pastor-alemão
Sempre com hífen. Pl.: pastores-alemães. Não use "a" pastora ou "a" pastor-alemão para a fêmea, mas *o pastor-alemão macho, o pastor-alemão fêmea.* V. *poodle.*

"pataquada"?
Todo o mundo comete patacoada. Afinal, o ser humano é um indivíduo imperfeito, aliás, dos mais imperfeitos. Tão imperfeito, que um jornalista escreveu desta forma a palavra, ao reproduzir a fala do senador Aloysio Nunes Ferreira: *O que a diplomacia brasileira praticou contra o Paraguai foi um golpe de grêmio estudantil de quinta categoria. Nós, na minha época de faculdade, não faríamos esse tipo de manobra. E ainda traz a Venezuela. Foi uma "pataquada".* O Dicionário Aurélio, em mais uma de suas patacoadas, registra "pataquada". Normal...

patente
Rege *de* ou *sobre*: *Tirar patente de* (ou *sobre*) *uma invenção.*

paternal
Rege *com* ou *para com*: *Professor paternal com* (ou *para com*) *seus alunos.*

patrão
Adj. correspondente: *patronal*. Portanto, *sindicato dos patrões = sindicato patronal*.

patrocínio
Rege *a* ou *de*: *É preciso incentivar o patrocínio ao (ou do) esporte amador por parte das empresas, mediante descontos no imposto de renda.*

pautado
Rege *em* ou *por* (baseado): *Conclusão pautada em (ou por) premissas equivocadas.*

pavor
Rege *a* ou *de*: *As mulheres têm pavor a (ou de) baratas.* *** *Ter pavor à (ou da) morte.*

peão
Tem dois femininos: *peoa* e *peona*. Faz no plural *peões*. Tem como coletivo *peonada* (e não "peãozada").

peão e pedestre: qual a diferença?
Peão é, entre outros significados, o homem que anda a pé (por oposição a *cavaleiro*). **Pedestre** é o que, nas cidades, anda a pé (por oposição ao *que anda em veículo*). O Dicionário Aurélio registra tais palavras como sinônimas; o Dicionário Houaiss também, porém, faz a devida ressalva de que o uso de peão por pedestre é coisa de português.

peculiar
Rege *a* ou *de*: *Essa pronúncia é peculiar aos (ou dos) gaúchos.* *** *Riso peculiar aos (ou dos) tolos.*

pé de atleta
Sem hifens. E assim também: pé de boi, pé de cabra, pé de chinelo, pé de galinha, pé de moleque, pé de pato, pé de vento.

pedido
Rege *a* ou *para*: *O pedido a (ou para) Deus foi atendido.* *** *Farei novo pedido ao (ou para) o patrão.*

pedir
É verbo irregular no presente do indicativo e no presente do subjuntivo: peço, pedes, pede, pedimos, pedis, pedem (pres. do ind.); peça, peças, peça, peçamos, peçais, peçam (pres. do subj.). Por ele se conjugam desimpedir, despedir, expedir, impedir e medir.

pedir para
Quem pede, pede alguma coisa a alguém: *Pedi que me trouxessem um analgésico.* (E não: Pedi "para" me trazerem um analgésico.) *** *Pedi que eles fizessem silêncio.* (E não: Pedi "para" eles fazerem silêncio.) *** *Pedi que ela me desse um autógrafo.* (E não: Pedi "para" ela me dar um autógrafo.) No Terra: *Na abertura da Conferência sobre a pobreza mundial, em Xangai, na China, Lula pediu "para" que se preste mais atenção aos povos desfavorecidos.* Jornalista, preste atenção!... Manchete nesse mesmo portal: **Técnico do Flamengo pede "para" que adversário não seja subestimado**. No Diário do Nordeste, de Fortaleza: *Kennedy Moura, acusado de ser o dono do dinheiro apreendido na cueca do petista Adalberto Vieira em São Paulo, afirma que o deputado José Guimarães e dois petistas conhecidos nacionalmente "o" pediram "para" que assumisse que o dinheiro detido era seu.* Impressionante! Manchete na Folha de S. Paulo: **ONU pede "para" Israel suspender bloqueio na Faixa de Gaza**. Outra manchete na mesma folha: **Egito pedirá "para" que Alemanha devolva estátua de Nefertiti**. Outra manchete na mesma folha: **Lula pede a Delcídio "para" permanecer no PT**. Em O Globo, no blog de uma jornalista versada em Economia: *A presidente Dilma Rousseff pediu "para" os jornalistas gargalharem quando alguém disser que a causa de um apagão foi raio.* Gargalhemos todos!... Jornalista que não conhece a regência do verbo *pedir* tem de mudar de profissão. Só se admite a combinação *pedir para*, quando há ideia de licença ou permissão: *Os alunos pediram para sair.* (= Os alunos pediram *licença* para sair.) *** *Pedi para dar-lhe um beijo.* (= Pedi *permissão* para dar-lhe um beijo.)

pedir "se"
Não se usa a conjunção "se" com o verbo *pedir*, mas sim com *perguntar*. Portanto: *Pergunte a sua mãe se ela deixa você ir comigo.* (E não: "Peça" a sua mãe...) *** *Perguntei ao pai dela se permitia o casamento.* (E não: "Pedi" ao pai dela...)

pedra / pedrinha / pedrão
As três têm o e aberto.

pedras preciosas
Adj. correspondente: *gemológico*. Portanto, *museu de pedras preciosas = museu gemológico.*

pê-efe
Pl.: pê-efes. Usa-se por polícia federal ou por prato-feito (quentinha).

pê-eme
Pl.: pê-emes. Usa-se por polícia militar (a pê-eme) ou por policial militar (o pê-eme).

pé-frio
É nome sobrecomum e sempre masculino: *Sua irmã é o maior pé-frio que conheço!* Há, no entanto, quem use "pé-fria". De um torcedor irresponsável: *Nossa torcida não é "pé-fria" como a sua.* Há outro que ainda se vê no direito de espantar-se: *Pô, Sara, como você é "pé-fria"!*

pegado
Rege a, com ou em (contíguo): *Moro numa casa pegada à* (ou *com a* ou *na*) *igreja matriz.* *** *Tenho um terreno pegado ao* (ou *com o* ou *no*) *seu.*

pegar selo
Ao postar uma carta, pegue o selo no envelope! Há, no entanto, os que preferem "pregar" selo, o que, naturalmente, faz com que a carta não siga seu destino, já que o prego, naturalmente, não vai deixar...

peixe
Adj. correspondente: *písceo* e *ictíico*. Portanto, *escamas de peixe = escamas písceas*; *fazer uma avaliação dos recursos representados por peixes dos nossos rios = fazer uma avaliação dos recursos ictíicos dos nossos rios.*

pejado
Rege com ou de: *Chegou com os bolsos pejados com* (ou *de*) *bolinhas de gude.* *** *Tinha a cabeça pejada com* (ou *de*) *preocupações.*

pelanca "caída"
Redundância. Toda pelanca é não só caída, como flácida, magra e enrugada. Coisa horrível! Mais horrível ainda que uma pelanca é um ator dizer em uma dessas telenovelas da vida, para quase todo o Brasil ouvir: Ivana, você deveria agradecer por eu ainda ter coragem de encostar a mão nessas suas pelancas "caídas"! Coisa horrível!...

pele
Adj. correspondente: *cutâneo* ou *epidérmico*. Portanto, *melanoma de pele = melanoma cutâneo* (ou *epidérmico*); *manchas da pele = manchas epidérmicas* (ou *cutâneas*). O diminutivo (pelinha) também tem e aberto.

pelo(s)
O substantivo já não se acentua: um pelo de barba, os pelos do púbis.

pena
Rege a ou contra (punição) e a, de ou por (dó): *Um dia ainda haveremos de ter em nosso código penal penas mais severas aos* (ou *contra os*) *bandidos.* *** *Ter pena aos* (ou *dos* ou *pelos*) *pobres de espírito.*

penal = pênalti?
Não, penal não se usa por pênalti. No Dicionário Houaiss, no entanto, no verbete **penal** está lá a sinonímia. Normal.

EM TEMPO – Esse mesmo dicionário:
137) registra **siglema** e **símbolo-marca** como palavras femininas;
138) pai-joão só tem um plural (pais-joões), mas ele dá dois;
139) papel-registro só tem um plural (papéis-registro), mas ele traz dois;
140) poncho-pala também só tem um plural (poncho-palas), mas ele traz dois;
141) ponte-canal tem dois plurais (pontes-canais e pontes-canal), mas ele só traz um;
142) rema-rema só tem um plural (rema-remas), mas ele traz dois;
143) raspa-raspa só tem um plural (raspa-raspas), mas ele traz dois;
144) toque-emboque tem dois plurais (toque-emboques e toques-emboques), mas ele só traz um;
145) registra errado, sem hífen, "paleetnologia", "paleetnológico" e "paleetnólogo", sem trazer **pale-etnologista** nem **paleoetnólogo**;
146) registra "pré-aquecer" e "pré-aquecimento" (ambas com hífen), quando não há hifens nessas palavras;
147) registra "sadicoanal" por **sádico-anal**;
148) registra "mal parado" por **malparado** e "escandecer" por **escandescer** (no calhamaço ainda registra "escandecência", "escandecente" e "escandecido");
149) em **água**, traz o subverbete **água régia** (sem hífen), mas registra também **água-régia** (afinal, qual é o correto?);
150) registra "nazi" e também **názi** por nazista; o VOLP, no entanto, só registra a segunda, nunca a primeira (oxítona);
151) trancelim tem como origem o espanhol trencellín, e não "trancellín", forma inexistente em castelhano;
152) em **carburar**, dá carbonar como sinônimo, mas não registra esta palavra;
153) em **protista**, acepção 2, aparecem protóbio e protobionte, mas não há registro destas palavras;
154) registra, em sentido figurado, **papa-moscas** como substantivo, mas começa a definir a palavra como se fosse adjetivo;
155) dá joaninha como sinônimo de patrulhinha, mas em joaninha não faz referência a patrulhinha;
156) não registra o verbo **corcovar** como pronominal (porque não é mesmo), mas no verbete **alcachinar**, dá este verbo, quando pronominal, como sinônimo de "corcovar-se";
157) registra **bargantear** assim: viver como um bargante; vadiar. Mas define **bargante** desta forma: que ou quem tem maus costumes, libertino, patife, velhaco. E o que tem a ver vadio com patife?

Virtual é uma palavra que ganhou inúmeros significados com o advento da Informática (veja se lhe satisfazem as acepções do dicionário!).

pendor
Rege *a, para* ou *por* (queda, inclinação): *As crianças brasileiras que vivem na periferia já nascem com um natural pendor* à *(ou* para *a ou* pela*) prática do futebol.*

pendurar / pendurar-se / pendurado
Regem *a* ou *em*: *Pendurei o chapéu a um (ou num) prego.* *** *Pendure essa folhinha* à *(ou* na*) parede!* *** *Pendurei-me* ao *(ou* no*) galho mais grosso da árvore.* *** *As fãs se penduravam* ao *(ou* no*) muro do hotel, para tentar ver o ator.* *** *Tinha um cordão pendurado* ao *(ou* no*) pescoço.* *** *Havia gaiolas penduradas* à *(ou* na*) sacada e roupas penduradas* ao *(ou* no*) varal.*

penhoar
Aportuguesamento do francês *peignoir*. Apesar de termos a nossa forma, há quem prefira a dos outros, francesa. Veja: Peignoir *é uma peça que se usa sobre camisola ou pijama.*

penhora
Rege *em* ou *sobre*: *A penhora em* (ou *sobre*) *algumas de suas joias lhe trazia algum alívio nos meses mais apertados.*

península Ibérica ou Península Ibérica?
A segunda.

pênis
Adj. correspondente: *peniano*. Portanto, *veias do pênis* = *veias penianas*.

penitência
Rege *de* ou *por*: *Fazer penitência de* (ou *por*) *todos os pecados.*

penoso
Rege *a* ou *para* (nome) e *de* (verbo): *Trata-se de uma missão penosa a* (ou *para*) *qualquer agente.* *** *Missão penosa de cumprir.*

"penta-campeão" brasileiro
Foi assim que torcedores corintianos exibiram suas faixas de campeão brasileiro de futebol em 2011. Um verdadeiro torcedor campeão, no entanto, exibi-las-ia de forma um pouquinho diferente: **pentacampeão brasileiro**. Por quê? Porque penta só exige hífen antes de palavra iniciada por a, e, em português, por enquanto, não existe nenhuma.

pequenez (plural)
Pequenez faz no plural pequenezes. Um jornalista, no entanto, autor de um livro sobre Carlos Marighella, numa entrevista a uma colega jornalista diz com ares sacerdotais: Todo ser humano tem suas grandezas e suas "pequenezas". De fato...

pequeno
Rege *de* ou *em*: *Árbitro pequeno de* (ou *em*) *tamanho, mas grande na disciplina dos jogadores.* *** *Gente pequena de* (ou *em*) *sentimentos.*

pequinês
Raça de cães. Não se deve usar "a" pequinês para a fêmea, mas o pequinês fêmea. V. **poodle**.

perante "a"
É erro usar a preposição "a" depois de perante, que é também preposição. Por isso, convém usar sempre assim: *Perante Deus, todos somos iguais.* *** *Perante um juiz é quando mais se mente.* *** *És um homem responsável perante Deus?* Em O Globo: *Nos anos de 1990, o Brasil assumiu o compromisso perante "às" comunidades internacionais: erradicação do analfabetismo e melhorar o nível de escolaridade do brasileiro.* Pelo jeito, o Brasil ainda não conseguiu...

pé-rapado
É o mesmo que pé de chinelo. Não varia. Usa-se, portanto, tanto para homem quanto para mulher. Ex.: *Manuel é um pé-rapado.* *** *Manuela é um pé-rapado.* Numa dessas novelas da emissora do "Roráima", todavia, ouviu-se de uma personagem: *A Rita é "uma pé-rapada".* Autêntica fala de pé-rapado...

perca
O substantivo correspondente ao verbo perder é perda, e não "perca", que nem mesmo o VOLP registra. O referido vocabulário registra perca (peixe), cuja vogal possui timbre aberto. O verbo perder tem no presente do subjuntivo a forma perca (ê): que eu perca, que tu percas, que ele perca, etc., que muitos pronunciam erroneamente com o e tônico aberto. Portanto, preferível será usar: *A seguradora considerou perda total nesse veículo.* *** *Nesse acidente houve muitas perdas de vida.*

percentual / percentagem
Regem *de, em* ou *sobre*: *O percentual* (ou *A percentagem*) *de comissão da* (ou *na* ou

sobre a) venda de um carro é de dez por cento. *** Qual é o seu percentual (ou *a sua percentagem*) *dos* (ou *nos* ou *sobre* os) lucros da empresa?

perda de audição "do ouvido"
Visível redundância. Mas foi o que se ouviu na televisão dia desses: *Minha avó teve perda de audição "do ouvido", apóstolo, mas só de ver o seu programa já está ouvindo tudo*. Os milagres por aí se tornaram tão corriqueiros quanto andar pra frente...

perder
Todas as suas formas têm o e fechado: *perco, percas, perca, percam*, etc. Usa-se com *para*: *O Fluminense perdeu para o Botafogo*. O adjunto adverbial de quantidade vem antecedido de *de* ou *por*: *O Fluminense perdeu para o Botafogo de* (ou *por*) *0 a 2*. Não se perde "de"; perde-se *para*; no entanto, o G1 saiu-se com esta: **Em jogo melancólico, o Palmeiras perde "do" Atlético-GO**. Tanto o erro quanto o fato já não são novidade para ninguém...

perder de "2 a 0"
Só as vitórias merecem os placares favoráveis. Portanto, construímos corretamente: *Meu time venceu por 2 a 0*. As derrotas, naturalmente, são marcadas com placares desfavoráveis. Portanto: *Meu time perdeu de 0 a 2*. (Como pode um time perder de "2 a 0? Trata-se de visível contrassenso.) Repare nesta frase de um jornalista esportivo: *O Santos perdeu por "2 a 0" para o Vitória*. Agora, nesta, de outro deles: *O Fortaleza perdeu por "3 a 2" para o São Paulo, ontem, no Morumbi*. Se o time perde, como é que se pode partir de um resultado positivo?

perdoar
Quem perdoa, perdoa alguma coisa a alguém. Portanto: *Perdoei uma dívida a meu amigo*. = *Perdoei-lhe uma dívida*. *** *O pai nunca perdoou àquele filho*. = *O pai nunca lhe perdoou*. Muitos, no entanto, usam: "Eu o perdoo", em referência a pessoa. Quem perdoa bem e de verdade, diz ou escreve: *Eu lhe perdoo*. Poucos, no entanto, constroem assim. Uma articulista de O Estado de S. Paulo escreveu sua matéria com o título de **A paga da praga**, mas o manchetista do jornal lascou este, diferente e errado: **O preço que o PT vai pagar por perdoar "os" mensaleiros.** Veja, agora, a declaração "cristã" de um vereador do interior paulista, eleito deputado estadual, acerca de uma rixa com o prefeito de sua cidade: *Eu perdoei até "quem" matou o meu pai, por que não perdoar "o" prefeito?* Quem lhe perdoará?... Diogo Mainardi, ao tratar do escândalo do mensalão, escreveu na Veja, em 2006: *Lula está praticamente reeleito. Os brasileiros "o" perdoaram. Mas a bandidagem da qual ele se cercou continuará a rondá-lo para sempre*. Os brasileiros "o" perdoaram? EU não! Notícia (também dolorosa) publicada no Terra: *Condenado a 19 anos e nove meses de prisão pelo assassinato de Daniella Perez, ocorrido em 1992, Guilherme de Pádua afirmou ontem, em entrevista ao apresentador Ratinho, que gostaria de pedir perdão à novelista Glória Perez, mãe da vítima. O que eu mais desejo é a felicidade das pessoas que causei dor. Mas eu acho que ela não quer me ouvir*. Durante a entrevista, ao vivo, Guilherme não quis contar o que de fato aconteceu na noite do assassinato. Anteontem, Glória Perez escreveu no twitter que ia processar Guilherme se ele fizesse qualquer referência mentirosa a Daniella. Irritado por Guilherme não falar sobre o crime, Ratinho terminou o programa dizendo que o entrevistado era um ator e que, se estivesse no lugar de Glória, não "o" perdoaria. Ninguém, em sã consciência, lhe perdoou. Nem lhe perdoa. Nem lhe perdoaria. Nem nunca lhe perdoará.

perdoável
Rege *a* ou *em* (pessoa) e *em* (coisa): *Erros perdoáveis a* (ou *em*) *um novato*. *** *Erros perdoáveis em redação de crianças*.

perfazer
Conjuga-se por fazer.

perfume
Rege *a* ou *de*: *Sinto um forte perfume a (ou de) sândalo.* *** *Seus cabelos exalavam um suave perfume a (ou de) xampu.*

perguntado
Rege *acerca de* ou *a respeito de* ou *por* ou *sobre*: *Perguntado acerca de (ou a respeito de ou por ou sobre) seu estado civil, respondeu que era solteiro.*

perigo de vida
É a expressão correta, a par de risco de vida.

perigoso
Rege *a* ou *para* (nome) e *de* (verbo): *Amizade perigosa aos (ou para os) filhos.* *** *Clima perigoso à (ou para a) saúde.* *** *Lugar perigoso de morar.*

permissão
Rege *a...de* (ou *para*) [nome] ou apenas *de* (ou *para*) [verbo]: *Nesse país não há permissão aos cidadãos de (ou para) viagens ao exterior.* *** *Qualquer pessoa no Brasil obtém permissão de (ou para) viajar ao exterior, se não tiver problemas com a justiça.*

Pernambuco
Não admite artigo. Use, portanto: *Fui a Pernambuco* (e não: *Fui "ao" Pernambuco.*) *** *Cheguei agora de Pernambuco* (e não: *Cheguei agora "do" Pernambuco*). Manchete do Globoesporte: **Após 16 anos, Náutico e Sport se encontram na final "no" PE.** Manchete de O Estado de S. Paulo: **Caixas pretas do avião acidentado "no" PE estão queimadas**. E o autor dessa manchete nem mesmo sabe que caixa-preta é assim que se escreve: com hífen. Interessante o jornalismo brasileiro: usa artigo antes de Pernambuco, quando não deve, mas deixa de usá-lo antes de Mato Grosso do Sul, quando deve. O jornalismo brasileiro é ótimo!

pernoite
É palavra masculina: *o pernoite, um pernoite, ter bom pernoite num hotel; aquele pernoite foi ótimo; como foi seu pernoite aqui?* Significa *permanência durante a noite para dormir.* Como (ainda) carros não dormem, fica claro que a palavra não é usada com pertinência nos estacionamentos, que costumam trazer um aviso mais ou menos assim: *"Pernoite": R$10,00.* Num hotel ou numa pousada há *pernoite*; num estacionamento, existe apenas *estadia por noite* ou *estadia noturna*.

"perônio"
Pela nomenclatura oficial da Sociedade Brasileira de Anatomia, devemos usar não mais "perônio", mas fíbula.

perpetuar-se "para o futuro"
Visível redundância: alguém ou algo pode perpetuar-se "para o passado"? Estou certo de que a resposta do caro leitor é **não**. Vejamos, porém, o que diz um ex-ministro do Trabalho: *Ao explicar a suspensão dos pagamentos das dívidas do PT, Berzoini afirmou que o partido não possui dinheiro em caixa e deverá, provavelmente, buscar uma renegociação dos débitos junto aos credores. O que nós estamos fazendo é tomar medidas para evitar que o descontrole que houve se perpetue para o futuro.* Só resta acrescentar: o futuro a Deus pertence...

perpetuar-se "para sempre"
Redundância infantil. O Dicionário Aurélio, no entanto, no verbete **perpetuar**, acepção 8, fornece este exemplo: *Segundo a Bíblia, o homem não se perpetuará "para sempre".* Graças a Deus!...

EM TEMPO – Esse mesmo dicionário:
83) usa nomenclatura médica antiga ("globo ocular") em **órbita, simbléfaro** e **sincanto**;
84) registra "operon" por **óperon** e **ouro-fio**, com hífen (no que acerta), mas no exemplo dado usa "ouro fio" (qual o correto?);
85) registra errado o timbre da vogal tônica em **oximoro**;

86) registra **ovos-moles** como s.f. (só os "duros" são s.m.?...);
87) registra "parátopo" por **paratopo**, "palestésico" por **palestético** e "papel-manteigueiro" (que não consta no VOLP) com hífen, mas no verbete anterior usa papel manteigueiro (sem hífen; qual o correto?);
88) registra **pararaca** como s.m., mas no exemplo dado usa "uma pararaca" (qual o correto?);
89) registra "pataquada" por **patacoada** (interessante é que há registro também de **patacoada**, mas sem referência àquela);
90) registra **peladeiro** apenas como s.m., quando é também adjetivo (são centenas de casos semelhantes);
91) registra "peripecia" (que não consta no VOLP) por **peripécia** e "pertita" por **perthita** ou **perthite**.

perplexo / perplexidade
Regem *ante* ou *com* ou *diante de* ou *em face de* ou *perante* (nome): *Ficou perplexo ante a* (ou *com a* ou *diante da* ou *em face da* ou *perante a*) *reação da moça.* *** *Sua perplexidade ante aquela* (ou *com aquela* ou *diante daquela* ou *em face daquela*, ou *perante aquela*) *ignorância era compreensível.*

perseguição
Rege *a* ou *contra* (pessoa) e *de* (coisa): *Aquilo já era perseguição a* (ou *contra*) *mim.* *** *Foi nessa época que começou a perseguição aos* (ou *contra os*) *cristãos.* *** *Apesar de muito limitado, o time continua na perseguição dos pontos que possam fazê-lo retornar à divisão principal do futebol brasileiro.*

perseguido
Rege *de* ou *por*: *Ela se acha perseguida de* (ou *por*) *fantasmas.* *** *Era, agora, um homem perseguido da* (ou *pela*) *polícia.*

perseguir
Conjuga-se por ferir.

personagem
Em todas as minhas obras sempre defendi o gênero feminino para personagem, em razão, principalmente, de todas as palavras em português, com a mesma terminação, serem desse gênero, com exceção de selvagem (que é nome comum de dois). Continuo preferindo o gênero feminino, mas não considero o uso no masculino como transgressão, já que muitos antigos dicionaristas e gramáticos já admitiam seu uso como comum de dois gêneros, assim como selvagem. Sempre me baseei no fato de que as palavras francesas terminadas em -age, masculinas na sua língua de origem (garage, courage, clonage, sabotage, vernissage enfim todas, inclusive, naturalmente, personnage), quando passam ao português, ganham gênero feminino. Neste caso, portanto, como em muitos outros, estive a exercitar o meu senso de coerência, considerado por alguns críticos não virtude, mas vício. OK, vocês venceram!

persuadir
Rege *a* ou *de* (infinitivo), mas apenas *de* (nome): *Persuadi-o a* (ou *de*) *não cometer o crime.* *** *Ninguém conseguiu persuadi-los a* (ou *de*) *não ir ao estádio.* *** *Foi difícil persuadir o matuto dessa verdade.*

pertíssimo
Advérbios não aceitam o sufixo -*íssimo*, mas alguns constituem exceção, principalmente na língua cotidiana. Daí por que dizemos que a escola não fica perto, fica *pertíssimo*, que o Uruguai não está perto, está *pertíssimo*.

perturbado
Rege *com* ou *por* (desorientado, embaraçado; incomodado) e *de* (transtornado das faculdades mentais): *O presidente ficou visivelmente perturbado com* (ou *por*) *aquela pergunta do repórter.* *** *Sentir-se perturbado com o* (ou *pelo*) *barulho.* *** *Rapaz perturbado dos nervos.*

pesado
Rege *a* ou *para* (pessoa) e *de* (coisa): *Mala pesada a (ou para) uma criança, mas leve a um adulto.* *** *Estar pesado de sono.* *** *Morar num bairro pesado de crimes.*

pesaroso
Rege *com* ou *de*: *Ficou pesaroso com a (ou da) falta de reconhecimento do chefe.*

pesca
Rege *a* ou *de*: *Está proibida a pesca a (ou de) lagostas nesta época do ano.*

pescoço
Adj. correspondente: *cervical*. Portanto, *região do pescoço* = *região cervical*. O plural (pescoços) também tem *o* tônico fechado.

"pés cúbicos"
A medida nossa é *litros*. Os refrigeradores brasileiros têm *litros*, e não "pés cúbicos".

pese
Elemento que entra na locução prepositiva *em que pese a*. A pronúncia, em rigor, é *pêzi*, já que a palavra se relaciona com *pêsames*, mas já está consagrada a pronúncia com e tônico aberto: *Em que pese ao temporal, chegamos bem a casa.* *** *O Palmeiras venceu bem, em que pese ao árbitro paraguaio.* *** *Elegeram o candidato do governo, em que pese à atual situação.* Muitos usam apenas "em que pese", esquecendo-se de que toda locução prepositiva termina por uma preposição. Há, ainda, os que defendem a variação do elemento pese, considerando-o verbo. Trata-se de uma consideração do tempo do Onça, da época em que se escrevia *farmácia* com *ph*...

pestana
Adj. correspondente: *ciliar*. Portanto, *depilação das pestanas* = *depilação ciliar*.

petulância
Rege *com* ou *para com* (pessoa) e *de* (verbo): *Sua petulância com (ou para com) o professor lhe valeu uma suspensão.* *** *Ele teve a petulância de querer ensinar o pai-nosso ao vigário.*

petulante
Rege *com* ou *para com*: *Por ter sido petulante com (ou para com) o patrão, foi despedido.*

Piaçaguera
É a grafia correta do nome da cidade paulista. Muitos, no entanto, continuam grafando "Piassaguera".

pichar / pichação
Apesar de serem as palavras corretas, ainda há os que as escrevem com "x". Quem *picha* suja os muros limpos e as paredes alvas ou limpas dos edifícios; *pichação* é para desocupado, para vagabundo. Usa-se também em sentido figurado: *Ele pichou a ex-namorada para todos os rapazes da cidade, e a pichação fez com que ela nunca se casasse.* Num jornal: *Quando se anda pelas largas e congestionadas avenidas de Teerã, a primeira impressão é a de que se vive num regime tão fechado quanto o da Coreia do Norte ou o da Síria. Na capital iraniana, veem-se muitos outdoors, monumentos – de gosto duvidoso – e "pixações" exaltando os líderes espirituais da Revolução Islâmica, os aiatolás Ruhollah Khomeini, morto em 1989, e seu sucessor, Ali Khamenei, o poder real no Irã de hoje.* Para encerrar, manchete do Diário de S. Paulo: **Torcedores "pixam" o muro do Palmeiras**. Vergonhoso a um jornalista é não conhecer ortografia; mais vergonhoso ainda é um clube ter uma diretoria incompetente, cínica e sobretudo desavergonhada, que não sentiu pejo de levar o maior campeão brasileiro de todos os tempos duas vezes para a segunda divisão.

picles
Palavra que só se usa no plural (*os picles*): *Comprei uns picles importados.* *** *São gostosos esses picles?*

picuinha
Rege *a* ou *contra*: *Ele gosta de fazer picuinha aos* (ou *contra os*) *vizinhos*.

piedade
Rege *com* ou *de* ou *para com* ou *por*: *Ter piedade com os* (ou *dos* ou *para com os* ou *pelos*) *pobres*. *** *Os conquistadores espanhóis não tiveram nenhuma piedade com os* (ou *dos* ou *para com os* ou *pelos*) *nativos, principalmente no México*.

piedoso
Rege *com* ou *para com*: *Ser piedoso com* (ou *para com*) *os pobres*.

pilossebáceo
É assim que se escreve esta palavra, ou seja, sem hífen: *folículos pilossebáceos*. Há quem escreva não só "pilo-sebáceo" como "pilosebáceo". De um dermatologista: *A foliculite representa um processo inflamatório crônico ao redor do folículo "pilo-sebáceo"*. Falando sobre a acne, escreve outro: *O canal "pilo-sebáceo", vulgarmente conhecido por poro, fica obstruído porque o excesso de gordura que por aí passa acaba por ficar estagnado sem capacidade para ser drenado; com a sua permanência dentro do poro, tal gordura acaba por endurecer e oxidar (a que está mais em contacto com o ar), formando-se deste modo um ponto negro*. Mais outro, tratando do mesmo assunto: *A pele é um órgão que sofre alterações no decorrer da vida e, principalmente na adolescência, ocorre uma variação em sua espessura, ocasionando geralmente o aparecimento da acne, que aparece com maior intensidade em 85% dos adolescentes. Nesta fase, as glândulas sebáceas se hipertrofiam, levando a um aumento da produção de sebo. Essa quantidade exagerada leva a um entupimento do folículo "pilosebáceo", que, com a entrada de bactérias, leva a um processo inflamatório, dando origem à acne*. Eu não canso de dizer: médico entende de medicina.
Se tiver dúvida sobre a escrita de qualquer palavra, consulte o **Grande dicionário Sacconi da língua portuguesa**.

piloto
Usada com função adjetiva, não varia: escolas piloto, eventos piloto. Tem feminino, sim: pilota. Jornalistas despreparados provocam risos, com as alternativas simplórias que inventam, para fugir a esse feminino tão singelo. Recentemente, uma pilota espanhola perdeu um dos olhos num acidente. Um jornalista do G1 saiu-se com esta: *A "piloto" Maria de Villota relata reação após acidente que lhe causou a perda do olho direito*. Uns há que em acidentes perdem olho; outros há que, ao escreverem, perdem toda a credibilidade. Eis ainda esta manchete, vista nesse mesmo portal: **Passageiro reclama de "piloto mulher" e é retirado de avião**. De outro lado, uma pilota de caminhão, ex-sem-terra, declarou-se recentemente, pela televisão desta forma: *Eu sou D.R., "piloto" de caminhão*. Este mundo moderno está cheio de mulher querendo passar-se por homem, e vice-versa.

pintado
Rege *com, de* ou *em*: *Antigamente, só saíam das fábricas carros pintados com* (ou *de* ou *em*) *preto*. *** *As mulheres usam hoje os cabelos pintados com* (ou *de* ou *em*) *cores extravagantes*.

Pio X
Lê-se *Pio décimo*, e não *Pio "dez"*.

pioneiro
Rege *de* ou *em*: *Freud foi o pioneiro da* (ou *na*) *psicanálise*. *** *Os pioneiros do* (ou *no*) *movimento ecológico devem ser enaltecidos*.

piorar "mais" / piorar "ainda mais"
Visíveis redundâncias. Opina um leitor consciente, num jornal paulista, acerca do escândalo do mensalão: *Estão tentando deixar o Lula de fora para não piorar "mais" a situação, mas vai ser difícil uma vez que pela lógica ele é o comandante de todos eles*. No mesmo jornal: *Nova interdição deve piorar "ainda mais" o tráfego na Av. do Estado*.

Uma articulista da Folha de S. Paulo, que ainda participa de um telejornal, escreve, por ocasião da eleição para presidente da Câmara dos Deputados, após a renúncia de Severino Cavalcante: *Ninguém quer "piorar ainda mais" a imagem da instituição.* Dá?

Piraçununga
É esta a grafia correta do nome da cidade paulista. Muitos, no entanto, escrevem "Pirassununga". Quem nasce em Piraçununga é piraçununguense, e não "pirassununguense", grafia que nem mesmo existe no VOLP. Os habitantes da cidade fazem questão de escrever "Pirassununga" (as placas dos seus carros só trazem assim), mas como explicar a uma criança, por exemplo, que os que nascem em "Pirassununga" são piraçununguenses?

Pirajuçara
É a grafia correta do nome do córrego paulista, mas só se vê "Pirajussara".

pirambeira ou perambeira?
Tanto faz.

pirata
Adj. correspondente: *predatório*. Portanto, *atos de pirata* = atos *predatórios*.

Pireneus
É o nome correto da cordilheira entre a França e a Espanha, que separa a península Ibérica do resto da Europa. Na Veja: *A análise de fósseis de dinossauros encontrados nas montanhas dos "Pirineus", na fronteira entre França e Espanha, reforça a hipótese de que a extinção destes animais foi repentina e ocorreu, provavelmente, como consequência do impacto de um asteroide sobre a Terra.* Os jornalistas brasileiros são incapazes de escrever corretamente e ainda mais incapazes de escreverem **a** Espanha, **a** França. Impressionante!

pirraça
Rege *a* ou *contra*: *É um deputado que gosta de fazer pirraça ao* (ou *contra o*) *governo*. *** *Não fazer pirraça aos* (ou *contra os*) *vizinhos: eis um mandamento prudente*.

pisado
Rege *de* ou *por*: *Este é um solo pisado do* (ou *pelo*) *Papa*.

pisar ou pisar em (ou sobre)?
No português contemporâneo, tanto faz, na acepção de passar ou andar por cima de: *É proibido pisar a* (ou *na* ou *sobre a*) *grama*. *** *Cuidado para não pisar o* (ou *no* ou *sobre o*) *meu calo!*

pista
Rege *de* (encalço) e *acerca de* ou *a respeito de* ou *em relação a* ou *quanto a* ou *sobre* (informação): *A polícia está na pista dos sequestradores*. *** *Não há por enquanto nenhuma pista acerca dos* (ou *a respeito dos* ou *em relação aos* ou *quanto aos* ou *sobre os*) *assaltantes*.

píton
Note: a palavra é paroxítona. Num programa de televisão, seu apresentador, no entanto, disse e repetiu "cobra pi**ton**". Normal...

plágio / plagiado
Regem *a* ou *de*: *Aumentam cada dia mais os plágios a* (ou *de*) *certos autores*. *** *Ele usa uma didática plagiada a* (ou *de*) *outro professor*.

planejamento "prévio"
Visível redundância. Já pensou, caro leitor, se todo planejamento não fosse feito com antecedência? Seria o caos...

planejar "antecipadamente"
Redundância: quem planeja já traça antecipadamente suas ações ou seus passos.

Há quem aconselhe: *Planejar "antecipadamente": a melhor maneira de aproveitar ao máximo sua viagem.* E se eu apenas planejar? Não aproveitarei? Há quem, não satisfeito com apenas uma redundância, comete duas: *Algumas vezes eles apenas improvisam no ato, em vez de planejar e preparar "antecipadamente".*

plebiscito
Apesar de ser a palavra correta, há quem escreva "plesbicito" e também "plesbiscito". Num jornal: *Polônia decidiu aderir à União Europeia (UE) num "plesbicito".* Noutro jornal: *Venezuela também vai fazer "plesbicito".* Manchete da Folha de S. Paulo: **Líder propõe "plesbicito" para decidir a reunificação da Irlanda**. De um deputado federal, ex-promotor de Justiça e até ex-governador de São Paulo: *Em outubro de 2005 será realizado "Plesbicito" Nacional sobre temas de interesse do Cidadão.* Estamos bem de plebiscito? Rege *sobre*: *Por que o Brasil não faz um plebiscito sobre a pena de morte?*

plural de modéstia
Emprego da primeira pessoa do plural (*nós*) no lugar da correspondente do singular (*eu*), por modéstia da parte de quem fala ou escreve: *Estamos consciente de nossa responsabilidade perante a população, disse o prefeito.* *** *Fomos recebido pelo presidente.* *** *Ficamos-lhe grato pelo seu esforço.* Note que o particípio ou o adjetivo pode ficar no singular.

plural majestático
Uso do pronome *nós* por *eu* ou de *vós* por *tu* por autoridades, para denotar respeito em relação ao interlocutor: *Brasileiros, estamos aqui para ouvir suas reivindicações.* (Quando fala o presidente da República.) *** *Quem sóis vós, que me abordastes de forma tão carinhosa?*

pó
Adj. correspondente: *pulveroso, pulverulento* ou *poeirento*. Portanto, *chão cheio de pó = chão pulveroso* (ou *pulverulento* ou *poeirento*). Existe ainda *pulvéreo*, usado mais em poética: *No chão pulvéreo pôs ela seus delicados pés.*

pobre
Rege *de* ou *em*: *País pobre de* (ou *em*) *petróleo.* *** *Organismo pobre de* (ou *em*) *vitaminas.* *** *Pessoa pobre de* (ou *em*) *ideias.* Tanto pobretão quanto pobretona também têm o primeiro o aberto.

pó de arroz
Sem hifens.

poder
É verbo irregular: posso, podes, pode, podemos, podeis, podem (pres. do ind.); pude, pudeste, pôde, pudemos, pudestes, puderam (pret. perf. do ind.); podia, podias, podia, podíamos, podíeis, podiam (pret. imperf. do ind.); pudera, puderas, pudera, pudéramos, pudéreis, puderam (pret. mais-que-perf. do ind.); poderei, poderás, poderá, poderemos, podereis, poderão (fut. do pres.); poderia, poderias, poderia, poderíamos, poderíeis, poderiam (fut. do pret.); possa, possas, possa, possamos, possais, possam (pres. do subj.); pudesse, pudesses, pudesse, pudéssemos, pudésseis, pudessem (pret. imperf. do subj.); puder, puderes, puder, pudermos, puderdes, puderem (fut. do subj.); não há imperativo; poder (infinitivo impessoal); poder, poderes, poder, podermos, poderdes, poderem (infinitivo pessoal); podendo (gerúndio); podido (particípio). Quando se lhe segue infinitivo, este não varia. Ex.: *Podem ficar* (e não *"ficarem"*) *à vontade!* *** *As crianças poderão vir* (e não *"virem"*) *conosco.* Escreve, no entanto, um agrônomo: *Considerando-se que o coqueiro é uma planta que apresenta crescimento e produção contínuas e paralelas ao longo do ano, é de fundamental importância que estejam adequadamente nutridas para que possam "manifestarem" seu potencial produtivo.* De notar, ainda, outro erro de concordância aí, agora nominal: crescimento e produção "contínuas e paralelas". Ora, se um profissional desses não domina sequer a própria língua, como confiar naquilo que ele afirma acerca de sua especialidade?

poeta
Faz no feminino *poetisa*. Poeta para mulher? Não. Nem mesmo para a melhor poetisa do mundo. Há certas mulheres que compõem versos e não gostam de ser tratadas de poetisas, exigindo que as chamemos de poetas, porque, em seu modo de entender, o feminino as desvaloriza. Puro machismo ao contrário. Cecília Meireles, excelente poetisa, no entanto, se autointitulava poeta. Paciência: ninguém é perfeito... Manchete da Folha de S. Paulo: **Filme expõe a "poeta" Gabriela Mistral que o Chile escondeu.** Mesmo que a referida senhora tivesse sido homossexual, como sugere a notícia, ninguém teria o direito de assacar-lhe a pecha de "poeta". O então senador amazonense Arthur Virgílio, do PSDB, saiu-se com esta, ao comentar uma fala infeliz de Dilma Rousseff, em campanha à presidência da República: *Dilma, calada, é uma "poeta"*. Ela nunca foi poeta...

pokan ou poncã?
A segunda.

polegada
Assim como *pés cúbicos*, não é medida nossa. No Brasil se usará de preferência *centímetros*: *Seu televisor é de quantos centímetros?*

pólen ou polem?
Tanto faz; a primeira é a mais usada; a segunda é a mais aconselhável, mas nem registro tem no VOLP, o que não surpreende. Qualquer delas faz no plural *polens* (sem acento).

policial-militar
Ambos os elementos variam, quando este composto é substantivo: *os policiais-militares*. Quando adjetivo, só o último elemento varia: *inquéritos policial-militares*.

polido / polidez
Regem *com* ou *para com* (pessoa) e *de* ou *em* (em contração; pessoa): *Ser polido com* (ou *para com*) *as visitas*. *** *Homem polido de* (ou *nas*) *maneiras*. *** *Mulher polida de* (ou *no*) *trato*. *** *Sua polidez com* (ou *para com*) *as visitas era de todos notada*. *** *A polidez de* (ou *nas*) *maneiras de um cavalheiro*. *** *A polidez de* (ou *no*) *trato de uma dama*.

polir
Conj.: pulo, pules, pule, polimos, polis, pulem (pres. do ind.); pula, pulas, pula, pulamos, pulais, pulam (pres. do subj.). Por ele se conjuga sortir.

polo norte ou Polo Norte?
A primeira, quando equivalente de polo ártico. Da mesma forma: polo sul, quando equivalente de polo antártico.

poluir
Conjuga-se por atribuir.

pombo / pomba
Adj. correspondente: *columbino*. Portanto, *arrulhos de pombo* = *arrulhos columbinos*; *excrementos de pomba* = *excrementos columbinos*.

"pomo de adão"
Sem hífen. Pela nomenclatura oficial da Sociedade Brasileira de Anatomia, devemos usar não mais "pomo de adão", mas proeminência laríngea.

ponto
Os títulos devem terminar por ponto? Não necessariamente. Assim, manchetes de jornais e revistas podem vir assim: *Tempestade no Pacífico.* Ou apenas *Tempestade no Pacífico* (sem o ponto). *Regência verbal.* Ou apenas *Regência verbal* (sem o ponto).

ponto (e as casas decimais)
Não é recomendável, em português, separar as casas decimais mediante ponto, como

se faz em inglês. No Brasil, muitos dizem ter um carro um "ponto" oito (1.8) e aspirar a um dois "ponto" cinco (2.5). Há até ministro da Fazenda que exige um défice primário de quatro "ponto" cinco por cento do PIB. A macaquice é geral.

ponto de exclamação
Sem hifens: O ponto de exclamação é empregado para marcar o fim de qualquer enunciado com entonação exclamativa, que normalmente exprime admiração, surpresa, assombro, indignação etc. *** O ponto de exclamação é desaconselhado nos textos jornalísticos, salvo na reprodução literal de uma declaração enfática: *A corrupção no governo do PT é generalizada!*.

ponto de interrogação
Sem hifens: Usa-se o ponto de interrogação após frases interrogativas diretas.

ponto de venda
Agora, sem hifens: *É necessária uma constante atualização, em cursos e veículos especializados, para transformar um ponto de comércio em um verdadeiro ponto de venda*.

ponto de vista
Sem hifens. Rege *acerca de* ou *a respeito de* ou *a propósito de* ou *de* ou *em relação a* ou *quanto a* ou *sobre*: *Todos conhecem meu ponto de vista acerca dessa* (ou *a respeito dessa* ou *a propósito dessa* ou *dessa* ou *em relação a essa* ou *quanto a essa* ou *sobre essa*) *questão*. Parece brincadeira, mas ainda há jornalista que escreve "ponto-de-vista"! Título de notícia em O Globo: **O "ponto-de-vista" da oposição**. Bem, sobre o jornalismo brasileiro todos vocês já sabem muito bem qual é o **meu** ponto de vista...

ponto e vírgula
Sem hifens, tanto para um ponto e vírgula (.,) quanto para um ponto acima de uma vírgula, sinal de pontuação (;).

poodle
É, como boa parte dos nomes relativos a animais, nome epiceno. Isso quer dizer que se usa o *poodle* macho e o *poodle* fêmea, e não "a" *poodle* para a fêmea, como se vê comumente. Nomes de animais não são comuns de dois (o/a pianista, o/a jovem, etc.), que são específicos de pessoas. O mesmo se dá com outros nomes de animais (pequinês, labrador, pastor-alemão, etc.). Repare que ninguém diz "a porca-espinha" em referência à fêmea do porco-espinho.

pôr
É verbo irregular: ponho, pões, põe, pomos, pondes, põem (pres. do ind.): pus, puseste, pôs, pusemos, pusestes, puseram (pret. perf. do ind.); punha, punhas, punha, púnhamos, púnheis, punham (pret. imperf. do ind.); pusera, puseras, pusera, puséramos, puséreis, puseram (pret. mais-que-perf.); porei, porás, porá, poremos, poreis, porão (fut. do pres.); poria, porias, poria, poríamos, poríeis, poriam (fut. do pret.); ponha, ponhas, ponha, ponhamos, ponhais, ponham (pres. do subj.); pusesse, pusesses, pusesse, puséssemos, pusésseis, pusessem (pret. imperf. do subj.); puser, puseres, puser, pusermos, puserdes, puserem (fut. do subj.); põe, ponha, ponhamos, ponde, ponham (imper. afirm.); não ponhas, não ponha, não ponhamos, não ponhais, não ponham (imper. neg.); pôr (infinitivo impessoal); pôr, pores, pôr, pormos, pordes, porem (infinitivo pessoal); pondo (gerúndio); posto (particípio). Por ele se conjugam todos os seus derivados: antepor, apor, compor, contrapor, decompor, depor, descompor, dispor, entrepor, expor, impor, indispor, interpor, justapor, opor, pospor, predispor, prepor, pressupor, propor, recompor, repor, sobrepor, superpor, supor e transpor. Durante os esforços militares para a ocupação de duas grandes favelas no Rio de Janeiro, em novembro de 2010, um oficial da Polícia Militar deu esta declaração, em tom de ultimato aos traficantes que se entrincheiravam no Complexo do Alemão, depois de lhes oferecer a alternativa da rendição: *No momento em que o Sol se "pôr", acabou a negociação.*

por cada
Cacofonia que ora podemos evitar, ora não. Caso evitável: *Paguei dez reais por cada limão*. (Basta retirar "cada".) Caso inevitável: *Vou lutar por cada centavo que me cabe por direito*. Não nos devemos preocupar, contudo, com as cacofonias, mas sim com os cacófatos. Para encerrar, veja estes textos, colhidos aqui e ali: *Entre as pessoas que usam preservativos de forma constante e correta, são bastante baixas as taxas de ocorrência de gravidez – em torno de 3 gravidezes por cada 100 mulheres, no primeiro ano de uso.* *** *O instrutor cobra R$45,00 por cada salto de* bungee jump. No primeiro texto, não há como fugir do *por cada*, já no segundo, o *cada* é perfeitamente dispensável. Neste texto, todavia, colhido no *site* da Abrelivros, o *cada* não tem nenhuma razão de ser: *O governo brasileiro paga menos do que uma revista Caras "por cada" livro adquirido para distribuição nas escolas*. Nem neste, colhido na Folha de S. Paulo: *Em ação que corre na Justiça paulista, a empresa Freemantle, detentora do formato do programa Ídolos no Brasil, obteve liminar que obriga o SBT a retirar do ar imediatamente o programa Qual é o Seu Talento?, sob "a" pena de ter de pagar R$150 mil "por cada" programa que for ao ar*. O jornalista que escreveu isso aí deveria fazer um curso de reciclagem em português. Sob pena de não mais escrever em jornais...

"por causa que" / "por causo que"
São locuções meramente populares, que não devem ser usadas na linguagem formal. No Dicionário Houaiss, porém, edição de 2001, se encontram registradas ambas as locuções. Normal.

porco
Adj. correspondente: *suíno* e *porcino*. Portanto, *carne de porco* = *carne suína*; *criação de porcos* = *criação porcina*.

porco-espinho
Até ontem, seu único plural era porcos-espinhos; veio a 5.ª edição do VOLP e registrou também porcos-espinho. À fêmea desse animal devemos nos referir como o porco-espinho fêmea, e não "a porca-espinha", naturalmente. V. *poodle*.

pôr do Sol
Sem hifens e de preferência com **S** maiúsculo. O VOLP registra pôr do sol (com minúscula); ora, se aqui se trata do astro, grafa-se com maiúscula. Quem elaborou o vocabulário não deve desconhecer essa norma, tão elementar. Anteriormente, o VOLP registrava "pôr-do-sol", com hifens; ora, aquele que registrasse assim teria de, por coerência, registrar também "nascer-do-sol". E nenhuma pessoa de mente sã faz isso.

"por escrita"
Se se tratar de locução adverbial, há erro aí. Locução adverbial não varia: *A sentença não foi de todo injusta*. (E não: "de toda".) *** *A vida na ilha não é de todo monótona*. *** *Disfarça-te e sai de fininho!* (E não: "de fininha".) *** *Vidas têm sido colocadas em risco nos estádios de futebol*. (E não: "em riscas".) *** *Muitas espécies animais estão em extinção*. (E não: "em extinções".) *** *Recebi mensagem por escrito*. (E não: "por escrita".) *** *A questão continua em aberto*. (E não: "em aberta".) *** *Os salários estão em dia*. (E não: "em dias".) *** *A equipe corintiana se abriu por inteiro*. (E não: "por inteira".) *** *Houve muitos votos em branco nestas eleições*. (E não: "em brancos".) Frase de um fisioculturista, querendo passar-se por entendido: *O lactato é um composto orgânico produzido naturalmente no corpo humano e também utilizado como fonte de energia para atividades físicas "em gerais"*. Será que os sírios e libaneses que chegavam ao Brasil abriam lojas que vendiam roupas e armarinhos "em gerais"? A resposta é sua e me parece bem clara. Declarou recentemente uma beldade do SBT, a qual seu patrão compara com Elizabeth Taylor, pela cor dos olhos: *É verdade, nós temos amigos "em comuns"*. É mesmo?! Recentemente, um famoso colunista social, que se vê na televisão, sempre depois da meia-noite, ao entrevistar Maria Fernanda Cândido, lhe disse: *Você está um pouco mais magra, está mais elegante. Posso te mostrar "por inteira"?* Ou seja, nada elegante... Um repórter de O Globo, depois da

aposentadoria do ministro Ayres Brito anunciou a todos nós: *Com essa aposentadoria, existe mais uma vaga "em aberta" no Supremo*. É o jornalismo brasileiro moderno conquistando títulos... Certa feita, um repórter esportivo nos revelou que um jogador de futebol havia pisado com as duas pernas "em falsas", por isso sentia muitas dores. E o repórter? Não sentiu nenhuma dor na língua?! Prosseguindo no campo do esporte, eis a frase genial de Maguila, ao despontar como candidato a deputado federal pelo PTN: *Se eu for eleito deputado, vou trabalhar pelos esportes "em gerais"*. Será? Na entrada de um posto de saúde de Goiás, uma séria advertência aos pais, num enorme cartaz: CRIANÇAS QUE CHORAM SERÃO ATENDIDAS POR "ÚLTIMOS". Durante o depoimento que fez na CPI dos Bingos, por ocasião da acareação com os irmãos de Celso Daniel, prefeito assassinado de Santo André, o então chefe de gabinete da Presidência da República disse mais de uma vez: *A verdade deve vir "por inteira"*. Um dos referidos irmãos, no entanto, consertou: *Muito bem, Sr. Clóvis, se a verdade deve vir por inteiro, diga, então, a verdade!* Ocorre que a verdade de alguns não é para todos...

por isso
Não existe "porisso" nem muito menos "por isto". Por isso, escreva sempre *por isso*.

por oportuno
Expressão legítima, que tem o verbo ser oculto (*por ser oportuno*): *Por oportuno, comunico meu novo endereço: Rua da Paz, 300*.

por procuração
Abrev.: *p.p.*, e não "pp.".

por que e por quê: qual a diferença?
Por que equivale a *pelo qual* (*esse é o motivo por que o demiti*), a *por que motivo* (*não sei por que ela fez isso; por que estás triste?*), a *por qual* (*não sei por que estrada eles foram*) e quando a preposição *por* é uma exigência de um nome relativo (*estar ansioso por que chegue o final do ano*). Quando *por que* se substitui por *pelo qual* (ou variações) ou *a razão pela qual*, também são duas as palavras que se usam: *Não sei o motivo por que eles se separaram*. *** *Ela chorou; daí por que o filho não gostou*. Na Veja: *Os atentados em Londres colocaram os europeus diante de um desafio: entender "porque" os jovens muçulmanos criados na Europa estão dispostos a matar seus próprios concidadãos só pela religião*. *** *A hipomania explica "porque" algumas pessoas vivem sempre a mil por hora. Esse distúrbio mental trabalha muitas vezes a favor de seu portador, dando energia e otimismo incomum.* Título da primeira página de O Estadão: **"Porque" os homens não ouvem as mulheres?** *Segundo cientistas, as mulheres emitem gama maior de ondas sonoras, cansando o cérebro masculino.* E sobre os jornalistas que cansam todo um povo, não há nada a dizer?... Matéria de capa da ISTOÉ: **"Porque" o Brasil não aproveita seus gênios**. Por que será?... V. **porque** e **porquê**. Nas interrogações, usa-se *por que*, justamente por estar subentendida a palavra *motivo* ou *razão*: *Por que você fez isso?* Na resposta, emprega-se *porque*: *Porque eu quis*. Quando em final de frase, usa-se por quê: *Eles o demitiram por quê?* *** *Ela fez isso, não sei por quê*. Em O Globo: **Dicas para quem está procurando emprego. Consultores de RH dizem que sair deixando currículos em várias empresas pode virar uma armadilha. Saiba "porque"**. Por quê, hem?

porque e porquê: qual a diferença?
Porque é conjunção ou palavra denotativa de realce: *Estou triste, porque perdi o emprego*. *** *Quando todos pensam da mesma forma, é porque nenhum pensa grande coisa*. Porquê é substantivo e equivale a motivo, razão: *Não sei o porquê de ela ter feito isso*. *** *As crianças gostam de saber o porquê de tudo*. V. **por que** / **por quê**.

por si só
Varia normalmente: *As provas apresentadas, por si sós, já inocentam o réu*. *** *As leis, por si sós, não acabam com o problema da violência*. Escreve um especialista: *O médico*

pode usar ultrassons para visualizar a próstata durante a biópsia, mas os ultrassons "por si só" não podem ser usados para dizer se o câncer está presente. Quando a Veja publicou que o chefe do mensalão tinha sido, na verdade, um ex-presidente, houve reação na oposição. Um jornalista do Terra escreveu: *Por enquanto, os presidentes do PSDB e do DEM estão adotando uma posição cautelosa e avaliam que as denúncias da revista "por si só" não sustentam uma representação ao Ministério Público (MP) pedindo uma investigação formal contra Lula.* Um jornalista de O Estado de S. Paulo não quis ficar atrás e lascou: *Fofocas e calúnias "por si só" não derrubam ministros.* Derrubam? Os fatos falam por si sós...

porta-aviões
Sempre com o segundo elemento no plural: *o porta-aviões, um porta-aviões*. Nunca: "o porta-avião", "um porta-avião". Manchete de O Estado de S. Paulo: **Bombardeiro é abastecido em "porta-avião"**. Manchete do Diário Popular: **Forças especiais já estão em "porta-avião" para agir**. De um jornalista: *É muito dinheiro, pois o gigantesco "porta-avião" USS Ronald Reagan, um dos maiores e mais poderosos do mundo, custou US$ 4,5 bilhões.*

porta-baquetas
Sempre com o segundo elemento no plural: *o porta-baquetas, um porta-baquetas*. Nunca: "o porta-baqueta", "um porta-baqueta". E da mesma forma: porta-agulhas, porta-bibelôs, porta-bombas, porta-cabos, porta-cachimbos, porta-canecos, porta--canetas, porta-cartas, porta-cartões, porta-chapéus, porta-chaves, porta-cigarros, porta-copos, porta-escovas, porta-garrafas, porta-guardanapos, porta-joias, porta--jornais, porta-lenços, porta-livros, porta-luvas, porta-malas, porta-moedas, porta-níqueis, porta-retratos, porta-revistas, porta-seios, porta-talheres, porta-toalhas, porta-trecos. Anuncia uma loja de presentes finos: *Bolsa confeccionada com tecido, no formato de um carrinho, que pode ser utilizada também como "porta-treco".* No Correio Braziliense: *O banheiro do casal segue o estilo contemporâneo. As cubas quadradas já vêm com a barra de metal que serve de "porta-toalha". O lavabo tem revestimento bege e pastilhas de mármore nas faixas do piso e da parede. O espelho oval é móvel e a bancada de vidro com "porta-toalha" vem com cuba e capa de sifão em metal cromado.* No site do UOL: *São quatro peças: uma luminária, uma fruteira, um "porta-revista" e um caminho de mesa (aquelas toalhinhas que nossas avós adoravam bordar).* Escreve um jornalista, com o claro objetivo de nos incentivar para as conquistas do futuro: *Estima-se que, até o final do ano, toda a base de cartões magnéticos migre para os smart cards. Os cartões inteligentes, entre outras funções, como os de "porta-moeda", cartão de crédito e débito, poderão também carregar a chave privada dos seus titulares, que, além da utilização para realização de operações bancárias, poderá ser utilizada para as suas relações com o governo, como o envio da declaração do IR e outros documentos por via eletrônica.* A tecnologia avança, mas... e os jornalistas?

por tanto e portanto: qual a diferença?
Por tanto exprime quantidade ou preço: *Comprei o carro por tanto e vendi-o por tanto.* *** *Ninguém consegue enganar a todos por tanto tempo*. **Portanto** é conjunção equivalente de *por isso*: *Ele roubou e ajudou a roubar, portanto deve também ir para a cadeia.*

português ou Português?
Tanto faz, quando se trata de curso ou disciplina: curso de português (ou Português), aulas de português (ou Português). E assim também: matemática ou Matemática, história ou História, geografia ou Geografia, física ou Física, línguas e literaturas modernas ou Línguas e Literaturas Modernas, etc. Já quando se trata de obras ou idiomas, é preferível o uso da inicial maiúscula: livro de Português, perdeu o emprego, porque só fala Português. Da mesma forma: dicionário de Inglês, ela fala Inglês e Mandarim, etc.

portuguesmente
Todos os adjetivos que recebem o sufixo -*mente* devem estar no feminino, com exceção dos que terminam em -*ês* e em -*or*. Portanto: *portuguesmente, cortesmente, superiormente*, etc.

por via de regra
É a expressão que devemos usar como equivalente de *em geral, geralmente, normalmente, de maneira geral*: Por via de regra, *a economia só sente os efeitos de uma redução da taxa de juros depois de seis meses*. *** *O vinho,* por via de regra *fruto da fermentação do suco de uva, era a principal bebida dos bárbaros*. *** *Os taurinos* por via de regra *têm bom físico, propensão a dores de cabeça e de estômago, são de estatura mediana e mostram tendência à obesidade*. *** *A responsabilidade civil estabelece em nosso país,* por via de regra, *que aquele que causar dano a outrem deve ressarci-lo por esses prejuízos*. Todas essas frases foram colhidas em periódicos com a condenável redução "via de regra" que, por via de regra, tem uso apenas na pena e na boca de incautos.

pospor
Como segue a conjugação de pôr, não existem as formas "posporam", "posposse", "pospossem", "pospormos" (no subj.), "posporem", comuns na língua popular, mas apenas, respectivamente, *pospuseram, pospusesse, pospusessem, pospusermos, pospuserem*.

possível
Quando acompanha *o mais, o menos, o maior, o menor*, etc., não varia: *Traga cervejas o mais geladas* possível. *** *Ela queria filhos o menos problemáticos* possível. *** *Os cambistas compram o maior número de ingressos* possível. *** *Quero ver essas pessoas o mais distantes* possível *de meus filhos*. *** *Em Sodoma, as práticas sexuais eram corriqueiras e o mais diversificadas* possível. Se o artigo estiver no plural, ocorrerá variação: *As notícias são* as *melhores* possíveis. *** *Procurei trazer da feira* os *maiores melões* possíveis. *** *Quero beber cervejas* as *mais geladas* possíveis. *** Em Sodoma, as práticas sexuais eram corriqueiras e as mais diversificadas possíveis.

possuído
Rege de ou por: *Rapaz possuído* de (ou por) *boas intenções*. *** *Garota possuída* do (ou pelo) *demônio*.

possuir
Conjuga-se por atribuir.

posto isto
V. **isto posto**.

posto que
Equivale a *embora, apesar de que*, e não a "porque": *Viajei,* posto que *chovesse*. *** *O preço dos automóveis subiu,* posto que *não houvesse nenhuma razão para tal*. *** *Ortografia correta é uma combinação aceitável,* posto que *redundante*. Muitos, no entanto, usam a expressão equivocadamente, como equivalente de "porque". Assim, por exemplo: *Não viajei, "posto que" choveu*. *** *O preço dos automóveis subiu, "posto que" a inflação continua alta*. Vinícius de Morais, usando de licença poética, imortalizou em seu Soneto de Fidelidade estes versos, para atender à métrica: Que não seja imortal, posto que é chama / Mas que seja infinito enquanto dure.

postulante
Rege a: *Os postulantes* a *cargos públicos deveriam passar por um crivo de competência*.

postura
Rege ante ou diante de ou em face de ou perante ou sobre: *A postura do governo* ante *o* (ou diante do ou em face do ou perante *o* ou sobre *o*) *escândalo é incompreensível*.

pouca-vergonha
Pl.: as *poucas-vergonhas*. Note: com hífen. Pergunta, no entanto, alguém na Internet: Depois das "poucas vergonhas" dos BBBs, vcs acham que esse programa deve continuar?

pouco-caso
Pl.: os *poucos-casos*. Note: com hífen. Notícia de jornal: **Mercadante faz "pouco caso" da tragédia da população**. A precariedade das cidades brasileiras chegou a tal ponto, que até mesmo membros do governo admitem que haverá vítimas fatais em decorrência das chuvas do início do ano. Vítimas "fatais" também são um pouco difícil...

poupado
Rege *a* ou *de*: *É um governo poupado a (ou de) críticas por certo setor da imprensa.*

poupar
Rege *a* ou *de*: *Ele poupou o pai a (ou de) mais um desgosto.* *** *O presidente queria poupar o país a (ou de) mais um vultoso empréstimo externo.* *** *O destino, infelizmente, não quis me poupar a (ou de) mais essa desgraça.* Podemos construir, ainda: *Ele poupou ao pai mais um desgosto.* *** *O presidente queria poupar ao país mais um vultoso empréstimo externo.* *** *O destino, infelizmente, não quis me poupar mais essa desgraça.* Ou seja: podemos poupar alguém a (ou de) alguma coisa ou poupar a alguém alguma coisa.

pouquíssimo
Em rigor, pronomes não têm grau, mas admite-se, em casos de ênfase, o uso de *pouquíssimo*: *Você tem pouquíssimas chances de vencer.*

pousado
Rege *em* ou *sobre*: *Avião pousado em (ou sobre) território inimigo.* *** *Galinhas pousadas no (ou sobre o) poleiro.*

povoado
Rege *de* ou *por*: *Arquipélago povoado de (ou por) aves raras.*

praça
Logradouro público. Abrev.: pç. (com o ponto). *Moro na pç. da Árvore.* Na acepção de policial ou soldado(a) é nome comum de dois gêneros: *Um praça PM morreu na operação de ontem.* *** *A praça PM Luísa de Sousa está de plantão.*

prado
Adj. correspondente: *pratense*. Portanto, *vegetação do prado* = *vegetação pratense*.

praga
Rege *a* ou *contra*: *Rogar praga a (ou contra) um ex-namorado.*

prata
Adj. corresp. (fig.): *argênteo* e *argentino*. Portanto, *luar de prata* = *luar argênteo; voz de prata* = *voz argentina*. O primeiro é mais usado em poética.

praxe
Apesar de o x ter originalmente o valor de ks, o que nos levaria a dizer práksi, a língua popular já consagrou a pronúncia práchi.

prazer
Rege *com* ou *por* (nome) e *de* ou *em* (verbo): *Sentir prazer com (ou por) uma visita.* *** *Sentir prazer de (ou em) conhecer alguém.*

prazeroso / prazerosamente
Apesar de serem as formas corretas, há muita gente que, "prazeirosa", continua usando "prazeirosamente". Ao presidir a sessão da Câmara dos deputados que

cassou o mandato do deputado Roberto Jefferson, o parlamentar alagoano declarou: *Pedimos aos nobres deputados que compreendam que esta não é uma sessão rotineira nem é uma sessão "prazeirosa".* Não, mesmo!... Conclusão a que se chegou, após uma pesquisa (as vírgulas são por nossa conta): *Dentre os professores, 34% têm um sentimento "prazeiroso" no desempenho do trabalho, 12% não gostam do que fazem e 8% não têm nenhuma opinião. E agrupando as duas categorias, teremos que 62% têm uma relação "prazeirosa" com o trabalho, 30% não gostam do trabalho que fazem e 8% não conseguem definir o que sentem no trabalho.* Conselho maroto, dado por um curso: *Faça uso da Internet que você poderá praticar o seu inglês "prazeirosamente".* Para encerrar, sinta o espírito trágico desta mensagem: *Cedo ou tarde, calma ou tragicamente, dolorosa ou "prazeirosamente", triste ou alegremente a morte chega.* Há quem prefira que ela chegue prazerosamente...

pre- / pré-

A forma inacentuada se usa nas palavras mais antigas do idioma, quase sempre sem o auxílio de hífen, enquanto a outra se emprega não só nas palavras mais recentes, como também para diferençar certas palavras homógrafas, como *prejuízo* e *pré-juízo*, *preocupado* e *pré-ocupado* (distinção não reconhecida oficialmente) e sempre com hífen.

preá

Havia antigamente muita vacilação acerca do gênero deste nome, mas acabou fixando-se o masculino: *o preá*. Trata-se de substantivo epiceno: *o preá macho, o preá fêmea*.

preâmbulo, prefácio e prólogo: quais as diferenças?

Preâmbulo é um pequeno rodeio que precede discurso, narrativa, livro, etc. **Prefácio** é uma pequena introdução de livro na qual seu autor expõe ao leitor as informações que julga necessárias, da matéria que nele vai tratar. **Prólogo** é uma pequena nota ou esclarecimento ao leitor da matéria de que se vai tratar, do modo como foi concebida a obra, etc. A diferença entre *prefácio* e *prólogo* está em que no primeiro se informa; no segundo se instrui.

precaver

No presente do indicativo só possui as formas arrizotônicas, *precavemos* e *precaveis*. Como lhe falta a primeira pessoa do singular do presente do indicativo, por consequência, falta-lhe também todo o presente do subjuntivo, que deriva daquela pessoa. Portanto, não existem as supostas formas "precavejo", "precaveja", "precavejam", "precavenho", "precavenha", "precavenham", etc. Daí por que não tem cabimento usar: *Espero que você se precaveja* (ou *se precavenha*) *desse mal*. Suprem-se suas falhas com as formas dos sinônimos *prevenir* e *precatar*. Conj.: precavemos, precaveis (pres. do ind.); precavi, precaveste, precaveu, precavemos, precavestes, precaveram (pret. perf. do ind.); precavia, precavias, precavia, precavíamos, precavíeis, precaviam (pret. imperf. do ind.); precavera, precaveras, precavera, precavêramos, precavêreis, precaveram (pret. mais-que-perf. do ind.); precaverei, precaverás, precaverá, precaveremos, precavereis, precaverão (fut. do pres.); precaveria, precaverias, precaveria, precaveríamos, precaveríeis, precaveriam (fut. do pret.); precavesse, precavesses, precavesse, precavêssemos, precavêsseis, precavessem (pret. imperf. do subj.); precaver, precaveres, precaver, precavermos, precaverdes, precaverem (fut. do subj.); precavei (imper. afirm.); não tem imperativo negativo; precaver (infinitivo impessoal); precaver, precaveres, precaver, precavermos, precaverdes, precaverem (infinitivo pessoal); precavendo (gerúndio); precavido (particípio). Em O Estado de S. Paulo: *Antes de sofrer qualquer dano material por causa da patrulha da piada, Danilo Gentili se "precaviu": transferiu seus bens para o nome de sua mãe*. O nobre jornalista deve imaginar que precaver é derivado de ver. Normal.

precavido

Rege *contra* e *de* (nome ou pronome) e *para* (verbo ou pronome substantivo): *A juventude está mesmo precavida contra a* (ou *da*) *AIDS?* *** *Estamos precavidos contra* (ou *de*) *qualquer contratempo.* *** *Estou precavido contra isso* (ou *disso*). ***

Povo precavido para enfrentar furacões. *** *Estar precavido para o que der e vier.* *** *Estamos precavidos para tudo.*

preceder ou preceder a?
Tanto faz: *O artigo precede o (ou ao) substantivo.* *** *A tempestade precede a (ou à) bonança.* *** *Não sei quem o (ou lhe) precedeu na direção da empresa.*

precedido
Rege *de* ou *por*: *A comitiva presidencial chegou precedida de (ou por) batedores.*

precificar
Neologismo. Significa principalmente atribuir preço a (aquilo que por natureza não tem ou aquilo que, por alguma circunstância, já não tem): *Não há como precificar a dignidade.* *** *Depois do descobrimento de grandes poços de petróleo na bacia amazônica, não há como precificar as ações da Petrobras.* O substantivo correspondente é *precificação*.

precioso
Rege *a* ou *para*: *As crianças são vida preciosa ao (ou para o) futuro do país.*

precipitar-se
Rege *a* ou *em*: *O caminhão se precipitou à (ou na) ribanceira.* *** *O aeroplano quase se precipita ao (ou no) mar.*

precisar ou precisar de?
Tanto faz, na acepção de necessitar: *Preciso ajuda (ou de ajuda).* *** *O que mais preciso é paz* ou *O de que mais preciso é paz* ou *Do que mais preciso é paz.* *** *As crianças precisam carinho (ou de carinho).* No português contemporâneo, só se usa como transitivo indireto (precisar de), quando o complemento é um substantivo; do contrário, dá-se preferência ao verbo transitivo direto, que antes de infinitivo funciona como auxiliar: *Preciso que você esteja aqui amanhã bem cedo.* *** *Preciso sair urgentemente.*

precisa-se de empregados
Frase perfeita: o verbo não varia, por ser transitivo indireto.

preço
Rege *a* ou *para*: *O preço do papel a (ou para) um grande consumidor é um; a (ou para) um pequeno consumidor é outro.*

preço "caro" / preço "barato"
O preço pode ser *baixo* ou *alto*, e nunca "caro" ou "barato": *O preço da gasolina sempre foi alto no Brasil.* *** *Como está alto o preço do chuchu!* *** *Você está vendendo sua casa por um preço muito baixo!* *** *Quer comprar meu carro? Vendo por preço bem baixinho.* *** *Com esse preço tão alto do arroz, o custo de vida sobe.* As coisas é que são *caras* ou *baratas*: *A gasolina sempre foi cara no Brasil.* *** *Sua casa está barata por esse preço.* *** *Meu carro está bem barato.* *** *Com esse arroz tão caro, o custo de vida sobe.* Título de notícia no *site* da Jovem Pan: **Preço da gasolina já está mais "caro" nos postos**. Declara um prefeito de São Paulo, fundador do PSD: *O usuário sempre achará "caro" demais o preço da passagem de ônibus.* Caro e barato podem ainda ser advérbios e, nesse caso, não variam: *Você vendeu caro sua moto.* *** *Você está vendendo barato sua casa.* *** *Custam caro esses carros?* *** *Não, custam barato.*

preconceito
Rege *contra, em relação a* ou *sobre*: *Não devemos ter preconceito contra o (ou em relação ao ou sobre o) capital estrangeiro.* *** *Nunca tive preconceito contra (ou em relação a ou sobre) coisa alguma.*

predestinado
Rege *a* ou *para*: *São homens predestinados ao (ou para o) sucesso em tudo o que fazem.* *** *Sinto-me predestinado a (ou para) casar com ela.*

predileção
Rege *a, com, para com* ou *por* (pessoa) e *a* ou *por* (coisa): *Ter predileção a* (ou *com* ou *para com* ou *por*) *um dos filhos.* *** *Sempre tive predileção a* (ou *com* ou *para com* ou *por*) *morenas.* *** *Ter predileção a* (ou *por*) *um tipo de comida.* *** *Vocês têm predileção a* (ou *por*) *um tema em particular?*

predileto
Rege *a* ou *de*: *O tema predileto aos* (ou *dos*) *alunos é ecologia.* *** *O ator predileto ao* (ou *do*) *presidente era Ricardo Montalban.*

predispor
Como segue a conjugação de pôr, não existem as formas "predisporam", "predisposse", "predispossem", "predispormos" (no subj.), "predisporem", comuns na língua popular, mas apenas, respectivamente, *predispuseram, predispusesse, predispusessem, predispusermos, predispuserem*. Rege *a* ou *para*: *O narrador predispôs o espírito dos telespectadores às* (ou *para as*) *cenas fortes que iriam ver.*

predisposto
Rege *a* ou *para*: *Espírito predisposto à* (ou *para a*) *rebeldia.* *** *Instinto predisposto ao* (ou *para o*) *crime.* *** *É um presidente predisposto a* (ou *para*) *dialogar.*

prefácio
Rege *a* ou *de*: *O prefácio a essa* (ou *dessa*) *obra foi feito por um grande filósofo.*

preferência
Rege *a* ou *para* ou *para com* ou *por* (nome): *A preferência do eleitorado ao* (ou *para o* ou *para com o* ou *pelo*) *candidato da oposição era facilmente percebida.* *** *O ministro pede aos brasileiros preferência aos* (ou *para os* ou *para com os* ou *pelos*) *produtos nacionais.* Sobretudo com o verbo *ter*, rege ainda *em* (coisa) e *sobre* (pessoa): *As gestantes têm preferência na fila.* *** *As gestantes têm preferência sobre as demais pessoas no embarque.*

preferido
Rege *a* (nome), *de* ou *por* (pessoa) e *para* (coisa e verbo): *Aqui, o cinema é a diversão preferida a todas as outras.* *** *Todos os pais têm um filho preferido aos demais?* *** *Ele é o candidato preferido da* (ou *pela*) *população.* *** *O candidato preferido para o cargo era ele.* *** *Era sempre eu o aluno preferido para ir ao quadro-negro.*

preferir
Conjuga-se por ferir. Não admite modificadores (*mil vezes, milhões de vezes, muito mais, antes*, etc.) nem admite a regência *do que* ou *que*, comuns na linguagem vulgar. Quem prefere, prefere alguma coisa *a* outra; no prefixo *pré-* já existe a ideia de anterioridade desejada, o que torna dispensável o uso de qualquer modificador. Portanto: *Prefiro escrever a falar.* *** *As crianças preferem praia a piscina, calor a frio.* *** *Preferimos comer chuchu a comer jiló.* *** *Prefiro doces a salgados.* *** *A equipe preferiu perder o jogo a apanhar.* Durante as comemorações do nonagésimo aniversário da Folha de S. Paulo, discursou Dilma Rousseff. Uma de suas frases só não foi digna de aplausos porque não soube como exagerar: *No Brasil de hoje, "nesse" Brasil com uma democracia tão nova, todos nós devemos preferir "um milhão de vezes" os sons das vozes críticas de uma imprensa livre ao silêncio das ditaduras.* Principalmente das ditaduras assassinas, não é mesmo, presidenta?

preferível a
Use sempre assim: *É preferível praia a piscina, calor a frio.* *** *Era preferível comer chuchu a comer jiló.* Na língua cotidiana se usa: *preferível "do que"* por influência da construção *melhor do que*: *Praia é melhor do que piscina.*

pré-fixar e prefixar: qual a diferença?
Pré-fixar é fixar com antecipação: *pré-fixar os juros; pré-fixar os rendimentos de uma aplicação financeira*. **Prefixar** é usar prefixo em, prover de prefixo: *prefixar*

um radical. Trata-se, como se vê, de palavra de uso eminentemente gramatical. A grafia *pré-fixar* não tem registro no VOLP, mas, como se vê, é absolutamente necessária.

pregado
Rege *a* ou *em* (fixado): *As crianças estão com os olhos pregados à (ou na) televisão.* *** *Cristo teve braços e pés pregados à (ou na) cruz.*

prejuízo
Rege *a* ou *para* e *em*: *Esse imposto acarreta prejuízo às (ou para as) exportações.* *** *Causou enorme prejuízo ao (ou para o) país essa medida.* *** *Os lavradores tiveram prejuízo na colheita, em razão da longa estiagem.* Antecedida de *em*, aparece combinada com *de*: *É uma medida que sai em prejuízo de todos os brasileiros.*

pré-juízo ou prejuízo: qual a diferença?
Pré-juízo é a opinião antecipada ou juízo falso, geralmente adverso e sem conhecimento de causa, sem exame prévio dos fatos; é o mesmo que prejulgamento: *Não devemos fazer pré-juízos contra ninguém.* Significa ainda preconceito: *povo de muitos pré-juízos.* **Prejuízo** é dano, mal: *causar prejuízos ao país; os prejuízos que o fumo causa à saúde.* A grafia *pré-juízo* não tem registro no VOLP, mas, como se vê, é de bom senso, portanto absolutamente necessária. Não há como usar *prejuízo* nas acepções que lhe cabem.

preleção
Rege *acerca de* ou *a respeito de* ou *sobre*: *Fazer uma preleção acerca da (ou a respeito da ou sobre) a inflação.*

prelúdio
Rege *a* ou *de*: *Aquele pacto foi um prelúdio à (ou da) guerra.*

premiar
No português do Brasil, prefere-se a conjugação regular: premio, premias, premia, premiamos, premiais, premiam (pres. do ind.); premie, premies, premie, premiemos, premieis, premiem (pres. do subj.). No português de Portugal, no entanto, usa-se um *e* nas formas rizotônicas: premeio, premeias, etc.

prender
Rege *a* (de preferência) ou *em*: *Prendeu o cavalo ao (ou no) poste e veio até nós.* *** *Prenda seu cão à (ou na) corrente, senão eu não entro!* *** *Prendi o anzol à (ou na) linha em segundos.* *** *Prenda este varal àquele (ou naquele) prego!* Usam-se assim seus particípios: *Os vizinhos tinham prendido (e não tinham "preso") os cães.* *** *Os cães foram presos (e não foram "prendidos") pelos vizinhos.*

preocupação
Rege *com* ou *para com* (pessoa), *com, de* ou *por* (coisa) e *de* ou *em* (verbo): *A preocupação com (ou para com) os filhos era uma constante.* *** *A preocupação com o (ou do ou pelo) lucro caracteriza o sistema capitalista.* *** *É natural sua preocupação de (ou em) resolver logo esse caso.*

preocupado
Rege *com* ou *para com* (pessoa), *com, de, em* ou *por* (coisa) e *em* (verbo): *Os pais de hoje são muito mais preocupados com (ou para com) os filhos.* *** *Artista preocupado com a (ou da ou na ou pela) perfeição do seu trabalho.* *** *É um marido preocupado em agradar à mulher.*

preocupar
Como quem preocupa, preocupa alguém, use assim: *Nada o preocupa.* Muitos, no entanto, usam "lhe" no lugar do *o*. Numa revista sobre carros: *O Toyota Corolla deixou para trás o concorrente que mais "lhe" preocupa: o Honda Civic.* Seria o caso de perguntar: Senhor jornalista, nada **o** preocupa?...

pré-ocupar e preocupar: qual a diferença?
Pré-ocupar é ocupar antecipadamente, geralmente por precaução: *Os proprietários do prédio em construção, temendo uma invasão dos sem-tetos, pré-ocuparam todas as suas unidades, mesmo sem instalações hidráulicas.* **Preocupar** é causar preocupação a: *A violência e a falta de segurança preocupam os brasileiros.* A grafia *pré-ocupar* não consta no VOLP, mas, como se vê, é absolutamente necessária.

preparação "prévia"
Redundância visível. O Dicionário Aurélio, no entanto, traz a maravilha no verbete **improviso**.
EM TEMPO – Esse mesmo dicionário:
92) dá dois plurais para **ró-ró**, quando só existe um, e um deles assim: "ro-rós" (sem acento no primeiro elemento);
93) registra "rutura" (que não consta no VOLP) por **ruptura**;
94) registra "saia-justa" (com hífen) como verbete, mas em **saia** usa saia justa (sem hífen);
95) assim como o Dicionário Houaiss, registra "salchicha", "salchichão", "salchicharia" e "salchicheiro", além de "samessuga", "samexuga" e "samexunga", formas que considera variantes de **sanguessuga**;
96) registra "bom senso" (sem hífen), mas "sequestro-relâmpago", "porteiro-eletrônico" e "repórter-fotográfico" (que não constam no VOLP) com hífen;
97) registra **ponto cego** (sem hífen) e também **ponto-cego** (qual das duas é a correta?);
98) fornece este plural para **pós-doutorando**: "pós-doutoramentos" (grande!);
99) em **pretaria**, define: pretalhada (mas não registra esta palavra);
100) em **provista** usa pedras-matrizes (mas não registra esta palavra);
101) define assim **retributividade**: qualidade ou característica do que é retributivo (mas não registra esta palavra);
102) registra **coma** (med.) como s.m. (no que acerta), mas em **pré-comatoso** usa "a coma";
103) registra "rém-rém" por **rem-rem** e não lhe dá o plural (por que seria?);
104) registra "mala-direta" e "marcha-estradeira"(ambas com hífen), que não têm registro no VOLP;
105) consta em **octacampeão** que se trata de fem. de octacampeão (mas não há registro desta palavra);
106) em **nirvanização**, define: ação de nirvanizar-se (mas não registra este verbo);
107) em **miolemático**, define: relativo a miolema (mas não registra esta palavra);
108) registra **mau-caráter** como s.m., quando é adj. e s.2gên.;
109) registra **omofagia**, mas não omofágico;
110) define **transitável** assim: que "se" pode transitar (formidável!);
111) usa artigo antes de Marrocos em **tangerino**; por outro lado, não usa artigo antes de Saara, em **transaariano**;
112) em **zébrulo** define: híbrido de égua e zebra "macha" (e a zebra "macha", como vai?...);
113) registra (incrível!) "tercerizável" por **terceirizável** e define assim: que se pode "tercerizar" (e ainda não registra "tercerizar" nem muito menos **terceirizar**).

preparar "antecipadamente"
Visível redundância. V. **planejar "antecipadamente"**.

preparar-se (e não apenas "preparar")
O verbo preparar, na acepção de pôr-se em condições de enfrentar, estar pronto ou preparado para que algo ocorra sem imprevistos ou incidentes, é pronominal (preparar-se), não devendo, portanto, ser usado sem o pronome. Ex.: *Quando perdi o controle da direção, preparei-me para o choque.* *** *O candidato se preparou bem para o debate.* Quem viaja pela companhia aérea Azul, no entanto, só ouve o comandante avisar assim, antes de um pouso: *Atenção, tripulação, "preparar" para o pouso!* Não convém preparar-se?

preparativo
Rege *de* ou *para*: *Já começaram os preparativos do* (ou *para* o) *casamento.*

preparatório
Rege *a*, *de* ou *para*: *Já começaram os trabalhos preparatórios ao* (ou *do* ou *para o*) *casamento.* *** *Os estudantes fazem hoje os estudos preparatórios às* (ou *das* ou *para as*) *faculdades nos chamados cursinhos.*

prepor
Como segue a conjugação de pôr, não existem as formas "preporam", "preposse", "prepossem", "prepormos" (no subj.), "preporem", comuns na língua popular, mas apenas, respectivamente, *prepuseram, prepusesse, prepusessem, prepusermos, prepuserem.*

prepúcio do pênis
Ao contrário do que muita gente pensa, não há redundância em tal combinação, já que existe ainda o prepúcio do clitóris. Os avaliadores do MEC, em 2003, viram na minha definição de *circuncidar* [extrair o prepúcio de (um homem)], constante na edição do nosso minidicionário, um equívoco e classificaram-no com uma estrela, do total de três. O avaliador, sabe-se lá quem foi, talvez um mequetrefe, tinha menos conhecimento do que dele se esperava. Como o MEC é um órgão extremamente democrático, é um exemplo de democracia, não confere aos autores o direito de defesa...

presente / presença
Regem *em* (nome concreto), *a* [nome abstrato (que assiste ou comparece)] e *em* (existente ou que ocorre): *Estive presente no hospital.* *** *Muita gente estava presente na casa dela.* *** *A polícia esteve presente no local do crime.* *** *Estive presente à reunião.* *** *Muita gente estava presente à festa.* *** *Estive presente ao embarque dela.* *** *Havia cocaína presente no sangue da vítima.* *** *Há vários compostos químicos presentes na atmosfera.* *** *O psicólogo está presente em todo o romance, na pessoa do narrador.* *** *Sua presença no hospital era importante.* *** *Faço questão de sua presença à minha festa.* *** *A presença de cocaína no sangue da vítima revelou a causa da morte.*

preservado
Rege *contra* ou *de*: *Quando a Amazônia se tornará preservada contra* (ou *de*) *incêndios?*

preservativo
Rege *contra*: *O pensamento positivo é um bom preservativo contra a depressão.* *** *Usar preservativo contra doenças sexualmente transmissíveis.*

presidente
Presidente pode ser substantivo comum de dois (o/a presidente) ou fazer no feminino presidenta, indiferentemente, como até já consta no VOLP. Assim, *o Flamengo teve uma presidente* (ou *uma presidenta*), *o Chile teve uma presidenta* (ou *uma presidente*). *** *A primeira presidenta (ou presidente) do Brasil foi Dilma Rousseff.* Este caso anda propiciando muito exercício mental desnecessário. Houve até uma professora universitária que escreveu e espalhou isto pela Internet, pedindo, ainda, que "pelo amor à língua portuguesa", repassasse o "ensinamento": A pessoa que preside é PRESIDENTE, e não "presidenta", independentemente do sexo que tenha. Se diz capela ardente, e não capela "ardenta"; se diz estudante, e não "estudanta"; se diz adolescente, e não "adolescenta"; se diz paciente, e não "pacienta". E eis aí o mais autêntico exemplo de sofisma. Não satisfeita, ela ainda continua: Um bom exemplo de erro grosseiro seria: "A candidata a presidenta se comporta como uma adolescenta pouco pacienta que imagina ter virado elegante para tentar ser nomeada representanta. Esperamos vê-la algum dia sorridenta numa capela ardenta, pois esta dirigenta política, dentre tantas outras suas atitudes barbarizantes, não tem o direito de violentar o pobre português, só para ficar contenta". Quanta masturbação mental! Quero encerrar: os nomes terminados em -e são geralmente uniformes (adolescente, estudante, paciente, etc.). As exceções são: alfaiate, elefante, governante, hóspede (hóspeda só tem curso em Portugal), infante (v.), monge, parente e presidente. Repare: chefe não está na lista.
EM TEMPO – Ignorando regra elementar da língua portuguesa que autoriza o uso do

feminino presidenta, o jornal O Estado de S. Paulo tenta por todos os meios evitar o seu emprego, inventando expressão ridícula em uma de suas manchetes: **Tribunal de Justiça do Rio de Janeiro elege a primeira "presidente mulher"**. É risível, mas muito mais preocupante. Houve um tempo em que esse jornal era modelo no uso do idioma.

presidir ou presidir a?
Tanto faz: *Era eu quem presidia a* (ou *à*) *reunião*. *** *A lei do menor esforço é a que preside as* (ou *às*) *manifestações coletivas*. *** *São estes os princípios que presidem a* (ou *à*) *minha vida*. *** *Quem presidirá a* (ou *à*) *sessão de amanhã?*

preso
Rege *a* (de preferência) ou *em* e *de* ou *por* (envolvido moralmente, emocionalmente, etc.): *O cão estava preso a* (ou *em*) *uma corrente*. *** *Estive por um bom tempo preso dos* (ou *pelos*) *encantos daquela mulher*.

pressa
Rege *de* ou *em* (verbo) e apenas *em* (nome): *Ter pressa de* (ou *em*) *chegar*. *** *Pediu pressa na execução do trabalho*.

pressão
Rege *contra, em* ou *sobre*: *O vento fazia pressão contra a* (ou *na* ou *sobre* a) *janela*. *** *Os ruralistas fazem pressão contra o* (ou *no* ou *sobre o*) *governo pela paz no campo*. *** *A pressão popular contra os* (ou *nos* ou *sobre os*) *parlamentares surtiu efeito*.

pressentir
Conjuga-se por ferir.

pressupor
Como segue a conjugação de pôr, não existem as formas "pressuporam", "pressuposse", "pressupossem", "pressupormos" (no subj.), "pressuporem", comuns na língua popular, mas apenas, respectivamente, *pressupuseram, pressupusesse, pressupusessem, pressupusermos, pressupuserem*.

pressuroso
Rege *de* ou *em*: *Os jogadores estão pressurosos de* (ou *em*) *disputar logo a partida decisiva do campeonato*. *** *O ministro, pressuroso de* (ou *em*) *defender o governo, rebateu a crítica*.

prestes
Rege *a*: *O ministro está prestes a pedir demissão*. *** *O mundo estava prestes a entrar em guerra*. Qualquer outra regência deve ser desprezada.

prestígio
Rege *junto a* ou *perante* e *entre*: *É um governo que tem lá seu prestígio junto à* (ou *perante a*) *comunidade internacional*. *** *É um deputado cheio de prestígio entre seus colegas*.

presumido
Rege *com* ou *de*: *É um ministro notoriamente presumido com o* (ou *do*) *cargo, por isso costuma colocar os pés pelas mãos em muitas de suas declarações*.

pretendente
Rege *a* ou *de* (coisa) e apenas *de* (pessoa): *Já há pretendentes ao* (ou *do*) *cargo vago*. *** *Também eu era um dos pretendentes da filha do general*.

pretensão
Rege *a* ou *de* (nome), mas apenas *de* (verbo): *Era legítima sua pretensão ao* (ou *do*) *cargo*. *** *Nunca tive a pretensão de casar com ela*.

pretensioso
Apesar de ser a forma correta, nove entre dez pessoas escrevem "pretencioso".

preterição
Rege *de...em favor de* (ou *por*): *A preterição de um coronel em favor de* (ou *por*) *um major nesse comando foi comentada pela imprensa.*

preterido
Rege *em favor de* ou *por*: *O coronel foi preterido em favor de* (ou *por*) *um major nesse comando.*

preterir
Conjuga-se por ferir.

pretexto
Antecedida da preposição *a* (ou *com* ou *sob*), aparece combinada com *de*: *A* (ou *Com* ou *Sob*) *pretexto de ver a filha, foi até a casa da ex-mulher.* *** *Voltei lá, a* (ou *com* ou *sob*) *pretexto de buscar um documento.*

prevalecer
Rege *a* ou *sobre*: *A opinião do árbitro sempre prevalece à* (ou *sobre a*) *do seu auxiliar.* *** *A autoridade do presidente prevalece, naturalmente, à* (ou *sobre a*) *dos ministros.*

prevalência
Rege *a* ou *sobre*: *A prevalência do direito à* (ou *sobre a*) *força é apanágio das sociedades evoluídas.* *** *A prevalência do talento à* (ou *sobre a*) *mediocridade sempre produz prodígios.*

prevenção
Rege *a, contra* ou *de* (cautela) e *com* ou *contra* (implicância): *Medida de prevenção a* (ou *contra* ou *de*) *acidentes.* *** *O professor estava de prevenção com* (ou *contra*) *alguns alunos.*

prevenido
Rege *com* (munido, abastecido), *contra* (acautelado), *de* (avisado, precavido) e *para* (preparado): *Fui ao supermercado prevenido com bastante dinheiro, mas não foi suficiente.* *** *Os israelenses andam prevenidos contra os palestinos.* *** *Os astronautas estavam prevenidos do perigo que a missão representava.* *** *Devemos estar sempre prevenidos para o pior.*

prevenir
Conjuga-se por agredir. Quem previne, previne alguém de alguma coisa. É, portanto, transitivo direto e indireto (avisar ou informar com antecedência, advertir), rege *de* e usa-se com objeto direto de pessoa e objeto indireto de coisa: *Os salva-vidas preveniam os banhistas de que o mar estava perigoso.* *** *O serviço de meteorologia preveniu os motoristas do mau tempo.* *** *Já me preveniram do mau-humor do chefe.* *** *O diretor gostava de prevenir os pais da férrea disciplina de sua escola.* Não convém a sua construção com objeto direto de coisa e indireto de pessoa. Assim, p. ex.: *Previna "ao pessoal que estou chegando".* *** *O diretor gostava de prevenir "aos pais que a disciplina de sua escola era férrea".* Rege *contra* (tomar medidas antecipadas ou acautelatórias, a fim de estar preparado para, acautelar, precaver, pôr de sobreaviso): *Preveniram-nos contra represálias.* *** *Já preveni a turma contra todos os imprevistos que poderemos enfrentar na escalada do pico.* Rege *contra* ou *em favor de* [inclinar o ânimo de uma pessoa ou de um grupo de pessoas a favor ou contra (pessoa ou coisa), predispor], quando o complemento é pessoa, mas *sobre*, quando o complemento é coisa: *O bom desempenho do promotor preveniu imediatamente o júri contra o réu.* *** *A franqueza do acusado preveniu o delegado em seu favor.* *** *Suas palavras agressivas durante a entrevista já me preveniram sobre a sua conduta na empresa.* O verbo pronominal (tomar precauções; precaver-se) rege *contra* ou *de*: *Previna-se contra a* (ou *da*) *gripe, vacinando-se!* Repare na grafia: prev**e**nir. Manchete do Terra: **Mau hálito atinge 40% dos brasileiros; veja como se "previnir"**. Eles são ótimos!...

prever
Como segue a conjugação de ver, não existem as formas "preveram", "prevesse", "prevessem", "prevermos" (no subj.), "preverem", comuns na língua popular, mas apenas, respectivamente, *previram, previsse, previssem, previrmos, previrem.*

previsto
Rege *de* ou *por* (deduzido antecipadamente) e *para* (marcado, aprazado): *Foi um fenômeno previsto dos* (ou *pelos*) *astrônomos.* *** *O Congresso está previsto para janeiro.*

primavera
Adj. correspondente: *primaveral, primaveril* e *vernal.* Portanto, *época da primavera* = *época primaveral* (ou *primaveril* ou *vernal*); *festa da primavera* = *festa vernal* (ou *primaveral* ou *primaveril*).

primeira vez que / segunda vez que / terceira vez que...
Sem um "em" intruso antes do que: *É a primeira vez que o presidente fala por cadeia de rádio e televisão.* *** *Essa foi a segunda vez que fui a um estádio.* *** *A terceira vez que você cometer um erro já é sinal de problema...*

primeiríssimo
Primeiro, como numeral que é, não aceita sufixo, mas na linguagem cotidiana esse acréscimo já se tornou fato linguístico. Daí por que dizemos que alguém faz parte do *primeiríssimo* time de uma empresa, que um artigo é de *primeiríssima* qualidade, que uma notícia foi dada em *primeiríssima* mão, etc.

primeiro
Rege *a* ou *em* (verbo), *de* ou *entre* (nome): *Ela era sempre a primeira a* (ou *em*) *chegar.* *** *Foi ele o primeiro dos* (ou *entre os*) *jornalistas a noticiar o fato.*

primeiro e último (concordância)
Quando primeiro ou último estão no plural, seguidos da preposição a, usa-se o infinitivo invariável: *Fomos os primeiros a chegar.* (E não: *Fomos os primeiros a "chegarmos".*) *** *Elas serão as últimas a reclamar.* O G1 nos informa que, na Itália, os operários de um museu abandonaram a obra, por causa de supostos fantasmas no local. Foi desta forma: *O jornal regional Il Mattino informou que os operários foram os primeiros a "emitirem" o alerta.* Normal: quando se trata de jornalismo brasileiro, devemos estar sempre alerta...

primeiro de todos ou primeiro que todos?
Tanto faz: *Ele chegou primeiro de* (ou *que*) *todos.*

primeiro de janeiro, de fevereiro, etc.
Os meses do ano têm início sempre com o dia *primeiro*, e não com o dia "um". Portanto, não existe "um" de janeiro, "um" de fevereiro, "um" de março, etc., mas *primeiro* de janeiro, *primeiro* de fevereiro, *primeiro* de março, etc. Nunca se ouviu alguém dizer que passou "um" de abril em outra pessoa. Também nunca se ouviu nenhum trabalhador dizer que faz greve no dia "um" de maio.

primeiro de tudo, primeiro de que tudo ou primeiro que tudo?
Tanto faz: *Primeiro de* (ou *de que* ou *que*) *tudo, temos que pagar nossa dívida.*

"principal" protagonista
Redundância. Em protagonista já existe a ideia de principal.

princípio
Rege *de* ou *sobre*: *Enunciar seu princípio geral do* (ou *sobre o*) *uso do acento da crase.*

prioridade
Rege *a* ou *para* (importância maior), *de* ou *em* (preferência) e *sobre* (prevalência, supremacia): *A prioridade à* (ou *para*) *a lei é própria da democracia.* *** *As gestantes têm prioridade de* (ou *no*) *embarque.* *** *Numa democracia verdadeira, a lei tem prioridade sobre a força.*

prisma
Pede *por* ou *através de*: *Visto por esse* (ou *através desse*) *prisma, o caso me parece bem mais sério*. *** *A luz se decompõe passando pelo* (ou *através do*) *prisma*. Muitos, no entanto, usam: *Visto "sob" esse prisma, o caso me parece bem mais sério*. Ora, mas a luz não se decompõe passando "sob" o prisma!

privativo
Rege *a* ou *de* (próprio, peculiar) e apenas *de* (exclusivo): *Acessar é um termo privativo à* (ou *da*) *informática*. *** *Esse estacionamento é privativo da diretoria*.

privilegiado
Rege *de* ou *por* (favorecido, beneficiado) e *em* (superior ao normal): *O Brasil é um país privilegiado da* (ou *pela*) *natureza*. *** *Os cães são animais privilegiados no olfato*.

problema
Apesar de ser a palavra correta, há muita gente por aí cheia de "poblemas", quando não de "pobremas". Um ex-ministro da Casa Civil vive cheio de "poblemas"... Usada como adjetivo, não varia: *filhos problema, funcionários problema, ministros problema, deputados problema*.

proceder
Rege *a* (levar a efeito, realizar, efetuar): *Fui eu quem procedeu ao sorteio*. *** *O médico procederá ao exame de corpo de delito*. *** *Quantos professores procederão à correção das provas?* *** *A disponibilidade do depósito em cheque ocorrerá após a respectiva cobrança a que procederemos por sua conta e risco*. *** *Será rigorosa a inspeção sanitária a que se procederá nos bares e restaurantes da cidade*. Não admite seu emprego na voz passiva, como neste exemplo: O exame de corpo de delito "foi procedido" em tempo hábil. Corrija-se: *Procedeu-se ao exame de corpo de delito em tempo hábil*.

procedimento
Rege *com* ou *para com*: *Seu procedimento era o mesmo tanto com* (ou *para com*) *os brasileiros como com* (ou *para com*) *os estrangeiros*.

procura
Rege *de* ou *por*: *É grande a procura de* (ou *por*) *postos de combustíveis com preços mais baixos*. *** *A procura de* (ou *por*) *emprego é maior ainda*.

procurar
Como quem procura, procura alguma coisa, use assim: *Ninguém o procurou?* *** *Ela o procura há horas*. Muitos, todavia, principalmente no Nordeste, substituem o pronome *o* por "lhe".

procurar / procurar por
São corretas ambas as construções: *Os pais procuram o* (ou *pelo*) *filho perdido na praia*. O complemento iniciado pela preposição não é objeto indireto, mas objeto direto preposicionado. Confere à comunicação o interesse de quem procura. Quem *procura* simplesmente pode não achar; quem *procura por* tem de achar de qualquer maneira. A motorista que teve um pneu furado numa movimentada avenida, *procura* alguém que a ajude a trocar o pneu. Já aquele que está perdido na mata *procura por* alguém que o tire dali.

pródigo / prodigalidade
Regem *com* ou *para com* (pessoa) e *de* ou *em* (coisa): *A natureza foi pródiga com* (ou *para com*) *ela*. *** *O ministro foi pródigo de* (ou *em*) *elogios ao governador*. *** *Um balconista pródigo de* (ou *em*) *atenções com* (ou *para com*) *todos os fregueses da loja*. *** *Sua prodigalidade de* (ou *em*) *atenções com* (ou *para com*) *os fregueses da loja lhe valeu uma promoção*.

produzir
Conjuga-se por aduzir.

profecia
Rege *acerca de* ou *a propósito de* ou *a respeito de* ou *de* ou *em relação a* ou *sobre*: *As profecias acerca do* (ou *a propósito do* ou *a respeito do* ou *do* ou *em relação ao* ou *sobre o*) *final dos tempos foram feitas há séculos por Nostradamus*.

proferir
Conjuga-se por ferir.

professor
Adj. correspondente: *docente* e *professoral*. Portanto, *greve de professores = greve docente*; *falar com ar de professor = falar com ar professoral*. Rege *de* (mestre) e *em* (instrutor): *Ser professor de Língua Portuguesa. Ele foi meu professor em informática*.

progredir
Conjuga-se por agredir.

progresso
Rege *em* [avanço, evolução (sem comparação, absoluto)] e *sobre* [avanço, evolução (com comparação, relativo)]: *Ele já fez grandes progressos na informática. Esse método de ensino representa já um progresso sobre o anterior*.

proibição
Rege *a* ou *de* (coisa) e *de...a* (coisa...pessoa): *A proibição à* (ou *da*) *propaganda de cigarros foi uma medida muito acertada*. *** *A proibição de trabalho a crianças não é observada em alguns Estados*.

proibir
Quem proíbe, proíbe alguém de alguma coisa ou proíbe a alguém alguma coisa: *O pai proíbe a filha de namorar*. Ou: *O pai proíbe à filha namorar*. *** *O pai a proíbe de namorar*. Ou: *O pai lhe proíbe namorar*. Como se vê, ninguém proíbe a alguém "de" alguma coisa, como nesta frase, colhida num de nossos jornais: *O presidente proibiu a seu vice "de" dar quaisquer declarações sobre economia*.

proibitivo
Rege *a*: *Com essa taxa de câmbio, as viagens internacionais estão proibitivas aos brasileiros*.

projétil ou projetil?
Tanto faz, a exemplo de réptil e reptil. A primeira tem como plural projéteis; a segunda, projetis.

prol
Antecedida de *em*, aparece combinada com *de*, equivalendo a *em favor de*: *Todos devemos trabalhar em prol do Brasil, sem malas nem cuecas...* *** *Os viciados em drogas atuam em prol da saúde?*

pró-labore
Pl.: pró-labores.

prólogo
Rege *a* ou *de*: *O prólogo à* (ou *da*) *obra foi escrito por mim*.

prometer de + infinitivo
Use sem receio: *Os sem-terras prometeram de invadir novas fazendas*. *** *Ela prometeu de retornar no dia seguinte*. A construção sem a preposição é também correta.

promover a / foram promovidos a
Depois da preposição, deve aparecer palavra no singular e no masculino: *O presidente*

as promoveu a capitão. *** Os secretários foram promovidos a ministro. *** Cinco jogadores juniores foram promovidos a titular da equipe principal. *** Elas foram promovidas a monitor da turma. V. **candidatos a**.

promovido
Rege de...a: *Ele foi promovido de soldado a cabo.*

pronto
Rege a ou para (verbo; preparado), em (nome; rápido) e para (nome; preparado): *Ela está pronta a (ou para) esquecer o passado e recomeçar.* *** *Balconistas prontos no atendimento.* *** *Ele é muito pronto no gatilho.* *** *Seja pronto nas respostas!* *** *A terra já está pronta para o plantio.* *** *Estou pronto para o que der e vier.* *** *Estás pronta para outra?*

pronto-socorro
Faz no plural prontos-socorros. A presidenta de um certo país sul-americano de fala portuguesa, no entanto, em cadeia de rádio e televisão, falou em quarenta "pronto-socorros". Normal... Na mesma fala, para confirmar a inépcia, ela insiste em dizer que somos 190 milhões de brasileiros e "brasileiras". Sai um, entra outra. Este é o Brasil...

propelir
Conjuga-se por ferir.

propender
Rege a ou para: *O rapaz propendia à (ou para a) subversão e ao (ou para o) vício.* *** *O governo peruano, por fim, propendeu ao (ou para o) regime democrático.*

propensão
Rege a ou para: *Ele tem propensão à (ou para a) música.* *** *Teriam os países sul-americanos uma propensão natural ao (ou para o) regime ditatorial?*

propenso
Rege a ou para: *Personalidade propensa à (ou para a) depressão.* *** *Ele é propenso ao (ou para o) alcoolismo, por questões genéticas.*

propício
Rege a ou para (nome) e apenas para (verbo): *Lugar propício à (ou para a) meditação.* *** *Ocasião propícia para fazer as reformas.*

própolis
É palavra feminina: *A própolis possui dezenas de vezes mais flavonoides do que qualquer vegetal.* *** *A própolis é uma resina que as abelhas coletam dos brotos e cascas das plantas, principalmente broto de alecrim, à qual acrescentam algumas secreções salivares, para a utilizarem na colmeia, a fim de protegê-la contra microrganismos e manter a colmeia saudável.* *** *A própolis é uma mistura complexa de substâncias em sua composição química.* Agora, veja como faz propaganda de seus produtos uma loja: "O" própolis tem sido chamado de o antibiótico natural de maior eficiência já conhecido, porque dá potência ao sistema imunológico. É "o" própolis que mantém a parte interna de uma colmeia protegida de ataques de bactérias, fungos etc. - funciona como um elemento de assepsia, esterilizador. Para fazer a assepsia do texto, basta trocar "o" por a...

propor
Como segue a conjugação de pôr, não existem as formas "preporam", "preposse", "prepossem", "prepormos" (no subj.), "preporem", comuns na língua popular, mas apenas, respectivamente, *prepuseram, prepusesse, prepusessem, prepusermos, prepuserem.*

proporção
Antecedida de em, aparece combinada com a, com ou de: *O salário dos servidores não*

aumentava em proporção à (ou *com a* ou *da*) *taxa de inflação.* *** *A matéria sempre irá atrair a matéria, em proporção à* (ou *com a* ou *da*) *massa e à* (ou *com a* ou *da*) *distância.* *** *As orelhas do gato siamês são notavelmente grandes, mas em proporção à* (ou *com a* ou *da*) *cabeça.* *** *O compromisso do governo é diminuir o endividamento público em proporção ao* (ou *com o* ou *do*) PIB.

proporcional
Rege *a*: *A pena tem de ser rigorosamente proporcional ao crime praticado.* *** *Minha contribuição será proporcional às minhas posses.* A regência "proporcional com", muito comum, deve ser desprezada.

propor-se
Use com a preposição *a* ou sem ela, antes de infinitivo (manifestar firme propósito; dispor-se): *Eu me propus (a) deixar de fumar.* *** *Nós nos propusemos (a) não permitir aquela arbitrariedade.* *** *Ele se propôs (a) colaborar.*

propriedade
Rege *de* ou *para* (verbo; faculdade) e *sobre* (nome; direito de propriedade): *Alguns animais têm a propriedade de* (ou *para*) *emitir luz.* *** *É minha a propriedade sobre essa invenção.* Cuidado para não usar "propiedade"!

prosseguimento
Rege *de* ou *em*: *O que incomodava o governo era o prosseguimento das* (ou *nas*) *manifestações.*

prosseguir
Conjuga-se por ferir. Pode ser transitivo direto ou transitivo indireto, indiferentemente: *Prosseguiremos a* (ou *na*) *campanha contra o tabagismo.* *** *Prossiga o* (ou *no*) *seu discurso!* *** *O governo não prosseguiu as* (ou *nas*) *obras iniciadas na administração anterior.* *** *A polícia prossegue as* (ou *nas*) *investigações.*

protagonista
Apesar de ser a palavra correta, há os que lutam por ser "protogonista" de uma telenovela.

proteção
Rege *a* ou *de* (defesa) e *contra* (precaução): *É preciso promover a proteção às* (ou *das*) *nossas florestas e aos* (ou *dos*) *nossos recursos hídricos.* *** *O uso da camisinha nada mais é que uma proteção segura contra doenças sexualmente transmissíveis.*

proteger
Muda o *g* em *j* antes de *a* e de *o*, mas isso não significa que se trata de verbo irregular. Na acepção de favorecer, beneficiar, é verbo transitivo direto: *Que Deus o proteja!* Muitos, no entanto, usam "lhe" no lugar do *o*. No sentido de defender, resguardar, use proteger *contra* (ou *de*): *São leis que protegem a indústria nacional contra o* (ou *do*) *capital estrangeiro.* *** *Um muro alto protege a nossa casa contra* (ou *de*) *olhares indiscretos.* *** *A atmosfera terrestre nos protege contra os* (ou *dos*) *meteoros.*

protegido
Rege *contra* ou *de* (resguardado) e *de* ou *por* (favorito, valido): *Nenhum cidadão, hoje, está protegido contra* (ou *de*) *bandidos.* *** *Vacinou-se, portanto estava protegido contra a* (ou *da*) *doença.* *** *Era o homem protegido do* (ou *pelo*) *presidente.*

proteico
Adj. correspondente de proteína. Portanto, carga *de proteína* = carga *proteica*. No português do Brasil, pronuncia-se protéiku; em Portugal é que se diz *protêiku*. Mas em Portugal também se diz *tambáim*... Qualquer dia destes ainda vai aparecer alguém querendo que pronunciemos *assemblêia, Cananêia, gelêia, idêia, coronêis, papêis*, etc. V. **nucleico**.

protesto
Rege *contra* (oposição): *São muito justos todos esses protestos contra a matança*

de baleias, contra *os incêndios criminosos na Amazônia e* contra *o contrabando de nossos animais silvestres.* *** *Os juízes resolveram fazer greve em protesto* contra *a reforma da Previdência.* A regência "protesto a" deve ser desprezada, no português contemporâneo. No plural, significa testemunho e rege *de*: *Receba os meus protestos de estima e consideração!*

proveitoso
Rege *a* ou *para*: *Lição proveitosa a* (ou *para*) *crianças e adultos.*

prover
É verbo irregular: provejo, provês, provê, provemos, provedes, proveem (pres. do ind.); provi, proveste, proveu, provemos, provestes, proveram (pret. perf. do ind.); provia, provias, provia, províamos, províeis, proviam (pret. imperf. do ind.); provera, proveras, provera, provêramos, provêreis, proveram (pret. mais-que-perf. do ind.); proverei, proverás, proverá, proveremos, provereis, proverão (fut. do pres.); proveria, proverias, proveria, proveríamos, proveríeis, proveriam (fut. do pret.); proveja, provejas, proveja, provejamos, provejais, provejam (pres. do subj.); provesse, provesses, provesse, provêssemos, provêsseis, provessem (pret. imperf. do subj.); prover, proveres, prover, provermos, proverdes, proverem (fut. do subj.); provê, proveja, provejamos, provede, provejam (imper. afirm.); não provejas, não proveja, não provejamos, não provejais, não provejam (imper. neg.); prover (infinitivo impessoal); prover, proveres, prover, provermos, proverdes, proverem (infinitivo pessoal); provendo (gerúndio); provido (particípio).

provir
Conjuga-se por vir.

provocação / provocado
Regem *a* ou *para*: *A provocação à* (ou *para* a) *revolta era feita por meia dúzia de inconformados com o regime.* *** *Provocado à* (ou *para* a) *luta, nunca se acovardava.*

próximo
Rege *a* ou *de*: *Morar próximo à* (ou *da*) *praia.* *** *Ele queria estar mais próximo ao* (ou *do*) *povo.* *** *As ruas próximas ao* (ou *do*) *centro estão interditadas ao tráfego.* *** *Os filhos estão próximos aos* (ou *dos*) *pais.* Nestes dois últimos exemplos, *próximo* exerce função adjetiva; poderia, igualmente, exercer função adverbial e, nesse caso, não variaria: *As ruas próximo ao* (ou *do*) *centro estão interditadas ao tráfego.* *** *Os filhos estão próximo aos* (ou *dos*) *pais.* A tendência, no português contemporâneo, é para o emprego do adjetivo. Apesar de a nossa língua oferecer duas opções de regência neste caso, os jornalistas acabam sempre encontrando uma terceira opção (naturalmente, errada). Veja a regência usada por um deles, num site sobre automóveis: *O novo BMW Série 1 (F20) não será vendido nos EUA, conforme anúncio da montadora alemã. O motivo são os preços muito próximos "com" os da Série 3.*

pseudo-
Só exige hífen antes de palavras iniciadas por o ou por h: pseudo-orgasmo, pseudo-história. Como prefixo que é, não varia. Mas muita gente pensa o contrário. Escreve alguém, na rede, indignado com o fato de os cientistas terem descoberto vida há três bilhões e meio de anos: *Eu me divirto com esses "pseudos" cientistas e suas ciências.* Há gente que se diverte muito mais lendo os que escrevem na Internet...

puma
É palavra masculina (*o puma, um puma*): *O puma, ou leão da montanha, como também é conhecido em algumas regiões, é um animal ágil, arisco e com uma grande capacidade de pulo.* Veja, agora, o que encontramos no Terra: *No verão do ano 9 da Era Cristã, as tropas do governador romano Quintilius Varus foram surpreendidas quando atravessavam a Floresta de Teutoburg, na antiga Germânia. O chefe dos cherusci, chamado Hermann (Arminius), sabedor da marcha das legiões, que marchavam despreocupadas pelas trilhas da mata, conseguiu reunir várias tribos e emboscou-as.*

Ocultos pelos troncos e pelo arvoredo, os germanos, como "uma" puma "ardilosa", saltaram das sombras sobre os soldados e seus acompanhantes. Foi um massacre e tanto.

pular
Rege de preferência *a* ou *para*: *O garoto pulou aos* (ou *para os*) *braços do pai, assim que o viu.* No português do Brasil, todavia, é comum encontrarmos a preposição *em*.

pulmão
Adj. correspondente: *pulmonar*. Portanto, *doença do pulmão* = *doença pulmonar*.

pulso
Adj. correspondente: *cárpico*. Portanto, *ruptura do pulso* = *ruptura cárpica*.

pus
Adj. correspondente: *purulento*. Portanto, *urina com pus* = *urina purulenta*.

putativo
Significa comumente considerado, suposto: *São José é o pai putativo de Jesus*. Diz-se também do casamento contraído indevidamente, mas de boa-fé, por ignorarem os nubentes os motivos que se opunham à sua união. A palavra nos chegou através do latim *putativus* (que se calcula, imaginário, suposto). Nada tem a ver com a palavra *puta*, que vem do latim vulgar *putta, por *puta* (menina), porque as putas, antigamente, começavam ainda meninas.

puxa!
Interjeição consagrada com x, por falsa relação com o verbo *puxar*. A grafia rigorosamente correta seria *pucha!*, já que provém do espanhol platino *pucha*, forma eufemística de *puta*.

puxar a (ou por)
Use assim, na acepção de sair semelhante ou parecido: *Puxei à* (ou *pela*) *família de meu pai.* *** *Hersílio puxou mais à* (ou *pela*) *mãe que ao* (ou *pelo*) *pai.* Na acepção de coxear, mancar, capengar, use com *de*: *Por que você está puxando de uma perna?* *** *O jogador saiu do campo puxando da perna esquerda.* De um velho e já cansativo narrador de futebol: *O jogador saiu do campo puxando "a perna esquerda".* É de se perguntar: com cordinha, barbante ou cabo de aço?

puxar ou puxar de?
Tanto faz, na acepção de lançar mão de, sacar: *Puxar o* (ou *do*) *revólver.* *** *Puxou uma* (ou *de uma*) *nota de cem reais para pagar o cafezinho.*

puxa-saco
É nome comum de dois: *Filipe é o maior puxa-saco do patrão.* *** *Hortênsia é a maior puxa-saco da patroa.* Há corajosos, que usam até "puxa-saca" em referência a mulher.

Q

quadril
Adj. correspondente: *ciático*. Portanto, *nervo dos quadris* = *nervo ciático*.

quais de nós? / quaisquer de nós
Quando fazem parte do sujeito, o verbo concorda com o segundo pronome: *Quais de nós estaremos vivos em 2100?* *** *Quais de nós resistiríamos a uma doença dessas?* *** *Quaisquer de nós cairíamos nesse conto do vigário.*

qual de nós? / qualquer de nós
Quando fazem parte do sujeito, o verbo concorda com o primeiro pronome: *Qual de nós estará vivo em 2100?* *** *Qual de nós resistiria a uma doença dessas?* *** *Qualquer de nós cairia nesse conto do vigário.*

qualificado
Rege *como, de* ou *por* (considerado) e *para* (classificado): *Governo qualificado como* (ou *de* ou *por*) *incompetente.* *** *Equipe qualificada para a próxima fase do campeonato.*

qualquer
Pl.: *quaisquer*. É a única palavra da língua portuguesa cujo plural se faz no seu interior, e não no final.

quando muito
É a expressão correta, que alguns trocam por "quanto muito". Significa no máximo, se tanto. Portanto: *Esse jogador não joga nada, quando muito sabe dar chute na bola.* *** *É uma presidenta que merece um ou dois elogios. Quando muito.*

quantia e quantidade: qual a diferença?
Quantia é soma ou importância em dinheiro: *Trago sempre pequena quantia no bolso.* *** *Vultosa quantia foi gasta nessa obra.* Como se refere sempre a dinheiro, há visível redundância na expressão "quantia de dinheiro". **Quantidade** se usa para quaisquer outros casos. Houve época no Brasil em que se levava grande *quantidade* de dinheiro para pequena *quantia*; hoje (ufa!) é o inverso. Na Vejaonline: *Qubbet el-Hawa é um dos lugares arqueológicos mais importantes do Egito, não apenas devido às descobertas já feitas, mas também pela "quantia" de informações que contêm sobre saúde e doenças, e relações interculturais em tempos antigos.* Manchete da Folha de S. Paulo: **Nova "York" detecta pequenas "quantias" de radiação vindas do Japão**. É o jornalismo brasileiro fazendo história...

quantia "em dinheiro" / quantia "de dinheiro"
Redundância. Toda quantia é importância em dinheiro. Os jornalistas brasileiros incorrem frequentemente na tautologia. No Terra: *Uma empresária e seu companheiro ajuizaram ação contra a Igreja Universal do Reino de Deus, na comarca da cidade de Lajeado afirmando terem sido enganados e iludidos. Ela contou que o casal vinha passando por problemas financeiros, razão que os levou a procurar a Igreja Universal. Disse que, ao final de cada culto, os pastores recolhiam certa quantia "em dinheiro" e afirmavam que, quanto mais dinheiro fosse doado, mais Jesus daria em troca. O casal chegou a vender o veículo que possuía, entregou joias, eletrodomésticos, aparelho celular e uma impressora à Igreja. Além de tudo isso, entregaram também o bom senso...* Num jornal: *O ex-investidor Madoff cumpre pena de 150 anos por fraude financeira nos Estados Unidos. Ele manteve durante duas décadas*

um esquema de pirâmide financeira através do qual atraiu enormes quantias "de dinheiro" em troca da falsa promessa de investi-lo e obter elevados lucros, o que causou prejuízos acima de US$ 65 bilhões a clientes no mundo todo. Eu, de minha parte, confesso que nunca vi ninguém ir ao supermercado ou à feira e trazer quantias "de beterraba". Nem "de mexericas"...

quanto possível
Expressão invariável: *Bebi guaranás gelados quanto possível.* *** *Procure melões maduros quanto possível!* *** *As invasões tinham que ser rápidas quanto possível.* V. **possível**.

quantos de nós?
Quando faz parte do sujeito, o verbo concorda com o segundo pronome: *Quantos de nós já não comemos tanta comida estragada em restaurantes, sem sabermos?*

quarar ou corar?
As duas formas existem; a primeira é popular. Significa tornar branca, com a exposição ao sol (a roupa ensaboada). Da mesma forma, coexistem *quarador* e *corador*, *quaradouro* e *coradouro* (lugar onde se põe a roupa a corar).

quarta da capa
Todo livro tem apenas e tão somente uma capa, dividida em quatro partes: a primeira parte da capa ou parte frontal da publicação, na qual estão o título da obra e o nome do autor; a contracapa, cada uma das duas faces internas, a primeira também chamada *segunda da capa*, e a segunda a *terceira da capa*; e a quarta parte da capa ou, simplesmente, *quarta da capa*, onde normalmente estão o código de barras, o logotipo da editora e muitas vezes um comentário sobre os aspectos gerais da obra. Nenhum livro tem "segunda capa", "terceira capa" ou "quarta capa".

quarteirão
Coletivo específico de casas: *O incêndio acabou alastrando-se por todo o quarteirão.*

que e quê: qual a diferença?
Que se usa geralmente no meio ou no início da frase, sendo palavra átona (por isso, soa *qui*): *Feliz do homem que chora; fatal a mulher que ri.* **Quê** se usa no fim ou no início da frase, sendo palavra tônica (por isso, soa *quê* mesmo, e não "qui"): *Afinal, ela veio aqui para quê?* *** *E vocês? Fizeram o quê, até agora?* *** *O quê?! Joana d'Arc morreu?!* Essa tonicidade é que faz com que alguns defendam o uso do acento ainda em *além do quê* (= além disso). É também usado como substantivo no sentido de alguma coisa, um componente: *Ifigênia tem um quê que me agrada.* *** *Heli tem um quê do pai.* Quando fazemos referência ao próprio vocábulo, não há necessidade do uso do acento: *Vamos estudar hoje a palavra que.* *** *O que tem várias classificações em português.* *** Na frase *A fruta de que eu mais gosto é a pinha*, qual a função desse *que*?

quebra
Rege *de* (ruptura; violação, infração) e *em* (redução; interrupção): *A quebra de qualquer peça era cobrada da cozinheira.* *** *Se for comprovada quebra de juramento, ele será preso.* *** *A quebra de disciplina, nas Forças Armadas, é algo grave.* *** *Houve quebra na safra agrícola deste ano.* *** *A quebra no fornecimento de energia não foi explicada pela companhia.*

quebra-cabeça
Sempre: *o quebra-cabeça*, *um quebra-cabeça*. Nunca: "o quebra-cabeças", "um quebra-cabeças". Veja, no entanto, como escrevem nossos jornalistas: *Os novos dados são mais uma peça no "quebra-cabeças" do nosso entendimento dos processos celulares e moleculares associados ao envelhecimento.* *** *Ficou a marca de que o Planalto, inclusive Lula, "estavam" por trás de dívidas de campanha, de emissários nada recomendáveis a outro país, tudo fornecendo mais peças para um*

"quebra-cabeças" que vai se fechando e que exibe uma imagem de horror para a opinião pública. *** Essa peça do "quebra-cabeças" é mais difícil de encaixar. Muito mais difícil de encaixar é alguma confiança nos jornalistas de hoje.

quebra-gelo ou quebra-gelos?
Tanto faz: o quebra-*gelo* ou o *quebra-gelos*.

quebra-molas
Sempre: *o quebra-molas, um quebra-molas*. Nunca: "o quebra-mola", "um quebra-mola". Repare nesta piadinha de mau-gosto que alguém espalhou por aí, acerca de nossos irmãos portugueses: O português vinha dirigindo numa estrada, quando leu numa placa: DEVAGAR, QUEBRA-MOLA. *Ciente de que se passasse devagar iria quebrar a mola do carro, acelerou, passando a 200km/h pelo "quebra-mola". Capotou. Refeito do susto, voltou ao lugar da placa, retirou-a, colocando esta no lugar: RÁPIDO, TAMBÉM.* Cá agora, ando a estar com uma dúvida: será que, se estivesse escrito corretamente, o nosso irmão português teria acelerado?...

quebra-nozes
Sempre: *o quebra-nozes, um quebra-nozes*.

queda
Rege *de* (caída; perda ou diminuição), *em* (incidência), *para* (inclinação natural) e *por* (atração, simpatia): *A queda do Muro de Berlim foi histórica.* *** *A queda de credibilidade do governo é uma realidade.* *** *A queda de tantos impostos nas costas do contribuinte reduz até mesmo a arrecadação.* *** *Ter queda para a dança.* *** *Ele sempre teve forte queda por morenas.*

queda-d'água
Sempre com hífen. Pl.: quedas-d'água.

que dirá
Sempre com o pronome se: *Se o ministro sabia de toda a corrupção, que se dirá do presidente!* De uma jornalista carioca: *Delúbio Soares e Sílvio Pereira mal conseguem juntar numa frase o verbo ao sujeito, "que dirá" montar esquemas do tamanho, complexidade e dimensão deste em fase de revelação.* Ninguém pode duvidar de que a referida jornalista afirmou uma verdade indiscutível (ainda que por linhas meio tortas...).

que horas são?
É assim que se pergunta, sempre. Há quem goste de variar e pergunta: "Que horas tem aí?" Tolice.

queijo
Adj. correspondente: *caseoso*. Portanto, *consistência de queijo* = *consistência caseosa*.

queimado
Rege *de* (bronzeado) e *de* ou *por* (ressequido): *Garotas queimadas de (ou do) sol.* *** *De manhã, encontrou todo o cafezal queimado da (ou pela) geada.*

queimar-se
Use sempre assim, na acepção de tornar-se queimado, mas apenas **queimar**, na de tornar-se inútil ou imprestável: *Todos os meus documentos se queimaram no incêndio.* *** *Ele queria saber por que queimavam (ou se queimavam) tantas lâmpadas na sua casa.*

queixa
Rege *a...acerca de* (ou *a respeito de* ou *contra* ou *de* ou *quanto a* ou *sobre*) e *de...a* (pessoa): *Os moradores da rua fizeram queixa à polícia acerca do (ou a respeito do ou contra o ou do ou quanto ao ou sobre o) barulho infernal da boate.* *** *A criança fez queixa da babá à mãe.*

queixar-se
Use sempre assim: *Ela se queixa de tudo.* *** *Eu não me queixo de nada.* Há, no entanto, quem construa: *Ela "queixa" de tudo.* *** *Eu não "queixo" de nada.*

quem
É o pronome que se refere a pessoas: *Essa é a pessoa de quem eu mais gosto.* *** *Rosana é a pessoa em quem mais confio.* *** *Não era mulher de quem se pudesse desconfiar.* *** *Você é chefe a quem todos obedecem.* Com palavras dissílabas em diante, deve ser substituído por *o qual* (e variações): *Acusaram de corrupto o presidente, segundo o qual tudo não passa de intriga da oposição.* *** *A notícia segundo a qual o presidente renunciaria foi veiculada por todos os jornais.* *** *O presidente, para o qual tudo não passa de mal-entendido, falou aos jornalistas.* Os jornais, todavia, continuam trazendo "segundo quem", "para quem", etc. Esse pronome exige o verbo na terceira pessoa do singular: *Não fui eu quem fez isso.* *** *Foram eles quem cometeu o crime.* *** *Não fomos nós quem comeu o doce.* Embora seja possível a concordância com o pronome reto, é preferível sempre construir assim.

que nem
Só se usa quando há ideia consecutiva na segunda oração. Assim, p. ex.: *Juçara ficou vermelha que nem pimentão.* Ou seja: *que nem pimentão é tão vermelho.* *** *O moleque trepava às árvores que nem macaco novo.* Isto é: *que nem macaco novo trepa.* Não havendo tal ideia, usa-se *como, feito* (apenas na linguagem coloquial) ou *igual a*: *Minha mulher é como* (ou *feito* ou *igual a*) *minha sogra: implicante e rabugenta!* *** *Você é como* (ou *feito* ou *igual a*) *seu pai: metido a conquistador.*

Quéops
É esse o verdadeiro nome do mais importante faraó. Certa feita, a emissora de televisão do "Roráima" apresentou um programa de mais de uma hora sobre esse rei egípcio, mas o tratou por "keóps". O programa todo era só "keóps", "keóps", "keóps". Dia desses, um repórter de outra emissora, enviado ao Egito, saiu-se também com "keóps". Os repórteres brasileiros não são ótimos?

querer
É transitivo direto (desejar) e transitivo indireto (amar; estimar): *Não quero esse rapaz aqui em casa.* *** *O menino não queria balas, queria sorvete.* *** *Quero-o já aqui, seu pilantra!* *** *Quero muito a essa mulher.* *** *Os pais normalmente querem muito a seus filhos.* *** *Você nem tem ideia de quanto eu lhe quis, Beatriz!* *** *Despede-se este seu amigo que muito lhe quer: Persival.* Conj.: *quero, queres, quer, queremos, quereis, querem* (pres. do ind.); *queria, querias, queria, queríamos, queríeis, queriam* (pret. imperf. do ind.); *quis, quiseste, quis, quisemos, quisestes, quiseram* (pret. perf. do ind.); *quisera, quiseras, quisera, quiséramos, quiséreis, quiseram* (pret. mais-que-perf. do ind.); *quererei, quererás, quererá, quereremos, querereis, quererão* (fut. do pres.); *quereria, quererias, quereria, quereríamos, quereríeis, quereriam* (fut. do pret.); *queira, queiras, queira, queiramos, queirais, queiram* (pres. do subj.); *quisesse, quisesses, quisesse, quiséssemos, quisésseis, quisessem* (pret. imperf. do subj.); *quiser, quiseres, quiser, quisermos, quiserdes, quiserem* (fut. do subj.); *querer* (infinitivo pessoal); *querer, quereres, querer, querermos, quererdes, quererem* (infinitivo pessoal); *querendo* (gerúndio); *querido* (particípio). Não tem imperativo, em razão do seu próprio significado. Usa-se apenas em frases que denotam gentileza. Ex.: *Queira sentar-se.* Note: não existem formas desse verbo com a letra *z*.

quer...quer
As conjunções alternativas deste tipo devem trazer obrigatoriamente os elementos repetidos: *seja...seja, quer...quer, ou...ou*, etc. Ex.: *Preciso de ajudantes, quer mulheres, quer homens.* *** *Estávamos cansados de radicalismos, quer de esquerda, quer de direita.* *** *Você vai trabalhar e estudar, quer queira, quer não.* Na Folha de S. Paulo: *Mahmoud Ahmadinejad afirmou que o Irã manterá programa nuclear, quer seus inimigos queiram "ou" não.* Parabéns!

querido
Rege *a, de* ou *por*: *Era um professor muito querido aos* (ou *dos* ou *pelos*) *alunos.* *** *Assunto mais querido às* (ou *das* ou *pelas*) *mulheres: homem.*

questão
Rege *acerca de* ou *a propósito de* ou *a respeito de* ou *quanto a* ou *relativo a* ou *sobre* (discussão) e *com* (demanda): *A questão acerca da* (ou *a propósito da* ou *a respeito da* ou *quanto à* ou *relativo à* ou *sobre* a) *reforma agrária é importante.* *** *Ele tem questão com o governo.* A expressão *fazer questão* pede *de* ou *por*: *Ela fazia questão de* (ou *por*) *receber um beijo do namorado.* *** *Não faço questão de* (ou *por*) *luxo*. Pronuncia-se *kestãu*. Da mesma forma, sem o u sonoro: *questionar, questionário, questionável, questiúncula*. Eis sobre o assunto o que comenta o Pequeno Dicionário Brasileiro da Língua Portuguesa: *Kuestão é pronúncia pedante, usada apenas por alguns, e pouco justificável*. Tal pronúncia é comum no Rio Grande do Sul, onde se nota maior influência castelhana. O VOLP, no entanto, registra também essa pronúncia pedante, justamente por causa dessa influência.

quibe
Apesar de ser a forma correta, há quem continue comendo "kibe".

Quilimanjaro
É o nome correto da mais alta montanha da África (5.898m), no Nordeste da Tanzânia. Há quem escreva "Quilimandjaro".

quilo
Abrev.: *kg* (sem s nem ponto). Portanto: 1kg, 2kg, 3kg, etc. Se agora a letra k faz parte do nosso alfabeto, por que não podemos escrever kilo? Não há uma enorme incoerência em escrever quilo, e a abreviatura ser escrita kg?

quilômetro
É uma das palavras que, no português do Brasil, se escrevem com ô e normalmente se pronunciam como se fossem escritas com ó. Outra é *Antônio* (quase todo o mundo diz "antóniu", como se estivéssemos em Portugal). Ainda outra é *Êmerson*, que, apesar do acento, as pessoas pronunciam "émerson". É como se alguém experiente e bem-intencionado dissesse a um adolescente: Vai por aqui. E o sujeito fosse justamente por outro caminho. Não se dará bem. E mais: se agora a letra k faz parte do nosso alfabeto, por que não podemos escrever kilômetro? Não há uma enorme incoerência em escrever quilômetro, e a abreviatura ser escrita km?

quite
Concorda com o nome a que se refere: *Estou quite com o serviço militar.* *** *Estamos quites com o serviço militar.*

quiuí ou kiwi?
A primeira é o aportuguesamento do inglês kiwi, que, por sua vez, tem origem no maori. Em Portugal usa-se quivi. A palavra se divide em sílabas assim: qui.uí. O míni Houaiss, no entanto, divide-a desta forma: "quiu.í". Normal...

R

rachar ou rachar-se?
Tanto faz: *Com o sol, a madeira rachou* (ou *se rachou*) *toda.* *** *Com o calor intenso, o asfalto rachou* (ou *se rachou*). *** *As romãs geralmente racham* (ou *se racham*) *ainda no pé.*

rádio
É palavra masculina na acepção de aparelho transmissor ou receptor de sinais radiofônicos: *Ouvi a notícia pelo meu rádio.* É palavra feminina na acepção de estação emissora de tais sinais ou na de conjunto dessas estações de determinado local, região, país, etc.: *Ele trabalha na rádio Cultura.* *** *A rádio argentina estava presente ao acontecimento.*

radiopatrulha
Sem hífen, a exemplo de *radioamador, radiorrelógio, radiorrepórter, radiossonda, radiotáxi, radioteatro, radiouvinte,* etc. O VOLP, no entanto, registra rádio-gravador e rádio-vitrola.

relâmpago
Adj. correspondente: *fulgural.* Portanto, brilho *de relâmpago* = brilho *fulgural*.

raiva (hidrofobia)
Adj. correspondente: *rábico.* Portanto, *vírus da raiva* = *vírus rábico.*

raiva / rancor
Regem *a, contra, de* ou *por*: *A menina cresceu com raiva à* (ou *contra a* ou *da* ou *pela*) *babá.* *** *Ela tem rancor ao* (ou *contra o* ou *do* ou *pelo*) *ex-namorado.*

rapar e raspar: qual a diferença?
Rapar é cortar até à raiz: *rapar o bigode, rapar a barba, rapar a cabeça, rapar a perna, rapar as axilas, rapar todos os pelos do corpo.* **Raspar** é gastar pelo atrito, desgastar: *raspar o taco do assoalho, raspar a parede, raspar o bilhete de loteria, para ver se ganhou algum prêmio. Rapar* só equivale a *raspar* no sentido de tirar tudo o que restou a (um recipiente): *O menino rapou* (ou *raspou*) *a lata de leite condensado.* Com câncer na laringe, Lula se antecipou à queda de pelos e cabelos que fatalmente as sessões de quimioterapia iriam provocar. O Diário do Nordeste, de Fortaleza, saiu-se com esta: **Lula "raspa" cabelo e barba durante tratamento de câncer de laringe**. Raspou coisa nenhuma.

rapaz "jovem"
Que mal lhe pergunte, caro leitor: existe rapaz velho? Estou certo de que você deu boa resposta, já que a redundância em rapaz jovem é visível. O Dicionário Houaiss, no entanto, traz a maravilha no verbete **garraio**.

rápido / rapidez
Regem *de* ou *em* (nome) e *em* (verbo): *Ser rápido de* (ou *em*) *raciocínio.* *** *Ele foi rápido em responder às questões.* *** *Admiro sua rapidez de* (ou *em*) *raciocínio.* *** *Para que tanta rapidez em resolver o caso?*

raposa
Adj. correspondente: *vulpino.* Portanto, *esperteza de raposa* = *esperteza vulpina*.

raquiano ou raquidiano?
As duas formas existem. A forma "raqueano" merece a mesma censura que "acreano":

a vogal de ligação para palavras terminadas em -e é -i-: Iraque/iraquiano, Goethe/goethiano, Acre/acriano, raque/raquiano, etc. Numa página médica: *O bulbo "raqueano" está situado entre a medula espinhal e a protuberância anular e constitui uma extensão da medula espinhal. Os impulsos entre ela e o cérebro passam através do bulbo "raqueano".* Em outra página médica: *No tronco cerebral, destacam-se a medula alongada ou bulbo "raqueano" (o alargamento central) e o tálamo (entre a medula e os hemisférios cerebrais).* Eu costumo dizer sempre: médico entende muito. De medicina...

rasgar-se
Use sempre assim, na acepção de romper-se; separar-se: *A camisa que você me deu se rasgou à primeira lavada.* *** *O papel se rasgou em vários pedaços.* *** *Não faça muito esforço, que suas calças podem rasgar-se nos fundilhos!*

rasgar o "verbo"
O povo usa muito esta expressão que, em verdade, não existe na língua. Na verdade, quem fala francamente, sem rodeios, rasga o véu: *O deputado paraense rasgou o véu, declarando que não votaria com a sua bancada.* Leia, agora, caro leitor, esta nota e reflita: *A atitude do chefe da Casa Civil, José Dirceu, de defender a punição dos parlamentares do PT que assinaram o requerimento de abertura da CPI dos Correios, foi mais um motivo para o senador Cristovam Buarque declarar guerra contra seu antigo desafeto. Ontem de manhã, o ex-ministro da Educação foi ao plenário da Casa e rasgou o "verbo". Num discurso esquentado, o senador atribuiu parte da culpa da corrupção dentro dos Correios a Dirceu.*

rasto ou rastro?
As duas formas existem, mas a segunda é a mais usual entre nós, brasileiros. Podemos, assim, trazer uma pessoa *a rastos* ou *de rastos, a rastros* ou *de rastros*.

rato
Adj. correspondente: *murino*. Portanto, *chiado de rato* = *chiado murino*.

razão
Rege *de, em* ou *para* (verbo) e *para* (nome): *Ela tem razão de (ou em ou para) reclamar.* *** *Não tenho razões de (ou em ou para) estar contente.* *** *Há razões para tanto festejo?* Antecedida da preposição *em*, aparece combinada com *de*: *A crise só não foi maior em razão da safra, que foi recorde.*

reação
Rege *a* ou *contra* (resposta), *ante* ou *diante de* ou *perante* (comportamento) e *entre...a* (ou *em*) *favor de* (mudança): *O linchamento é uma reação à (ou contra a) impunidade e ao (ou contra o) excesso de violência de que o povo é vítima.* *** *Qual foi a reação do presidente ante (ou diante do ou perante o) fato?* *** *Já há uma reação entre os jornalistas a (ou em) favor do vernáculo.*

reajuste
Rege *de, em* (em contração) ou *sobre*: *O reajuste de (ou nos ou sobre) preços não se justifica, em época de recessão.* *** *Novo reajuste de (ou nas ou sobre) tarifas bancárias?!*

reaver
Derivado de *haver*, por este se conjuga, a não ser nas formas em que não aparece a letra v: *Eu ainda não reouve as fotos que dei a ela.* *** *Você reouve tudo o que perdeu?* *** *Não ficarei satisfeito enquanto não reouver tudo o que perdi.* *** *Se vocês reouverem os bens perdidos, deem-se por satisfeitos!* *** *Se eu reouvesse o dinheiro que perdi, pagar-lhe-ia.* Portanto, não existem as formas "reavi", "reaveu", "reavesse", etc. Conj.: reavemos, reaveis (pres. do ind.); reouve, reouveste, reouve, reouvemos, reouvestes, reouveram (pret. perf. do ind.); reavia, reavias, reavia, reavíamos, reavíeis, reaviam (pret. imperf. do ind.); reouvera, reouveras, reouvera, reouvéramos, reouvéreis, reouveram (pret. mais-que-perf. do ind.); reaverei, reaverás, reaverá, reaveremos, reavereis, reaverão (fut. do pres.); reaveria, reaverias, reaveria,

reaveríamos, reaveríeis, reaveriam (fut. do pret.); não há pres. do subj.; reouvesse, reouvesses, reouvesse, reouvéssemos, reouvésseis, reouvessem (pret. imperf. do subj.); reouver, reouveres, reouver, reouvermos, reouverdes, reouverem (fut. do subj.); reavei (imper. afirm.); não tem imperativo negativo; reaver (infinitivo impessoal); reaver, reaveres, reaver, reavermos, reaverdes, reaverem (infinitivo pessoal); reavendo (gerúndio); reavido (particípio). Repare, agora, nesta frase de quem venceu a depressão: *Juntando o resultado dos anos de terapia com a medicação estou vivendo outra boa fase, "reavi" e até mesmo conheci prazeres que não notava na vida*. Peço-lhe, agora, caro leitor, toda a paciência para ler esta justa reclamação, se bem que não tão correta: *A maior sacanagem que aconteceu em termos de extravio foi quando voltei do Japão e mandei minha mudança pelo correio. Sim, porque depois de 3 anos e 8 meses morando fora já não é mais bagagem. É mudança mesmo. Tinha todos os comprovantes de envio dos pacotes, mas duas caixas nunca chegaram ao Brasil. E lá tinham coisas importantes para mim, como fotos, lembranças, presentes para os parentes e amigos e mais algumas coisas. E as caixas que chegaram foram todas violadas e com coisas trocadas com o pacote de alguma outra pessoa. Chegaram canivetes (eu nunca comprei um canivete na minha vida), um porta-joias (o que eu vou fazer com um porta-joias?) e mais uns brinquedos (que nem posso usar mais, que droga!). O Correio do Brasil culpa o pessoal do transporte. O pessoal que fez o transporte culpa o correio japonês (do que duvido muito, depois que "reavi" minha carteira que tinha perdido no Japão com todo o dinheiro dentro, intocado, no correio de Nagoia)*. Repare, agora, nisto: *Nem após a morte ele escapou da violência. Felizmente, os ladrões descobriram que ele atendia de graça a muitos moradores do Morro do Borel e devolveram a urna com os restos mortais do neurologista. Sua filha "reaveu" as cinzas e jogou-as nas proximidades das Ilhas Tijucas, onde o médico gostava de mergulhar e pescar. Menos mal*. Menos mal?! Finalmente, caro leitor, para esgotar-lhe a paciência, veja que protesto mais inocente: *Se o governo "reavesse" o dinheiro que o juiz Lalau roubou, não "precisariamos" vender nossas "riquezas"*. O brasileiro é mesmo rico de vontades impossíveis...

rebaixamento / rebaixado
Rege *de*...*a* (ou *para*): *O rebaixamento d*o *Palmeiras pela segunda vez à* (ou *para*) *a segundona se deveu à incompetência da diretoria do clube*. *** *O Bahia e o Vitória foram rebaixados d*a *segunda à* (ou *para*) *a terceira divisão do campeonato brasileiro de futebol*.

rebelar-se
Rege *contra*: *Alguns regimentos se rebelaram contra o regime*. *** *O poder judiciário se rebelou contra a reforma da Previdência*.

rebelde / rebeldia
Regem *a* ou *ante* ou *contra* ou *diante de* ou *perante* (nome) e *em* (verbo): *Mostrar-se rebelde à* (ou *ante* a ou *contra* a ou *diante d*a ou *perante* a) *vontade dos pais*. *** *Revelou-se rebelde em cumprir a ordem*. *** *A rebeldia da população a esse* (ou *ante esse* ou *contra esse* ou *diante d*esse ou *perante esse*) *novo imposto é bastante compreensível*. *** *Sua rebeldia em se submeter à disciplina militar acarretou sua expulsão da corporação*.

reboliço e rebuliço: qual a diferença?
Reboliço é que rebola: *mulher de quadris reboliços*. *** *Cantinflas tinha um andar reboliço*. **Rebuliço** é confusão, rolo, rebu (de que é redução): *A festa acabou em rebuliço*. Veja, agora, o comentário de um filme, feito por um adolescente mal-informado na Internet: *A trilha sonora estava razoavelmente boa, podia ser melhor. Agora "enquanto" a mudar a origem do personagem: O que que tem? "Naum" entendo pq tanto "reboliço" por causa disso*. Não é só ele que não entende: ninguém entende...

recear / receoso
Apesar de serem as formas corretas, a par de *receio*, muita gente não se sente nada

"receiosa" de usar "receiar". Veja: *Quem sofre estupro se sente na maioria das vezes constrangida, além de "receiar" denunciar o autor da violência.* Vejamos, agora, o que tem a nos dizer um flamenguista fanático (se é que isso não é redundância): *Eu sempre fui "receioso" com o Diego de titular. O único goleiro baixo que vi jogar muito bem foi o Taffarel.* Não tenha *receio*, caro leitor: critique!

receio / receoso
Regem *de* ou *por* (nome) e *de* ou *em* (verbo ou oração desenvolvida): *Ter receio do* (ou *pelo*) *futuro.* *** *Ter receio de* (ou *em*) *sair à noite.* *** *Estar receoso do* (ou *pelo*) *futuro.* *** *Estar receoso de* (ou *em*) *viajar de avião.* *** *Tinha receio de* (ou *em*) *que o avião caísse.*

recepção
Rege *a* ou *de* (pessoa) e *de* (coisa): *A recepção ao* (ou *do*) *novo acadêmico se dará na próxima semana.* *** *A recepção da mercadoria foi feita pelo zelador do prédio.*

recheado / recheio
Rege *com* ou *de*: *Biscoito recheado com* (ou *de*) *chocolate.* *** *Um delicioso recheio com* (ou *de*) *chocolate foi adicionado ao confeito.*

rechear / recheado
Apesar de serem as formas corretas, a par de recheio, muita gente gosta de "recheiar" doces e de comer doces "recheiados". Repare nesta manifestação de indignação de um brasileiro irresponsável (foram mantidos todos os erros), pela Internet (que aceita tudo): *Um dia não muito distante de hoje alguem levantou a lebre e disse que em brasilia, leia-se CONGRESSO haviam 300 picaretas. Hoje no Rio tem quatro milhoes do Cachoeira para quarenta ladrões da assembleia do Rio. Meu Deus de onde sai tanto dinheiro para todos os ladrões e picaretas e não sai um tostão furado para "recheiar" a minha conta bancaria que está sempre no vermelho?* Como se vê, caro leitor, tudo *recheado* de asnices. Para encerrar com chave de ouro, veja esta indignação de outro brasileiro mal-informado: *Vergonha! Artigo "recheiado" de erros gramaticais. Se não sabe redigir um artigo, melhor nem tentar, ou talvez, lê-lo bem antes de uma publicação.* E ele, ainda, fala em **vergonha**!

reclamação
Rege *de...a* ou apenas *a* (exigência) e *contra* (protesto): *Adianta reclamação de providências às autoridades?* *** *Partiu dos vizinhos a reclamação contra o barulho da boate.*

reclamar
Rege *contra* ou *de* (queixar-se, protestar) e apenas *de* (exigir; reivindicar): *Ela reclama contra a* (ou *da*) *comida do hospital.* *** *O povo reclama contra a* (ou *da*) *falta de segurança, e o governo não faz nada.* *** *Reclamar contra o* (ou *do*) *barulho.* *** *O namorado reclamou dela todos os presentes que lhe havia dado.* *** *O presidente reclamou do ministro as providências necessárias.* *** *O eleitorado reclama agora do deputado as promessas feitas durante a campanha.* *** *Os trabalhadores reclamam da empresa o pagamento das horas extras.* No primeiro caso, se houver mais um complemento, este é regido de *junto a*. Ex.: *Ela reclamou da comida junto ao diretor do hospital.* *** *O povo reclama contra a falta de segurança junto às autoridades, que nada fazem.* Manchete da Folha de S. Paulo: **Ministra Ideli Salvatti reclama de líder do governo "para" Dilma**. O pobre do leitor, então, vai reclamar junto a quem?

reclinado
Rege *a, em* ou *sobre*: *Encontrei-o com o corpo reclinado à* (ou *na* ou *sobre* a) *cama.*

recoberto
Rege *com, de* ou *por*: *Sorvete recoberto com* (ou *de* ou *por*) *calda de chocolate.*

recolhimento
Rege *de...a* (ou *em*) [ação de recolher] e *de...sobre* ou *a...sobre* ou apenas *sobre* (retirada

de circulação): *Quando se deu o recolhimento dos mendigos ao (ou no) abrigo?* *** *Haverá recolhimento de imposto sobre essa quantia.* *** *O ministro quer um maior percentual de recolhimento ao Banco Central sobre os depósitos à vista.* *** *O Banco Central vai aumentar o percentual do recolhimento sobre os depósitos à vista.*

recomendar
Quem recomenda, recomenda alguma coisa a alguém: *Recomendei-lhe que não saísse à chuva.* *** *Recomende a todos que não digam nada a ninguém.* *** *Recomendaram-me que tomasse um analgésico e fosse me deitar.* Censurável é recomendar a alguém "para" que, como nestes exemplos: *Recomendei-lhe "para" que não saísse à chuva.* *** *Recomende a ela "para" que não diga nada a ninguém.* *** *Recomendaram-me "para" que chegasse cedo amanhã.* Retirando-se o *"para"*, faz-se a luz...

recompensa
Rege *a, de* ou *por*: *Quanto lhe deram como recompensa aos (ou dos ou pelos) serviços prestados?* Antecedida de *em*, rege as mesmas preposições: *Em recompensa aos (ou dos ou pelos) meus serviços me deram boa quantia.*

recompensado
Rege *de* ou *por*: *Ao ver os filhos todos médicos, sentiu-se recompensado do (ou pelo) sacrifício que fez ao longo da vida para estudá-los.*

recompor
Como segue a conjugação de pôr, não existem as formas "recomporam", "recomposse", "recompossem", "recompormos" (no subj.), "recomporem", comuns na língua popular, mas apenas, respectivamente, *recompuseram, recompusesse, recompusessem, recompusermos, recompuserem.*

reconciliação
Rege *de...com* ou *entre*: *Não foi fácil a reconciliação do marido com a mulher.* *** *Não foi fácil a reconciliação entre o marido e a mulher.*

recondução
Rege *de...a* (ou *em* ou *para*): *A recondução do funcionário ao (ou no ou para o) cargo se deu por mandado judicial.* É preferível *em* como segunda preposição.

reconduzido
Rege *a*: *Depois de tudo, viu-se ainda reconduzido ao cargo.* *** *O deputado queria ser reconduzido à liderança do partido.*

reconhecer
Use assim: *Eu não o reconheci.* *** *Ele está tão bronzeado, que nem o reconheci!* Muitos, no entanto, principalmente no Nordeste, usam "lhe" por *o*.

reconhecido
Rege *a...por* e *para com...por*: *Fico reconhecido a todos pela homenagem.* *** *Ela se mostrou reconhecida para com o rapaz pelo esforço que ele fez, a fim de que a festa se realizasse.*

reconhecimento
Rege *a* ou *para com* (pessoa) e *a, de* ou *por* (coisa; agradecimento, gratidão ou recompensa material): *Meu reconhecimento aos (ou para com os) policiais que salvaram meu filho será eterno.* *** *Houve reconhecimento meu aos (ou dos ou pelos) serviços que ele me prestou.* *** *Este prêmio é um reconhecimento ao (ou do ou pelo) seu trabalho e à (ou da ou pela) sua dedicação.* Antecedida de *em*, aparece combinada com *por*: *Levantei as mãos aos céus em reconhecimento pela salvação de meu filho.*

recorrer
Rege *de* ou *de...para* (interpor agravo ou recurso judicial, apelar): *O advogado vai recorrer da sentença.* *** *Meus advogados recorrerão dessa decisão.* *** *O réu foi condenado, mas o advogado vai recorrer da sentença para o Superior Tribunal de Justiça.*

*** *Meus advogados recorrerão dessa decisão para o Supremo Tribunal Federal*. Em O Globo: **Justiça decide que Rafinha Bastos terá de indenizar Wanessa Camargo. Ele ainda pode recorrer "à" decisão judicial**. Seria exigir demais dos jornalistas brasileiros conhecimentos de regência verbal. Alguns não conhecem nem mesmo ortografia!

recostado
Rege *a, em* ou *sobre*: *Encontrei-a recostada ao* (ou *no* ou *sobre* o) *sofá*.

recreio
Rege *a* ou *para*: *A beleza feminina será sempre um recreio aos* (ou *para os*) *olhos dos homens bem-intencionados...*

recriminação
Rege *a, contra* ou *de* (censura, reprovação): *Houve recriminação a essa* (ou *contra essa* ou *dessa*) *medida do governo*.

recriminar
Use assim: *Eu não o recrimino por isso*. *** *Quem o recriminou?* Muitos, no entanto, usam "lhe" no lugar do *o*.

recuo
Rege *a, em* ou *para*: *O recuo do governo à* (ou *na* ou *para a*) *proposta original de reforma foi um avanço, e não um retrocesso*. *** *O recuo da mente à* (ou *na* ou *para a*) *infância pode ajudar a solucionar muitos problemas psicológicos*. *** *Houve um recuo ao* (ou *no* ou *para* o) *passado, quando o país resolveu adotar esse regime*.

recusa
Rege *a* ou *de* (nome) e *a* ou *em* (verbo): *A recusa ao* (ou *do*) *prêmio se deveu à proibição do governo soviético*. *** *A recusa a* (ou *em*) *receber o prêmio era por razões políticas*.

redator-chefe
Com hífen. Convém evitar o galicismo "redator-em-chefe", muito a gosto de certos focas da língua.

redução
Rege *de, de...a, de...a* (ou *em*) [conversão, troca]: *Os trabalhadores não aceitam redução de salários*. [Neste caso, quando há contração, admite-se também a preposição *em*: *Os trabalhadores não aceitam redução dos* (ou *nos*) *salários*.] *** *A redução das vinte e cinco regras de crase a duas é uma conquista pedagógica*. *** *A redução de reais a* (ou *em*) *dólares era relativamente fácil naquele país*.

redundância[1]
É a capacidade que as pessoas têm, ao falarem ou ao escreverem, de chover no molhado. As redundâncias são conhecidas também como *pleonasmos viciosos*. Lula foi ao Vaticano, para participar das últimas homenagens ao falecido Papa João Paulo II. Na sua comitiva levou os ex-presidentes, que lá em Roma se encontraram com outro, então embaixador na Itália, Itamar Franco. Depois do evento, declarou, num misto de encanto e tristeza pela morte do Santo Padre: *Em que momento da história o Brasil conseguiu juntar quatro presidentes "juntos"?* Em nenhum, senhor, em nenhum...

redundância[2]
A capacidade que têm também os nossos jornalistas de choverem no molhado é formidável! Repare nesta notícia da Folha de S. Paulo (deixo a seu cargo, caro leitor, o "enorme" trabalho de detectar a forte chuva que deram no molhado): *Pouco comentado no Brasil, o câncer de pênis atinge cerca de 2% da população masculina do país atualmente, segundo informações da Sociedade Brasileira de Urologia*. Pouco tempo depois, no mesmo jornal, deparo com esta manchete (genial): **Morador pode arborizar a rua com árvore na calçada de casa**. Interessante seria se os moradores pudessem arborizar a rua com postes...

redutor
Rege *de* ou *sobre*: *Os trabalhadores não admitem redutor de (ou sobre) salários, mas aceitam redutor de (ou sobre) preços.*

reduzido
Rege *a* (rebaixado) e *a* ou *em* (transformado): *O homem se vê reduzido ao estado de barbárie, quando mata baleias, incendeia florestas e extermina os animais silvestres em nome de alguma vantagem ou da ganância.* *** *O palácio foi reduzido a (ou em) cinzas.*

reeleição
Rege *de...para* ou apenas *para*: *Só é permitida a reeleição do presidente para apenas um mandato.* *** *A partir do próximo ano, não haverá reeleição para nenhum cargo público.*

reembolsar
Quem reembolsa, reembolsa alguém de alguma coisa ou reembolsa a alguém alguma coisa: *Reembolsei o rapaz de todos os seus prejuízos.* (= Reembolsei-o de todos os seus prejuízos.) *Reembolsei ao rapaz todos os seus prejuízos.* (= Reembolsei-lhe todos os seus prejuízos.)

reembolso
Rege *de...a*: *O reembolso das despesas ao funcionário que viajava era sempre feito no final do mês.* O plural (reembolsos) também tem a vogal tônica fechada.

refém
A exemplo de recém, é palavra oxítona, mas muitos ainda insistem em dizer "réfem".

referir
Conjuga-se por ferir. Use apenas referir, na acepção de narrar, contar, mas referir-se na de fazer referência): *O jornalista referiu o acontecido a todos os presentes.* *** *O avô tinha o hábito de referir estórias de fadas aos netos.* *** *Referi o fato ao diretor.* *** *Refiro-me à dívida interna, e não à dívida externa.* *** *Essa é justamente a questão a que me refiro.*

refestelado
Rege *em* ou *sobre*: *Encontrei-a refestelada no (ou sobre o) sofá.*

reflexão
Rege *acerca de* ou *a propósito de* ou *a respeito de* ou *em relação a* ou *em torno de* ou *quanto a* ou *relativo a* ou *sobre*: *Fazer uma reflexão acerca da (ou a propósito da ou a respeito da ou em relação à ou em torno da ou quanto à ou relativa à ou sobre a) morte.*

reforço
Rege *a* ou *de*: *Esse é mais um reforço à (ou da) minha tese.* Antecedida de *em*, aparece combinada com *a* ou *de*: *Em reforço à (ou da) minha tese, falou o diretor.* O plural (reforços) tem o tônico aberto.

regado
Rege *a, com* ou *de*: *Eram banquetes regados a (ou com ou de) finos champanhas.*

regido
Rege *de* ou *por*: *O sujeito não pode aparecer regido de (ou por) preposição.*

regozijo
Rege *com* ou *por*: *É compreensível o regozijo da torcida com (ou por) essa conquista da equipe.*

regra
Rege *acerca de* ou *a respeito de* ou *quanto a* ou *sobre*: *Na gramática, há apenas duas regras acerca da (ou a respeito da ou quanto à ou sobre a) crase.*

413

regredir
Conjuga-se por agredir.

regressar
Rege a: *regressar à escola, regressar ao escritório, regressar a casa, regressar ao ponto de partida*. Na língua cotidiana, contudo, usa-se *em*.

rei
Adj. correspondente: *real* ou *régio*. Portanto, *coroa de rei* = *coroa real* (ou *régia*).

reidratante
Apesar de ser a forma correta, há quem use "rehidratante".

reincorporação / reincorporado / reincorporar
Regem *a* ou *em* (de preferência): *A reincorporação do associado ao (ou no) clube dependerá de decisão da diretoria.* *** *O associado só será reincorporado ao (ou no) clube depois da decisão da diretoria.* *** *A diretoria resolveu reincorporar o associado ao (ou no) clube.*

reinserção
Rege *de...em*: *O novo governo tomou medidas para a reinserção do país no comércio mundial.* *** *A reinserção do pênis no organismo foi um sucesso.*

reintegração / reintegrado / reintegrar
Regem *a* ou *em* (de preferência): *A reintegração do jogador ao (ou no) plantel foi feita a pedido do treinador.* *** *O jogador já está reintegrado ao (ou no) plantel.* *** *O treinador pediu ao presidente do clube que reintegrasse o jogador ao (ou no) plantel.* A regência com a preposição *a* é relativamente nova e deve até ser desprezada.

reivindicação
Rege *de* ou *por*: *A reivindicação de (ou por) melhores salários era inoportuna, porque o país estava em crise.*

rejeição
Rege *a* ou *de*: *A rejeição aos (ou dos) juros altos é geral.* *** *A rejeição ao (ou do) tabaco não é só um ato de vontade, mas sobretudo um ato de inteligência.*

"rejuvenecer" ?!
Qualquer estudante de ensino fundamental já aprendeu que essa palavra se escreve com dígrafo: rejuvene**sc**er. E os jornalistas? Bem, os jornalistas – ao que parece – ainda não aprenderam. Na Folha de S. Paulo online apareceu na página principal esta manchete: **Igreja precisa "rejuvenecer", diz arcebispo do Rio**. Fomos levados a pensar, de início, tratar-se apenas de um erro de digitação. Qual nada! Ao clicar na referida manchete, apareceu a matéria, que tinha este título: **Papa deu exemplo de que é tempo de a Igreja "rejuvenecer", diz dom Orani Tempesta**. A Igreja talvez precise mesmo rejuvenescer, mas... quando chegará o tempo de os jornalistas escreverem ao menos corretamente?

rejuvenescer ou rejuvenescer-se?
Tanto faz: *Rejuvenesci (ou Rejuvenesci-me), tomando vitaminas.* *** *Ninguém rejuvenesce (ou se rejuvenesce) na cadeia.*

relação
Rege *com* ou *para com* e *entre*: *A relação do executivo com (ou para com) o judiciário não estava nada boa.* *** *A relação entre o executivo e o judiciário passava por uma crise.*

relacionado
Pede *com*: *O crime está relacionado com drogas.* *** *A incidência de câncer nos pulmões está relacionada com o tabagismo.* *** *Sua demissão não estava relacionada com o escândalo.* Por influência da regência *relativo a*, tem ocorrido o uso *relacionado a*.

relâmpago
Usada como adjetivo, por *rapidíssimo*, *brevíssimo*, não varia: *promoções relâmpago, sequestros relâmpago, gols relâmpago*. Em O Estado de S. Paulo: *A Vila Madalena, na zona oeste de São Paulo, entrou para a lista dos bairros mais visados por ladrões especializados em sequestros "relâmpagos" na capital*. No mesmo jornal, agora em manchete: **Polícia prende mais três jovens acusados por sequestros "relâmpagos"**. No Diário do Nordeste, de Fortaleza: *O autor de dois "sequestros-relâmpagos" ocorridos anteontem à noite, na área nobre da Capital, foi capturado em flagrante por policiais militares*. Não satisfeito com "relâmpagos", o jornalista ainda lascou um hífen, que era para dar, com certeza, ideia de maior rapidez dessa ação criminosa... Na Folha de S. Paulo: *"Mandatos-relâmpago" foram suficientes para que políticos de Mato Grosso recebessem pensão vitalícia de R$ 15 mil mensais como ex-governadores do Estado*. Não é revoltante?

relativo
Use com a: *Problemas relativos ao câmbio*. Essa regência influenciou outra, *relacionado "a"*, que deve ser evitada.

relato
Rege *de* ou *sobre*: *O delegado ouviu todo o relato do (ou sobre o) crime*.

relatório
Rege *de* ou *sobre*: *O árbitro, no relatório do (ou sobre o) jogo, registrou a agressão que sofreu*.

relé
Atente para o acento agudo, indicativo de vogal aberta. Apesar disso, muita gente escreve e diz "relê".

relegado
Rege *a* ou *para* (deixado) e *de* (repelido): *Minha sugestão foi relegada a (ou para) segundo plano*. *** *Ele se sentiu relegado daquele meio, sem razão aparente*.

relevante
Rege *a* ou *para*: *São questões relevantes à (ou para a) economia do país*.

relutante / relutância
Regem *a* ou *contra*: *Mostra-se relutante a (ou contra) qualquer inovação*. *** *Sua relutância à (ou contra a) inovação caracteriza o que chamamos conservadorismo*.

rematado
Rege *com, em* ou *por*: *O discurso foi rematado com (ou em ou por) estrepitosa vaia*. *** *Esse coquetel geralmente vem rematado com (ou em ou por) uma cereja*.

remédio
Rege *a, contra* ou *para*: *O melhor remédio à (ou contra a ou para a) tristeza é o pensamento positivo*.

remessa
Rege *de...a* (ou *para*): *A remessa de lucros ao (ou para o) exterior*.

remoçar ou remoçar-se?
Tanto faz: *Depois que foi viver no campo, ele remoçou (ou se remoçou)*.

remorso
Rege *de* ou *por*: *O assassino declarou não sentir remorso de (ou por) ter praticado o crime*. *** *Ela não tem nenhum remorso do (ou pelo) que fez*.

renegar ou renegar de?
Tanto faz, na acepção de descrer ou na de abandonar: *Ele acabou renegando todo (ou de todo) o amor dela*. *** *Nunca renegue seus (ou de seus) princípios religiosos!*

rente
Rege *a, com* ou *de*: *Estacionar o veículo rente ao* (ou *com o* ou *do*) *meio-fio*.

renúncia
Rege *a* ou *de* (desistência; abdicação; abjuração): *A renúncia aos* (ou *dos*) *bens materiais.* *** *A renúncia ao* (ou *do*) *cargo de presidente.* *** *A renúncia a* (ou *de*) *uma crença*.

renunciar ou renunciar a?
Tanto faz: *O presidente renunciou o* (ou *ao*) *cargo.* *** *Ela renunciou o* (ou *ao*) *teu amor sem mais nem menos?!*

reparação
Rege *a* ou *de* (desagravo; indenização) e *de* (conserto; emenda): *A reparação a* (ou *de*) *uma ofensa.* *** *A reparação aos* (ou *dos*) *danos sofridos.* *** *A reparação de uma estrada.* *** *A reparação de inúmeros erros cometidos numa obra*.

reparar
Use apenas reparar, na acepção de consertar; corrigir, remediar, mas reparar em na de observar, notar: *reparar uma fechadura, uma máquina, uma ponte, uma estrada; reparar um mal, um dano, um erro. Repare nas belas pernas daquela garota!* *** *Repare no jeito dela!* *** *Não repare na bagunça do meu quarto!* Quando o objeto é oracional, a preposição pode estar elíptica: *Repare (em) que belas pernas tem aquela garota!* *** *Ela reparou (em) que brincávamos*. Use reparar para, na acepção de olhar: *Repare para aquela paisagem!* *** *Repare para mim: não estou elegante?*

repelir
Conjuga-se por ferir.

repercutir
É verbo intransitivo, no sentido de *causar impressão generalizada*: *Seu gesto de cumprimentar o adversário vencedor repercutiu muito bem.* *** *Esses escândalos de corrupção repercutem pessimamente no mundo inteiro*. O Dicionário Houaiss registra-o também como pronominal nessa acepção. Normal, mas o fato é que isso repercute muito mal... Aliás, repercute mal também o uso deste verbo como transitivo direto, na acepção de explorar os acontecimentos ou as notícias de (um evento), como fez o G1, em manchete: **Parlamentares do Piauí "repercutem" rejeição dos vetos à Lei dos Royalties**. Como fez também um jornalista do Terra: *O jornal espanhol El País chama o presidente do Senado, José Sarney de monumento nacional. O diário "repercute" uma entrevista concedida pelo ex-presidente brasileiro ao jornal Folha de S. Paulo*. É a mais nova invenção dos grandes "filólogos" do jornalismo brasileiro. Um dia alguém ainda terá, no parlamento, a "feliz" ideia de erguer um monumento também ao eficiente jornalismo brasileiro...

repetir
Conjuga-se por ferir. Use repetir ou repetir-se, indiferentemente, na acepção de suceder ou ocorrer novamente: *O fenômeno repetiu* (ou *se repetiu*) *várias vezes.* *** *Dificilmente uma derrota com tamanha goleada (7 a 2) repetirá* (ou *se repetirá*) *em pleno Parque Antártica.* *** *A história nunca repete* (ou *se repete*): *ela se vinga!*

réplica
Rege *a* ou *de*: *Esse carro é uma réplica a* (ou *de*) *um modelo de 1959*.

repor
Como segue a conjugação de pôr, não existem as formas "reporam", "reposse", "repossem", "repormos" (no subj.), "reporem", comuns na língua popular, mas apenas, respectivamente, *repuseram, repusesse, repusessem, repusermos, repuserem*.

represália
Rege *a* ou *contra* (coisa) e *com* ou *contra* ou *para com* ou *sobre* (pessoa): *A guerra é uma represália aos* (ou *contra os*) *atos terroristas.* *** *O governo agora promove uma represália com* (ou *contra* ou *para com* ou *sobre*) *os grevistas*.

repressão
Rege *a* ou *contra* ou *de*: *A repressão aos* (ou *contra os* ou *dos*) *manifestantes foi violenta.* *** *A repressão ao* (ou *contra o* ou *do*) *tráfico vai ser intensificada.*

reprovação
Rege *a* ou *de*: *A reprovação a essa* (ou *dessa*) *greve é geral.*

reprovado
Rege *de* ou *por* (pessoa) e *em* (coisa): *Essa greve foi reprovada de* (ou *por*) *toda a população.* *** *Ele foi reprovado em português.*

reprovar
Use assim: *Ninguém ainda o reprovou.* *** *Por mais que tentassem, não o conseguiram reprovar.* Muitos, todavia, usam "lhe" no lugar do *o*.

réptil ou reptil?
Tanto faz, a exemplo de projétil e projetil. A primeira tem como plural répteis; a segunda, reptis.

repúdio
Rege *a* ou *de* ou *por*: *Manifeste repúdio às* (ou *das* ou *pelas*) *drogas!*

repugnância
Rege *a* ou *de* ou *por* (nome) e *de* ou *em* (verbo): *Ter repugnância a* (ou *de* ou *por*) *certos alimentos.* *** *Sentir repugnância de* (ou *em*) *ter de comer um alimento.*

repulsa / repulsão
Regem *a* ou *contra* ou *de* ou *por*: *Havia entre os próprios trabalhadores uma repulsa* (ou *repulsão*) *à* (ou *contra a* ou *da* ou *pela*) *greve.* *** *Os petistas manifestaram, com razão, repulsa* (ou *repulsão*) *a* (ou *contra* ou *de* ou *por*) *certas privatizações.*

reputado
Rege *como* ou *de* ou *por*: *É um político reputado como* (ou *de* ou *por*) *honesto.*

requebro
Como substantivo, a vogal tônica soa fechada: *O turista ficou maravilhado com o requebro das mulatas.* Os repórteres de televisão precisam saber disso urgentemente.

requerer
É verbo irregular que, porém, não se conjuga por querer: requeiro, requeres, requer, requeremos, requereis, requerem (pres. do ind.); requeri, requereste, requereu, requeremos, requerestes, requereram (pret. perf. do ind.); requeria, requerias, requeria, requeríamos, requeríeis, requeriam (pret. imperf. do ind.); requerera, requereras, requerera, requerêramos, requerêreis, requereram (pret. mais-que-perf. do ind.); requererei, requererás, requererá, requereremos, requerereis, requererão (fut. do pres.); requereria, requererias, requereria, requereríamos, requereríeis, requereriam (fut. do pret.); requeira, requeiras, requeira, requeiramos, requeirais, requeiram (pres. do subj.); requeresse, requeresses, requeresse, requerêssemos, requerêsseis, requeressem (pret. imperf. do subj.); requerer, requereres, requerer, requerermos, requererdes, requererem (fut. do subj.); requere, requeira, requeiramos, requerei, requeiram (imper. afirm.); não requeiras, não requeira, não requeiramos, não requeirais, não requeiram (imper. neg.); requerer (infinitivo impessoal); requerer, requereres, requerer, requerermos, requererdes, requererem (infinitivo pessoal); requerendo (gerúndio); requerido (particípio).

reserva
Rege *a* ou *com* ou *contra* ou *para com* (cautela, cuidado) [pessoa ou coisa] e *de* (coisa): *É bom ter reserva a* (ou *com* ou *contra* ou *para com*) *estranhos.* *** *Tenho reservas a* (ou *com* ou *contra* ou *para com*) *esse plano econômico.* *** *Não é permitido reserva de lugares no cinema.*

reservado
Rege *a* ou *para* (que está em reserva, exclusivo), *com* ou *para com* (discreto, recatado) [pessoa] e *acerca de, a respeito de, em relação a, quanto a* ou *sobre* (coisa): *Estacionamento reservado a* (ou *para*) *autoridades.* *** *Moça reservada com* (ou *para com*) *as colegas acerca dos* (ou *a respeito dos* ou *em relação aos* ou *quanto aos* ou *sobre os*) *assuntos relacionados com o seu trabalho.*

resfriar ou resfriar-se?
Tanto faz, na acepção de tornar-se frio ou na de adquirir resfriado, constipar-se: *No inverno, tudo resfria* (ou *se resfria*) *mais fácil.* *** *Tomei chuva e resfriei* (ou *me resfriei*).

resgate
Rege *a* ou *de*: *Foi frustrado um resgate a* (ou *de*) *presos hoje na penitenciária do Estado.* *** *Quando foi feito o resgate à* (ou *da*) *dívida?*

resguardado
Rege *contra* ou *de*: *Ser resguardado contra* (ou *de*) *mau-olhado.*

resignação / resignado
Regem *a* ou *com* (nome) e *a* (verbo): *É compreensível sua resignação aos* (ou *com os*) *golpes do destino.* *** *Ser resignado aos* (ou *com os*) *golpes do destino.* *** *Já estamos resignados a retornar.*

resistência
Rege *a* ou *contra*: *A resistência à* (ou *contra a*) *invasão foi feroz.*

resistente
Rege *a* (nome) e *em* (verbo): *Porta resistente a fogo.* *** *Povo resistente em se deixar dominar.*

respaldo
Rege *a*: *Não há nenhum respaldo a essa teoria.* A regência "respaldo para", muito comum, deve ser desprezada.

respectivo
Significa seu, próprio: *Colocar as coisas nos respectivos lugares.* Comete, pois, redundância aquele que constrói: *Colocar as coisas nos "seus" respectivos lugares.* Ou se usa *seus*, ou se usa *respectivos*, mas não ambos ao mesmo tempo. V. **seus "respectivos"**. Escreve um blogueiro da Vejaonline: Políticos tendem a defender "seus" respectivos partidos e aliados. Mentira!...

respeitado
Rege *de* ou *por*: *Trata-se de um autor respeitado de* (ou *por*) *todos.*

respeito
Rege *a, com, de, para com* ou *por* (pessoa) e *a, de* ou *por* (coisa): *O respeito aos* (ou *com os* ou *dos* ou *para com os* ou *pelos*) *pais é uma obrigação dos filhos.* *** *O respeito às* (ou *das* ou *pelas*) *leis é uma obrigação do cidadão.*

respeitoso
Rege *a, com* ou *para com* (pessoa) e *a* ou *de* (coisa): *Sempre foi um rapaz respeitoso aos* (ou *com os* ou *para com os*) *mais velhos.* *** *Sempre se mostrou respeitoso às* (ou *das*) *leis.*

responder
É transitivo direto apenas na acepção de dar respostas grosseiras ou mal-educadas: *Ele costumava responder o professor.* *** *Nunca responda os mais velhos!* Em qualquer outra acepção, ou é transitivo indireto, ou é transitivo direto e indireto: *responder a uma pergunta, responder a uma carta, responder a um processo, responder a um questionário, responder a uma acusação, responder a uma ofensa, responder a uma*

agressão; respondi-lhe que não podia. Numa de nossas revistas semanais de informação: VEJA *conversou com 29 autoridades para responder "a" pergunta primordial do escândalo atual: Lula sabia? A conclusão: o presidente soube mais do que admitiu oficialmente até agora.* Na mesma revista: *Assim como o marido e o filho, que estão presos, Sylvia Maluf "responde processo" por lavagem de dinheiro.* No IG: *Nardoni enfrenta promotor e "responde poucas perguntas".* Em O Globo: *Em entrevista publicada neste domingo pelo jornal espanhol* El País, *a presidente Dilma Rousseff falou sobre o mensalão. Depois de "responder perguntas" sobre a crise econômica europeia, Dilma foi abordada sobre julgamento.* Manchete da Folha de S. Paulo: **Folha "responderá dúvidas" de leitores sobre investimentos**. O jornalismo brasileiro é isso aí.

responsabilidade
Rege *com* ou *para com* (condição ou estado do que está sujeito a responder por certos atos e sofrer-lhes as consequências), *de* ou *por* (obrigação de responder pelos próprios atos ou de outrem, arcando com as consequências) [coisa] e *ante* ou *perante* (pessoa): *O presidente tem grandes responsabilidades com* (ou *para com*) *o povo.* *** *Os índios não têm responsabilidade dos* (ou *pelos*) *seus crimes ante* (ou *perante*) *a sociedade civilizada.*

responsável
Rege *de* (ou *por*)...*ante* (ou *perante*) [pessoa] e apenas *de* ou *por* (coisa): *A pessoa responsável das* (ou *pelas*) *crianças sou eu.* *** *Os pais são os responsáveis dos* (ou *pelos*) *filhos ante* (ou *perante*) *as autoridades.* *** *Quem é o responsável da* (ou *pela*) *limpeza aqui?*

resposta
Rege *a, para* ou *sobre* (coisa) e *a* (coisa e pessoa): *Procuro respostas a* (ou *para* ou *sobre*) *minhas dúvidas.* *** *O governo ficou sem resposta ao* (ou *para o* ou *sobre o*) *escândalo.* *** *Na resposta à carta, disse tudo.* *** *Na resposta aos repórteres, disse tudo.* *** *Em resposta à agressão, houve tiros.* *** *Em resposta à oposição, tiros.*

ressabiado
Rege *com* (pessoa) e *com, de* ou *por* (coisa): *O ministro anda ressabiado com os repórteres.* *** *Estou ressabiado com esse* (ou *desse* ou *por esse*) *pedido de entrevista.*

ressarcir
Conjuga-se por falir. Portanto, só se usa nas formas arrizotônicas, ou seja, aquelas que têm o acento prosódico fora do radical. Assim, no presente do indicativo só existem duas formas: *ressarcimos* e *ressarcis*. O presente do subjuntivo não existe, pois deriva inteiro da primeira pessoa do singular do presente do indicativo. Como esta não existe, não existirá por consequência o que dela derivaria. Substituem-se as formas inexistentes desse verbo por equivalentes sinônimos: *indenizar, compensar*, etc. Apesar de tudo, às vezes se encontra na língua cotidiana: *Pode ficar tranquilo, que eu "ressarço" você de todos os prejuízos.* *** *A empresa o "ressarce" das despesas.* Tudo conversa mole.

ressentido
Rege *com, contra* (pessoa) e *de* ou *por* (coisa): *Ela está ressentida com* (ou *contra*) *o marido.* *** *Ela está ressentida das* (ou *pelas*) *grosserias do marido.*

ressentimento
Rege *com, contra* ou *para com* (pessoa) e *de* ou *por* (coisa): *Nunca teve ressentimento com* (ou *contra* ou *para com*) *nenhum jornalista.* *** *Não guardou ressentimento das* (ou *pelas*) *ofensas que recebeu.*

ressentir
Conjuga-se por ferir.

restabelecido
Rege *de* (convalescido, recuperado) e *em* (reconduzido): *Estar restabelecido da gripe.* *** *O presidente foi restabelecido no cargo poucas horas de haver sido deposto.*

restabelecimento
Rege *de* (recuperação) e *de...em* (recondução): *Trata-se de um clima em que o restabelecimento da saúde ocorre muito rapidamente.* *** *O restabelecimento do presidente no cargo se deu poucas horas de o haverem deposto.*

restar
Assim como *faltar*, é verbo que facilmente leva a erro de concordância, quando seu sujeito é um infinitivo. Assim, é comum encontrarmos frases como esta: *São cinco os jogos que "restam" ao Palmeiras fazer, para ser o campeão brasileiro de futebol*, em que seu autor está certo de que o sujeito de *restar* é *jogos* (representado pelo pronome relativo *que*). Não é. O sujeito de *restar* é, na verdade, o infinitivo (*fazer*): afinal, o que é que resta ao Palmeiras? É *fazer*; portanto, o verbo deve ficar no singular. Não aparecendo o infinitivo, naturalmente o verbo varia: *São cinco os jogos que restam ao Palmeiras, para ser o campeão brasileiro de futebol.*

restituído
Rege *a* (retornado) e *a* ou *em* (reconduzido, reempossado): *Com o divórcio, viu-se restituído à liberdade.* *** *O presidente foi restituído ao (ou no) cargo poucas horas de haver sido deposto.*

restituir
Conjuga-se por atribuir.

restrição
Rege *a* (ressalva), *de* (redução) e *em* (limitação): *A obra foi aprovada, porém, com restrição a alguns de seus tópicos.* *** *É imperiosa a restrição dos gastos públicos.* *** *Haverá restrições na importação de certos produtos.*

resultar
Rege *de* (ser consequência; nascer, provir) e *em* (redundar): *A briga resultou do desacordo entre as partes.* *** *Do primeiro casamento resultaram três filhos.* *** *A imperícia do motorista resultou em acidente.* *** *Brincadeiras de mão quase sempre resultam em brigas.* Esse verbo tem sido usado, na língua cotidiana, sobretudo na linguagem forense, como verbo de ligação, na acepção de *ser* ou *tornar-se*, à espanhola, com grande força expressiva: *Os esforços para a paz resultaram inúteis.* *** *A prova resulta nula no seu nascedouro.* *** *As investigações resultaram infrutíferas.* *** *O tecido resultou insuficiente para fazer duas camisas.*

resumir a (ou em)
Use assim, na acepção de limitar, reduzir ou na de transformar, converter): *Resumimos todas as regras de crase a* (ou *em*) *apenas duas.* *** *As bombas atômicas podem resumir o mundo a* (ou *em*) *pó.* Como pronominal (limitar-se) também rege as mesmas preposições: *Sua biblioteca se resume a* (ou *em*) *dez volumes.*

reta / retinha / retão
As três têm *e* aberto: *Daqui até Campinas é um retão.*

retaliação
Rege *a, contra* ou *sobre*: *Com a oposição da França à Guerra do Iraque, começou nos Estados Unidos a retaliação aos* (ou *contra os* ou *sobre os*) *vinhos franceses.*

reter
Como se conjuga por *ter*, não existem as formas "reti", "reteu", "retia", "retiam", "reteram", comuns na língua popular, mas apenas, respectivamente, *retive, reteve, retinha, retinham, retiveram.*

retornar
Use de preferência com *a*, mas na língua cotidiana se encontra mais *em*: *Retornamos ao supermercado para reclamar.* *** *Retornei a casa cedo.* *** *Retornaremos ao estádio domingo.* Interessante é que o substantivo *retorno*, mesmo na língua cotidiana, ou

na norma popular, usa-se com *a*: *O retorno do presidente ao país está previsto para sexta-feira.* *** *O retorno dos dissidentes ao país se deu sob condições.* Esse verbo, na acepção de dar retorno a telefonema, recado, etc., é ainda transitivo indireto e rege a mesma preposição: *Ela me telefonou várias vezes, pedindo que eu retornasse às ligações*. Dificilmente se vê jornalista usando assim, corretamente. Mas encontrei uma louvável exceção. Foi na coluna Radar, da Vejaonline (vale a pena ler a notícia toda): *Tempos atrás, um ministro do Supremo tentou agendar por várias vezes por telefone um encontro com Antonio Palocci para conversar. Em três ocasiões, Palocci agendou o encontro entre os dois, mas o desmarcou em cima da hora. Logo em seguida, Palocci designou Beto Vasconcelos, seu substituto imediato na Casa Civil, para falar com o magistrado – que se recusou a ir. Desde que eclodiu a crise envolvendo seu patrimônio, Palocci tem telefonado sucessivas vezes para esse ministro (imagina-se que em busca de apoio). O ministro não retornou às ligações.* Confesso que estou emocionado...

retrair
Conjuga-se por cair.

retribuir
Conjuga-se por atribuir.

retro-
Só exige hífen antes de palavras iniciadas por o: retro-oclusão, retro-ocular, retro--ovárico, etc.

retrocesso
Rege *a* ou *para*: *O partido evoluiu e já não admite um retrocesso ao* (ou *para o*) *passado.*

réu
Rege *ante* ou *perante*: *Todo criminoso de guerra é réu ante* (ou *perante*) *a história.*

"reuní"
Não há nenhuma necessidade do acento aí. Nas oxítonas, o i só recebe acento quando tônico e isolado na sílaba. Ex.: saí (sa-í), açaí (a-ça-í), etc. Quando junto de uma ou mais consoantes, não recebe acento. Ex.: reuni (re-u-ni), cobri (co-bri), decidi (de-ci-di), etc. No entanto, anuncia assim Arezza, Recursos Humanos: *Existem muitos profissionais qualificados espalhados por aí. O que a Arezza faz é "reuní-los".* Não espalhe!...

revanche
Rege *a* ou *contra*: *Agir dessa forma não deixa de ser uma revanche ao* (ou *contra o*) *governo.*

réveillon
O VOLP já registra o aportuguesamento de *flamboyant*, *soutien* e *peignoir*, além de muitos outros francesismos, mas ainda não se dignou fazê-lo em relação a *réveillon*. Os brasileiros bem que mereciam um melhor *reveiom*...

revelação
Rege *de...a* (pessoa) e *sobre* (coisa): *A revelação de um segredo a um amigo pode ser o início de uma inimizade.* *** *Fazer revelações sobre os bastidores da televisão.*

rever
Como segue a conjugação de ver, não existem as formas "reveram", "revesse", "revessem", "revermos" (no subj.), "reverem", comuns na língua popular, mas apenas, respectivamente, *reviram, revisse, revissem, revirmos, revirem.*

reverência
Rege *a, para com* ou *por* (pessoa) e *a, de* ou *por* (coisa): *Essa tua reverência ao* (ou *para com o* ou *pelo*) *chefe pode não surtir nenhum efeito.* *** *Sua reverência aos* (ou *dos* ou *pelos*) *cabelos brancos daquele homem o impedia de ofendê-lo.*

reverencioso / reverente
Regem *com* ou *para com*: *Alunos reverenciosos* (ou *reverentes*) *com* (ou *para com*) *o professor.* *** *Sempre fui reverencioso* (ou *reverente*) *com* (ou *para com*) *as imagens sagradas.*

revestir
Conjuga-se por ferir.

revezar ou revezar-se?
Tanto faz: *Os goleiros revezavam* (ou *se revezavam*) *no decorrer dos jogos.* *** *Em razão da viagem longa, era preciso que os motoristas revezassem* (ou *se revezassem*) *ao volante.* *** *Nos Estados Unidos, os dois principais partidos políticos revezam* (ou *se revezam*) *no poder.*

revidar ou revidar a?
Tanto faz: *Revidei o* (ou *ao*) *pontapé.* *** *Você costuma revidar as* (ou *às*) *ofensas?*

revide
Rege *a* (coisa) e *contra* (pessoa): *Houve revide ao ataque israelense.* *** *Houve revide contra os palestinos.*

revigorar ou revigorar-se?
Tanto faz: *No retiro, sua fé revigorou* (ou *se revigorou*). *** *No novo clima, ele revigorou* (ou *se revigorou*).

revolta
Rege *com, contra* ou *para com* (pessoa) e *com* ou *por* (coisa): *É grande a sua revolta com* (ou *contra* ou *para com*) *a mãe.* *** *A revolta da torcida com a* (ou *pela*) *humilhante derrota redundou em pancadaria no estádio.*

revoltado
Rege *com* ou *contra* (nome) e *por* (verbo): *Os servidores ficaram revoltados com* (ou *contra*) *o governo, por causa da reforma previdenciária.* *** *Ele está revoltado por ter aguardado tanto tempo inutilmente.*

rezar
Pede *a*: *Ela reza sempre a Santo Antônio.* *** *Reze a Nossa Senhora Aparecida!* Quem "rezar para" está se arriscando a não receber nenhuma graça...

rico
Rege *de* ou *em*: *País rico de* (ou *em*) *petróleo.* *** *O jogo foi rico de* (ou *em*) *lances emocionantes.* *** *É um dicionário rico de* (ou *em*) *empréstimos.*

ridicularizar ou ridiculizar?
Tanto faz; a primeira é popular, a segunda é a gramaticalmente explicável: forma-se de *ridículo* + *-izar*.

rigidez / rígido
Regem *com* ou *para com* (pessoa) e *de* (coisa): *Por que tanta rigidez com* (ou *para com*) *os filhos?* *** *Pai rígido com* (ou *para com*) *os filhos.* *** *Personalidade que se caracteriza pela rigidez de princípios.* *** *Homem rígido de princípios.*

rigor / rigoroso
Regem *com* ou *para com* (pessoa) e *em* (coisa): *O diretor exigia rigor dos professores com* (ou *para com*) *os alunos nos deveres escolares.* *** *Professor rigoroso com* (ou *para com*) *seus alunos no cumprimento dos seus deveres.*

rigoroso inquérito
Não há nenhuma redundância em tal combinação, já que nenhum inquérito é necessariamente rigoroso. Os dicionários estão aí a comprovar isso. No entanto, um jornalista da Veja, por ironia do destino também palmeirense, questionado por um leitor

do seu blog por ter usado a expressão redundante "lugar incerto e não sabido", resolveu não aceitar a crítica e, num ato de soberba, que, aliás, lhe é próprio, saiu-se com esta: *O "incerto e não sabido" é uma velha expressão usada nos inquéritos policiais, amigo. A rigor, é uma redundância, como o "rigoroso inquérito". Ou o inquérito é rigoroso ou não é inquérito. Usei para ironizar o Duda. Os gramáticos são muito chatos*. Como sou muito chato, antes de escrever asneira, senhor jornalista, tome uma atitude augusta: consulte os dicionários! Garanto que não dói nem lhe fará mal nenhum.

rim
Adj. correspondente: *renal*. Portanto, *cólica de rim* = *cólica renal*.

rio
Adj. correspondente: *fluvial*. Portanto, *navegação por rio* = *navegação fluvial*.

rir
Conj.: rio, ris, ri, rimos, rides, riem. Por ele se conjuga sorrir.

risco
Rege *a* ou *para*: *As estradas brasileiras são um risco à* (ou *para* a) *vida*. *** *Trabalhar com amianto é um risco à* (ou *para* a) *saúde*.

risco de morte
Embora não seja incorreta, trata-se de uma expressão perfeitamente dispensável, já que sempre existiu a outra, corretíssima: *risco de vida*. Ocorre que, quando entram os manuais de redação em cena, raramente sai coisa boa. E essa é mais uma das invenções do manual de redação de um jornal paulistano. Aliás, esses manuais de redação (de qualquer jornal) são mestres em inventar. Como são pródigos em invenções! E ainda se acham no direito de estar em livrarias, para a venda ao público! Para ensinar o quê? Tolices? Desde Camões, a expressão da língua é *risco de vida* [isto é, risco (de perda) de vida], mas os "sábios" jornalistas brasileiros, que descobriram a pólvora e também a roda, querem porque querem a morte...

ríspido / rispidez
Regem *com, para* ou *para com*: *Pais ríspidos com* (ou *para* ou *para com*) *os filhos*. *** *Não se justifica tanta rispidez com* (ou *para* ou *para com*) *os filhos*.

rival
Rege *de* (igual, semelhante) e *em* (concorrente, competidor): *O ministro considera nossos produtos rivais dos melhores do mundo*. *** *Eram pessoas rivais não só no amor como nos negócios, não só no valor como na esperteza*.

rivalidade
Rege *com* (pessoa) e *entre...em* (coisa): *Essa rivalidade com a irmã vinha desde a infância*. *** *A rivalidade entre eles nos negócios vinha de longa data*.

rixa
Rege *com* e *entre*: *O professor de Matemática tinha rixa com o rapaz, por isso o reprovava todos os anos*. *** *A rixa entre eles era antiga*. Cuidado para não usar "rinxa"!

robustecer ou robustecer-se?
Tanto faz: *Com caminhadas diárias vigorosas, o músculo cardíaco robustece* (ou *se robustece*). *** *O caráter robustece* (ou *se robustece*) *nas adversidades*.

rocha
Adj. correspondente: *rupestre*. Portanto, *plantas de rocha* = *plantas rupestres*.

roda / rodinha / rodão
As três têm o primeiro *o* aberto: Os tratores têm rodão.

rodeado
Rege *de* ou *por*: *Casa rodeada de* (ou *por*) *palmeiras*.

rogo
Rege *a*: *Não adiantaram seus frequentes rogos a Santo Antônio: ficou solteira*. O plural (rogos) tem *o* tônico aberto: *Depois de muito tempo, acabou cedendo aos rogos da filha*.

roído
Rege *de* ou *por*: *Queijo roído de* (ou *por*) *rato*. *** *Roída de* (ou *por*) *remorso, pediu perdão*.

romã
Caro leitor, pense numa fruta mágica, que consegue operar verdadeiros milagres (até financeiros, aos que souberem guardar os seus frutos desde o Dia de Reis). Essa fruta milagrosa chama-se romã, de gênero feminino, naturalmente: *a* romã. A única coisa realmente desagradável que há com essa fruta é que ela exige paciência para a retirada dos seus pequenos frutos. Não, não: há ainda outra coisa ainda mais desagradável. É quando trocam o gênero da palavra, como fez um jornalista de O Globo, nesta matéria, que pode interessar a muitos: *Um estudo realizado por pesquisadores americanos sugere que tomar um copo de suco de romã diariamente pode ajudar no combate à impotência sexual masculina. De acordo com os cientistas da Universidade da Califórnia, em Los Angeles, a fruta é rica em antioxidantes que estimulam o aumento da circulação sanguínea nos órgãos genitais do homem, facilitando a ereção. O estudo, publicado na revista científica Journal of Impotence Research sugere que "o" romã funciona de forma semelhante ao conhecido remédio para disfunção erétil Viagra e, no futuro, pode se tornar uma alternativa natural ao medicamento. Os pesquisadores esclarecem que mais estudos serão necessários para provar a eficácia "do" romã*. O jornalista, positivamente, não foi feliz. Se a fruta tem esse maravilhoso poder de reanimar homens desiludidos, como não saber que a palavra só poderia ser mesmo feminina? Teria uma fruta masculina algum "interesse" em ajudar os homens?...

romper
Use assim seus particípios: *Os bandidos tinham rompido o cerco policial*. *** *O cerco policial foi rompido* (ou *foi roto*) *pelos bandidos*.

Roraima
O ditongo *ai* e todas as vogais que antecedem fonemas nasais são fechados, no português do Brasil. Portanto, pronuncia-se rorâima. A pronúncia viciosa "roráima" é própria dos índios da região desse Estado brasileiro que, impossibilitados foneticamente de fazer soar o som nasal, pronunciam o ditongo ai oralmente; o homem civilizado não deve imitá-los. Alguns, no entanto, imitam, principalmente nas emissoras de televisão, o que, aliás, não chega a ser assim **TÃO** surpreendente: afinal, a televisão brasileira é só cultura... Note que todos dizemos com *ai* fechado: andaime, serra da Bocaina, Teodoro Baima, paina, faina, Elaine, Gislaine, polainas, Taino. Os índios, em razão da impossibilidade apontada, diriam "andáimi", "bokáina", "báima", "páina", "fáina", "eláini", "gisláini", "poláinas", "táinu". Muitos os imitam onde não deviam (em veículos de comunicação de massa). Se você também quiser imitá-los, meu caro leitor, esteja à vontade!...

rosa
Usada como adjetivo, indicando cor, não varia: *fitas rosa, sapatos rosa*. Manchete da Folha de S. Paulo: **Cem mil balões "rosas" marcam 1.º de abril na Turquia**. Manchete do Terra: **Golfinhos "rosas" podem desaparecer devido à poluição em Hong Kong**. Mais poluídas, com certeza, estão as redações dos nossos jornais... Informação de uma repórter: *O único cantor que usa óculos "rosas" é Elton John*. É mesmo?!...

rosa dos ventos
Sem hifens.

rubrica
Note: a palavra é paroxítona, mas muitos insistem em dizer "rúbrika".

rude / rudeza
Regem *com* ou *para com* (pessoa) e *em* (coisa): *Ele foi rude com* (ou *para com*) *o empregado, mas logo depois lhe pediu desculpas.* *** *Não devemos ser rudes com* (ou *para com*) *as crianças.* *** *A rudeza com* (ou *para com*) *as crianças tem, mais tarde, um preço elevado.* *** *Homem rude no trato.*

ruim
Rege *com* ou *para com*: *Um pai ruim com* (ou *para com*) *os filhos é imperdoável.* Cuidado com a pronúncia, que é *ru-ím*.

ruim de
Não se usa o pronome se depois da preposição: *Carro ruim de dirigir* (e não: de "se" dirigir). *** *Remédio ruim de tomar.*

ruins de + infinitivo
Não use o infinitivo no plural, mesmo que o adjetivo esteja no plural. Portanto: *Trabalhos ruins de fazer.* *** *Livros ruins de ler.* *** *Carros ruins de dirigir.* *** *Empresas ruins de trabalhar.*

rumo
Rege *a, de* ou *para*: *Quando a tropa de choque começou a marchar rumo aos* (ou *dos* ou *para os*) *manifestantes, eles se dispersaram.* *** *Os viajantes tomaram rumo ao* (ou *do* ou *para o*) *Sul.*

rumor
Rege *de* ou *sobre*: *Há um certo rumor de* (ou *sobre*) *golpe de Estado.* *** *Havia rumores de* (ou *sobre*) *renúncia de ministros.*

ruptura
Rege *com* ou *entre*: *A ruptura com o bom senso sempre redunda em desastre.* *** *Havia uma ruptura entre os servidores e o governo.* Cuidado para não usar "rutura"!

rusga
Rege *com* ou *entre*: *A rusga do governador com o presidente era antiga.* *** *Havia rusga entre o governador e o presidente.*

rústico / rusticidade
Regem *com* ou *para com*: *Ele não foi rústico apenas com* (ou *para com*) *você; ele é rústico com* (ou *para com*) *todo o mundo.* *** *A rusticidade com* (ou *para com*) *crianças é imperdoável.*

S

sábado
Não se usa acento grave no **a** antes de tal palavra. Portanto, escrevemos: *O comércio funciona de segunda a sábado*. O melhor hotel de Ponta Grossa (PR), no entanto, consegue cometer dois erros de crase numa pequena frase. Na ânsia de atrair hóspedes, lê-se no seu site: *Clássicos da MPB interpretados ao vivo, diariamente de segunda "à" sábado "à" partir das 18h*. Alguém da direção do hotel está precisando urgentemente de aulas sobre crase. Acentuar o **a** antes de palavra masculina e antes de verbo é, de fato, grave. É preferível deixar de usar em casos obrigatórios que usar em casos que não o são. Portanto, quem não domina o assunto, que não use nunca o acento.

sabão
Adj. correspondente: *saponáceo*. Portanto, *polidor que se usa como sabão = polidor saponáceo*.

> *Sabe você o que é o amor?*
> *Não sabe, eu sei.*
> *Sabe o que é um trovador?*
> *Não sabe, eu sei.*

Esse é um trecho da letra de uma linda canção da bossa nova, de autoria do inesquecível Vinicius de Morais. Reproduzido aqui só para mostrar que é elegante, nas orações interrogativas, colocar o sujeito sempre depois do verbo. Note a diferença para pior nesta colocação: "Você sabe o que é o amor?" Portanto, é sempre melhor construirmos, ao menos na linguagem elegante ou formal: *Como vai você, meu amigo? *** Quando viajaram vocês para a Europa? *** Onde trabalha seu pai?* Na língua popular, todavia, o sujeito aparece antes do verbo, nas interrogativas.

saber
É verbo irregular: sei, sabes, sabe, sabemos, sabeis, sabem (pres. do ind.); soube, soubesse, soube, soubemos, soubestes, souberam (pret. perf. do ind.); sabia, sabias, sabia, sabíamos, sabíeis, sabiam (pret. imperf. do ind.); soubera, souberas, soubera, soubéramos, soubéreis, souberam (pret. mais-que-perf. do ind.); saberei, saberás, saberá, saberemos, sabereis, saberão (fut. do pres.); saberia, saberias, saberia, saberíamos, saberíeis, saberiam (fut. do pret.); saiba, saibas, saiba, saibamos, saibais, saibam (pres. do subj.); soubesse, soubesses, soubesse, soubéssemos, soubésseis, soubessem (pret. imperf. do subj.); souber, souberes, souber, soubermos, souberdes, souberem (fut. do subj.); sabe, saiba, saibamos, sabei, saibam (imper. afirm.); não saibas, não saiba, não saibamos, não saibais, não saibam (imper. neg.); saber (infinitivo impessoal); saber, saberes, saber, sabermos, saberdes, saberem (infinitivo pessoal); sabendo (gerúndio); sabido (particípio).

sabiá
É palavra masculina (*o sabiá*): *O sabiá tem muita dificuldade em ambientar-se em lugares estranhos*. No Nordeste, contudo, corre como feminina, daí por que em algumas letras de música se encontra *a sabiá, uma sabiá*. O VOLP registra ambos os gêneros.

sabido
Rege *de* ou *por* (pessoa; conhecido) e *em* (coisa; entendido, versado): *Segredo sabido de* (ou *por*) *todo o mundo. *** Ela é muito sabidinha no amor*.

sábio
Rege *em* (entendido, versado): *Ser sábio em matemática*.

sabor
Rege *a* ou *de*: *Cosmético com sabor a (ou de) quiuí.*

sacar
Na acepção de fazer saque (de título de crédito), rege *contra* ou *de*: *Você sacou contra (ou sobre) que banco?*

sacar ou sacar de?
Tanto faz: *Ele sacou um (ou de um) cigarro e colocou na ponta da boca, sem acendê-lo.* O complemento regido de preposição não é objeto indireto, mas objeto direto preposicionado.

saca-rolha ou saca-rolhas?
Tanto faz.

sacola / sacolinha / sacolão
As três têm o primeiro *o* aberto.

sacristão
Faz no plural *sacristães* ou *sacristãos* e no feminino *sacristã* ou *sacristoa* (ô). Há quem use "sancristão". Veja: *Veio o vigário com o "sancristão" e gentama de toda parte.*

sacudido
Rege *de* ou *para*: *Houve vários edifícios sacudidos do (ou pelo) tremor de terra.* *** *Viajou e, ao retornar, encontrou o país sacudido de (ou por) violentas manifestações.*

sacudir
Conjuga-se por *fugir*.

safári
É paroxítona, traz até acento, para que ninguém tenha dúvida. Alguém a pronunciaria diferente? Num dos programas de humor apelativo da televisão, o seu apresentador conseguiu. Lascou um "sáfari", que fez doer tímpanos de muita gente. Causou Pânico...

sagrado
Rege *a* ou *para*: *Trata-se de imagem sagrada aos (ou para os) católicos.*

saia justa
Sem hífen, mesmo quando usada em sentido figurado: *Alguns políticos estão passando por uma saia justa por causa das denúncias de corrupção.*

saída
Rege *a* ou *para* (saimento), *a* ou *para* (solução) e *contra* (remédio): *Toda saída à (ou para a) rua, à noite, no Rio de Janeiro ou em São Paulo, é um risco.* *** *O governo não soube encontrar saída às (ou para as) reivindicações dos servidores.* *** *A saída contra a inflação é a taxa de juros alta.*

sair
Conjuga-se por *cair*. Rege, de preferência, a preposição *a* (deslocar-se), embora no Brasil muito se use *em*: *sair ao terraço, sair à janela, sair à varanda, sair ao portão, sair à porta, sair à sacada.* Também rege *a* (parecer-se, puxar): *Ele saiu ao pai.* *** *Ela saiu à mãe.* É verbo pronominal (agir ou dizer alguma coisa inesperada; reagir; desempenhar-se): *Essa menina sai-se às vezes com cada uma!* *** *O menino ouviu o insulto e saiu-se com um palavrão.* *** *Ao ouvir aquilo, procurei sair-me com uma resposta qualquer.* *** *O ministro saiu-se da pergunta com uma resposta zombeteira.* *** *Intrometeu-se onde não devia e saiu-se mal: levou um bofetão.* *** *Saí-me bem na prova de Português.*

sal
Adj. correspondente: *salino*. Portanto, *depósito de sal = depósito salino*.

salafrário
Apesar de ser a forma correta, muita gente continua querendo ser "salafralho".

salário mínimo ou salário-mínimo: qual a diferença?
Salário mínimo é o menor salário que se deve pagar a todo trabalhador, estabelecido por lei; o povo costuma usar apenas *salário*. O salário mínimo no Brasil foi criado por Getúlio Vargas, em 1940. Valia cerca de 280 dólares. Chegou a valer 425 dólares no final da década de 1950. Daí para esta parte, só minguou. Quanto vale hoje, em dólares? **Salário-mínimo** (com hífen) é o trabalhador ou a trabalhadora que ganha salário mínimo: *Ela é um salário-mínimo e compra carro importado?! Quem cabritos vende e cabras não tem, de algum lugar lhe vem.* Manchete de O Globo: **Senado aprova "salário-mínimo" de R$ 384.** Aliás, sempre que a emissora do "Roráima" trata do salário mínimo, só sai errado: "salário-mínimo". Normal...

salobra ou salobre?
As duas formas existem, mas há muita gente que continua preferindo beber água "saloba".

salpicado
Rege *com* ou *de*: *Chegou com a roupa salpicada com (ou de) lama.*

salvaguarda
Rege *a* ou *de*: *Trata-se de uma medida de salvaguarda aos (ou dos) interesses do país.* *** *Haverá uma reunião de cúpula para a salvaguarda à (ou da) paz.*

salvar
Use assim seus particípios: *Os médicos têm salvado (ou têm salvo) muitos doentes.* *** *Muitos doentes são salvos* (e não são "salvados") *pelos médicos*. A língua cotidiana prefere usar sempre *salvo*.

Salvador
Quem nasce na capital baiana é *salvadorense* ou *soteropolitano* (tè). Esse adjetivo pátrio se explica pelo fato de o nome erudito de Salvador ser *Soterópolis*, que se forma do grego *Soter* = Salvador + *polis* = cidade. Assim, Soterópolis = cidade do Salvador.

salva-vidas
Sempre: *o salva-vidas, um salva-vidas.* Nunca: "o salva-vida", "um salva-vida". Usa-se também como adjetivo: *boia salva-vidas, colete salva-vidas.* Anuncia, então, a Sociedade Mineira de Pediatria: *Crianças terão curso de "salva-vida".* Apenas uma pergunta: não é perigoso?...

salve-rainha
Pl.: salve-rainhas. Nome de uma oração católica que assim se inicia: *Salve, Rainha, Mãe misericordiosa, vida, doçura e esperança nossa, salve!* (Note: não há hífen entre as duas primeiras palavras da oração.)

salvo
É preposição quando equivale a *exceto* e, portanto, invariável: *Salvo as crianças, todos naquela casa são alcoólatras.* *** *Todos os bombeiros que entraram no prédio morreram, salvo dois.* *** *Salvo o meu caso, todos os demais ali no hospital eram desesperadores.* Há jornalistas que, em frases como esta última, usam "salvo no".

salvo-conduto
Pl.: salvo-condutos ou salvos-condutos.

sanção
Rege *a* ou *contra*: *Serão aplicadas sanções comerciais aos (ou contra os) países que não respeitarem tais normas internacionais.*

sandália
É a palavra correta, mas alguns insistem em usar "sandálio".

sandálias "ha-vai-a-nas"
Não, não é propaganda, não. Trata-se de um probleminha de pronúncia que ocorre com a palavra erroneamente dividida em sílabas acima. Vamos raciocinar juntos: havaianas vem de Havaí, que tem hiato (Ha-va-í). Ninguém diz nem divide esse nome próprio assim: "Ha-vaí", porque seria transformar hiato em ditongo. Ora, se Havaí tem hiato, todas as suas derivadas deverão tê-lo também: ha-va-i-a-nas (e não "ha-vai-a-nas", como se costuma dizer). Repare em Bahia, cujo hiato tem a mediação extraordinária de um h (Ba-hi-a). Quem nasce na Bahia (todo o mundo sabe) é baiano. Como, porém, se divide corretamente as sílabas dessa palavra? Assim: ba-i-a-no. Mas sempre há os que dizem "bai-a-no". O mesmo problema ocorre com Bauru, que tem hiato: Ba-u-ru. Muita gente pronuncia e divide assim: "Bau-ru". Errado. Existe um país insular na Oceania de nome Nauru. Repare: houve troca apenas da primeira letra. Todo o mundo, no entanto, pronuncia e divide direitinho: Na-u-ru. Mas é só alguém chegar a uma lanchonete para pedir um "bau-ru"; é só as pessoas chegarem a Bauru para verem os "bau-ru-en-ses"...

sangue tipo "ó"
Muita gente pensa ter tal tipo de sangue. Não tem. Ninguém nunca teve. Na verdade, existe o sangue tipo *zero* (0), e não O (ó). Maiores informações? Consulte seu médico!

sanha
Rege *contra*: *Havia uma explicação para aquela sanha contra os parentes.*

Santa Bárbara d'Oeste
Nome de uma das mais simpáticas cidades do interior paulista, famosa por suas lindas (e inteligentes) mulheres. Repare na grafia: com d' (e não com D'). No interior de qualquer locução substantiva própria, todas as palavras átonas se grafam com inicial minúscula. Confira: *Afogados da Ingazeira, Santo Antônio d'Aldeia, Dias d'Ávila, Estrela d'Oeste, conde d'Eu, Olho d'Água das Flores, Rio d'Una, Rápido d'Oeste, Joana d'Arc, Antônio d'Alembert*, etc. Numa telenovela de uma famosa emissora, viu-se estampado na estação ferroviária da cidade cenográfica: *Pau "D'Alho"*. Não se esqueça: televisão é cultura...

santa Edwiges ou Santa Edwiges?
Tanto faz: os hierônimos podem ser escritos com inicial maiúscula/minúscula. Portanto, santo Estêvão ou Santo Estêvão, santa Inês ou Santa Inês, etc.

São Manuel
É o nome correto da cidade paulista. Muitos, no entanto, insistem em escrever "São Manoel". Ora, mas quem nasce aí é são-manuelense, e não "são-manoelense".

são-paulino
É o nome que se dá ao torcedor do São Paulo F.C. Há jornalista que escreve "sãopaulino" e até "sampaulino". Pior, porém, foi um ex-pugilista brasileiro que declarou do alto dos seus quase dois metros de altura: *Vou me candidatar por São Paulo, porque sou são-paulino*. Na verdade, seu time é o Corinthians, mas, para ele, são-paulino é o que nasce em São Paulo. Espero que só para ele...

sapo
Faz *sapa* no feminino. Muitos professores por este Brasil afora dão, todavia, "rã" como feminino de *sapo*. Não. Existe a rã macho e a rã fêmea. Sapo não cruza com rã.

Saragoça
Nome de uma cidade espanhola. Pronuncia-se saragôça. Em espanhol, esse nome se grafa Zaragoza. Há, no Brasil, repórteres esportivos que pronunciam "zaragôza", mesmo não existindo, em castelhano, o som zê.

sargento
Fem.: *sargenta*. Numa dessas novelas da emissora do "Roráima", trataram uma mulher de "sargento". Mas será possível que há mais sapatões no mundo do que imagina a nossa vã filosofia?...

satélite
Usada como adjetivo, não varia nem aceita hífen anteposto: *países satélite, Estados satélite, nervos satélite, veias satélite*. O VOLP registra *cidade-satélite* com hífen. Para que o hífen? Sobre os descaminhos do VOLP, consulte o item **Vocabulário Ortográfico da Língua Portuguesa**, aqui mesmo nesta obra. Em O Globo: *Além dos 300 homens que estão participando da ocupação da Vila Kennedy, outros 350 estão em operações "satélites", ou seja, estão em outras operações que estão sendo realizadas por outros batalhões*. Notou ainda? São quatro "estão" em duas linhas. O jornalismo brasileiro é de uma pobreza impressionante! Logo adiante se lê: *O coronel Paulo Henrique Moraes disse ainda que o fato de a ocupação ocorrer no meio da semana não é novidade. Elas (ocupações) são organizadas para que sejam menos "prejudicial" para a população*. Da pobreza para a miséria é um passo...

sátira
Rege *a* ou *contra*: *Isso é uma sátira aos* (ou *contra os*) *políticos*.

satisfação
Rege *a* ou *de* (realização) e *de, em* ou *por* (verbo): *Na família ele encontrava muitos obstáculos para a satisfação a* (ou *de*) *seus desejos*. *** *Era grande minha satisfação de* (ou *em* ou *por*) *vê-la novamente*.

satisfazer
Conjuga-se por *fazer*. É verbo transitivo direto ou transitivo indireto, indiferentemente (agradar a, contentar; corresponder às expectativas de): *O pai satisfaz os* (ou *aos*) *filhos com doces*. *** *A peça não satisfez a* (ou *à*) *plateia: ouça as vaias!* *** *A explicação não o* (ou *lhe*) *satisfez*. No português contemporâneo, a preferência é pela transitividade direta, seja porque os escritores modernos assim o querem, seja porque na sua formação entra o verbo *fazer*, que é apenas e tão somente transitivo direto: *satis* (bastante) + *facere* (fazer). Além do quê, o pronome oblíquo mais aconselhável para complementar esse verbo é *o* (ou uma de suas variações), e não "lhe" (e variação). Assim, convém construir: *O povo pediu, mas o novo presidente o satisfará?* *** *Exigências foram feitas, mas o rapaz não as satisfez*.

satisfazer-se
Rege *com* ou *de* (saciar-se, fartar-se), mas apenas *de* (aproveitar-se fisicamente, saciando-se): *As crianças se satisfizeram com os* (ou *dos*) *doces da festa*. *** *O estuprador se satisfez da garota e deixou-a*. Na acepção de contentar-se, dar-se por satisfeito, rege *com* (nome) e *em* (verbo): *Ela se satisfaz com pouco*. *** *Ele se satisfaz em estar na companhia dela*.

satisfeito
Rege *com* (nome) e *de, em* ou *por* (verbo): *Estás satisfeito com o desempenho do governo?* *** *Mostrava-se satisfeito de* (ou *em* ou *por*) *estar ao lado dela*.

saudoso
Rege *de* ou *por*: *Estar saudoso dos* (ou *pelos*) *filhos*. *** *O ex-presidente declarou estar saudoso do* (ou *pelo*) *helicóptero e da* (ou *pela*) *piscina do Palácio da Alvorada*.

Sauipe
Agora sem acento. A Costa do Sauipe (BA) é o maior complexo de turismo, lazer e negócios da América Latina.

se + "o"
Não use o pronome *se* com o pronome *o* (e suas variações), como nestas frases: *A mala está vazia; "carrega-se-a" com facilidade*. *** *Os quadros de Picasso? Não "se os" adquirem por menos de uma fortuna!* Retire-se o segundo pronome, e as frase ficarão perfeitas.

se bem que ou bem que?
Tanto faz: *Gosto de ler, se bem que* (ou *bem que*) *tenha muito pouco tempo para isso*. *** *Eles vieram, bem que* (ou *se bem que*) *não os tenhamos convidado*.

secar ou secar-se?
Tanto faz: *A fruta-do-conde, ata ou pinha seca* (ou *seca-se*) *no pé, mas não cai.* *** *Todas as plantas secaram* (ou *se secaram*), *com o calor.* Use assim seus particípios: *Este calor tem secado* (e não *tem "seco"*) *rapidamente as roupas.* *** *As roupas são secadas* (ou *são secas*) *rapidamente com este calor.*

se "caso"
V. **se acaso**.

seco
Rege *de* (desprovido), *em* (grosseiro, ríspido) e *por* (desejoso, sedento): *Filme seco de ação.* *** *Chefe seco no trato com os subordinados.* *** *Estar seco por uma cama.*

secretário / secretária
Abreviaturas: *secr.º, secr.ª*

século X
Lê-se: século *décimo*, e não século "dez". Com século, usa-se de primeiro a décimo: século *primeiro*, século *segundo*, etc., e não século "um", século "dois", etc. Na emissora de televisão do "Roráima", no entanto, onde geralmente se vê e ouve de tudo, uma das personagens de certa novela quis saber o que significava aquilo (**século X**) que estava escrito numa pequena lousa. O "professor" respondeu: Século "dez". Típico dessa emissora.

seda
Adj. correspondente: *sérico* e *seríceo*. Portanto, *fios de seda = fios séricos* (ou *seríceos*).

sedento
Rege *de* ou *por*: *Juventude sedenta de* (ou *por*) *riscos à saúde e à vida.*

sedução
Rege *de* (ato de seduzir), *por* (deslumbramento, encanto) e *sobre* (atração, fascínio): *É um crime de sedução de menores.* *** *Os turistas sentem forte sedução pelas nossas praias.* *** *Essa mulher exerce estranha sedução sobre mim.*

seduzir
Conjuga-se por aduzir.

se eu "ver"
Não existe se eu "ver" nem quando eu "ver", mas sim *se eu vir, quando eu vir*. Poucos conhecem a conjugação do verbo ver no futuro do subjuntivo. Num site sobre automóveis: *Imagine que você para atrás de um caminhão e de repente percebe que o mesmo tem a intenção de dar ré. E se ele não te ver atrás?* Se ele não me vir atrás, eu buzino. Mas não cometo transgressões...

segredo
Rege *acerca de* ou *a respeito de* ou *de* ou *em relação a* ou *quanto a* ou *sobre* (coisa) e *para* (pessoa): *Guardar segredo acerca da* (ou *a respeito da* ou *da* ou *em relação à* ou *quanto à* ou *sobre*) *a verdadeira identidade de alguém.* *** *Pedi-lhe segredo acerca do* (ou *a respeito do* ou *do* ou *em relação ao* ou *quanto ao* ou *sobre o*) *meu paradeiro.* *** *Ela nunca teve segredos para mim.*

seguida
Antecedida de *em*, aparece combinada com *a*: *A equipe viajou em seguida ao jogo.*

seguido
Rege *de* ou *por* (voz passiva): *O caminhão era seguido de* (ou *por*) *uma viatura da polícia rodoviária.* *** *Costume seguido de* (ou *por*) *todos.*

seguimento
Antecedida de *em* (perseguição) ou da contração *no* (continuação), aparece combinada

com *de*: *A polícia partiu em seguimento dos sequestradores e os prendeu.* *** *No seguimento da viagem, tudo transcorreu normalmente.*

seguimento e segmento: qual a diferença?
Seguimento é continuação, sequência: *o seguimento da conversação, o seguimento da negociação, o seguimento da apuração dos votos*. Segmento é cada uma das partes em que um todo pode ser dividido; é o mesmo que seção, divisão: *os segmentos da sociedade, os segmentos de um telejornal, os segmentos de uma laranja*. Depois que o Contran exigiu a cadeirinha para transporte de crianças nos veículos, escreveu um leitor, num de nossos jornais: *A verdade é que essa lei tem a finalidade de enriquecer ainda mais os empresários do "seguimento"*. Assim opina na Internet um aficionado a automóveis: *A Ford está com a faca e o queijo na mão com o novo Focus para dominar o "seguimento"*. O único problema da Ford é que ela é meio lenta para agir aqui no Brasil. No Dicionário Aurélio, no verbete **subtangente**, aparece "seguimento" por segmento. Normal.

EM TEMPO – Esse mesmo dicionário:
114) registra **chanceiro** como substantivo, quando é adjetivo;
115) registra erroneamente **comandante** como s.2gên., quando é adjetivo (que é mandante juntamente com outrem);
116) registra **geossíncrono** como substantivo, quando é adjetivo;
117) registra **livremetrista** como substantivo e a define como se fosse adjetivo;
118) não indica a pronúncia do u em **changui**;
119) registra "chapéu panamá" (sem hífen) e "cricri" (sem hífen) na acepção de maçante, chato;
120) inicia a definição de **concretizador** por "quem";
121) registra "faquil" (**faquir**), "costarriquenho" e "costarriquense", formas que não constam no VOLP;
122) em **picada**, acepção 3, aparece "mordedura" de inseto (inseto morde?; inseto tem dentes?);
123) registra apenas um plural para **cratera-lago** e **onda-maré**, quando há dois corretos;
124) dá dois plurais para **editor-chefe**, quando só há um correto: editores-chefes;
125) registra "croassã" e até "cruassã" como aportuguesamentos do francês *croissant*, que não constam no VOLP;
126) aportuguesa também *délavé* ("delavê") e *côtelé* ("cotelê"), que também não constam no VOLP;
127) registra **cruz-maltino**, mas não lhe dá o plural;
128) dá o plural errado de **dezoito-grande** e de **dezoito-pequeno** e o gênero errado (feminino) para **dividivi**;
129) em **condutibilidade**, define: propriedade que "tem" os corpos de ser condutores de calor, eletricidade, som, etc. (um acentinho em tem não faz mal a ninguém...);
130) registra "faca-elétrica" (que não consta no VOLP), e fornece o plural "facas-eletrônicas" (quer dizer que o conjunto de duas ou mais "facas-elétricas" acabam virando "facas-eletrônicas"?...).

seguir
Conjuga-se por ferir.

segundo
Como conjunção, exige a próclise, ou seja, a colocação do pronome antes do verbo: *Segundo se comenta, o governo não quer a cassação do deputado e ex-ministro*. Eis, no entanto, como escreve um jornalista esportivo: *Segundo "soube-se", a polícia paulista está em estado de alerta e esperando pelo pior no encontro entre Corinthians e São Paulo*. "Estar em estado de alerta" é realmente fantástico!

segundo "quem"
V. **quem**.

segurança
Rege *contra* (precaução), *de* (certeza) e *em* (firmeza): *As vacinas são uma segurança contra várias doenças.* *** *Ter segurança da hora exata em que ocorreu o terremoto.* *** *A testemunha mostrou segurança no depoimento.*

segurar-se a
Use sempre assim, na acepção de agarrar-se, apoiar-se: *Se não me segurasse ao corrimão, despencaria da escada.* *** *Procure segurar-se à corda, senão você cai!* *** *Tivemos de nos segurar ao galho para não cair.* No português do Brasil, também se usa a preposição *em*. Use assim seus particípios: *Os especuladores têm segurado* (e não têm "seguro") *o feijão nos armazéns, visando a melhores preços.* *** *No momento de saltar para a morte, o suicida foi segurado* (ou foi *seguro*) *pelo policial.*

seguro
Rege *acerca de* ou *a respeito de* ou *em relação a* ou *quanto a* ou *sobre* (convencido), *contra* (protegido), *de* (certo, convicto), *em* (firme, decidido; cauteloso) e *para* (prudente): *Os astrônomos estão seguros acerca das* (ou *a respeito das* ou *em relação às* ou *quanto às* ou *sobre* as) *causas do fenômeno.* *** *Na caverna sentia-se seguro contra as intempéries e contra as feras.* *** *Ele está seguro de sua aprovação no concurso.* *** *A equipe está segura da vitória.* *** *É uma pessoa segura em tudo o que faz.* *** *O mais seguro para todos é aguardar o desenrolar dos acontecimentos.*

seguro-desemprego / seguro-maternidade / seguro-saúde
Pl.: *seguros-desempregos* ou *seguros-desemprego*; *seguros-maternidades* ou *seguros--maternidade*; *seguros-saúdes* ou *seguros-saúde*.

"seio"
Pela nomenclatura oficial da Sociedade Brasileira de Anatomia, devemos usar não mais "seio", mas mama ou corpo mamário.

"seja...ou"
Conjunção alternativa não deve ter elementos distintos. Usa-se ou...ou, seja...seja, quer...quer, e não misturando uns elementos com outros: "seja...ou", "quer...ou", etc. De um jornalista: *O ambiente do futebol favorece o surgimento de aproveitadores, sejam homens "ou" mulheres.* Manchete em O Globo: **Com a chegada do verão, canais programam atrações especiais, seja na praia "ou" no ar-condicionado.** Parabéns! No Dicionário Houaiss, verbete **termeletricidade**, acepção 2: *geração de energia elétrica em usinas que utilizam algum tipo de combustível, seja do tipo convencional "ou" nuclear.* Normal.

sela / selinha / selão
As três têm *e* aberto.

seleção "canarinha"
A palavra canarinho em referência à seleção brasileira de futebol e a tudo o que lhe diz respeito não varia. Portanto: *seleção canarinho, camisas canarinho, treinador canarinho*, etc. Alguns jornalistas, no entanto, só usam seleção "canarinha", camisa "canarinha", etc. Onde foram achar isso?

selo
Adj. correspondente: *filatélico*. Portanto, *exposição de selos* = *exposição filatélica*.

selva
Adj. correspondente: *silvestre*. Portanto, *flores da selva* = *flores silvestres*.

sem-
Prefixo. O segundo elemento varia sempre, por se tratar de um nome (geralmente substantivo): *os sem-amores, os sem-cerimônias, os sem-dinheiros, os sem-famílias, os sem-justiças, os sem-graças, os sem-lares, os sem-luzes, os sem-nomes, os sem-pães, os sem-pulos, os sem-razões, os sem-sais, os sem-terras, os sem-tetos, os sem-trabalhos,*

os *sem-vergonhas*, etc. Tanto o Dicionário Aurélio quanto o Dicionário Houaiss registram o plural apenas de alguns desses compostos. Por que não trazem de todos? Ninguém sabe. Mas por algo haverá de ser...

sem dúvida alguma ou sem dúvida nenhuma?
Tanto faz.

semelhança
Rege *com* e *entre*: *Este fenômeno não tem nenhuma semelhança com o anterior.* *** *Não há semelhança entre esses fatos*. Antecedida de *à*, aparece combinada com *de*: *Ele pensa e age à semelhança do pai*. A regência "semelhança a", muito comum, deve ser desprezada.

semelhante
Rege *a* (similar, análogo) e *em* (indicando limitação): *Produtos semelhantes aos nacionais*. *** *Irmãos semelhantes em gênio*.

semi-
Só exige hífen antes de palavras iniciadas por i ou por h: *semi-interno, semi--inconsciente*.

seminário
Rege *sobre* (congresso): *Participar de um seminário sobre a ocupação da Amazônia*.

sem...nem
A correlação de uma negativa se faz com *nem* e não com outro *e*, porque neste caso a interpretação pode ser outra. Confira: *sem eira nem beira, sem mais nem menos, sem atar nem desatar, sem tom nem som, sem pé nem cabeça*. Muitos ainda repetem a preposição: *sem pé "e sem" cabeça*. Em frases: *Não vou lá nem quero que você vá*. *** *Não estou aborrecido nem muito menos irritado contigo*. Muitos usam "e também não", outra impropriedade: *Não vou lá "e também não" quero que você vá*. Manchete de jornal: **Mansão sem internet "e" telefone deu pistas sobre localização de Osama bin Laden.** Texto de jornalista: *Existe crime perfeito no futebol? A prisão de Edilson Pereira de Carvalho e Paulo José Danelon pode até indicar que não. Foi justamente o depoimento destes dois árbitros na Polícia Federal que, porém, deu a dica: há maneiras de se prejudicar clubes sem deixar pistas "e" chamar muita atenção*. O uso da negativa *nem* desfaz o duplo sentido que possa ter a mensagem. (No mesmo texto, o jornalista deveria ter usado *prejudicarem*, no lugar de "prejudicar", porque se trata de voz passiva.)

sem-pulo
Faz sem-pulos no plural: *Em dois sem-pulos do atacante, saíram dois gols*. O curioso é que os dicionários registram sem-pulos como plural de sem-pulo, mas não trazem o plural de sem-terra e sem-teto. Eu só gostaria de entender...

sem-terra e sem terra: qual a diferença?
Sem-terra é a pessoa que não tem chão em que morar e/ou trabalhar. Faz no plural *sem-terras*. V. **sem-**. Usada como adjetivo, no entanto, não varia: *crianças sem-terra; líderes sem-terra*. Sem terra é uma expressão formada de preposição + substantivo, mas não é um nome composto. Temos, assim, o Movimento dos Trabalhadores Rurais *sem Terra*. Há muita gente *sem terra* no Brasil e no mundo inteiro. Além de muitos sem-terras, nosso país também tem muitos sem-juízos, sem falar nos milhões de sem-vergonhas... Manchete de um de nossos principais jornais paulistanos: **"Sem-terra saqueiam" caminhão com 14 toneladas de alimentos**. Manchete de uma das nossas revistas semanais de informação: **"Sem-terra invadem" ministério e debocham do país**. Isso é que é deboche. Do idioma. Eis aí o que se chama a mais autêntica e devastadora concordância de índio (com todo o respeito aos índios). Não há um caso sequer na língua portuguesa em que um sujeito no singular faça o verbo ir ao plural. Nem um. Mas os nossos jornalistas são ótimos! E sábios! Quando ainda existia, o Jornal do Brasil estampou: *"Sem-terra ameaçam" romper com Lula*. A cultura indígena é forte. E se generaliza...

sem-teto
Só não varia, quando usada como adjetivo: *crianças sem-teto, famílias sem-teto, manifestantes sem-teto*, etc. Quando substantivo, contudo, varia normalmente: *sem-tetos*. Apesar de ser assim, vê-se nos jornais: *O governador de São Paulo desiste de pagar hotel para os "sem-teto"*. Eis um título formidável de notícia: "**Sem-teto protestam**" **na loja Daslu, em SP.** Avante, cultura indígena!...

sem-vergonha
Usada como adjetivo, não varia: *políticos sem-vergonha*. Como substantivo, varia normalmente: *O mundo está cheio de sem-vergonhas*. Recentemente, a colunista Miriam Leitão, de O Globo, escreveu matéria a que deu este título: **Os sem-direitos**. Incrivelmente correto... V. **sem-pulo** e **sem-teto**.

senado
São três os substantivos que podem corresponder a este nome, como equivalente de cargo ou atividade de senador, ou como mandato de senador: *senadoria, senatoria* e *senatória*. A *senadoria* (ou *senatoria* ou *senatória*) é de oito anos. São dois os adjetivos que podem relacionar-se com senado ou com senadores: *senatorial* e *senatório*: *Sessão senatorial*. *** *Votação senatória*.

senador
Use com *por*: *senador por Goiás, senador pelo Ceará, eleger-se várias vezes senador pela Bahia*. Não use "de". V. **deputado**.

senão a
Depois de *senão a*, use pronomes oblíquos tônicos (a mim, a ti, a ele, a nós, a eles): *Ela nunca beijou outra pessoa senão a mim*. *** *Não tenho ninguém no mundo senão a ti, Marisa*. *** *Ela não cumprimentava ninguém no elevador, senão a nós*. Há quem use pronomes retos ou sem a preposição: *Não tenho ninguém no mundo senão "tu"*. *** *Não tenho conhecidos aqui nos Estados Unidos, "senão eles"*.

sendo "que"
Apesar de muitos clássicos terem usado tal combinação, convém evitá-la, substituindo-a por *mas, porém, todavia* ou equivalentes. Frases de jornais: *Dos 42 milhões de pessoas infectadas, 19,2 milhões são mulheres, "sendo que" o grosso dos doentes se encontram na África (mais de 29 milhões)*. *** *Compareceram à câmara apenas trinta parlamentares, "sendo que" alguns deles saíram antes de a sessão ter início*. V. **como "sendo"**.

senhor / senhora / senhorita
Abrev.: *sr., sr.ª, sr.ta ou srta*. Antes de nome próprio, usam-se de preferência com inicial maiúscula: *Sr. Antunes, Sr.ª Ifigênia, Sr.ta Susana*.

senhora
A pronúncia original era *senhôra*, que conhecido político e ex-presidente brasileiro não se cansava de usar, na ânsia de mostrar eruditismo ou preciosismo. No português contemporâneo, a única pronúncia aceitável é a que todo o mundo conhece: *senhóra*. Observe que, das palavras terminadas em -*or*, a única que faz o feminino com *o* aberto é justamente *senhor*. Confira: *autor, autora; compositor, compositora; diretor, diretora; inspetor, inspetora; professor, professora; revisor, revisora; tutor, tutora*, etc. Não convém usar senhora por mulher. Todo marido tem mulher (ou esposa, no caso de ser o homem figura importante). Pessoas desavisadas costumam usar, dirigindo-se ao homem: Sua senhora é muito simpática. Ora, se se dirigisse à mulher, perguntaria também: Seu senhor é muito simpático?

sensação
Usada como adjetivo, por *espetacular, fora de série*, não varia: *atletas sensação, produtos sensação*.

sensibilidade
Rege *a* ou *para* (incômodo) e *por* (compadecimento): *Animal que apresenta grande*

sensibilidade ao (ou para o) frio. *** É um governo que manifesta maior sensibilidade ao (ou para o) social. *** Ter grande sensibilidade pela miséria.

sensível
Rege a ou para (coisa) e para (pessoa): *Ter ouvido sensível a (ou para) música.* *** *A ausência do pai era sensível para toda a família.*

sentido
Adj. correspondente: *semântico*. Portanto, *mudança de sentido* = *mudança semântica*. Rege com ou de (magoado, melindrado, ressentido) e em (atenção, pensamento): *Estar sentido com a (ou da) repreensão que recebeu.* *** *Estar todo o tempo com o sentido na pessoa amada.* No sentido de = com o fim de: *O governo se esforça no sentido de acabar com a fome.*

sentimento
Rege contra (ressentimento, mágoa), de (noção, senso), em relação a, para com ou por (estima, afeição): *Agiu movido por um sentimento contra a mãe.* *** *Morreu com o sentimento do dever cumprido.* *** *O bom discípulo sempre tem sentimentos em relação a (ou para com ou por) seus mestres.*

sentir
Conjuga-se por *ferir*. Com infinitivo, use os pronomes oblíquos átonos, e não os pronomes retos: *Senti-o chorar baixinho.* *** *Senti-os chorar baixinho.* O povo, contudo, usa assim: *Senti "ele" chorar baixinho.* *** *Senti "eles chorarem" baixinho.* Se o pronome está no plural, note: o infinitivo não varia, fica no singular. Se, no lugar do pronome, houver um substantivo, poderemos variar ou não o infinitivo: *Senti os pés tremer (ou tremerem).* *** *Senti portas e janelas bater (ou baterem).* Se, porém, o infinitivo vier imediatamente após, ficará sempre no singular: *Senti tremer os pés.* *** *Senti bater portas e janelas.*

sentir melhoras
Paciente que se recupera de algum mal, *sente melhoras*. Muitos, no entanto, usam "experimentar melhoras" e até "sofrer melhoras", o que piora muito o quadro do paciente...

sequioso
Rege de ou por: *Estar sequioso de (ou por) vingança.*

ser
Conj.: *sou, és, é, somos, sois, são* (pres. do ind.); *era, eras, era, éramos, éreis, eram* (pret. imperf. do ind.); *fui, foste, foi, fomos, fostes, foram* (pret. perf. do ind.); *fora, foras, fora, fôramos, fôreis, foram* (pret. mais-que-perf. do ind.); *serei, serás, será, seremos, sereis, serão* (fut. do pres.); *seria, serias, seria, seríamos, seríeis, seriam* (fut. do pret.); *seja, sejas, seja, sejamos, sejais, sejam* (pres. do subj.); *fosse, fosses, fosse, fôssemos, fôsseis, fossem* (pret. imperf. do subj.); *for, fores, for, formos, fordes, forem* (fut. do subj.); *sê, seja, sejamos, sede, sejam* (imperativo afirmativo); *não sejas, não seja, não sejamos, não sejais, não sejam* (imperativo negativo); *ser* (infinitivo impessoal); *ser, seres, ser, sermos, serdes, serem* (infinitivo pessoal); *sendo* (gerúndio); *sido* (particípio). Esse verbo concorda sempre com o pronome reto: *O dono da casa sou eu mesmo.* *** *O culpado de tudo isso és tu.* *** *O responsável por isso não somos nós.* *** *Quem fez isso fui eu.* *** *Quem deu as ordens fomos nós; quem as cumpriu foram eles.* Redobrada atenção devemos ter com as locuções verbais: *Não posso ser eu esse da foto: está muito feio!* *** *Não vou ser eu o escolhido, aposto!* *** *Devo ser eu o responsável por isso?* Sobretudo na língua falada, é comum encontrarmos esse verbo imprimindo realce ou ênfase à comunicação, sem nenhuma função. Assim, p. ex.: *Ela quer é meu dinheiro!* *** *O Atlético queria era perder de pouco.* *** *Frio faz é na Sibéria.* *** *Eu quero é dormir: estou exausto!* *** *O avião subiu foi para o céu – com todos os passageiros...*

Será que isto está certo?
Está. Depois do verbo *ser*, subentende-se a palavra *possível*: *Será possível que isto está certo?* Outros exemplos: *Será que ela vai me telefonar?* *** *Será que um dia seremos um país sério?*

ser "de" maior / ser "de" menor
Prefira *ser maior* e *ser menor*.

ser de opinião "de" que
Elimine o "de": *Sou de opinião que essa política está errada.* *** *Ela era de opinião que o homem brasileiro é sexy.* *** *Você é de opinião que ela se elege?* *** *Eles são de opinião que devemos diversificar a alimentação.*

serenar ou serenar-se?
Tanto faz: *O mercado financeiro só serenou* (ou *se serenou*) *com o discurso do presidente.* *** *Os passageiros só serenaram* (ou *se serenaram*) *quando o avião pousou.* *** *Depois de muita chuva e vento, o tempo serenou* (ou *se serenou*).

Sergipe
Não admite artigo: *Sergipe é um Estado pequeno.* *** *Já passei por Sergipe, mas nunca morei em Sergipe.* Os jornalistas brasileiros insistem em usar "o" Sergipe, "no" Sergipe, "pelo" Sergipe. No IG: *Com cinco quilômetros de extensão, a Praia do Saco é uma das mais bonitas "do" Sergipe.* Manchete da Folha de S. Paulo: **Petrobras descobre petróleo leve "no" Sergipe**. Manchete de O Estado de S. Paulo: **Polícia apreende jacaré "no" Sergipe**. Onde foram achar isso? Em Sergipe é que não foi... Em que escola de comunicação ou de jornalismo? Interessante o jornalismo brasileiro: usa artigo antes de Sergipe, quando não deve, mas deixa de usá-lo antes de Mato Grosso do Sul, quando deve. O jornalismo brasileiro não é ótimo?... Antes do início de um jogo entre **o** Palmeiras e **o** Flamengo, o narrador da partida, pela televisão, informou assim o nome e a origem do trio de arbitragem: *Todos "do" Sergipe.* Que beleza!...

série
Vai ao plural somente quando, numa sequência, não se repete o artigo: *Automóveis da primeira e segunda séries.* Se houver repetição do artigo, poderemos também usar o singular: *Automóveis da primeira e da segunda série* (ou *séries*). V. **andar**.

sério / seriedade
Regem *com* ou *para com* (pessoa) e *em* (coisa): *Professor sério com* (ou *para com*) *seus alunos.* *** *Professor sério no relacionamento com os alunos.* *** *A seriedade do pai com* (ou *para com*) *os filhos.* *** *Todos conheciam a seriedade do pai no relacionamento com os filhos.*

serpente "venenosa"
Redundância: toda serpente é venenosa. As cobras podem ser venenosas ou não, mas as serpentes são sempre ofídeos peçonhentos. No Dicionário Houaiss, no verbete **caninana** aparece: "serpente não venenosa" (se toda serpente é venenosa, como poderá existir a serpente "não venenosa"?). Já em **surucucu** aparece duas vezes a redundância. Normal.

serra do Mar ou Serra do Mar?
Tanto faz. Da mesma forma: serra (ou Serra) da Mantiqueira, serra (ou Serra) da Canastra, etc.

servente
É apenas e tão somente comum de dois gêneros, ou seja, usa-se o/a servente. Sempre foi assim. Desde Camões. No entanto, a 5.ª edição do VOLP – que é um verdadeiro desastre – registra o feminino serventa. Talvez para fazer eco com uma figura que primou por iniciar seus discursos desta forma: Nunca na história deste país...

serviço
Estar a serviço de alguém = servi-lo como criado ou como profissional: *É um agente que está a serviço da rainha.* *** *Estar a serviço do chefe.*

servido
Rege *a* (pessoa), *com* ou *de* (coisa) e *de* ou *por* (voz passiva): *Era um bufê servido apenas a convidados.* *** *De repente, ele se viu servido com* (ou *de*) *finos doces e bebidas.* *** *A primeira-dama é servida de* (ou *por*) *várias pessoas.*

servir
Conjuga-se por ferir. Como transitivo direto, significa prestar serviço a, ajudar a, ou pôr sobre a mesa: *O presidente que não serve o seu povo, e apenas o seu povo, deve ser destituído.* *** *Este elevador não serve o último andar.* *** *Os militares servem a Pátria.* *** *Gosto de servir os amigos.* *** *Não desejo outra coisa senão servir meu país.* *** *Sirva o almoço, querida!* *** *Ainda não serviram o jantar?* Como transitivo indireto, significa ser útil, convir: *Compramos esta máquina, mas ela não serve a nosso tipo de trabalho.* *** *Embora o criado os servisse com precisão e presteza, Virgílio e sua mulher diziam que ele não lhes servia; por isso, despediram-no.* *** *Esse rapaz não lhe serve, Manuela; esqueça-o!* Como transitivo direto e indireto, significa trazer ou fornecer (comida ou bebida): *O garçom serviu bebida aos convidados.* *** *Sirva uísque às visitas!* *** *Quem lhes serviu filé a cavalo?* *** *Ninguém lhe serviu champanha?* *Servir à mesa* equivale a atender aos que estão sentados à mesa: *Os garçons estavam orientados para só servirem à mesa.* Na frase *Que isto lhe sirva de lição ou de exemplo*, o verbo *servir* significa prevenir (de mal futuro). Nestas, porém, significa ser útil: *O pai lhe serviu de exemplo.* *** *O fato lhe servirá de lição.* Na acepção de prestar serviços militares, usa-se: *Servir no Exército, servir na Marinha, servir na Aeronáutica.*

seus "respectivos"
Redundância muito comum. No decreto 5.437 do governo federal se lê: *As partes facilitarão, dentro de seus "respectivos" territórios, a instalação e funcionamento de escritórios oficiais de representação turística do outro país.* V. **"sua" respectiva**.

severidade / severo
Regem *com* ou *para com* (pessoa) e *de* ou *em* (em contração) ou *em relação a* ou *no tocante a* ou *quanto a* (coisa): *A severidade do professor com* (ou *para com*) *os alunos era de todos conhecida.* *** *A severidade de* (ou *na* ou *em relação à* ou *no tocante à* ou *quanto à*) *disciplina era o tom marcante dos internatos, antigamente.* *** *Professor severo com* (ou *para com*) *os alunos.* *** *Professor severo de* (ou *na* ou *em relação à* ou *no tocante à* ou *quanto à*) *disciplina.* *** *Devemos ser severos em relação a* (ou *no tocante a* ou *quanto a*) *nossos defeitos.*

sexy
Anglicismo que significa *que desperta a libido* ou *sexualmente atraente*. Não varia em português: *Quem são os dez homens mais sexy do Brasil?* *** *As garotas mais sexy do Brasil já posaram para essa revista.* *** *Cléo Pires figura no topo da lista das mulheres mais sexy do Brasil.* Manchete da Folha de S. Paulo: **Adriana Lima perde para atriz de Crepúsculo na lista das mais "sexies"**. Na mesma Folha: *Adriana Lima mostrou mais uma vez por que é considerada uma das modelos mais "sexies" do mundo.* Adriana Lima, de fato, é uma mulher sem defeitos, mas os nossos jornalistas... Num outro jornal: *Bruna Di Tulio está entre as 100 mulheres mais "sexys" do mundo.* Manchete na Veja: **As dez mulheres mais "sexies" do mundo.** No IG, em manchete: **Helen Mirren lidera lista das mulheres mais "sexies" do mundo da revista Esquire**. É mesmo?!

shampoo
É palavra inglesa, que já foi aportuguesada oficialmente para *xampu*, mas nenhuma indústria brasileira ainda criou coragem de ser autenticamente nacional, grafando na embalagem de seus produtos essa forma.

shopping
Seu aportuguesamento, assim como o de *shorts* (xortes) e de *show* (xou), é meio esdrúxulo: *xópin*. Por que estranhamos? Porque, justamente, estamos por demais habituados à escrita estrangeira.

short e *shorts*: qual a diferença?
Os dois são vocábulos ingleses: o primeiro equivale a curta-metragem; o segundo, a calças curtas esportivas. Um manual de redação, porém, "ensina" que devemos usar *short* nesta segunda acepção. É, o Brasil é um país **muito** curioso...

showmício
Trata-se de uma excrescência, porque mistura vocábulo inglês com o final de vocábulo português. Nem por isso, todavia, deixa de constar no VOLP. C*omício*-show seria a palavra mais razoável. Como esse tipo de espetáculo interesseiro está proibido por lei, a excrescência vai acabar caindo em desuso.

sigilo
Rege *de* ou *sobre*: *Manter sigilo de* (ou *sobre*) *uma negociação*.

sigla
Maneira prática de grafar as siglas: até três letras se usam letras maiúsculas (SP, EUA). A única exceção me parece ser *Ita* (Instituto Técnico da Aeronáutica). A partir daí, salvo as siglas dos partidos políticos, usa-se apenas a inicial maiúscula: *Dersa, Sunab, Varig, Petrobras,* etc. Convém acrescentar, todavia, que a escrita com todas as letras em maiúsculo é perfeitamente correta: ITA, DERSA, VARIG, etc. As siglas não devem trazer acento gráfico: *Eletrobras, Petrobras, Telebras, Sesi,* etc. (Algumas dessas empresas, no entanto, trazem acentos em seus nomes. Equivocadamente.) O plural das siglas se faz com o acréscimo imediato de um s minúsculo (sem apóstrofo): IPTUs, IPVAs, CDs, DVDs, ETs, etc. Manchete da Folha de S. Paulo: **Vaivém de Datena provoca batalha jurídica entre TV's**. O jornalismo brasileiro é ótimo!...

significativo
Rege *a* ou *para* (importante) e *de* (denotativo): *Essa conquista é muito significativa a*o (ou *para* o) *clube*. *** *Gesto significativo de apreço*.

silenciar
É verbo transitivo indireto (não revelar, não comentar, não tornar público) e rege *acerca de* ou *a respeito de* ou *em relação a* ou *quanto a* ou *sobre*): *No gabinete do ministro, todos silenciam acerca de* (ou *a respeito de* ou *em relação a* ou *quanto a* ou *sobre*) *qualquer escândalo no governo*. É verbo intransitivo (e não pronominal), na acepção de ficar calado, calar-se: *Uma traição de seu próprio guarda-costas, uma bala e Indira Gandhi silencia para sempre*.

silêncio
Rege *a* (falta de reação ou de resposta) e *acerca de* ou *a respeito de* ou *em relação a* ou *quanto a* ou *sobre* (falta de manifestação): *O silêncio às invasões de terra é um sinal de fraqueza do governo*. *** *Preferiu manter silêncio acerca da* (ou *a respeito da* ou *em relação a* ou *quanto a* ou *sobre*) *sua vida íntima*. O adjetivo *silencioso* usa-se da mesma forma.

silvícola
Apesar de ser a única grafia há séculos, o VOLP registra agora também "selvícola". Normal...

sim?
O emprego do sim interrogativo, no final de frases da língua cotidiana, é um autêntico brasileirismo: *Dona Susana, venha até a minha sala, sim*? Tem o valor de uma ordem ou de um pedido mais ou menos com esse valor. É um sim inteiramente nosso, já que em Portugal ninguém o usa da mesma forma, pois não?

símbolo
Usada como adjetivo, por *representativo*, não varia: *partidos símbolo, clubes símbolo*.

similar
Rege *a*: *Os produtos nacionais são similares aos estrangeiros?*

simpatia
Rege *com, para com* ou *por* (pessoa) e *a* ou *por* (coisa): *Minha turma não tinha simpatia àquela* (ou *com aquela* ou *para com aquela* ou *por aquela*) *gente.* *** *É um governo que não esconde sua simpatia aos* (ou *com os* ou *para com os* ou *pelos*) *pequenos.* *** *Não nutro nenhuma simpatia a* (ou *por*) *essa causa.* *** *Sempre tive profunda simpatia a* (ou *por*) *esse partido.*

simpático
Rege apenas *a*: *Ela é simpática a todo o mundo.* *** *São medidas pouco simpáticas ao povo, mas necessárias.*

simpatizante
Rege *de* (pessoa) e *com* ou *de* (coisa): *Ser simpatizante do duque de Caxias.* *** *Ser simpatizante com* (ou *de*) *uma causa.*

simples
Superlativo sintético: *simplíssimo* (regular) e *simplicíssimo* (irregular ou erudito). Apesar de haver duas formas corretas, ainda há quem use "simplérrimo", que é de um mau-gosto formidável!

simultaneamente / simultâneo
Regem *a* ou *com*: *O maremoto ocorre quase que simultaneamente ao* (ou *com o*) *terremoto.* *** *O maremoto é simultâneo ao* (ou *com o*) *terremoto. Simultaneidade*, no entanto, só rege *com*.

sinceridade / sincero
Regem *com* ou *para com* (pessoa) e *em* (coisa ou verbo): *Use de sinceridade comigo* (ou *para comigo*)! *** *Seja sincero comigo* (ou *para comigo*)! *** *A sinceridade no arrependimento é importante.* *** *Seja sincero nas declarações!* *** *Fui sincero em dizer o que penso.*

sindicância
Rege *acerca de* ou *a respeito de* ou *de* ou *no tocante a* ou *sobre*: *Abrir uma sindicância acerca de* (ou *a respeito de* ou *de* ou *no tocante a* ou *sobre*) *irregularidades numa empresa estatal.*

Singapura
O Acordo Ortográfico manifestou preocupação em corrigir o que se escrevia errado só na língua portuguesa: "Cingapura". No entanto, a 5.ª edição do VOLP (um desastre!; V. **VOLP**), que deveria ser fiel ao Acordo, ainda mantém a forma cingapurense, a par de singapurense. Não existe língua no mundo que traga tal nome com c inicial. Mas no Brasil ainda insistem em manter a grafia com tal letra. Impressionante! Este é o Brasil.

sintaxe
O x tem valor de ss (sintássi). Sempre teve. Mas o VOLP agora também o registra com valor de "ks". Pois é.

síntese
Usada como adjetivo, não varia: *fórmulas síntese*.

sirena ou sirene?
Aparelho que emite sons agudos, estridentes e prolongados, usado como aviso para abrir caminho no tráfego para as ambulâncias e viaturas policiais, marcar os horários em fábricas, indústrias, etc. Ambas as formas existem.

"sistema ABS"
Redundância: ABS é sigla alemã de *antiblockiersystem*. Note: já há a palavra *sistema*. Manchete de uma revista especializada em automóveis: "*Sistema ABS*" *terá produtos para sua reparação no Brasil*. Conselho de um amigo da onça: *Mesmo equipado com* "*sistema ABS*", *sempre mantenha distância suficiente para parar*. Esforça-se uma revendedora de automóveis para nos informar corretamente: *O* "*sistema ABS*" *tem como principal objetivo evitar o travamento das rodas em uma frenagem de emergência fazendo com que o motorista possa desviar de algum obstáculo à sua frente, o que não é possível com as rodas travadas*. Eis, agora, um anúncio, desejado espetacular, veiculado por uma empresa: *Na Bosh, o sistema ABS está na oitava geração*. E ainda não aprenderam?!...

sistema "digestivo"
Nós, brasileiros, se formos seguir a nomenclatura oficial da Sociedade Brasileira de Anatomia, deveremos usar não mais sistema "digestivo" nem muito menos "aparelho digestivo", mas sistema digestório. Por quê? Por mero capricho: a Comissão de Terminologia Anatômica da Sociedade Brasileira de Anatomia, ao traduzir *Systema digestorium* da atual *Terminologia anatomica*, do latim para o português, não levou em conta o uso tradicional de *digestivo* e optou por *digestório*, talvez pela identificação morfológica e sônica com a palavra latina ou por analogia com circulatório e respiratório. Mas a palavra digestivo se arcaizou? Não. Continua existindo e, portanto, pode ser usada em qualquer expressão que não diga respeito a estrutura anatômica; seu emprego, aqui, foi apenas uma questão de preferência da referida sociedade. Sendo assim, quem usa hemorragia "digestória" comete impropriedade, ou seja, ouviu o galo cantar, mas não sabe dizer onde. E se eu não quiser respeitar a decisão dessa sociedade?, poderá perguntar o caro leitor. Nesse caso, continue usando sistema digestivo, que, para a língua, não há inconveniente nenhum. O termo *digestório* foi incorporado ao vocabulário médico para substituir *digestivo* na nomenclatura anatômica, mas não na língua portuguesa, que, como qualquer outro idioma, não se guia por decreto, portarias, normas ou decisões de quem quer que seja.

sistema solar
É assim que se escreve, com iniciais minúsculas. Os jornalistas brasileiros, no entanto, insistem em grafar a expressão com iniciais maiúsculas. Normal.

Sistina
Nome da capela do Vaticano construída pelo Papa Sisto IV em 1473. Nela se encontram pinturas memoráveis de Leonardo da Vinci, Michelangelo, Botticelli e outros gênios da época. Note: com s. Muitos, no entanto, escrevem "Sixtina".

site
Anglicismo da Internet que vingou no português do Brasil. Em Portugal se usa o aportuguesamento *sítio*. Entre nós, há os que advogam esse emprego. Se tivéssemos que aportuguesar todos os anglicismos de informática, estaríamos em muitos casos em sinuca de bico: quem usará *rato* por *mouse*?; quem usará *aceder um sítio* por *acessar um site*? Os corajosos que se apresentem!

sítio
Rege a ou *de*: *O sítio* a (ou *de*) *Leningrado durou meses*.

só
Varia quando equivale a *sozinho*: *A mãe deixou os filhos sós em casa*. *** *Sós enfim ficaram noivo e noiva*. *** *Deixe-os sós um minuto!* Quando equivale a *somente*, não varia: *Só os pais vieram, os filhos ficaram em casa*. *** *Eles só não morreram por pura sorte*.

sob encomenda ou por encomenda?
As duas são boas, com preferência pela segunda: *artigo redigido por encomenda*. A bem da verdade, nunca se ouviu ninguém afirmar que um crime tenha sido cometido "*sob" encomenda*.

soberbo
Rege *com* ou *de* (orgulhoso) e *com* ou *para com* (arrogante): *Presidente soberbo com a (ou da) sua eleição.* *** *Uma elite soberba com (ou para com) os pobres.*

sob medida
Como locução que é, não varia: *ternos sob medida, camisas sob medida.* Alguns preferem usar a expressão *por medida*: *ternos por medida, camisas por medida.*

"sob" o fundamento de
Convém substituir "sob" por *sobre.* Tudo o que se levanta (ou afirma) faz-se *sobre* fundamento (apoio, sustentáculo), e não "sob". Portanto: *Ele nega a existência de Deus sobre o fundamento de que existe o mal no mundo.* A negação se faz *sobre* o argumento da existência do mal no mundo, e não "sob" esse argumento. Da mesma forma, dá-se preferência à preposição *sobre* quando há ideia de valor (de qualquer natureza, física ou moral): *sobre palavra de honra, sobre hipoteca, sobre penhor, sobre juros.* Ex.: *Ela me garantiu, sobre sua palavra de honra, que me ligará assim que chegar.*

sobranceiro
Rege *com* ou *para com* (pessoa) e *a* (coisa): *Não seja tão sobranceiro com (ou para com) seus subordinados!* *** *Quando jovem, ela sempre foi sobranceira com (ou para com) todos os homens. Resultado: ficou solteira.* *** *É um grande jequitibá, sobranceiro a todos os prédios da cidade.*

sobrancelha
Adj. correspondente: *superciliar.* Portanto, *região da sobrancelha* = *região superciliar.* Há quem use "sombrancelha", porque ela faz sombra para os olhos... No Diário do Nordeste, de Fortaleza: *Danuza Leão, idade não divulgada, saiu do interior do Espírito Santo para ser musa do Country Club, no Rio de Janeiro. Ainda adolescente, a filha da dona de casa Altina Leão e do advogado Jairo Leão transformou-se em ícone de beleza dos anos 50, desfilou em Paris e ganhou fama de excêntrica ao desembarcar no Brasil com as "sombrancelhas" e os cabelos pintados de laranja.*

sobre-
Só exige hífen antes de palavras iniciadas por e ou por h: *sobre-estimar, sobre-humano.*

sobreaviso
Rege *com* ou *contra*: *Estar de sobreaviso com (ou contra) certos movimentos ditos sociais.*

sobrecarregado
Rege *com* ou *de*: *Estar sobrecarregado com (ou de) preocupações.*

sobreloja
Sempre sem hífen, assim como subsolo. Abrev.: *slj.* (com o ponto).

sobrenomes de origem italiana (plural)
O -i final dos sobrenomes italianos indica plural. Assim, na língua italiana, constrói-se: os Berlusconi (e não "os Berlusconis"). No Brasil, todavia, a língua oficial não é a italiana; nem é clara para os brasileiros em geral essa noção de pluralidade que, para os italianos, é instantaneamente detectada. Sendo assim, os sobrenomes de descendentes de italianos, aqui no Brasil, têm de variar normalmente: os Falconis, os Scolaris, os Testonis, os Sacconis e, naturalmente, os Nardonis (mas, recentemente, só se viu "os Nardoni"). Aliás, os jornalistas brasileiros não variam nem mesmo os sobrenomes brasileiros, que se dirá, então, de exigir deles fazer variar os estrangeiros! Façamos justiça, entretanto, a um manchetista do site do jornal O Estado de S. Paulo, que estampou: **Defesa dos Nardonis vai entrar com recurso e pedir novo júri mais uma vez**. Parabéns! Quando a lucidez prevalece, todos ganham.

sobrepor
Como segue a conjugação de pôr, não existem as formas "sobreporam", "sobreposse",

"sobrepossem", "sobrepormos" (no subj.), "sobreporem", comuns na língua popular, mas apenas, respectivamente, *sobrepuseram, sobrepusesse, sobrepusessem, sobrepusermos, sobrepuserem*.

sobrescritado
Rege *a* (nome de pessoa) e *para* (nome de lugar): *A carta estava sobrescritada a Beatriz, mas quem a recebeu, abriu e leu foi a mãe.* *** *A carta foi sobrescritada para Curitiba (PR), mas inexplicavelmente foi ter a Lajes (SC).*

sobressair
Não é nem nunca foi verbo pronominal ("sobressair-se"). Manchete de O Globo: **Celso de Mello "sobressai-se" como conselheiro de Joaquim Barbosa e acalma ânimos em plenário**. O Dicionário Houaiss classifica o verbo como pronominal. Nele, porém, você já sabe, tudo é normal...
EM TEMPO – Esse mesmo dicionário:
158) registra **secativo** como adjetivo e substantivo (no que acerta), mas define a palavra como se fosse advérbio (!);
159) registra **reembarcar** como verbo intransitivo e verbo pronominal, quando na verdade se trata de verbo transitivo direto e verbo intransitivo;
160) registra **refranzear** como verbo transitivo, quando na verdade é verbo intransitivo;
161) registra **urbanitário** (que não consta no VOLP) como adjetivo e substantivo, mas define a palavra apenas como substantivo;
162) registra **tupé** e **vedoia** como substantivos femininos, quando na verdade se trata de substantivos masculinos;
163) registra **tureba** como substantivo masculino, quando na verdade se trata de s.2gên.;
164) em **todorokita** aparece "todoroquita" (que não consta no VOLP) e no próprio dicionário como verbete;
165) em **provérbio**, define: prefixo "que antecede" uma raiz verbal (existe prefixo que sucede?);
166) registra prova dos "nove", em vez de prova dos noves;
167) registra "samessuga", "samexuga" e "samexunga", que não constam no VOLP, como se fossem variantes de sanguessuga;
168) registra (pasme!) "salchicha", "salchichão", "salchicharia" e "salchicheiro" (só lhe faltou registrar também "xalxixa", "xalxixão", "xalxixaria" e "xalxixeiro"...).

sobressalente ou sobresselente?
Ambas as formas existem, mas a primeira é a mais vulgar.

sobressaltado
Rege *com, de* ou *por*: *Viver sobressaltado com* (ou *de* ou *por*) *preocupações*.

sobrestar
Conjuga-se por estar.

sobretaxa
Rege *sobre*: *A Unidade Europeia impôs uma sobretaxa elevada sobre o aço importado.*

sobrevir
Conjuga-se por vir.

sobrevoar ou sobrevoar a?
Tanto faz: *O avião sobrevoou o* (ou *ao*) *Pão de Açúcar.* *** *Vários caças sobrevoaram a* (ou *à*) *baía de Guanabara.*

sóbrio
Rege *de* ou *em* (sem luxos, excessos ou exageros; discreto): *Se quiseres viver muito e bem, sê sóbrio de* (ou *em*) *garfo e copo!* *** *Apontem-me aqui aquele que for sóbrio de* (ou *em*) *cerveja, que eu os apontarei aquele sóbrio da* (ou *na*) *verdade!*

social-cristão / social-democrata
Fazem no plural, respectivamente, *social-cristãos* e *social-democratas*, mas o que mais se vê são plurais incorretos: "sociais-cristãos" e "sociais-democratas". É a cultura...

sociedade
Rege *com*: *Fazer sociedade com vizinhos*. Antecedida de *de* ou *em*, aparece combinada com a preposição *com*: *Comprou o carro de* (ou *em*) *sociedade com o amigo*.

socioeconômico
É a palavra correta, mas há muitos que ainda se preocupam com nossos problemas "sócio-econômicos".

socorrer
Use assim: *Ninguém o socorreu?* *** *Quem o socorreu fui eu.* *** *Por mais que tentasse, não o pude socorrer.* Muitos, no entanto, usam "lhe" no lugar do *o*.

"sofrer" melhoras
V. sentir melhoras.

sogros
Tem *o* tônico fechado se forem dois homens; tem *o* tônico aberto, se forem um homem e uma mulher. Assim, só pode alguém dizer: Meus sogros (ó) chegaram. Pode haver, no entanto, uma festa só de sogros (ô), ou seja, só de homens, da qual as sogras, por algum motivo, não possam participar.

sol / Sol
Use com inicial minúscula somente quando a referência não for ao próprio astro, caso em que deve empregar inicial maiúscula. Por exemplo: O sol do Nordeste seca e resseca tudo. *** Não olhe direto para o Sol, sem proteção ocular! Daí por que devemos escrever pôr do Sol (e não pôr do sol, como registrado no VOLP). Numa revista de informação: *A estrela Tau Ceti, que faz parte da Constelação da Baleia, não é apenas próxima do nosso "sol" (fica a 12 anos-luz), mas também é muito semelhante, em massa e irradiação. No passado, muitos olhares se voltaram para ela, em vão, em busca de vida extraterrestre.*

sol / solão
As duas têm *o* inicial aberto; a segunda se usa por grande calor: No deserto faz um solão daqueles!

sola / solinha / solão
As três têm *o* inicial aberto.

soldado
Fem.: soldada. Os apresentadores e repórteres da emissora do "Roráima", no entanto, continuam insistindo em chamar a mulher de homem: "a soldado". Nessa emissora, porém, tudo é perfeitamente normal. Recentemente, outra emissora de televisão, num programa policial comandado por aquele que dá pena, mostrou a reportagem de uma soldada que foi assassinada. A legenda apareceu assim: "Soldado morta". Só podia ser mesmo num programa apresentado por quem dá pena... Diogo Mainardi, no entanto, na ed. 2.159 da Veja, escreve: *A soldada Erika Canavezi tem dois filhos. Cuida deles sozinha. Seu soldo: 2.000 reais. Em catorze anos de trabalho na PM, ela nunca havia sido agredida. Isso só ocorreu agora, porque os pelegos da Apeoesp decidiram sabotar as medidas propostas por José Serra para punir os professores gazeteiros e para premiar com aumentos salariais aqueles que ensinam melhor.* Quem sabe, sabe. Quem não sabe, por favor, aguarde na antessala e batendo palmas!...

solicitado
Rege *de* ou *por* (procurado): *É um balconista muito solicitado dos* (ou *pelos*) *fregueses, por sua simpatia*.

solicitar
Rege *a* ou *de*: *O aluno solicitou ao* (ou *do*) *professor licença para sair.* *** *O jogador solicitou ao* (ou *do*) *árbitro mais rigor na disciplina.* *** *Solicitamos a* (ou *de*) *Vossa Excelência urgência no deferimento.*

solícito / solicitude
Regem *com* ou *para com* (pessoa), *de* ou *por* (coisa) e *em* (verbo): *Todos os funcionários desta empresa devem ser solícitos com* (ou *para com*) *seus chefes.* *** *Pai solícito do* (ou *pelo*) *bem-estar dos filhos.* *** *O brasileiro é um povo sempre solícito em ajudar flagelados.* *** *A solicitude dos atendentes da loja com* (ou *para com*) *os turistas só aumenta as vendas.* *** *A solicitude de uma família do* (ou *pelo*) *bem-estar de todos os seus membros.* *** *A solicitude em ajudar flagelados é uma das características do povo brasileiro.*

solidariedade / solidário
Regem *a, com* ou *para com* (pessoa) e *em* (coisa): *É notável a solidariedade de todos os brasileiros aos* (ou *com os* ou *para com os*) *flagelados.* *** *Posso contar com sua solidariedade neste trabalho?* *** *Ser solidário aos* (ou *com os* ou *para com os*) *flagelados.* *** *Ela é solidária ao* (ou *com o* ou *para com o*) *marido tanto na tristeza quanto na alegria.*

solo
V. **em solo**.

soltar
Use assim seus particípios: *As crianças tinham soltado* (ou tinham *solto*) *os passarinhos das gaiolas.* *** *Os passarinhos foram soltos* (e não foram "soltados") *da gaiola pelas crianças.*

som
Adj. correspondente: *fonético*. Portanto, *característica do som* = *característica fonética*.

somado
Rege *a* ou *com*: *Seu esforço, somado à* (ou *com a*) *sua inteligência, levá-lo-á fatalmente a grandes conquistas.*

somali
Natural ou habitante da Somália. Note: a palavra é oxítona, mas os apresentadores de telejornais só dizem "somáli". Normal.

"somaliano"
Não, quem nasce ou habita na Somália, como se viu acima, é somali, e não "somaliano". Os apresentadores de telejornais, no entanto, insistem em usar "somaliano". Eles sempre haverão de encontrar, com a maior facilidade, aquilo que não existe...

somatório
Era a única forma correta desde Camões. Eis que surge a 5.ª edição do VOLP (uma tragédia!; v. **VOLP**) e traz também a forma somatória. Como num passe de mágica! O que era cacografia passou a ser ortografia. Como num passe de mágica! Não é formidável isso?

sombreado
Rege *com, de* ou *por*: *Ruas sombreadas com* (ou *de* ou *por*) *árvores*.

sonho
Adj. correspondente: *onírico*. Portanto, *mundo de sonhos* = *mundo onírico*.

sorrir
Conjuga-se por rir.

sortir
Conjuga-se por polir.

sossegar ou sossegar-se?
Tanto faz: *O coração do apaixonado nunca sossega* (ou *se sossega*). *** *Só sosseguei* (ou *me sosseguei*), *quando vi meu filho são e salvo.* *** *Os brasileiros nunca sossegamos* (ou *nos sossegamos*) *se não ganhamos todas as Copas do Mundo.*

soube
Forma do verbo saber. Pronuncia-se sôubi. Evite dizer "súbi".

statu quo ou status quo?
Ambas as expressões são defensáveis. *Statu quo* tem o substantivo e o pronome no ablativo, enquanto *status quo* tem o substantivo no nominativo e o pronome no ablativo. Em Portugal, na Espanha, França e Itália se usa a primeira; no Brasil, Alemanha, Holanda, Hungria, Polônia, Rússia, Suécia, Turquia, Inglaterra e em todos os países anglófonos se usa a segunda.

suador ou suadouro?
Pode usar uma pela outra, na acepção de grande dificuldade ou na de canseira, muito trabalho: *Foi um suador* (ou *suadouro*) *vencer o Corinthians ontem.* *** *O advogado tomou um suador* (ou *suadouro*) *daqueles nesse processo!* *** *Esse rapaz me deu um suador* (ou *suadouro*) *quando era criança!*

sua "respectiva"
Redundância. V. **seus "respectivos"**. Reinaldo Azevedo, jornalista da revista Veja, usa este título, em um dos posts de seu blog: **A UNE cachaceira se junta a mensaleiros condenados para** avaliar **decisões do STF! Uau! Tomem conta de suas "respectivas" carteiras**. De minha parte, posso garantir que desde 2003 estou muito preocupado em tomar conta da minha...

suave
Rege *a* (macio) e *com* ou *para com* (pessoa) e *em* (coisa): *O veludo é um tecido suave ao tato.* *** *Pessoa suave com* (ou *para com*) *todos na fala, mas safado nas ações.*

suavidade
Rege *de* (graça), *com* ou *para com* (pessoa) e *em* (coisa): *Pessoa de muita suavidade de olhar.* *** *Pai de grande suavidade com* (ou *para com*) *os filhos.* *** *Essa suavidade na fala esconde um caráter de safado.*

sub-
Só exige hífen antes de palavras iniciadas por b, h ou r: sub-bloco, sub-hidratar, sub-região.

subalterno
Rege *a* ou *de*: *Todo coronel é subalterno a* (ou *de*) *um general.*

subestimação
Rege *a* ou *de*: *A subestimação ao* (ou *do*) *adversário já é um prenúncio de fracasso.*

sub-humano ou subumano?
Tanto faz. Prefira, no entanto, a primeira, para não fugir à regra do hífen com o prefixo sub-.

subida
Rege *a* e *de...a* (ou *para*) [ato de subir], *de* ou *em* (aumento) e *para* (ladeira): *Durante a subida ao morro do Pão de Açúcar, o bondinho parou três vezes.* *** *A subida do primeiro ao* (ou *para o*) *último andar foi rápida.* *** *Quem é a favor da subida do* (ou *no*) *custo de vida?* *** *A subida para o morro do Pão de Açúcar será repavimentada.* A regência "subida em", para o primeiro caso, muito comum, deve ser desprezada. Usa-se ainda *a* quando *subida* equivale a *que subiu*: *O teatro abrigava até pessoas subidas a cadeiras e mesas.*

subir
Conjuga-se por fugir. Rege *a* ou *por* (trepar), *a*, *até* ou *para* (estabelecer comunicação com lugar mais alto, dar acesso) e apenas *para* (entrar em veículo): *Quando criança,*

eu subia a (ou *por*) *todas as árvores do quintal.* *** *Este elevador só sobe ao* (ou *até o* ou *para o*) *terceiro andar.* *** *Subi para o ônibus errado.* *** *Não subo para um avião desses de jeito nenhum!* *** *Ela não sobe para carro de estranhos.* Na língua cotidiana, porém, usa-se *subir em.* No Brasil, todo o mundo sobe no muro, sobe na árvore, sobe no elevador, sobe no ônibus, no avião, sobe no carro, mas só quer subir **a**o céu, **a**o poder, **a**o trono. Isso não acaba subindo **à** cabeça?...

submergir
Use assim seus particípios: *Óvnis têm submergido* (e não: *têm "submerso") no mar.* *** *Parte dessa ilha foi submersa* (e não: *foi "submergida") pelas águas do mar.* Pode ser usado com pronome ou não, indiferentemente: *A barcaça submergiu* (ou *se submergiu*), *morrendo todos os seus ocupantes.*

submissão / submisso
Regem *a*: *A submissão às leis é uma das prerrogativas da democracia.* *** *Marido submisso à mulher.*

subsídio
Rege *a* (subvenção) e *para* (dados, informações): *O governo vai desenvolver um programa de subsídio ao transporte escolar.* *** *Cortaram o subsídio ao trigo e ao cinema nacional.* *** *Reunir subsídios para um arquivo de música de língua portuguesa.* Pronuncia-se *subssídiu.* Também assim: *subsidiar* e *subsidiária.* Há quem diga "subzídiu", mas não quem diga "subzólu", "subzecretária", etc.

subsistência / subsistir
Segundo a 5.ª edição do VOLP, o segundo *s* pode ter valor de *s* ou de *z*, indiferentemente.

substituição
Rege *de...por* (troca): *A substituição de uma palavra por outra, mais enfática, num discurso.* Antecedida de *em*, aparece combinada com *a* ou *de*: *Usar uma palavra em substituição a* (ou *de*) *outra.*

substituir
Conjuga-se por *atribuir.* Usa-se assim: *Quem o substituiu?* *** *Qual dos filhos o substitui no comando da empresa?* Muitos, no entanto, usam "lhe" no lugar do *o*.

substitutivo
Rege *a* (ou *de*)...*sobre* ou apenas *a* ou *de*: *O congresso analisa o substitutivo ao* (ou *do*) *projeto de lei sobre crimes hediondos.* *** *O PC do B decidiu aprovar o substitutivo ao* (ou *do*) *sistema financeiro.*

substituto
Rege *de* ou *para*: *O treinador procura um substituto do* (ou *para o*) *goleiro, que se machucou.* *** *A banha de porco é um bom substituto do* (ou *para o*) *óleo de soja?*

subtraído
Rege *a* ou *de*: *A filmadora subtraída ao* (ou *do*) *turista foi recuperada.*

subtrair
Conjuga-se por *cair.*

subumano / sub-humano
Segundo a 5.ª edição do VOLP, as duas grafias são boas. A primeira se pronuncia: su-**bu**-mâ-nu, e não "sub-u-mâ-nu".

subvenção
Rege *a*: *Haverá subvenção aos consumidores de energia elétrica.*

sucatar ou sucatear?
As duas formas existem, mas a primeira tem leve preferência, assim como leve preferência tem *sucatamento* a *sucateamento.* Existe, porém, apenas a forma *sucatagem*, que equivale a *sucatamento.*

sucedâneo
Rege *a* ou *de*: *Desenvolveram um sucedâneo a*o (ou *d*o) *pão de forma isento de glúten.* *** *Utilização de proteína de soja como sucedâneo a* (ou *de*) *ovos em bolos.*

suceder
É transitivo indireto (vir em seguida; acontecer; substituir, por eleição, direito natural, etc.), pronominal (acontecer sucessivamente) e intransitivo (acontecer): *A república sucedeu à monarquia.* *** *Dizem que à tempestade sempre sucede a bonança.* *** *Sucedeu a* (ou *com*) *meu amigo um fato interessante.* *** *Essas coisas só sucedem mesmo a* (ou *com*) *pessoas como você.* *** *O que lhe sucedeu* (ou *sucedeu com você*)? *** *Sinto-me culpado do que lhe sucedeu.* *** *Lula sucedeu a Fernando Henrique.* *** *O filho sucedeu ao pai no trono.* *** *Morto Costa e Silva, não lhe sucedeu o vice, Pedro Aleixo.* *** *Já faz vinte dias que o Papa morreu e ainda não se sabe quem vai suceder-lhe.* *** *Sucediam-se as festas no palácio real.* *** *Sucederam-se anos e anos até que um dia ela voltou.* *** *Acidentes são coisas que sucedem.* *** *Sucede que ela não queria casar.*

sucessão
Rege *a* ou *de*: *A sucessão a*o (ou *d*o) *cargo de presidente, num regime democrático de direito, é regular e absolutamente normal.*

sudeste / sudoeste
As formas rigorosamente corretas seriam *suleste* e *suloeste*. Por que, então, usamos *sudeste* e *sudoeste*? Porque houve influência do espanhol (*sud + este, sud + oeste*).

suficiente
Rege *a* ou *para* (nome) e apenas *para* (verbo): *Existirá água potável suficiente a* (ou *para*) *todo o mundo no futuro?* *** *Ele tem dinheiro suficiente para viajar?*

sufocado
Rege *de, em* ou *por*: *Encontrei-a sufocada de* (ou *em* ou *por*) *soluços.*

"sugeito"
Até mesmo um recém-nascido sabe que essa palavra se escreve com j: *sujeito*. Isso é assim desde antes de Camões... Mas a Universidade Federal do Rio de Janeiro (UFRJ) – imaginem! – emitiu um comunicado a seus alunos de forma diferente (e incrível). *Prezado(a) aluno(a). A prática do trote humilhante, vexatório é "indígno" é proibida na UFRJ e aquele que a "promovem" e, também, os que dela participarem estarão "sugeitos" às "penalidade" previstas na legislação pátria e na interna da UFRJ.* Reparou nas aberrações? São várias: primeira, "indígno" por indigno; segunda, falta de vírgula depois de UFRJ; terceira, "promovem" por promove; quarta, "sugeitos" por sujeitos; e quinta "penalidade" por penalidades. Se tal aviso fosse redigido por um aluno do ensino fundamental já seria reprovável, que se dirá, então, de alguém de uma universidade federal! Não é indigno?

sugerir
Conjuga-se por ferir.

suicidar-se
Em rigor, o pronome *se* é redundante aqui, porquanto em *suicidar* já existe o elemento latino *sui* (= de si próprio, se), não havendo assim, em princípio, a necessidade do pronome *se*. Nossa língua traz inúmeros outros casos de redundâncias consagradas, além dessa, entre os quais **antí**doto **contra**, **con**cordar **com**, **inter**por **entre**, **con**viver **com**, etc. O pronome *comigo* é um exemplo claro de redundância. Nele se vê *cum + mi + cum* (novamente). Inicialmente, o pronome era *me*, que combinando com a preposição com, possibilitou o vocábulo composto *mecum*, mais tarde transformado em *megum*, já que o *c* normalmente passa a *g*, do latim para o português. De *megum* passou a *mego*, que só se transformou em *migo* por influência de outro pronome: *mi*. Sendo assim, o pronome já estaria completo: *migo*, em que *go* já estaria representando *com*.

O povo, contudo, esquecido disso, anexou novamente a preposição, agora no início do vocábulo (*commigo*, que ao longo do tempo passou à forma atual: *comigo*). A forma *comigo* é, pois, em rigor, redundante, como também redundantes são *conosco* (de *nobiscum* passou a *noscum* e daí a *nosco*) e *convosco* (de *vobiscum* passou a *voscum* e daí a *vosco*). Não há, portanto, por que se assustar com a redundância existente em *suicidar-se*. O povo, responsável por todas essas associações impertinentes, é redundante por excelência. Justamente por isso é que a língua o toma, muitas vezes, por Excelência...

sujar-se
Use sempre assim, na acepção de ficar sujo: *De um dia para o outro, os cabelos se sujam.* *** *O chapéu se sujou logo ao primeiro uso.*

sujeitar
Use assim seus particípios: *A empresa tem sujeitado* (e não *tem "sujeito"*) *seus funcionários a constantes treinamentos.* *** *Os funcionários foram sujeitos* (e não *foram "sujeitados"*) *a constantes treinamentos pela empresa.*

sul-
Em palavras como sul-americano e sul-africano, é conveniente (mas não obrigatório) que a vogal se ligue, na pronúncia, ao l: su-la-me-ri-kâ-nu, su-la-fri-kâ-nu. Note que, para Buenos Aires, pronunciamos assim: buênuzáiris, e não "buênus áiris", ou seja, a consoante final de uma palavra, quando se lhe segue vogal, melhor que se juntem na pronúncia.

Sul
Adj. correspondente: *austral* ou *meridional*. Portanto, *região do Sul* = *região austral* (ou *meridional*); *zona do Sul* = *zona meridional* (ou *austral*).

sul ou Sul?
Com inicial minúscula, quando se trata do ponto cardeal: *As bússolas, ao apontarem o norte, acabam também apontando o sul.* Com inicial maiúscula ou minúscula, quando se trata de região: *Você conhece o churrasco, o vinho e o frio do Sul* (ou *sul*) *do Brasil?* Se, porém, a referência for ao sul de qualquer país, usar-se-á apenas a grafia com inicial maiúscula: *Você é do Sul?* *** *A Itália é rica, com exceção do Sul.*

sulfeto ou sulfureto?
Tanto faz.

sultão
Fem.: sultana. Faz no plural *sultãos* e *sultões*. Não existe o plural "sultães", que tem registro em dicionários e manuais de redação por aí.

sumariar ou sumarizar?
Ambas as formas existem, a par de *sumariação* e *sumarização*.

Sumatra
A sexta maior ilha do mundo e a principal ilha da Indonésia. Não exige artigo: *Estive em Sumatra.* *** *Gostei de Sumatra.* Na Veja: *Entre todos os supervulcões que já foram encontrados, os cientistas estimam que o mais poderoso tenha sido o supervulcão Toba, que entrou em erupção "na" Sumatra há cerca de 74.000 anos.*

sumir
Conjuga-se por fugir. Use sumir ou sumir-se, na acepção de desaparecer: *O dinheiro do povo sumiu* (ou *se sumiu*). *** *Aos poucos o avião foi sumindo* (ou *se sumindo*) *no céu.* *** *O presidente afirmou que, ante tantos problemas, dava vontade de sumir* (ou *de se sumir*). Em Portugal, usam-no mais com o pronome; no Brasil, sem ele.

suor
Pronuncie com o aberto. Apesar de ser assim desde os mais remotos tempos, o então presidente Fernando Henrique Cardoso, do alto de seu cargo, num de seus

discursos, pôs-se a parodiar Churchill. Fê-lo tão mal, que seria melhor que se calasse. Numa daquelas crises por que passou o seu governo, ele disse que só tinha a oferecer "suôr" e lágrimas ao povo brasileiro, que ele, um dia, chamou de caipira...

super-
Só exige hífen antes de palavras iniciadas por h ou por r: *super-homem, super-resistente*.

superavit
Esse latinismo não deve ter acento ("superávit"), embora seja desta maneira que tenha registro aqui e ali, inclusive no VOLP, o que não surpreende. Os latinismos só deverão receber acento na língua portuguesa quando sua grafia não for incompatível com a índole do idioma. *Álibi, álbum, grátis, vírus*, etc., todos latinismos, recebem acento, por essa razão: possuem terminações comuns à língua portuguesa. Já *superavit* não se enquadra entre eles, porque em português não existe palavra terminada em *t*. O ideal seria o seu aportuguesamento (*superávite*), como fazem os portugueses, mas o VOLP, não se sabe por quê, resiste. Já registra défice, mas incompreensivelmente ainda não registra superávite.

superinteressante
É a grafia correta da palavra: o prefixo *super-* só exige hífen antes de *h* (*super-homem*) e de *r* (*super-rápido*). A divisão silábica é *su.pe.rin.te.res.san.te* (e não "su.per.in.te.res.san.te"). Há, todavia, uma revista nacional que traz esse nome. Repare, porém, como está na capa: separa-se o prefixo do adjetivo. Que tal tratar no corpo da revista de mais esse assunto, muito interessante para todos nós?...

superior
Rege *a* e não admite "mais" nem "que" ou "do que": *O vinho alemão é superior ao francês.* *** *Meu time é superior ao seu.* *** *Por que os produtos estrangeiros sempre são superiores aos brasileiros?* *** *Só há um produto brasileiro superior – disparado – a todos os outros do mundo inteiro: o charme, a sensualidade e a beleza da mulher brasileira.* Num site sobre automóveis: *O belo cupê híbrido CR-Z já nasceu pedindo para correr muito, mas a Honda, cautelosa com a proposta, deixou o modelo sem um coração potente. O tempo passou e o mercado pediu o algo a mais que o CR-Z ficava devendo. Por isso, a divisão de projetos da Honda já confirmou que o híbrido de duas portas terá uma versão com desempenho muito "mais" superior "que" o atual.* V. **inferior**.

superpor
Como segue a conjugação de pôr, não existem as formas "superporam", "superposse", "superpossem", "superpormos" (no subj.), "superporem", comuns na língua popular, mas apenas, respectivamente, *superpuseram, superpusesse, superpusessem, superpusermos, superpuserem*.

superstição
Rege contra e sobre: *A superstição contra o número 13.* *** *Há quem propague a superstição pagã sobre a reencarnação.* Não são poucos os que usam "supertição", que, na verdade, é um tição gigante.

supersticioso
Rege de: *Ele não é supersticioso do número 13, mas é supersticioso de gato preto.*

suplantar
Use assim: *Ninguém ainda o suplantou em talento.* *** *Por mais que tentassem, não o conseguiram suplantar.* Muitos, todavia, usam "lhe" no lugar do *o*.

suplementar
Rege a: *Receber um crédito suplementar ao anterior.* *** *Fazer um trabalho suplementar ao ordinário.*

suplemento
Rege *a* ou *de*: *Editou-se um suplemento à* (ou *da*) *edição do jornal.* Antecedida de *em*, aparece combinada com *a* ou *de*: *Esta é uma publicação mensal, em suplemento a* (ou *de*) *jornais diários nacionais.*

supor
Como segue a conjugação de pôr, não existem as formas "suporam", "suposse", "supossem", "supormos" (no subj.), "suporem", comuns na língua popular, mas apenas, respectivamente, *supuseram, supusesse, supusessem, supusermos, supuserem.*

supra-
Só exige hífen antes de palavras iniciadas por a ou por h: *supra-anal, supra-auricular, supra-hepático, supra-humano,* etc.

supremacia
Rege *sobre...em* ou apenas *sobre*, ou apenas *em*: *A supremacia dos Estados Unidos sobre a Coreia do Norte em qualquer terreno é incomensurável.* *** *Tecer considerações acerca da supremacia dos tratados internacionais sobre a legislação tributária brasileira.* *** *O Brasil ainda não perdeu a supremacia no futebol.*

suprimir
Use assim seus particípios: *Esse país tem suprimido a liberdade de expressão de seus cidadãos.* *** *Toda liberdade de expressão foi suprimida* (ou *foi supressa*) *durante o estado de sítio.*

supurado
Não são poucos os que usam *apêndice "suporado"* e até *apêndice "estuporado". Apêndice supurado* é o que está com muito pus e exige cuidados médicos imediatos.

surdo
Rege *a* ou *para* (insensível) e *de* (pouco ou nada audível): *É um governo surdo aos* (ou *para os*) *reclamos populares.* *** *Ser surdo de uma orelha.*

surpreender
Use assim: *Eu quase o surpreendo beijando minha filha.* *** *Quem o surpreendeu roubando?* Muitos, todavia, usam "lhe" no lugar do *o*.

surpresa
Usada como adjetivo, na acepção de *repentino*, não varia: *festas surpresa, fiscalizações surpresa, comandos surpresa, ataques surpresa.*

surrealismo / surrealista
Tais palavras nos vêm diretamente do francês *surréalisme* e *surréaliste*. Passaram à nossa língua muito malformadas, já que o prefixo francês *sur-* equivale a *sobre-* ou a *supra-* em português (cf. *surtout* = sobretudo; *surrénal* = supra-renal). Assim, as formas rigorosamente de acordo com a língua portuguesa são *supra-realismo* e *supra-realista*, que existem, mas apenas como variantes.

susceptível ou suscetível?
Tanto faz.

suspender
Use assim seus particípios: *Eu tinha suspendido* (e não tinha "suspenso") *a encomenda.* *** *A encomenda foi suspensa* (e não foi "suspendida") *por mim.*

sustância / substância / sustança
Equivalem-se (propriedades altamente nutritivas). A primeira e a terceira são meras corruptelas da segunda, mas de enorme vigor.

sustar
É verbo regular, portanto não se conjuga por estar, que é irregular.

sustar cheque
É o que devemos fazer, quando necessário, e não *"assustar" cheque*, que não vai surtir o efeito desejado...

sustentação / sustentáculo
Regem *a* ou *de*: *Quais são os partidos que dão sustentação a*o (ou *d*o) *governo?* *** *O congresso e a imprensa livre são o sustentáculo à* (ou *d*a) *democracia.*

sustentado
Rege *em* ou *sobre*: *Edifício sustentado em* (ou *sobre*) *pilotis.*

sustentar
Use assim: *Quem o sustenta sou eu.* *** *Ela promete que o sustentará até o fim da vida.* Muitos, no entanto, principalmente no Nordeste, usam "lhe" no lugar do *o*.

sustento
Rege *a* ou *de*: *Ele está comprometido com o sustento a* (ou *de*) *muitas crianças.* *** *Esse negócio garante o sustento à* (ou *d*a) *família há mais de uma década.*

suster
Como se conjuga por *ter*, não existem as formas "susti", "susteu", "sustia", "sustiam", "susteram", comuns na língua popular, mas apenas, respectivamente, *sustive, susteve, sustinha, sustinham, sustiveram.*

susto
Rege *a* ou *em*: *Pregue um susto a* (ou *em*) *seus amigos: mostre-lhes sua mulher!* *** *Vou dar um susto a ela* (ou *n*ela): *vou mostrar-lhe meu contracheque.*

susto e espanto: qual a diferença?
O **susto** pressupõe medo, sentimento que implica a ideia de perigo. O **espanto** supõe admiração ou horror, mas sem estar implícita a ideia de perigo. Um pesadelo espanta qualquer pessoa, mesmo aquela que de nada tem medo. Uma baixa significativa na cotação do dólar também espanta (o mundo inteiro, principalmente a China e o Japão). Um pequeno ruído, à noite, a um covarde causa *susto*. Uma simples bombinha junina, que apenas faça treque, pode causar *espanto* a um homem desprevenido, mas não "susto", porque seria vergonhoso. Aos indígenas causou *susto* ver uma galinha pela primeira vez, pois a seu cacarejar eles associaram a ideia de algo macabro, agressivo ou perigoso.

Tabuão da Serra
É a grafia atualizada do nome da cidade paulista, que todos conhecem por "Taboão da Serra". Ora, mas tábua já não se grafa com "o" nem muito menos seu aumentativo: tabuão. A grafia Taboão da Serra só se mantém por tradição.

tacanho
Rege *com* ou *para com* (pessoa) e *em* (coisa): *Pai tacanho com (ou para com) os filhos nas mesadas.*

tachado
Rege *como* ou *de*: *Governo tachado como (ou de) incompetente.*

talento / talentoso
Regem para: *Ter talento para pintura.* *** *Ter talento para atuar na televisão.* *** *Pessoa talentosa para a pintura.*

talhado
Rege *em* (cortado em partes proporcionais), *para* (apropriado, certo) e *por* (ajustado, moldado): *Melancia talhada em várias fatias.* *** *É o homem talhado para o cargo.* *** *Personalidade talhada pela do pai.*

talharim
Embora seja a forma correta, muita gente continua comendo "talharíni".

tal qual / tal e qual
São expressões equivalentes, mas a primeira tem preferência. Seus elementos devem concordar com o nome a que se referem, o que nem sempre é observado até por escritores abalizados: *Esse rapaz é tal quais seus irmãos.* *** *Esses rapazes são tais qual seu irmão.* *** *Esses rapazes são tais quais seus irmãos.* Na letra de uma conhecida e linda canção popular, todavia, se tem: *Teus olhos são duas gotas pequeninas, "qual" duas pedras preciosas.* Uma pena! No site Vejaonline se leu, ainda: Pode ser que o ISON de fato proporcione um espetáculo superior aos grandes cometas avistados no século 20. Mas também pode ser que, tal "qual" inúmeros outros exemplos, ele se desintegre muito antes de chegar ao Sol e nem sequer dê o ar da graça. Competência, por favor, dê o ar da graça!...

tamanho-família
Com hífen. A Caixa Econômica Federal faz, então, um anúncio que, no fundo, no fundo, é um convite maroto: *A Caixa tem uma linha de crédito "tamanho família".* A Caixa, em seus anúncios, parece mesmo que não se emenda. Aliás, ela continua nos convidando para as trevas: *"Vem" pra Caixa você também.* De repente, não vai ninguém... Esse composto não varia no plural: *garrafas tamanho-família, caixas tamanho-família, refrigerantes tamanho-família.*

também
Pronuncia-se como se escreve, mas quase todo o mundo diz "tamém". Corrija-se: *O PT não incorporou de Paulo Maluf só os métodos do marqueteiro Duda; absorveu também o cinismo e o pouco-caso com a lei.* (Dora Kramer)

tampão
Usada como adjetivo, não varia: *países tampão, funcionários tampão.*

tantíssimo
Em rigor, pronomes não têm grau, mas admite-se, em casos de ênfase, o uso de *tantíssimo*: *Naquela época, enfrentávamos tantíssimos problemas, que nem nos demos conta desse detalhe.* *** *Passei por lá tantíssimas vezes e não vi isso.*

tanto
V. **números tantos**.

tanto...como / tanto...quanto
Exigem o verbo no plural: *Tanto eu como o motorista pegamos no sono.* *** *Tanto o garoto quanto a mãe viram o óvni.* V. **não só...como / não só...mas também**.

tão pouco e tampouco
Não se confundem: *tão pouco* se substitui por muito pouco ou por de tal forma pouco: *Comi tão pouco, que já estou com fome.* *** *Os médicos cubanos no Brasil ganham tão pouco, que mal conseguem sobreviver.* Usa-se também por tão pouca gente: *Nunca tantos enganaram tão pouco.* Tampouco equivale a também não ou a nem sequer: *Teresa não gosta de mim, nem eu tampouco dela.* *** *Chegou de viagem e tampouco se preocupou em me ligar.* Opina um anônimo pela Internet sobre a homossexualidade: *A opção sexual de outras pessoas não me incomoda e "tão pouco" me interessa, o que me deixa intrigado é a quantidade de pessoas que estão assumindo a homossexualidade.*

tão só / tão somente
Ambas sem hífen.

tardar
Rege *a* (pref.) ou *em*: *Tardei a (ou em) perceber a intenção dela.* *** *O árbitro não queria tardar a (ou em) iniciar o jogo.* *** *Por que você tardou a (ou em) chegar, querida?*

"tardigrada"
O Terra apresentou recentemente matéria sobre os animais terrestres que mais resistiriam a uma hecatombe nuclear ou ao apocalipse. Entre eles, o mais resistente é sem dúvida o *tardígrado*. Eis, porém, como se referiu ao minúsculo animal o jornalista: *No quesito sobrevivência, num possível cenário apocalíptico, a medalha de ouro vai para o "tardigrada".* O jornalismo brasileiro apresenta já há algum tempo um cenário apocalíptico. Ninguém sabe quantos se salvam...

tarefa
Rege *de* ou *para*: *Isso não é tarefa do (ou para o) governo.*

taxa
Rege *sobre*: *Vai aumentar a taxa sobre os empréstimos bancários.*

taxação
Rege *de* ou *sobre*: *Vai haver taxação dos (ou sobre os) rendimentos da caderneta de poupança.*

"tchau" e "tcheco"
V. **chau** e **checo**.

tecido
Adj. correspondente: *têxtil*. Portanto, *indústria de tecido* = *indústria têxtil*.

tecni- / tecno-
Todas as palavras que assim se iniciam têm o *e* aberto: *tecnicalidade, tecnicidade, tecnicismo, tecnicista, tecnicizar, tecnicólor, tecnocracia, tecnocrata, tecnocrático, tecnografia, tecnográfico, tecnologia, tecnológico, tecnologista*, etc.

técnico
Rege *de* ou *em*: *Ser técnico de (ou em) eletrônica.* Fem.: *técnica*. *A seleção brasileira de basquete feminina tem uma técnica.*

técnico-administrativo
Se for substantivo composto, ambos os elementos variarão: *os técnicos-administrativos*; se for adjetivo composto, só o segundo elemento variará: *servidores técnico-administrativos*.

técnico-eletricista / técnico-eletrônico
Sempre com hífen. Pl.: os técnicos-eletricistas, os técnicos-eletrônicos. Se o segundo for usado como adjetivo composto, só o último elemento variará: *reparos técnico-eletrônicos*.

tecnicolor ou tecnicólor?
O VOLP traz as duas prosódias, mas creio que todo o mundo prefere a segunda. Um filme em *tecnicólor* é sempre bom de ver; já um filme em "tecnicolor"...

tecnologia embarcada
Tecnologia embarcada é o uso de conquistas da tecnologia em equipamento, veículo ou máquina. Quem embarca não embarga, mas nem para todo o mundo. Veja o que escreveu alguém na rede: *Fui proprietário de um Ford Fusion, depois passei para o Hyundai Azera e agora retornei ao Fusion. Na minha opinião, a Ford trata melhor o condutor. Parece que o carro foi feito na medida certa e com muita tecnologia "embargada". A política da Hyundai é que estraga o Azera*. Estraga...

tédio
Rege *a, de* ou *por*: *Todos sentem tédio à* (ou *da* ou *pela*) *Hora do Brasil e aos* (ou *dos* ou *pelos*) *programas partidários, mas eles continuam*.

téflon ou teflon?
Ambas são boas prosódias. Trata-se de marca registrada (Teflon, paroxítona), mas no Brasil se usa mais como oxítona que como paroxítona. O VOLP registra teflão, justamente a que ninguém usa.

teima / teimosia
Regem *de* ou *em*: *A teima do homem de* (ou *em*) *buscar a felicidade será eterna?* *** *A teimosia do homem de* (ou *em*) *destruir a natureza ainda lhe custará muito caro*.

teimoso
Rege *com* (pessoa) e *em* (coisa e verbo): *Ela sempre foi teimosa com a mãe*. *** *O homem se revela teimoso na destruição da natureza*. *** *O homem se revela teimoso em destruir a natureza*.

tela / telinha / telona
As três têm *e* aberto.

tele-
As palavras assim iniciadas têm o primeiro *e* aberto: *teleator, teleatriz, telecine, telecomunicações, telecurso, teledifusão, telejornal, telejornalismo, telemarketing, telenovela, teleobjetiva, telerrecado, telerresposta, telerromance, telespectador, telesserviço, telessexo, teleteatro, televendas, etc.* Todas essas palavras entraram relativamente há pouco na língua. As que entraram há mais tempo, porém, têm essa mesma vogal fechada: *teleférico, telefone, telégrafo, telegrama, telepatia, telescópio, televisão, televisor*.

teleatendente
Apesar de ser a forma correta, muitos continuam insistindo em ser "tele-atendente".

tele-entrega
Segundo o VOLP, é a forma correta; no entanto, o mesmo VOLP registra teleducação, sem hífen, alegando tratar-se de forma já conhecida, já tradicional, já muito usada. Mas que pretextozinho mais sem-vergonha!

tele-entulho
Segundo o que preceitua o VOLP, deve ser escrita assim, com hífen, a exemplo de tele-

entrega. Em nosso modo de ver, no entanto, para não dar um pontapé na coerência e não ficar criando exceções desnecessárias, que só confundem, a grafia que deveria constar no VOLP deveria ser tele-educação, e não teleducação.

telex
Acrônimo inglês de *teleprinter exchange* (service) = serviço de troca de textos impressos a distância. É marca registrada. Em português, é palavra oxítona (*teléks*); em espanhol é paroxítona (*téleks*). Pl.: os *telex* (inv.).

tem / têm
A primeira forma é de singular: *Ele tem vergonha na cara*. A segunda forma é de plural: *Eles têm vergonha na cara?* Simples, não? Pois é, mas há quem revele desconhecer a diferença. Eis como escreveu um político num jornal: *Os contratos emergenciais, que dispensam licitação, "tem" sido muito utilizados no âmbito da Administração pública*. Essa gente é mestra apenas em enganar a gente. Mas o povo não aprende. Parece gostar de apanhar.

temente
Rege *a* ou *de*: *Ser temente a* (ou *de*) *Deus*.

temeridade
Rege *de* ou *em*: *Era natural aquela sua temeridade de* (ou *em*) *viajar sozinho*.

temeroso
Rege *a* (que inspira temor) e *de* (medroso): *O bicho-papão é um ser fantástico, mas sempre temeroso a todas as crianças*. *** *Estar temeroso do futuro*.

temido
Rege *de* ou *por*: *O bicho-papão é temido de* (ou *por*) *todas as crianças*.

temível
Rege *a* ou *para*: *É uma organização terrorista temível aos* (ou *para os*) *Estados Unidos*.

temor
Rege *a*, *de* ou *por*: *Sentir temor ao* (ou *do* ou *pelo*) *futuro*. *** *Sentes temor à* (ou *da* ou *pela*) *morte?*

temperado
Rege *com* ou *de*: *Salada temperada com* (ou *de*) *vinagre*.

tempo
Rege *de* ou *para* (oportunidade) e apenas *de* (época): *Não tive tempo nem de* (ou *para*) *almoçar*. *** *Chegou o tempo das festas*.

tenção e tensão: qual a diferença?
Tenção é leve intenção: *Ela chorava à menor tenção minha de partir*. *** *Ele não tinha a mínima tenção de casar com aquela moça*. **Tensão** é, entre outros significados, estado rígido manifestado em certas partes do corpo: *tensão muscular*.

tendão "de Aquiles"
Agora se escreve sem hífen, mas pela nova nomenclatura anatômica, devemos nos referir ao maior e mais forte tendão do corpo humano, situado na parte inferoposterior de cada perna como tendão calcâneo. Já em sentido figurado, como equivalente de ponto fraco, continua a mesma: *O tendão de aquiles desse time é a defesa*.

tendência
Rege *a* ou *para* (nome) e *a, de, em* ou *para* (verbo): *Homem com tendência ao* (ou *para o*) *homossexualismo*. *** *Há uma tendência na economia capitalista a* (ou *de* ou *em* ou *para*) *sempre favorecer os banqueiros*.

tendo "doutorado-se" na Europa
Não se usa pronome oblíquo posposto a particípio, em hipótese nenhuma. Portanto,

essa frase merece reparos: *Ela se formou no Brasil, tendo "doutorado-se" na Europa.* Substitui-se por: *Ela se formou no Brasil, tendo se doutorado na Europa.* No Terra: **Mulher processa médico que tratava dor com sexo.** *Apesar de o médico, Dr. Smith, ter "declarado-se" culpado das acusações de cobrança fraudulenta de tratamento médico, ele afirmou que manteve sexo consensual com a paciente de 47 anos.*

tensão
Rege *com* ou *entre*: *A tensão com (ou entre) vizinhos será sempre algo natural.*

tentação
Rege *a* ou *para*: *Brinquedos sempre serão uma tentação às (ou para as) crianças.* *** *Há uma tentação latente nesse governo de (ou para) quebrar a ordem das coisas.*

tentado
Rege *a* (dado, inclinado; levado) e *de* ou *por*: *Ser tentado a extravagâncias.* *** *Fui tentado a comprar o carro.* *** *Sentir-se tentado pelo capeta.*

tentativa
Rege *de* (nome) e *de* ou *para* (verbo): *Houve uma tentativa de assalto ao supermercado.* *** *Essa foi uma tentativa sua de (ou para) recuperar o tempo perdido.* No *site* da Jovem Pan, escreve conhecido e respeitado editorialista: *A tentativa do Ministério Público Estadual "em" impedir a construção de um auditório musical no Parque do Ibirapuera a pretexto de garantir a cobertura vegetal é só para aparecer na foto.*

teoria
Rege *acerca de* ou *a respeito de* ou *de* ou *relativo a* ou *sobre*: *Você conhece a teoria acerca do (ou a respeito do ou do ou relativa ao ou sobre o) bigue-bangue?*

ter
Conj.: tenho, tens, tem, temos, tendes, têm (pres. do ind.); tive, tiveste, teve, tivemos, tivestes, tiveram (pret. perf. do ind.); tinha, tinhas, tinha, tínhamos, tínheis, tinham (pret. imperf. do ind.); tivera, tiveras, tivera, tivéramos, tivéreis, tiveram (pret. mais-que-perf.); terei, terás, terá, teremos, tereis, terão (fut. do pres.); teria, terias, teria, teríamos, teríeis, teriam (fut. do pret.); tenha, tenhas, tenha, tenhamos, tenhais, tenham (pres. do subj.); tivesse, tivesses, tivesse, tivéssemos, tivésseis, tivessem (pret. imperf. do subj.); tiver, tiveres, tiver, tivermos, tiverdes, tiverem (fut. do subj.); tem, tenha, tenhamos, tende, tenham (imper. afirm.); não tenhas, não tenha, não tenhamos, não tenhais, não tenham (imper. neg.); ter (infinitivo impessoal); ter, teres, ter, termos, terdes, terem (infinitivo pessoal); tendo (gerúndio); tido (particípio). Por ele se conjugam todos os seus derivados: abster-se, ater-se, conter, deter, entreter, manter, obter, reter e suster.

ter / haver
A língua popular consagrou o uso do verbo *ter* por *haver*: *Não tinha ninguém na festa.* *** *Não tem mais ingresso.* *** *Tem alguém aí?* *** *Aos sábados não tem aula.* *** *Hoje tem espetáculo? Tem, sim senhor!* Neste caso, o verbo *ter* é também impessoal, o que contraria todos os preceitos gramaticais: *Não tinha muitas pessoas na festa.* *** *Não tem ingressos à venda.* *** *Tem pessoas vivas neste mundo.* É uma construção que, do ponto de vista estrutural, lógico, gramatical, não tem explicação. Dia desses disse um cozinheiro da Rede Record de Televisão, depois de ter errado numa receita e submetido a sua lambança a alguns convidados: Até que não ficou muito ruim: "tiveram" alguns que gostaram. Como era perto da hora do almoço, posso garantir que houve muita gente que perdeu o apetite... Recentemente, ainda, ouvimos isto de um indivíduo pela televisão: *Na feira deste ano "vai ter" mais novidades do que "tiveram" ano passado.* Não deixa de ser uma evolução...

ter a ver
É a expressão correta, e não ter "haver", como alguns usam por aí. Uma pessoa comenta na Internet o alto consumo de combustível de um veículo e, ao mesmo tempo, critica

a qualidade da nossa gasolina. Assim: *O problema do alto consumo de combustível também tem "haver" com a péssima qualidade de nossa gasolixo.* Está certo que a nossa gasolina é mesmo um lixo. Mas seria apenas a gasolina?...

ter de ou ter que?
No português contemporâneo, tanto faz, quando há ideia de necessidade, mas a primeira é mais aconselhável: *Tenho de* (ou *Tenho que*) *ir.* *** *Tive de* (ou *Tive que*) *viajar às pressas.* Recentemente, um jornalista carioca saiu em defesa da segunda expressão, afirmando (sem esse direito) que a primeira era errônea. Jornalistas...

terminação / terminado
Regem *em* ou *por*: *A terminação de uma palavra em* (ou *por*) *consoante.* *** *Palavra terminada em* (ou *por*) *consoante.*

terminar
Rege *em* ou *por* (dizendo-se de desinências e terminações de palavras): *A palavra talvez termina em* (ou *por*) *z, e não em* (ou *por*) *s.* Duas observações importantes são necessárias em relação a este verbo. Primeira: não se usa antes de infinitivo. Portanto, a gramática não acolhe frases assim: *Você já terminou "de ler" o livro?* *** *Eles já terminaram "de almoçar".* Substitui-se, neste caso, o verbo *terminar* por *acabar*. Os jornalistas sabem disso? Responda você mesmo, meu leitor, depois de ler esta frase escrita por um deles: *Os deputados do PT que sacaram recursos do valerioduto vão ser julgados somente depois que os ministros "terminarem" de analisar a conduta dos parlamentares dos outros partidos.* Segunda: na acepção de *ter como fim*, esse verbo pede a preposição *por*: *A discussão terminou por briga.* *** *O jogo terminou por pancadaria.* Na língua cotidiana, porém, usa-se, neste caso, a preposição *em*.

terno / ternura
Terno rege *com, para* ou *para com*: *Pai terno com* (ou *para* ou *para com*) *os filhos*. *Ternura* rege também *por*: *Sempre tive grande ternura com* (ou *para* ou *para com* ou *por*) *crianças*.

terra
Usada em oposição a *bordo*, não aceita artigo: *Estamos novamente em terra.* *** *No convés, o capitão do navio perguntava se não havia ficado ninguém em terra.* Sendo assim, não pode haver "à" antes dela: *Estamos novamente de volta a terra.* *** *Quando chegamos a terra, percebemos que se tratava de indígenas.*

Terra
Com inicial maiúscula, quando se refere ao astro: *A Terra tem milhões de anos.* Com inicial minúscula, em outros casos: *Não existe na terra homem perfeito.*

terra-nova
Raça de cães enormes. Pl.: os *terra-novas* (sempre foi assim). O VOLP, no entanto, agora registra "terras-novas". Outra mágica. De uma hora para a outra, puf, surgiu o novo plural. É o poder de fazer mágicas, umas atrás das outras. Impressionante!

terras (bens imóveis)
Adj. correspondente: *fundiário*. Portanto, *patrimônio de terras municipal* = *patrimônio fundiário municipal*; *cadastro de terras* = *cadastro fundiário*.

terremoto
Adj. correspondente: *sísmico*. Portanto, *região sujeita a terremotos* = *região sísmica*.

terrível
Rege *com, contra, para* ou *para com*: *Átila era terrível com* (ou *contra* ou *para* ou *para com*) *os inimigos*.

terror
Rege *de* (pavor), *por* (temor, receio) [coisa] e *sobre* (pessoa): *Ele sentiu muito forte*

o terror da morte. *** *Há entre as adolescentes um certo terror pela gravidez.* *** *Alguns militares argentinos ainda exercem certo terror sobre os militantes comunistas.*

tese
Rege *de* ou *sobre*: *Apresentar uma tese da* (ou *sobre* a) *vida depois da morte.*

testa
Adj. correspondente: *frontal*. Portanto, *osso da testa* = *osso frontal*. Tanto o diminutivo (testinha) quanto o aumentativo (testão) também têm o *e* aberto.

testemunho
Rege *acerca de* ou *a respeito de* ou *de* ou *sobre*: *Dar um testemunho acerca dos* (ou *a respeito dos* ou *dos* ou *sobre os*) *verdadeiros propósitos de um movimento dito social.*

tetraneto / tetravô
São as formas corretas, que devem usar-se no lugar de "tataraneto" e "tataravô".

Tibaji
É o nome correto da cidade paranaense. Muitos escrevem "Tibagi", mas os que nascem na cidade são tibajienses, e não "tibagienses".

tíbio / tibieza
Regem *de* ou *em* (em contração): *Ser tíbio de* (ou *nas*) *iniciativas*. *** *Sua tibieza de* (ou *nas*) *iniciativas já lhe trouxe grandes prejuízos.*

tido
Rege *como* ou *por* (predicativo): *Político tido como* (ou *por*) *corrupto.* *** *Estátua tida como* (ou *por*) *sagrada.*

tigre
Tem como feminino tigresa, mas também pode ser usado como nome epiceno: *o tigre macho, o tigre fêmea*. Adj. correspondente: *tigrino*. Portanto, *presas de tigre* = *presas tigrinas*.

tijolos / tijolinhos
As duas têm o primeiro *o* aberto.

til
Pl.: *tis*. Não há em português palavra que tenha dois *tis*. No diminutivo plural faz *tizinhos*: *A criança colocou dois tizinhos na palavra.*

tímido / timidez
Regem *em* (coisa) e *com* ou *para com* (pessoa): *Ser tímido nas iniciativas.* *** *Criança tímida com* (ou *para com*) *estranhos.* *** *Sua timidez nas iniciativas já lhe trouxe muitas chances de ouro perdidas.* *** *A timidez dessa criança com* (ou *para com*) *estranhos tem uma explicação.*

tim-tim por tim-tim
É assim que se escreve agora.
Se tiver dúvida sobre a escrita de qualquer palavra, consulte o **Grande dicionário Sacconi da língua portuguesa**.

tingido / tinto
Regem *de* ou *em*: *Estar com as mãos tingidas* (ou *tintas*) *de* (ou *em*) *sangue.*

tingir
Use assim seus particípios: *O tintureiro tem tingido* (e não *tem "tinto"*) *muitas roupas.* *** *Muitas roupas foram tingidas* (ou *foram tintas*) *pelo tintureiro.*

tio / tia
Adj. correspondente: *avuncular*. Portanto, *conselho de tio* ou *de tia* = *conselho avuncular*.

tirado
Rege *a* ou *de* (retirado), *a, de* ou *por* (puxado) e *a* (predicativo): *Fez um cocar com plumas tiradas a* (ou *de*) *várias aves.* *** *Carruagem tirada a* (ou *de* ou *por*) *fogosos cavalos brancos.* *** *Ele sempre foi tirado a filósofo.*

tirania
Rege *contra* ou *sobre*: *É um governo que exerce uma tirania contra* (ou *sobre*) *o seu povo há mais de quarenta anos.*

tirante
Rege *a*: *É uma cor tirante a azul.* Como preposição, equivalente de *exceto, salvo*, naturalmente não varia: *Tirante as crianças, todos naquela casa são alcoólatras.* Não é aconselhável o uso de *tirante* como adjetivo, equivalente de *excetuado*. Assim, p. ex.: *"Tirantes" as crianças, todos naquela casa são alcoólatras.*

tirar a sorte e tirar à sorte: qual a diferença?
Tirar a sorte é ser premiado na loteria: *Sempre joguei, mas nunca na vida tirei a sorte.*
Tirar à sorte é decidir por sorteio: *Antes da partida, os capitães das duas equipes tiram à sorte, para a escolha do lado do campo que desejam jogar.* Veja, todavia, como se viu no site de um jornal esportivo de São Paulo, ao reproduzir a fala de um treinador de futebol: *Para o treinador alviverde, o triunfo não deve ser atribuído à sorte: Quem tira "a" sorte é periquito. Apesar da gente ser periquito (referência ao mascote do clube), não tiramos "a" sorte. Fomos melhores.*

"tireoide"
Pela nomenclatura oficial da Sociedade Brasileira de Anatomia, devemos usar em seu lugar glândula tireóidea.

tiro
Rege *contra, em* ou *sobre*: *Foram disparados tiros contra os* (ou *nos* ou *sobre os*) *manifestantes mais exaltados.*

ti-ti-ti
Com hífen.

toca-discos
Sempre: *o toca-discos, um toca-discos*. Nunca: "o toca-disco", "um toca-disco". Veja, porém, como é que escrevem por aí: *A borracha evita, ao máximo, o nível de ruído e vibração no "toca-disco". O novo "toca-disco" da Technics, não muda muito em relação ao antigo MK2.* *** *Para ouvir seus vinis, Ed Motta tem em casa um "toca-disco" de alta-fidelidade, arrematado num leilão feito pela gravadora Som Livre, anos atrás.* Os mais "exigentes" escrevem, ainda, "toca disco". Veja: *A Compaz é a única empresa no Brasil a produzir o mecanismo para DVD e "toca disco" a laser com tecnologia própria. E que tecnologia!...*

tocado
Rege *de* ou *por*: *Sentiu-se tocada do* (ou *pelo*) *remorso e me pediu perdão.*

toda (e a crase)
Nunca se usa artigo antes de toda; ora, se nunca se usa artigo antes de toda, não há como usar o acento da crase no a antes dessa palavra. Portanto: *O ministro atenderá a toda solicitação.* Os jornalistas sabem disso? Você mesmo terá a resposta por este trecho de um jornalista da Folha de S. Paulo: *Mesmo com a oscilação de audiência, "Carrossel", a nova novela do SBT, já pode ser considerada um produto de sucesso. Ela surpreendeu "à" toda a direção do SBT.*

toda vez "em" que
O "em" está a mais. Escreve um juiz em sua sentença, liberando o bronzeamento artificial em São Paulo: *Sem prejuízo da aparente boa intenção da Anvisa, pretender proibir uma atividade econômica – que a rigor não se limita ao Brasil – extrapola*

as suas atribuições, não sendo dispensável afirmar que toda vez "em" que se adota como solução uma proibição, raramente ela é evitada, passando apenas para a clandestinidade. Toda vez que leio uma sentença, nos dias de hoje, sinto calafrios...

toda vez que / todas as vezes que
São expressões equivalentes, a exemplo de *muita vez* e *muitas vezes*: *Toda vez que o presidente discursa, o mercado fica atento.* *** *Todas as vezes que há eleições no Brasil, renovam-se as esperanças.* Condenável é usar "toda vez em que", "todas as vezes em que", como fizeram nestes trechos: *Qualquer um de nós já experimentou a desagradável situação de se sentar a uma mesa que esteja "mancando". Isso é porque temos a sensação de perder o equilíbrio toda a vez "em" que nos debruçamos sobre ela.* *** *Todas as vezes "em" que ele me procura, dou uma desculpa.* *** *O cidadão deve estar ciente de que todas as vezes "em" que mortes desnecessárias são causadas por ação das forças policiais; todas as vezes "em" que presidiários são mortos nos episódios envolvendo rebeliões em unidades prisionais, o prejuízo é incomensurável.* O prejuízo **sempre** é incomensurável...

todo
Em função adverbial, na acepção de *totalmente*, pode variar ou não: *As atrizes se apresentaram na peça* todo *(ou* todas*) nuas.* *** *Ela chegou* todo *(ou* toda*) molhada.* *** *Os homens ficaram* todo *(ou* todos*) boquiabertos.*

todo e todo o: qual a diferença?
Todo *(ou Toda) equivale a* qualquer: *Todo homem é mortal.* *** *Toda guerra é muito triste.* *** *Todo dia é bom para amar.* Todo o *equivale a* inteiro: *Todo o Brasil festejou a conquista do pentacampeonato mundial de futebol.* *** *Ele felizmente não se feriu durante toda a guerra.* *** *Ele trabalhou todo o dia e não se cansou.* Repare nesta frase, ainda mais esclarecedora: *O marido queria todo o dia, mas a mulher só aceitava todo dia. Daí a separação.*

todo o mundo
Sempre com o artigo, em qualquer acepção. Mas todo o mundo no Brasil escreve "todo mundo". Sim, todo **o** mundo erra! Existem até certos gramáticos que abonam a expressão sem o artigo. Erram. Como é em francês? *Tout le monde.* Como é em espanhol? *Todo el mundo.* Como é em italiano? *Tutto il mondo.* Por que, em português, teria de ser "todo mundo"? Só porque alguns querem? Só porque os desavisados desejam? Não, a língua não pode guiar-se pelos desavisados, embora eles existam a mancheias. Escreve uma jornalista carioca: *Ficou ruim para "todo mundo" – o governo como um todo, o PT em particular –, mas para Lula ficou péssimo.* Desse jeito, fica mesmo ruim para todo **o** mundo... A Rede Record de Televisão inventou de fazer um anúncio para provocar a "concorrente-mor". Estampou um homem com a falta de três dentes e o texto: *Antigamente tinha um adversário marrento que vivia se gabando que batia em "todo mundo".* Que infelicidade! Além de "todo mundo", caro leitor, repare na cacofonia "te tinha" e no uso de "tinha" (por havia)! Quis bater. Acabou em nocaute... Declarou recentemente o papa Francisco: "Todo mundo", inclusive o papa, tem incertezas e dúvidas sobre sua fé. Sem dúvida... Escreve um dos imortais da Academia Brasileira de Letras: *"Todo mundo", pelo menos "todo mundo" com quem converso, sabe que tive problemas com álcool e, de certa forma, sempre terei, porque ele é meu inimigo permanente. Saiu até minha cara toda inchada na capa de uma revista, apareci igualmente inchado e meio bêbedo num programa de tevê em que eu era o assunto e, quando ia falar no sofrimento que estava enfrentando, as luzes se apagaram. "Todo mundo" ficou impressionado, há quem até hoje ache que foi intencional.* O álcool faz mesmo um mal danado!...

"todos dois" / todos três
A primeira combinação, muito usada no Nordeste, deve ser substituída por *ambos*: *Pai e filho compareceram; ambos são engenheiros.* Todos só se emprega de três em diante (sempre sem o artigo, nessa situação): *Juçara, Filipe e Virgílio chegaram; todos três*

são meus amigos. *** *Luísa, Denise, Marisa e Maísa são minhas alunas;* todas quatro *passaram.* Se, todavia, um numeral antecede o substantivo, emprega-se o artigo. Assim, p. ex.: *Todos* os *três convidados que chegaram são meus amigos.* *** *Todas* as *quatro alunas que passaram são filhas do diretor.* Vejamos como escrevem nossos jornalistas: *Na semana passada, o Tribunal de Justiça do Paraná revogou a decisão que garantia ao senador Roberto Requião o recebimento da pensão como ex-governador. No final de março, Beto Richa cancelou as aposentadorias de quatro ex-governadores – além de Requião, foram afetados Pessuti, Jaime Lerner e Mário Pereira. Todos "os" quatro, porém, continuam recebendo o benefício porque recorreram da decisão do governo.* O jornalismo brasileiro é ótimo!...

todos eles
A norma padrão não aceita "todos eles" como complemento verbal, ao menos na língua culta. Assim, p. ex.: *Esses homens? Conheço "todos eles".* Prefere: *Conheço-os todos.* Essa combinação só é aceita na função de sujeito. Assim, p. ex.: *Nossa empresa começou com oito funcionários.* Todos eles *ainda estão conosco.*

"todos unânimes"
Combinação redundante: *unânime,* por si só, já significa *relativo a todos.* Portanto, quem diz ou escreve: *"Todos foram unânimes nessa opinião",* está, em suma, "subindo pra cima" e, ao mesmo tempo, "descendo pra baixo". Eis frases substitutas da redundante: *Todos foram concordes nessa opinião.* Ou: *Houve unanimidade de opinião.* Na Folha de S. Paulo: *Passado o encantamento inicial do governo, quando todos eram "unânimes" em apontar a melhora do traquejo político de Dilma, agora são recorrentes as queixas ao fato de que ela não gosta de ouvir quando promove reuniões com aliados e que corta abruptamente qualquer tentativa de se falar de temas como nomeações e conflitos partidários nos Estados.*

tolerância / tolerante
Regem *com* ou *para com* (pessoa) e *a, de* ou *por* (coisa): *É preciso ter tolerância* com (ou *para* com) *os inexperientes.* *** *A tolerância* à (ou *d*a ou *pe*la) *indisciplina levou aquele professor ao desemprego.* *** *Eram pais extremamente tolerantes* com (ou *para* com) *os filhos.* *** *Organismo tolerante* a (ou *de* ou *por*) *anfetaminas.*

tolhido
Rege *de* (privado) e *de* ou *por* (paralisado): *Sentiu-se tolhido* d*os movimentos dos membros inferiores.* *** *Viu-se tolhido* de (ou *por*) *forte emoção.*

tolo
Rege *de* ou *em* (verbo) e apenas *em* (nome): *Fui tolo* de (ou *em*) *acreditar nela.* *** *Fui tolo* n*as boas intenções que tive com ela.* O plural (tolos) também tem *o* tônico fechado.

tomado
Rege *de* ou *por* (possuído) e *como* ou *por* (predicativo): *Sentiu-se tomado* de (ou *por*) *grande coragem e resolveu enfrentar a situação.* *** *Foi tomado* como (ou *por*) *morto.*

tomar "de" conta
Expressão meramente popular, sem amparo na norma padrão. É comum ouvirmos na língua do dia a dia frases como esta: *As drogas estão tomando "de" conta do mundo.* De fato estão. Tomando conta...

"tomare"
Tomara que ninguém mais use "tomare", como fez um apaixonado por automóveis, ao comentar o lançamento do New Fiesta: *Carro lindo. Melhor opção até 50 mil, hoje. Será que vai continuar assim? "Tomare".* Tomara!

tombado
Rege *a, em* ou *sobre*: *A polícia encontrou-o com a cabeça tombada* à (ou *n*a ou *sobre* a) *mesa.*

Tonha / Tonhão / Tonho / Tôni / Toninha / Toninho
Todas têm o primeiro o fechado.

topete / topetinho / topetão
As três têm o e aberto.

top model
Expressão inglesa muito usada na mídia brasileira. Mas... os jornalistas brasileiros saberiam usá-la plenamente? Saberiam, por exemplo, fazer o plural de tal expressão, sem cometer erro? A resposta a essa pergunta está nesta manchete da Folha de S. Paulo: **"Tops models" brasileiras posam de biquíni e viram programa de TV**. Eles já conhecem muito pouco a língua portuguesa; quando se metem a usar uma estrangeira, então, só pode dar nisso.

topo de linha
Sem hifens.

toque retal
Toque que os médicos especialistas fazem, para verificar se o paciente está com problemas na próstata. Muitos usam "toque anal", talvez porque o tão temido dedo médico passe evidentemente primeiro pelo ânus para atingir o reto, onde é feito o toque.

Torá
É palavra feminina (a Torá) na acepção de lei mosaica ou de livro que a contém.

torcer
Rege *por* (desejar ardentemente; ser simpatizante): *Torço por sua felicidade*. *** *Eles torcem pelo Flamengo*. *** *Por que time torces*? Manchete da Folha de S. Paulo: *Cartola afirma que o São Paulo não vai torcer "para" ninguém nessa reta final do campeonato*. Numa revista semanal de informação: *A bandeirinha Ana Paula de Oliveira diz que não sabe nem chutar uma bola e não conta de jeito nenhum "para" que time torce*. Mas um dia ela vai ter de contar *por* que time torce... Quando se constrói *Torço para que vocês sejam felizes*, não há erro, porque a preposição *para* inicia oração final, que também pode ser substituída pela preposição *por*. No UOL: *Mariana Mesquita, que participa do programa Mulheres Ricas pela Band, confessou que torce "para" o Corinthians*. Que infelicidade!... Para encerrar, veja esta manchete do Terra: **Felipão, treinador do Palmeiras, disse que torceu "para" o Corinthians na Libertadores**. Quer coisa mais sem noção do que isso, caro leitor?...

torcer ou torcer-se?
Tanto faz, na acepção de dobrar-se, vergar-se: *A vara de pescar torce* (ou *se torce*), *mas não quebra*. *** *Os arbustos torciam* (ou *se torciam*) *ao forte vento*.

tornar a si ou tornar em si?
As duas expressões existem: *A moça tornou a* (ou *em*) *si logo depois*. *** *Quando tornei a* (ou *em*) *mim, já era tarde*.

tornar em
O verbo tornar aceita a preposição em nestes casos: 1.º, como verbo transitivo direto e indireto, significando traduzir (tornar um texto inglês em português); 2.º como verbo transobjetivo, significando transformar, fazer, é facultativo o emprego da preposição [na Eucaristia, o padre torna o vinho (em) sangue de Cristo]. Por isso, está correta esta manchete de O Globo: **Especialistas criticam proposta que torna condomínios "em" pessoas jurídicas**.

tornar-se ou tornar-se em?
Tanto faz, na acepção de transformar-se, converter-se: *O rapaz se tornou o* (ou *no*) *terror do bairro*. *** *A verruga se tornou* (*em*) *câncer*. A construção com a preposição é mais encontrada no português de Portugal.

tornar-se necessário
Expressão que facilmente leva a erro de concordância, quando seu sujeito é um infinitivo. Assim, é comum encontrarmos frases como esta: *São exemplos que se "tornam necessários" enumerar*, em que seu autor está certo de que o sujeito de tornar-se é *exemplos* (representado pelo pronome relativo *que*). Não é. O sujeito de *tornar-se* é, na verdade, o infinitivo (*enumerar*): afinal, o que é que se torna necessário? É *enumerar*; portanto, a expressão deve ficar no singular. V. **caber**, **competir** e **faltar**.

torno
Antecedida da preposição *em*, aparece combinada com *a* ou com *de*: *Todos permaneceram em torno à* (ou *da*) *mesa*. *** *A criança se postou em torno ao* (ou *do*) *fogão e se queimou*. *** *Havia um belo jardim em torno à* (ou *da*) *casa deles*. O plural (tornos) também tem *o* tônico fechado.

torrado
Rege *de* ou *por*: *Chegou com a pele torrada do* (ou *pelo*) *sol africano*.

torre de babel
Sem hifens.

torturado
Rege *de* ou *por*: *Estar torturado de* (ou *por*) *saudades*. *** *Povo torturado da* (ou *pela*) *fome*.

torturar
Use assim: *Ele não soube dizer quem o torturou*. Muitos usam "lhe" no lugar do *o*.

tossir
Conjuga-se por cobrir.

totem ou tóteme?
Tanto faz. A primeira faz no plural *totens*; a segunda, naturalmente, *tótemes*.

touro
Adj. correspondente: *taurino*. Portanto, *força de touro = força taurina*.

trabalhadeira e trabalhadora: qual a diferença?
Trabalhadeira é a mulher que trabalha muito e com prazer. **Trabalhadora** é aquela que trabalha. Nem toda *trabalhadora* é *trabalhadeira*. Já *trabalhador* se usa nos dois sentidos.

trabalho
Rege *em* (atividade profissional), *para* ou *por* (esforço, empenho) e *sobre* (ação): *O trabalho no comércio é agradável, justamente pelo contato com pessoas dos mais diferentes tipos e opiniões*. *** *O incessante trabalho da ONU para a* (ou *pela*) *manutenção da paz no mundo deve ser enaltecido*. *** *Esse monumento natural resulta de um longo trabalho da natureza sobre a rocha*.

traço de união
Sem hifens.

tradução
Rege *de...de...a* (ou *para*) ou apenas alguns desses elementos: *Tradução de um romance da língua inglesa a* (ou *para*) *a língua portuguesa*. *** *A tradução desse livro ao* (ou *para*) *o inglês foi feita por um grande escritor*. *** *É uma obra que teve perdas na tradução ao* (ou *para* o) *português*.

traduzido
Rege *de...a* (ou *para*) ou apenas *a* (ou *para*) e *em* (expresso): *Romance traduzido do inglês ao* (ou *para* o) *português*. *** *Teve alguns de seus livros taduzidos ao* (ou *para* o) *russo*. *** *Foi uma intenção que, traduzida em atos, gerou benefícios*.

Trafalgar
Nome do cabo a sul da Espanha. Apesar de ser palavra oxítona, já houve apresentador de telejornal que disse "trafálgar". Normal.

tráfego
Rege *em* ou *por*: *O tráfego na* (ou *pela*) *Rodovia dos Imigrantes é intenso neste momento.*

traficante / tráfico
Regem *de* ou *em*: *Ele é traficante de* (ou *em*) *drogas.* *** *Aumenta o tráfico de* (ou *em*) *heroína.*

traição
Rege *a* (coisa e pessoa) e *contra* ou *para com* (pessoa): *Essa medida soa como de alta traição aos interesses do país.* *** *Sua traição ao* (ou *contra* o ou *para com* o) *marido já foi perdoada.*

traidor
Rege *a* ou *de*: *Foi considerado traidor à* (ou *da*) *nossa causa.* *** *Os traidores à* (ou *da*) *Pátria foram para o exílio.*

trair
Conjuga-se por cair. Por ser verbo transitivo direto, usa-se assim: *ela o traiu, eu a traí, ela os traiu, eu as traí*. Um deputado tucano manifesta assim seu desapontamento ante o discurso de Lula, no auge da crise provocada pelo mensalão do PT, em agosto de 2005: *Não basta demonstrar indignação. Tem de mostrar atitude, apontar as pessoas que "lhe" traíram.*

trajar ou trajar-se?
Tanto faz: *Ele sempre trajava* (ou *se trajava*) *rigorosamente na moda.* *** *Por que trajas* (ou *te trajas*) *de preto?* *** *Ela gosta de trajar* (ou *de trajar-se*) *de amazona.*

trajeto
Rege *de...a* (ou *para*): *O trajeto do meu bairro ao* (ou *para* o) *centro era feito em dez minutos de carro.*

trajetória
Rege *de...a* (ou *para*) [nomes concretos], *de...a* (nomes abstratos) e *para*: *A trajetória da Penha à* (ou *para*) *a Lapa é feita em quantos minutos?* *** *Quanto tempo durou essa trajetória da sanidade mental à loucura?* *** *Foi lenta a trajetória para a loucura.*

trama
Rege *contra*: *Foi abortada a trama contra o regime.*

transferência
Rege *de...para*, *de...de...para* e apenas *para*: *A transferência de um general para a reserva.* *** *A transferência de mercadorias do depósito para as lojas.* *** *Quando se deu sua transferência para Manaus?*

transferido
Rege *de...a* (ou *para*) e *a* ou *para*: *As mercadorias já foram transferidas do depósito às* (ou *para as*) *lojas.* *** *A sede da empresa foi transferida a* (ou *para*) *Goiânia.*

transferir
Conjuga-se por ferir.

transfigurado
Rege *de...em* ou apenas *em*: *Cidadão transfigurado de sindicalista em presidente da República.* *** *De repente, vê-se o ex-sindicalista, o homem do "menas" e do "mendingo", transfigurado em presidente!*

transgredir
Conjuga-se por agredir.

transgressão
Rege *a* (pref.) ou *de*: *A transgressão à (ou da) norma padrão é uma constante nos atuais periódicos do país.* *** *A escuta telefônica é uma transgressão à (ou da) lei.*

transigência
Rege *com* ou *para com* (pessoa) e apenas *com* (coisa): *O presidente é contrário a qualquer transigência com (ou para com) os grevistas.* *** *A transigência com o autoritarismo é que acabou prejudicando a sua imagem.*

transição
Rege *de...a* (ou *para*) ou apenas um desses elementos: *A transição do regime autoritário ao (ou para o) regime democrático se deu pacificamente.* *** *Como se deu a transição à (ou para a) democracia?*

transigente / transigência
Regem *com* ou *para com* (pessoa) e *em* (coisa): *Nossas autoridades são muito transigentes com (ou para com) bandidos em todos os tipos de crimes.* *** *Um professor não pode ser transigente na disciplina com (ou para com) uns e extremamente rigoroso com outros.* *** *Usar de transigência com (ou para com) bandidos não é uma forma de conivência?* *** *Ele achava normal sua transigência com (ou para com) os filhos em todos os erros que cometiam.*

transístor **ou** transistor?
Tanto faz.

transitividade verbal
Quem estudou na antiga escola sabe muito bem o que é um verbo transitivo direto. Os educadores de hoje, no entanto, rejeitando o ensino da estrutura da língua nas escolas, porque eles próprios talvez não a entendessem direito, são culpados pela ignorância de muita gente desse assunto. Os verbos transitivos diretos são os que exigem os pronomes oblíquos **o** (e variações: a, os, as); alguns transitivos indiretos é que exigem **lhe** (e variação lhes). Assim, temos: *Eu a vi ontem* (porque ver é v.t.d.: quem vê, vê algo ou alguém). *** *Eu nunca o prejudiquei* (porque prejudicar é v.t.d.: quem prejudica, prejudica alguém). *** *Eu sempre lhe obedeci* (porque obedecer é v.t.i.: quem obedece, obedece *a* alguém). No Nordeste, no entanto, quase não se usa o (e variações) para os verbos transitivos diretos; preferem usar lhe com qualquer tipo de verbo. Isso no Nordeste. No Sudeste e no Sul não há esse vício arraigado. No entanto, um articulista de O Globo escreve este título em sua coluna: **Memórias do mensalão: Trate bem a mão que "lhe" afaga**. Quis mostrar que conhece Augusto dos Anjos e se afundou na gramática. Esse é o atual jornalismo brasileiro.

trânsito
Rege *de...a* (ou *para*): *O trânsito de veículos da Penha à (ou para a) Lapa está prejudicado.* *** *O trânsito da sanidade mental à (ou para a) loucura é doloroso.*

transmigração
Rege *de...em* (ou *para*): *A transmigração da alma de um corpo em (ou para) outro é um fenômeno parapsicológico?*

transmissão
Rege *de...de...a*: *A transmissão de informações da central aos repórteres era feita como?*

transmitido
Rege *de...a* (ou *para*): *É uma empresa que desde a sua fundação vem sendo transmitida de pai a (ou para) filho.*

transplantação / transplantado
Rege *de...a* (ou *para*): *Quando foi feita a transplantação da jabuticabeira ao (ou para o) meu sítio?* *** *A jabuticabeira foi transplantada do meu ao (ou para o) seu sítio mês passado.*

transpor
Como segue a conjugação de pôr, não existem as formas "transporam", "transposse", "transpossem", "transpormos" (no subj.), "transporem", comuns na língua popular, mas apenas, respectivamente, *transpuseram, transpusesse, transpusessem, transpusermos, transpuserem*.

transposição
Rege *de...para* (transferência; mudança), *para...de* (transporte) e *de...em* (mudança): *A transposição de um drama clássico para a época atual.* *** *A transposição de uma canção para um tom mais alto.* *** *A transposição para a poesia de fatos do dia a dia.* *** *A transposição de um poema em música.*

transversal
Rege *a*: *Ela morava numa rua transversal à minha.*

transvestir ou trasvestir?
Tanto faz. Conjugam-se por ferir.

traquejo
Rege *de* (nomes concretos) e *em* (nomes abstratos): *Os pistoleiros têm o traquejo do revólver que o cidadão não tem.* *** *Os árabes e judeus sempre tiveram um especial traquejo nos negócios.*

trás e traz: qual a diferença?
Trás é advérbio e só se usa com preposição: *para trás, por trás*, etc. **Traz** é forma do verbo *trazer*: *Ela traz a bolsa consigo.* Certa vez, numa capital do Nordeste, uma cartomante mandou afixar cartazes nos postes de toda a cidade, convidando "clientes" (leia-se otários) para suas "consultas" (leia-se estelionatos). Assim: *Sara "trás" seu amor de volta.* Nessa, seu dinheiro já se foi, e seu amor... adeus! Um jornalista especializado em assuntos sobre automóveis escreveu: *Como dá para notar, o Fusca de nova geração evoluiu no visual, mas sem deixar as características dos modelos anteriores para "traz".* Outro, meses antes, escrevera: *O Peugeot 408 faz o tipo executivo, mas ao mesmo tempo "trás" um ar esportivo, que pode por fim atrair o público jovem.* Jornalista com tal especialização parece não conhecer mesmo a diferença entre traz e trás. Eis o que outro "artista" escreveu: *O aguardado Toyota Corolla VVT-i 2.0 com 153cv deve chegar às concessionárias no mês de abril. A novidade integra a nova linha 2011 do Corolla, que, além da opção do motor 2.0, "trás" também uma série de outras novidades.* O que mais traz o jornalismo brasileiro é isso aí...

trasladado ou translado?
Ambas as formas existem, assim como *trasladar* e *transladar*, *traslado* e *translado*, mas as primeiras têm leve preferência. Regem *de...a* (ou *para*) [transferido] e *em* ou *para* (traduzido): *Mercadoria trasladada do depósito à (ou para a) loja.* *** *Os restos mortais de Cabral foram transladados de Portugal ao (ou para o) Brasil?* *** *No pacote turístico está incluído o traslado do aeroporto para o hotel e também deste para as praias distantes.* *** *Suas obras foram transladadas em (ou para) vários idiomas.*

traspassar / transpassar / trespassar
As três formas existem: *A bala traspassou-lhe o coração.* A terceira é mais usada em Portugal.

tratado
Rege *de...com* ou apenas *com* e *de* ou *sobre* (estudo avançado ou aprofundado): *Assinar um tratado de cooperação científica com a França.* *** *Assinar um tratado com a França.* *** *Escrever um tratado de (ou sobre) botânica.*

tratamento
Rege *a, com* ou *para com* (pessoa) e *contra* (coisa): *O jornalista quis saber como era dentro de campo o tratamento desse árbitro aos (ou com os ou para com os) jogadores.* *** *A diversão é o melhor tratamento contra a depressão.*

tratar-se de
O verbo não varia, porque é impessoal. Daí por que frases como esta são erradas: *Os turistas chegaram; "tratam-se" de alemães.* Como *tratar*, nesse caso, não tem sujeito, deve ficar sempre no singular: *Os turistas chegaram; trata-se de alemães.* No site da Jovem Pan: *Sobre a redução do número de cargos e o fim da reeleição, o senador amazonense disse que concorda com as duas ações, desde que não "se tratem" apenas de uma cortina de fumaça para encobrir as denúncias de corrupção.* No Diário do Nordeste, de Fortaleza: *Antes de proferir seu voto no julgamento do mérito, o desembargador contestou as preliminares, considerando que "se tratavam" de manobra da defesa para retardar o julgamento.* No G1: *Astrônomos descobriram a existência de dois planetas que teriam o céu muito mais estrelado do que o da Terra, devido à sua localização inusitada. No entanto, esses planetas não seriam habitáveis, pois "se tratam" de gigantes formados por gases, conhecidos na ciência como "júpiteres" quentes.* Nem mesmo o plural de júpiter esse jornalista soube fazer. Um blogueiro da Veja, que se diz experiente e conhecedor profundo do idioma, escreveu: *Uns por inépcia, outros por cretinice, quase todos por "se tratarem" de corruptos de carteirinha, os pais-da-pátria incumbidos de tocar os trabalhos deixaram as coisas nas mãos de Deus – que, além de brasileiro, conversa com Lula todo dia.* Ele só acertaria essa se conhecesse realmente a estrutura da língua: todos (que ele tomou como sujeito) é na verdade aposto de corruptos de carteirinha, que é o objeto indireto. Esse mesmo blogueiro da Veja reproduz matéria de uma jornalista de O Estado: *Os gastos da Presidência da República com cartões corporativos classificados como sigilosos por "se tratarem" de informações estratégicas para a segurança da sociedade e do Estado incluem compra de produtos de limpeza, sementes, material de caça e pesca e até de comida de animais domésticos. As despesas secretas do Executivo federal somaram R$44,5 milhões entre 2003 e 2010.* Em O Globo, no blog do Noblat, matéria assinada por Carlos Alberto di Franco: *O Ministério Público, em colaboração com a Polícia Federal, tem conseguido esclarecer diversos casos de corrupção. "Tratam-se" de instituições que prestam inestimável serviço à sociedade.* Na Folha de S. Paulo: *O Palmeiras acertou com mais dois reforços para a sequência do ano. "Tratam-se" do lateral-esquerdo Carlinhos, do Santo André, e do zagueiro Leandro Amaro, do Cruzeiro.* Resultado: só um deles veio para o Palmeiras (um zagueiro horrível!), e o outro nem veio. Os diretores do Palmeiras são tão inteligentes, tão sensatos, tão competentes, que marcam eleições no clube no dia 21 de janeiro, quando todos os campeonatos já tiveram início, e os bons jogadores já têm contrato assinado com outros clubes. Torcer por um time que tem gente desse tipo no comando é sinal de inteligência? Por sua resposta, meu caro leitor, você pode imaginar como me senti durante toda a minha vida...

tratativa
Rege *com* ou *junto a*: *Como foram as recentes tratativas com (ou junto ao) FMI?*

trato
Rege *com, de* ou *para com* (convivência) e *com* ou *entre* (acordo): *Como é o trato com os (ou dos ou para com os) doentes neste hospital?* *** *Qual foi o trato com (ou entre) vocês?*

traulitada
É a forma correta. Existe hoje, porém, uma leva de comentaristas de futebol, ex-jogadores, que não sabem sequer balbuciar, que se dirá falar respeitando o idioma. Repare: eles só dizem "trauletada". Merecem traulitadas sem fim. De verdade!

trauma
Rege *de*: *Ter trauma de viagens aéreas.* *** *Ela tem trauma de andar por lugares escuros.*

Travaços
É a grafia correta. Muitos, no entanto, trazem "Travassos" no registro civil.

travestido
Rege *de* ou *em*: *Ator travestido de (ou em) homossexual.* *** *Homem travestido de (ou em) mulher.*

trazer
É verbo irregular: trago, trazes, traz, trazemos, trazeis, trazem (pres. do ind.); trouxe, trouxeste, trouxe, trouxemos, trouxestes, trouxeram (pret. perf. do ind.); trazia, trazias, trazia, trazíamos, trazíeis, traziam (pret. imperf. do ind.); trouxera, trouxeras, trouxera, trouxéramos, trouxéreis, trouxeram (pret. mais-que-perf. do ind.); trarei, trarás, trará, traremos, trareis, trarão (fut. do pres.); traria, trarias, traria, traríamos, traríeis, trariam (fut. do pret.); traga, tragas, traga, tragamos, tragais, tragam (pres. do subj.); trouxesse, trouxesses, trouxesse, trouxéssemos, trouxésseis, trouxessem (pret. imperf. do subj.); trouxer, trouxeres, trouxer, trouxermos, trouxerdes, trouxerem (fut. do subj.); traze ou traz, traga, tragamos, trazei, tragam (imper. afirm.); não tragas, não traga, não tragamos, não tragais, não tragam (imper. neg.); trazer (infinitivo impessoal); trazer, trazeres, trazer, trazermos, trazerdes, trazerem (infinitivo pessoal); trazendo (gerúndio); trazido (particípio).

trecentésimo ou tricentésimo?
As duas formas existem, mas a primeira tem preferência.

trêiler
Aportuguesamento do inglês *trailer*, que o VOLP ainda não registra. Faz no plural *trêileres*. Há quem use "trêilers".

trepado
Rege *a*, *em* ou *sobre*: *Viam-se muitos torcedores trepados a* (ou *em* ou *sobre*) *árvores, para assistir ao jogo*. *** *As fãs ficavam trepadas a* (ou *em* ou *sobre*) *um muro, para ver os jogadores treinando*.

trepar
Em Portugal se trepa *a*; no Brasil, se trepa *em*. Na norma padrão, ou linguagem elegante, convém seguir o uso português: *trepar ao muro, trepar ao poste, trepar ao telhado, trepar à árvore*.

tributação
Rege *de* ou *sobre*: *A tributação de* (ou *sobre*) *produtos supérfluos será maior*.

trigo
Adj. correspondente: *tritíceo*. Portanto, *massa de trigo* = *massa tritícea*.

trinta e oito (revólver)
Sem hifens.

trio elétrico
Sem hífen.

tríplex ou triplex?
As duas prosódias existem.

triplicar ou triplicar-se?
Tanto faz: *Os votos brancos e nulos triplicaram* (ou *triplicaram-se*) *na última eleição*. *** *O preço da gasolina triplicou* (ou *se triplicou*) *naquele ano*.

"trocar-se"
Não convém usar por vestir-se ou por trocar de roupa. Mas a mídia está cheia de gente que vai "se trocar" ou que "se trocou" rapidamente. Nunca "se troque", prefira trocar de roupa! Fica mais decente... Na revista Gente apareceu esta manchete: **Modelo troca de roupa em estacionamento e se irrita com fotógrafo**. Aleluia! Já no portal R7 se leu, em letras garrafais: **Nicole Bahls tenta "se trocar" debaixo do edredom e mostra mais do que devia**. Embaixo da foto da moça, a legenda: *Peoa ficou sem graça ao perceber que algo deu errado na hora de "se trocar"*. O jornalista, sem trocar de roupa, acabou mostrando muito menos do que devia...
EM TEMPO – Os melhores dicionários de regência verbal não trazem "trocar-se". O Dicionário Aurélio, no entanto, registra "trocar-se". Normal. O Dicionário Houaiss, apesar de tudo, não chega a tanto. Na Internet existe uma página em que um infeliz

se mete a ensinar a conjugação de um verbo pronominal, tomando como exemplo "trocar-se". A rede é pior que papel: aceita tudo.

tró-ló-ló
Com hifens e acentos: *Deixe de tró-ló-lós e comece a trabalhar!* Veja, agora, como escreveu um jornalista de O Globo: *Em discurso a lideranças sindicais, o candidato José Serra afirmou que as administrações do PT, na área de transporte, tiveram muito "trololó" e muita espuma e pouca substância.* É e-xa-ta-men-te o que eu acho da cultura dos jornalistas brasileiros: eles têm muita espuma. Mas nenhuma substância. Aliás, se o caro leitor leu desde o início este dicionário, chegou a essa conclusão muito antes de mim...

"trompa de Eustáquio"
Pela nomenclatura oficial da Sociedade Brasileira de Anatomia, devemos usar não mais "trompa de Eustáquio", mas tuba auditiva.

"trompa de Falópio"
Pela nomenclatura oficial da Sociedade Brasileira de Anatomia, devemos usar não mais "trompa de Falópio", mas tuba uterina.

trouxe
Forma do verbo trazer, que se diz trôussi, mas muitos dizem "trússi".

truculência
Rege contra: *A polícia usou de truculência contra os manifestantes.*

tsunâmi
É palavra masculina: *o tsunâmi, um tsunâmi*. Alguns jornalistas precisam urgentemente saber disso. No jornal O Globo se leu: *Um time de pesquisadores americanos pode ter finalmente localizado a cidade perdida de Atlântida, metrópole legendária que sucumbiu a "uma" tsunâmi, há milhares de anos, na Espanha.* O prefeito de Niterói, tentando safar-se de qualquer responsabilidade sobre as ocorrências no Morro do Bumba, em 2010, fez esta declaração, infeliz em todos os sentidos: *Ninguém responsabilizou os governos da Ásia "pela" tsunâmi que matou milhares de pessoas.* Ótimo! Os apresentadores de um telejornal da emissora do "Roráima" também lhe conferem gênero feminino. Normal...

tudo a ver
É como se escreve corretamente, mas muitos veem aí não a preposição e o verbo ver, mas apenas o verbo "haver". Eis o que escreveu um "artista", no comentário que fez em uma notícia de jornal sobre a violência que campeia em São Paulo: **PT – PCC – MST: tudo "haver"**.

tumor
Adj. correspondente: *tumoral*. Portanto, *crescimento de tumor* = *crescimento tumoral*.

turbo
Usada como adjetivo, por *turbinado*, não varia: *No futuro, todos os carros serão turbo*.

turquesa
Usada como adjetivo, na indicação da cor, não varia: *lenços turquesa, olhos turquesa, meias turquesa*.

turvar ou turvar-se?
Tanto faz: *Sem tratamento, a água da piscina logo turva* (ou *se turva*).

Tutancâmon
Faraó que viveu de 1356 a 1337 a.C. Note: é nome paroxítono, mas muitos dizem "tutanka**mon**".

tutela
Rege *de* ou *sobre*: *A tutela de* (ou *sobre*) *menores deve ser exercida por pessoas responsáveis*.

U

"u'a" mão
Prática desaconselhável essa, dos que se preocupam em demasia com as cacofonias. A cacofonia – convém dizer com ênfase – não existe senão na mente das pessoas. Ora, quando se diz "ele me deu *uma mão*", o próprio contexto em que a frase se insere nos leva a uma só compreensão, e a só uma. Querer entender "ele me deu *um mamão*" é desejar a mudança radical do contexto, fato inadmissível entre pessoas mentalmente sãs. Quando se fala em beijar na bo*ca dela*, só mesmo um insano pensará em *cadela*. Quando, porém, a união das sílabas provoca palavra obscena, visivelmente ridícula, ocorre o *cacófato* (p. ex.: time que não mar*ca gol*) . Neste caso, sim, convém fazer algum esforço para evitar que a mente do receptor se torne fértil de imaginações indesejáveis. Não tenhamos medo, contudo, às cacofonias: afinal, quem é que na vida nun*ca co*meteu algu*ma caco*fonia?...
EM TEMPO – O uso de *ua* (sem apóstrofo) é considerado correto e se encontra muito em versos, para satisfazer a métrica. Deve limitar-se a essa área.

ufano / ufania
Regem *com, de* ou *por* (nome) e *de* (verbo): *Ele é ufano com a* (ou *da* ou *pela*) *grandeza do seu país.* *** *Ele ficou ufano de ver o filho formado.* *** *Sua ufania com a* (ou *da* ou *pela*) *grandeza do seu país era de todos conhecida.* *** *A ufania de ver o filho formado.*

Uganda
Não exige o artigo, no português do Brasil: *Estive em Uganda.* *** *Já morei em Uganda.*

último
Rege *a* ou *em* (verbo), *de* ou *entre* (nome): *Ela era sempre a última a* (ou *em*) *chegar.* *** *Foi ele o último dos* (ou *entre os*) *jornalistas a noticiar o fato.*

ultra-
Só exige hífen antes de palavras iniciadas por a ou por h: *ultra-apressado, ultra-humano.*

ultraje
Rege *a*: *Foi preso por ultraje ao pudor.*

ultrassom / ultrassonografia
É assim que se escrevem agora.
Se tiver dúvida sobre a escrita de qualquer palavra, consulte o **Grande dicionário Sacconi da língua portuguesa**.

ultravioleta
Não varia: *raios ultravioleta*. Os jornalistas sabem disso? É muito fácil responder a essa pergunta, depois de ler esta notícia, escrita por um deles: *Raios "ultravioletas" atingem condição extrema em Ituiutaba, MG.* V. **infravermelho**.

um(a)...que
Exige o verbo na 3.ª pessoa do singular: *Sou uma pessoa que acredita em Deus.* *** *Sou um brasileiro que cumpre os seus deveres.* *** *Somos uma empresa que exporta muito.* Declara José Sarney sobre o seu passado: *Sou um homem que nada "tenho" a esconder.* Ah é? Não tem, não? Então, tá... Um membro do Supremo Tribunal Federal, ao conceder *habeas corpus* a um político que, com seu filho, estava na cadeia por corrupção, declarou: *Eu sou um homem que "sorrio".* Quem chega a esse cargo e ainda não aprendeu a sorrir corretamente, definitivamente, nunca mais saberá sorrir...

"umas par delas"
Expressão comum no interior de São Paulo, onde também se ouve "umas par de viagens", "umas par de vezes", etc. Trata-se, naturalmente, de brincadeira do mais refinado mau-gosto. **Par** é sempre palavra masculina: *o par, um par*. A não ser que em certas cidades paulistas tudo seja muito diferente...

umbigo
Adj. correspondente: *umbilical*. Portanto, *cordão do umbigo* = *cordão umbilical*. A forma "embigo" é meramente popular.

um dos que
Leva o verbo obrigatoriamente ao plural, no português contemporâneo. Como alguns ainda não chegaram a esse estádio da língua, constroem as suas frases com o verbo no singular. *Sou um dos que mais trabalham neste país.* *** *Você é um dos que mais reclamam, porém, um dos que menos colaboram.* *** *Manuel foi um dos que mais me incentivaram.* *** *Fui um dos que votaram nesse presidente.* Quando, porém, a expressão vier entremeada de substantivo, o verbo poderá: **1.** ficar no singular, obrigatoriamente, se o sentido assim o exigir: *O Tietê é um dos rios paulistas que atravessa o Estado de São Paulo.* Note: o verbo só se refere a um ser, porque o rio Tietê é o único que atravessa o Estado de São Paulo. Outro exemplo: *O Sol é um dos astros que dá luz e calor à Terra.* **2.** ir ao plural: *O Tietê é um dos rios paulistas que estão poluídos.* Aqui cabe o plural, porque o rio Tietê não é o único rio paulista que está poluído. Outro exemplo: *O Sol é um dos astros que possuem luz própria.* **3.** ficar no singular ou ir ao plural, dependendo do sentido que se queira imprimir à frase: *Fui um dos brasileiros que votou* (ou *votaram*) *nesse candidato.* Se o candidato recebeu só o seu voto, justifica-se a frase com o verbo no singular; se, porém, ele teve mais de um voto, o verbo só pode ir ao plural, obrigatoriamente. Outro exemplo: *Marcos foi um dos melhores goleiros que passou pela seleção brasileira.* Essa é uma frase de palmeirense fanático. O torcedor mais sossegado, que não se deixa levar pela paixão doentia, construirá: *Marcos foi um dos melhores goleiros que passaram pela seleção brasileira.* Dario, o famoso jogador que ficou conhecido como Dadá Maravilha, sem dúvida dirá: *Fui um dos melhores jogadores que pisou o Maracanã.* Todos nós, naturalmente, construiremos diferente... Um professor da PUC-SP declara: *Hoje em dia sou muito conhecido porque fui um dos que "iniciou" o estudo sobre gíria aqui no Brasil.* A frase só estará correta se foste o único que iniciou tal estudo. Já a presidente Dilma Rousseff declarou isto, numa fala em Marechal Deodoro (AL): *O Brasil continua hoje sendo um dos países que mais "vai" crescer.* A frase só estará correta se o Brasil for o único país do mundo a crescer. Se foi realmente isso, para uma chefe de Estado não fica bem. Mas não foi...

um doze avo
É assim que se usa. V. **avo**.

um e outro
Substantivo no singular e adjetivo e verbo no plural: *Havia naquela escola um e outro aluno aplicados.* *** *Naquela família havia um e outro membro responsáveis.* *** *Um e outro fugitivo da cadeia foram recapturados pela polícia.* *** *Uma e outra pessoa compareciam por aqui de vez em quando.* V. **nem um nem outro**. Em referência a substantivos já enunciados, *um e outro* varia em gênero e número ou, então, somente em número (o *um* se reporta sempre ao último elemento): *Tratamos de exportações e mercado; fala-se muito hoje de um e outras* (ou *de um e outros*). *** *Compramos cadeiras e mesa novas; não lhes vou dizer o preço de uma e outras* (ou *de um e outros*). *** *Vendi o carro e as motos; não posso revelar o preço de umas e outro* (ou *de uns e outro*). Em referência a pessoas de sexos diferentes, exprimindo reciprocidade ou não, não varia nenhum elemento: *A garota e o rapaz caminhavam juntos e, de vez em quando, dirigiam-se um ao outro.* *** *Luís e a irmã reconciliaram-se, depois, um com o outro.* *** *Adão e*

Eva pecaram e, depois, um e outro caíram aos pés do Senhor. *** *Luís e Teresa chegaram; um com frio, outro com calor.*

"um" mil
V. **mil**.

um milhão
Esta deverá ser uma novidade maiúscula para os jornalistas brasileiros: *um milhão* exige o verbo no **singular**. Sim, no **singular**, já que um não é plural nem aqui nem em nenhuma outra galáxia, ainda que assim queiram os jornalistas brasileiros. Por isso, também um bilhão, um trilhão, etc. exigem o verbo no singular: *Um milhão de pessoas morreu nessa guerra.* *** *Foi queimado um bilhão de quilos de papel.* *** *Um trilhão de títulos foi negociado no ano passado na Bovespa.* Os jornalistas brasileiros ainda não aprenderam que *milhão* é nome coletivo, assim como *tonelada*, dúzia, etc. Como não existe "uma tonelada de grãos foram colhidas", nem "uma dúzia de laranjas estão estragadas", também não existe "um milhão de pessoas participaram da manifestação". Quem diz ou escreve *"um milhão de crianças foram vacinadas"* é vítima da mesma tolice. Dizer "São um milhão e meio de japoneses que vivem em São Paulo", como fez uma repórter de televisão, é o mesmo que dizer "São uma e meia da tarde", concordância de gente que fugiu da escola, de gente despreparada, que não devia estar na mídia. O mesmo se diz de quem escreve "Foram" mais de um milhão de consumidores lesados pela Hyundai-Kia nos EUA, como se viu num site sobre automóveis. Em dezembro, um repórter tentava descrever assim uma árvore de Natal iluminada: *"São" quase um milhão de microlâmpadas.* Na ISTOÉ: *"Existem" hoje quase um milhão de imóveis vazios na Espanha.* É de estarrecer: "existem um"?! Veja, ainda, que manchetinha mais sem-vergonha vista no Terra: **Falha no Java deixa "vulneráveis" 1 bilhão de PCs e Macs**. O grande vulnerável aí é o próprio jornalista, que deveria voltar urgentemente para a escola. Eis frase de outro jornalista (da Folha de S. Paulo) que não merece nenhum crédito: *Em 2 de abril de 1964 cerca de um milhão de pessoas "participaram" da Marcha da Família com Deus pela Liberdade, no Estado da Guanabara.* Este, agora, é de O Estado de S. Paulo: *A frota brasileira de veículos a gás é a segunda do mundo, com 660 mil veículos, e só perde para a da Argentina, onde "existem" 1 milhão de veículos desse tipo.* Não convém pararmos por aqui. No Diário de S. Paulo: *No estado de São Paulo "existem" cerca de um milhão de idosos com plano de saúde particular.* Eis mais uma aberração de um jornalista: *"Foram distribuídos" quase 1 milhão de exemplares desse livro aos alunos, tendo sido o mais adquirido na área, pelo MEC".* Mas até agora – que eu saiba – os extraterrestres ainda não chegaram para nos informar que 1 é plural! A Veja estampou esta manchete: **1 milhão "seguem" perfil de VEJA no Twitter**. Será? Será mesmo?... Esta "pérola" é de uma repórter de televisão: *Até o fim desta semana, "são esperadas" um milhão de pessoas em Aparecida.* Que a padroeira lhe perdoe! Manchete do principal jornal baiano: **Tempestade chega à China e um milhão "deixam" suas casas**. Como é que *um* pode levar verbo ao plural? O jornalismo brasileiro está todo contaminado? Não, ainda há esperanças. Veja esta manchete do jornal Diário do Nordeste: *Um milhão de chamadas foi atendido pelo Ronda durante o ano de 2012.* O fato é tão inusitado, tão extraordinário, tão formidável, que aqui vai até a data em que saiu a fantástica e corretíssima concordância: 10 de janeiro de 2013. Vivam os jornalistas cearenses!

um tanto ou quanto
É a expressão que significa pouco mais ou menos: *Estou um tanto ou quanto indeciso.* *** *O povo brasileiro anda um tanto ou quanto desesperançoso.* *** *A mãe está um tanto ou quanto angustiada com o sumiço da filha.* Muitos usam, no entanto, apenas "um tanto quanto", como um dos relatores da CPMI dos Correios: *Segundo o meu juízo, a situação de José Dirceu é muito complicada e exige uma condução um "tanto quanto" severa.*

um terço (concordância)
V. **números fracionários** (concordância).

Umuarama
Trata-se de nome consagrado, mas convém saber (só por curiosidade) que a palavra rigorosamente correta é *Umuara*n*a* (com final *-rana*, que é o sufixo indígena). A forma *Umuara*m*a* se consagrou graças à analogia com *Pindora*m*a*.

unha
Adj. correspondente: *ungueal*. Portanto: *manchas da unha* = *manchas ungueais*.

UNICEF
É de gênero masculino (o UNICEF), já que se trata do *F*undo *das Nações Unidas para a Infância*.

único
Rege *a* ou *em* (verbo), *de* ou *entre* (nome): *Ela era sempre a única a* (ou *em*) *chegar cedo às reuniões.* *** *Foi ele o único d*os (ou *entre* os) *jornalistas a noticiar o fato.*

Universo
Use sempre assim, com inicial maiúscula, quando significa o conjunto de todos os astros existentes no espaço, o cosmo: *Deus criou o U*niverso. Também com maiúscula, quando significa o mundo todo, a humanidade: *O U*niverso *vai chorar lágrimas amargas por não respeitar a ecologia.*

urbano / urbanidade
Regem *com* ou *para com*: *Seja mais urbano com* (ou *para com*) *as pessoas!* *** *Sempre usou de muita urbanidade com* (ou *para com*) *todos.*

urgência
Rege *em* ou *para* (nome) e *para* (verbo): *O presidente quer urgência n*a (ou *para* a) *solução desse caso.* *** *O presidente pediu urgência para votarem o projeto.*

urgente
Rege *a* ou *para*: *O mais urgente a*o (ou *para* o) *Brasil agora é atrair investimentos externos.*

usar ou usar de?
Tanto faz, na acepção de servir-se de, fazer uso de, desde que o substantivo seja abstrato: *Vou usar* (ou *usar de*) *bom argumento para convencê-la.* *** *Os policiais usaram* (ou *usaram de*) *violência para dispersar os manifestantes.* Claro está que ninguém poderá dizer que homem que usa "de" brincos é efeminado...

uso "abusivo"
Combinação esdrúxula, já que se trata de nomes de mesmo radical. Equivale pouco mais ou menos a "combinação combinada". Deve ser substituída por emprego abusivo ou, então, por *uso excessivo, uso exagerado, uso imoderado*, etc. Por ocasião do julgamento dos réus do mensalão, assim se manifestou um dos ministros (aliás, dos mais competentes), durante seu voto: *O que se viu foi o uso criminoso e "abusivo" do aparato governamental ou partidário, para a execução de um projeto de poder.* Há quem preferisse que o início da frase fosse assim: *O que se viu foi um abuso e uso criminoso do aparato governamental...*

usucapião
É palavra feminina pela origem (*a usucapião*) e masculina pelo uso aqui no Brasil (*o usucapião*). Em latim, seu gênero é o feminino; em português, é também palavra feminina, assim como no espanhol, no francês e no italiano, mas no meio jurídico tem sido usada como masculina: "o usucapião", porque assim está no Código Civil. A *usucapião* é um instituto jurídico pelo qual uma pessoa se torna proprietária simplesmente por ter a posse pacífica de um bem durante certo tempo.

usufruir
Conjuga-se por atribuir.
útil / utilidade
Regem *a* ou *para* (nome), *em* (coisa) e *em* ou *para* (verbo): *Utensílio útil às* (ou *para as*) *donas de casa*. *** *A utilidade desse utensílio às* (ou *para as*) *donas de casa ficou comprovada*. *** *Utensílio útil na cozinha*. *** *Utensílio útil em* (ou *para*) *cortar vidro*.
utilização
Rege *de...em* (ou *para*): *A utilização das horas de folga em* (ou *para*) *leitura*.
utilizado
Rege *em* ou *para*: *Horas de folga utilizadas em* (ou *para*) *leitura*.
utilizar-se de
Use sempre assim, na acepção de servir-se, lançar mão: *Ele se utilizou do telefone para achincalhar a ex-mulher.* *** *Já me utilizei dos serviços dessa empresa.* *** *Utilizei-me da caneta para assinar o documento. Podemos nos utilizar do seu sabonete para tomar banho?* Sem a preposição *de*, usa-se apenas *utilizar*: *Utilizou o telefone para achincalhar a ex-mulher.* *** *Utilizei a caneta para assinar o documento.* *** *Podemos utilizar seu sabonete para tomar banho?*

V

vacilação
Rege *ante* ou *diante de* ou *em* ou *em face de* (nome) e apenas *em* (nome e verbo): *Havia muita vacilação do governo ante a* (ou *diante da* ou *na* ou *em face da*) *reforma da Previdência.* *** *Houve vacilação na escolha.* *** *Não haverá vacilação em decidir isso.*

vacilante
Rege *ante* ou *acerca de* ou *a respeito de* ou *diante de* ou *em* ou *em face de* ou *em relação a* ou *quanto a* ou *sobre*: *Governo vacilante ante* (ou *acerca de* ou *a respeito de* ou *diante de* ou *em* ou *em face de* ou *em relação a* ou *quanto a* ou *sobre*) *um projeto.*

vaga
Rege *de* ou *para*: *Ainda há vaga de* (ou *para*) *servente de pedreiro na obra?*

vagar
Use assim seus particípios: *Ele tem vagado* (e não *tem "vago"*) *pelas ruas da cidade.* *** *O cargo foi vago* (e não *foi "vagado"*) *ontem.*

vaia
Rege *a, contra* ou *em*: *Ouviram-se vaias ao* (ou *contra o* ou *no*) *apresentador.* *** *Os torcedores gostam de dar vaias ao* (ou *contra o* ou *no*) *árbitro, antes de uma partida.*

vaidade
Rege *de* ou *em* (nome) e apenas *em* (verbo): *Ela tem vaidade de* (ou *em*) *sua cintura fina.* *** *Sentir vaidade em ter conquistado tantos títulos.*

vaidoso
Rege *de*: *Homem vaidoso de sua cultura.*

vaivém ou vai e vem?
As duas formas de escrever são boas, mas um de nossos jornalistas, certamente por não estar satisfeito com nenhuma delas, resolveu inovar. Foi no jornal O Globo, em manchete: **Serra diz que não comenta pesquisas, porque é um tal de "vaievém" daqueles**. Neste vai e vem da vida, encontra-se de tudo...

vale "à" pena?
Por mais que tente, até agora estou sem saber por que cargas d'água algumas pessoas usam o acento da crase aí. Escreveu alguém na Internet: *Vale "à" pena lembrar que o francês não fala inglês. E o inglês detesta a língua francesa.* (Ele deve detestar a língua portuguesa...) Escreveu um jornalista, depois de entrevistar um casal que visitava pela primeira vez a paradisíaca Campos do Jordão (SP): *Para o casal Érika Campos e Cristiano Santos, de Campos de Goytacazes (RJ), a primeira visita à cidade vai ficar registrada pela beleza e receptividade local. Foram cinco horas de viagem que valeram "à" pena, diz a advogada.* Nem vou comentar. Vou parar por aqui: não vale a pena gastar vela com um defunto desses.

valer
É verbo irregular, mas apenas no presente do indicativo (1.ª pessoa) e no presente do subjuntivo: *valho, vales, vale, valemos, valeis, valem* (pres. do ind.); *valha, valhas, valha, valhamos, valhais, valham* (pres. do subj.). Por ele se conjugam os derivados desvaler e equivaler. Já vimos alguém que, ante o espelho, admirando seu próprio

corpo, perguntou, como quem já tivesse uma resposta altamente positiva: *Será que não "valo" nada? Valia?*

valer a pena
Expressão verbal que normalmente vem acompanhada de erro de concordância. Quando dizemos: Isso vale a pena, naturalmente o sujeito é o pronome isso; se substituirmos o pronome por uma palavra ou expressão no plural, temos: *Essas coisas não valem a pena*. Até aqui, sem novidades. A novidade surge exatamente quando o sujeito da expressão é um verbo no infinitivo. Por exemplo: *Essas coisas não vale a pena discutir*. Agora, o sujeito do verbo valer já não é essas coisas, mas o verbo discutir. O que é que não vale a pena? Discutir essas coisas não vale a pena. Sendo assim, o verbo deve ficar no singular. É preciso muito cuidado, portanto. Se tivesse algum cuidado, um treinador de futebol não teria dito isto numa entrevista, ao tentar justificar o veto que opôs à contratação de um jogador: *As pessoas imaginam uma coisa, não fazem alguns contatos. O Rivaldo estreou em fevereiro. Vocês estão cobrando desde setembro. Ele só teve condições de jogar em fevereiro. A imprensa antes de escrever tem de dar uma pesquisada. Tinha dificuldade com documentação no Uzbequistão, coisas da Fifa. São coisas que também não "valem" a pena discutir*. Se, antes de falar, tivesse dado uma pesquisada, não teria cometido o erro... Já a revista Car and Driver, ed. 71, lançou (pasme!) na **capa**, em letras enormes, esta joia: **35 lançamentos que "valem" a pena esperar**. E a credibilidade foi para o brejo! O jornalismo brasileiro é um caos!

valhacouto
Significa *refúgio, proteção, guarida*. Toma-se geralmente à má parte. Ou seja, o termo se aplica a vagabundos de toda a sorte: bandidos, ladrões, sequestradores, etc. Forma-se da terceira pessoa do presente do subjuntivo do verbo *valer* (*valha*) + o substantivo *couto* (= lugar onde um criminoso se abriga, para não poder ser alcançado pelo braço da justiça). Nos primórdios do cristianismo, a bandidagem tinha o hábito de cometer seus crimes e, depois, buscar proteção nas igrejas contra a polícia, que era proibida de entrar para efetuar as prisões. Tais abrigos ilícitos passaram a ser conhecidos pelo nome de *valhacoutos*. Hoje, no entanto, as igrejas já não se prestam a esse tipo de proteção, longe de ser divina. Podemos dizer, em sentido figurado, que a imunidade parlamentar não pode fazer do Congresso um *valhacouto* para bandidos, conforme afirmou certa vez, com muita propriedade, respeitável e conhecido articulista de um de nossos mais importantes jornais.

valioso
Rege *a* ou *para*: *Acordo valioso à* (ou *para* a) *paz na região*.

valise ou valisa?
As duas formas existem, mas a primeira é galicismo puro. Assim como *champanhe*, tem a preferência da mídia.

vaso
Adj. corresp. (em anatomia e botânica): *vascular*. Portanto, *cirurgia dos vasos* = *cirurgia vascular; tecido formado por vasos* = *tecido vascular*.

veado
Adj. correspondente: *cervino* ou *elafiano*. Portanto, *ligeireza de veado* = *ligeireza cervina; pele de veado* = *pele elafiana*. É a palavra que se refere tanto ao animal que campeia pelas matas quanto aos seres frágeis, delicados e quase sempre indefesos que desfilam pelas ruas de todas as cidades do mundo, mais conhecidos hoje como gays. Muitos, no entanto, ao referirem-se a eles, escrevem "viado". Não, todo gay é v**e**-a-do, ainda que alguns vejam o termo como ultrajante.

EM TEMPO – A palavra veado em referência ao efeminado ou pederasta tem origem com um médico judeu de Frankfurt, Alemanha, de nome Hirsch (que, em alemão, significa veado). Tinha o Dr. Hirsch verdadeiro fascínio pela dupla sexualidade. Considerava os andróginos seres superiores, verdadeiros gênios, representantes da evolução espiritualista da humanidade. Diante de tanto "fanatismo", não custou aparecerem imediatamente os *hirschs*, seus adeptos fervorosos, que pregavam a pederastia aberta e publicamente, sem nenhum pejo, sem nenhum constrangimento. Eram os veadinhos, que hoje correm mundo, saltitantes, não só pelas matas... Já não pregam: não há nenhuma necessidade...

veia
Adj. correspondente: *venoso*. Portanto, *sangue da veia* = *sangue venoso*.

vela / velinha / velão
As três têm e aberto.

velhaco
Rege *com* (pessoa) e *em* (coisa): *Foi velhaco com os amigos nesse negócio*.

velho / velhice
Adj. correspondente: *senil*. Portanto, *osteoporose de velho* = *osteoporose senil; fase da velhice* = *fase senil*.

"Velho Testamento"
V. **Antigo Testamento**.

"Vem" pra Caixa você também
O convite, maroto, de vez em quando volta. Desaparece por uns tempos e, de repente, retorna. A frase da Caixa equivale pouco mais ou menos a esta: *Foi um vexame, que vou "te" contar pra "você"!* Ou seja, há nela troca de tratamentos, o que nas escolas se ensina que se deve evitar, ao menos a quem deseja escrever com disciplina. A Caixa é uma instituição federal, ligada diretamente ao governo, por isso deveria prezar o respeito àquilo que se ensina nas escolas. Essa mesma Caixa anda anunciando também assim: *Para a Caixa, crescer é cercar o Marco Antônio "com" as melhores opções de crédito para a empresa dele ficar cada dia mais sólida*. Ninguém cerca uma pessoa "com", mas de. Em seguida, vem o convite, novamente maroto: *"Vem" crescer com a Caixa você também*. Crescer assim?! Como?! Ultimamente, uma atriz da televisão tem feito a propaganda da Caixa. Ela evita o erro, ao fazer o convite agora com o conhecido gesto e diz apenas assim: Vem! Mas o jornalista Élio Gaspari resolveu escrever um artigo recentemente e lhe deu este título: **Em 2014, "vem" pra rua você também**. Venha!... E depois do caso do rombo do Banco Pan-americano, das contas inativas da poupança e até das possíveis fraudes no sorteio da megassena (que eles insistem em grafar erroneamente: "Mega Sena"), um brasileiro escreveu, num de nossos jornais, esta paródia: **"Vem pra fraude você também! VEM!"**. Você vai?...

vêm ou veem?
A primeira forma é do verbo *vir*: *Eles vêm aqui todos os dias*. A segunda é do verbo *ver*: *Elas veem esse programa diariamente*.

vencer
Rege *de* ou *por* (competição, disputa, etc.): *O Flamengo venceu o América de* (ou *por*) *2 a 0*. É verbo pronominal (ter seu prazo vencido): *A prestação da casa venceu-se ontem*. *** *A promissória só se vencerá mês que vem*. Na língua cotidiana, porém, aparece como "verbo intransitivo".

vender caro "a derrota"
Frase típica de jornalista esportivo, que também é dado a "correr atrás do prejuízo". É simples: aquele que saiu vencido ou derrotado não vende a derrota, coisa desprezível, mas sim a vitória, a coisa de real valor, ou seja, aquilo que ele podia alcançar, mas por ser suplantado, foi obrigado a deixá-la para o oponente. Assim, quando um time exige muito do adversário para ser vencido, constrói-se, se se deseja rigor: *O Flamengo vendeu caro a vitória*. Outros exemplos: *O Corinthians poderá vencer o Palmeiras; se derrotado, porém, certamente venderá caro a vitória*. Fora do esporte, poderemos construir ainda: *Os alemães e japoneses venderam muito caro as vitórias dos aliados*. É tudo muito simples, mas para os jornalistas (principalmente os esportivos), tudo é muito complicado.

veneração
Rege *a, para com* ou *por*: *Ter veneração a* (ou *para com* ou *por*) *uma atriz*.

vento
Adj. correspondente: *eólico* ou *eólio*. Portanto, *força do vento* = *força eólica* (ou *eólia*) *energia do vento* = *energia eólia* (ou *eólica*).

ver
É verbo irregular: *vejo, vês, vê, vemos, vedes, veem* (pres. do ind.); *via, vias, via, víamos, víeis, viam* (pret. imperf. do ind.); *vi, viste, viu, vimos, vistes, viram* (pret. perf. do ind.); *vira, viras, vira, víramos, víreis, viram* (pret. mais-que-perf. do ind.); *verei, verás, verá, veremos, vereis, verão* (fut. do pres.); *veria, verias, veria, veríamos, veríeis, veriam* (fut. do pret.); *veja, vejas, veja, vejamos, vejais, vejam* (pres. do subj.); *visse, visses, visse, víssemos, vísseis, vissem* (pret. imperf. do subj.); *vir, vires, vir, virmos, virdes, virem* (fut. do subj.); *vê, veja, vejamos, vede, vejam* (imperativo afirmativo); *não vejas, não veja, não vejamos, não vejais, não vejam* (imperativo negativo); *ver* (infinitivo impessoal); ver, *veres, ver, vermos, verdes, verem* (infinitivo pessoal); *vendo* (gerúndio); *visto* (particípio). Por ele se conjugam todos os seus derivados: antever, entrever, prever e rever (atenção: precaver e prover não são seus derivados). Cuidado com o futuro do subjuntivo. Não existe, portanto, quando eu "ver", se eu "ver". *Quando eu a vir novamente, falaremos sobre esse assunto.* *** *Se você vir o filme que eu vi, também vai chorar.* *** *Quem vir meu filho por aí, avise-me!* *** *Se daqui a pouco virmos um clarão, já saberemos do que se trata.* *** *Quando me vires entrar, cumprimenta-me!* Anúncio de uma escola de inglês: *WIZARD – Quando você "ver", já está falando inglês.* E português? Com infinitivo, usam-se os pronomes oblíquos átonos, e não os pronomes retos. Ex.: *Vi-o chorar.* *** *Vi-os chorar.* O povo, contudo, usa assim: *Vi "ele" chorar.* *** *Ouvi "eles chorarem".* Se o pronome está no plural, note: o infinitivo não varia, fica no singular. Se, no lugar do pronome, houver um substantivo, poderemos variar ou não o infinitivo: *Vi os rapazes chorar* (ou *chorarem*)*!* *** *Vi portas e janelas bater* (ou *baterem*). Se, porém, o infinitivo vier imediatamente após, ficará sempre no singular: *Vi chorar os rapazes!* *** *Vi bater portas e janelas.* Como se trata de verbo transitivo direto, assim como *amar, conhecer, considerar, convencer* e *prejudicar*, usa-se com o pronome oblíquo *o*: *ela o viu, nunca os vi na vida, eu a vejo sempre, nunca mais as vi por aqui.* No Nordeste, todavia, é comum substituir o pronome *o* (e variações) por *lhe* (e variação). Então, comumente se ouve: *Você estava lá na festa? Como é que eu não "lhe" vi, seu cabra da peste?* *** *Vocês também foram lá comer buchada de bode? Como é que eu não "lhes" vi, seus filhos de uma égua?* Como facilmente se percebe, no Nordeste (mormente no Ceará), cabra, bode, égua e – claro – jegue convivem harmoniosamente...

verão
Adj. correspondente: *estival*. Portanto, *ventos de verão* = *ventos estivais*.

verbos terminados em -ear
Todo verbo terminado em -ear ganha um –i– nas formas rizotônicas: **passear**/passeio, passeias, passeia, passeiam; **pentear**/penteio, penteias, penteia, penteiam. Assim como não existe "passio" também não existe "pentio" (que muito se ouve por aí). Dia desses, um deputado usou "cercia" por cerceia (do verbo cercear), e uma autoridade do Paraná saiu-se com esta: O governo do Paraná não "titubia" em exonerar quem não se conduz corretamente no serviço público. Como há gente que titubeia!...

verbos terminados em -iar
Todo verbo terminado em -iar, no português do Brasil, conjuga-se normalmente: **premiar**/*premio, premias, premia, premiamos, premiais, premiam*. Volta e meia, no entanto, vemos gente usando "negoceia" (de negociar), "cambeia" (de cambiar), "vareia" (de variar), "maqueia" (de maquiar), etc.

verdadeiro
Rege *com* ou *para com* (pessoa) e *em* (coisa): *Ser verdadeiro com* (ou *para com*) *o parceiro em tudo*.

verde-limão, verde-musgo, verde-piscina, vermelho-salmão, etc.
Desde os tempos de Camões, a língua portuguesa abriga esta regra de concordância nominal: todo adjetivo composto que trouxer substantivo como um de seus elementos fica invariável no plural. Portanto: *camisetas verde-limão, camisas verde-musgo, olhos verde-piscina, meias vermelho-salmão*, etc. Trata-se de uma regra milenar, que não surgiu ontem em nenhuma mesa de bar. Pois bem. Vem-nos agora o Vocabulário Ortográfico da Língua Portuguesa (VOLP) e dá um pontapé nos fundilhos de Camões e muda tudo. Mas com que autoridade? Por mais autorizada legalmente que seja uma instituição, não lhe assiste o direito de alterar normas pétreas, que não se mudam assim com uma canetada simplória ou a bel-prazer. Interessante é que a 5.ª edição do VOLP, copiosa de equívocos, alguns infantis, não registra verde-limão. Registra verde-limo, mas não verde-limão.

verdugo
É substantivo sobrecomum e masculino, a exemplo dos seus sinônimos algoz e carrasco.

vereador
Rege *por*, assim como *deputado* e *senador*: *Ele é vereador pelo PV.* *** *Nunca fui vereador por cidade nenhuma.*

vereador "municipal"
Redundância evidente. O Dicionário Aurélio, no entanto, no verbete **camarista**, traz a maravilha.
EM TEMPO – Esse mesmo dicionário:
131) registra "prelúcio" por **prelúcido**, "pré-alegar" por **prealegar**, "singapurano" por **singapurense**, "rabinado" por **rabinato**, "rádio-escuta" por **radioescuta**, "marabaxo" por **marabacho**, "polínia" por **polinia**, "românia" por **romania**, "maniconia" por **manicônia**, "tetrodo" por **tétrodo**, "xaboque" por **chaboque**, "sistemata" por **sistêmata**, "sinófris" por **sinofre**, "tirefem" por **tirefão**, "tabernoca" por **tabernola**, "russilhonas" por **russilhona**;
132) registra "abestruz" (por **avestruz**), "alfajeme" (por **alfageme**), "alicece" (por **alicerce**) e "sobaco" (por **sovaco**), que não constam no VOLP;
133) em **contubernáculo**, usa "contubérnia" por contubérnio;
134) registra **alfaemissor, amontoador, anestesiologista, arremessador** e centenas de outras palavras apenas como substantivo, quando são também adjetivo; por outro lado, registra **atrevidaço, alcaptonúrico** e **aliviante** como adjetivo e substantivo, quando são apenas adjetivo;
135) registra **parodiador** e **parodista** e centenas de outras palavras como adjetivo e substantivo, quando são apenas substantivo;
136) registra **inzoneiro** e centenas de outras palavras apenas como adjetivo, quando são também substantivo;
137) dá **lucubrador** (sem registro no VOLP) e **rabeiro** como adjetivo, mas define tais palavras como se fossem substantivo;
138) registra **filipina, neotaoismo** e **sexângulo** como adjetivo, quando na verdade são substantivo;
139) se **vira** (pássaro) é redução de vira-bosta (s.m.), como vira pode ser substantivo feminino? Por cirurgia?...

veredicto
É a forma que devemos usar cá no Brasil; lá em Portugal prefere-se veredito, forma registrada no VOLP, mas que entre nós soa como cacografia, assim como as formas verisimilhança e verisimilhante, correntes em Portugal. Veredicto rege *de* ou *sobre*: *Ainda não saiu o veredicto do* (ou *sobre o*) *réu.*

vergonha
Rege *de* (verbo) e *para* (pessoa): *Ter vergonha de rir, por ser banguela.* *** *A corrupção é uma vergonha para qualquer povo.*

veridicidade
Qualidade de verídico, o mesmo que veracidade (muita gente usa "vericidade"). Repare

nesta declaração explícita: *Declaro que me torno, neste ato, responsável pela integridade física e "vericidade" dos dados fornecidos, podendo responder cível e criminalmente por isso*. Convém aguardar, desde já, um oficial de justiça...

vernissagem
É a forma que devemos usar, uma vez que já consta no VOLP. É palavra feminina: a vernissagem, uma vernissagem. Tanto o Dicionário Houaiss quanto o Dicionário Aurélio, no entanto, só trazem vernissage, francesismo, de gênero masculino. Ambos os dicionários, ainda, trazem "salchicha", "salchichão", "salchicharia" e "salchicheiro", que não constam no VOLP. Os dois dicionários trazem também "santiâmen" (que não tem registro no VOLP; por outro lado, os dois trazem **capcioso**, mas não capciosidade (que consta no VOLP). Segundo o vocabulário, o cupim também pode ser chamado de térmita, mas não de "térmite", que tem outro significado. Ambos os dicionários, no entanto, registram "térmite" como sinônimo de cupim. Ambos os dicionários trazem "multipontoado" por **multipontuado**. Os dois dicionários trazem dois plurais para **feijão-azuqui**, quando só existe um correto: feijões-azuqui. O VOLP registra **papel-oxford** e **papel-ilustração** (ambos com hífen); os dicionários trazem "papel oxford" e "papel ilustração" (ambos sem hífen). Os dois dicionários trazem "olho vivo" (sem hífen), em vez de **olho-vivo**. Por isso, meu caro leitor, olho-vivo!...

verossimilhança
Apesar de ser a forma correta, muita gente usa "verossemelhança". Alguém opina sobre um filme: *Apenas um filme para entreter, não esperem algo profundo. Algumas partes pecam pela falta de "verossemelhança"*.

versar
Use apenas *versar*, na acepção de estudar ou na de tratar e *versar acerca de* (ou *em* ou *sobre*), na de ter por objeto, dizer respeito: *Há muito tempo que ele versa os clássicos da língua*. *** *O orador versou muito bem o assunto*. *** *Comprei um livro que versa acerca de* (ou *em* ou *sobre*) *astronomia*. *** *Todas as questões da prova versavam acerca de* (ou *em* ou *sobre*) *botânica*.

verso
Rege a ou *para*: *Fazer versos ao* (ou *para* o) *ser amado*.

"vesícula seminal"
Pela nomenclatura oficial da Sociedade Brasileira de Anatomia, devemos usar em seu lugar glândula vesicosa.

vestibulando
Palavra já definitivamente aceita. Trata-se, na verdade, de vocábulo surgido por analogia com *bacharelando, doutorando, formando, graduando*, etc., todas palavras baseadas em verbo. Vestibulando, todavia, não se baseia em verbo, mas na criação popular. Nada, todavia, contra o povo, nada contra o *vestibulando* (princ. o bem-preparado). V. **odontolando**.

vestibular
Vem de *vestíbulo* (entrada de edifício ou residência). Exame *vestibular* é, à luz da etimologia, exame que se presta à porta de uma faculdade, para se saber se pode entrar ou não. Com o uso frequente e o passar do tempo, omitiu-se o substantivo *exame*, e o adjetivo se substantivou, fato linguístico bastante comum: *o vestibular*, terror de todos os vestibulandos (princ. os despreparados).

vestido
Rege *com, de* ou *em* e apenas *de* (disfarçado): *Homem vestido com* (ou *de* ou *em*) *terno de grife*. *** *Homem vestido de pirata*.

vestir
Conjuga-se por ferir.

veto
Rege *a* ou *contra*: *O presidente manteve o veto a (ou contra) esse projeto.*

vexado
Rege *com, de* ou *por*: *Sentiu-se vexado com o (ou do ou pelo) que fez.*

vexame
Rege *a* ou *para*: *Aquele assassinato foi um vexame ao (ou para o) povo americano.*

"via de regra"
V. **por via de regra**.

viagem
Rege *a* ou *para* (destino) e *através de, em* ou *por* (no interior de): *Fizemos várias viagens a (ou para) Salvador.* *** *Fazemos frequentes viagens através do (ou no ou pelo) Brasil.*

víbora
Adj. correspondente: *viperino*. Portanto, *língua de víbora* = *língua viperina*.

vidro
Adj. correspondente: *vítreo* ou *hialino*. Portanto, *brilho de vidro* = *brilho vítreo* (ou *hialino*).

vinagre
Adj. correspondente: *acético*. Portanto, *ácido do vinagre* = *ácido acético*.

vinho
Usada como adjetivo, indicando cor, não varia: *sapatos vinho, meias vinho, gravatas vinho*.

violação
Rege *a* ou *de*: *A violação ao (ou do) tratado poderá precipitar uma crise entre os dois países.*

violência
Rege *a* (coisa) e *com* ou *contra* (pessoa) e *em* (verbo): *Essa medida é uma violência à liberdade de expressão.* *** *A violência com (ou contra os) manifestantes foi justificada pelo governador.* *** *A violência em desalojar os sem-tetos foi plenamente justificada pelo governador.*

vir
Rege de preferência *a*, mas no Brasil se vê muito a preposição *em*, que, na medida do possível, deve ser desprezada, ao menos na linguagem formal: *Ninguém veio ao teatro.* *** *Se ela vier ao estádio, verá um bom jogo.* Conj.: venho, vens, vem, vimos, vindes, vêm (pres. do ind.); vinha, vinhas, vinha, vínhamos, vínheis, vinham (pret. imperf. do ind.); vim, vieste, veio, viemos, viestes, vieram (pret. perf. do ind.); viera, vieras, viera, viéramos, viéreis, vieram (pret. mais-que-perf. do ind.); virei, virás, virá, viremos, vireis, virão (fut. do pres.); viria, virias, viria, viríamos, viríeis, viriam (fut. do pret.); venha, venhas, venha, venhamos, venhais, venham (pres. do subj.); viesse, viesses, viesse, viéssemos, viésseis, viessem (pret. imperf. do subj.); vier, vieres, vier, viermos, vierdes, vierem (fut. do subj.); vem, venha, venhamos, vinde, venham (imperativo afirmativo); não venhas, não venha, não venhamos, não venhais, não venham (imperativo negativo); vir (infinitivo impessoal); vir, vires, vir, virmos, virdes, virem (infinitivo pessoal); vindo (gerúndio e particípio). *Quem vier aqui hoje vai ter uma surpresa.* *** *Quando você vier, não se esqueça de me trazer o presente!* Por ele se conjugam *avir-se, convir, desavir-se, intervir* e *sobrevir*.

vira-casaca
Pl.: vira-casacas. Manchete no IG: **Marcos Assunção acerta com o Santos e aumenta a lista dos "vira-casaca"**.

Viracopos
Diz a lenda que o nome do grande aeroporto brasileiro, situado em Campinas (SP), tem origem no fato de estar localizado num bairro onde se situa a zona do meretrício, na qual pontificam a baderna, a arruaça e a bebedeira, que, não raro, faziam mesas serem jogadas ao ar e copos serem virados todas as noites. Iniciada a construção do aeroporto, comentava-se, em tom de galhofa, que o bairro iria ganhar mais um virador de corpos (pela deslocação de ar que os grandes jatos naturalmente iriam provocar). O aeroporto, segundo essa versão, já tinha nome: Viracopos. Há quem discorde dela, tachando-a de fantasiosa. Segundo outra versão, no local hoje ocupado pelo aeroporto havia um bar onde tropeiros se encontravam para "virar copos", descansar e trocar informações sobre suas viagens. Há, ainda, uma terceira versão: teria surgido no início do séc. XX um desentendimento entre o pároco do bairro e seus habitantes numa noite de festa, em que houve bebedeiras e brigas. O resultado foi a quebra das barracas da quermesse da igreja, derrubadas durante a confusão. A palavra usada pelo padre nos sermões para se referir ao acontecimento era justamente viracopos.

virado
Rege *a* ou *para*: *Os puristas são gente virada ao* (ou *para* o) *passado*.

vira-lata
No singular, vira-lata; só no plural é que se usa vira-latas. No G1 viu-se esta manchete: **"Vira-latas" dá à luz 15 filhotes em Ribeirão Preto**. Nosso jornalismo é fantástico!...

vírgula
Uma das regras mais elementares da nossa língua é aquela que proíbe o uso da vírgula entre o sujeito e o predicado. Tão elementar, que chega a ser simplória. Ocorre que alguns jornalistas (pasme!) não sabem nem mesmo o que é sujeito nem muito menos o que é predicado. Daí, fica difícil. No Rio de Janeiro existe um jornalista, um velho jornalista, que se acha o sabedor de todas as coisas, o conhecedor de todos os fatos, sem admitir absolutamente nenhuma contestação a seus dados e "opiniões", plenos de equívocos de todos os matizes. Sua única grande virtude, no entanto, é o irmão que tem. Um de seus títulos atesta muito bem a confiança que podemos depositar em suas afirmações: *Parte enorme do PMDB, não quer Temer na vice*.

virilha
Adj. correspondente: *inguinal*. Portanto, *dor na virilha* = *dor inguinal*.

vir "para aqui"
Aqui e *aí* são advérbios que não aceitam a preposição *para*, que se emprega com *cá* e *lá*. Portanto, construímos: *Venha aqui!* ou *Venha para cá!; Vou aí* ou *Vou para lá*.

visão
Adj. correspondente: *óptico*. Portanto, *anomalia da visão* = *anomalia óptica*.

visar ou visar a?
Use apenas visar, na acepção de pôr visto em, carimbar, ou na de apontar para e visar a na de pretender: *visar um cheque, um passaporte; visar um alvo, uma vidraça; visar a um cargo, visar a um diploma, visar ao progresso do país, visar ao poder*. Antes de infinitivo, é facultativo o emprego da preposição: *O presidente visa (a) colocar o país no Primeiro Mundo*. *** *O governo visa (a) estimular a venda de veículos*.

visita
Rege *a* ou *para*: *Depois de muito tempo, resolveu fazer uma visita ao* (ou *para* o) *pai*.

visitar
Use assim: *Eu ainda não o visitei por falta de tempo*. *** *Quando você o visitará?* Muitos, no entanto, usam "lhe" no lugar do *o*.

vistoria
Rege *a, de* ou *em*: *Fazer vistoria a* (ou *de* ou *em*) *um prédio*.

vital
Rege *a* ou *para*: *Esse acordo é vital ao* (ou *para*) *o*) *país*.

vítima "fatal"
Combinação muito comum, mas desaconselhada. Veja todos os significados de **fatal** no **Grande dicionário Sacconi**: **1.** Fixado pelo destino; determinado pelo fado; inevitável: a morte é fatal, ninguém escapa a ela. **2.** Que causa ou é capaz de causar a morte: a tuberculose foi fatal a (ou para) muitos poetas românticos; recebeu um tiro fatal; golpe fatal; qualquer erro numa viagem espacial pode ser fatal aos (ou para os) astronautas. **3.** Que traz consigo a desgraça e a ruína; de efeitos desastrosos ou nefastos; ruinoso: golpe fatal contra os traficantes de drogas; a invasão da União Soviética foi fatal para a Alemanha nazista. **4.** De importância decisiva: a opinião do ministro foi fatal para a decisão do presidente. **5.** Que não se pode alterar, prorrogar ou revogar; improrrogável; irrevogável; inalterável; inadiável: dia 25 era a data fatal para a invasão da Europa. Conclui-se daí que a vítima não pode ser fatal, mas sim o acidente: *O acidente foi fatal, já que houve muitas vítimas.*

vítima = morte?
Não. Eis os significados de vítima, no **Grande dicionário Sacconi**: **1.** Pessoa que sofre as consequências de uma ação destrutiva, danosa ou maldosa: ser vítima de intrigas ou mexericos; as vítimas da guerra. **2.** Pessoa que é enganada ou tapeada: as vítimas da pirâmide financeira. **3.** Pessoa que é sacrificada em ritos religiosos. **4.** Animal sacrificado em ritos religiosos. Não significa morte. Portanto, frases como esta não devem ser imitadas: *O acidente aéreo causou muitas "vítimas".*

vitória / vitorioso
Regem *contra* ou *sobre*: *Foi suada a vitória contra* (ou *sobre*) *os alemães.* *** *A muito custo, saímos vitoriosos contra* (ou *sobre*) *os alemães.*

vitral e vitrô: qual a diferença?
Vitral é a vidraça colorida ou com pinturas. As igrejas costumam trazer lindos *vitrais*. **Vitrô** é janela envidraçada, geralmente com basculantes. Trata-se de uma corruptela arrepiante, mas vingou entre nós. Vingou, mas o VOLP ainda não se dignou dar-lhe registro. Não surpreende: muitas outras palavras de uso corrente não estão lá. O **Grande dicionário Sacconi**, no entanto, por ser absolutamente necessário, não deixou de fazer o registro.

vizinho
Rege *a*, *com* ou *de*: *No hotel, deram-me um quarto vizinho ao* (ou *com* o ou *do*) *de Ildi Silva!* *** *Meu terreno é vizinho ao* (ou *com* o ou *do*) *seu.*

vocabulário português
O vocabulário português possui atualmente cerca de 450 mil palavras. No séc. XVI, contudo, a língua portuguesa só tinha 10 mil palavras. O novo contingente vocabular está representado sobretudo por derivações, composições, conversões, onomatopeias, neologismos, estrangeirismos (ambos são muito bem-vindos), adaptações, incorporações, etc.

VOLP
Acrônimo de Vocabulário Ortográfico da Língua Portuguesa. Obra publicada pela Academia Brasileira de Letras. Desde 1931, a Academia Brasileira de Letras tem a responsabilidade oficial de fixar a ortografia nacional. O VOLP, que tem força de lei, determina como devem ser escritas (e, em alguns casos, pronunciadas) as palavras da língua portuguesa no Brasil, tanto as que entraram com os colonizadores quanto os empréstimos de outros idiomas, que já são muitos. Há, todavia, nesse vocabulário uma série de equívocos e omissões, além do registro de palavras cuja grafia não corresponde ao étimo. Eis alguns dos incríveis problemas encontrados na atual edição do VOLP:
1. Registra **acionário** apenas como s.m., quando também é adjetivo (controle acionário).
2. Não registra **agarra-agarra, agroalimentício** nem **amentia**.

3. Registra **alrotado, alrotador** e **alrotaria**, mas não **alrotar**.
4. Registra **amodorramento** como substantivo correspondente de **amodorrar**, mas **desamodorração** como seu antônimo, sem registrar ainda **desamodorrar**.
5. Registra **amolecedor** e **amputador** apenas como s.m., quando também são adjetivos.
6. Registra **amotinamento** como substantivo correspondente de **amotinar**, mas **desamotinação** como substantivo correspondente de **desamotinar**.
7. Registra **anedotário** como adj. e s.m., quando é apenas s.m.
8. Registra **antiaderente** como s.2gên., quando é s.m.
9. Registra **autóctone** apenas como s.m., quando é s.2gên. e também adj.
10. Registra **antiescorbútico** apenas como s.m., quando é também adj.
11. Registra **antiflogístico** como adj. e s.m., mas **anti-inflamatório**, seu sinônimo, apenas como adj.
12. Registra **anti-histamínico** apenas como adj., quando também é s.m.
13. Registra **antilítico** como s.f. (!)
14. Registra **antinevrálgico** como adj. e s.m., mas **antineurálgico**, sua variante, apenas como adj.
15. Registra **antiprotozoário** apenas como s.m., quando é também adj. e **intertexto** apenas como adj., quando é também substantivo
16. Não registra **antisseborreico, arcifínio** nem **áries**
17. Não registra o timbre da vogal tônica de **antissialagogo**.
18. Registra **antitabagismo**, mas não **antitabagista**
19. Registra **antiviral** e **antivirulento**, mas não **antivirótico** (embora traga **virótico**).
20. Registra **epifobia**, mas não **epifóbico**.
21. Registra apenas **pirético** (sem ct), mas **apiréctico**.
22. Registra **aquacultura**, mas não **aquacultor** (mas traz **aquicultura** e **aquicultor**, em franca incoerência).
23. Não registra **arubês** (habitante de Aruba) nem **belizenho** (habitante de Belize).
24. Registra **aterrizar**, mas não **aterrizagem**.
25. Não registra **avistamento** (de **avistar**).
26. Registra **azeótropo** apenas como s.m., mas **zeótropo** como adj. e s.m.
27. Não registra **bafo de onça** nem **boca de urna**.
28. Registra **baletomania**, mas não **baletomaníaco**.
29. Registra **baquear**, mas não **baqueada**.
30. Dá o plural errado de **barra-limpa** ("barra-limpas"), mas logo a seguir acerta (ufa!), dando barras-pesadas como plural de **barra-pesada**
31. Registra **bascófono** apenas como s.m., quando também é adj. (embora registre **lusófono, russófono**, etc., todos como adj. e s.m.)
32. Registra "benfeito" como adj., quando seu próprio organizador (Evanildo Bechara) defende em suas obras apenas a grafia **bem-feito** como adjetivo ou como interjeição.
33. Dá (ô) como timbre correto da vogal tônica da palavra **bicoco**.
34. Registra **biofarmaco** (sem acento), mas **fármaco** (com acento).
35. Registra **bipétalo**, mas não **bipetalia** (embora registre **dipétalo** e **dipetalia**, formas variantes daquelas).
36. Dá "luso-fuso" como sinônimo de **cafus**, em vez de **lusco-fusco**.
37. Não registra **caleta** (ê), **candomblecista** nem **canola**.
38. Registra **capataz** como s.m., quando é s.2gên (e todos os outros dicionários vão atrás). Ora, se capataz é s.m., como se designará a mulher que exerce a mesma atividade: a "capataza"?
39. Dá **cara** (= face) como s.m., quando nessa acepção é apenas s.f.
40. Dá **carboidrato** como s.f. (!).
41. Registra **cervantista**, mas não **cervantismo**.
42. Registra **cicerone, ciceronagem**, mas não **ciceronear**.
43. Registra **circungiro** como adj.
44. Registra **climatologista** apenas como adj., quando é também s.2gên.
45. Registra **clise** (de ên**clise**, pró**clise** mesó**clise**, todas femininas) como s.m.
46. Registra **coavalista**, mas não **coavalizar**.

47. Não registra **confeccionador**.
48. Registra **contoide**, mas não **contoidal** (embora registre **vocoidal** e **vocoide**).
49. Registra **cromossoma**, a par de **cromossomo**, mas apenas **heterocromossomo**.
50. Registra **crúmens** e **fártem** (com acento).
51. Registra **cu-de-aço** (com hífen), mas **cu de ferro** sem hífen.
52. Não registra **dacha**, **dendrograma** nem **dentística**.
53. Registra **danubiano** apenas como adj., mas **danubino**, sua variante, como adj. e s.m.
54. Registra **defibrilação** e **defibrilar**, mas não **defibrilador** (embora registre **desfibrilador**, sua variante).
55. Registra **deionização**, mas não **deionizar**.
56. Registra **denegridor** como adj. e s.m., mas **denigridor**, sua variante, apenas como adj.
57. Registra **descafeinador** como adj. e s.m., mas **decafeinizador**, sua variante, apenas como adj.
58. Não registra **descalibrar, descalibrador, descontextualizar, desconvocar** nem **desimportância**.
59. Registra **descarbonizador** como adj. e s.m., mas **descarburador** e **descarburizador** apenas como adj.
60. Registra **descarbonizante** apenas como adj., mas **descarburante** como adj. e s.m.
61. Registra **detetive** como s.m., quando é s.2gên. (e todos os outros dicionários o seguem). Ora, se **detetive** é s.m., como designaremos a mulher que exerce a mesma atividade: a "detetiva"?
62. Registra **dexiocardíaco** como s.f. (!).
63. Registra **diassintonia** e **diassintônico**, em vez de **diassintomia** e **diassintômico**.
64. Registra **diastereoisômetro**, em vez de **diastereoisômero**.
65. Registra **dickensiano** apenas como s.m., quando é também adj.
66. Registra **diligenciar**, mas não **diligenciamento**.
67. Registra **disqueratose** e **disqueratótico**, mas apenas **disceratose**.
68. Registra **discrasite** como s.m. (!).
69. Registra **disestesia**, mas não **disestésico**.
70. Registra **disfarçado** como s.m., quando é apenas adj.
71. Registra **disléctico** como adj. e s.m., mas **dislético** apenas como adj.
72. Registra **dizigótico**, mas não **dizigoto** (embora registre **monozigótico**).
73. Registra **djibutiense** (habitante de Djibuti) como s.m., quando é s.2gên.
74. Registra **domesticador** como s.2gên., quando é s.m.
75. Registra **dom-juanesco**, mas não **dom-juan**.
76. Registra **dosificar**, mas não **dosificação**.
77. Registra **dum-dum** como s.m. e s.f. e **dundum** apenas como s.m. (Por que as duas grafias? São termos distintos?)
78. Registra **ecomania**, mas não **ecomaníaco**.
79. Registra **edafólogo** apenas como adj., quando é também s.m.
80. Registra **editorador** apenas como adj., quando é também s.m.
81. Registra **einsteniano**, em vez de **einsteiniano**.
82. Registra **emporcalhão** como s.f. (!).
83. Registra **empreendedor**, mas não **empreendedorismo** nem **empreendedorista**.
84. Registra **entrelopo** como adj. e s.m., mas a variante **interlope** apens como s.m.
85. Registra **ergativo** apenas como adj., quando é também s.m.
86. Registra **eriometria**, mas não **eriométrico**.
87. Registra **erotofobia**, mas não **erotofóbico**.
88. Registra **escindir**, mas não **escisão**.
89. Registra **escleronomia** como s.m. (!).
90. Registra **espanholizar**, mas não **espanholizado** (embora registre **castelhanizado**, a par de **castelhanizar**).
91. Não registra **espelho-d'água, esqualeno** nem **esquindô**.
92. Registra **esplendecência**, a par de **esplendescência**, mas só traz **esplendecente**.
93. Registra **restartar**, mas não **estartar**.

94. Registra **estefaniano** apenas como adj., quando é também s.m.
95. Registra **evaporador** como s.m., mas **evaporizador**, sua variante, como adj.
96. Registra **evaporimétrico** e **evaporímetro**, mas não **evaporimetria** (embora registre **evaporometria**, a par de **evaporométrico** e **evaporômetro**).
97. Registra **extraverter**, mas não **extraversão**.
98. Registra **efabulável**, mas não **fabulável**.
99. Não registra **factoide**.
100. Registra **fanerítico**, mas não **fanerito**.
101. Registra **faraute** como s.m., quando é s.2gên.
102. Registra **fardola** como s.m., quando é s.2gên.
103. Registra **faringal** como s.f. (!).
104. Registra **farnicoque** como s.m., quando é s.2gên.
105. Registra **fateixar** como s.f. (!), quando é verbo.
106. Traz apenas fecha-fechas como plural de **fecha-fecha**, quando para outros compostos do mesmo tipo dá dois plurais (v. comentário no final).
107. Registra **fedelhota**, mas não **fedelhote**.
108. Registra **felinocultura**, em vez de **felinicultura**.
109. Registra **fofura** como s.m. (!).
110. Não registra **folguista** nem **gastança**.
111. Registra **formolizador**, mas não **formolador** (embora registre **formolizar** e **formolar**, verbos correspondentes).
112. Registra **fornicoque** como s.m., quando é s.2gên.
113. Registra **foto-heliógrafo**, mas não **foto-heliográfico**.
114. Registra **fotogeologista** como adj. e s.2gên. e **fotogeólogo** como adj. e s.m. (de forma correta), mas em dezenas de outros casos, registra a palavra com final -logo apenas como s.m.
115. Não registra **fura-fila**.
116. Registra **fusquete** como s.m., quando é s.2gên.
117. Registra **gateirice** como s.m. (!).
118. Registra **geanticlinal** como adj. e s.m., mas **geoanticlinal** (sua variante) apenas como adj.
119. Registra **generalista** apenas como s.2gên., quando é também adj.
120. Registra **geoestratégia**, mas não **geoestratégico**, embora registre **geostratégia** e **geostratégico**.
121. Registra **geo-história**, mas não **geo-histórico**.
122. Registra **geolinguística**, mas não **geolinguístico**.
123. Registra **geração**, mas não **geracional**.
124. Registra **glaucofânico** como s.m., quando é adj.
125. Registra **glicério** como adj., quando é s.m.
126. Registra apenas **granatito**, mas não **granatita** nem **granatite**.
127. Registra "gutembergiano" e "gutemberguiano", em vez de **gutenbergiano** e **gutenberguiano**.
128. Registra **hataioga** como s.f., mas **rajaioga** como s.m.
129. Registra **hermético**, mas não **hermeticidade**.
130. Registra **heroinômano** apenas como s.m., quando também é adj.
131. Registra **heveicultura**, mas não **heveicultor**.
132. Registra **hidroponia** e **hidropônica**, mas não **hidroponista**.
133. Registra **impactar**, mas não **impactação**.
134. Registra **imparidigitado**, mas não **paridigitado**.
135. Não registra **improlongável** nem **incasável**.
136. Registra **indicã** como s.m. (é s.f.).
137. Registra **indutomérico** (existe?)
138. Registra **infectologia**, mas não **infectológico** nem **infectologista**.
139. Não registra **infoalfabetização**, **infoexcluído**, **infomania** nem **infomaníaco**.
140. Registra **insenescência**, mas não **insenescente** (embora registre **senescência** e **senescente**).

141. Registra **insoldável**, mas não **insoldabilidade**.
142. Registra **instaurar**, mas não **instauração**.
143. Registra **institucional**, mas não **institucionalidade**.
144. Registra **insucessível**, mas não **insucessibilidade**.
145. Registra **insusceptibilidade**, mas não **insusceptível** nem **insuscetível**.
146. Registra **intercalar**, mas não **intercalável**.
147. Registra **intensivo**, mas não **intensivista**.
148. Registra **intercambiar**, mas não **intercambiador**.
149. Registra **introspectivo**, mas não **introspectividade**.
150. Não registra **irrazoável** nem **irrigabilidade**.
151. Registra **isoípsa, isoípso** e **isopícna** com acento.
152. Registra **iso-osmótico**, mas não **iso-osmose**.
153. Registra **isossilábico** e **isossílabo**, mas não isossilabismo.
154. Registra em duplicata: **italofalante, italofonia** e **italófono**.
155. Registra **jacaratiá** como s.f. (é s.m.).
156. Registra **jacareúba** como s.f. e **jacareúva**, sua variante, como s.m.
157. Registra **jirigote** como s.m. e **girigote** como s.2gên.
158. Em **jito**, dá como sinônimo "carro" (em vez de **cano**).
159. Registra "judeo cristianismo" (sem hífen).
160. Registra **laborar**, mas não **laboral**.
161. Registra **lacrar**, mas não **lacração**.
162. Registra **lápis-tinta** como s.m.2núm., quando é apenas s.m. (o plural é lápis-tintas).
163. Registra **lava-louça**, mas **lava-pratos**, quando ambos deveriam finalizar por s (lava-louças, lava-pratos).
164. Registra **leguelhé** como s.m., quando é s.2gên.
165. Registra **ligase** e **lígase, nuclease** e **nucléase, nucleosidase** e **nucleosídase, proteinase** e **proteínase** (todas corretas), mas não adota o mesmo critério para outras palavras com a mesma terminação **(-ase** = fermento), registrando apenas, por exemplo, **polimerase** e **protéase**.
166. Registra **limonite** como s.m. (é s.f.).
167. Registra **limpante** como s.m. (é adj.).
168. Registra **litologista** apenas como s.2gên., quando é também adj.
169. Registra **livrochada** com ch, quando em dicionários portugueses a palavra é grafada com **x**.
170. Não registra **longa-vida** nem **lusofobismo**.
171. Registra **maculador** apenas como adj., quando também é s.m.
172. Registra **malacologista** apenas como adj., quando também é s.2gên.
173. Registra **maregrafista** como s.m., quando é adj. e s.2gên., assim como a variante **mareografista** (que tem registro correto: adj. e s.2gên.).
174. Registra **mastite**, mas não **mastítico**.
175. Registra **mastoidiomandibular** como s.m. (é adj.).
176. Não registra **maxidesvalorização, mediateca, métopa** nem **miidopsia**.
177. Registra **médio-ligeiro** apenas como s.m., mas **meio-médio** como adj. e s.m. Além disso, traz apenas um plural para médio-ligeiro (médios-ligeiros) e dois para meio-médio (meio-médios e meios-médios).
178. Registra "melcatrere", em vez de **melcatrefe**, e ainda classifica a palavra como s.m. (é s.2gên). Todos os outros dicionários o seguem, erroneamente.
179. Registra **melofobia**, mas não **melofóbico**.
180. Registra **melquetrefe** e **mequetrefe** como s.m. (são s.2gên). Ora, se ambas as palavras são masculinas, como se designará a mulher com as mesmas características: a "melquetrefa", a "mequetrefa"?
181. Registra **metacinábrio** como s.f. (!).
182. Registra **eletrodo** e **elétrodo** (corretamente), mas apenas **microelétrodo**.
183. Não registra **misto-frio**, mas registra **misto-quente**.
184. Não registra **mitologista, mitólogo, monolingue, multietnia, multietnicidade, multissensorial**, nem **multissensório**.

488

185. Não registra **nadorítico, narraticidade** nem **neomastoplastia**.
186. Registra **neonatologia**, mas não **neonatologista**.
187. Registra **neo-otoplastia** como adj. e s.m. (mas é apenas s.f.).
188. Registra "neotaísta" (em vez de **neotaoista**) e não registra **neotaoismo**.
189. Registra **neurastenizar**, mas não **neurastenizador**.
190. Registra **neuromodulador** como adj. (mas é apenas s.m.).
191. Registra **nevômetro**, mas não **nevométrico** nem **nevometria** (embora registre **nivometria, nivométrico** e **nivômetro**, suas variantes).
192. Registra **normológico**, mas não **normológio**.
193. Registra **occitânico**, mas não **occitano**.
194. Registra **ocitocina**, mas não **ocitocínico** (embora registre **oxitocina** e **oxitocínico**).
195. Registra **ofsetista** como s.m. (mas é s.2gên.).
196. Registra "oftalmagia" e "oftalmágico" (existem?)
197. Registra **ombrofilia**, mas não **ombrofílico**.
198. Registra **opcimetria**, mas não **opcimétrico**.
199. Registra **opalinizante**, mas não **opalinizar**.
200. Registra "opopônax" (existe?).
201. Registra **opsomaníaco** apenas como adj. (mas também é s.m.).
202. Registra **orientando** como adj. (mas é apenas s.m.).
203. Registra **ornitofilia**, mas não **ornitofílico**.
204. Registra **padronizar**, mas não **padronizador**.
205. Registra **pajem** como s.m. (mas é s.2gên.).
206. Não registra **palauense** (habitante de Palau).
207. Registra **pale-etnologista** como adj. e s.2gên., mas a variante **paleoetnologista** apenas como s.2gên.
208. Não registra **pamonharia** nem **pamonheiro**.
209. Registra **pantomina**, mas não **pantomínico** (embora registre **pantomima** e **pantomímico**).
210. Não registra **papel-toalha** nem **parcelável**.
211. Registra **papirologista** como s.m. (mas é s.2gên.).
212. Registra **paraélico** e **paraélio**, mas não **para-hélico** e **para-hélio**.
213. Registra **parestatal** apenas como adj. (mas também é s.f.).
214. Não registra **piscada** nem **poliesportivo**.
215. Registra **pega-panelas** como s.f. (é s.m.).
216. Registra **perônio** como adj. (é apenas s.m.).
217. Registra **picape** apenas como s.f.
218. Registra **picumã** como s.2gên (mas é s.m.).
219. Não registra o timbre da vogal tônica de **placebo** nem de **policresto**.
220. Registra **plasmodesma** como s.f. (é s.m.).
221. Registra **podologia**, mas não **podólogo**.
222. Registra **polimerizar**, mas não **polimerizável**.
223. Registra em duplicata **polixeno**.
224. Registra "porta-janelas" como plural de **porta-janela** (o correto é **portas-janelas**).
225. Registra **potamometria**, mas não **potamômetro**.
226. Registra **potométrico**, mas não **potometria**.
227. Registra **praxiólogo** apenas como adj. (mas também é s.m.).
228. Não registra **pré-candidato** nem **pré-candidatura**.
229. Registra "pré-carolíngeo", em vez de **pré-carolíngio**.
230. Registra apenas **pré-eclâmpsia**, e não **pré-eclampsia** (embora registre **eclampsia** e **eclâmpsia**).
231. Não registra **pré-modernismo** nem **prometáfase**.
232. Registra **profiterole** como s.f. (é s.m.).
233. Registra **proustita** e **proustite**, mas apenas **prustite**.
234. Não registra **psicanaléptico** nem a variante **psicoanaléptico**.
235. Registra "pulas-pula" como um dos plurais de **pula-pula**. V. comentário no final.
236. Não registra **quitosana, realocar** nem **reconquistável**.

237. Não registra o plural de **rádio-onda**, **rádio-opacidade** nem de **rádio-opaco**.
238. Registra **rambotã** como s.m. e logo abaixo a variante **rambutã** como s.f.
239. Registra **rapação** como s.m. (!).
240. Registra **reemergência**, mas não **reemergente**.
241. Não registra **regulamentável, remuniciar, reófobo** nem **resenhista**.
242. Registra **restauranteco** como adj. (é s.m.).
243. Registra **sangue-frio**, mas não **sangue-quente**.
244. Registra **sanitizante** apenas como adj. (mas é também s.m.).
245. Registra **sarabatana, zarabatana** e **zarabatanada**, mas não **sarabatanada**.
246. Registra "sarneto", em vez de **sarnento**.
247. Registra **saxotrompa** como s.m. e a variante **saxtrompa** como s.f.
248. Não registra **segmentável, segável, segredoso, semiauxiliar** nem **setorista**.
249. Registra **semicilíndrico** como s.m. (mas é adj.).
250. Registra **sem-número** como adj. (mas é apenas s.m.).
251. Registra **sem-pulo, sem-terra** e **sem-teto** sem os respectivos plurais, embora registre plurais de **sem-vergonhice** e **sem-vergonhismo**.
252. Registra **servente** como adj. e s.2gên, mas **serventa** apenas como s.f.
253. Registra **insétil**, mas não **sétil**.
254. Não registra **sexismo, sexista, socioeducativo** nem **soropurulento**.
255. Registra **sociopático**, mas não **sociopatia** nem **sociopata**.
256. Registra "strindbergiano", em vez de **strindberguiano**.
257. Registra "subarmômico", em vez de **subarmônico**.
258. Não registra **sub-hemisférico** nem **superbactéria**.
259. Registra **sublevador** apenas como s.m. (mas também é adj.).
260. Dá apenas um plural de **tíquete-alimentação** (tíquetes-alimentação) e de **tíquete-restaurante** (tíquetes-restaurante), mas dois de **tíquete-refeição** (tíquetes-refeição e tíquetes-refeições). (Por quê?)
261. Registra "unímamo", em vez de **unímano**.
263. Traz apenas um plural para **vagão-dormitório** (vagões-dormitórios), **vagão-frigorífico** (vagões-frigoríficos) e **vagão-postal** (vagões-postais), mas dois plurais para **vagão-leito, vagão-pipa, vagão-restaurante, vagão-salão, vagão-tanque** e **vagão-tremonha**. (Por quê?)
264. Traz **ventridorsal**, mas incompreensivelmente não traz **ventrilateral** nem **ventrimedial**.
265. Não registra **verticalismo** nem **votante**.
266. Registra **víquingue** apenas como adj. (Então, não existiram os víquingues?)
267. Registra **vocabularista** e **vocabulista**, mas apenas **vocabulístico** (omitindo **vocabularístico**).
268. Registra **voorara** como s.m. (é s.f.).
269. Registra **xilometria** e **xilométrico**, mas não **xilômetro**.
270. Registra **xilolite** como s.m. (é s.f.).

EM TEMPO – 1. O VOLP estabeleceu uma verdadeira barafunda em relação ao plural dos compostos formados por palavras repetidas, como **cai-cai, corre-corre**, etc. A gramática estabelece a seguinte regra para tais compostos: variam os dois elementos, ou varia apenas o segundo elemento, indiferentemente. O VOLP contrariou totalmente essa regra, registrando como plural de **vira-vira** ("viras-vira" e viras-viras). O composto cirurgião-dentista sempre admitiu dois plurais: cirurgiões-dentistas e cirurgiães-dentistas. Mas agora o VOLP já não quer assim. Quer também dois plurais, mas desta forma: cirurgiões-dentistas e cirurgiões-dentista. Para **empurra-empurra** e **mata-mata** só registra um plural: empurra-empurras e mata-matas, respectivamente. Já para **pega-pega** e **pisca-pisca** registra corretamente ambos os plurais: pegas-pegas e pega-pegas; piscas-piscas e pisca-piscas. Em **mela-mela** e **puxa-puxa**, por sua vez, não dá plural nenhum. Enfim, estabeleceu uma bagunça generalizada sobre o assunto. Já não se pode falar em **regra** para tais compostos.
2. Outro caso: o plural de **lugar-tenente** sempre foi **lugar-tenentes**. O VOLP resolveu mudar agora para **lugares-tenentes**. Por quê?

3. A palavra **veredicto**, desde Camões, só tinha esta forma como correta. O VOLP resolveu inovar, registrando também **veredito**.
4. O VOLP mudou a grafia de trololó para tró-ló-ló (com três acentos, no que acerta, porque as monossílabas tônicas terminadas em o são acentuadas). Ocorre que essa mesma edição resolveu mudar também a grafia de nhemnhemnhém para nhem-nhem-nhem (agora sem acento, porque as monossílabas assim terminadas não são acentuadas. Agora é que vem o grande furo: a par de nhem-nhem-nhem, o VOLP traz a variante nhe-nhe-nhem. Ora, mas as monossílabas tônicas terminadas em e são acentuadas. Sendo assim, a variante deveria estar grafada assim: nhê-nhê-nhem, mantendo a coerência observada em tró-ló-ló. Como, porém, essa edição do VOLP está mais para gargalhada que para coisa séria, somos obrigados a escrever errado (porque – não se esqueça – o VOLP tem força de lei). Em suma: fazemos mais ou menos o mesmo papel daquele sujeito que comete um crime, mas não pode ser chamado de criminoso...
Como poderão os portugueses aceitar de bom grado o Acordo com tamanhos problemas nesse VOLP?

vocação
Rege *a, de* ou *para*: *Não ter vocação ao* (ou *do* ou *para* o) *sacerdócio*. *** *Ele possui a vocação à* (ou *da* ou *pela*) *música*.

você
É correto o emprego de *você* como pronome indeterminado? Na língua falada, é comum encontrarmos frases assim, quando alguém se dirige a duas ou mais pessoas: *A saúde é o mais importante. Se você não investe na saúde, o país fica doente.* *** *O social é o mais importante. Você precisa investir no social.* Pablo Neruda nos passou isto: Escrever é fácil: você começa com uma letra maiúscula e termina com um ponto final. No meio você coloca ideias. A mensagem é boa, mas esse você, que não se refere propriamente à pessoa com quem se fala, é censurado por alguns. No lugar dele, preferem a expressão *é preciso* ou qualquer outro recurso disponível na língua. Por exemplo: *A saúde é o mais importante. É preciso investir na saúde, senão o país fica doente.* *** *O social é o mais importante. Deve se investir no social.* Não nos convence nem cremos que a você, caro leitor. Certa feita vimos duas pessoas conversando animadamente. De repente, uma disse à outra: *Hoje você vota num sujeito e não sabe se ele é ladrão; hoje você sai de casa em São Paulo e não sabe se volta vivo; hoje você vai a um estádio e não sabe se volta inteiro; hoje você para num sinal vermelho e não sabe se fica liso ou se fica vivo; hoje você está vivo e amanhã você pode estar morto.* Vai daí que a outra, que até aqui ouvia atentamente, reage estupefato: *EU?! Eu não!*

volta / voltar
Use de preferência com a preposição *a*, embora no Brasil muito se veja com *em*: *É hoje a volta às aulas.* *** *A maioria dos alunos das escolas particulares volta às aulas hoje.* *** *Voltem a seus lugares, crianças!* *** *Nunca mais voltei à casa dela.* Repare na deselegância da construção "volta nas aulas"!

vós (o tratamento)
O tratamento *vós* costuma ser usado, em documentos, nos casos em que o signatário ocupa posição inferior à do destinatário. Por exemplo: de chefe para diretor, de funcionário para chefe, e assim por diante. Fora daí, não tem cabimento o seu emprego. Vale acrescentar que essa pessoa tem emprego bastante restrito na língua contemporânea, reservada que está apenas para as ocasiões verdadeiramente cerimoniosas, solenes, formais. Ou quando nos dirigimos a Deus, nas nossas preces. Por ocasião do encerramento do discurso de abertura da sessão do Congresso constituinte, em fevereiro de 1987, o então presidente do Supremo Tribunal Federal disse, com propriedade, referindo-se aos constituintes: *Os olhos conscientes da Nação estão cravados em vós. Que Deus vos inspire!* A ocasião era oportuna e propícia ao emprego da segunda pessoa do plural, dada a formalidade do momento e a importância do evento. Mesmo expressando-se com propriedade, Deus não lhe deu ouvido: os congressistas elaboraram a pior carta magna da nossa história, que certos míopes ainda taxaram de

constituição cidadã. A demagogia, realmente, não tem limites. Voltando à vaca-fria: há pessoas que numa fala qualquer, de nenhum interesse nem nenhuma relevância, disparam *vós* e *vosso* por todos os lados, mostrando com isso desejo de agradar a seus ouvintes, desejo de conseguir deles algo que lhes apeteça (votos, por exemplo). Ocorre muito isso em época de eleições, quando o pobre do eleitor ganha *status* de *vós*. Exemplo singular de emprego desnecessário dessa pessoa nos deu um secretário da prefeitura de Itumbiara (GO), ao recomendar que alguém levasse esta mensagem ao ex-presidente do Paraguai Alfredo Stroessner, assim que este lá chegou, fugindo do seu país: *Quero que vossa pessoa leve de nossa pessoa para a pessoa do general Stroessner o abraço pessoal de uma pessoa que sabe que todas as pessoas passam por problemas pessoais terríveis nestas horas difíceis.* Como se vê, neste mundo existem mesmo pessoas de todos os tipos e gostos...

votar

Rege *em*: *Votem sempre nos melhores candidatos!* *** *Não votei em ninguém*. Só se usa a preposição *para*, quando a referência for ao cargo: *No Brasil já podemos votar para todos os cargos: prefeito, governador e presidente.* *** *Você votou para governador?*

voz

Adj. correspondente: vocal. Portanto, cordas da voz = cordas vocais.

W-X-Z

xeque / xeque-mate
Regem *a*: *Dar xeque* (ou *xeque-mate*) *à* dama. Pl. do composto: *xeques-mates* ou xeques-mate.

xerife
É nome comum de dois: *o xerife, a xerife*. Mas há alguns "artistas" que usam *a "xerifa"*.

xérox
É palavra feminina e paroxítona: *a xérox, uma xérox*. O VOLP registra também xerox e como masculina: "o xerox". Normal. Não varia no plural: as xérox. Existem três verbos correspondentes: *xerografar, xerocopiar* e *xeroxar* (mas não "xerocar", que o VOLP também registra), todos com a vogal *e* aberta. Xérox é derivada imprópria, já que surgiu de uma marca registrada americana (**Xerox**). Em inglês, como se sabe, não existem acentos gráficos, e o nome é paroxítono: zíròks. Cá no Brasil, entretanto, referem-se à empresa desta forma: xeróks. Normal: cada qual tem a dita que merece...

X-tudo
Varia? Acho desaconselhável a variação (dois "x-tudos"), porque tudo é pronome indefinido invariável. Por isso, a meu ver: um x-tudo, dois x-tudo.

Xuí
Nome de um arroio gaúcho, o ponto mais meridional do Brasil. Antigamente se dizia corretamente que o Brasil ia do Oiapoque ao Xuí. Desde 1943 a grafia correta é Xuí, mas até o IBGE (pasme!) adota a cacografia "Chuí". Normal? Não.

Zâmbia
Exige o artigo: *A Zâmbia é um país africano.* *** *Estive na Zâmbia.* *** *Morei na Zâmbia.* *** *Passei pela Zâmbia.* *** *Governo da Zâmbia.*

zanga
Rege *a* ou *com*: *Ele sempre teve zanga a* (ou *com*) *crianças.*

zangar-se
Use sempre assim, na acepção de aborrecer-se, irritar-se, agastar-se: *Ela se zanga à toa.* *** *Não faça isso, que a mamãe se zanga!* Há muita gente, por aí, no entanto, que diz: *Não "faz" isso, que a mamãe "zanga"!* Quem é que não **se** zanga?

zebu
Adj. correspondente: *zebuíno* (e não "zebuzino", como querem alguns). Portanto, *raças de zebu* = *raças zebuínas*.

Zeca / Zequinha / Zecão / Zelão
As quatro têm *e* aberto.

zelar **ou** zelar de?
Tanto faz, na acepção de proteger, assistir ou na de cuidar: *É um governo que zela os* (ou *dos*) *pobres.* *** *Ela zela os* (ou *dos*) *irmãos mais novos.* *** *Quem usa drogas não zela a* (ou *na* ou *pela*) *saúde.* *** *Zela a* (ou *na* ou *pela*) *honra da família.*

zé-mané
Pl.: zés-manés ou zé-manés. Um repórter de televisão, antes sério e respeitável, depois

apresentador de um ridículo *reality show*, declarou: *Falo o que os zé-manés querem que eu fale*. Seria melhor que dissesse...

zé-ninguém
Pl.: zés-ninguém. Designa uma pessoa pouco importante ou de poucas posses. Note: o primeiro elemento com inicial minúscula. Não dê importância a esses falsos profetas: são uns zés-ninguém, não tanto pela carência de posses (porque otários os enchem de dinheiro), mas pela carência de caráter.

zé-povinho
Pl.: zés-povinhos ou zé-povinhos.

zé-ruela
Pl.: zés-ruelas ou zé-ruelas.

zigue-zague
Com hífen. O verbo, no entanto, sem hífen: ziguezaguear. Pl.: zigue-zagues.

zíper
Evite dizer "zípi", não pronunciando o fonema final.

zum-zum / zum-zum-zum
Com hífen. Regem *de* ou *sobre*: *Houve um zum-zum* (ou *zum-zum-zum*) *de* (ou *sobre*) *a separação do casal*.

Zusa
É a grafia correta deste hipocorístico de José. Muitos, no entanto, são mais conhecidos por "Zuza". Por quê? Porque antigamente se escrevia "Jozé".

BIBLIOGRAFIA

ACADEMIA BRASILEIRA DE LETRAS. Vocabulário Ortográfico da Língua Portuguesa, 5.ª edição.
ACADEMIA DAS CIÊNCIAS DE LISBOA. Vocabulário Ortográfico da Língua Portuguesa.
ABREU, MODESTO. Regência verbal.
ALENCAR, METON DE. Os dez quebra-cabeças da língua portuguesa.
ALMEIDA, JOSÉ DE. Estudemos nossa língua. Lições práticas do idioma nacional.
ALMEIDA, RUI. Cooperemos para a boa linguagem.
AMARAL, VASCO BOTELHO DE. Cultura, defesa e expansão da língua portuguesa. Estudos vernáculos. Glossário crítico de dificuldades do idioma português. Maravilhas da língua portuguesa. Novo dicionário de dificuldades da língua portuguesa. Sutilezas, máculas e dificuldades da língua portuguesa.
ANDRADE, J. M. PAIS DE. Nos domínios do vernáculo.
AUTUORI, LUÍS. Nos garimpos da linguagem.
BARBADINHO NETO, RAIMUNDO. Sobre a norma literária do modernismo.
BARBOSA DE OLIVEIRA, ANTÔNIO RUI. Réplica às defesas da redação do projeto do Código Civil.
BARRETO, MÁRIO. Através do dicionário e da gramática. De gramática e de linguagem. Fatos da língua portuguesa. Novíssimos estudos. Últimos estudos.
BERGO, VITTORIO. Erros e dúvidas de linguagem.
BRANDÃO, CLÁUDIO. Sintaxe clássica portuguesa.
CALBUCCI, ERNANI. Léxico de dúvidas de linguagem.
CÂMARA JR., JOAQUIM MATTOSO. Dicionário de fatos gramaticais.
CAMPOS, AGOSTINHO DE. Glossário de incertezas, novidades, curiosidades da língua portuguesa e também de atrocidades da nossa escrita atual.
CARNEIRO, NOÊMIA. Lições de português.
CASCUDO, LUÍS DA CÂMARA. Dicionário do folclore brasileiro.
CEGALLA, DOMINGOS PASCHOAL. Dicionário de dificuldades da língua portuguesa.
CHEDIAK, ANTÔNIO J. Lições práticas de língua portuguesa.
CINTRA, ASSIS. Questões de português.
CORREIA, JONAS. Estudos de português.
COSTA, ALEXANDRE DE CARVALHO. Reflexões etimológicas.
CRUZ, JOSÉ MARQUES DA. Português prático.
CRUZ, PADRE ANTÔNIO DA. Regimes de substantivos e adjetivos.
CUNHA, CELSO. Gramática da língua portuguesa. Nova gramática do português contemporâneo.
d'ALBUQUERQUE, A. TENÓRIO. Dicionário da linguagem.
FERNANDES, FRANCISCO. Dicionário de regimes de substantivos e adjetivos. Dicionário de verbos e regimes.
FERNANDES, I. XAVIER. Questões de língua pátria, vols. I e II.
FERREIRA, AURÉLIO BUARQUE DE HOLANDA. Novo dicionário Aurélio da língua portuguesa.
FIGUEIREDO, CÂNDIDO DE. Lições práticas, vols. 1, 2 e 3. Lições práticas da língua portuguesa. Novas lições práticas da língua portuguesa. Novo dicionário da língua portuguesa. Problemas da linguagem, vols. 1, 2 e 3.
FLEURY, RENATO SÊNECA. Consultor popular da língua portuguesa.
FONSECA, SIMÕES DA. Dicionário enciclopédico da língua portuguesa.
GALVÃO, RAMIZ. Vocabulário etimológico, ortográfico e prosódico das palavras portuguesas derivadas da língua grega.
GONÇALVES, MAXIMIANO. Dificuldades básicas da língua portuguesa. Questões de

linguagem. Estudos da língua vernácula. Dicionário de dificuldades da língua portuguesa. Noções de português.
GRAÇA, HERÁCLITO. Fatos da linguagem.
GUÉRIOS, MANSUR. Dicionário etimológico de nomes e sobrenomes. Dicionário de etimologias da língua portuguesa.
JOTA, ZÉLIO DOS SANTOS. Dicionário de dificuldades da língua portuguesa, 2 vols. Glossário de dificuldades sintáticas.
JUCÁ (filho), CÂNDIDO. Dicionário escolar das dificuldades da língua portuguesa. Língua nacional.
KURY, ADRIANO DA GAMA. Pequena gramática.
LAGO, CÂNDIDO. O que é correto.
MACHADO, JOSÉ PEDRO. Dicionário etimológico da língua portuguesa.
MAGALHÃES JÚNIOR, R. Dicionário de provérbios e curiosidades.
MAURER JR., THEODORO HENRIQUE. O infinito flexionado português.
MELO, GLADSTONE CHAVES DE. A língua do Brasil.
MORAIS, ORLANDO MENDES DE. Dicionário de gramática.
MOTA, OTONIEL. Lições de português. Horas filológicas.
NASCENTES, ANTENOR. Dicionário de dúvidas e dificuldades do idioma nacional. Dicionário etimológico da língua portuguesa. O idioma nacional. O problema da regência.
NOGUEIRA, JÚLIO. A linguagem usual e a composição. Indicações de linguagem. O exame de português.
NOGUEIRA, RODRIGO DE SÁ. Questões de linguagem. Subsídios para o estudo das consequências da analogia em português.
NUNES, J. J. Digressões lexicológicas.
OEHLMEYER, AUTOMAR. Regência verbal e nominal.
OITICICA, JOSÉ. Manual de análise.
PALHANO, HERBERT. Nos domínios da boa linguagem.
PEREIRA, EDUARDO CARLOS. Gramática expositiva (curso superior).
PINTO, PEDRO A. Nugas e rusgas de linguagem.
RIBEIRO, ERNESTO CARNEIRO. Serões gramaticais.
RIBEIRO, JOÃO. Seleta clássica. Estudos filológicos.
RIBEIRO, JÚLIO. Gramática portuguesa.
ROCHA LIMA. Gramática normativa da língua portuguesa.
RYAN, MARIA APARECIDA. Conjugação dos verbos em português.
SACCONI, LUIZ ANTONIO. Nossa gramática completa. Grande dicionário Sacconi. Gafite, as gafes da atualidade, 5 vols. Corrija-se! de A a Z. Guia ortográfico e ortofônico. Não erre mais!
SAID ALI, M. Dificuldades da língua portuguesa. Gramática secundária da língua portuguesa. Meios de expressão e alterações semânticas.
SAMPAIO, TEODORO. O tupi na geografia nacional.
SANTOS, DALTRO. Fundamentação da grafia simplificada.
SANTOS, JOÃO INÁCIO MIRANDA. Regras práticas de ortografia e linguagem.
SILVA, A. M. SOUSA E. Dificuldades sintáticas e flexionais.
SILVEIRA, J. FONTANA DA. Dicionário comercial.
SILVEIRA, SOUSA DA. Lições de português.
STRINGARI, JOSÉ. Regimes de verbos.
TORRES, ARTUR DE ALMEIDA. Regência verbal. Moderna gramática expositiva da língua portuguesa. Vocabulário ortográfico de nomes próprios (em parceria com Zélio dos Santos Jota).
VALE, QUINTINO DO. Da influência do tupi no português.
VIANA, GONÇALVES. Apostila aos dicionários portugueses. Palestras filológicas.
VITÓRIA, LUÍS A. P. Dicionário de dificuldades, erros e definições de português.